필요할 때 바로 써먹는
프리미어프로
실무테크닉

현소영·김진태 지음

Foreign Copyright:
Joonwon Lee
Address: 10, Simhaksan-ro, Seopae-dong, Paju-si, Kyunggi-do,
  Korea
Telephone: 82-2-3142-4151
E-mail: jwlee@cyber.co.kr

필요할 때 바로 써먹는
프리미어프로 실무테크닉

2018. 3. 27. 1판 1쇄 인쇄
2018. 4. 3. 1판 1쇄 발행

지은이 | 현소영, 김진태
펴낸이 | 이종춘
펴낸곳 | BM 주식회사 성안당
주소 | 04032 서울시 마포구 양화로 127 첨단빌딩 5층(출판기획 R&D 센터)
     | 10881 경기도 파주시 문발로 112 출판문화정보산업단지(제작 및 물류)
전화 | 02) 3142-0036
     | 031) 950-6300
팩스 | 031) 955-0510
등록 | 1973. 2. 1. 제406-2005-000046호
출판사 홈페이지 | www.cyber.co.kr
ISBN | 978-89-315-5548-6 (13000)
정가 | 25,000원

이 책을 만든 사람들
책임 | 최옥현
진행 | 조혜란
편집 진행 | 앤미디어
표지 일러스트 | 마이자
표지 디자인 | 앤미디어, 박원석
홍보 | 박연주
국제부 | 이선민, 조혜란, 김해영
마케팅 | 구본철, 차정욱, 나진호, 이동후, 강호묵
제작 | 김유석

이 책의 어느 부분도 저작권자나 BM 주식회사 성안당 발행인의 승인 문서 없이 일부 또는 전부를 사진 복사나 디스크 복사 및 기타 정보 재생 시스템을 비롯하여 현재 알려지거나 향후 발명될 어떤 전기적, 기계적 또는 다른 수단을 통해 복사하거나 재생하거나 이용할 수 없음.

■ 도서 A/S 안내

성안당에서 발행하는 모든 도서는 저자와 출판사, 그리고 독자가 함께 만들어 나갑니다.
좋은 책을 펴내기 위해 많은 노력을 기울이고 있습니다. 혹시라도 내용상의 오류나 오탈자 등이 발견되면 "좋은 책은 나라의 보배"로서 우리 모두가 함께 만들어 간다는 마음으로 연락주시기 바랍니다. 수정 보완하여 더 나은 책이 되도록 최선을 다하겠습니다.
성안당은 늘 독자 여러분들의 소중한 의견을 기다리고 있습니다. 좋은 의견을 보내주시는 분께는 성안당 쇼핑몰의 포인트(3,000포인트)를 적립해 드립니다.
잘못 만들어진 책이나 부록 등이 파손된 경우에는 교환해 드립니다.

 # 머리말

실무자를 위한 영상 편집 테크닉

이 책은 프리미어 프로 CC를 이용한 전문적인 편집 기술에 대한 내용을 담고 있습니다. 프리미어 프로 CC의 핵심 기능을 상세한 튜토리얼로 설명하고 있으며, 편집에 관련한 이론, 영상 제작 프로세스, 동영상 해상도, 포맷과 코덱 등이 정리되어 있습니다.

이 책은 편집에 관련한 전반적인 지식 전달보다는 '프리미어 프로를 얼마나 활용할 수 있는가' 하는 점에 초점이 맞춰져 있습니다. 프리미어 프로 CC를 기초부터 탄탄하게 다지거나 그 활용 영역을 확장하고 싶은 모든 영상 편집자분들에게 적합합니다.

프리미어 프로의 새롭게 업데이트된 기능과 개발된 특성을 소개할 뿐만 아니라 버전에 상관없이 통용될 수 있는 프리미어 프로의 기초와 응용 튜토리얼을 제공합니다. 영상 편집을 처음 시작하는 초보자는 물론이고, 프리미어 프로의 이전 버전을 사용해 오던 중급 수준 이상의 사용자 그리고, 편집 툴 플랫폼을 옮겨 새롭게 시작하려는 편집자 모두를 만족시키는 실용적인 활용법을 안내합니다.

짧은 시간 안에 기초를 습득하여 간단한 편집부터 후반 작업까지 전체 워크플로우를 경험하고 싶거나 현재 진행하는 프로젝트에 즉각적으로 활용하기를 원하는 분들은 바로 2파트를 시작하면 좋습니다. 프로젝트 하나를 무작정 따라하면서 프리미어 프로의 전반적인 워크플로우를 이해하는 것을 목표로 하여 간단한 편집부터 타이틀 삽입, 오디오 편집, 영상 출력 등 빠르고 쉬운 튜토리얼을 제공합니다.

프리미어 프로의 이전 버전을 사용해왔던 사용자 또는 어느 정도 프리미어 프로를 이해하고 응용이 가능한 중급 수준 이상의 사용자들은 1, 2파트를 과감하게 건너뛰고, 3파트부터 순차적으로 읽어 나가거나 필요한 기능을 골라 학습하는 방법을 권장합니다. 3파트 이후부터는 오디오, 이펙트, 색 조정, 그래픽 소스 활용 등 카테고리별로 심화 학습이 가능하도록 구성되어 있습니다.

특히 미디어 업계에서 뜨겁게 떠오르고 있는 VR 영상의 제작과 실무에 대한 내용을 담고 있습니다. 360도 영상 제작 프로세스부터 제작 가이드, 장비 구성, 카메라 세팅과 촬영 팁, 360도 영상 편집과 출력까지 VR 영상에 관한 A to Z를 직접 경험하실 수 있습니다. 이 책을 통해 프리미어 프로 CC의 기초를 탄탄히 다지고, 미래의 워크플로우를 준비하고 경험하는 토대가 되기를 바랍니다.

저자 현소영, 김진태

이 책의 구성

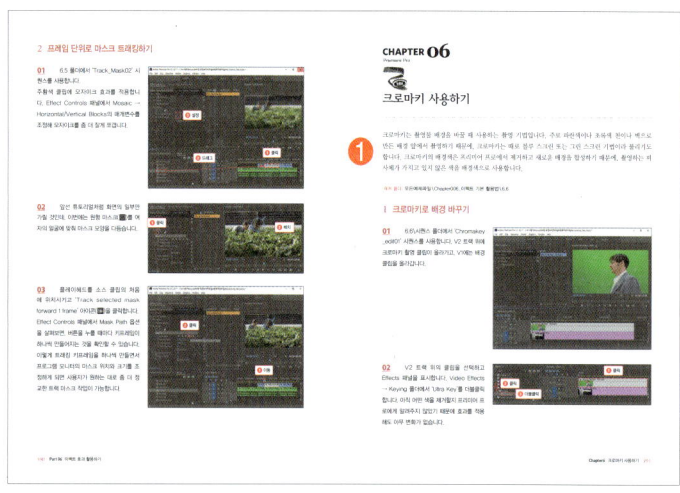

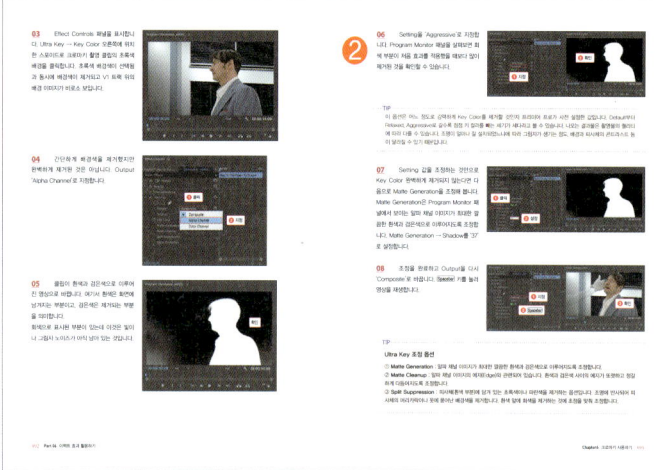

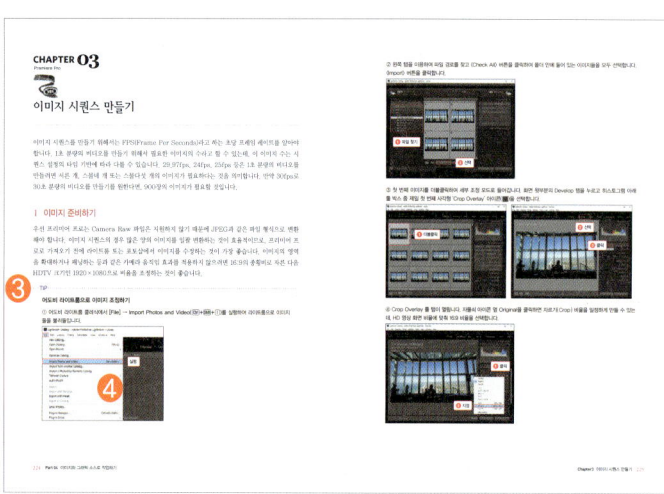

❶ 개념 설명
꼭 알아야 할 내용을 설명해 놓았습니다. 개념을 알아 두면 실습이 훨씬 쉽고 재미있습니다.

❷ 실습 예제
프리미어 프로의 핵심 기능을 상세한 튜토리얼로 설명합니다. 전반적인 워크플로우를 이해하는 것을 목표로, 프리미어 프로를 다양하게 활용할 수 있도록 하는 것에 초점을 맞추고 있습니다.

❸ TIP
추가 설명과 알아두면 좋은 내용을 설명합니다.

❹ 지시선
작업 화면에 지시선과 짧은 설명을 넣어 예제를 분명하고 정확하게 따라할 수 있도록 돕습니다.

❺ 이론

프리미어 프로를 이용한 전문적인 편집 기술을 설명합니다. 프리미어 프로를 기초부터 탄탄하게 알려 줍니다.

❻ VR 영상 제작과 실무

VR의 시작과 장비, 프리미어 프로를 이용한 간략한 VR 편집 과정을 설명합니다.

목차

머리말	3
이 책의 구성	4
목차	6
학습하기 전에	14
프리미어 프로 다운로드 및 설치하기	15

PART 01 작업 효율을 높이는 환경 구성하기

01 Start Screen 살펴보기	20
02 새 프로젝트 시작하기	24
03 인터페이스 살펴보기	28
04 작업 화면 내 마음대로 구성하기	38
1 Workspace Layout Mode 바꾸기	38
2 패널 창의 크기 조절하기	38
3 패널 창의 위치 바꾸기	39
4 Workspace Layout 저장하기	39
5 Workspace Layout 원래대로 되돌리기	40
6 버튼 레이아웃 수정하기(Customising)	42
05 Welcome Screen	44

PART 02 워크플로우 이해하기

01 미디어 파일 가져오기	48
02 타임라인에서 편집하기	51
1 클립을 이용하여 시퀀스 만들기	51
2 클립 추가하고 편집하기	53
3 편집 다듬기	55
03 오디오 추가하기	58
04 이펙트 추가하기	62
1 트랜지션(Transition) 추가하기	62
2 그래픽 이미지로 전환 효과 만들기	63
05 타이틀 추가하기	68
06 내보내기(Exporting)	71

PART 03
영상 편집 테크닉 업그레이드

01 미디어 파일 가져오기(Import) — 76
1. 가져오기(Import) 명령 사용하기(Ctrl+I) — 76
2. 미디어 브라우저 이용하기(Shift+8) — 78

02 Bins로 에셋 정리하기 — 82
1. Bin 만들기 — 82
2. 라벨로 파일의 종류 구분하기 — 84
3. 라벨 색상 지정하기 — 86
4. 상하위 폴더 이동하기 — 87
5. 파일 지우기 — 89

03 다른 프로젝트 미디어 가져오기 — 90
1. 시퀀스 선택하여 가져오기(Import Selected Sequence) — 90
2. 미디어 브라우저를 이용하기 — 92
3. 여러 개의 다른 프로젝트 파일 동시에 열기 — 93

04 소스 모니터 활용하여 편집 준비하기 — 100
1. 소스에 마킹하기 — 100
2. 오디오 파형을 근거로 마킹하기 — 102
3. 서브 클립 만들기 — 105

05 시퀀스 만들기 — 108
1. 드래그 앤 드롭으로 시퀀스 만들기 — 108
2. Project 패널에서 시퀀스 만들기 1 — 110
3. Project 패널에서 시퀀스 만들기 2 — 111
4. 클립 속성이 맞지 않을 때 시퀀스 만들기(Clip Mismatch Warning) — 112

06 기본 편집 테크닉 — 114
1. 인서트(Insert) 편집하기 — 114
2. 비디오 또는 오디오 트랙 중 하나만 삽입하기 — 117
3. 클립 이동시키기 — 118
4. 클립 없애기 — 122
5. 클립과 클립 사이의 빈 공간 없애기 — 124
6. 클립 자르기 — 131
7. 인아웃 포인트 이용하여 클립 없애기 — 132
8. 비디오와 오디오 트랙 싱크 맞추기(Toggle Sync Lock) — 133
9. 트랙 쌓아 올리기 — 136
10. 매치 프레임 기능 사용하기 — 139
11. 트랙 링크 설정(Linked Selection) — 141

07 효과적인 트리밍 테크닉 — 143
1. 마커를 이용한 트리밍하기(Three-point Edits) — 143
2. 리플 편집 도구 사용하기 — 145
3. 롤링 편집 도구 사용하기 — 148

4	Slipping Edits 사용하기	149
5	Sliding Edits 사용하기	152
6	트림 모니터 이해하기	153
7	Extend Edit 사용하기	160
8	장면 교체하기(Replace Edits)	162
9	Top and Tail Editing 사용하기	165

08 마커(Markers) 활용하여 편집하기 168

1	마커로 몽타주(Montage) 편집하기	168
2	마커로 시퀀스 정리하기 – 시퀀스 마커와 소스 클립 마커	171
3	마커(Markers)로 메모하기	174

09 타임라인 트랙 이해하기 178

1	비디오 트랙 사용하기	178
2	오디오 트랙 사용하기	178
3	특정 클립 보이지 않게 하기	179
4	트랙 잠그기(Locking)	179

10 속도 조정하기 180

1	정지 화면 만들기(Freeze Frame)	180
2	마킹 구간에 소스 클립 구겨 넣기(Fit-to-Fill Editing)	185
3	속도 조절 도구 사용하기	187
4	Clip Speed/Duration 창 제어하기	189
5	슬로우 모션 만들기(Time Interpolation)	191
6	시간 리매핑 도구 사용하기	194

11 멀티캠 영상 편집하기 198

1	멀티캠 소스 싱크 맞추기	198
2	멀티캠 편집하기	200
3	멀티캠 편집 다듬기	203

12 History 패널 이해하기 205

1	History 패널 꺼내기	205
2	History 패널 보기	205
3	History 패널 사용하기	206

PART 04
이미지와 그래픽 소스로 작업하기

01 이미지 가져오기(Importing) 210

1	카메라 카드에서 이미지 가져오기	210
2	미디어 브라우저를 이용하여 이미지 가져오기	213
3	포토샵이나 일러스트 파일 가져오기(Import Layered File)	214

02 이미지 해상도와 포맷 이해하기 — 216
1 이미지 작업을 위한 환경 설정하기 — 218
2 이미지 해상도와 비디오 화면 해상도 알아보기 — 219
3 컬러 매트 사용하기 — 221

03 이미지 시퀀스 만들기 — 224
1 이미지 준비하기 — 224
2 이미지 시퀀스로 불러들이기(Import as Image Sequence) — 228
3 비디오 클립에서 프레임 내보내기(Export Frame) — 230

04 이미지 키프레이밍 애니메이션 작업하기 — 231
1 Effect Controls 패널에서 위치 및 비율 조정하기 — 231
2 프로그램 모니터에서 위치 및 비율 조정하기 — 232
3 키프레임으로 애니메이션하기 — 236
4 이미지 패닝하면서 확대/축소하기 — 236

05 포토샵 파일 사용하기 — 245
1 포토샵 파일을 시퀀스로 불러 작업하기 — 245
2 포토샵과 연동하여 타이틀 작업하기 — 251

06 그래픽스 타이틀러 활용하기 — 256
1 Lower Third Title 자막 만들기 — 256
2 타이틀에 모션 추가하기 — 265
3 그래픽스 타이틀러 프리셋 활용하기 — 268
4 반응형 디자인하기(Responsive Design) — 270

07 Rolling and Crawling 자막 만들기 — 281
1 Rolling Titles 만들기 — 281
2 Crawling Titles 만들기 — 286

08 자막(Captions) 만들기 — 289
1 자막 만들기 — 289
2 자막 수정하기 — 293
3 캡션 내보내기(Exporting) — 295
4 Open Captions 만들기 — 296

09 모션 그래픽 템플릿 사용하기 — 297

10 Essential Graphics 패널에서 폰트 사용하기 — 301
1 Typekit 폰트 사용하기 — 301
2 폰트 미리 보기와 필터링, Favorite 지정하기 — 302

PART 05
오디오 편집하기

01 오디오 채널 이해하기　　306
1 스테레오 사용하기　　306
2 채널 분리하기　　308
3 채널을 분리하여 스테레오를 모노로 전환하기　　308
4 단일 채널을 복사하여 스테레오로 만들기　　311
5 스테레오 채널을 분리하여 듀얼 모노(Dual Mono)로 만들기　　312

02 오디오 게인과 볼륨 사용하기　　315
1 소스 클립 게인 조절하기　　315
2 타임라인 위의 클립 게인 조절하기　　319

03 오디오 키프레이밍하기　　325
1 타임라인에서 키프레이밍하기　　325
2 오디오 믹서로 키프레이밍하기　　328

04 오디오 믹싱(Mixing)하기　　331
1 Audio Track Mixer 패널 사용하기　　331
2 서브믹스 트랙 사용하기　　334
3 마스터 트랙 사용하기　　335

05 오디오 싱크 작업하기　　336
1 Move into Sync 사용하기　　336
2 Slip into Sync 사용하기　　338
3 싱크 인디케이터 표시하기　　339

06 오디션으로 연동하여 작업하기　　341
1 소스 클립 오디션으로 내보내기　　341
2 시퀀스에 편집된 클립 오디션으로 내보내기　　347
3 시퀀스를 오디션으로 내보내기　　349

PART 06
이펙트 효과 활용하기

01 전환 효과 추가하고 수정하기　　352
1 기본 전환 효과(Default Transition) 추가하기　　352
2 기본 전환 효과 바꾸기　　356
3 기본 전환 효과 재생 시간 수정하기　　358
4 전환 효과 재생 시간과 타이밍 수정하기　　359
5 여러 클립에 한꺼번에 장면 전환 효과 넣기　　361
6 Morph Cut으로 인터뷰 영상 다듬기　　361
7 그래픽 이미지로 전환 효과 만들기　　364

02 이펙트 조합하고 프리셋 만들기　　369
1 이펙트 적용 순서 이해하기　　369

2 Effects 복사하여 다른 클립에 적용하기	375
3 이펙트 조합하여 프리셋 만들어 사용하기	377

03 Adjustment Layer와 Nest 활용하기 378
   1 Adjustment Layer로 효과 넣기   378
   2 Adjustment Layer(조정 레이어)로 모션 적용하기   381
   3 Nest 시퀀스 활용하기   383

04 Master Clips 활용하기 385

05 트랙 마스크 활용하기 387
   1 클립 단위로 마스크 트래킹하기(Track Selected Mask Forward)   387
   2 프레임 단위로 마스크 트래킹하기   390

06 크로마키 사용하기 391
   1 크로마키로 배경 바꾸기   391

07 타임라인 렌더 라인 이해하기 394
   1 렌더 라인의 색과 드롭 프레임 알아보기   394
   2 프레임 누락 없이 재생하기 01 – 프리뷰 해상도 낮추기   395
   3 프레임 누락 없이 재생하기 02 – 사전 렌더 실행하기   396

PART 07
영상 색 조정하기

01 간편 색 조정 툴 사용하기 400
   1 Auto Color 사용하기   400
   2 Fast Color Corrector 사용하기   401
   3 Three-way Color Corrector 사용하기   406

02 Lumetri Color Toolset으로 색 조정하기 409
   1 LUTs(Look Up Table)로 빠르게 색 조정하기   409
   2 컬러캐스트 제거하기(White Balance 맞추기)   411
   3 적절한 톤 만들기   413
   4 색상과 채도 조정하기   416
   5 커스터마이징한 색 조정 값을 LUT로 저장하기   418

03 Lumetri Presets으로 룩 만들기 421
   1 Lumetri Preset 적용하기   421
   2 Creative Look 적용하기   425
   3 Creative Look 저장하기   427

04 2차색 조정하기 429
   1 영화 '씬 시티(Sin City)' 효과   429
   2 Three-Way Color Corrector로 특정 색 영역 조정하기   431
   3 HSL Secondary Color Correction 사용하기   434

05 애프터이펙트와 연동하여 색 조정하기	438
1 노출 안정화하기(Color Stabilizing)	438
2 컬러캐스트 제거하기(CC Color Neutralizer)	444

06 블랜딩 모드로 색 조정하기	446
1 지나치게 노출된 이미지 보정하기	446
2 노출이 부족한 이미지 보정하기	448

PART 08 동영상 파일 공유하기

01 프로젝트 파일 내보내기	452
1 코덱 설정하여 내보내기	452
2 Match Sequence Settings와 Use Previews 사용하기	460
3 [Publish] 탭 사용하기	463

02 미디어 인코더로 여러 파일 출력하기	466

03 Effects 탭 활용하기	474
1 출력물에 Lumetri Look 적용하기	474
2 Timecode 내보내기	476
3 Time Tuner 사용하기	477

04 워터마크 만들기	479
1 Image Overlay 사용하기	479
2 Name Overlay 사용하기	481

05 HEVC 포맷 사용하기	483
1 포맷 사용하여 내보내기	483

06 타임코드 수정하여 내보내기	488
07 오디오 믹싱을 위한 AAF 파일 내보내기	492

PART 09 영상 작업 효율을 높이는 노하우

01 Search Bins 활용하기	496
1 Search Bin 만들기	496
2 사용자 임의의 메타데이터 추가하기	498

02 어도비 스톡 라이브러리 사용하기	501

03 키보드 단축키 커스터마이징하기	509
1 키보드 단축키 수정하고 저장하기	509
2 Sync Settings를 이용하지 않고 키보드 단축키 공유하기	515

04 미디어 크기 사전 설정 옵션 사용하기	517

05 타임라인을 효율적으로 관리하기	522
1 Smooth Scroll 사용하기	522
2 Project 패널의 라벨 컬러를 타임라인에 적용하기	524
06 라벨로 미디어 파일 관리하기	**526**
1 여덟 개의 새로운 라벨 컬러 사용하기	526
2 라벨 컬러와 이름 변경하기	526
3 라벨 기본 값 설정하기(Label Defaults)	528
4 라벨 그룹으로 미디어 파일 관리하기	532
07 모션 그래픽 템플릿 만들기	**533**
08 트랙 높이 조절하기	**540**

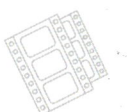

PART 10
VR 영상 제작과 실무

01 VR 영상 알아보기	544
1 VR의 시작	544
2 VR과 VR 비디오	547
02 VR 비디오의 촬영 알아보기	**549**
1 장비 구성하기	549
2 카메라 설정하기	552
03 VR 비디오 편집하기	**558**
1 파일 정리와 싱크 정리	558
2 Stitching	558
3 프리미어 프로 VR 편집하고 감상하기	571
색인	584

학습하기 전에

예제 · 완성 파일 다운로드

이 책은 예제 및 완성 파일과 동영상 강좌를 부록으로 제공하며, 부록은 성안당 홈페이지 (http://www.cyber.co.kr/)에서 다운로드할 수 있습니다.

성안당 홈페이지에서 다운로드할 때 '회원가입'을 클릭하여 회원으로 가입한 다음 로그인하고 메인 화면에서 '자료실'을 클릭하세요. 여기서 다시 〈자료실 바로가기〉 버튼을 클릭하고 검색 창에 '프리미어 프로 실무 테크닉'을 입력한 다음 〈검색〉 버튼을 클릭하면 예제 파일 및 완성 파일이 검색됩니다.

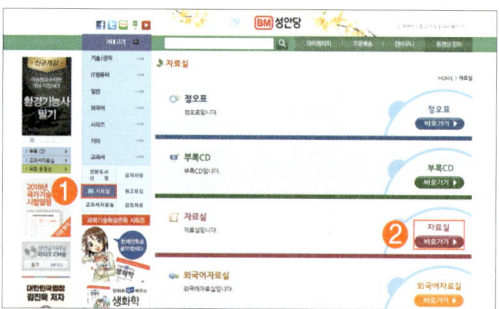

예제 파일 사용하기

이 책을 따라 실습을 시작하기 전에 반드시 컴퓨터 하드드라이브에 '예제 파일' 폴더를 복사해 두고 사용해야 합니다.

'예제 파일' 폴더 안에 '프로젝트 파일' 폴더에는 'All_Exercise_files'라는 프리미어 프로의 프로젝트 파일이 저장되어 있습니다. 이 파일은 모든 실습 예제를 담고 있는 최종 파일로, 실습에 필요한 예제 파일을 비롯한 완성 파일을 포함하고 있으며, 챕터별로 폴더화되어 있어 필요한 부분을 골라 실습할 수 있습니다.

'미디어 파일' 폴더에는 실습에 사용되는 모든 미디어 소스 파일이 저장되어 있습니다. 프리미어 프로젝트 파일은 미디어 파일에 담긴 미디어 소스를 불러들이기 때문에 이 두 개의 폴더를 분리하거나 서로 다른 폴더에 두지 않고, 같은 폴더에 위치하도록 하는 것이 중요합니다.

미디어 연결하기

프리미어 프로를 실행한 다음 예제파일→ 프로젝트파일 → All_Exercise_files프로젝트 파일을 엽니다. 예제파일 열기를 하면 Link Media 팝업 창이 나타납니다. 팝업창 하단에서 "Relink others automatically"(다른 소스를 자동으로 재연결)에 체크되어 있는지 확인하고, 클립 이름과 경로가 표시되는 창에서 첫 번째 클립을 선택한 다음 팝업창 하단의 "Locate"를 선택합니다. 프리미어 프로가 제일 첫 번째 클립을 파일 경로에서 찾게 되면, 나머지 소스 파일들을 클립명과 파일 경로에 기준하여 자동으로 찾아줍니다.

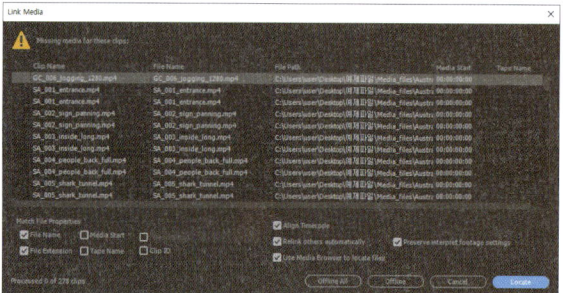

프리미어 프로 다운로드 및 설치하기

어도비 홈페이지에서 프리미어 프로를 다운로드하여 7일 무료로 사용할 수 있습니다(하위 버전은 30일). Creative Cloud를 구매한 경우 구매 기간 동안 제한 없이 사용할 수 있습니다.

프리미어 프로 최신 버전 설치하기

❶ 어도비 홈페이지(http://www.adobe.com/kr)에 접속하고 '지원' → '다운로드 및 설치'를 클릭한 다음 'Premiere Pro'를 클릭합니다.

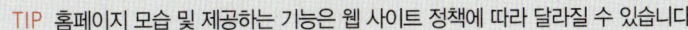
TIP 홈페이지 모습 및 제공하는 기능은 웹 사이트 정책에 따라 달라질 수 있습니다

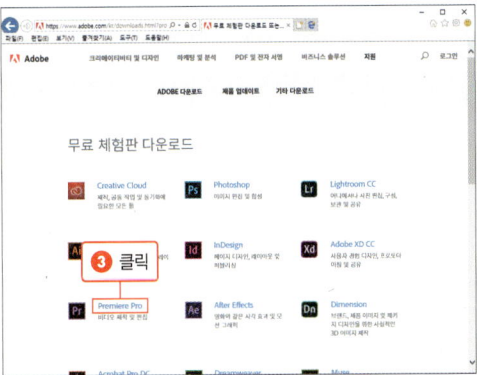

❷ 〈무료 시험버전 다운로드〉 버튼을 클릭합니다. 로그인하고 기술 수준을 지정합니다. 어도비 계정이 없다면 먼저 회원으로 가입하여 계정을 만듭니다. 웹 사이트가 프로그램을 열 수 있게 허용할지 묻는 창이 표시되면 〈허용〉 버튼을 클릭합니다.

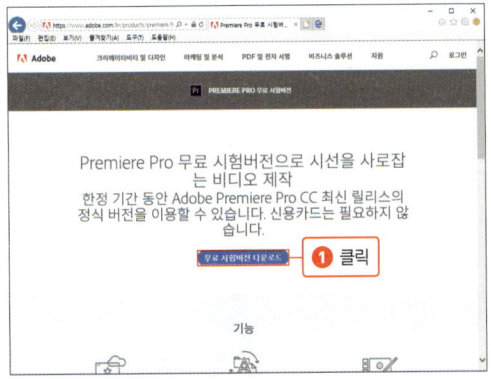
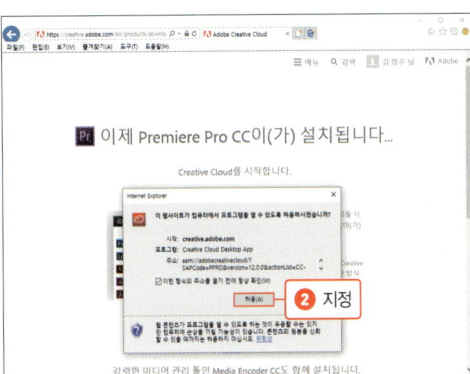

❸ Creative Cloud 데스크톱을 설치한 적이 없는 경우 Creative Cloud 데스크톱이 먼저 설치됩니다. 프리미어 프로 설치 전에 언어 설정을 위해 오른쪽 윗부분 설정 아이콘을 클릭한 다음 **환경 설정**을 실행합니다.

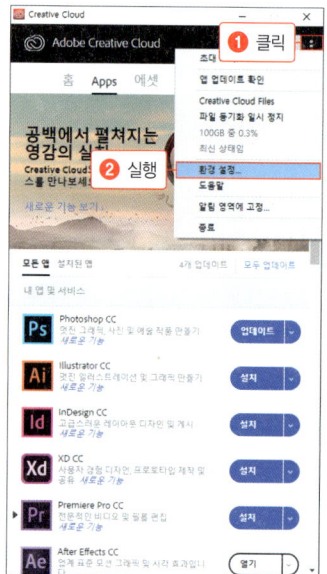

❹ 앱 언어를 'English(North America)'로 지정한 다음 뒤로 가기 아이콘을 클릭합니다. 설치하고자 하는 프로그램의 〈설치〉 버튼을 클릭하여 설치합니다.

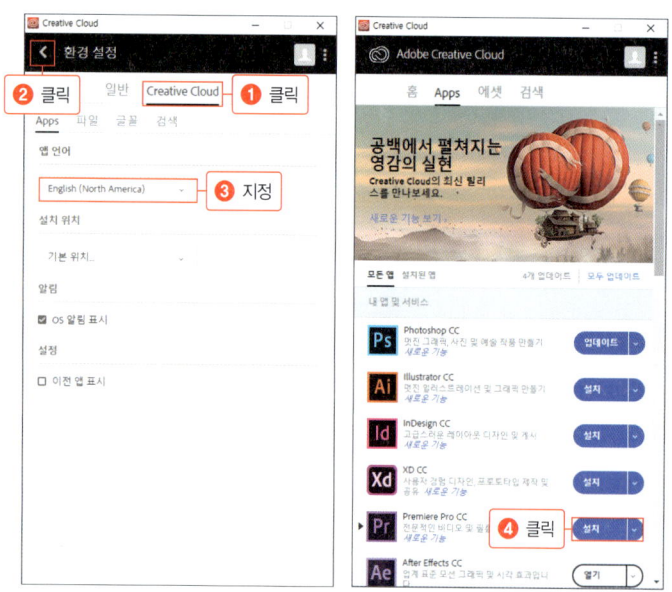

TIP 〈열기〉 또는 〈설치〉 버튼의 오른쪽 목록 버튼을 클릭하고 기타 버전을 실행하면 CC 하위 버전을 골라 설치할 수 있습니다.

프리미어 프로 하위 버전 설치하기

❶ 어도비 홈페이지(http://www.adobe.com/kr)에 접속하고 '지원' → '다운로드 및 설치'를 클릭합니다.

❷ 윗부분에서 '기타 다운로드'를 클릭하고 Adobe Creative Suite 항목에서 설치하려는 버전을 클릭합니다.

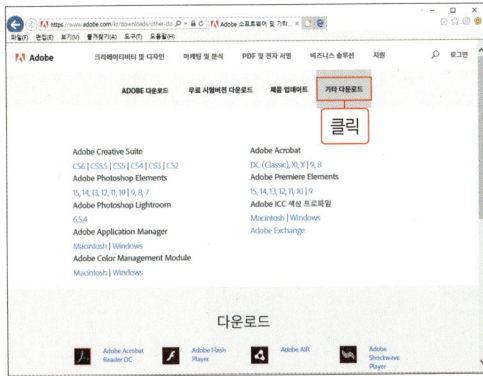

❸ 프리미어 프로 목록을 표시하고 영어 항목에서 운영체제에 맞는 필요한 파일을 다운로드합니다. 다운로드한 파일의 실행 파일(EXE)을 더블클릭합니다. 설치 파일이 추출되면 실행하여 설치합니다.

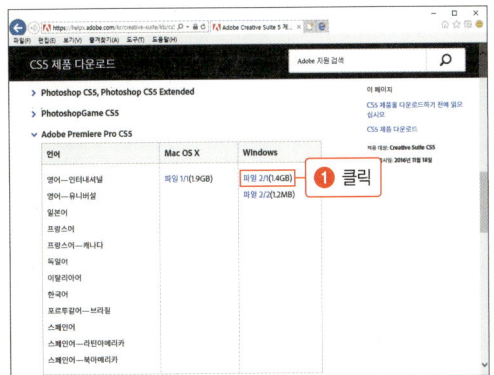 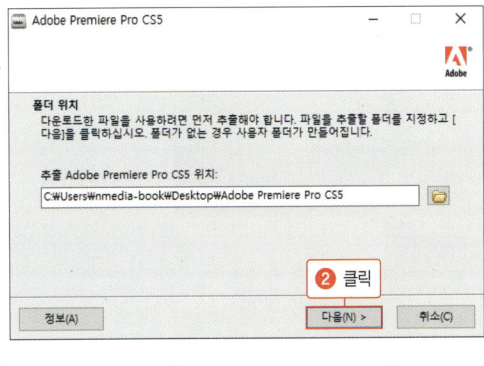

PART 01

2.MP4.jpg
3.MP4
3.MP4.jpg
6.MP4.jpg
1.MP4.1.jpg
2.MP4.1.jpg
2.MP4.2.jpg
3.MP4.2.jpg
4.MP4.2.jpg
6.MP4.3.jpg
1.MP4.4.jpg
2.MP4.4.jpg
color_edit03
Video Effects
Motion
Opacity
Time Remapping
Three-Way Color Corrector
Shadows
Midtones
Fit
Full
Manage videos
Watch
On Demand
Upgrade
Authorize
Adobe Media Encoder CC
Allow
Don't Allow
Blackmagic Cinema Camera
Canon 1D
Canon 5D
Canon 7D
SL Blue Cold (Canon 5D)
SL Blue Day4Nite (Canon 5D)
Adobe Stock
003_crosswalk.mp4
GC_004_entrance.mp4
008_surfing_2.mp4
GC_006_jogging.mp4

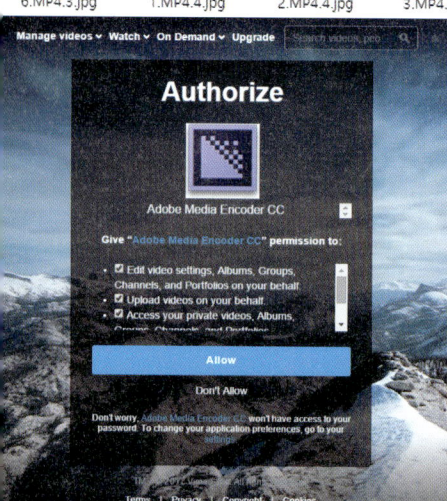

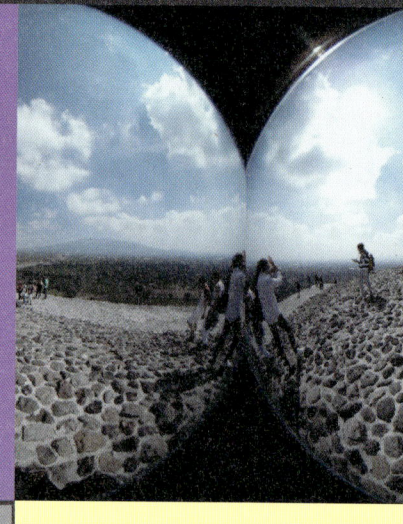

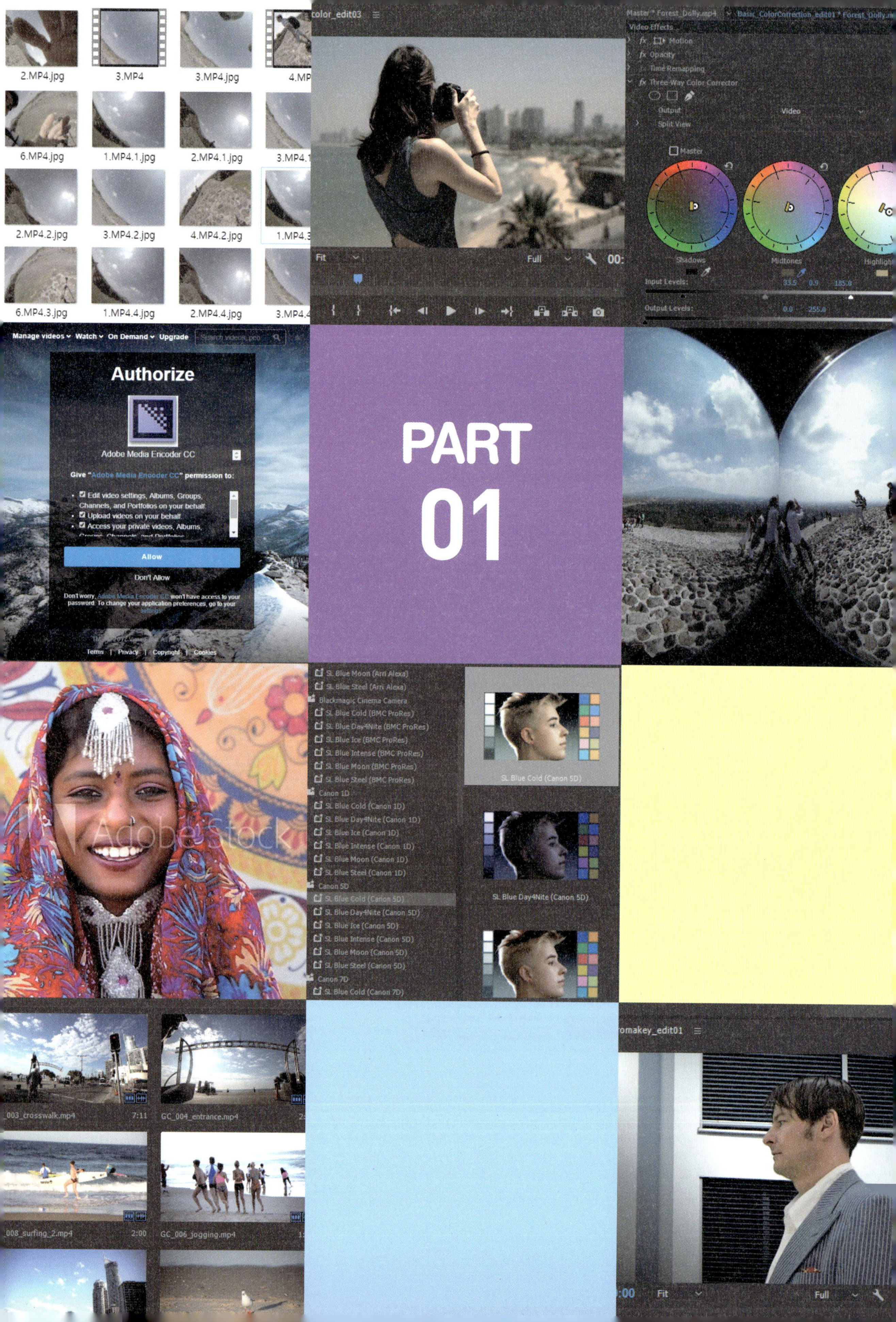

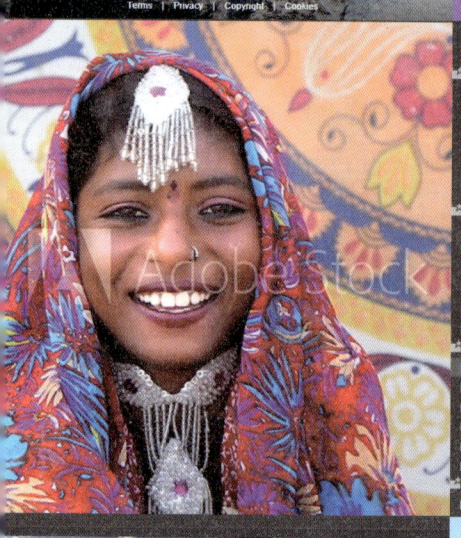

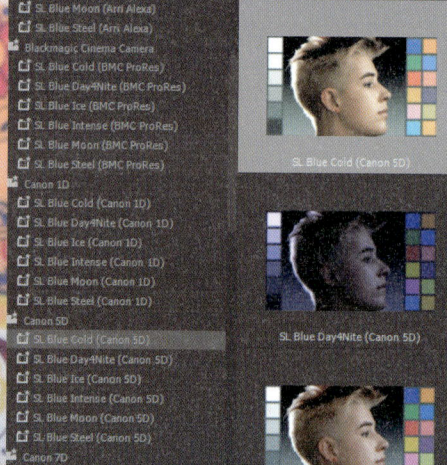

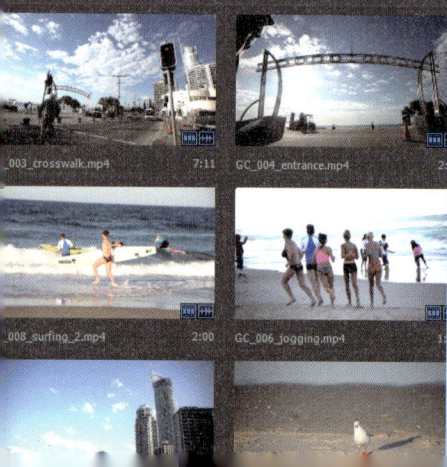

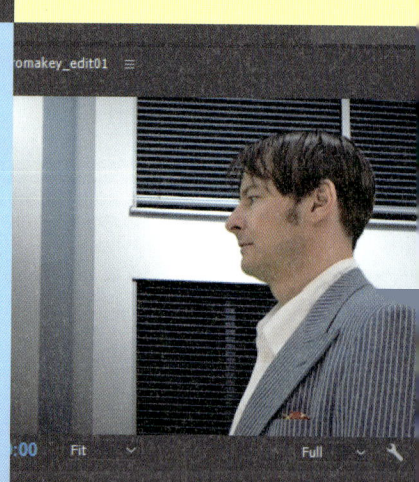

작업 효율을 높이는 환경 구성하기

Part 1에서는 프리미어 프로 CC의 인터페이스에 대하여 알아봅니다. 패널과 도구, 레이아웃 등 작업 환경을 구성하는 요소들의 역할과 기능에 대하여 알아보고, 사용자의 편의에 따라 달리 구성하는 방법에 대하여 알아봅니다. 더불어 Sync Settings(싱크 세팅)과 Ingest Settings(인제스트 세팅) 등 작업 효율을 높이는 유용한 팁 몇 가지를 안내합니다.

CHAPTER 01
Premiere Pro CC

Start Screen 살펴보기

프리미어 프로 CC를 실행하고 Start Screen을 살펴봅니다. 윈도우는 프로그램 목록에서, 맥은 아랫부분 도크(Dock)나 어플리케이션 목록에서 프리미어 프로 CC를 찾아 더블클릭하여 실행합니다. 프리미어를 실행하면 처음 화면이 바로 Start Screen입니다. 이전 버전의 프리미어 프로에서는 Welcome Screen이라 불렸는데, 표면상으로 달라 보이지만 기능적으로는 거의 동일한 기능을 합니다.

① **RECENT** : 최근에 실행하거나 저장했던 프로젝트를 보여줍니다. 프로젝트에 대한 파일명과 마지막으로 실행한 날짜와 시간이 오른쪽으로 정렬되어 나타납니다. 만약, 프리미어를 처음 실행하였다면 Recent 목록에 아무것도 보이지 않을 것입니다.

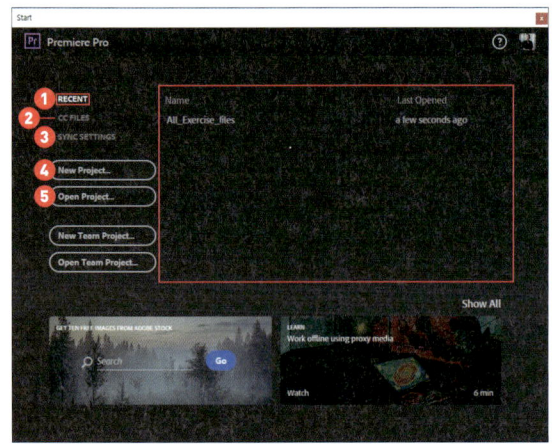

▲ 이전에 작업한 프로젝트 파일이 있을 경우

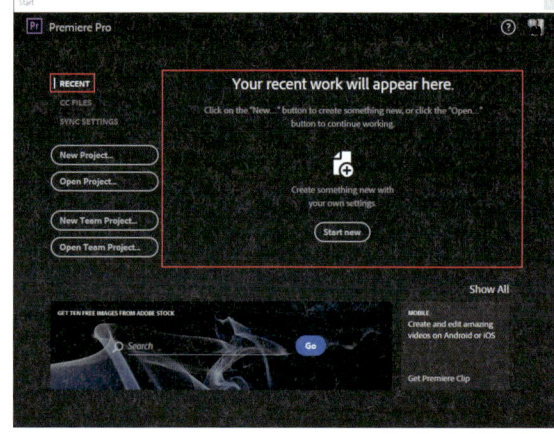

▲ 프리미어 프로를 처음 실행했을 경우

② **CC FILES** : 클라우드를 기반으로 인터넷에 저장된 사용자의 에셋 라이브러리에 접근하는 기능을 합니다. 언제 어디서든 인터넷만 연결되어 있다면 어도비 크리에이티브 클라우드에 등록된 사용자 본인의 ID로 로그인하여 라이브러리에 접근하여 파일을 업로드하거나, Assets(에셋)을 비롯한 Look(룩)과 Palette, Material 등을 저장하거나 사용할 수 있습니다.

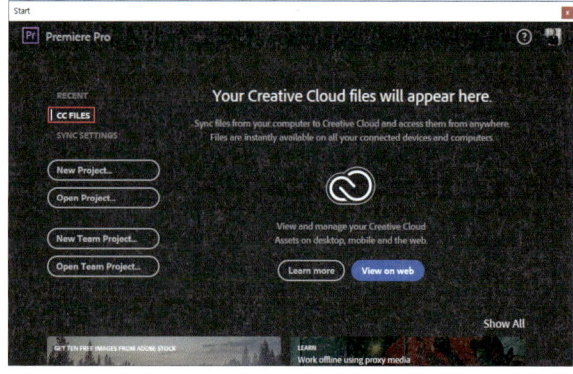

〈View on web〉 버튼을 클릭하면 어도비 크리에이티브 클라우드 사이트로 연결되고 사용자가 파일을 업로드하거나 공유할 수 있는 클라우드 기반의 라이브러리가 제공되는 것을 확인할 수 있습니다.

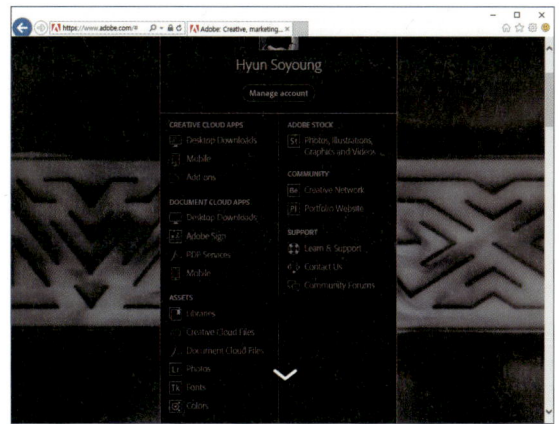 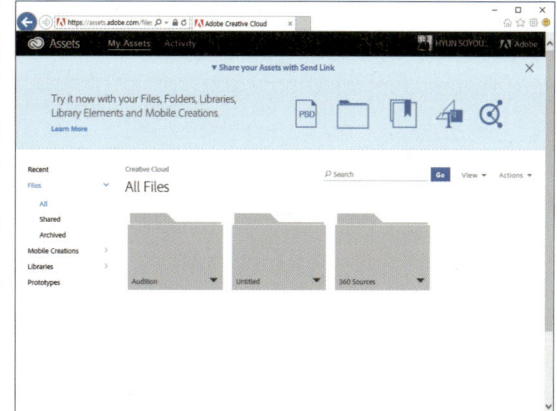

❸ **SYNC SETTINGS** : 클라우드를 기반으로 하는 요소로, Keyboard Shortcuts(키보드 단축키), Workspace Layout(작업 환경), Preference 등의 사용자 설정을 동기화하고 공유하는 기능을 합니다. 어도비 크리에이티브 클라우드에 등록된 사용자 본인의 ID로 로그인하여 프리미어 프로 작업 환경이나 단축키 등을 사용자 본인이 저장한대로 사용할 수 있습니다. 만약, 어도비 크리에이티브 클라우드에 로그인된 상태라면 'Sync Now'라는 항목 옆에 사용자의 아이디가 화면에 출력될 것이며, 'Use Setting from a Different Account'를 클릭하여 사용자의 아이디를 바꿔 로그인할 수 있습니다. 작업을 하던 컴퓨터가 바뀌거나 사용자 본인의 컴퓨터가 아닌 다른 사람의 컴퓨터를 사용하여 작업할 때, 사용자 본인의 사용자 설정을 그대로 불러와 사용할 수 있기 때문에 유용합니다.

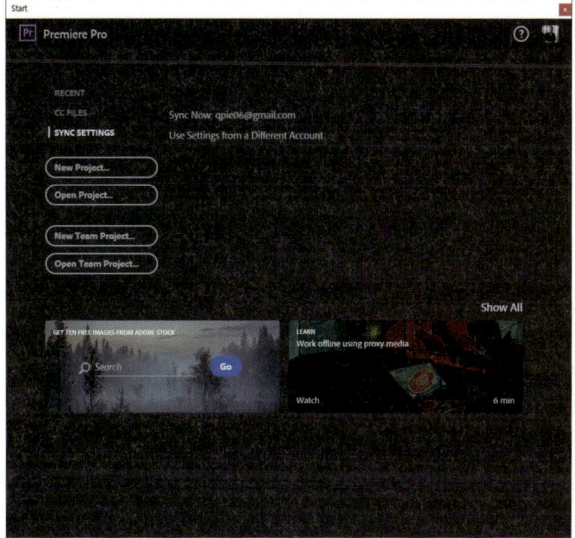

> **TIP**
>
> **Sync Setting 사용법**
>
> Sync Setting은 Start Screen뿐만 아니라, 프로젝트를 진행하는 중간에도 얼마든지 사용할 수 있습니다.

[File] → Sync Settings → Sync Settings Now(맥은 [Premiere Pro] → Sync Settings Now)를 실행하거나 화면 왼쪽 가장 아랫부분에 구름 모양 작은 아이콘을 클릭하여 Sync Settings Now를 찾을 수도 있습니다.

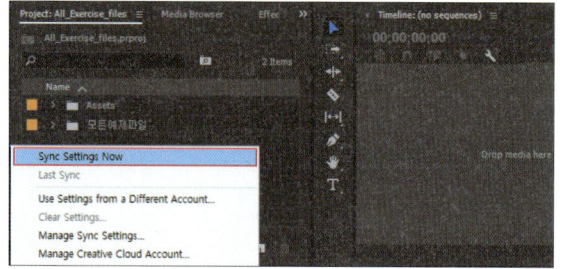

[Edit] → Preferences → Sync Settings를 실행하여 어떤 기능들이 동기화되는지 살펴봅니다.

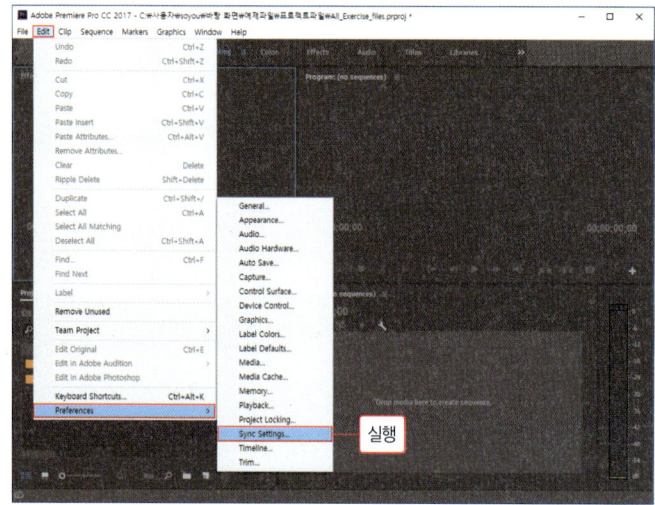

'Preferences/Settings', 'Workspace Layouts', 'Keyboard Shortcuts'에 체크가 되어 있는 것을 확인할 수 있습니다. 그 아래에 보면 동기화를 자동으로 실행할건지, 사용자가 원할 때에만 실행한 건지에 대해 선택할 수 있는 옵션이 있습니다.

'Ask my preference'로 남겨 두면 프리미어 프로는 동기화하기 이전에 사용자에 동기화 실행 여부를 물을 것입니다. 마지막 옵션은 프리미어를 닫을 때 동기화한 설정을 남겨 둘 것인지 지울 것인지를 선택하는 기능입니다.

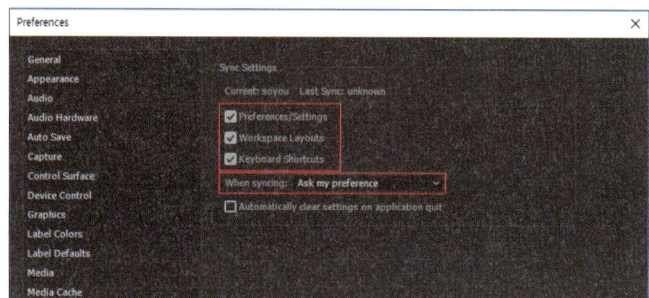

사용자 편의대로 작업 환경과 단축키 등을 바꿔 봅니다. 간단하게 패널 위치를 옮기거나 패널 창 크기를 바꿔 레이아웃을 수정하고 Sync Settings Now를 실행해 봅니다. 〈Upload Settings〉 버튼을 클릭하면 수정한 사용자 설정이 클라우드에 저장되고 언제든 동기화하여 사용할 수 있습니다. 또한, 〈Download Settings〉 버튼을 클릭하여 업로드한 사용자 설정을 다른 컴퓨터에서 사용할 수 있습니다.

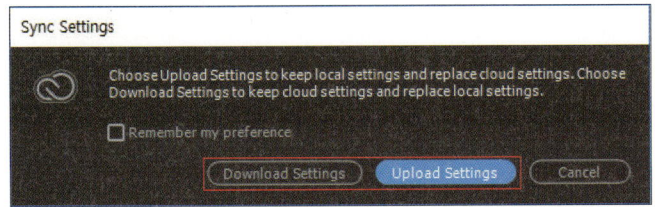

④ **New Project** : 새 프로젝트 파일을 만들고 작업을 시작합니다.
⑤ **Open Project** : 사용자 본인의 컴퓨터에 저장된 프로젝트 파일을 불러옵니다.

TIP

크리에이티브 클라우드란?

프리미어 프로는 어도비 크리에이티브 제품군 어플리케이션 중 하나로 월 결제 서비스를 기반으로 사용하게 됩니다. 사용자는 월 결제 서비스를 이용하는 동안에는 최신 버전을 기다리거나 업데이트에 필요한 추가 비용을 내지 않고 매번 최신 버전을 사용할 수 있습니다. 또한, 크리에이티브 클라우드는 Dropbox처럼 웹 기반의 파일 공유 및 동기화 서비스를 제공합니다. 따라서 언제 어디서든 인터넷만 연결되어 있다면 사용자의 파일을 백업하거나 동기화할 수 있고 작업 환경이나 키보드 설정과 같은 사용자 개인의 작업 환경(Preferences)을 저장했다가 동기화하여 사용할 수 있습니다.

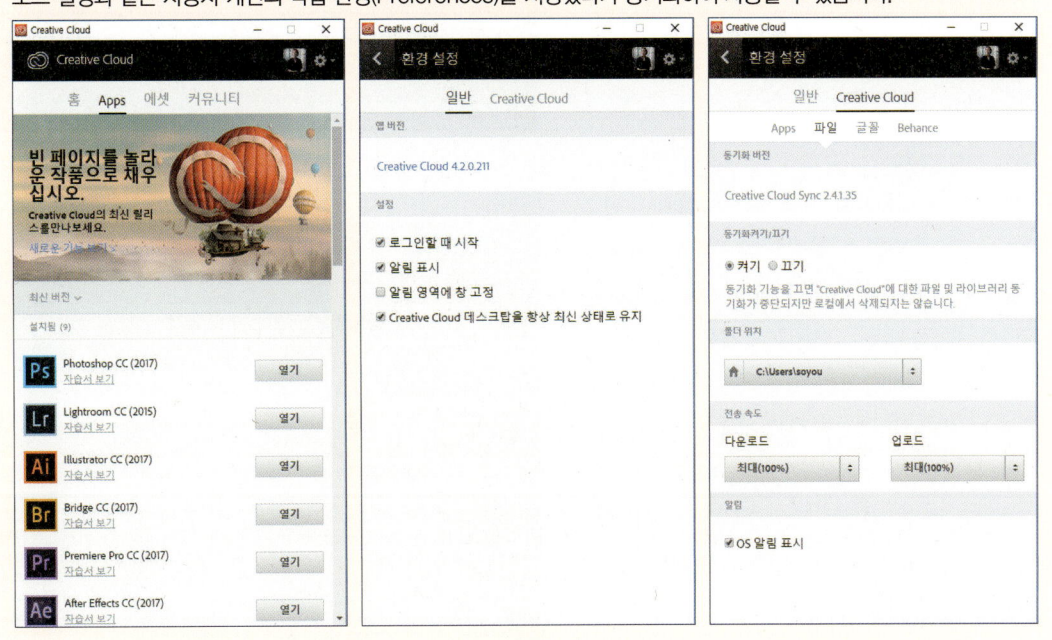

CHAPTER 02
Premiere Pro CC

새 프로젝트 시작하기

Start Screen에서 〈New Project〉 버튼을 클릭하여 새 프로젝트를 시작합니다. 새 프로젝트를 시작하며 사전 설정하는 옵션에 대하여 살펴봅니다.

① **Name** : 새 프로젝트 파일명을 지정합니다.

② **Location** : 프로젝트 파일을 저장할 폴더를 지정합니다. 〈Browse〉 버튼을 클릭하여 원하는 폴더 위치를 지정할 수 있습니다.

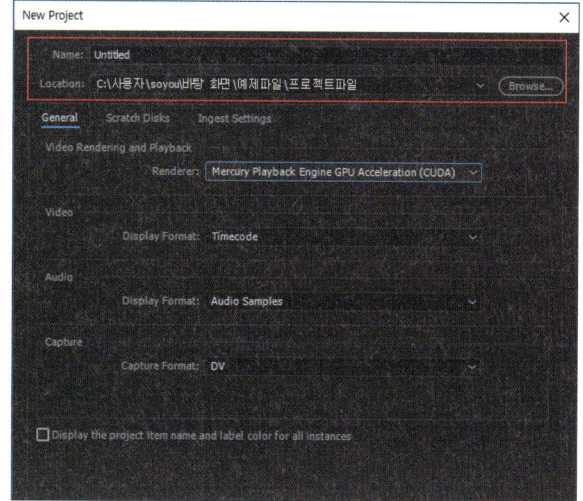

③ **Video Rendering and Playback** : 편집 및 이펙트가 적용된 타임라인의 비디오 클립을 재생할 때 Real-time Performance(실시간 퍼포먼스)를 높이는 고사양 그래픽 카드를 선택할 수 있도록 설정하는 기능을 수행합니다. CUDA나 OpenCL(매킨토시의 경우)을 사용하면 성능을 높일 수 있지만, 만약 없다면 Mercury Playback Engine Software Only를 선택하여 사용자 본인의 CPU와 RAM을 사용할 수도 있습니다.

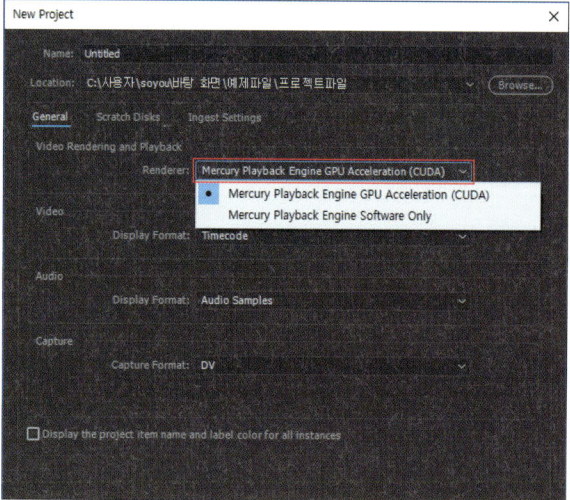

④ **Scratch Disks** : 프리미어 프로를 실행하면서 사용자가 만든 Previews나 Captured Sources, Auto Save 파일 등을 저장하는 폴더의 경로를 지정할 수 있습니다.
Default(기본) 상태에서는 모두 같은 폴더로 지정되어 있지만 시간을 조금 들여서라도 〈Browse〉 버튼을 클릭하여 폴더 각각을 설정하는 것이 좋습니다.

⑤ **Ingest Settings** : 이 기능은 프리미어 프로 CC 10.3의 2016년 6월 버전 이후에 업데이트된 것으로, 사용자가 미디어를 가져오는 과정에서 프록시를 만들 수 있게 돕는 기능을 합니다. 프록시 파일을 만들어 실시간 재생 퍼포먼스 성능을 높이는 것이 주목적입니다. Default 상태에서는 Ingest(인제스트)가 선택되지 않은 상태로 되어 있습니다. 이 상태는 사용자가 미디어를 가져오기할 때, 원본 파일을 사용한다는 것을 의미합니다. 만약 Ingest를 클릭한다면, Copy(원본 복제본)나 Transcode(하나의 인코딩에서 다른 인코딩으로 전환시키기) 또는 Create Proxies(프록시 생성)하거나 Copy and create proxies(프록시 복제 및 생성)을 하는 등의 프록시 파일을 가져오게 됩니다.

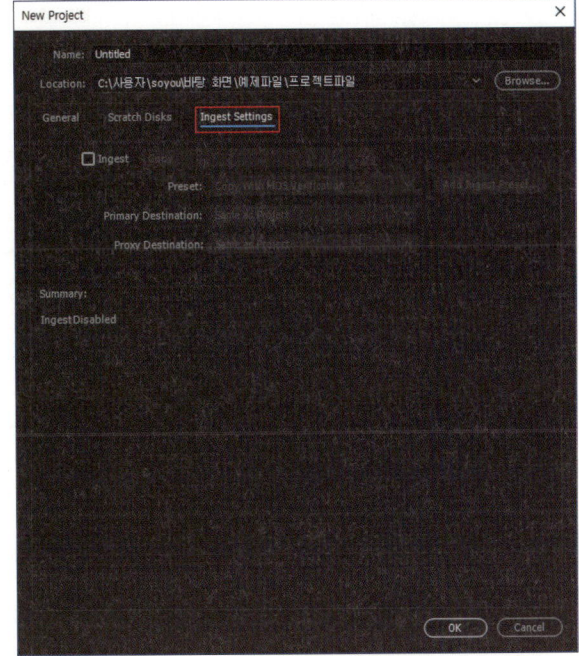

···· TIP ···

Proxy(프록시)란?

프록시 파일이란 사용자 미디어 원본 파일의 저화질 복제본이라 할 수 있습니다. 이는 사용자가 프리미어 프로 작업 중 언제든 원할 때 원본 미디어의 Full Resolution과 Lower-Resolution 사이를 왔다 갔다 하며 작업을 할 수 있도록 돕는 기능을 합니다. 드라이브 용량을 많이 차지하는 무거운 미디어를 소스 파일로 작업할 때, 프록시 파일을 사용하여 실시간 재생에 필요한 Real-Time Performance(성능)을 효율적으로 관리할 수 있습니다. 프로젝트 파일을 최종으로 내보낼 때는 원본 파일을 사용하기 때문에 이에 대한 걱정은 하지 않아도 됩니다.

···· TIP ····

Ingest & Proxy Workflow 활용법

① New Project 대화상자에서 Ingest Setting을 사전 설정할 수 있고 또는, 파일을 Import(가져오기)하기 전에 [**File**] → **Project Settings** → **Ingest Settings**를 실행하여 설정을 바꿀 수도 있습니다.

'Ingest'에 체크 표시하고 'Create Proxies'로 지정합니다. Preset의 팝업 메뉴를 열고 프록시 파일의 해상도를 선택합니다. 다음으로 프록시를 저장할 장소를 지정합니다. Primary Destination은 원본 파일이 있는 폴더 경로를 나타내는 것으로 선택할 수 없게 되어 있습니다. 반면, Proxy Destination 은 몇 가지 옵션을 선택할 수 있도록 되어 있습니다.

기본 상태로 'Project location'이 선택되어 있는데, 팝업 메뉴를 클릭해 보면 다른 경로를 선택할 수 있습니다. 이 중에서도 'Creative Cloud Files'는 언제 어디서든 인터넷만 연결되어 있다면 이 프록시 파일들을 사용할 수 있기 때문에 유용합니다. 설정을 마치고 〈OK〉 버튼을 클릭합니다.

[File] → Import(Ctrl+I)를 실행하여 파일을 가져옵니다.

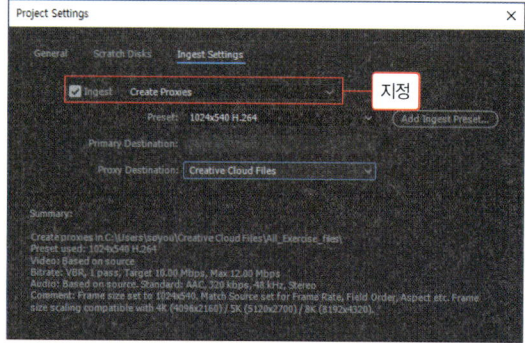

② 이미 Import된 파일에 대한 프록시 파일을 만드는 방법을 알아봅니다. Project 패널에서 파일을 마우스 오른쪽 버튼으로 클릭한 다음 **Proxy** → **Create Proxies**를 실행합니다.

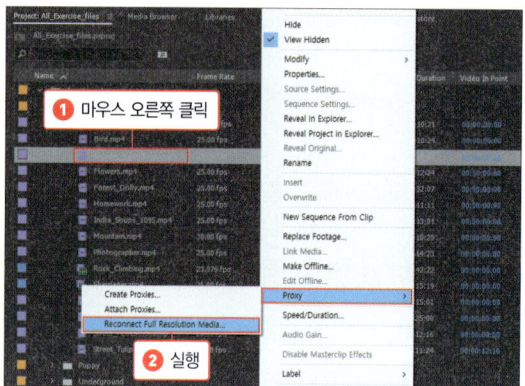

③ 대화상자가 표시되면, 프록시 파일 포맷과 프록시 파일을 저장할 경로를 지정하고 〈OK〉 버튼을 클릭합니다. 'Next to Original Media, in Proxy folder'를 선택하면 원본 파일이 들어 있는 폴더에 프록시 파일 폴더가 새로 만들어지고 그 안에 프록시 파일이 저장됩니다. 두 번째 옵션을 선택하고 〈Browse〉 버튼을 클릭하면 파일 경로를 사용자 임의로 지정할 수 있습니다. 어도비 미디어 인코더가 자동으로 실행되면서 프록시 파일을 만듭니다.

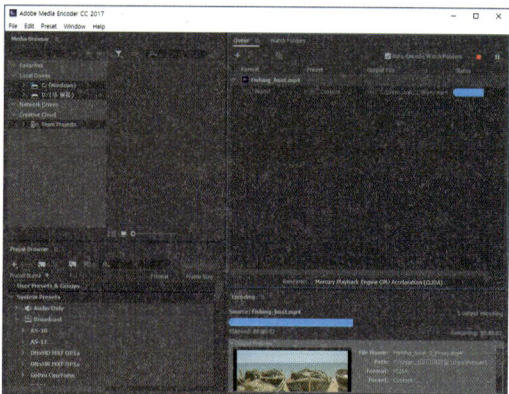

④ 원본 파일이 있는 폴더를 열어 보면, 'Proxies'라는 이름으로 프록시 파일 폴더가 새로 만들어진 것을 확인할 수 있습니다. 폴더를 열어 보면, 프록시 파일이 저장된 것을 확인할 수 있습니다.

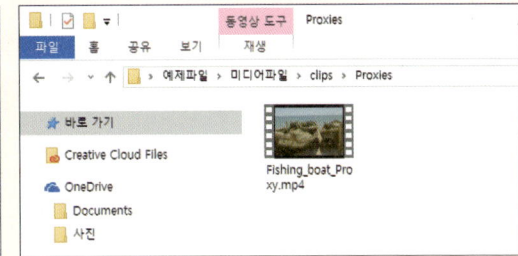

⑤ 만약 서드 파티 소프트웨어를 사용하여 프록시 파일을 만들었다면, Project 패널에서 파일을 선택하고 마우스 오른쪽 버튼을 클릭한 다음 **Proxy → Attach Proxies**를 실행하여 불러들일 수 있습니다. 프록시 파일에서 다시 Full Resolution의 원본 파일로 불러들이고 싶다면, **Proxy → Reconnect Full Resolution Media**를 실행합니다. 프록시 파일의 원본 파일을 불러옵니다.

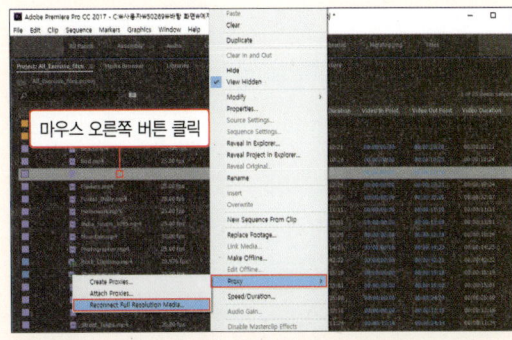

⑥ 대화상자가 표시되고 Project 패널에서 선택한 파일이 목록에 올라와 있습니다. 파일을 선택하고 〈Attach〉 버튼을 클릭합니다.

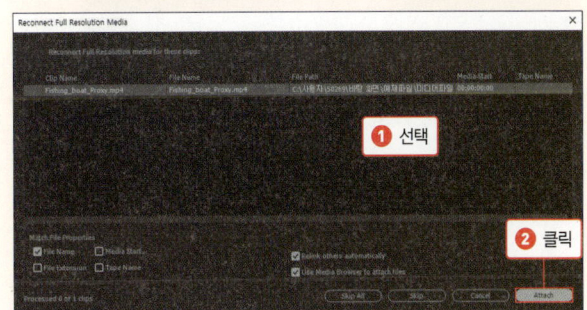

⑦ 다시 새로운 대화상자가 표시되고 소스들이 모인 폴더가 불러들여집니다. 〈Search〉 버튼을 클릭하면, 프록시 파일의 원본 파일이 검색되어 밝게 표시됩니다. 밝게 표시된 파일을 다시 클릭하여 선택하면 〈OK〉 버튼이 활성화됩니다. 〈OK〉 버튼을 클릭하고 대화상자를 닫습니다.
Project 패널에서 프록시 파일이 원본 파일로 바뀐 것을 확인할 수 있습니다.

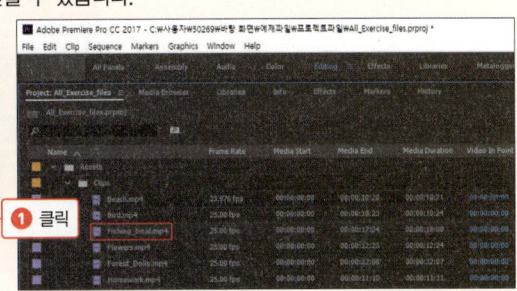

CHAPTER 03
Premiere Pro CC

인터페이스 살펴보기

프리미어 프로 CC 화면을 구성하고 있는 패널과 도구, 그리고 레이아웃을 살펴봅니다. 유저 인터페이스와 컨트롤은 사용자의 컴퓨터 운영 체제와 상관없이 동일합니다.

① **기본 메뉴** : 화면 가장 윗부분에 자리한 메뉴를 가리키며 File(파일), Edit(편집), Clip(클립), Sequence(시퀀스) 등이 있습니다. 그 중에서도 Window(창) 메뉴는 프리미어 프로 인터페이스에서 제공되는 모든 패널과 구성 요소들이 있습니다. 따라서, 작업 중에 특정 기능이 어디에 있는지 찾을 수 없을 때 Window(창) 메뉴를 가장 먼저 찾아보면 좋습니다.

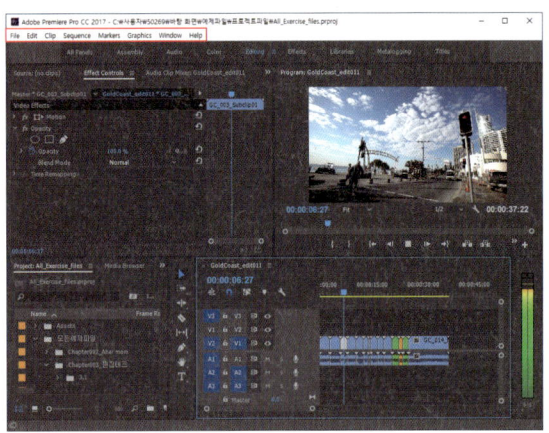 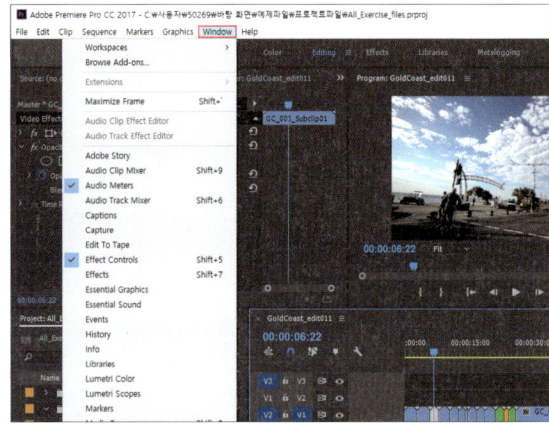

② **Project 패널**(Shift+1) : 프로젝트에 관련한 모든 콘텐츠들(Media, Footages, Sequence 등)을 관리하는 곳입니다.

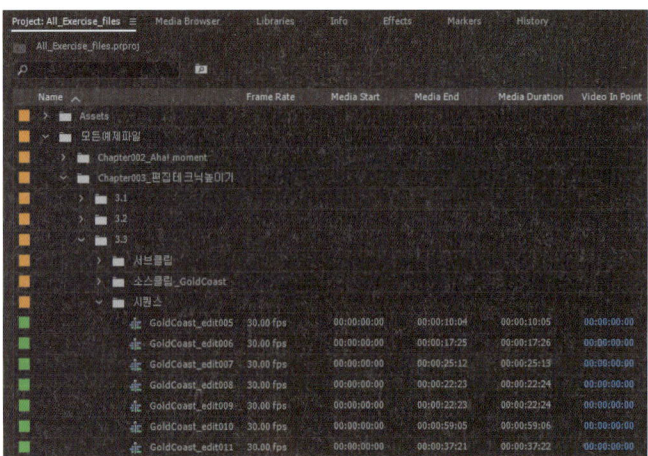

- Bin 활용하여 정리하기 : Project 패널에서 폴더를 'Bin'이라 부르는데, 편집에 필요한 모든 콘텐츠들(Sources)을 가져오기 하고 이 Bin을 사용하여 소스 파일들을 정리하는 것이 좋습니다.
  소스 파일의 형태, 날짜 등에 따른 분류로 Bin의 이름을 바꾸면 작업이 편리합니다.

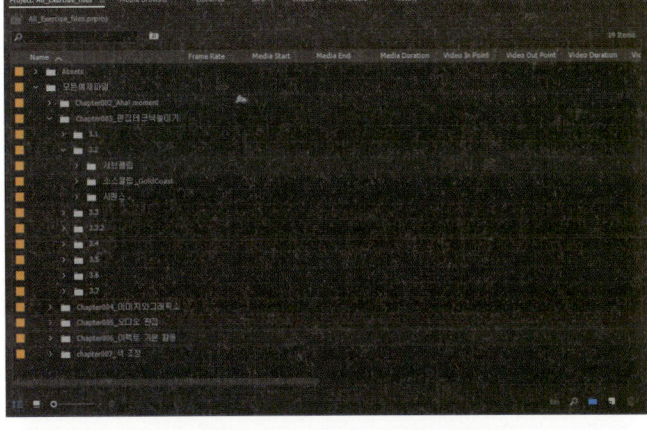

- View 모드 바꾸기 : Default 상태에서 List View로 정리되어 있는데, Project 패널의 왼쪽 아랫부분 'Icon View' 아이콘을 클릭하면 콘텐츠들의 섬네일을 확인할 수 있습니다.

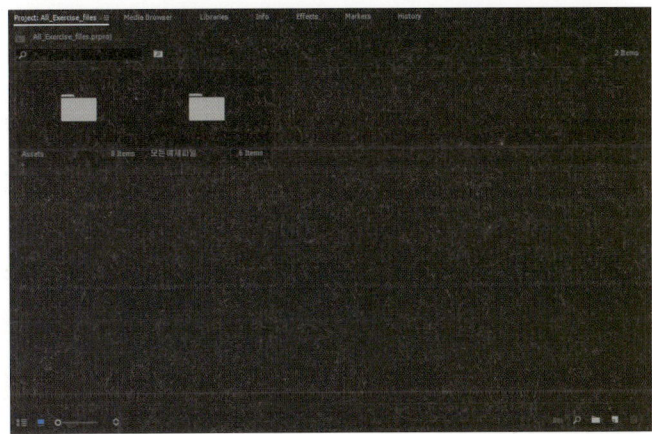

클립의 섬네일 크기를 조절하고 싶다면 패널 아랫부분 슬라이더를 이용하여 크거나 작게 만들 수 있습니다.

- Bin 상위 폴더와 하위 폴더 : Bin 안에 Bin을 만들 수 있는데 이렇게 되면 상위와 하위 폴더의 개념을 갖게 됩니다.

  List View 모드의 경우, 폴더 이름 왼쪽의 작은 꺽쇠 모양을 아이콘를 누르면 닫혀 있던 폴더가 열립니다.

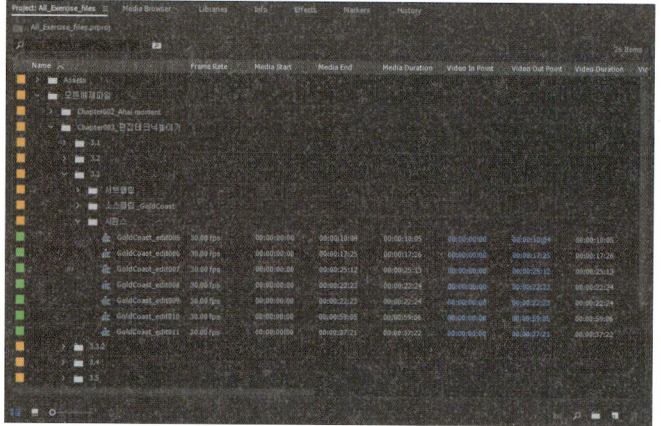

View 모드에 상관없이 폴더 이름을 마우스로 더블클릭하면 해당 폴더가 새 창으로 열립니다.

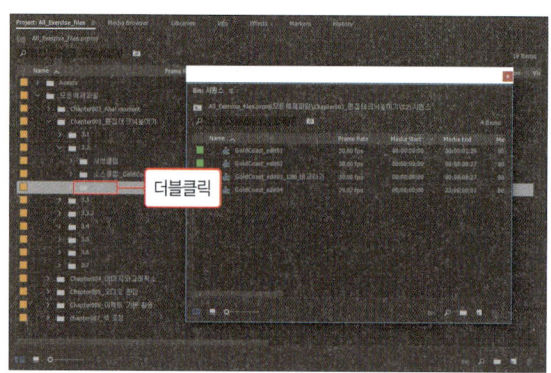 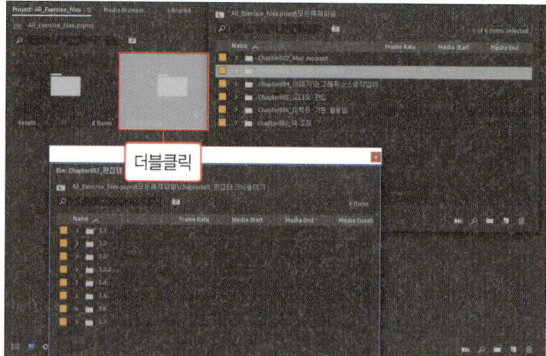

만약, 새 창에서 열지 않고 같은 창에서 하위 폴더로 이동하고 싶다면 Ctrl 키를 누르고 더블클릭합니다. 검색창 위를 살펴보면 폴더의 경로가 표시되는 것을 확인할 수 있습니다.

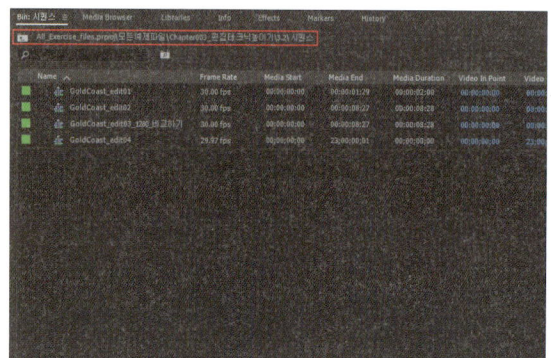 

하위 폴더에서 상위 폴더로 다시 돌아가고 싶다면 Bin의 경로를 나타내는 텍스트 옆의 폴더 아이콘을 클릭합니다.

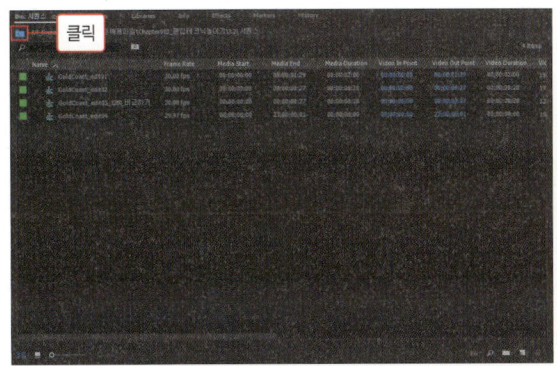 

폴더 아이콘을 길게 누르면 상위 폴더를 선택하여 한번에 이동할 수 있습니다.

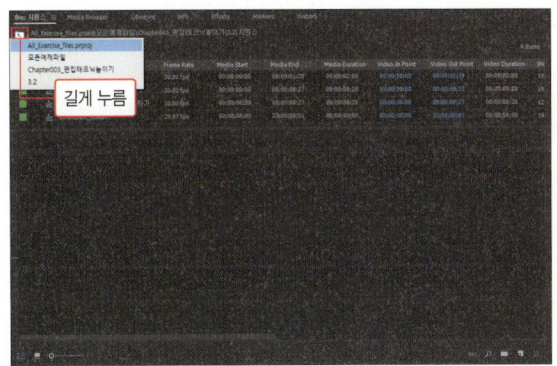 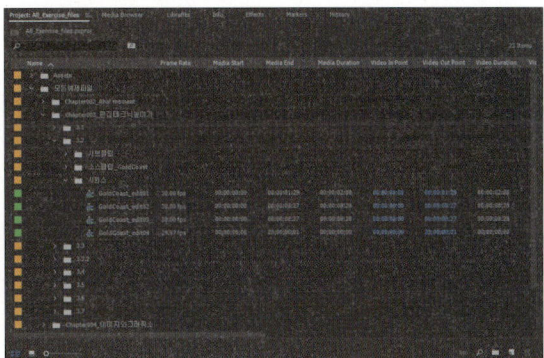

- 소스 클립 미리 보기 : Project 패널의 View 모드가 Icon View일 때 혹은 Project 패널 그룹 중 Media Browser 패널을 활성화했을 때, 마우스를 이용하여 소스 클립을 미리 보기할 수 있습니다. 마우스를 클립의 섬네일 위에 올려놓고 좌우로 Hovering(클릭하지 않고 긁기)하면 각 소스 클립의 미리 보기가 가능합니다. 또는, 클립을 선택하고 Spacebar 키를 누르거나 클립 섬네일 아랫부분 Play Bar를 잡고 좌우로 이동하면 사운드와 함께 미리 보기가 가능합니다.

- 패널 그룹 : Media Browser, Libraries, Info, Effects, Markers, History 패널이 여기에 해당하며, 패널 윗부분 탭을 이용하여 넘나들기가 가능합니다.

③ **Source Monitor 패널**(Shift+2) : 편집을 시작하기 전에 Project 패널로 불러들인 원본 소스를 미리 보기하는 기능을 수행합니다.

- 소스 모니터 활성화하기 : Project 패널에 있는 클립들 중 하나를 선택하여 더블클릭하거나 Project 패널 상의 클립을 드래그하여 Source Monitor 패널에 올려 놓는 방법이 있습니다. 또는 마우스 오른쪽 버튼을 클릭하고 **Open in Source Monitor**를 실행합니다.

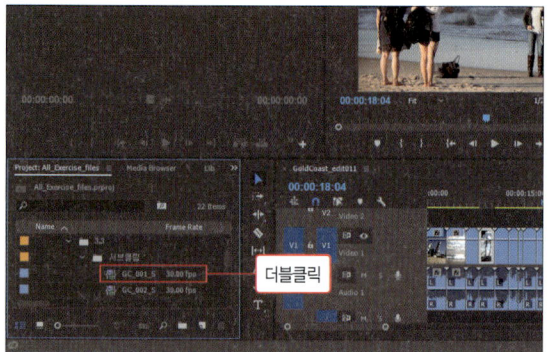 

- Source Monitor 패널에서 클립 재생하기 : Spacebar 키를 눌러 재생하거나 멈출 수 있고 또는, Source Monitor 패널 아랫부분에 있는 'Play-Stop Toggle' 아이콘을 이용하거나 플레이헤드를 좌우로 이동해 재생할 수도 있습니다.

- 마커 활용하기 : 마커를 활용하면, 소스를 타임라인으로 불러들이기 전에 소스 모니터 상에서 미리 편집에 필요한 구간을 지정할 수 있습니다.

④ **Timeline 패널(Shift+3)** : 미디어나 Footages를 눈으로 보면서 편집할 수 있습니다. 타임라인의 모든 소스들은 시퀀스를 구성하게 되며 하나의 타임라인은 하나의 시퀀스를 구성하지만 이와 더불어 하나의 타임라인은 여러 시퀀스를 불러들일 수 있습니다.

- 타임라인으로 클립 불러오기 : 마우스로 Project 패널에서 클립을 선택하여 Timeline 패널 위에 드래그하거나 Source Monitor 패널에 마킹한 구간을 잡고 Timeline 패널 위에 드래그할 수 있습니다.

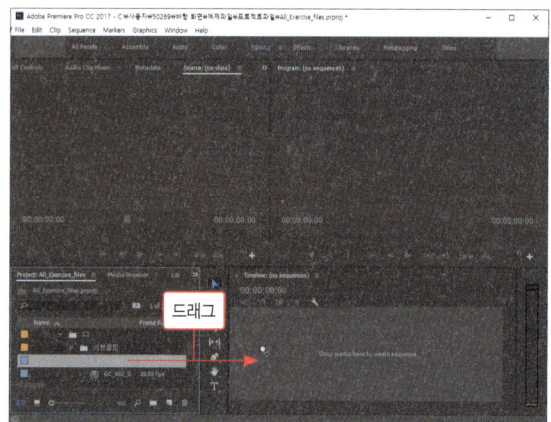

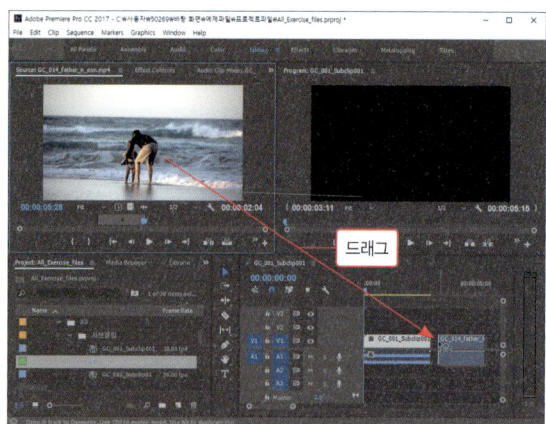
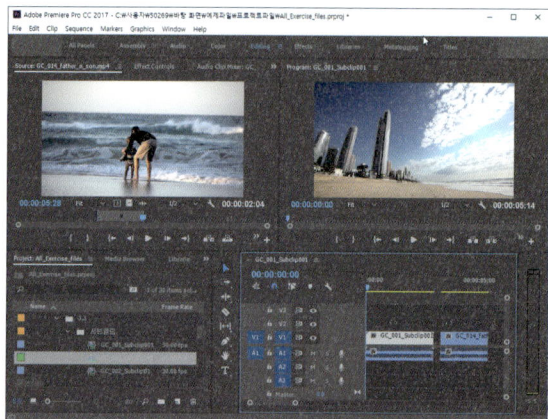

- 시퀀스 생성과 이름 바꾸기 : 타임라인에 불러들여진 클립은 시퀀스를 만듭니다. Project 패널을 List View로 놓고 확인하면 시퀀스 아이콘이 만들어져 있는 것을 확인할 수 있습니다. 타임라인 윗부분 탭에는 시퀀스 이름이 적혀 있는데 클립을 그대로 드래그했다면 시퀀스 이름 또한 파일 이름과 동일하게 됩니다. 이때, Project 패널에서 시퀀스 이름을 마우스로 한번 클릭하거나 마우스 오른쪽 버튼을 클릭하고 **Rename**을 실행하여 수정할 수 있습니다.

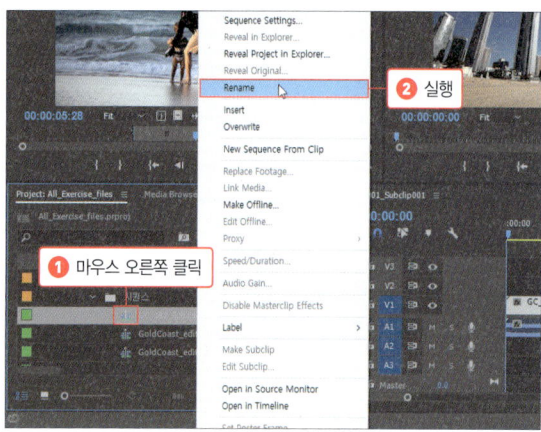
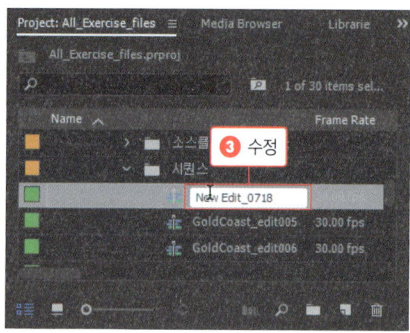

- Timeline 패널 줌 인 & 줌 아웃 : 타임라인 클립의 섬네일이 작게 들어와 편집이 어렵다면, W 키를 사용하여 Timeline 패널 길이에 딱 맞게 조절할 수 있고 또는 키보드 상의 + 키나 - 키를 사용하여 Timeline 패널을 줌 인, 줌 아웃할 수 있습니다.

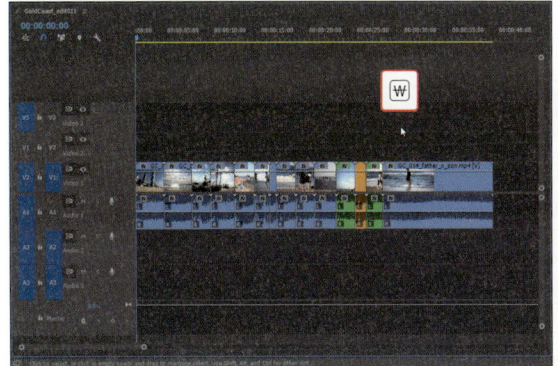 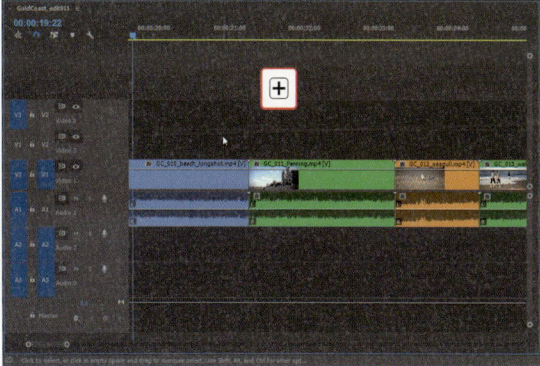

- 시퀀스 넘나들기 : Project 패널에서 시퀀스를 선택 및 더블클릭하여 타임라인에 또 다른 시퀀스를 불러들여 봅니다.
  Timeline 패널은 시퀀스 여러 개를 열어 작업할 수 있는데, 시퀀스 이름이 적힌 윗부분 탭을 클릭하여 각 시퀀스를 넘나들 수 있으며, 시퀀스 이름 옆에 있는 작은 × 표시를 눌러 더 이상 사용하지 않는 시퀀스를 닫을 수도 있습니다.

- 비디오 트랙과 오디오 트랙 : 타임라인의 시퀀스는 기본적으로 비디오 트랙 V1, V2, V3, 그리고 오디오 트랙 A1, A2, A3으로 구성되어 있습니다. 트랙 각각의 섬네일은 최소화된 상태로 보이는데, 편집을 위해 비디오 섬네일이나 오디오 Waveform을 보기 위해서 트랙 크기를 조절할 필요가 있습니다.
  트랙 높이를 조절하려면 마우스 포인터를 트랙 경계에 놓고 마우스 포인터가 변하면 드래그하여 조절하거나, Shift 키를 누르고 마우스 가운데 휠을 돌리면 트랙 높이를 한번에 조절할 수 있습니다.

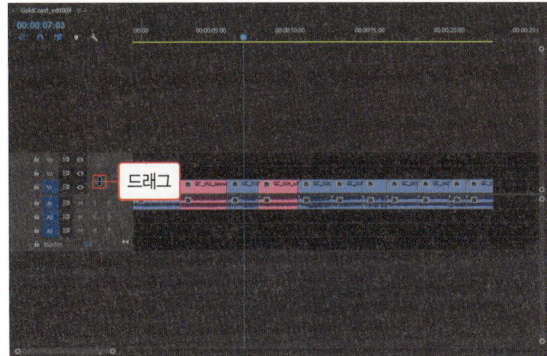 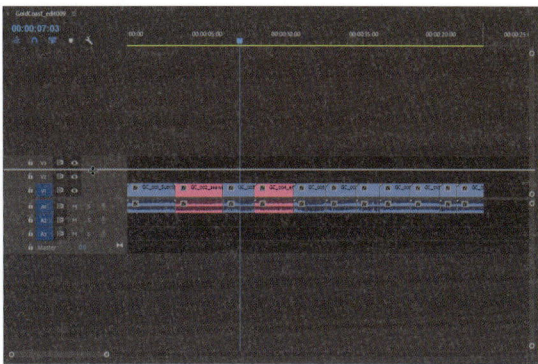

윗부분에 위치한 'Setting' 아이콘을 클릭하고 **Minimize All Tracks** 혹은 **Expand All Tracks** 를 실행한다면 타임라인의 모든 트랙을 한번에 제어할 수도 있습니다.

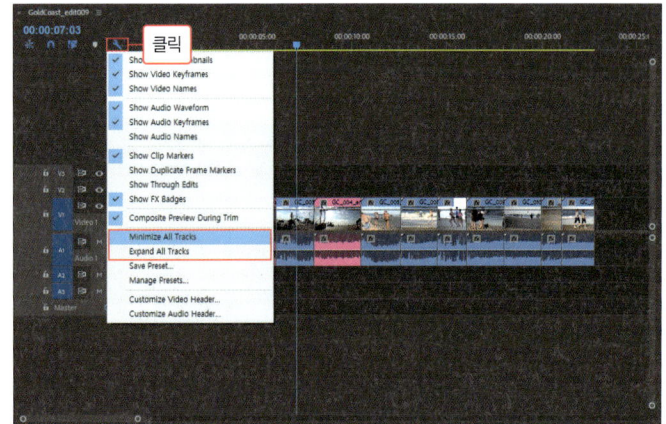

⑤ **Program Monitor 패널**(Shift+4) : 타임라인에 불러들려진 시퀀스의 최종 결과물을 확인할 수 있는 창입니다.

⑥ **Tools 패널** : Editing 작업에서 핵심 기능을 수행하는 구성 요소입니다. 주로, 타임라인에서 편집할 때 사용하는 도구들이 모여 있는 패널입니다.

⑦ **Audio Meter 패널** : 미디어 클립의 오디오 볼륨에 대한 정보를 보여줍니다.

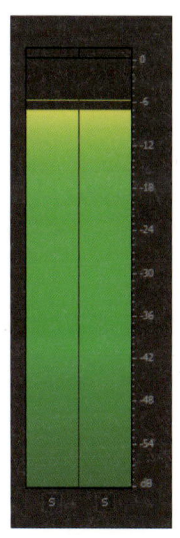

---- TIP ----

모든 패널에 적용 가능한 유용한 팁

• **패널을 전체 화면으로 보기** : ~ 키를 누르면 Project 패널을 전체 화면 상태에서 볼 수 있습니다. 다시 제자리로 돌려 놓는 것 역시 ~ 키를 이용합니다. Project 패널과 그 그룹의 Media Browser 같은 패널에서 미디어 클립들의 섬네일을 미리 보기할 때 유용합니다.

• **드롭다운 메뉴** : 각 패널 윗부분 제목 옆에는 드롭다운 메뉴가 있습니다. 패널을 켜고 끄는 것은 물론, 각 패널에 관련한 세부 옵션을 조정할 수도 있습니다.

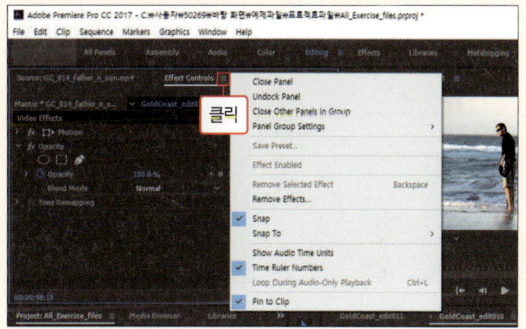

• **더블 애로우 버튼** : 패널 창 오른쪽 끝에 위치한 더블 애로우 버튼은 각 패널 그룹의 숨은 기능을 불러낼 수 있습니다. 패널 창 윗부분 작은 × 표시를 눌러 닫았던 패널을 다시 불러들일 수 있습니다.

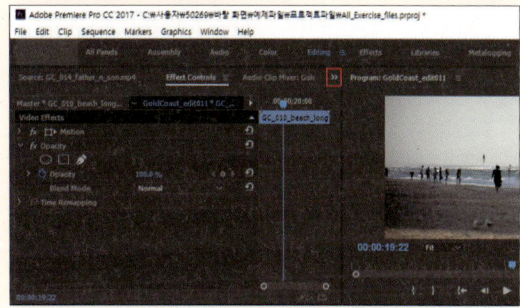

CHAPTER 04
Premiere Pro CC

작업 화면 내 마음대로 구성하기

프리미어의 Default Workspace Layout(기본 작업 화면 레이아웃)은 Editing으로 설정되어 있으며, 모니터 화면 윗부분 메뉴 줄 바로 아래 Editing이 파란색으로 표시되는 것을 확인할 수 있습니다.

1 Workspace Layout Mode 바꾸기

[Window] → Workspaces를 선택하고 바로 아래 가로로 늘어진 툴바에서 선택하여 바꾸거나, 메뉴 줄 바로 아래 가로로 늘어선 툴바에서 선택하여 바꿀 수 있습니다. Editing 모드를 Color 모드로 바꿔봅니다. 색 조정과 관련한 패널들로 이루어진 환경으로 바뀌는 것을 확인할 수 있습니다.

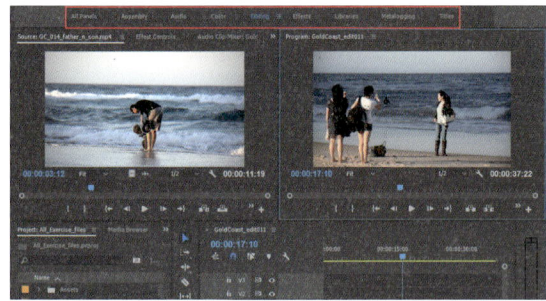 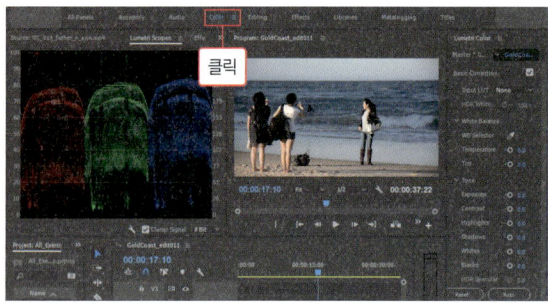

2 패널 창의 크기 조절하기

창의 경계로 마우스를 가져가면 마우스 포인터가 바뀌는 것을 확인할 수 있는데, 이 상태에서 마우스를 눌러 드래그하면 창 크기를 변경할 수 있습니다.

3 패널 창의 위치 바꾸기

마우스로 창의 타이틀 탭을 잡고 드래그하여 옮겨 봅니다. 창을 다른 패널의 자리로 가져가 이리저리 움직이면 사각 격자무늬들이 나타나고 특정 섹션이 보라색으로 바뀌는 것을 확인할 수 있습니다.

이번에는 모니터 화면 상하좌우의 가장자리로 가져가 봅니다. 가장자리 세로 줄 혹은 가로 줄 전체가 녹색으로 바뀌는 것을 확인할 수 있습니다. 특정 섹션이 보라색 혹은 녹색으로 하이라이트된 영역에 창을 대고 마우스 포인터를 놓으면 그 자리로 창이 옮겨지는 것을 확인할 수 있습니다.

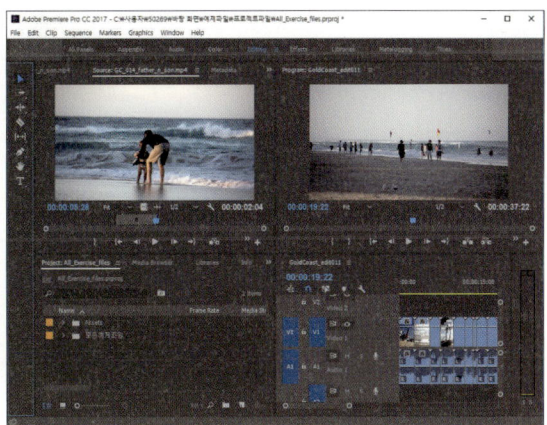

4 Workspace Layout 저장하기

내 마음대로 변경, 구성을 마친 Workspace Layout은 미리 설정된 모드들처럼 저장하여 사용할 수 있습니다. [Window] → Workspace → Save as New Workspace를 실행하거나, 툴바의 해당 모드 옆 드롭다운 메뉴를 열고 Save as New Workspace를 실행합니다.

5 Workspace Layout 원래대로 되돌리기

작업 환경을 이리저리 변경하다가 원래대로 되돌리고 싶다면 [Window] → Workspace → Reset to Saved Layout을 실행하거나, 툴바의 해당 모드 옆 드롭다운 메뉴를 열고 Reset to Saved Layout를 실행합니다.

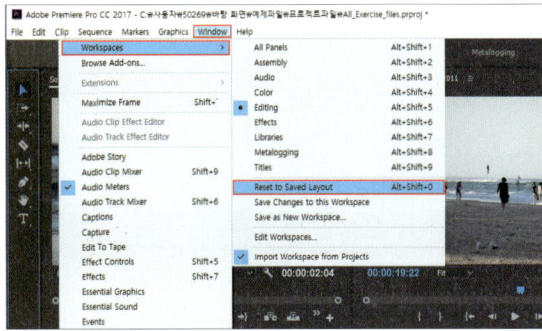

Premiere Pro CC 2018로 업데이트 되면서 작업 환경을 원래대로 되돌리는 아주 간단한 방법이 추가되었습니다. 작업 환경 모드의 제목을 더블클릭하여 간단하게 리셋할 수 있습니다.

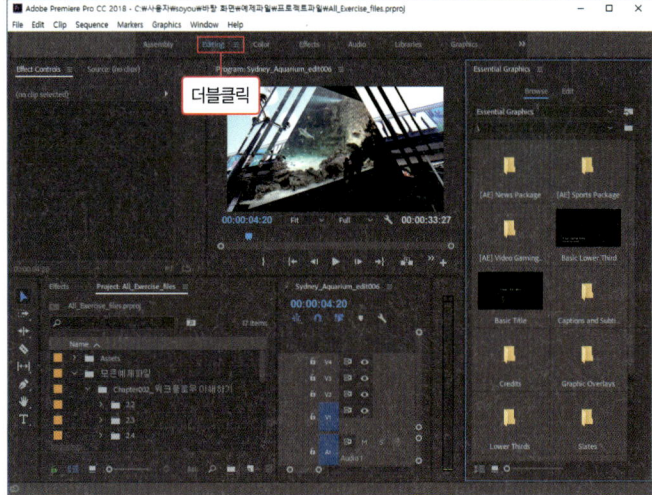

작업 환경을 되돌리겠냐는 대화상자가 표시되면 〈Yes〉 버튼을 클릭합니다. 리셋하기를 원하지 않는다면 〈No〉 버튼을 클릭합니다. 대화상자 아랫부분에서 'Always ask'에 체크 해제하면, 작업 환경 타이틀을 더블클릭했을 때 더 이상 대화창이 열리지 않고 바로 리셋이 진행됩니다.

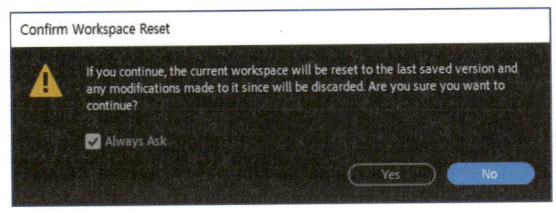
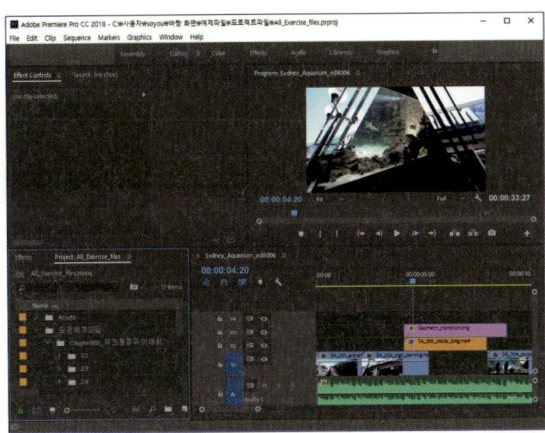

만약 다시 대화상자를 열고 리셋할 것인지 아닌지를 묻고 진행하기를 원한다면, Preference 창에서 옵션을 바꿀 수 있습니다. [Edit] → Preferences → General을 실행합니다. 'Show Workspace Reset Warning dialogue on double-click'에 체크하면, 대화상자가 표시되고 리셋을 진행할 것인지 묻습니다. 그러나 체크 해제하면 대화상자가 열리지 않고, 더블클릭하는 즉시 작업 환경이 리셋됩니다.

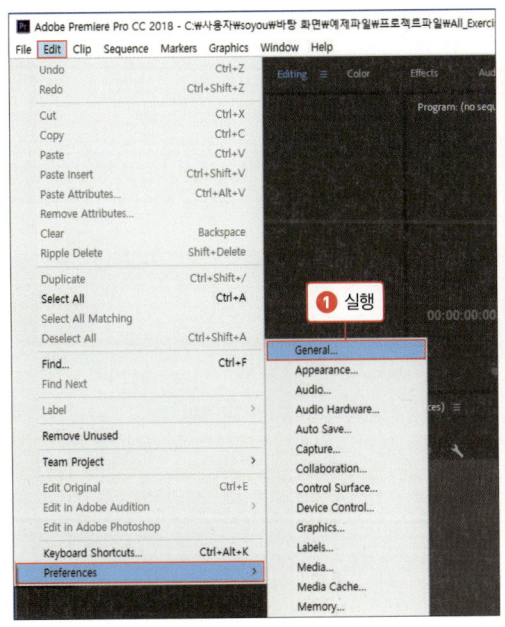
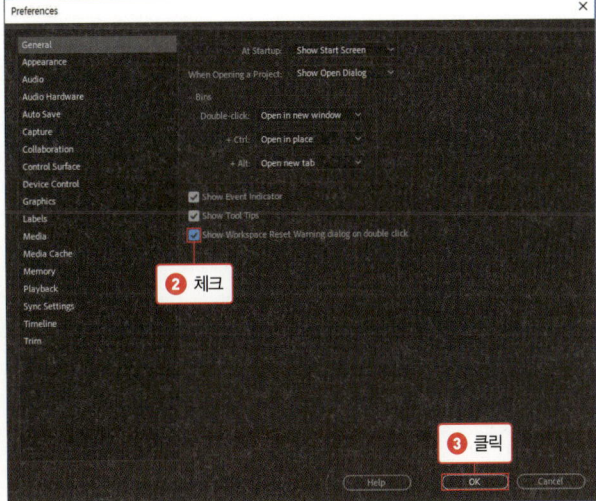

6 버튼 레이아웃 수정하기(Customising)

Source Monitor 패널과 Program Monitor 패널 아랫부분을 살펴보면 미디어 클립 제어 관련한 버튼들이 모인 것을 확인할 수 있습니다. 이 또한 사용자의 편의에 따라 추가, 수정하거나 삭제, 복구하는 것이 모두 가능합니다.

만약, Program Monitor 패널의 버튼 레이아웃을 자주 사용하지 않거나 주로 단축키를 사용하기 때문에 버튼이 필요 없다면, 'Setting' 아이콘을 클릭하고 Show Transport Controls 옵션의 체크 표시를 해제하는 방법이 있습니다. 다시 옵션 체크하면 버튼 레이아웃을 복구할 수 있습니다.

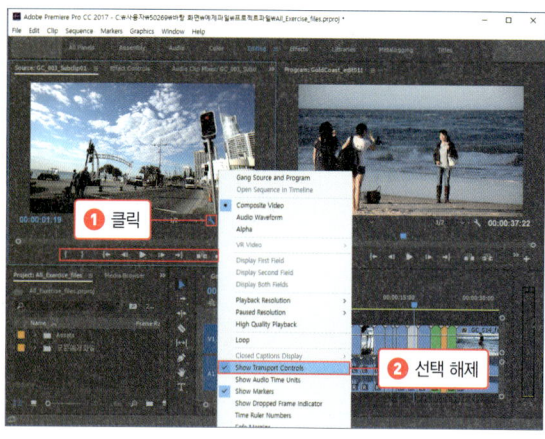

버튼 레이아웃의 오른쪽 아랫부분에 ■ 버튼을 클릭해 보면 버튼 에디터가 표시되는데, 버튼 아이콘을 추가하거나 삭제 또는 다시 복구할 수 있습니다.

버튼 에디터가 활성화된 상태에서 마우스로 버튼 레이아웃 위의 버튼 아이콘을 하나 집어서 드래그하면 버튼 위치를 마음대로 옮길 수 있습니다.

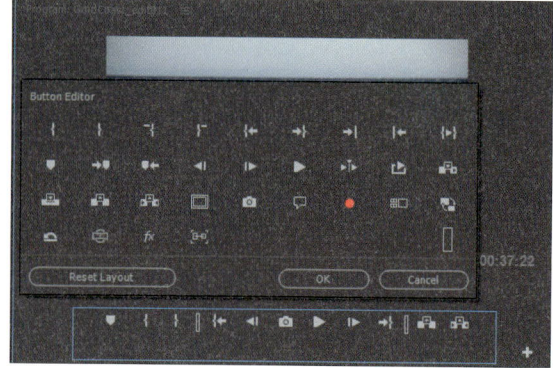

버튼 아이콘을 잡고 아래로 당겨 마우스를 놓으면 버튼을 삭제할 수 있습니다.

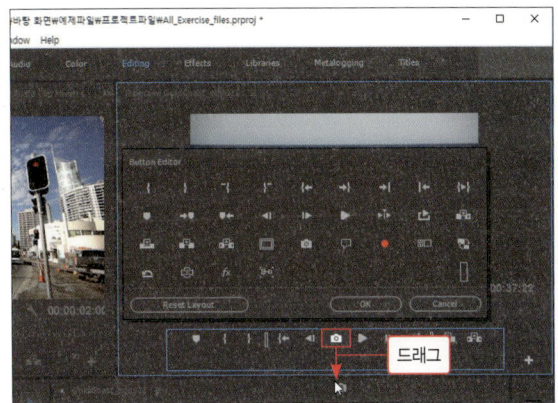

버튼 에디터에서 각각의 버튼 아이콘에 마우스를 올려놓으면 Tool Tip(툴에 대한 짧은 설명)이 표시되는 것을 볼 수 있으며, 필요한 기능을 하는 버튼을 고를 수 있습니다. 버튼 레이아웃은 두 줄까지 사용 가능하지만 사용하지 않는 너무 많은 버튼을 꺼내면 오히려 모니터의 미리 보기 공간이 좁아질 수 있습니다.

마지막으로 원래대로 버튼 레이아웃을 돌려 놓고 싶다면, ➕ 버튼을 클릭하고 〈Reset Layout〉 버튼을 클릭합니다.

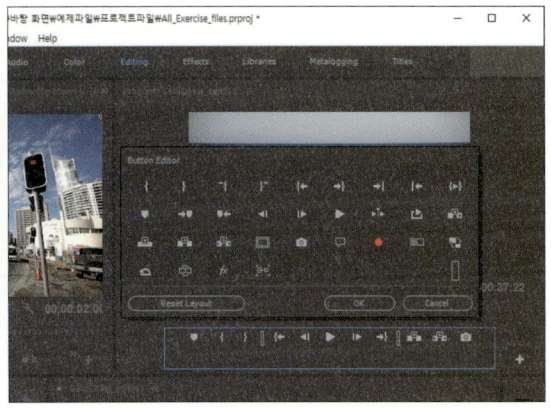

CHAPTER 05
Premiere Pro CC

Welcome Screen

프리미어 프로는 2017 버전을 업데이트하면서, 프리미어 프로로 편입된 작업자들이 인터페이스와 워크플로우에 빠르게 적응하도록 돕기 위해 Welcome Screen이라는 옵션을 제공합니다. 우리가 프리미어 프로를 실행하고 맞이하는 화면과 같은 이름이기도 한데 조금 다른 방식의 시작 화면을 제공합니다. 이 옵션을 실행하면 프리미어 프로가 제공하는 몇 가지 튜토리얼과 프로젝트 파일을 볼 수 있고, 무료로 제공되는 클립들을 다운받아 편집을 시작할 수 있습니다.

01 [Help] → Welcome Screen을 실행합니다.
비디오 클립을 배경으로 하는 새 팝업창이 열리고, 세 가지 메뉴 버튼이 보입니다.

> **TIP**
> 사이트 정책 및 버전에 따라 화면 및 기능이 바뀔 수 있습니다.

02 'Watch' 메뉴는 프리미어 프로가 제공하는 다섯 가지의 기초 편집 튜토리얼을 볼 수 있습니다. 이 메뉴를 클릭하면 바로 웹사이트로 연결됩니다.

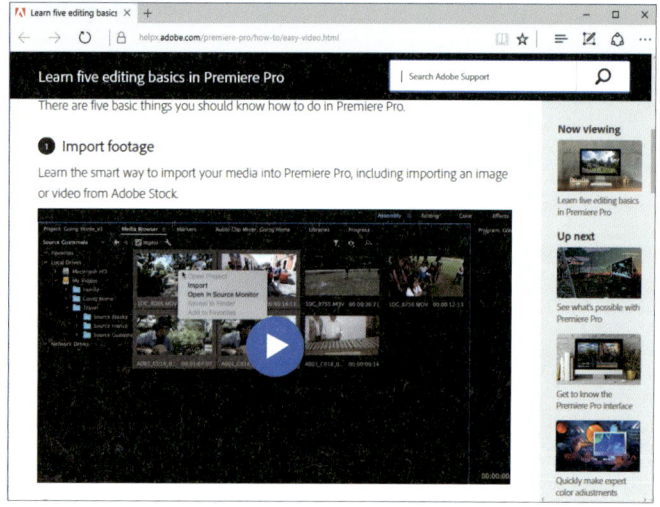

03 플레이어의 'CC'를 클릭하면 한국어 자막을 함께 볼 수 있어 유용합니다.

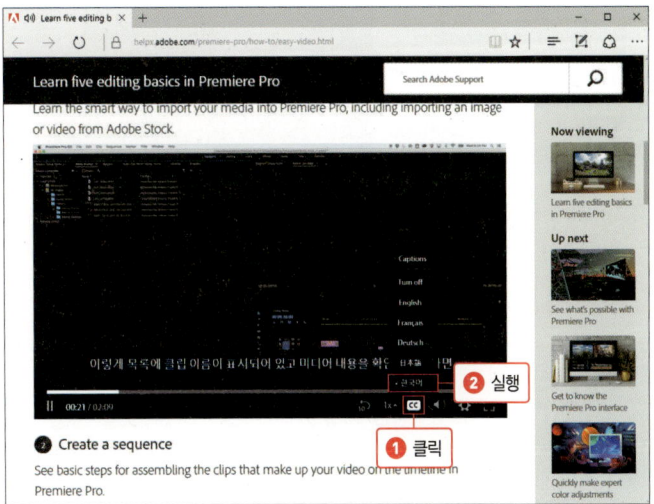

04 'Explore'는 팝업창의 배경으로 재생되고 있는 동영상의 프리미어 프로 프로젝트 파일을 열어 볼 수 있습니다. 이 프로젝트 파일을 보면서 프리미어 프로의 워크플로우와 인터페이스를 살펴볼 수 있습니다.

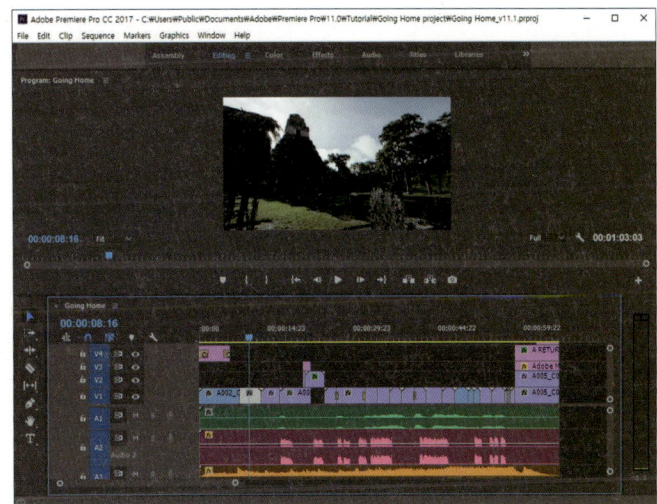

05 'Get Started' 메뉴는 어도비 스톡에서 제공되는 무료 동영상 클립을 다운로드하여 편집을 시작할 수 있게 합니다.
여기서 제공되는 동영상 클립은 Welcome Screen의 배경이 된 동영상을 만들 때 사용된 소스 클립들입니다. 이 클립들을 다운로드하여 새로운 편집 구성을 시도하는 것도 좋을 것입니다.

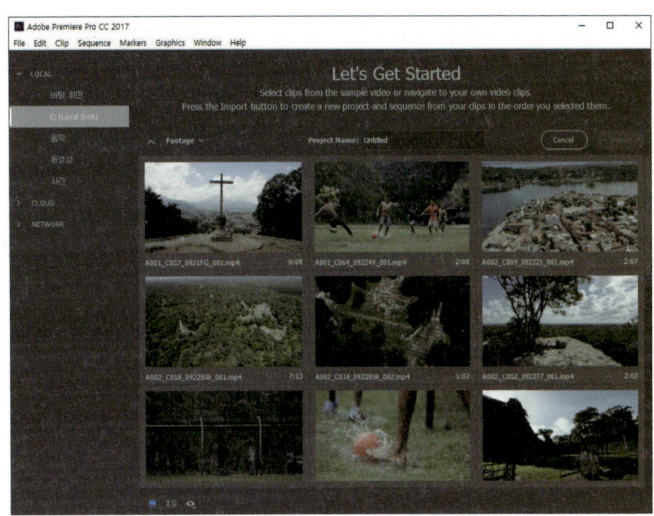

PART 02

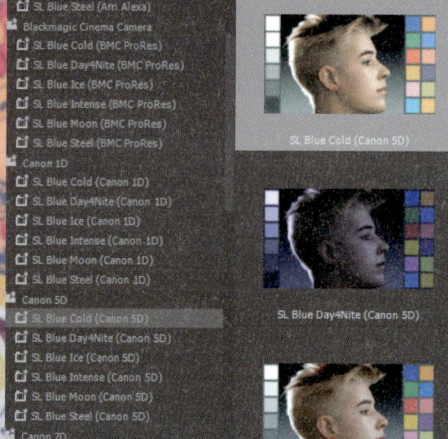

워크플로우
이해하기

Part 2에서는 프로젝트 하나를 처음부터 끝까지 빠르게 완성하면서 프리미어 프로의 전반적인 작업의 흐름(워크플로우)을 이해하는 것이 목표입니다. 이 파트를 학습하는 것만으로도 간단한 영상 편집부터 타이틀 삽입, 오디오 편집 등 후반 작업까지 가능하도록 빠르고 쉬운 튜토리얼을 제공합니다. Part 2는 다른 비선형 편집 도구를 사용해 온 사용자 또는 이전 버전을 사용해 온 프리미어 사용자에게 적합하며, 짧은 시간에 비디오를 완성하고자 하는 분들에게 유용할 것입니다.

CHAPTER 01
Premiere Pro CC

미디어 파일 가져오기

미디어 파일을 가져오는 가장 간단한 방법으로 Project 패널을 더블클릭하거나 Ctrl+I 키를 누르는 방법이 있습니다. 하지만 파일을 탐색하고 파일 콘텐츠를 확인하고(Preview) 가져오기를 실행하려면 미디어 브라우저를 사용하는 것이 더욱 효율적입니다.

가져오기(Import) 명령을 실행하는 기본적인 방법은 [File] → Import(Ctrl+I)를 클릭하거나, Poject 패널의 빈 공간을 마우스 오른쪽 버튼으로 클릭하고 Import를 실행하는 방법이 있습니다.

Project 패널 그룹 중 Media Browser 패널을 이용해 파일을 가져올 수도 있습니다.

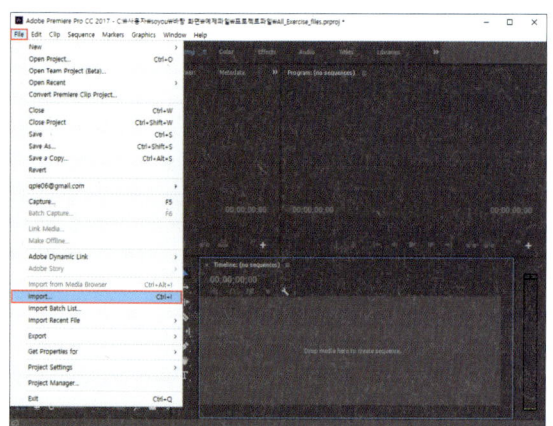 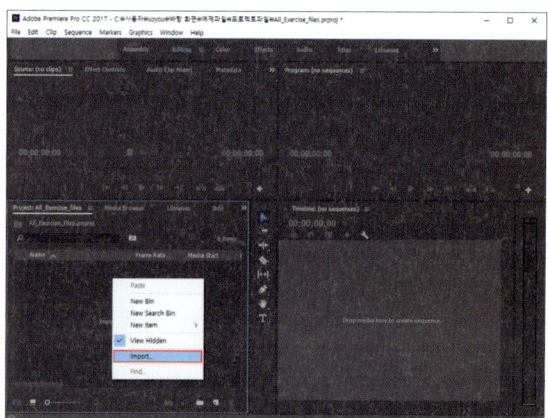

01 Media Browser 패널을 활성하고, ~ 키를 눌러 패널을 확대합니다.

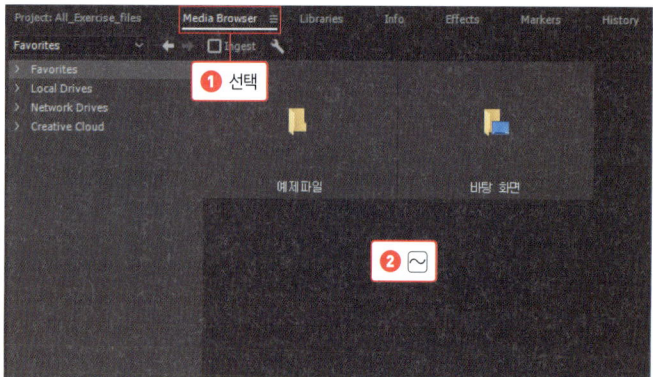

02 예제 파일 폴더의 경로로 이동합니다. 예제파일 → 미디어파일 → 호주여행 → 아쿠아리움 폴더를 엽니다.

03 만약 폴더 안의 클립들의 섬네일이 보이지 않는다면, Media Browser 패널 아랫부분 뷰 모드 아이콘을 섬네일 뷰 모드(🖿)로 바꿔 줍니다.

---- TIP ----------
섬네일 뷰 모드 아이콘이 보이지 않으면 패널을 맨 아래로 내려 봅니다.

04 마우스 포인터를 섬네일 위에 올리고 왼쪽, 오른쪽으로 움직이면, 동영상이 재생되면서 어떤 콘텐츠의 클립인지 알 수 있습니다. 또는, 클립을 선택하고 Spacebar 키를 눌러도 동영상이 재생되어 미리 보기가 가능합니다.

05 아쿠아리움 폴더 안의 모든 클립을 Shift 키를 누르고 선택하거나, 드래그하여 전체 선택하고 마우스 오른쪽 버튼을 클릭한 다음 **Import**를 실행합니다.

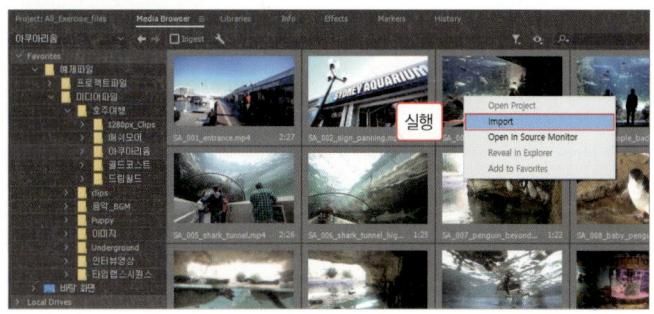

06 Project 패널을 살펴보면 가져오기한 클립들이 나열되어 있는 것을 확인할 수 있습니다.

07 Project 패널 아랫부분 폴더 모양 'New Bin' 아이콘(■)을 클릭하여 새로운 폴더를 만들고, 폴더 이름을 '아쿠아리움'으로 바꿉니다.

08 가져오기한 클립들을 모두 선택하여 새로 만든 폴더에 넣어 정리합니다.

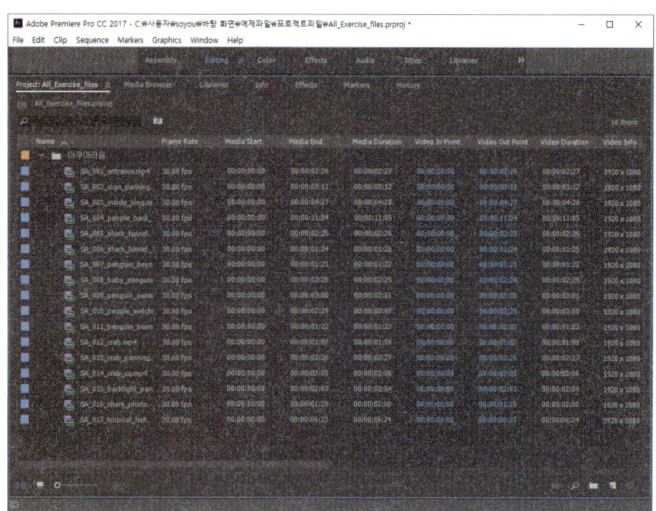

CHAPTER 02
Premiere Pro CC

타임라인에서 편집하기

Project 패널로 불러들인 미디어 파일을 가지고 Timeline 패널에서 본격적인 편집을 시작합니다.

1 클립을 이용하여 시퀀스 만들기

01 Timeline 패널이 비어 있는 상태라면 괄호 안에 'no sequence'라는 메시지가 표기됩니다. 이 상태에서 클립을 하나 선택하고 Timeline 패널 위에 드래그하여 올리면 간단하게 시퀀스가 만들어집니다.

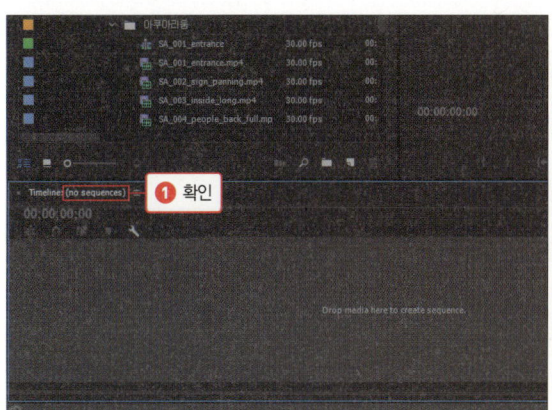
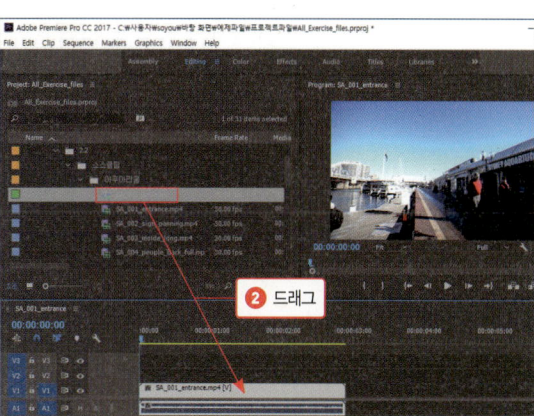

02 열린 시퀀스가 있는 상태에서 새 시퀀스를 만들어 보겠습니다. Project 패널에서 클립을 선택하고 마우스 오른쪽 버튼을 클릭한 다음 **New Sequence From Clip**을 실행합니다. 과정 **01**-**02**처럼 클립을 이용해 시퀀스를 만들면, 클립의 동영상 정보(프레임 크기, 프레임 레이트 등)에 맞춰 시퀀스가 자동으로 설정됩니다.

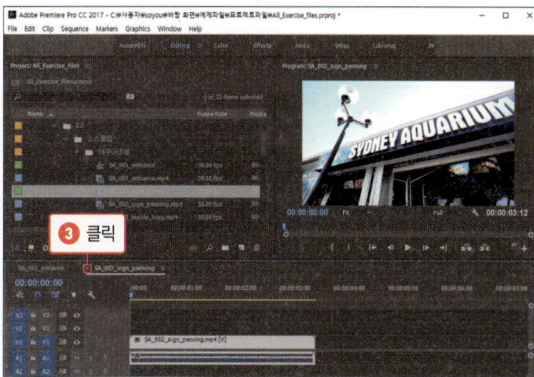

03 시퀀스 이름이 클립 이름이 되므로, 따라서, 클립을 이용하여 시퀀스를 만들게 되면 반드시 시퀀스의 이름을 바꾸는 것이 좋습니다.

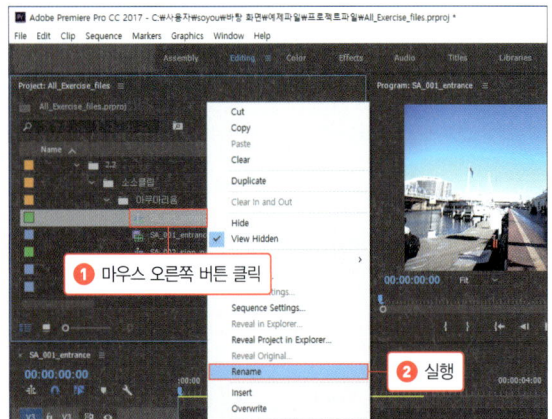 

04 새 Bin을 만들고 '시퀀스'로 이름을 바꾼 다음 만든 시퀀스를 넣어 정리합니다.

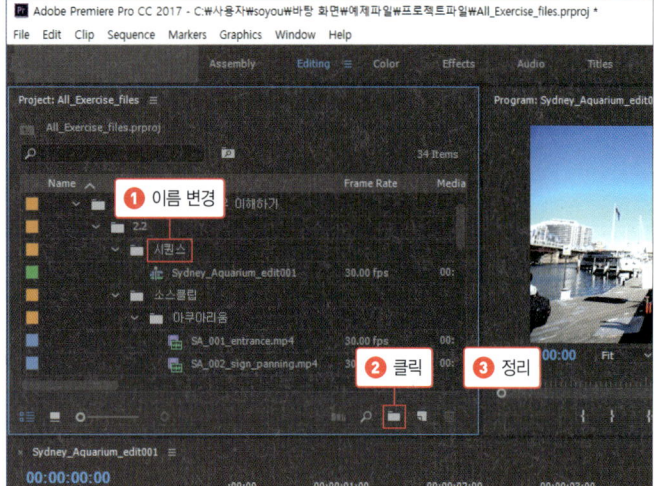

2 클립 추가하고 편집하기

01 시퀀스에 올려진 첫 번째 클립 뒤에 두 번째 클립을 추가하겠습니다. 클립을 추가하는 간단한 방법은 클립을 선택하고 드래그하여 첫 번째 클립 뒤에 붙이는 것입니다.

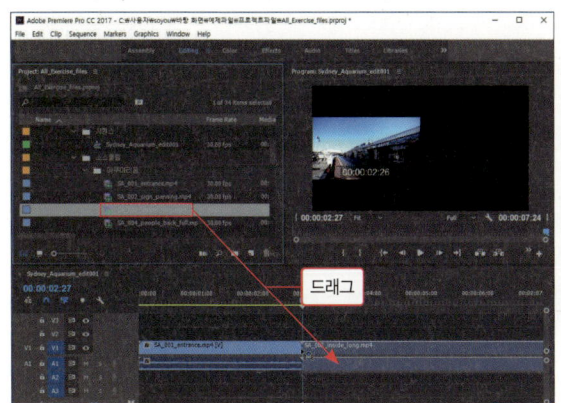 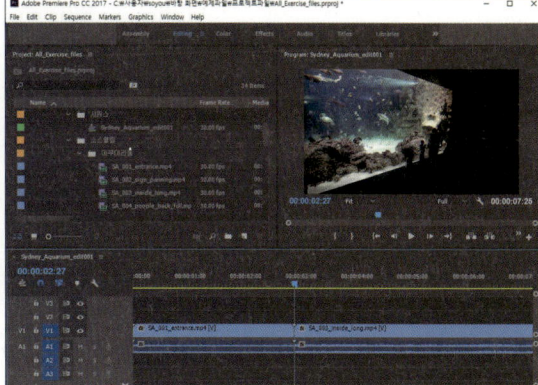

02 Timeline 패널에 'Snap' 아이콘 (⬛)이 활성화되어 있다면 첫 번째 클립 근처로 드래그했을 때 자동으로 달라 붙는 효과가 나타날 것입니다.

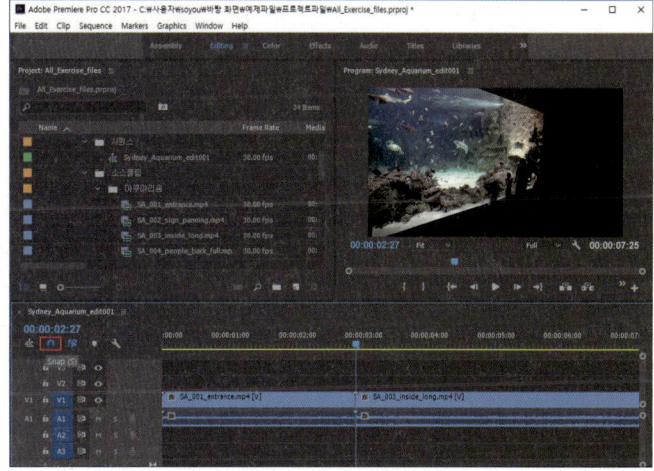

03 플레이헤드를 두 클립 사이에 위치시킵니다. Project 패널에서 'SA_002_sign_Panning.mp3' 클립을 더블클릭합니다.
Source Monitor 패널로 클립이 불러와집니다.
Source Monitor 패널은 Timeline 패널로 클립을 불러와 편집을 시작하기 전에 클립 콘텐츠를 미리 보거나 편집 구간을 미리 설정하는 데 유용합니다.

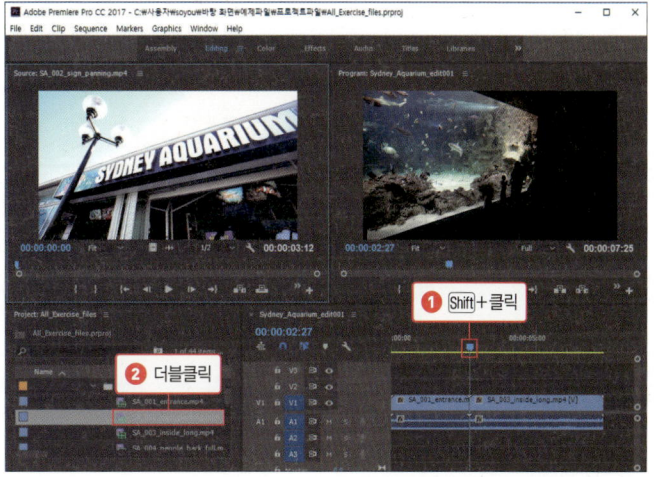

04 Source Monitor 패널에서 편집 구간을 설정하는 방법은 ① 키와 ⓞ 키를 이용하여 인아웃 포인트를 마킹하는 것입니다. 클립을 재생하면서 키보드 단축키를 눌러 인아웃 포인트를 마킹합니다.

····TIP··
마킹이 안 되는 경우 영문이 아닌 한글로 키가 선택된 경우일 수도 있습니다.
··

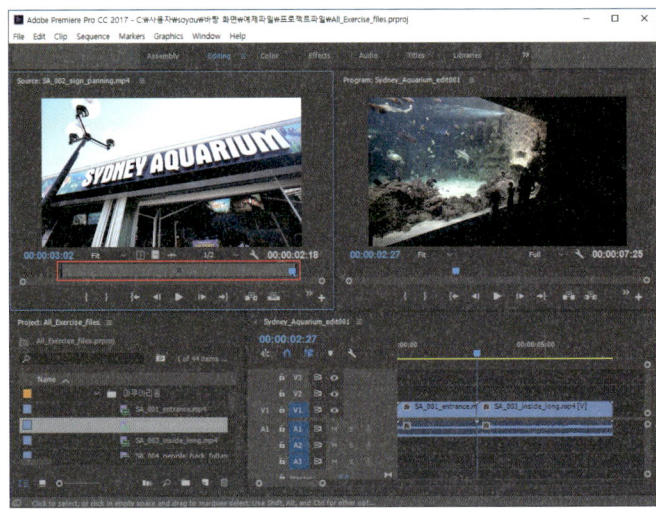

05 타임라인 위의 플레이헤드는 클립이 들어갈 위치에 놓여 있고, Source Monitor 패널로 시퀀스에 추가할 클립이 준비되었다면 인서트(Insert) 편집이 가능해집니다.

우선, 소스 패칭 토글 버튼 V1과 A1가 모두 활성화되어 있는지 확인합니다. 둘 중 하나만 켜져 있다면, 비디오와 오디오 둘 중 하나만 추가되기 때문입니다.

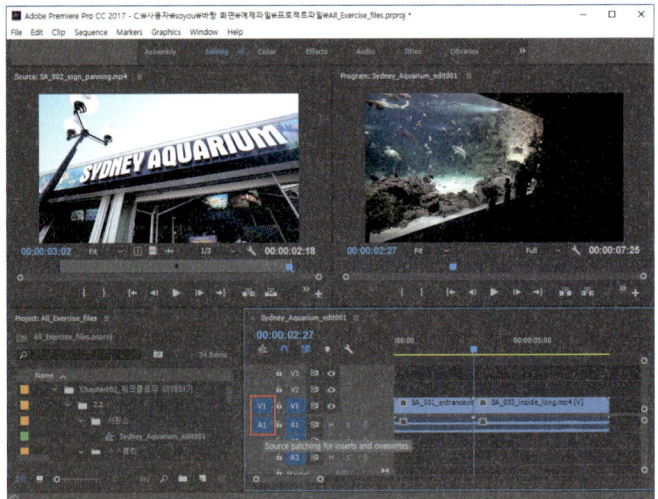

06 Source Monitor 패널 아랫부분의 'Insert' 아이콘(🔳)을 클릭하거나, 「,」 키를 누릅니다. 플레이헤드 위치에 Source Monitor 패널에서 편집한 클립이 간단하게 추가됩니다.

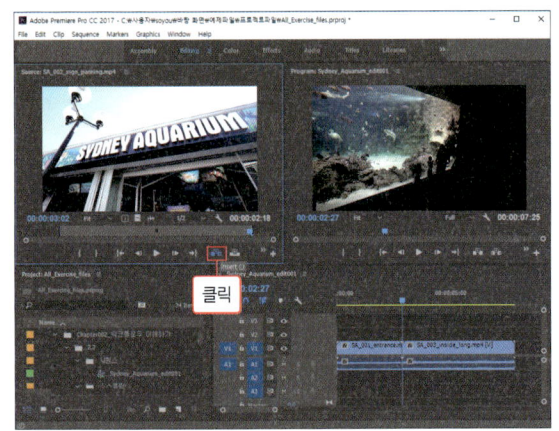

클릭

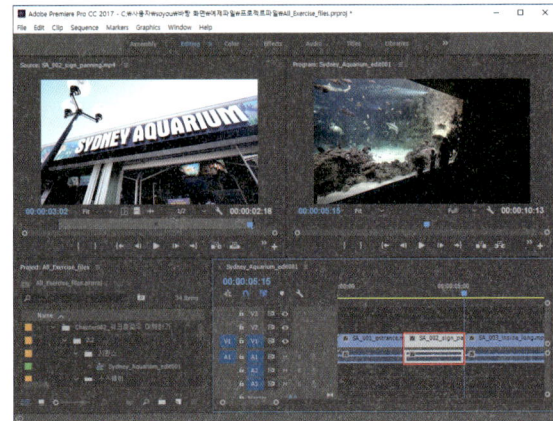

3 편집 다듬기

|예제 파일| 모든예제파일\Chapter002_워크플로우 이해하기\2.2\시퀀스\Sydney_Aquarium_edit002

01 'Sydney_Aquarium_edit002' 시퀀스를 표시합니다. 빨간색 마킹 구간에 인아웃 포인트를 마킹합니다. 플레이헤드를 각 마킹 구간에 위치시키고, I 키와 O 키를 사용합니다.

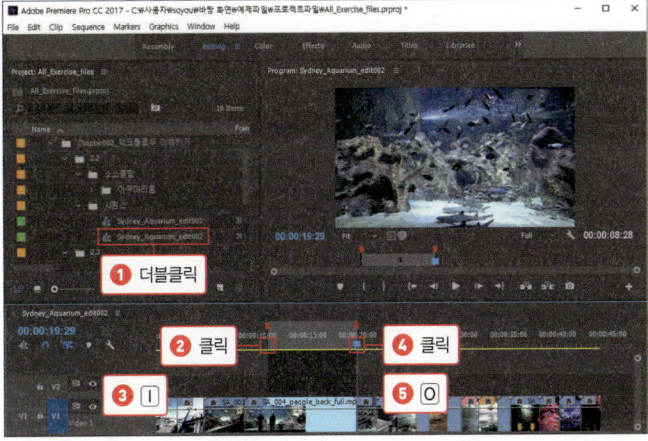

02 트랙 셀렉터 V1과 A1이 모두 활성화되어 있는지 확인합니다.

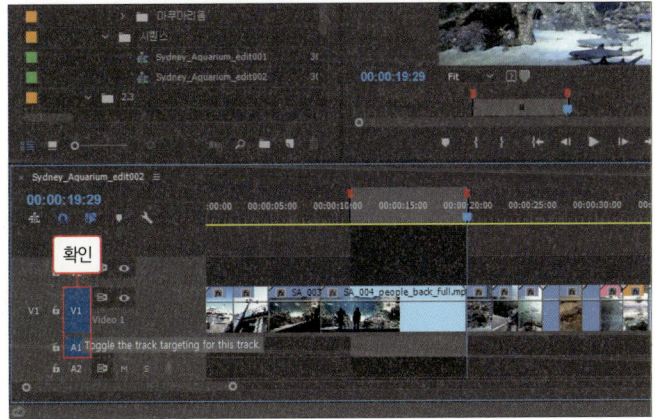

03 Program Monitor 패널에서 'Extract' 아이콘( )을 클릭하거나 ' 키를 누릅니다. 인아웃 포인트를 마킹한 구간이 삭제되고 빈 공간이 자동으로 닫힙니다.

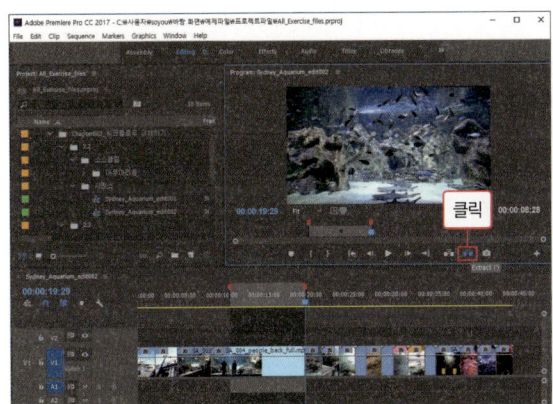 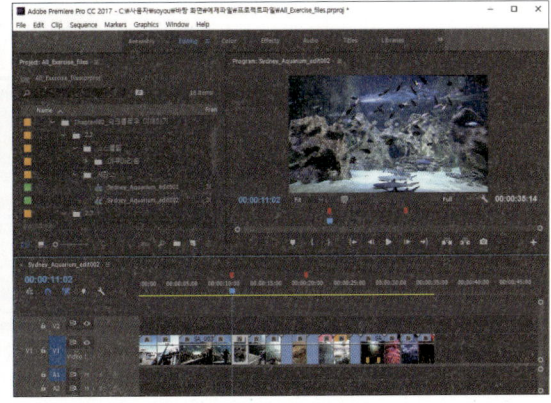

04 빨간색 클립과 주황색 클립의 순서를 바꿔 보겠습니다. 주황색 클립을 클릭합니다. 그리고 Ctrl + Alt 키를 누른 채 드래그하여 빨간색 클립 앞머리에 놓습니다.

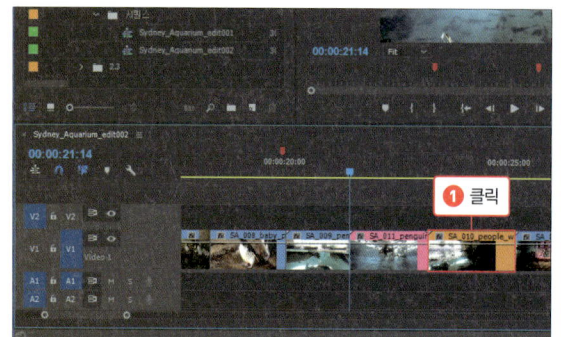 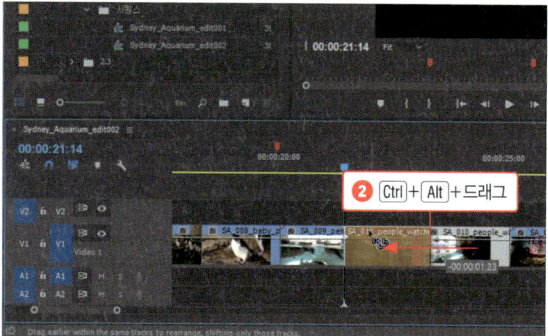

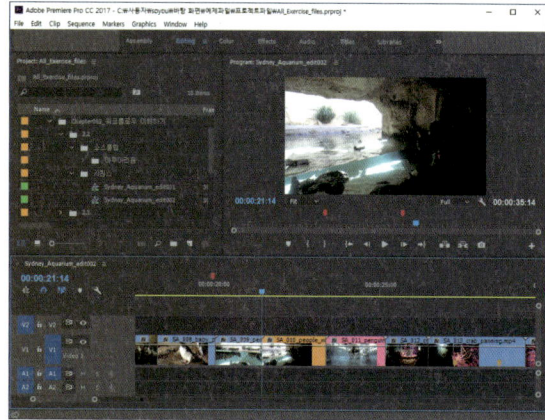

05 클립 내부에 마킹된 노란색 마커 구간을 트리밍하겠습니다. B 키를 누르거나 리플 편집 도구( )를 선택합니다. 이 도구로 트리밍하면 트리밍하고 남는 빈 공간을 자동으로 닫을 수 있습니다.

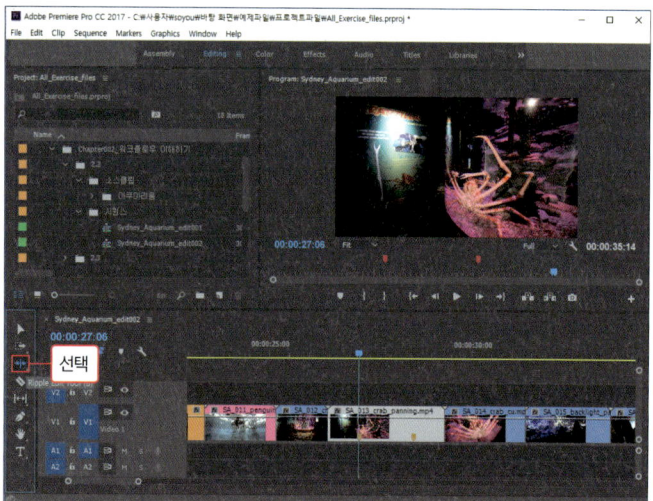

06 Shift 키를 이용해 플레이헤드를 노란색 마커 위치에 옮겨 놓습니다. 그리고 리플 편집 도구(↔)로 클립 앞뒤의 끝을 클릭, 드래그하여 플레이헤드 위치까지 트리밍합니다.

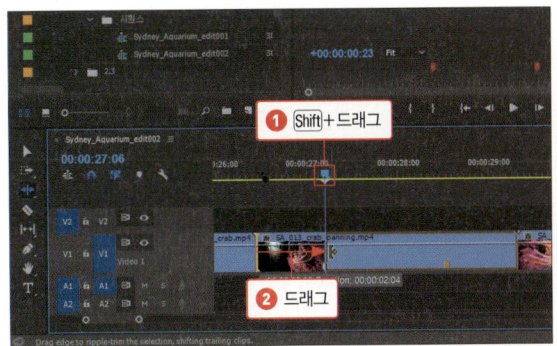
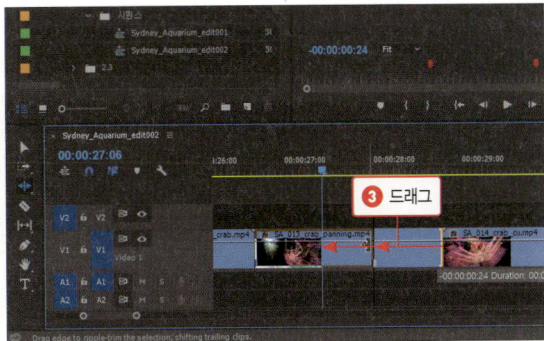

07 리플 편집 도구(↔)로 클립의 끝을 선택한 상태에서 Ctrl 키(Mac : option)을 누르고 좌우 방향키를 누르면, 한 프레임씩 트리밍이 가능합니다. 이렇게 키보드를 사용하면 마우스로 드래그하는 것보다 정교하게 리플 편집이 가능합니다.

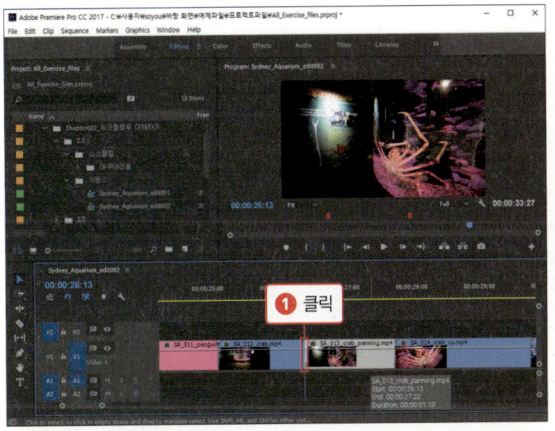
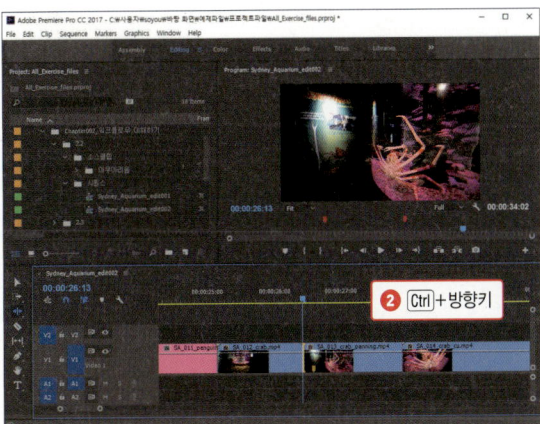
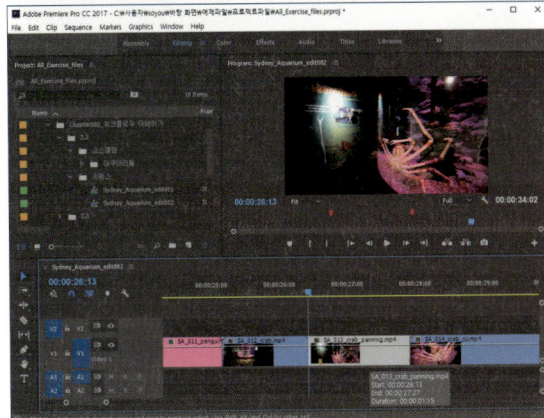

CHAPTER 03
Premiere Pro CC

오디오 추가하기

|시퀀스| 모든예제파일\Chapter002_워크플로우 이해하기\2.3\시퀀스\Sydney_Aquarium_edit003

01 'Sydney_Aquarium_edit003' 시퀀스를 표시합니다. 02\2.3\BGM 폴더에서 'Jahzzar_So_Easy.mp3' 파일을 마우스로 클릭 및 드래그하여 타임라인 A1 트랙에 추가합니다.

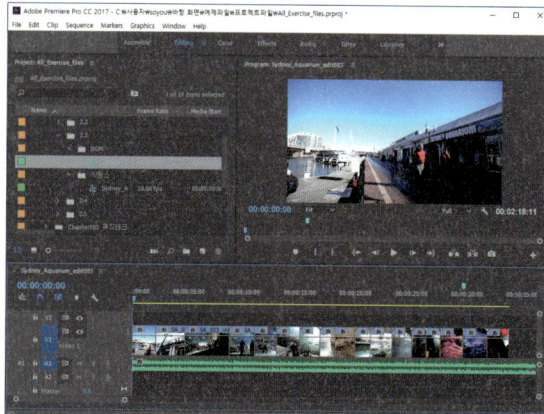

02 오디오 재생 시간을 시퀀스 길이에 맞추겠습니다. 시퀀스가 끝나는 지점에 플레이헤드를 위치시키고 ⓒ 키를 누르거나 면도날 모양의 자르기 도구(✂)를 선택합니다.
A1 트랙의 플레이헤드 지점을 클릭하여 자릅니다.

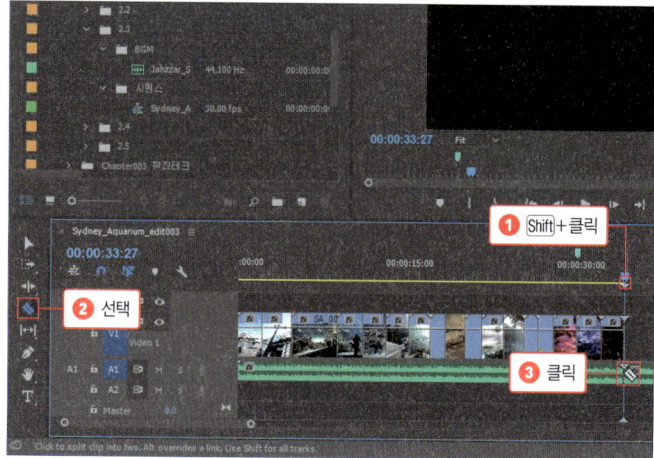

03 ⓥ 키를 눌러 다시 선택 도구(▶)로 바꾸고 잘라낸 뒷부분을 클릭한 다음 Backspace 키 또는 Delete 키를 눌러 삭제합니다.

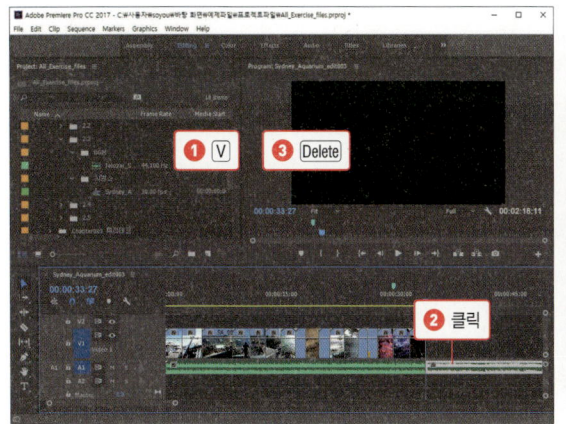 

04 A1 트랙 셀렉터 위에 마우스 포인터를 올리고, 오디오 파형과 흰색의 볼륨 조절 라인이 보이도록 확대합니다.

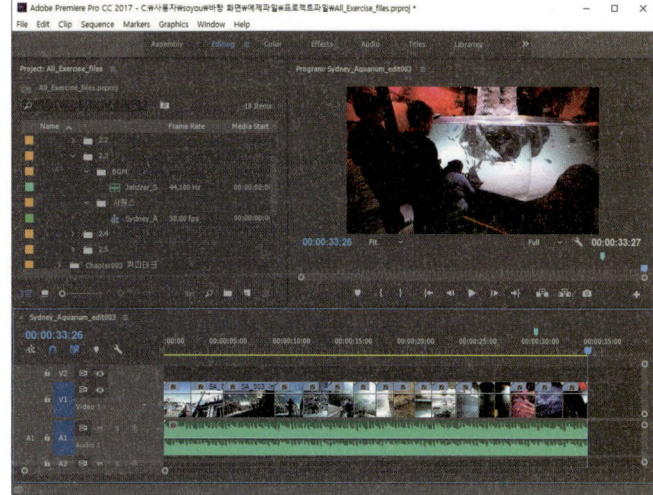

05 오디오의 맨 마지막 부분에 키프레임을 추가하여 페이드 아웃 효과를 넣어 봅니다. 플레이헤드를 초록색 마커가 찍힌 지점에 위치시킵니다.

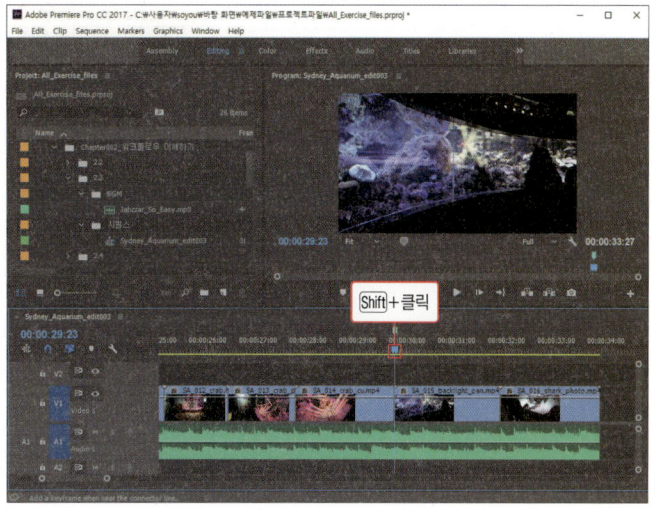

Chapter3 오디오 추가하기 59

06 Ctrl 키를 누르고 흰색 라인으로 마우스 포인터를 가져가면 마우스 포인터 아래 '+' 표시가 나타납니다. 그리고 흰색 라인을 클릭하면 키프레임이 만들어집니다. 오디오가 끝나는 지점에도 키프레임을 하나 더 만듭니다.

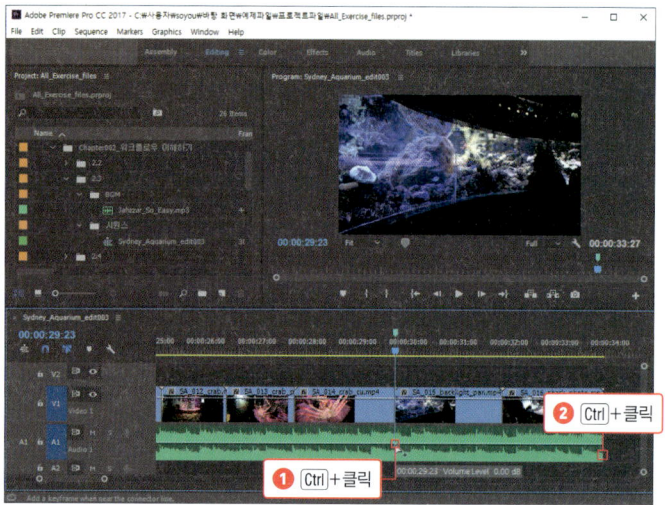

07 두 번째 키프레임을 마우스로 클릭, 드래그하여 아래로 내립니다. 이로써 볼륨이 서서히 줄어드는 애니메이션을 추가하였습니다.

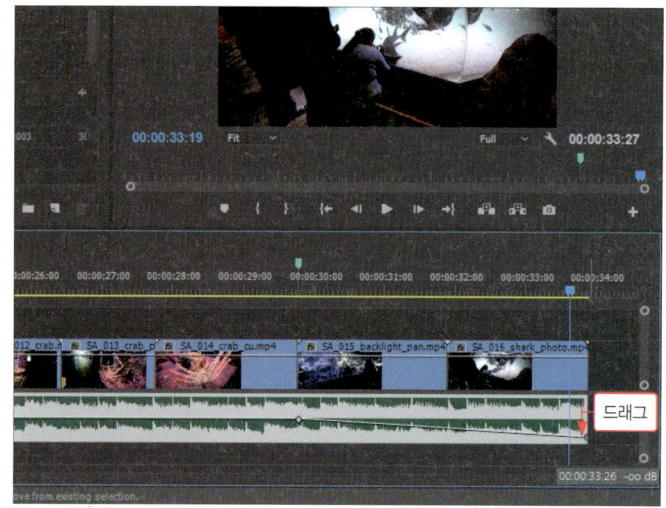

08 두 키프레임을 Shift 키를 누른 채 클릭하여 모두 선택합니다. 마우스 오른쪽 버튼을 클릭하고 **Bezier**를 실행합니다.

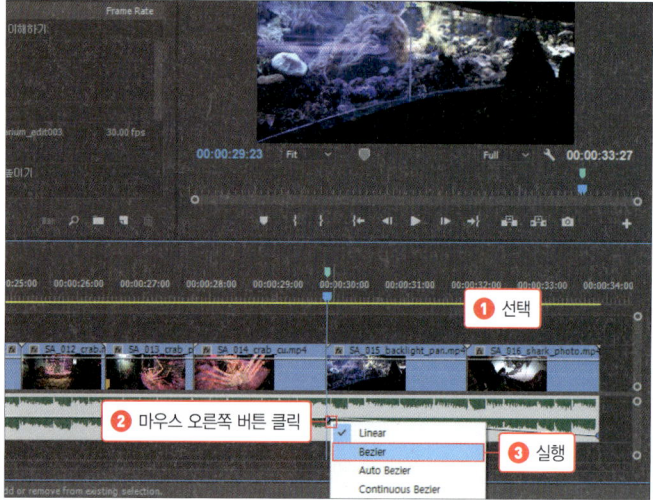

09 이 옵션은 키프레임이 만든 경사면을 곡선으로 만들어 모션에 가속도를 부여합니다. 따라서, 등속도의 모션보다 부드럽고 동적인 모션을 만들 수 있게 합니다.

키프레임을 베지어로 만들면 핸들이 나타나는데, 이것을 마우스로 클릭, 드래그하여 경사면을 쉽게 수정 가능합니다.

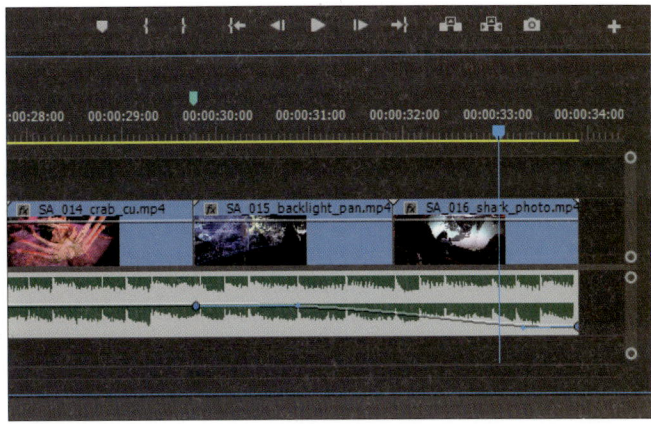

10 오디오 트랙 믹서(Audio Track Mixer)를 활성화하겠습니다.
Source Monitor 패널 그룹에서 오디오 트랙 믹서를 찾을 수 없다면 메뉴에서 (**Window**) → **Audio Track Mixer**(Shift+6)를 실행합니다.

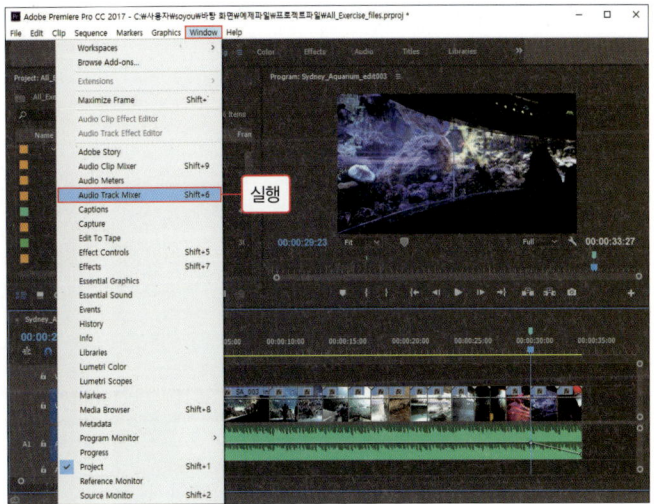

11 Spacebar 키를 눌러 시퀀스를 재생해 봅니다.
Audio Track Mixer 패널에서 오디오 미터가 빨간색 피크를 표시하지 않도록 볼륨을 조절합니다. 오디오 트랙마다 각기 다른 사운드가 포진되어 있다면, 각 트랙별로 볼륨을 조절하고, 최종적으로 마스터 볼륨을 조절합니다.

CHAPTER 04
Premiere Pro CC

이펙트 추가하기

1 트랜지션(Transition) 추가하기

|시퀀스| 모든예제파일\Chapter002_워크플로우 이해하기\2.4\시퀀스\Sydney_Aquarium_edit004

01 'Sydney_Aquarium_edit004' 시퀀스를 표시합니다. 빨간색과 초록색 클립을 선택합니다. Shift + D 키를 눌러 기본 Dissolve 효과를 추가합니다.

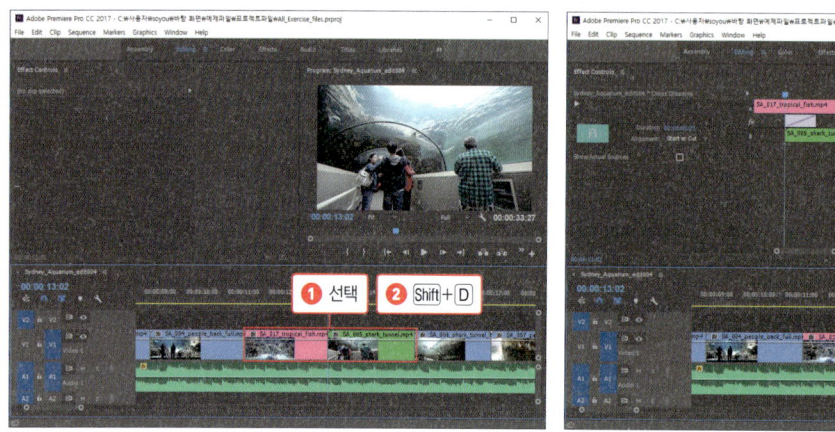

02 Spacebar 를 눌러 디졸브 효과의 길이가 적당한지 재생해 봅니다. 디졸브 효과를 나타내는 박스 끝부분을 마우스로 클릭, 드래그하면 디졸브 효과의 적용 시간을 늘릴 수 있습니다.

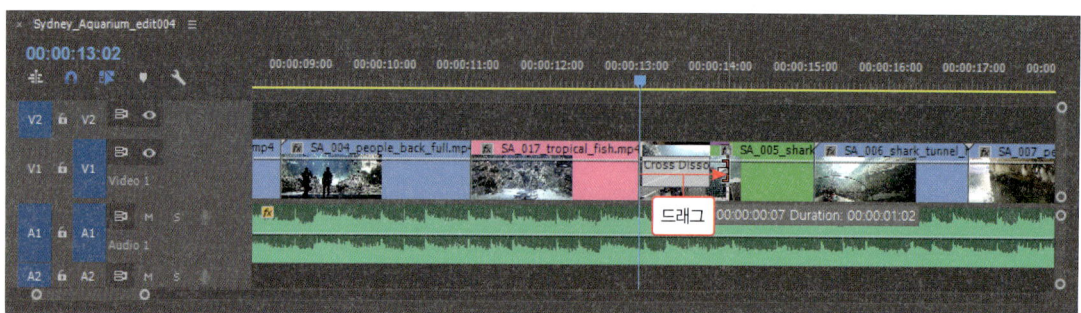

03 주황색 클립의 끝부분을 마우스로 클릭합니다. 빨간색 트리밍 도구로 표시가 되면, 마우스 오른쪽 버튼으로 클릭하고 **Apply Default Transitions**를 실행합니다.

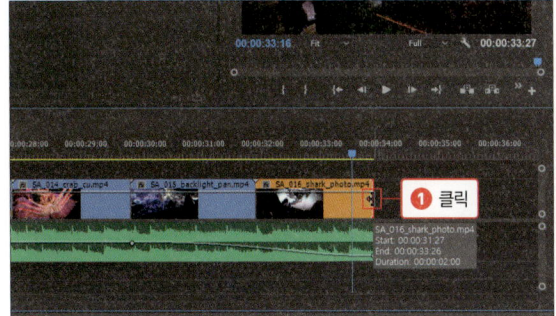 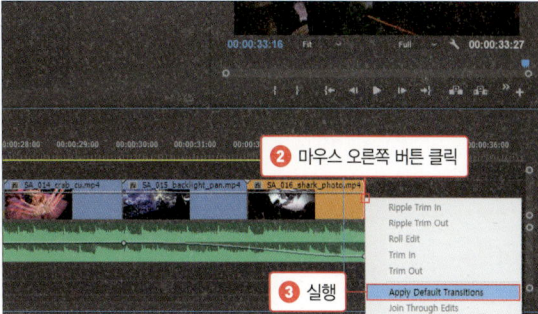

04 마찬가지로, 디졸브 효과의 적용 시간을 적당히 트리밍합니다.

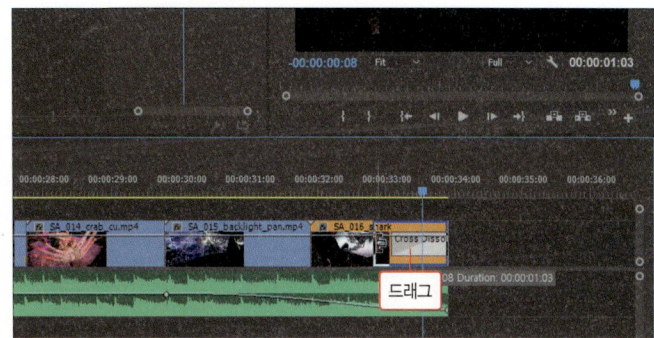

2 그래픽 이미지로 전환 효과 만들기

|시퀀스| 모든예제파일\Chapter002_워크플로우 이해하기\2.4\시퀀스\Sydney_Aquarium_edit005

01 'Sydney_Aquarium_edit005' 시퀀스를 표시합니다. 플레이헤드를 주황색 클립 앞머리에 위치시킵니다. 그리고 그래픽소스 폴더에서 'Geometry_transition.png' 파일을 드래그하여 V3 트랙에 추가합니다.

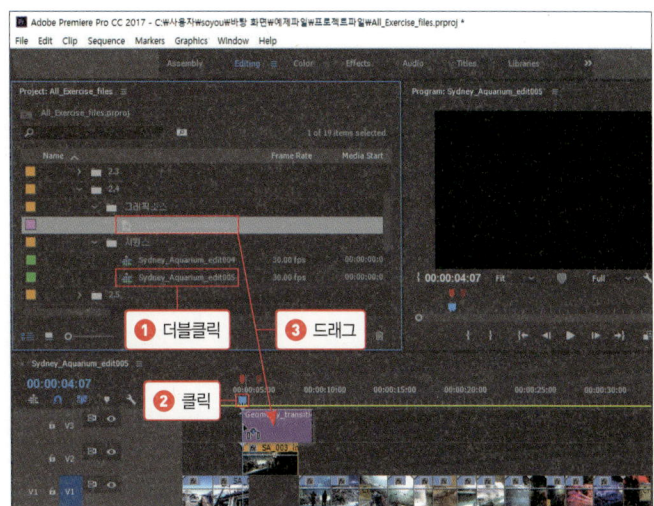

02 소스 모니터 패널 그룹에 있는 Effect Controls 패널을 엽니다. 만약 패널을 찾을 수 없다면, 메뉴에서 (**Window**) → **Effect Controls**(Shift+5)를 선택합니다.

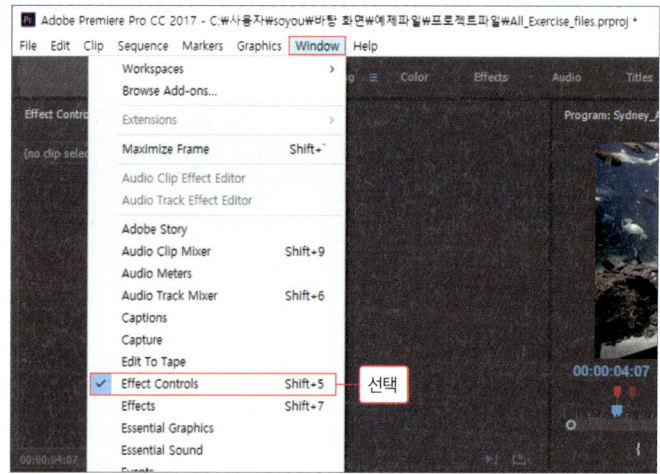

03 V3 트랙에 추가한 이미지를 선택하면, 이 레이어에 모션을 추가할 수 있도록 Effect Controls 패널이 활성화됩니다.

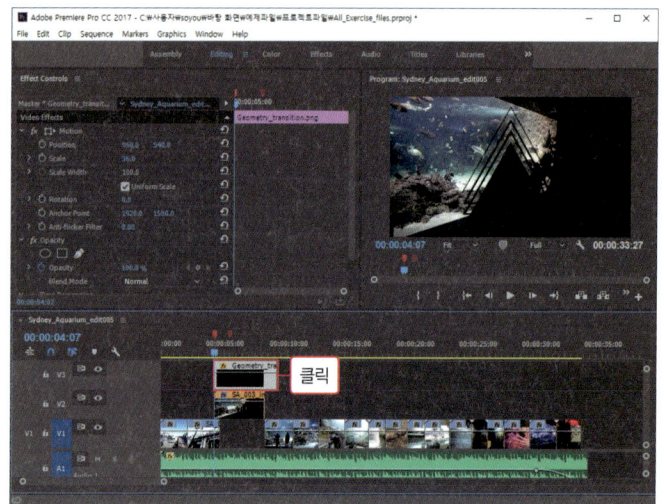

04 플레이헤드를 첫 번째 빨간색 마커 지점에 위치시키고, Scale 왼쪽 'Toggle animation' 아이콘(⌘)을 클릭하여 키프레임을 하나 만듭니다.

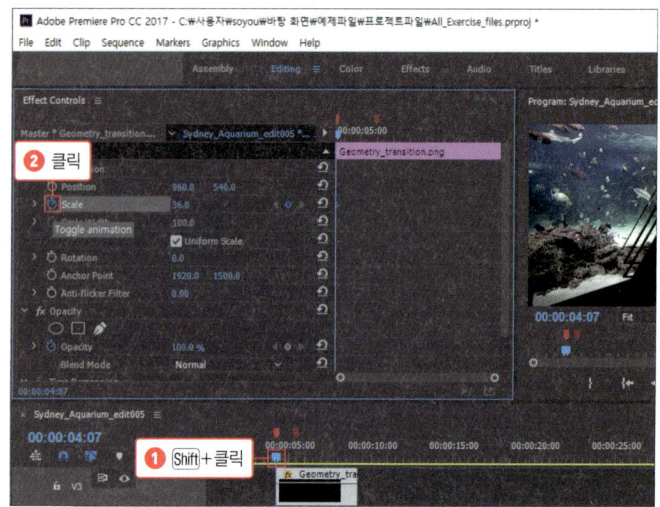

05 Scale의 매개변수를 '20'으로 수정합니다.

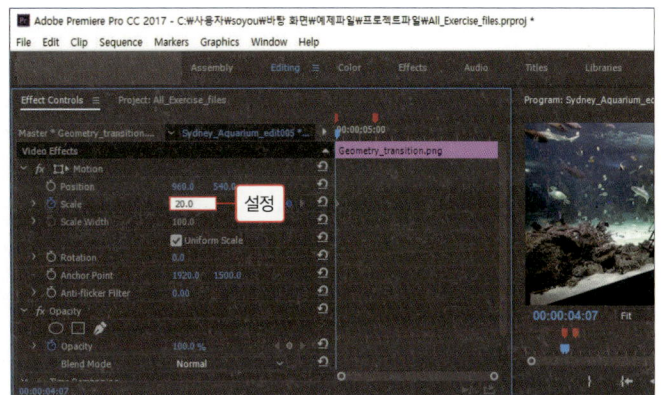

06 플레이헤드를 두 번째 빨간색 마커 지점에 위치시키고, Scale의 매개변수를 '220'으로 수정합니다. 매개변수를 수정하는 것만으로도 키프레임이 자동으로 만들어집니다.

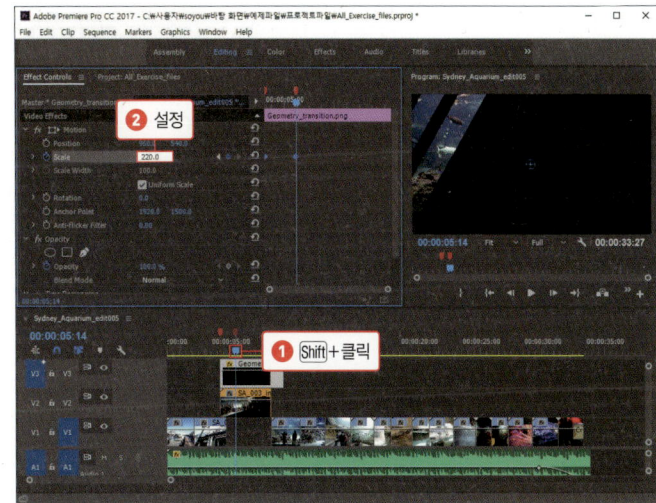

07 두 키프레임을 Shift 키를 누르거나 마우스로 드래그하여 모두 선택하고, 마우스 오른쪽 버튼을 클릭한 다음 **Bezier**를 실행합니다. 모션의 속도가 가속도가 되면서 좀 더 동적인 움직임이 됩니다.

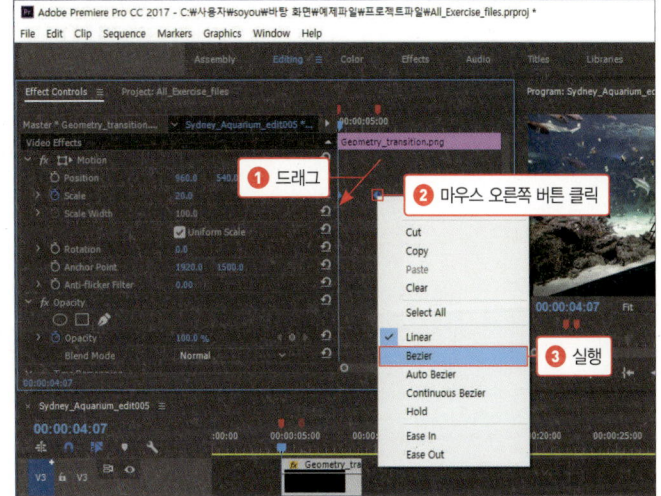

08 포지션에 키프레임 애니메이션을 추가하겠습니다. 마찬가지로 플레이헤드를 첫 번째 빨간색 마커 지점에 위치시키고, Position 왼쪽 'Toggle animation' 아이콘(◉)을 클릭하여 키프레임을 하나 만듭니다.

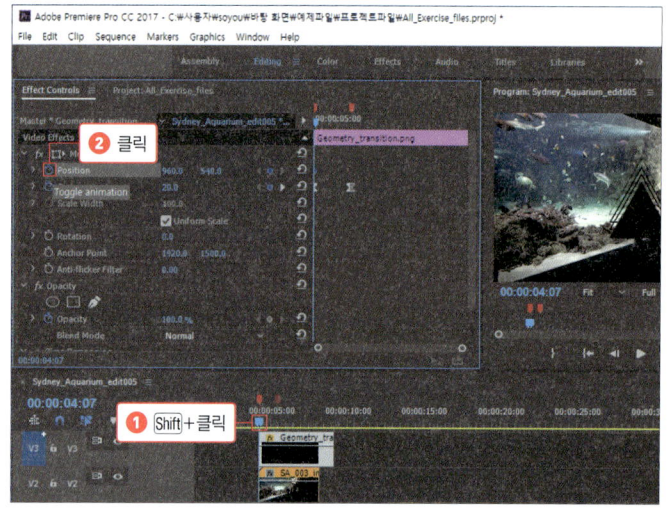

09 플레이헤드를 두 번째 빨간색 마커 지점에 위치시키고, Position의 y축 매개변수를 '-563'으로 수정합니다. 그래픽 소스로 화면이 뒤덮이면서 화면이 검은색으로 보입니다.

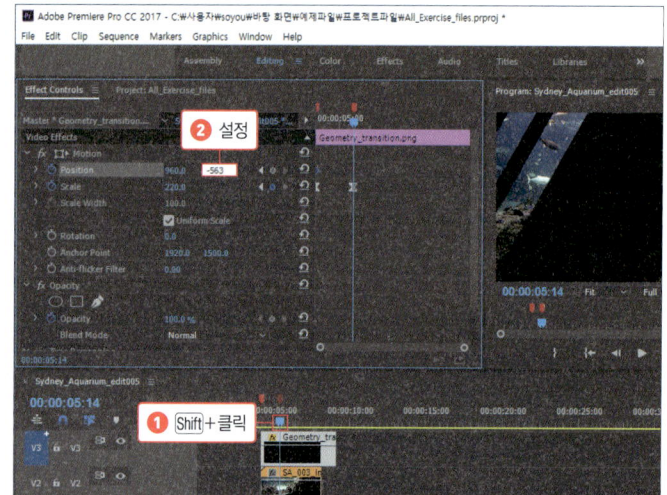

10 Project 패널 그룹에서 Effects 패널을 표시합니다. 검색 필드에 'Track Matte'를 검색합니다.

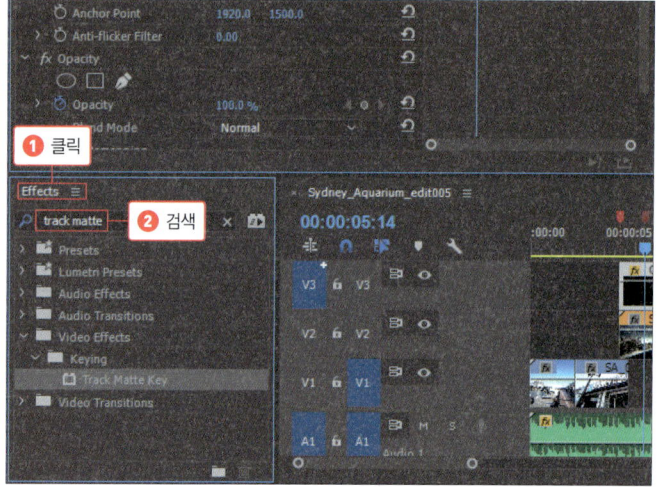

11 Track Matte Key 효과를 드래그하여 V2 트랙 위의 주황색 클립에 적용합니다.

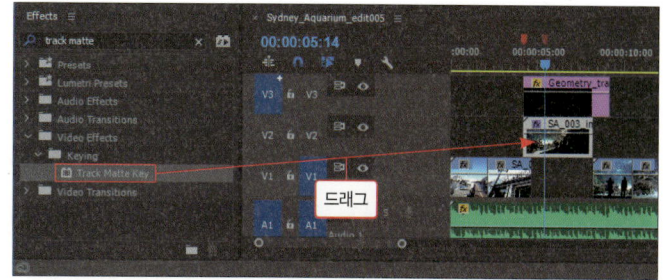

12 Effect Controls 패널에서 Track Matte Key → Matte를 'Video 3'으로 수정합니다. 다시 화면이 보입니다.

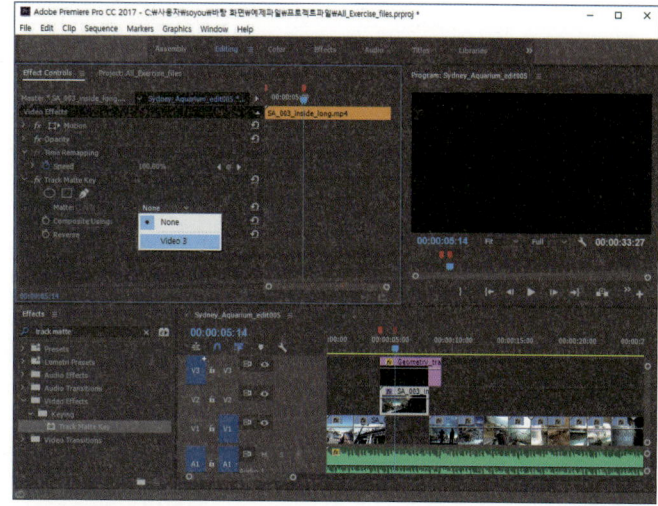

13 Spacebar 키를 눌러 시퀀스를 재생해 봅니다. 주황색 클립이 보이는 영역이 점점 넓어지는 트랜지션 효과가 완성되었습니다.

CHAPTER 05
Premiere Pro CC

타이틀 추가하기

|시퀀스| 모든예제파일\Chapter002_워크플로우 이해하기\2.4\시퀀스\Sydney_Aquarium_edit006

01 'Sydney_Aquarium_edit006' 시퀀스를 표시합니다. T 키를 누르거나 문자 도구(T)를 선택합니다.

플레이헤드를 00:00:00:00 지점에 위치시키고, Program Monitor 패널의 화면 안쪽 아무 곳이나 한번 클릭합니다. 프로그램 모니터 속에는 빨간색 텍스트 박스가 나타나고, 타임라인 위에는 'Graphic titler' 레이어가 새로 만들어집니다.

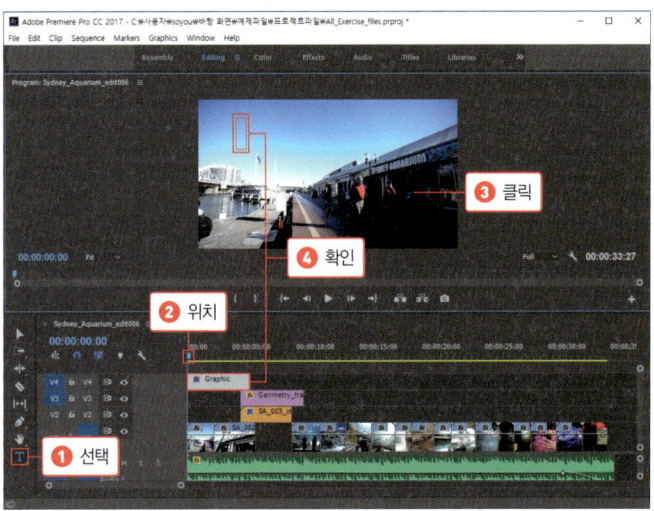

02 Essential Graphics 패널을 엽니다. 패널을 찾을 수 없다면 [**Window**] → **Essential Graphics**를 실행합니다.

텍스트 박스에 'SEA LIFE Sydney Aquarium'이라고 입력합니다. 그리고 선택 도구(▶)를 선택합니다.

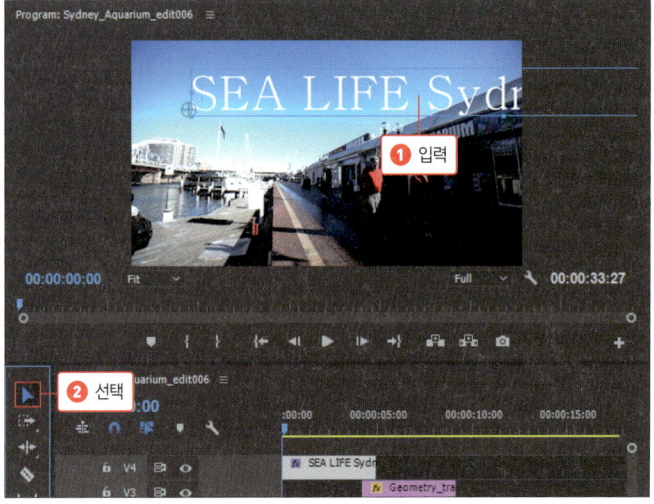

03 Text 항목에서 폰트와 폰트 사이즈를 수정하겠습니다. Essential Graphics 패널에서 Edit 탭 화면을 표시하고 글꼴을 'Arial', Family를 'Black', 크기를 '145'로 지정합니다.

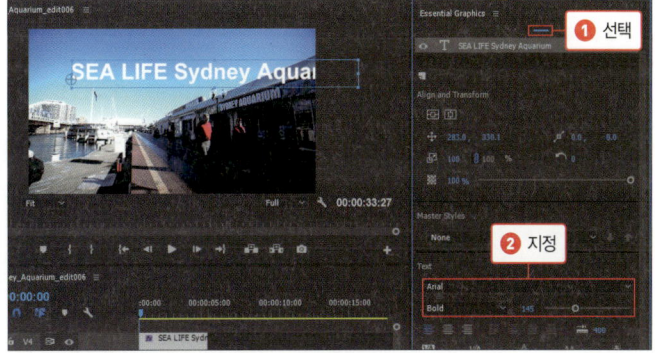

04 Align and Transform 항목에서 위치와 크기를 조절합니다. Set Scale Lock(🔒)을 풀고 텍스트 비율을 '100%', '80%'로 수정합니다.

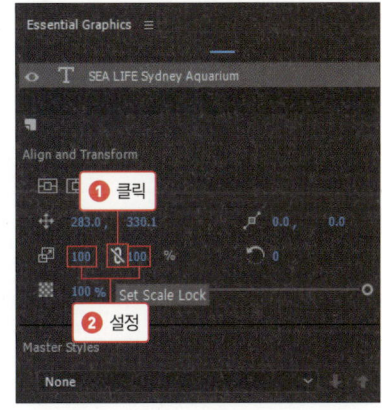

05 Position(⊕)의 매개변수를 '77', '949.1'로 수정합니다.

Chapter5 타이틀 추가하기 **69**

06 타임라인을 재생해 보면 밝은 면에서 타이틀이 잘 보이지 않습니다.
Appearance 항목에서 Shadow를 추가합니다.
Distance(■)를 '17.6', Blur(■)를 '21'로 수정합니다.

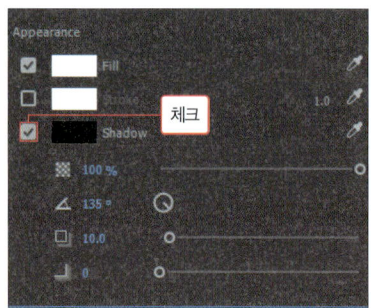
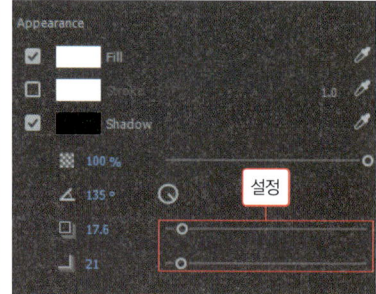

07 타이틀러의 재생 시간을 14프레임 더 늘려 트리밍합니다.

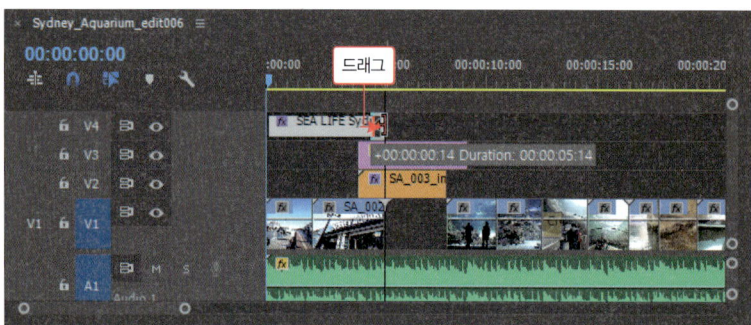

08 마지막으로 타이틀러가 선택된 상태로 Shift + D 키를 눌러 디졸브 효과를 추가합니다. Spacebar 키를 눌러 재생해 봅니다. 완성된 예제 파일은 'Sydney_Aquarium_fin001'을 통해 확인할 수 있습니다.

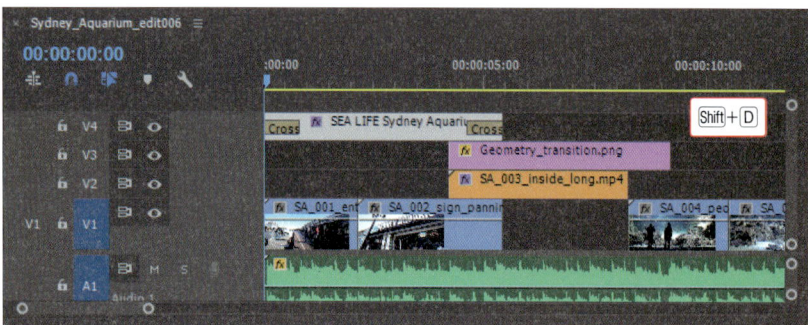

CHAPTER 06
Premiere Pro CC

내보내기(Exporting)

---

01 작업이 완료되면 시퀀스 파일을 내보내기 합니다. [File] → Export → Media (Ctrl+M)을 실행합니다.

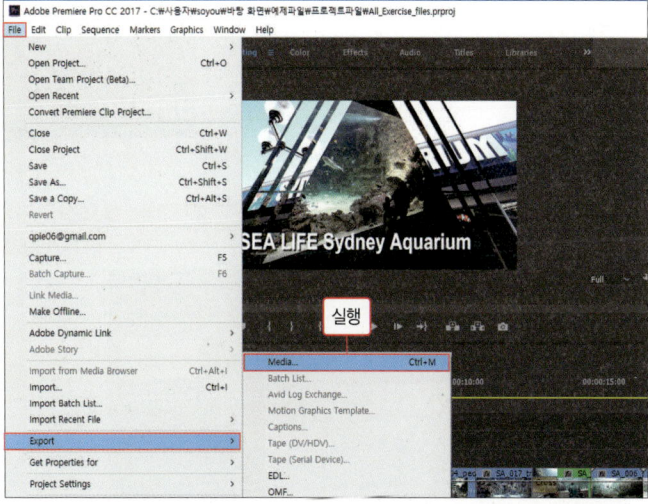

02 'Export Settings' 팝업창이 열립니다.

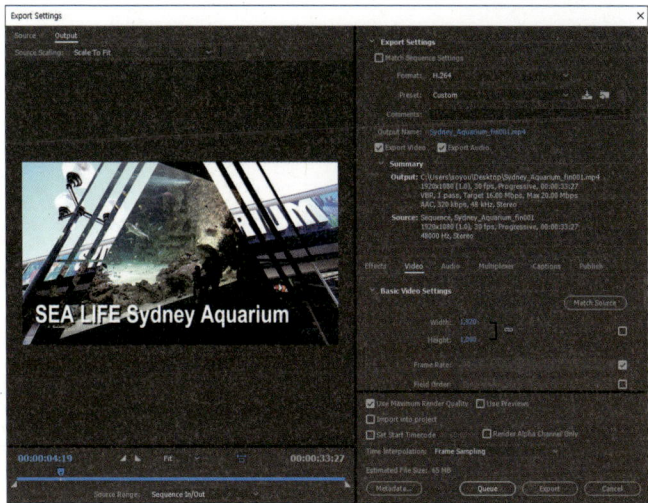

Chapter6 내보내기(Exporting) 71

03 Format은 동영상을 담는 컨테이너로, 웹 비디오 퍼블리싱에 적합한 'H.264'를 선택합니다.

Preset 메뉴에는 동영상을 감상하려는 기기의 종류나 목적에 맞게 사전 설정되어 있는 다양한 종류의 코덱이 나열되어 있습니다. 이 중에서, 'Match Source – High bitrate'를 선택합니다.

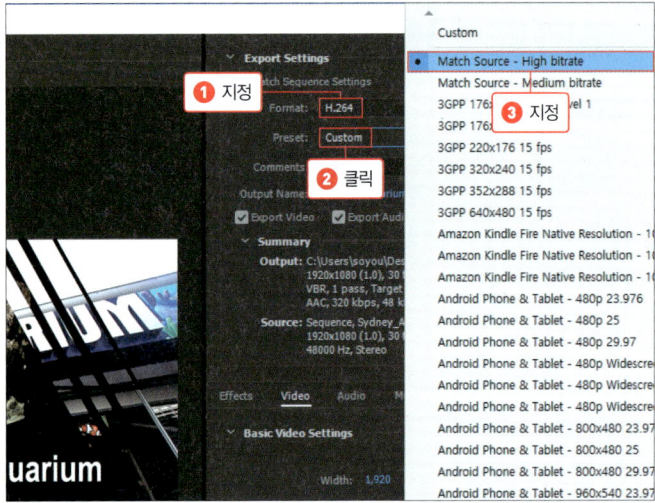

04 파란색의 Output Name을 클릭하여 출력하는 동영상의 이름과 저장 경로를 지정합니다.

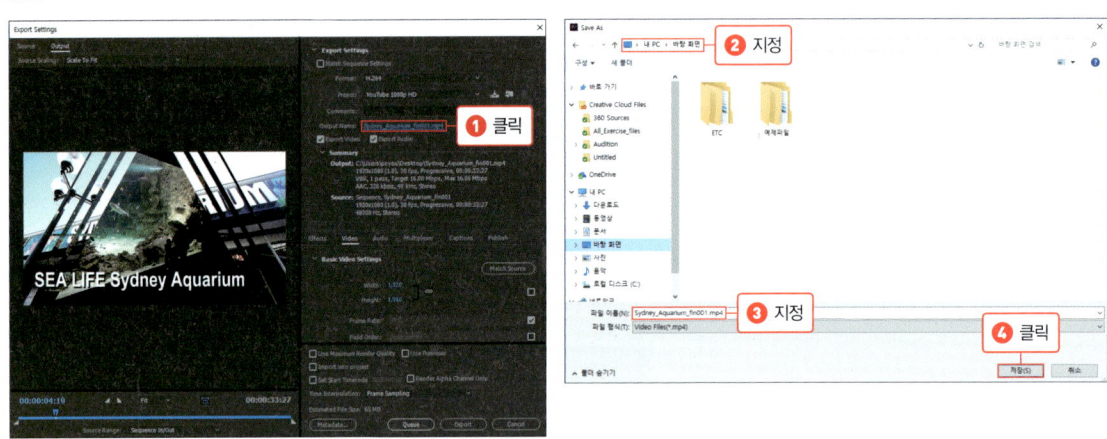

05 'Export Settings' 창 왼쪽 아랫부분 Source Range를 'Entire Sequence'로 지정합니다.

···· TIP ····
시퀀스에 인아웃 포인트가 마킹되어 있지 않다면 'Sequence In/Out'으로 설정해도 시퀀스 전체가 출력되므로 그대로 두어도 무방합니다. 하지만 시퀀스에 인아웃 포인트 마킹되면 이 영역은 렌더 영역으로 쓰이기 때문에 주의해야 합니다.

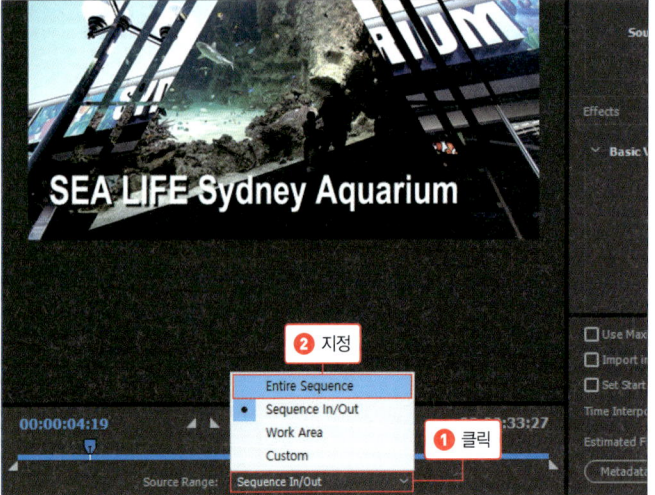

06 포맷과 코덱 설정 등 내보내기 설정이 모두 마무리되면 창 오른쪽 아랫부분에서 〈Export〉 버튼을 클릭합니다. 이 버튼을 클릭하면 프리미어 프로에서 동영상 출력이 진행됩니다.

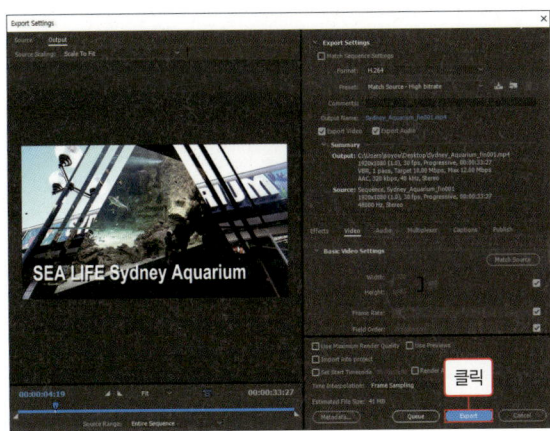
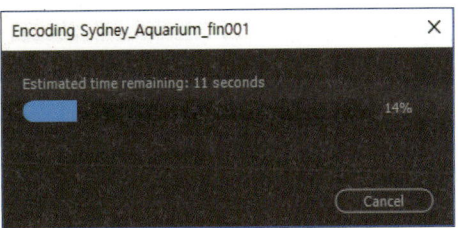

07 〈Queue〉 버튼은 Media Encoder로 파일을 내보냅니다. 동영상 출력은 미디어 인코더에서 진행하고 프리미어 프로는 또 다른 프로젝트 파일을 계속 진행할 수 있습니다. 또한, 미디어 인코더로 내보내기를 진행하면 하나 이상의 파일을 Batch 출력할 수 있어 효율적입니다.

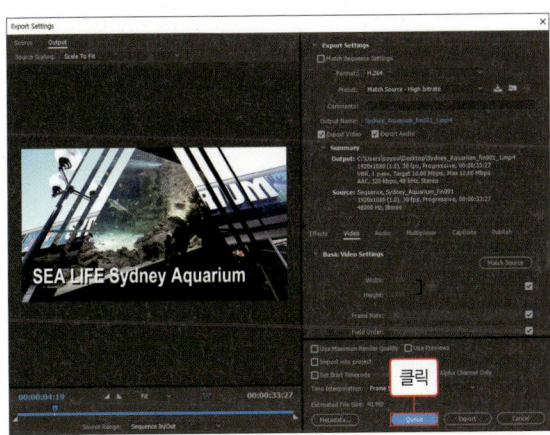
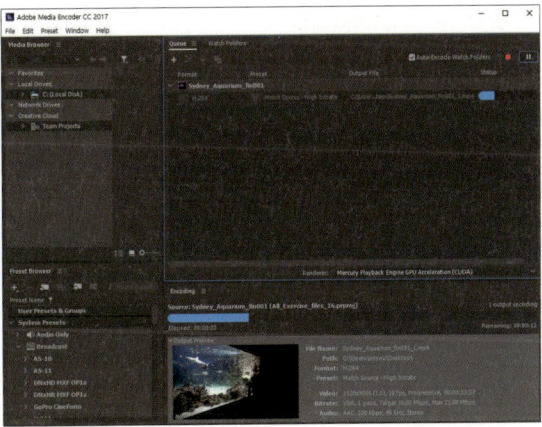

TIP

Batch 출력이란?
한번에 여러 개의 파일을 출력하는 것을 말합니다. 'Part 8. 동영상 파일 공유하기 → 2. 미디어 인코더로 여러 파일 출력하기'를 참고하세요.

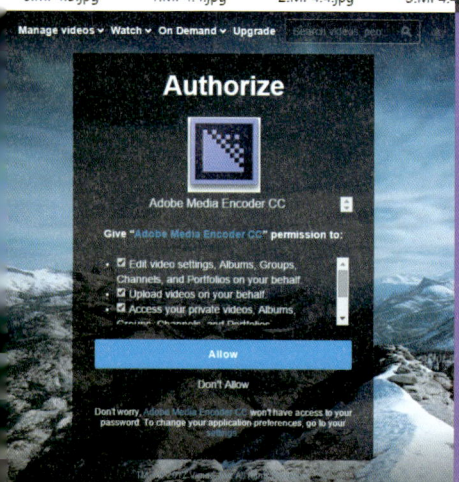

PART 03

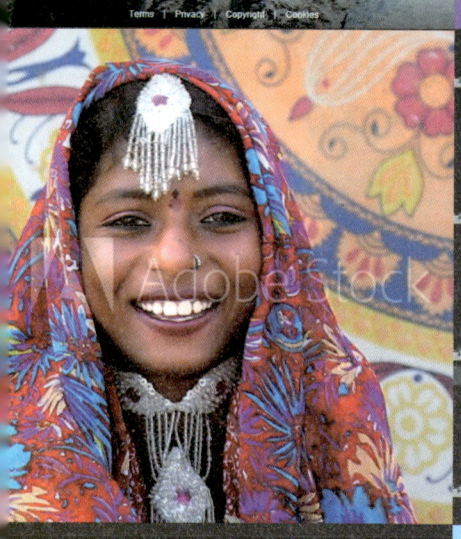
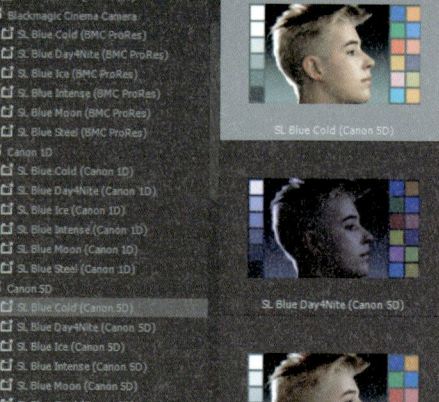

영상 편집 테크닉 업그레이드

프리미어 프로의 편집 테크닉은 단순히 자르고 붙이는 것 이외의 다양한 트리밍(Trimming) 기술을 활용할 수 있도록 설계되어 있습니다. Part 3에서는 기초 편집 테크닉을 비롯한 편집 테크닉의 응용, 심화와 함께 프리미어 프로의 편집에 관한 모든 것을 안내합니다. 툴과 패널이 서로 어떻게 연계되어 작업환경을 구성하고 각각의 기능을 수행하는지 이해할 수 있습니다. 각 단원의 기본 학습과 함께 알아두면 유용한 Tip 부분을 학습한다면 보다 빠르고 효율적인 편집 테크닉을 구사할 수 있습니다.

CHAPTER 01
Premiere Pro CC

미디어 파일 가져오기(Import)

프리미어 프로로 미디어 파일을 가져오는 방법에 대하여 알아봅니다. 미디어 파일을 가져오는 과정과 프로젝트 파일을 저장하는 과정에서 파일 경로는 매우 중요합니다. 프리미어 프로는 미디어를 프로젝트에 포함시키지 않고 원본 미디어의 가상 지표를 만들기 때문입니다. 다시 말해, 원본 미디어를 지우게 되면 프리미어 프로에서 프로젝트 파일을 저장했다고 해도 미디어 파일을 불러올 수 없습니다. 마찬가지로 가져오기 한 파일의 경로가 바뀌게 되면 프리미어 프로가 프로젝트 파일을 열었을 때, 바뀐 파일의 경로를 찾지 못하게 되고 모든 미디어 파일이 Offline(연결 실패)으로 표시됩니다. 물론, 바뀐 파일의 경로를 다시 재정의(Relocate)하면 되지만 파일을 삭제하거나 파일 경로를 바꾸는 것은 신중해야 합니다.

1 가져오기(Import) 명령 사용하기(Ctrl + I)

01 가장 간단하게 미디어 파일을 가져오는 방법은 Project 패널의 빈 공간을 더블클릭하거나, Ctrl + I 키를 누르는 것입니다. 또는 Project 패널 빈 공간을 마우스 오른쪽 버튼으로 클릭하고 **Import**를 실행하거나 **[File]** → **Import**를 실행합니다.

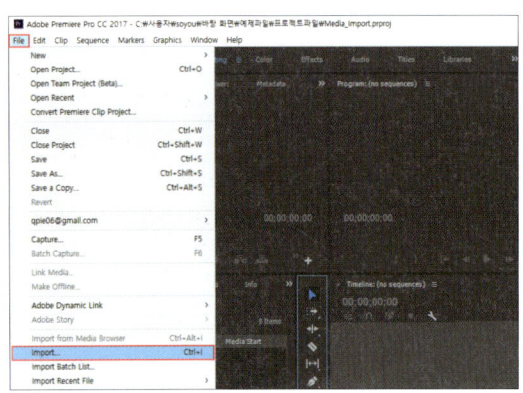
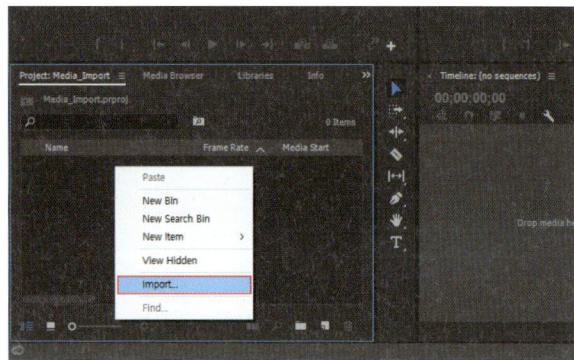

02 파일을 불러올 수 있는 팝업창이 열리면 예제파일 → 미디어파일 폴더 경로로 이동합니다.

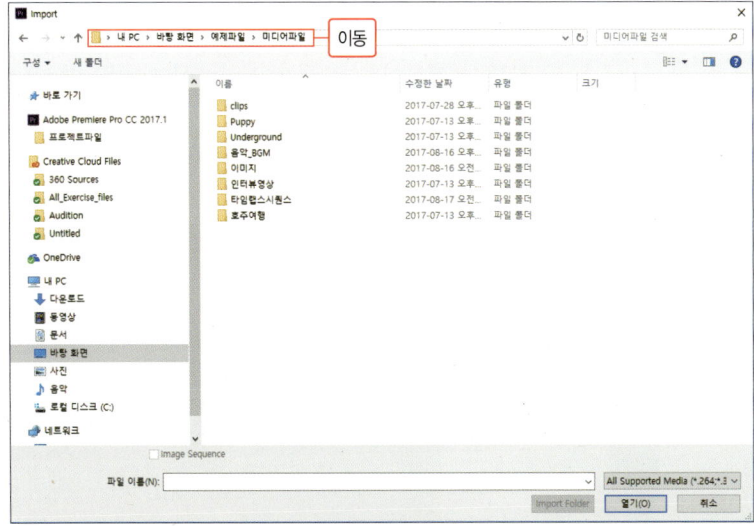

03 가져오기할 파일을 선택하고 'Open'을 클릭하거나, 폴더째로 선택하고 'Import folder'를 클릭합니다. 한 개 이상의 미디어를 가져오고 싶다면 마우스로 드래그하거나, Shift 키를 누르고 많은 양의 파일을 한 번에 선택해서 가져올 수 있습니다. 또는 Ctrl 키를 누르고 원하는 미디어를 골라 선택하여 가져올 수 있습니다.

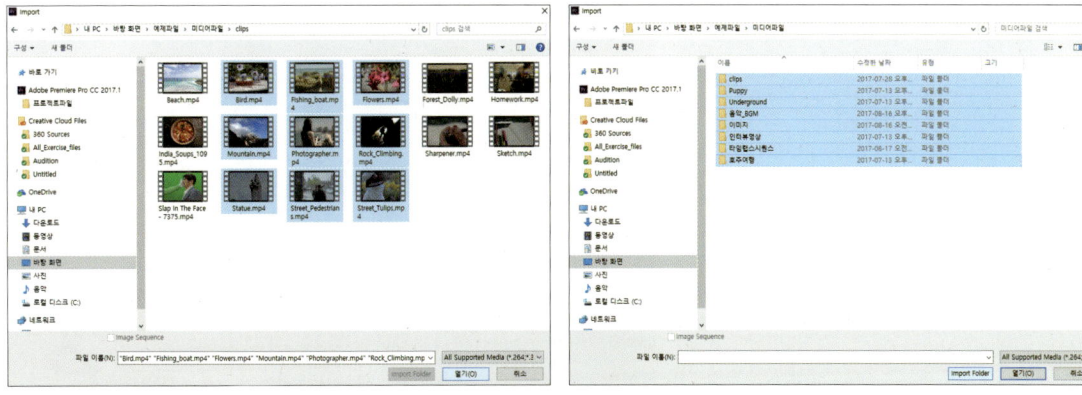

2 미디어 브라우저 이용하기(Shift + 8)

가져오기 명령을 사용하는 방법은 파일에 대한 기본 정보 특히, 콘텐츠 내용을 어느 정도 알고 파일을 가져올 때 유리합니다. 하지만, 파일을 탐색하거나 미리 보고 가져오기를 원한다면 미디어 브라우저를 이용하는 것이 더욱 스마트한 워크플로우가 될 것입니다.

01 Project 패널 그룹 중 Media Browser를 활성화합니다. Media Browser 패널을 찾을 수 없다면 [Window] → **Media Browser**(Shift + 8)를 선택합니다.

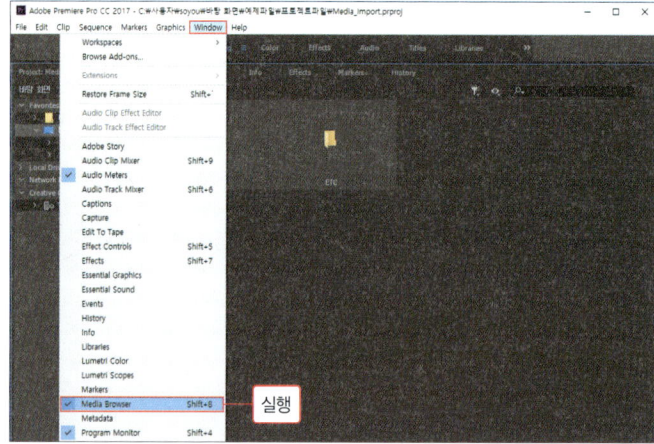

02 미디어 브라우저는 패널 안에서 파일 경로를 찾아 들어가는 방식으로 사용합니다. 예제 폴더를 찾고 미디어파일→호주여행→드림월드 폴더를 열어봅니다.

03 미디어가 리스트 모드로 되어 있어 클립의 섬네일(Thumbnail)이 보이지 않는다면, 미디어 브라우저 패널 아랫부분의 뷰 모드 아이콘(▣)을 섬네일 뷰 모드로 바꿉니다.

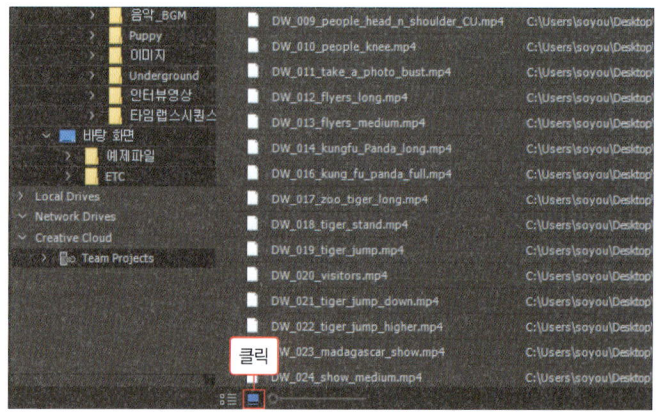

04 뷰 모드 오른쪽 슬라이더를 움직이면, 섬네일 크기가 조정됩니다.

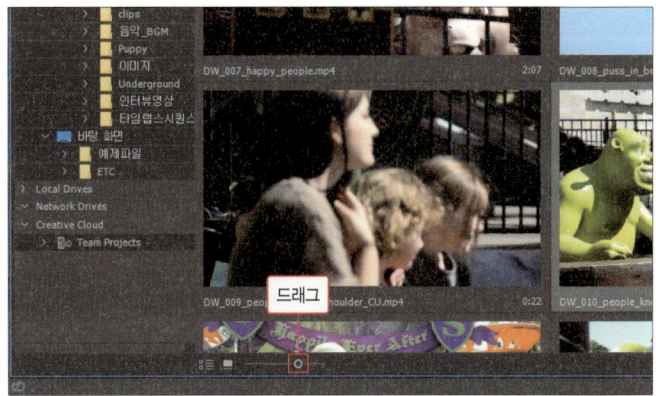

05 마우스를 섬네일 위에 올리고 좌우로 움직이면, 클립이 마우스 움직임에 따라 재생됩니다. 또는 클립을 선택하고 Spacebar 키를 누르면 클립이 재생됩니다.

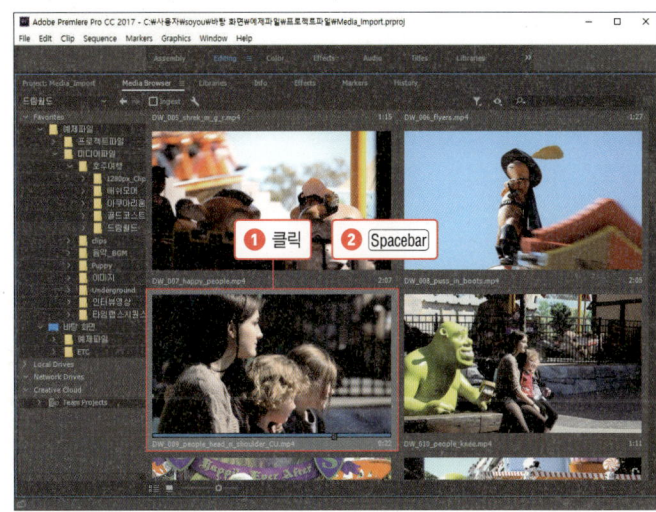

06 가져오기 할 미디어 파일이나 폴더를 마우스로 드래그하여 선택하거나, Shift 키 또는 Ctrl 키를 누르고 복수 선택합니다. 그리고 마우스 오른쪽 버튼을 클릭한 다음 **Import**를 실행합니다.

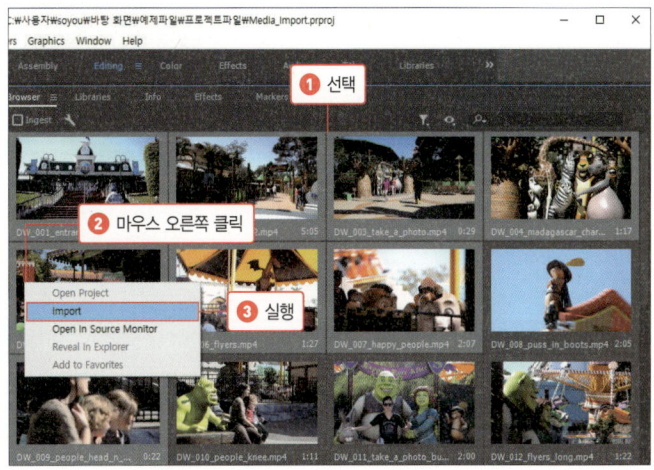

07 Project 패널을 활성화합니다. 미디어 브라우저에서 가져오기한 파일들이 Project 패널에 불어와진 것을 확인할 수 있습니다.

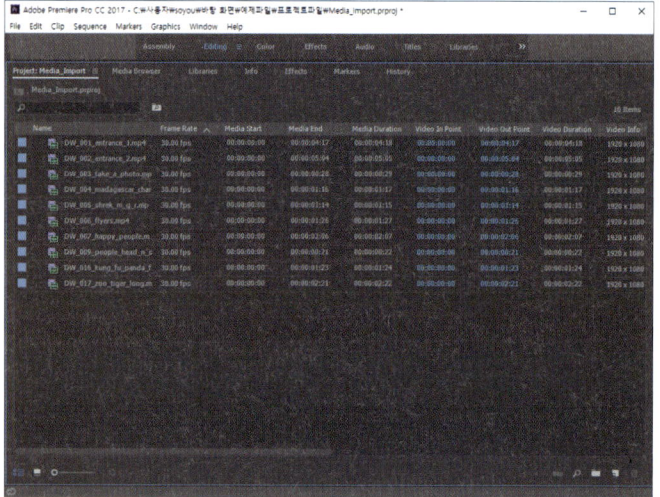

08 Project 패널도 마찬가지로 창 아랫부분의 뷰 모드 아이콘(▫)을 클릭하여 리스트 뷰를 섬네일 뷰로 바꿀 수 있습니다.

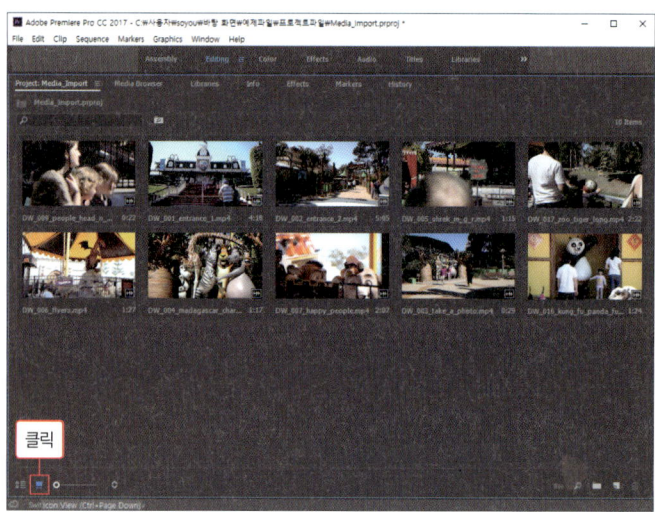

09 패널 창 아랫부분의 슬라이더를 이용하여 섬네일 크기를 조절할 수 있습니다.

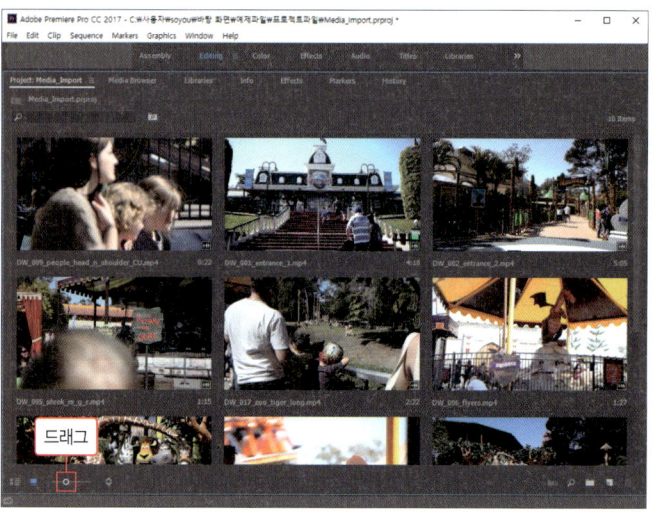

···· TIP ····

Favorites에 폴더 등록하기

미디어 브라우저를 사용하면서 자주 열게 되는 폴더 경로가 생길 것입니다. 바탕화면이라든가 예제 파일 경로 등을 예로 들 수 있는데, 이러한 폴더들을 Favorites에 등록해 놓으면 복잡한 폴더 경로를 한번에 건너뛸 수 있습니다. 우선, 등록하고 싶은 폴더의 경로로 갑니다. 바탕화면은 대개 Local Drives → C 드라이브 → 사용자 → 사용자 이름 폴더 안에서 찾을 수 있습니다. 폴더를 찾으면, 마우스 오른쪽 버튼을 클릭하고 **Add to Favorites**를 실행합니다.

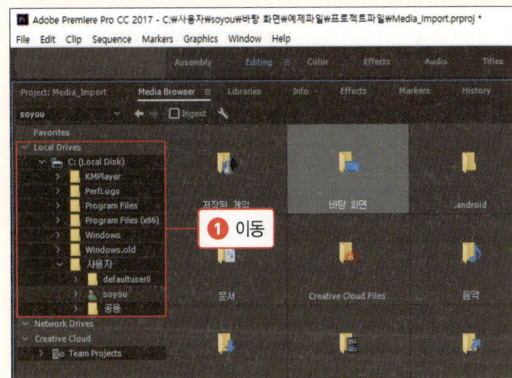 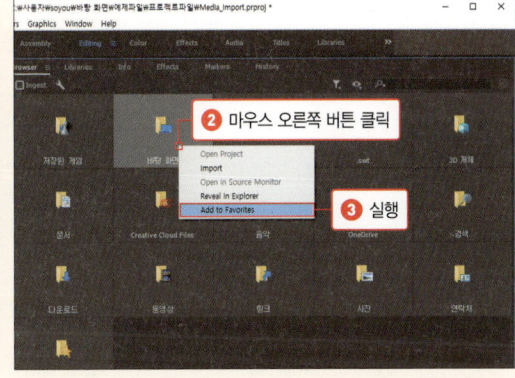

같은 방법으로 예제 파일 폴더도 등록합니다.

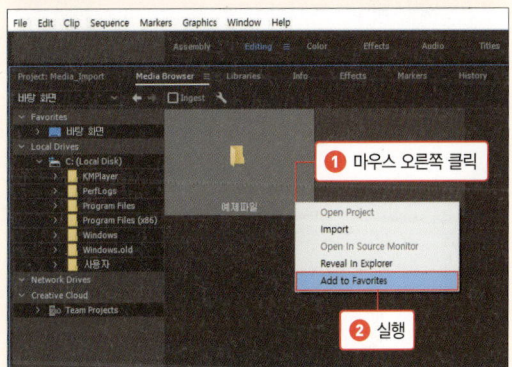

만약 Favourites에 등록한 폴더를 지우고 싶다면, 폴더를 선택하고 마우스 오른쪽 버튼으로 클릭한 다음 **Remove from Favorites**를 실행합니다.

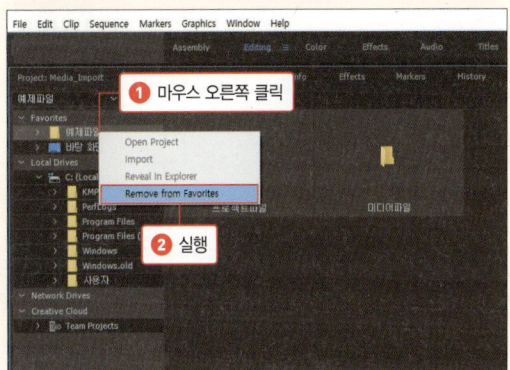

CHAPTER 02
Premiere Pro CC

Bins로 에셋 정리하기

Bin은 Project 패널에서 만들어지는 폴더입니다. 이 폴더는 바구니와 같은 역할로, Project 패널로 불러들인 미디어 파일이나 파일을 카테고리화하여 정리하는 데 사용합니다.

1 Bin 만들기

01 Project 패널 아랫부분에서 'New Bin' 아이콘(■)을 클릭합니다.

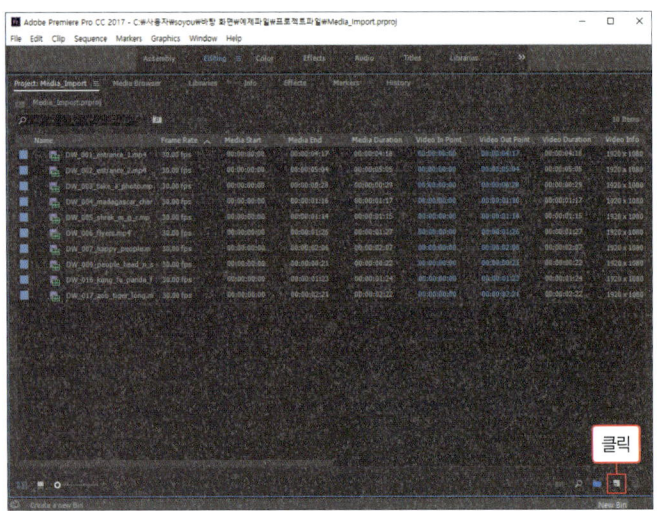

02 폴더가 하나 만들어집니다. 폴더의 이름을 클릭하면 이름을 바꿀 수 있습니다. 'Dreamworld_clips'라고 이름을 바꾸고, Project 패널의 빈 공간을 클릭하거나 Enter 키를 누르면 폴더 이름 바꾸기가 완료됩니다.

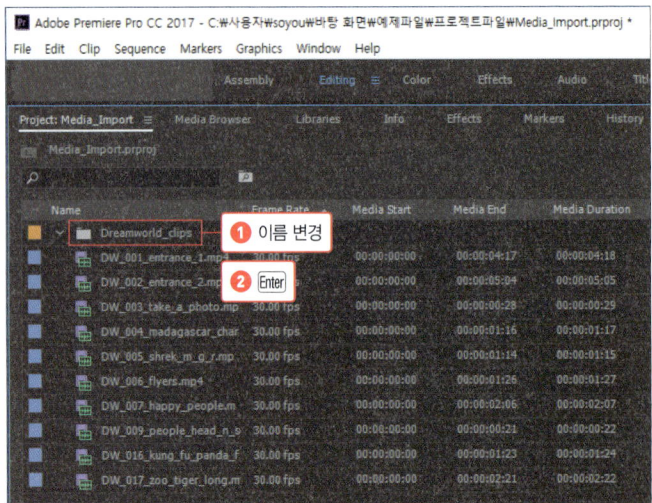

03 Project 패널로 가져온 이미지 파일들을 Shift 키를 누르고 한번에 선택하거나, 마우스로 드래그하여 한꺼번에 선택합니다. 그리고 Dreamworld_clips 폴더로 드래그하여 넣습니다.

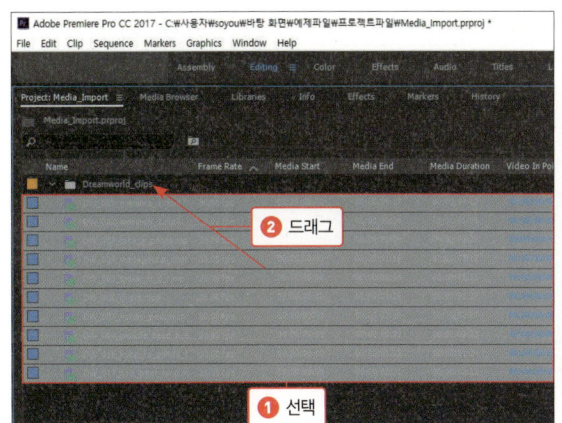 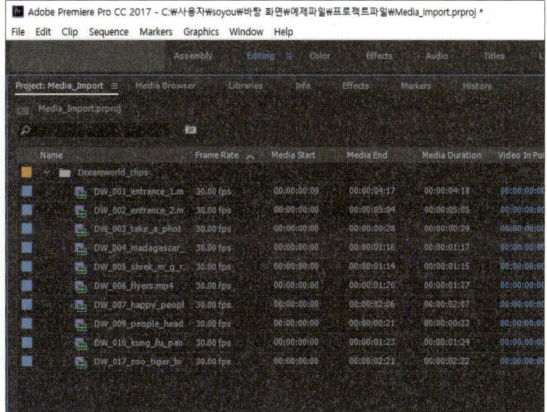

04 폴더 안에 폴더를 넣는 것도 가능합니다. 새 Bin을 만들고 이번에는 '예제파일'이라고 이름을 바꿉니다.

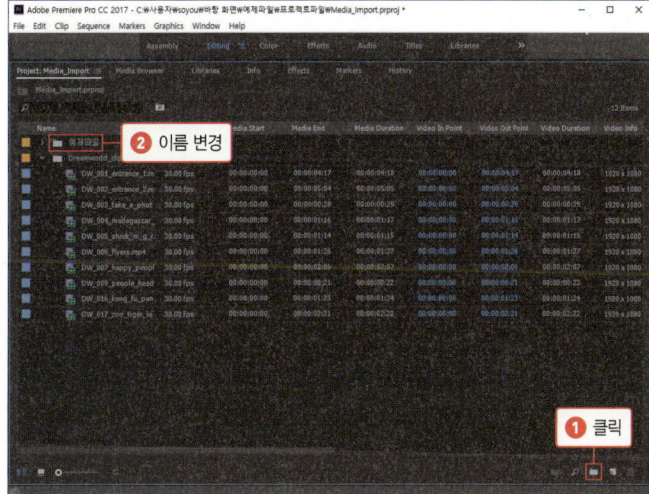

05 'Dreamworld_clips' 폴더를 드래그하여 '예제파일' 폴더 안에 넣습니다. 리스트 뷰 모드에서 색상 라벨 우측의 작은 삼각형 아이콘을 클릭하면 폴더를 열거나 닫을 수 있습니다.

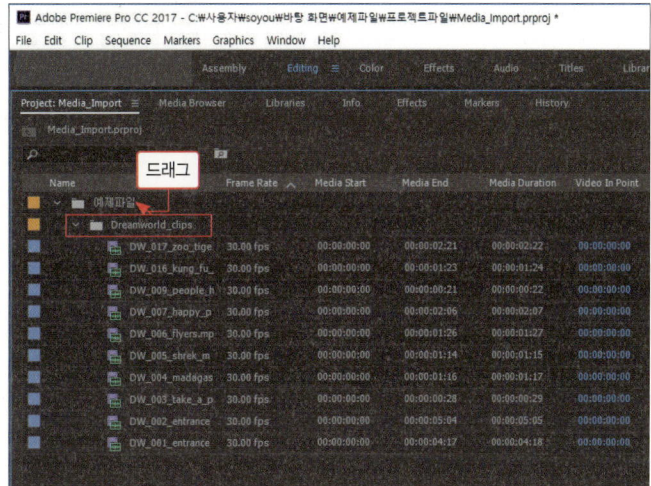

2 라벨로 파일의 종류 구분하기

Project 패널로 불러들인 파일들은 그 특성에 따라 색상 라벨이 다르게 붙습니다.

|예제 파일| 예제 파일\프로젝트 파일\All_Exercise_files.prproj

01 Project 패널에서 Assets 폴더 → 호주여행기 → 골드코스트 폴더를 엽니다.
이 폴더 안의 파일들은 파란색 라벨이 붙어 있습니다. 소리가 있는 영상 파일에는 이 색상의 라벨이 붙습니다.
파일 이름 왼쪽에 붙은 아이콘을 살펴보면, 필름 모양의 아이콘에 소리 파형 아이콘이 함께 표시되어 있는 것을 확인할 수 있습니다.

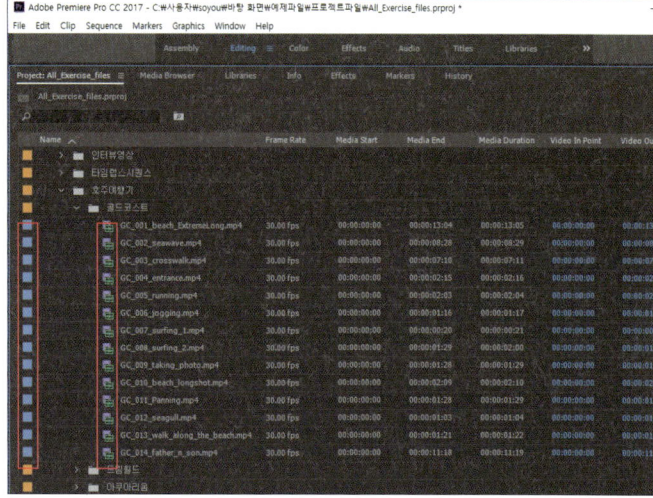

02 Assets → Underground 폴더를 엽니다. 이 폴더 안의 파일들은 보라색 라벨이 붙어 있습니다. 소리가 없는 영상 파일에는 이 색상의 라벨이 표시됩니다.
파일명 왼쪽에 붙은 아이콘이 이번에는 필름 모양만 표시되어 있습니다.

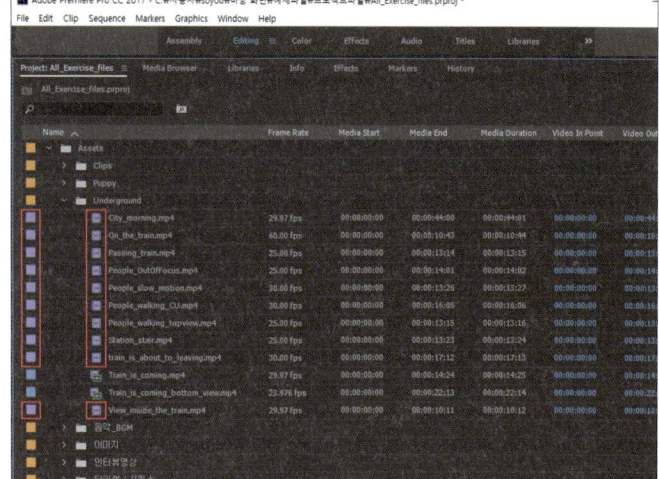

03 Assets 폴더 → 음악_BGM 폴더를 엽니다. 이 폴더 안의 파일들은 초록색 라벨이 붙어 있습니다. 사운드 파일에는 이 색상의 라벨이 붙습니다.

파일명 왼쪽에 소리 파형 아이콘이 표시되어 있습니다.

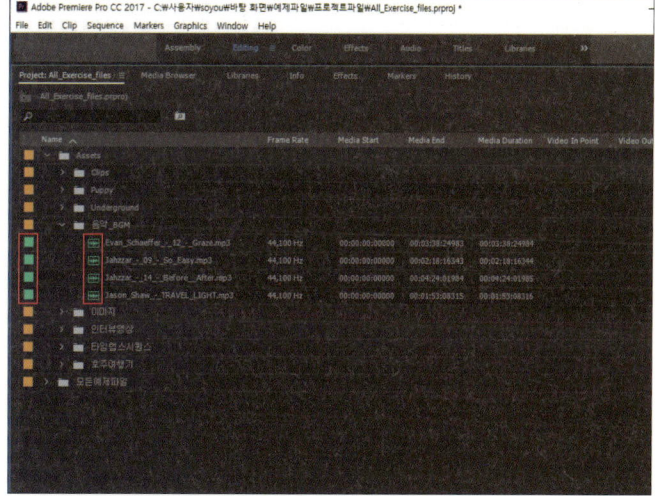

04 Assets → 이미지 → 고화질 이미지 폴더를 엽니다. 이 폴더 안의 파일들은 핑크색 라벨이 붙어 있는데, 이미지 파일은 이 색상의 라벨이 붙습니다.

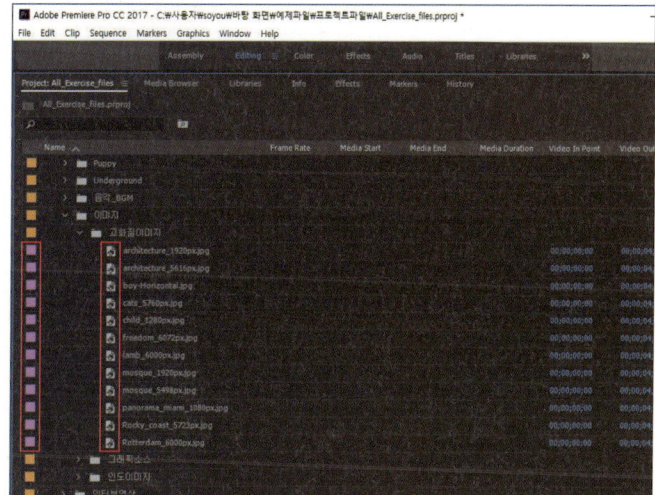

05 모든예제파일 → 4.2 → Chapter 004_이미지와그래픽소스로작업하기 → 시퀀스 폴더를 엽니다. 타임라인을 상징하는 이미지가 시퀀스 아이콘으로 사용되고 있습니다.

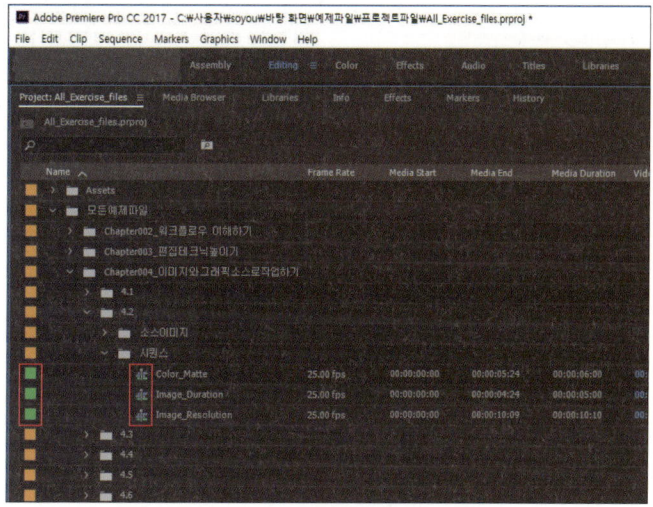

3 라벨 색상 지정하기

파일 종류에 따라 특정 색상의 라벨이 부여되어 있는 것을 확인했습니다. 하지만 사용자의 임의로 미디어 파일의 라벨 색상을 수정할 수 있습니다.

01 라벨 색상을 바꾸고 싶은 파일을 선택하고 마우스 오른쪽 버튼을 클릭한 다음 **Label**을 실행하면, 선택 가능한 색상 목록이 메뉴로 열립니다.

원하는 색상 라벨을 선택하면 미디어 파일의 라벨 색상을 바꿀 수 있습니다.

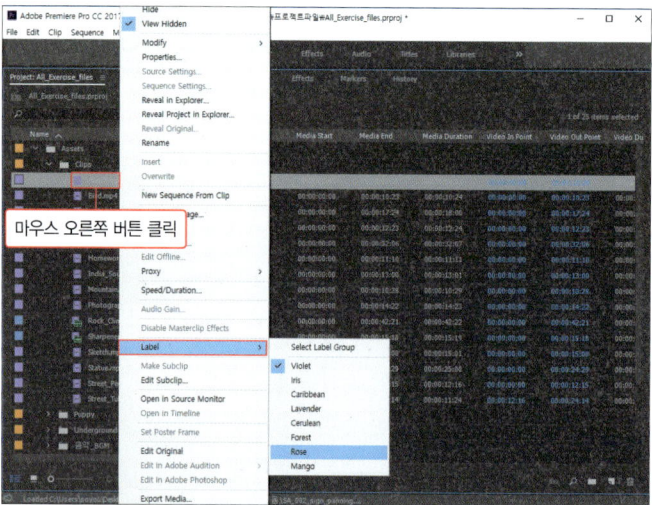

02 Shift 또는 Ctrl 키를 누르고 파일 여러 개를 선택하여 라벨을 수정할 수도 있습니다.

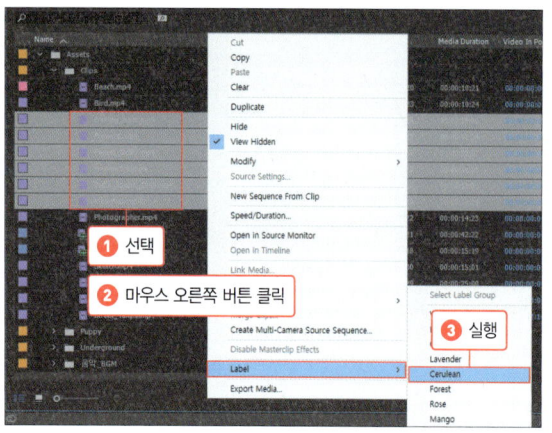
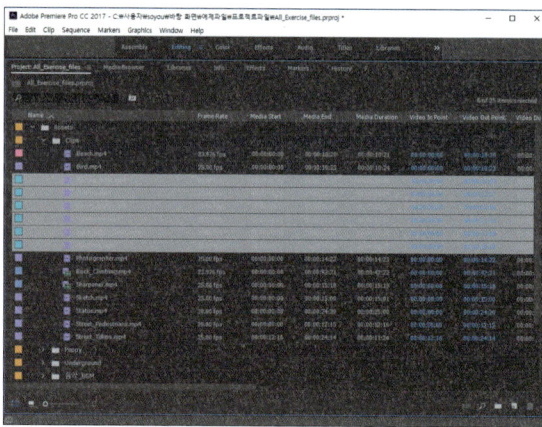

···TIP··
[Edit] → Preferences → Label 또는 Label Colors를 실행하면 라벨 색상을 바꾸고 색상 이름을 수정할 수 있습니다.

4 상하위 폴더 이동하기

01 Project 패널에서 폴더를 여는 방법은 우선 더블클릭입니다. 이 방법은 뷰 모드에 상관없이 폴더를 더블클릭하게 되면 하위 폴더가 팝업창으로 새로 열립니다.

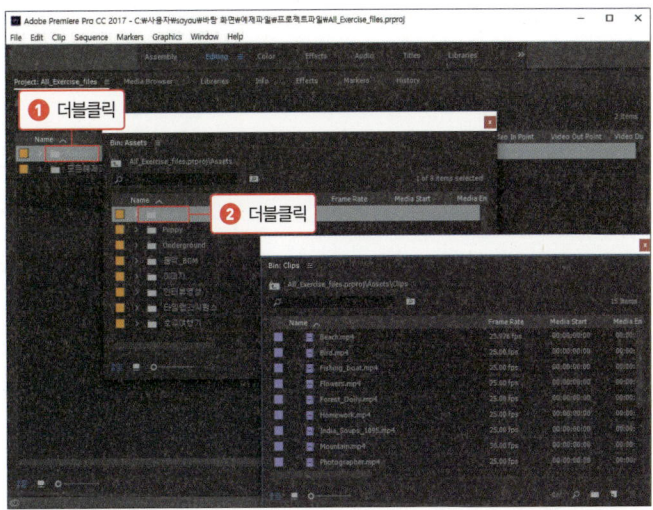

02 만약 하위 폴더를 팝업창 대신 Project 패널 자체에서 열고 싶다면, Ctrl 키를 누르고 더블클릭합니다.

03 상위 폴더로 돌아가려면 검색 필드 위의 폴더 모양 아이콘을 클릭합니다.

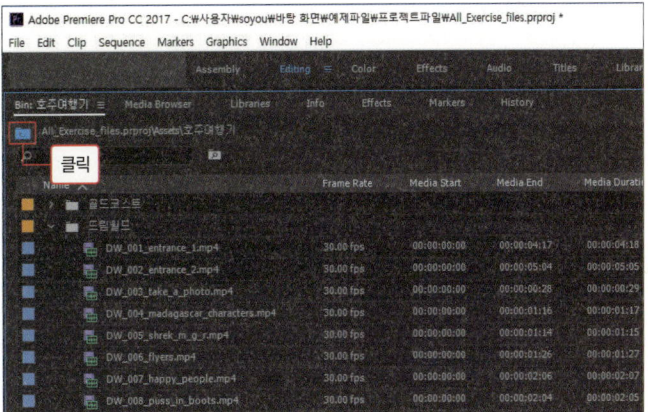

04 상하위 폴더를 이동하는 방법은 사용자의 임의로 수정할 수 있습니다. [**Edit**] → **Preferences** → **General**을 실행합니다.

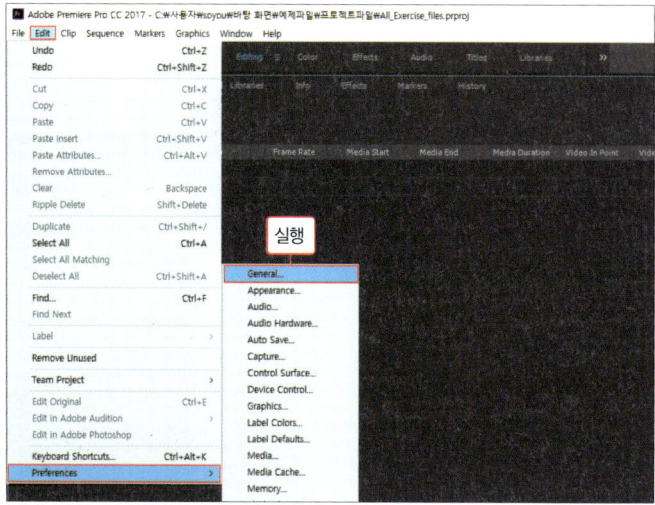

05 Bins 옵션을 살펴보면 마우스나 키보드 액션에 대한 반응을 수정할 수 있습니다. Double-click 옵션이 'Open in new window'라고 설정되어 있는데, 이 부분을 'Open in place'로 수정하면 Ctrl 키를 누르고 더블클릭한 것과 마찬가지로 Project 패널 안에서 하위 폴더를 열어볼 수 있습니다.

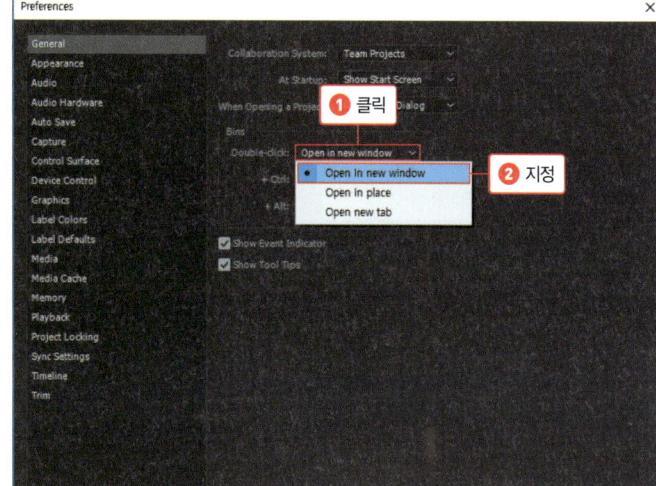

5 파일 지우기

01 삭제하고자 하는 파일 또는 폴더를 선택하고 Backspace 키 또는 Delete 키를 누르면 폴더를 쉽게 지울 수 있습니다. 또는 폴더를 선택하고 마우스 오른쪽 버튼을 클릭한 다음 **Clear**를 실행합니다.

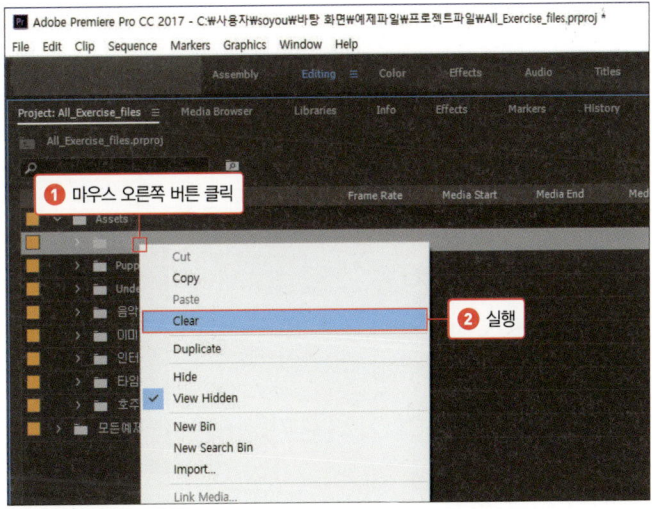

02 파일이나 폴더를 선택하고 Project 패널 아랫부분 쓰레기통 아이콘을 클릭하거나, 마우스로 클릭, 드래그하여 아이콘 위에 올려놓으면 삭제됩니다.

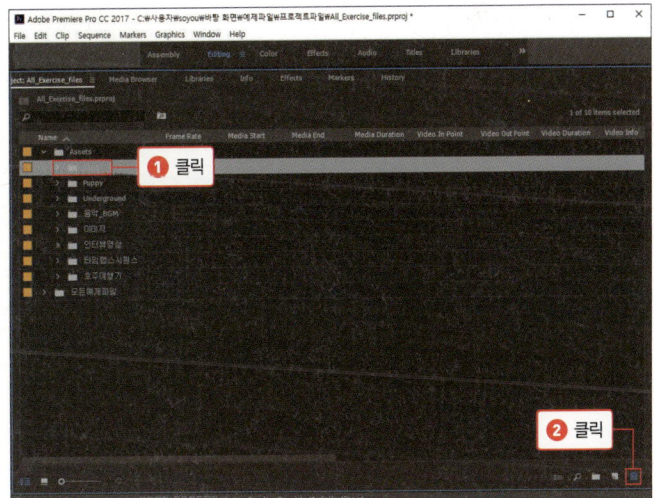

03 하나 또는 그 이상의 시퀀스 작업에 사용 중인 에셋을 삭제하게 되면, 삭제를 계속 진행할 것인지를 묻는 경고창이 표시됩니다.

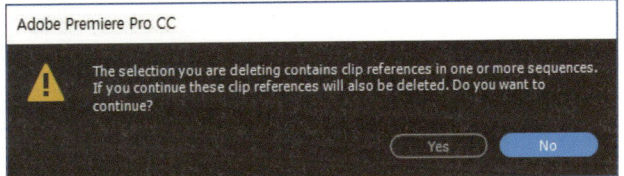

CHAPTER 03
Premiere Pro CC

다른 프로젝트 미디어 가져오기

프로젝트 파일을 작업하면서 다른 프리미어 프로 프로젝트 파일에 사용한 미디어 파일을 가져오는 방법에 대하여 알아봅니다.

1 시퀀스 선택하여 가져오기(Import Selected Sequence)

|예제 파일| 예제 파일\프로젝트 파일\All_Exercise_files.prproj

01 프로젝트 파일을 엽니다.

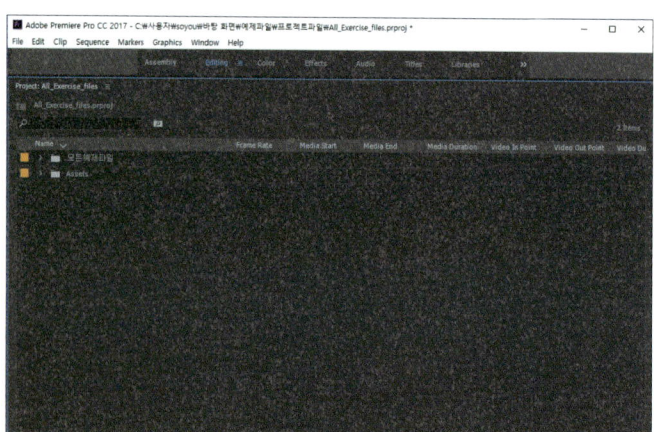

02 이 상태에서 미디어 파일을 가져오게 되면 기존의 파일들과 구분하기 어려울 수 있기 때문에, 새 폴더를 하나 만들고 그 폴더 안에 미디어 파일이 불러와지도록 만들겠습니다. Bin을 하나 만들고 '시퀀스로부터 파일 가져오기'라고 이름을 수정합니다.

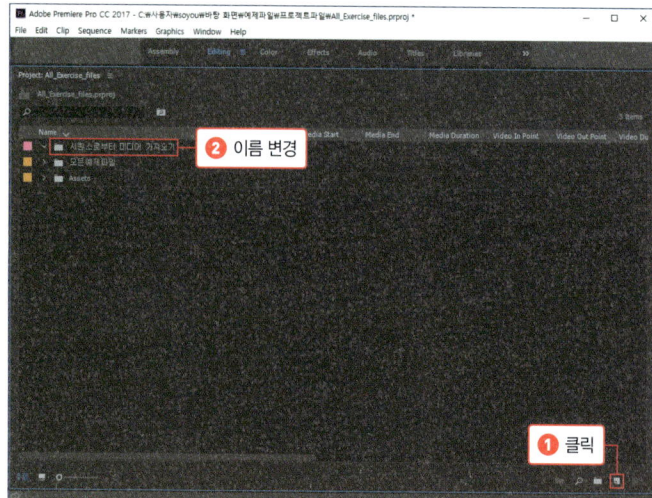

03 새 폴더를 선택하고 마우스 오른쪽 버튼을 클릭한 다음 **Import**를 실행하거나 Ctrl+I 키를 눌러 'Import' 대화상자를 표시합니다.

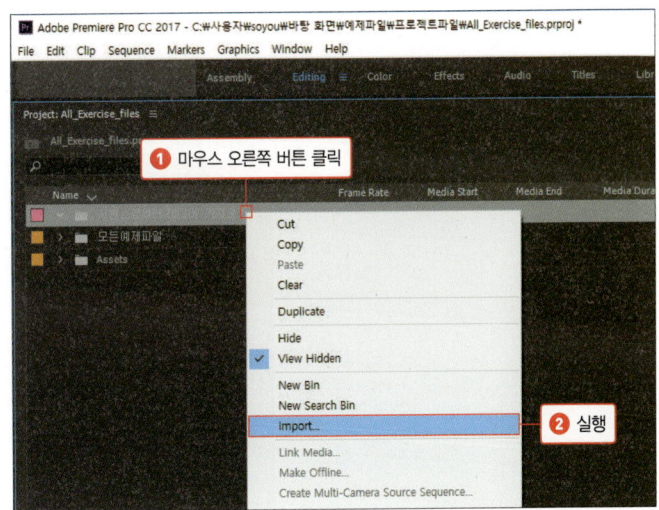

04 프로젝트 파일 가져오기에 대한 대화창이 열립니다. 프로젝트 파일을 선택하고 열기를 누릅니다.

> **TIP**
> 예제에서 사용한 Going Home 프로젝트는 C:\Users\Public\Documents\Adobe\Premiere Pro\12.0\Tutorial 폴더에서 찾을 수 있습니다.

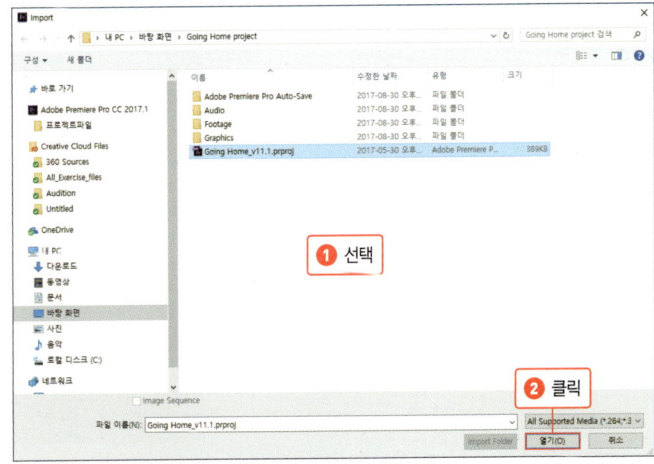

05 프로젝트 파일을 가져오면서 'Import Entire Project(프로젝트 전체 가져오기)'할 것인지, 'Import Selected Sequences(특정 시퀀스를 선택하여 가져오기)'할 것인지를 선택하게 됩니다.
'Import Selected Sequence'을 선택하고 〈OK〉 버튼을 클릭합니다.

06 새 팝업창이 열리고 이 프로젝트 파일 안에 담긴 파일들을 보여줍니다. 임의의 시퀀스를 선택하고 〈OK〉 버튼을 클릭합니다.

07 시퀀스를 선택하면, 시퀀스만 가져오는 것이 아니라 선택한 시퀀스를 구성하는 에셋 파일들도 함께 가져와집니다.

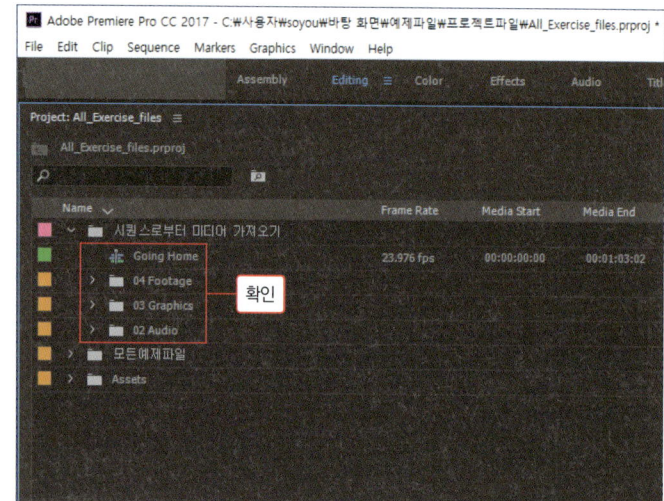

2 미디어 브라우저를 이용하기

프리미어 프로 프로젝트를 작업을 하면서 다른 프리미어 프로 프로젝트 파일에 있는 미디어를 가져올 때 미디어 브라우저를 이용하면 더욱 스마트한 워크플로우를 기대할 수 있습니다.

01 Media Browser 패널을 활성화합니다. 폴더를 탐색해 프리미어 프로 프로젝트 파일을 찾아 들어갑니다.

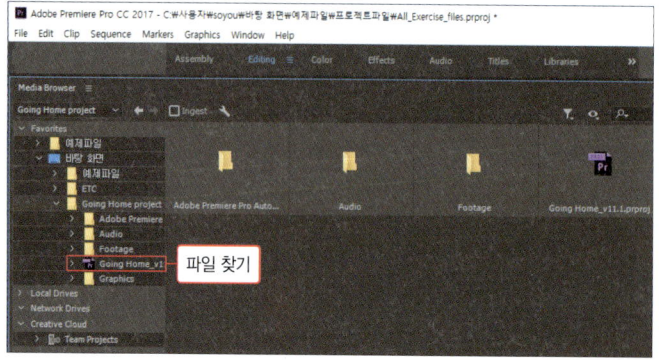

02 프리미어 프로 프로젝트 파일을 더블클릭하면, 해당 프로젝트 파일에 쓰인 모든 에셋과 시퀀스 파일이 열람할 수 있습니다. 미디어 브라우저를 사용하는 강력한 장점은 바로 이것입니다.

03 에셋 파일 또는 폴더를 골라 가져오거나, 시퀀스를 선택하여 가져오기 합니다. 시퀀스를 구성하는 에셋 파일들이 함께 가져와집니다.

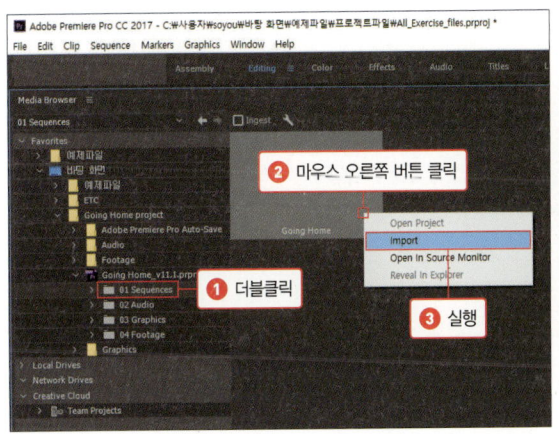
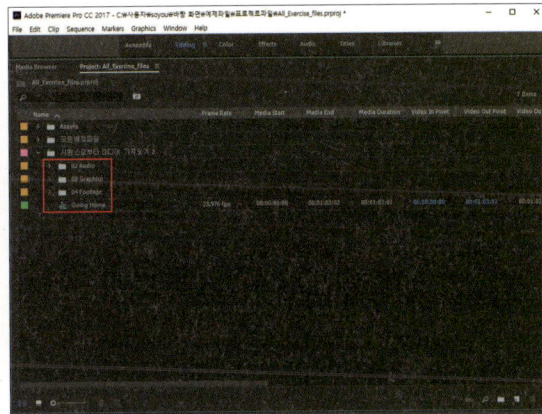

3 여러 개의 다른 프로젝트 파일 동시에 열기

프리미어 프로 CC 2018로 업데이트되면서 여러 개의 다른 프로젝트 파일을 열어 작업할 수 있게 되었습니다. 이전 버전에서는 프로젝트 파일에서 미디어 파일이나 시퀀스를 가져오기(Import)할 수 있었지만, 하나의 프로젝트 파일을 작업하다가 다른 프로젝트 파일을 열려면 반드시 작업 중이던 프로젝트 파일을 닫아야 했습니다. 하나의 프로젝트 파일이 열려 있는 상태에서 다른 프로젝트 파일을 원하는 만큼 열어보고 여러 프로젝트 파일을 동시에 편집을 진행할 수 있는 점은 굉장한 이점으로 다가옵니다. 특히, 에피소드나 시리즈물을 만들 때 혹은 영화 한 편을 구성하는 여러 씬(Scene)을 편집할 때를 생각할 수 있습니다. 하지만 여러 프로젝트 파일에 흩어져 있는 미디어 파일을 옮기거나 편집에 사용할 때에는 작업이 복잡해지는 만큼 파일 관리에 주의를 기울여야 합니다.

1 | 여러 개의 다른 프로젝트 파일 열기

하나의 프로젝트 파일이 열려 있는 상태에서 다른 프로젝트 파일을 여는 명령은 프로젝트 파일을 여는 것과 동일합니다. [File] → Open Project(Ctrl+O)를 실행하거나, Ctrl+O 키를 누릅니다.

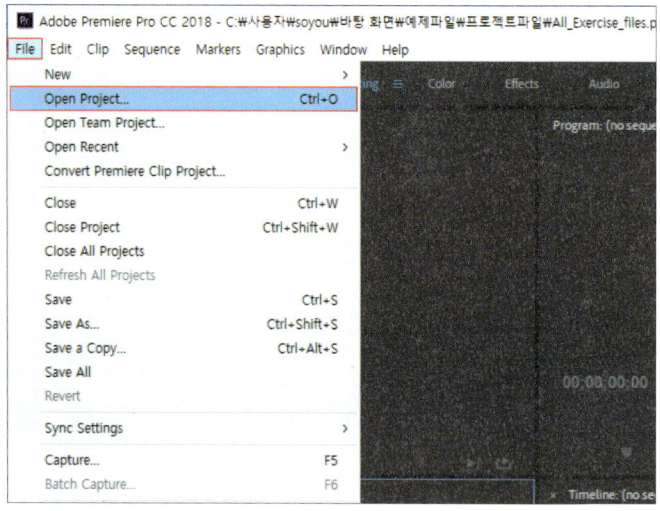

Project 패널이 새 팝업창으로 열립니다. 이렇게 개별 팝업창으로 Project 패널을 열어 놓고 작업할 수도 있고, 패널을 원하는 위치에 고정시키고 사용할 수 있습니다. Project 패널 그룹에 묶어 두면 탭을 이용하여 프로젝트 파일을 넘나들 수 있습니다.

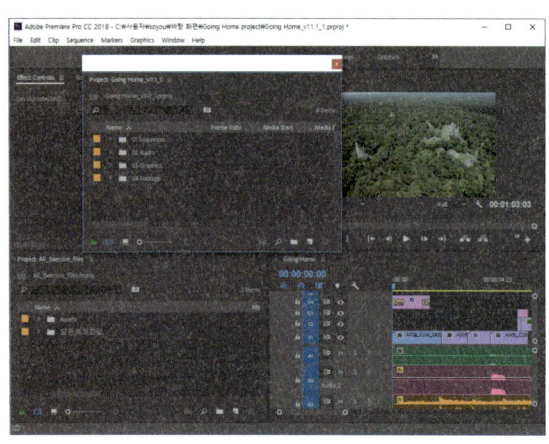
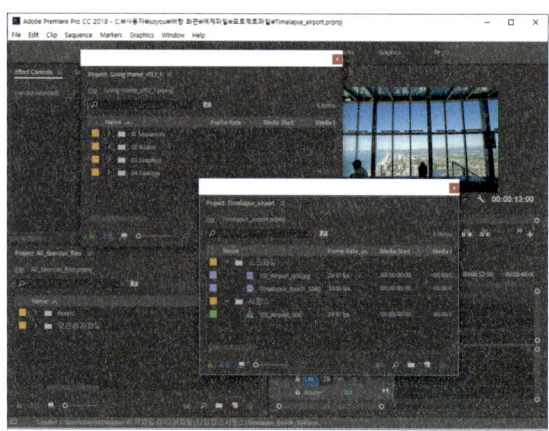
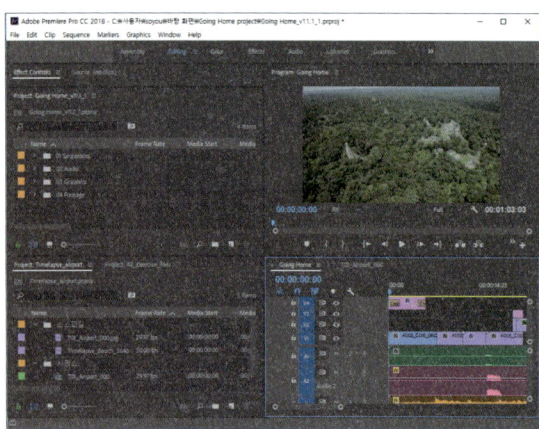
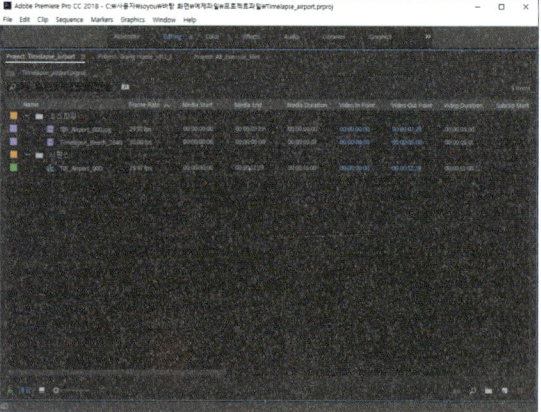

미디어 브라우저로도 다른 프로젝트 파일을 열 수 있는데, 패널 왼쪽에서 프로젝트 파일의 경로를 따라 들어가 파일을 엽니다. 미디어 브라우저에서 프로젝트 파일을 더블클릭해서 열면, 프로젝트 파일 안의 미디어 파일과 시퀀스 파일들을 살펴볼 수 있습니다. 프로젝트 파일명을 마우스 오른쪽 버튼을 클릭하고 **Open Project**를 실행하면 또 다른 프로젝트 파일을 열 수 있습니다.

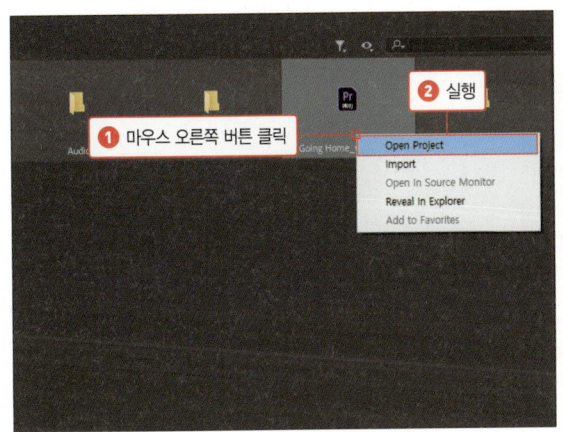 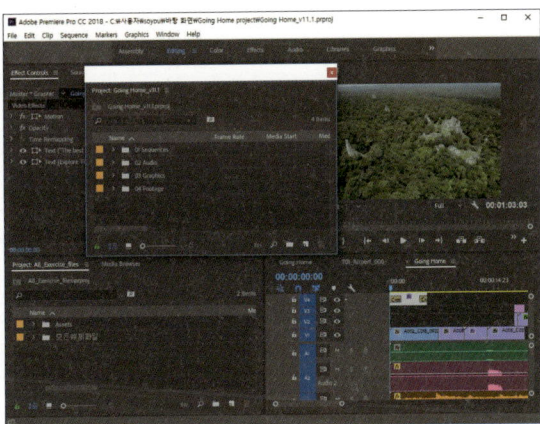

여러 개의 프로젝트 파일을 열어 놓은 상태로 작업하다 보면, 실수로 Project 패널을 꺼 버릴 수도 있고 이렇게 실수로 닫아버린 패널을 찾을 수 없는 경우가 있습니다. 한번 불러들인 Project 패널은 프로젝트 파일을 완전히 닫지 않는 한(Close Project) 비활성화되어 있는 상태로 남아 있습니다. 이렇게 닫힌 패널을 찾을 수 없어 'Open Project'를 다시 실행해도 프로젝트 패널을 불러들일 수 없습니다. 이런 경우 [Window] → **Projects** 메뉴를 이용하면 원하는 프로젝트 파일을 쉽게 활성화할 수 있습니다.

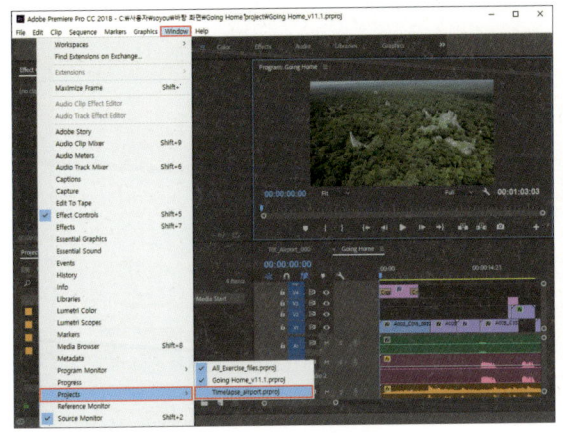 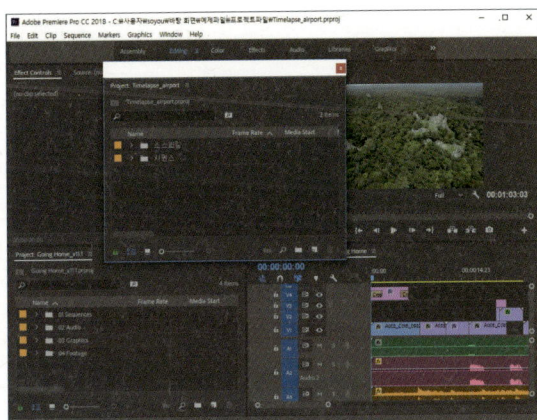

2 | 미디어 파일 옮기기

같은 프로젝트 파일 안에서 미디어 파일을 옮기는 것은 파일을 하나의 Bin에서 다른 Bin으로, 말 그대로 옮기는 것입니다. 그러나 하나의 프로젝트 파일에서 미디어 파일을 꺼내 또다른 프로젝트 파일로 옮기게 되면, 이때 미디어 파일은 복사(Copy)가 됩니다. 시퀀스 파일도 마찬가지입니다. 시퀀스 파일을 다른 프로젝트 파일로 옮기게 되면 시퀀스 파일에 포함된 모든 에셋 파일들이 함께 복사됩니다.

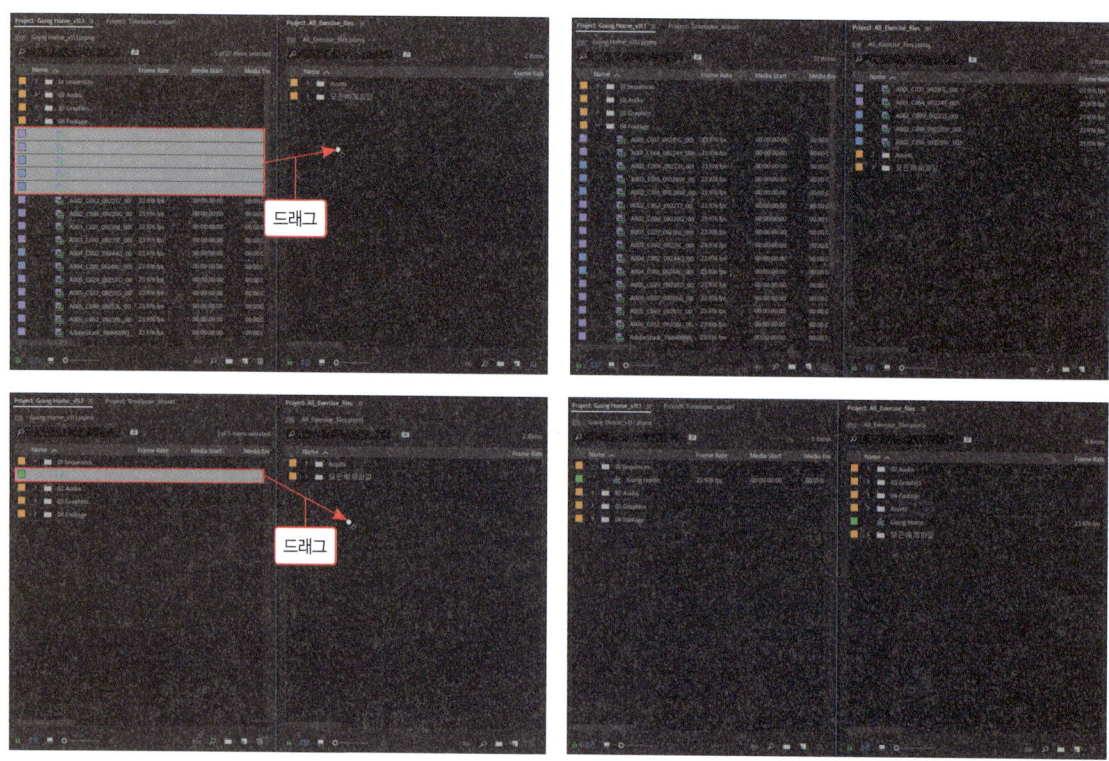

그러나 하나의 프로젝트 파일에서 다른 프로젝트 파일로 미디어 파일들이 복사되더라도 원본 파일이 저장된 경로는 바뀌지 않습니다.

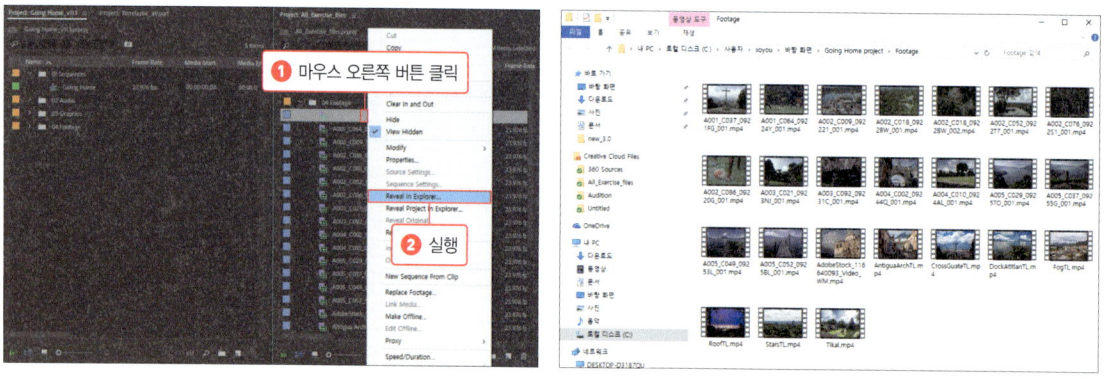

3 | 히스토리 패널 주의하기

여러 프로젝트 파일을 동시에 편집하게 되면, 미디어 파일을 옮기거나 시퀀스 파일을 복사하는 작업이 복잡하게 진행됩니다. 주의해야 할 점은 여러 프로젝트 파일이 섞이면서 크고 작은 변화들이 계속해서 일어나는데 공통된 하나의 History 패널을 사용한다는 점입니다. 즉, 여러 다른 프로젝트 파일을 왔다 갔다 하면서 작업을 진행하더라도 작업 과정이 기록되는 트랙(Track)은 하나의 History 패널에 기록되므로 작업을 되돌리는 시점을 선택하기 아주 복잡할 수 있습니다.

다음의 예시를 봅니다. 'Going Home' 프로젝트 파일에서 'Going Home' 시퀀스를 열고 Rolling Edit을 진행합니다.

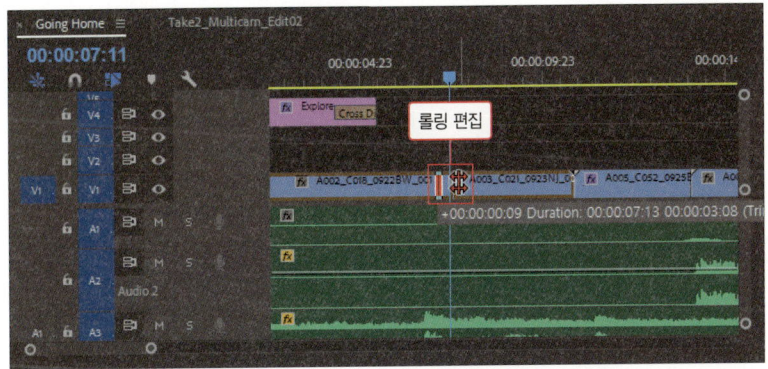

다른 시퀀스를 열고 자르기 도구로 클립을 자릅니다.

두 개의 다른 프로젝트 파일을 열고 작업을 진행했음에도 불구하고 하나의 History 패널에 작업 과정이 기록되는 것을 알 수 있습니다.

History 패널의 작업 트랙의 수를 늘릴 수 있습니다. History 패널의 메뉴를 열고 Settings를 실행합니다. History States를 '100'으로 설정합니다. 작업 과정이 더 많이 기록되지만 그만큼 컴퓨터의 RAM 사용량이 늘어나 컴퓨터 성능이 나빠질 수 있습니다.

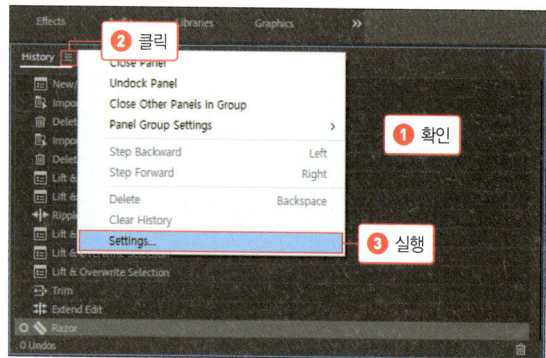
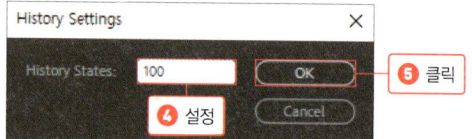

4 | 프로젝트 파일 닫거나 저장하기

여러 개의 프로젝트 파일이 열린 상태에서 프로젝트 파일을 닫거나 저장하는 명령은 현재 활성화되어 있는 해당 프로젝트 파일에 한하여 적용됩니다. 마찬가지로 Project 패널 탭 안의 팝업 메뉴를 이용할 때에도 개별 프로젝트를 닫거나 저장할 수 있습니다.

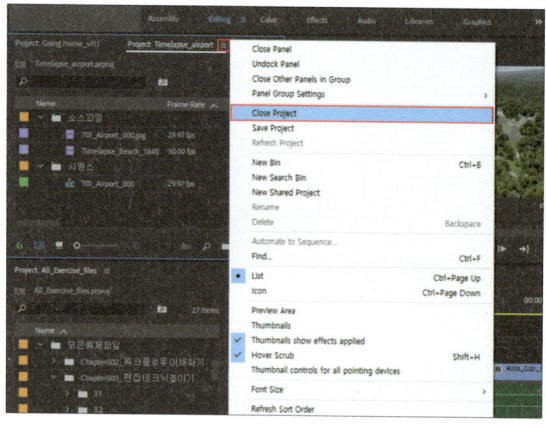
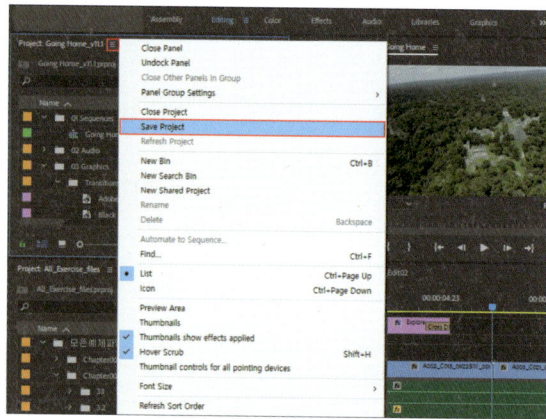

만약 열려 있는 모든 프로젝트 패널을 닫거나 저장하려면 [File] → Close All Projects 또는 Save All Projects를 실행합니다.

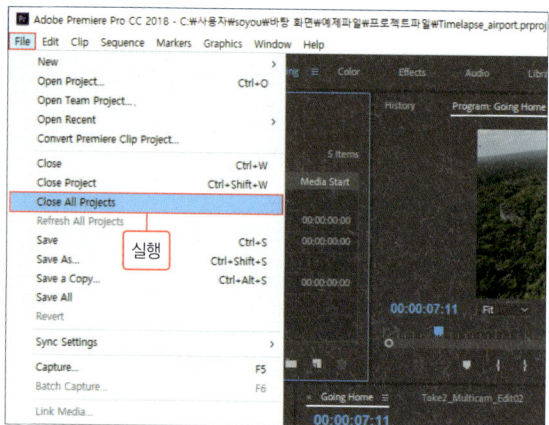

5 | 프로젝트 설정과 작업 환경 구성

여러 개의 프로젝트 파일이 열려 있는 상태에서 프로젝트 세팅을 수정할 때, 프로젝트 파일의 리스트를 잘 확인해야 합니다. [File] → Project Settings → General을 실행하여 Project Settings 대화상자를 표시합니다. 팝업창을 살펴보면 개별 프로젝트 파일을 작업할 때와 유사하지만, 대화상자 윗부분 'Projects'를 클릭해 보면 현재 열려 있는 프로젝트 파일 목록이 나타나는 것을 확인할 수 있습니다. 프로젝트 설정은 선택한 해당 프로젝트 파일만 설정됩니다. 즉, 프로젝트 파일별로 다른 설정이 가능합니다.

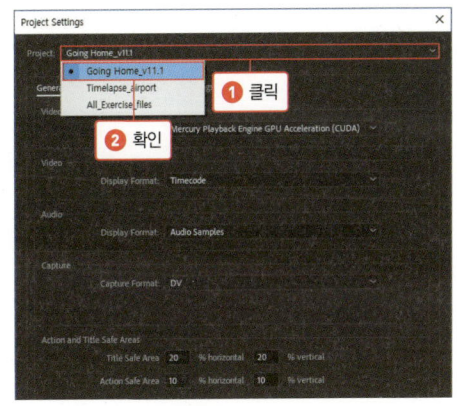

프로젝트 파일을 열게 되면 이전에 사용한 작업 환경 레이아웃이 함께 로드됩니다. 여러 개의 프로젝트 파일을 열고 작업을 하게 될 때, 첫 번째로 연 프로젝트 파일에 기록된 작업 환경 레이아웃이 로드되며 그 이후에 여는 프로젝트 파일은 작업 환경 레이아웃에 영향을 주지 않습니다. 즉, 특정한 작업 환경 레이아웃을 사용하고자 한다면 해당 프로젝트 파일을 제일 먼저 열고 나머지 작업에 필요한 미디어 파일을 가져올 다른 프로젝트 파일을 열어야 합니다.

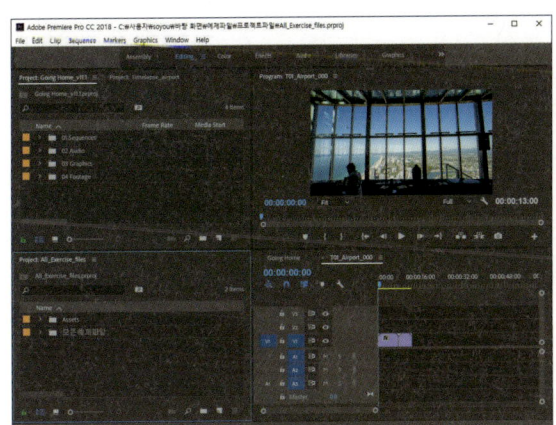
▲ '예제파일' 프로젝트 파일을 먼저 열었을 때, 작업 환경 레이아웃

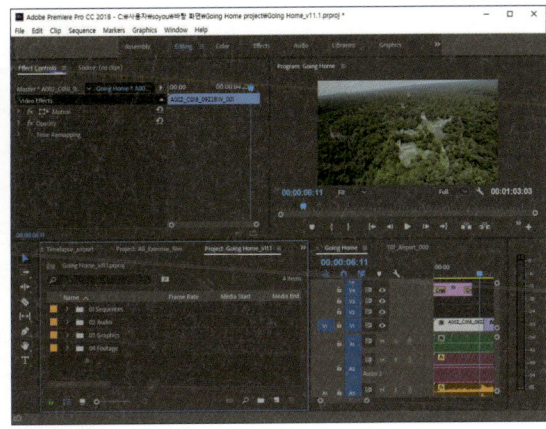
▲ 'Going Home' 프로젝트 파일을 먼저 열었을 때, 작업 환경 레이아웃

> **TIP**
> 이 기능을 사용하려면 [Window] → Workspace → Import Workspace From Project가 활성화되어야 합니다.

CHAPTER 04
Premiere Pro CC

소스 모니터 활용하여 편집 준비하기

소스 모니터를 활용하여 클립 전체를 사용하지 않고, 편집에 필요한 구간을 미리 편집하거나 서브 클립을 만들어 편집에 활용하는 방법에 대하여 알아봅니다.

1 소스에 마킹하기

|시퀀스| 모든예제파일\Chapter003_편집테크닉높이기\3.1\소스클립_GoldCoast\GC_001_beach_ExtremeLong.mp4

01 Project 패널에서 편집에 사용할 미디어 소스인 'GC_001_beach…'를 찾아 더블클릭합니다. 클립이 Source Monitor 패널에 불러들여진 것을 확인할 수 있습니다.

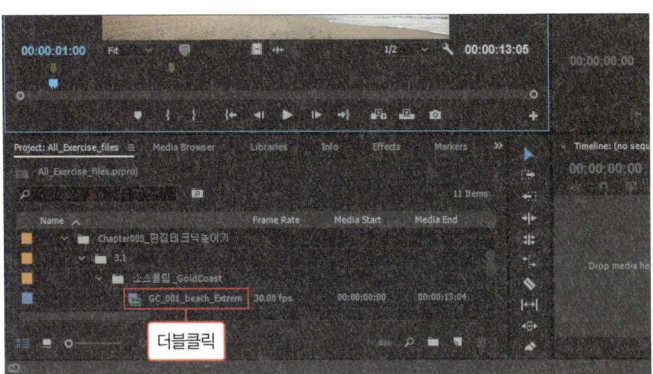

02 Source Monitor 패널로 불러들인 클립을 재생하여 편집의 필요한 구간을 찾습니다. 미리 마킹한 구간을 따라 해도 좋고, 원하는 구간을 임의대로 사용하여도 좋습니다.

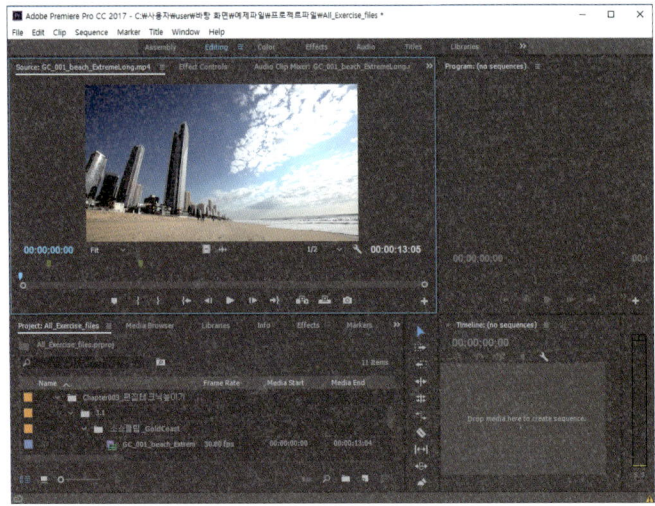

03 구간을 찾을 때 키보드의 Spacebar 를 눌러 재생하거나 멈출 수 있고, Source Monitor 패널 아랫부분에 위치한 'Play-Stop Toggle' 아이콘을 이용하거나 플레이헤드를 좌우로 이동하여 재생할 수도 있습니다.

편집 구간 시작점에 플레이헤드를 위치시키고, 소스 모니터 아랫부분에 'Mark In' 버튼(　)을 클릭하거나, I 키를 눌러 인 포인트를 마킹합니다.

04 마찬가지로, 플레이헤드를 움직여 편집 구간 끝 점에 위치시키고, Source Monitor 패널 아랫부분에 'Mark Out' 아이콘(　)이나 O 키를 이용하여 아웃 포인트를 마킹합니다.

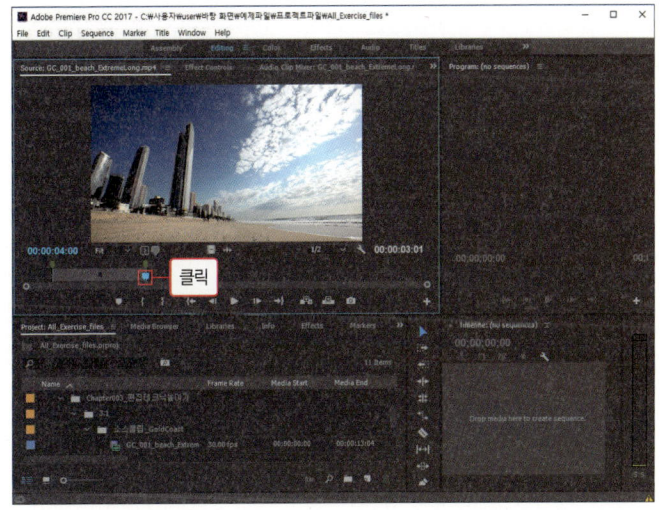

05 마킹 포인트를 모두 지우려면 Ctrl + Shift + X (Mac : option + X) 키를 누르거나 Source Monitor 패널 안쪽을 마우스 오른쪽 버튼으로 클릭하고 **Clear In and Out**을 실행하면 됩니다.

···· **TIP** ····
시작 점이나 끝 점 중 하나만 지우려면 Clear In 또는 Clear Out을 실행합니다.

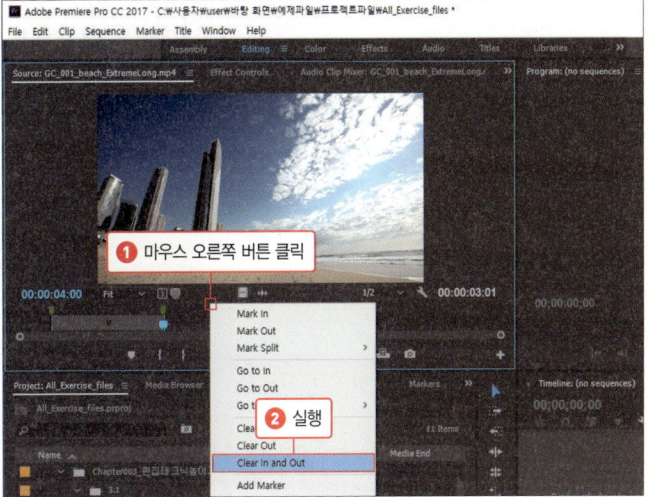

Chapter4 소스 모니터 활용하여 편집 준비하기 **101**

TIP

알아두면 유용한 소스 모니터 키보드 단축키

- 타임라인 줌 인 : [+]
- 타임라인 줌 아웃 : [-]
- 프레임 단위로 앞으로 가기 : [→]
- 프레임 단위로 뒤로 가기 : [←]
- 마크 인 : [I]
- 마크 아웃 : [O]
- 뒤로 감기(Play Backward) : [J]
- 멈춤 : [K]
- 앞으로 감기(Play Forward) : [L]
- 슬로우 모션(1/4 스피드로 뒤로 가기) : [J]+[K]
- 슬로우 모션(1/4 스피드로 앞으로 가기) : [L]+[K]
- 빨리 감기([J] 키와 [L] 키에 해당) : 두 번 연속으로 키를 누르면 2배속, 세 번 연속으로 키를 누르면 3배속 마킹 단축키와 뒤로 감기와 멈춤 그리고 앞으로 감기 단축키에 해당하는 다섯 개의 키 [I], [O], [J], [K], [L] 키는 키보드에서 그룹처럼 몰려 자리하고 있습니다. 마킹 포인트를 짚어낼 때 유용한 파트너 키 역할을 한다는 것을 알 수 있습니다.
- 마킹 구간 재생 : [Ctrl]+[Shift]+[Spacebar](Window), [option]+[K](Mac)
- 플레이헤드가 서 있는 구간부터 마크 아웃 포인트까지 재생 : [Ctrl]+[Spacebar]

---

2 오디오 파형을 근거로 마킹하기

마킹 구간을 좀 더 세밀하게 잡으려면 비디오 프레임 사이 연결점도 중요하지만 오디오 파형도 유용한 근거가 됩니다. 특히, 인터뷰 영상이나 내레이션이 들어간 영상의 인아웃 포인트를 마킹할 때 굉장히 유용합니다.

|시퀀스| 모든예제파일\Chapter003_편집테크닉높이기\3.1\소스클립_Interview\Take2_FS_main_audio.mp4

01 'Take2_FS_main…' 찾아 더블클릭합니다.
Source Monitor 패널로 불러들인 클립을 재생하여 편집에 필요한 구간을 찾겠습니다.
헤드 슬레이트 촬영분을 포함하여 클립 앞부분을 잘라내고, '저희 현이농장은 친환경 농산물 재배 인증 농장으로써……'라는 인터뷰 본 내용이 나오는 구간부터 클립을 사용할 수 있도록 하겠습니다.

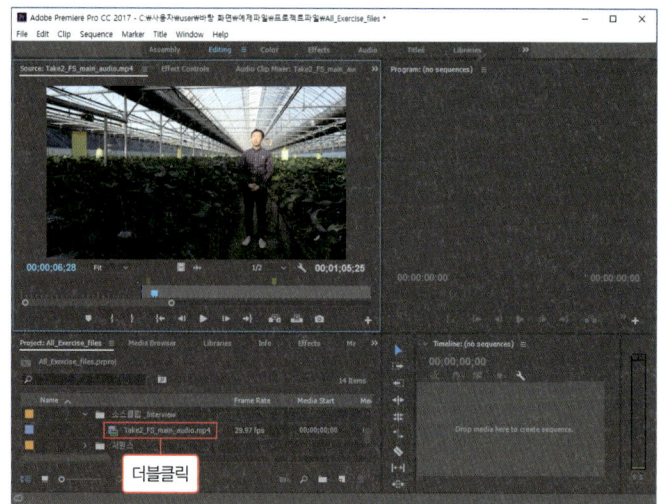

02 Source Monitor 패널에서 비디오를 보고 대략적인 편집 시작 점에 인 포인트를 마킹합니다.

더 정확한 편집을 위해 Source Monitor 패널 중간에 'Settings' 아이콘( )을 클릭하고 **Audio Waveform**을 실행합니다.

03 ⊞ 키를 이용하여 타임라인을 확대합니다.

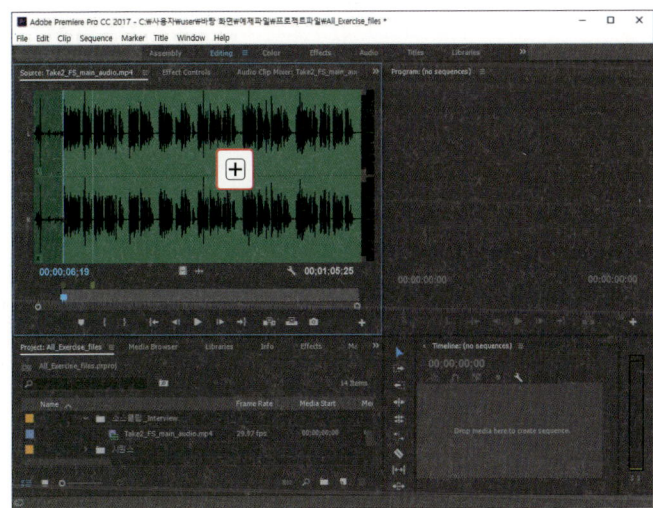

04 '저희 현이농장은……' 이라는 말이 시작되는 구간에 플레이헤드를 위치시키고, 인 포인트를 다시 마킹합니다.

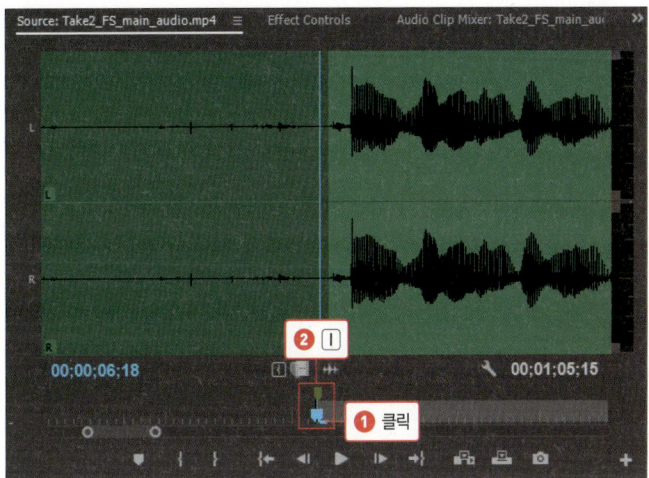

Chapter4 소스 모니터 활용하여 편집 준비하기 103

05 '무농약 딸기를 주로 재배하고 있습니다.'라는 구간 끝에 플레이헤드를 위치시키고, 아웃 포인트를 마킹합니다.

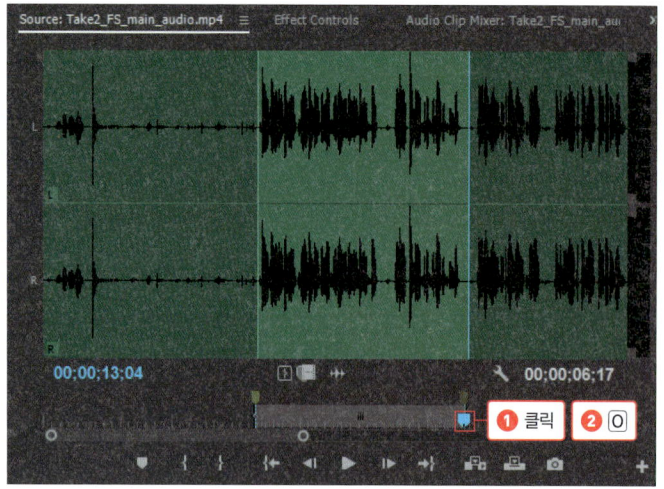

06 오디오 파형을 보고 구간 편집을 마친 다음 다시 'Settings' 아이콘( )을 클릭합니다. **Composite Video**를 실행하면 다시 비디오 화면으로 돌아올 수 있습니다.

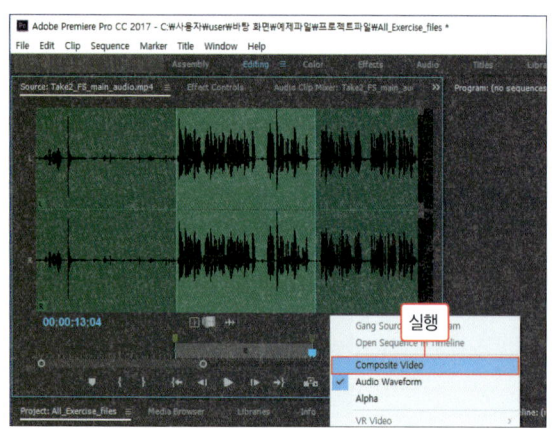 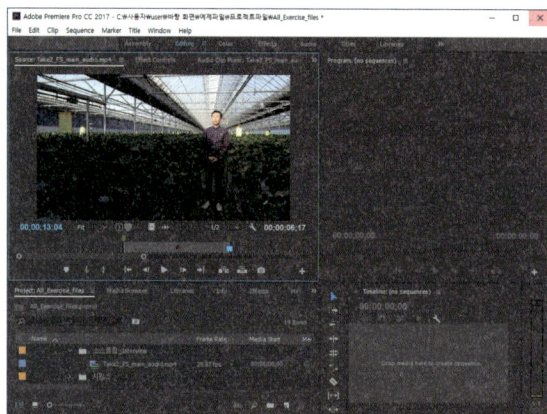

···TIP···

Project 패널에서 마킹하기

마킹은 소스 모니터뿐만 아니라 Project 패널에서도 가능합니다. Project 패널의 뷰 모드를 리스트 뷰에서 아이콘 뷰로 바꾸고, 클립 하나를 선택합니다. 마킹이 된 구간이 파란색으로 하이라이트된 것을 확인할 수 있습니다. 뷰 모드 선택 아이콘 옆 줌 인/아웃 슬라이드를 이용하여 섬네일을 좀 더 확대하여 볼 수 있습니다. ~ 키를 누르면 전체 화면으로 볼 수 있습니다. 다시 한 번 누르면 원래 창 사이즈로 되돌릴 수 있습니다. Project 패널에서는 마킹을 하고 뒤로 감거나 멈추고 앞으로 감는 다섯 개의 단축키는 모두 제 기능을 하지만, 단축키를 이용한 마킹 구간 재생이나 플레이헤드가 서 있는 구간부터 마크 아웃 포인트까지 재생은 불가능합니다.

3 서브 클립 만들기

서브 클립은 미디어 소스(원본)에 마킹된 특정 구간을 독립된 별도의 미디어로 만들어 사용하는 것을 말합니다. 하나의 미디어 소스에는 한 세트의 마킹 포인트만 적용할 수 있기 때문에 여러 구간을 발췌하여 사용할 때 특히 유용하며, 원본 소스와 구별되지만 하위 개념을 갖도록 시리즈로 이름을 지정해 두면 편집하기에 유용합니다.

|시퀀스| 모든예제파일\Chapter003_편집테크닉높이기\3.1\소스클립_GoldCoast\GC_002_seawave.mp4

01 'GC_002_seawave…'를 찾아 더블클릭합니다. 소스 모니터 편집에 필요한 구간을 찾아 인아웃 포인트를 마킹합니다.

02 [Clip] → Make Subclip(Ctrl+U)를 실행합니다.
서브 클립의 이름을 지정하는 대화상자가 표시됩니다. 이름을 'GC_002_Subclip01'로 지정합니다.

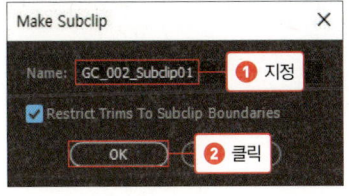

TIP

이름을 지정할 때는 서브 클립의 속성을 알아볼 수 있도록 하는 것이 좋은데, 예를 들어 'Filename_Subclip001' 또는 'Filename_sc001' 등으로 이름을 짓습니다.

03 팝업창 아랫부분 'Restrict trim to subclip boundaries(서브 클립의 경계를 제한하기)'에 체크 표시하거나 체크 해제하는 것에 따라 다른 성격의 서브 클립이 만들어집니다.

서브 클립을 두 번 반복 만드는데 한번은 체크 표시하고, 다른 한번은 체크 표시를 해제하여 만듭니다. 체크 표시를 해제한 것은 클립 이름 뒤에 '_체크해제'라고 붙입니다.

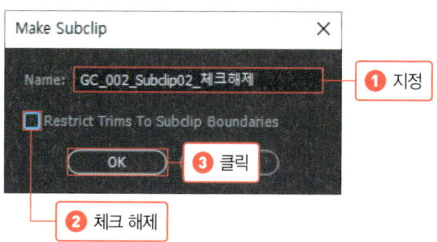

04 Project 패널에 두 개의 서브 클립이 새로 생긴 것을 확인합니다. Project 패널 아랫부분의 폴더 아이콘을 눌러 새 폴더를 만들고 이름을 '서브클립'으로 지정합니다. 서브클립을 드래그하여 넣고 분류합니다. 이러한 작업은 파일을 관리할 때 매우 유용합니다.

이 두 개의 서브 클립을 타임라인으로 불러들여 보겠습니다. Project 패널에서 서브 클립 두 개를 Shift 키를 누르고 클릭하여 복수 선택합니다. 마우스로 클릭, 드래그하여 타임라인 위에 올려놓습니다.

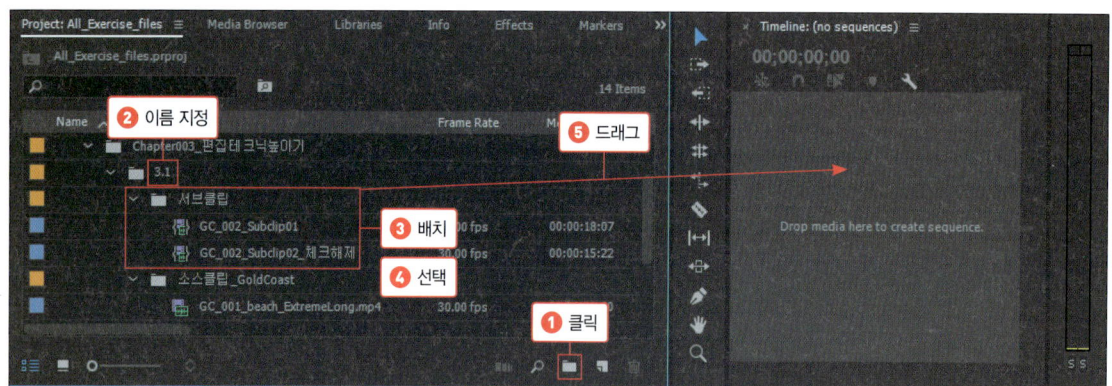

05 ➕ 키를 눌러 여러 차례 눌러 타임라인을 확대합니다.

클립 경계 제한에 체크한 'GC 002_subclip01'은 클립의 좌우 양 끝에 작은 삼각형이 달려있는 것을 확인할 수 있고, 체크하지 않은 'GC_002_subclip02_체크해제'는 그 표시가 없는 것을 볼 수 있습니다.

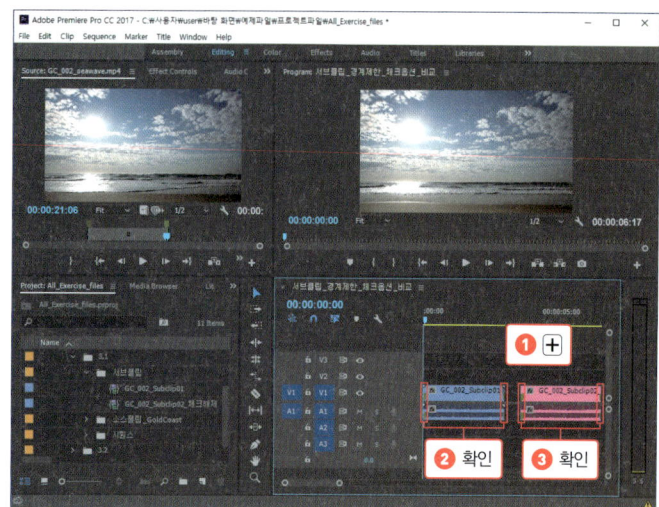

06 마우스 포인터를 클립 끝에 가져가 보면 마우스 포인터가 트리밍 아이콘으로 바뀌는데, 먼저 체크 해제한 클립(빨간색 라벨)을 보면 클립의 원본 길이만큼 트리밍할 수 있는 것을 확인할 수 있습니다. 반면, 체크한 클립(파란색 라벨)을 보면 트리밍이 불가능합니다.

07 이 부분은 사용자의 편의에 따라 선택할 수 있는 사항이며 언제든 수정 가능합니다. Project 패널에서 수정을 원하는 서브 클립을 선택하고, 마우스 오른쪽 버튼을 클릭한 다음 **Edit Subclip**을 실행하면 클립 이름뿐만 아니라 서브 클립 경계를 제한하는 선택 사항 역시 수정할 수 있습니다.

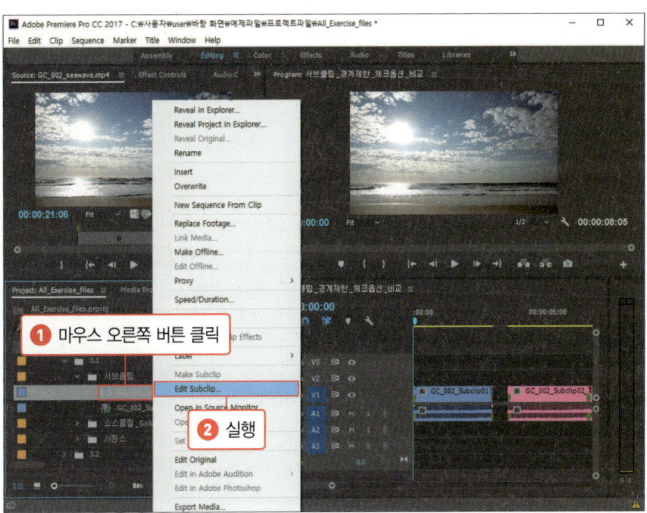

CHAPTER 05
Premiere Pro CC

시퀀스 만들기

시퀀스(Sequence)는 여러 개의 신(Scene)이 모여 구성된 마치 책의 장(Chapter)과 같은 영상 단락을 의미하는 영상의 기초 용어로, 프리미어 프로에서는 타임라인에 불러들여진 소스들로 하나의 시퀀스를 구성합니다. 하나의 프로젝트에서 여러 개의 시퀀스를 만들 수 있으며, 하나의 시퀀스에 여러 다른 시퀀스를 불러들일 수도 있습니다.

1 드래그 앤 드롭으로 시퀀스 만들기

소스 클립을 Project 패널 또는 Source Monitor 패널에서 타임라인으로 드래그하면 자동으로 시퀀스가 만들어집니다.

|시퀀스| 모든예제파일\Chapter003_편집테크닉높이기\3.2\서브클립\GC_003_Subclip01

01 타임라인이 비어 있을 때 'no sequence'라는 메시지가 표시되며, 시퀀스가 만들어지면 이 자리에 시퀀스 이름이 표기됩니다.

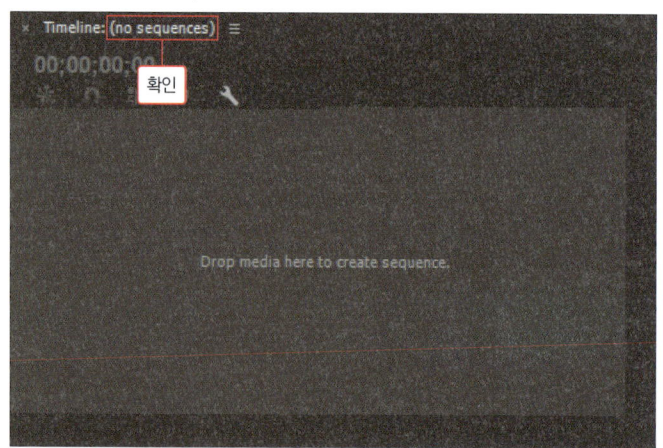

02 Project 패널에서 03\3.2\서브클립 폴더에서 'GC_003_Subclip01'을 찾습니다. 타임라인 위에 드래그합니다.

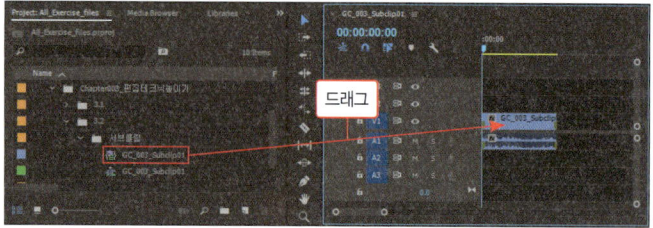

03 Timeline 패널 윗부분을 보면 드래그 앤 드롭한 소스 클립명과 같은 이름의 시퀀스가 만들어진 것을 확인할 수 있습니다.
Project 패널로 가서 시퀀스를 마우스 오른쪽 버튼으로 클릭한 다음 **Rename**을 실행합니다.

04 이름을 'GoldCoast_edit01'로 지정해 줍니다.
Project 패널을 살펴보면 파일 이름 앞에 아이콘의 형태와 라벨의 컬러가 다른 것을 알 수 있습니다. 이 부분을 주의 깊게 본다면 구분 가능하지만 빠른 작업 효율을 위해서는 미리 선행 작업을 해 놓는 것이 좋습니다.

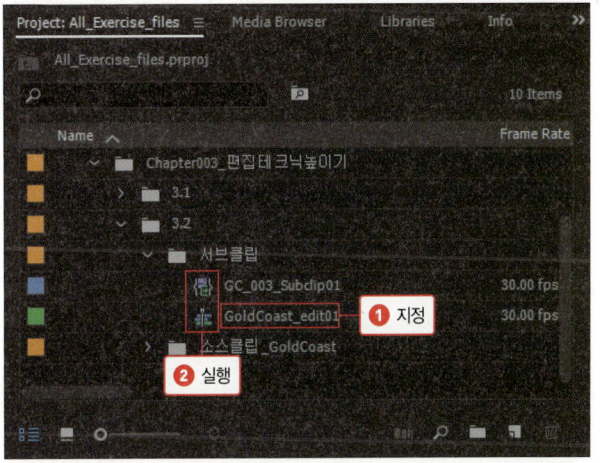

05 '시퀀스' 폴더에 시퀀스 파일을 분류해 놓습니다.

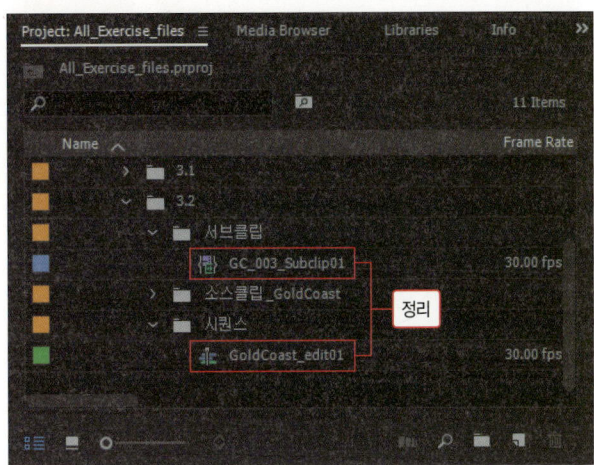

2 Project 패널에서 시퀀스 만들기 1

|시퀀스| 모든예제파일\Chapter003_편집테크닉높이기\3.2\소스클립_GoldCoast\GC_004_entrance.mp4

01 'GC_004_entrance' 클립을 찾습니다. 클립을 'New item' 아이콘(■)으로 드래그합니다. Timeline 패널에 드래그하는 방식과 마찬가지로 소스 클립의 속성을 반영한 시퀀스가 자동으로 만들어집니다.

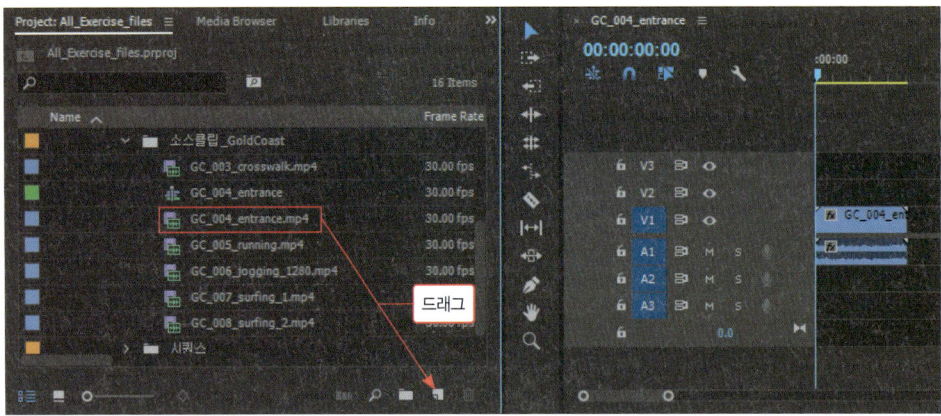

02 하나의 클립뿐만 아니라 여러 개의 클립을 한꺼번에 선택하여 시퀀스를 만들 수도 있습니다. 이번에는 Project 패널에서 Shift 키를 누르고 GC_004부터 GC_008번까지 여러 개의 소스 클립을 선택한 다음 'New item' 아이콘(■)으로 드래그하고 Timeline 패널을 확인해 봅니다.

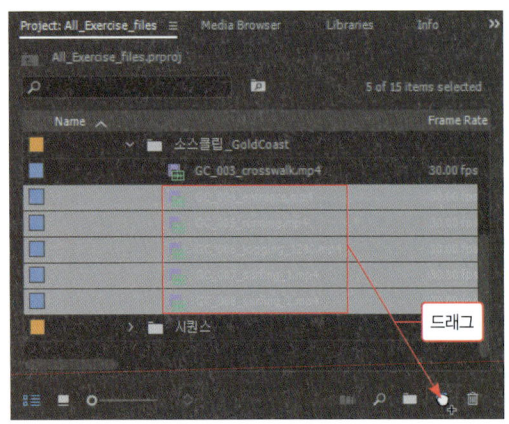 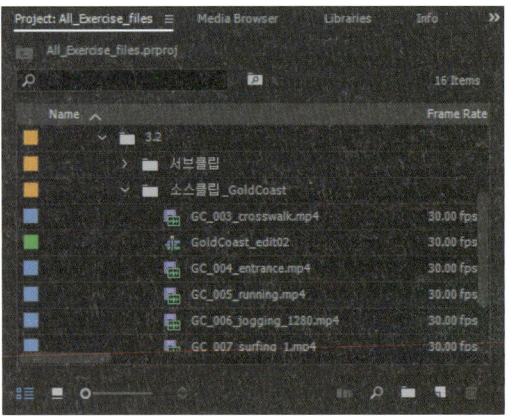

····TIP····
주의해야 할 점은 드래그 앤 드롭 방식과 같이 맨 처음 선택된 소스 클립의 속성을 반영하여 시퀀스가 자동으로 만들어진다는 것입니다.

3 Project 패널에서 시퀀스 만들기 2

Project 패널 오른쪽 아랫부분에서 'New item' 아이콘(⬛)을 클릭하고 **Sequence**를 실행합니다. 시퀀스를 설정할 수 있는 대화상자가 표시되는데 Sequence Presets, Settings, Tracks, VR Video라는 네 개의 탭으로 구성되어 있으며, 팝업창 아랫부분 Name에서 시퀀스 이름을 수정합니다.

① **Sequence Presets** : 빈번히 사용되는 영상 포맷의 사전 설정 값들을 모아 놓은 탭으로 대화상자 오른쪽 속성 값들을 살펴본 다음 시퀀스를 만듭니다.

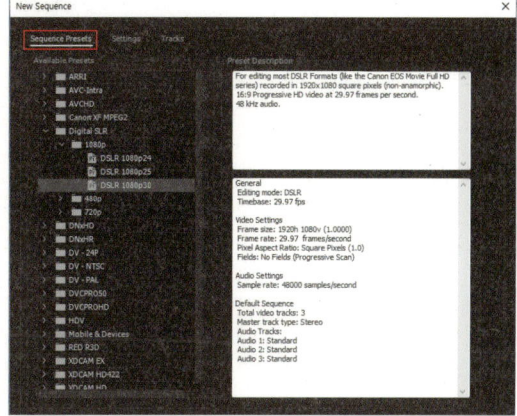

② **Settings** : 사전 설정 값에 없거나 사용자 정의(Customizing)에 의한 시퀀스 설정이 필요할 때 사용합니다.

③ **Tracks** : Timeline 패널의 비디오와 오디오 트랙 수를 설정할 수 있는 탭입니다. 비디오 트랙은 숫자를 바꿔 수정할 수 있고, 오디오는 체크 박스에 체크하고 ⊕, ⊖ 버튼을 클릭하여 수정할 수 있습니다.

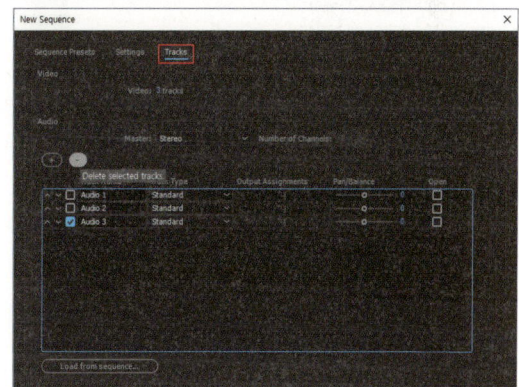

4 클립 속성이 맞지 않을 때 시퀀스 만들기(Clip Mismatch Warning)

01 Project 패널 오른쪽 아랫부분에서 'New item' 아이콘(🗐)을 클릭하고 **Sequence**를 실행하여 새 시퀀스를 만듭니다.

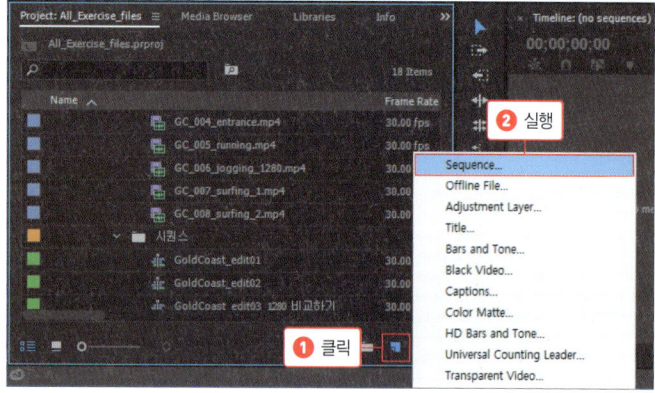

02 [Sequence Presets] 탭 화면에서 Digital SLR → 1080p → DSLR 1080p30을 선택합니다. 팝업창 오른쪽에 Preset Description 부분을 확인합니다. Video Frame Size는 1920×1080이고, Frame Rate는 29.97fps입니다.

시퀀스 이름을 'Gold Coast_edit04'로 지정하고 〈OK〉 버튼을 클릭합니다.

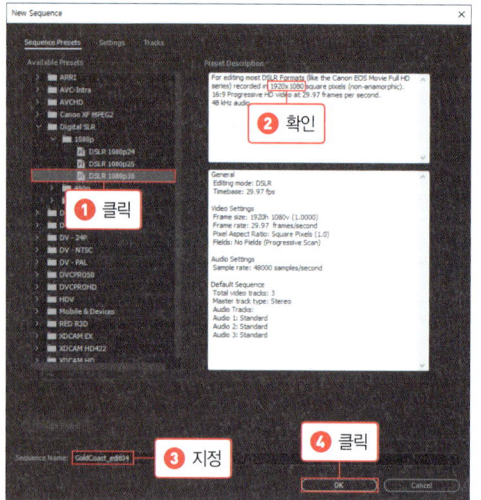

03 만들어진 시퀀스를 3.2\시퀀스 폴더 안에 드래그하여 넣습니다.

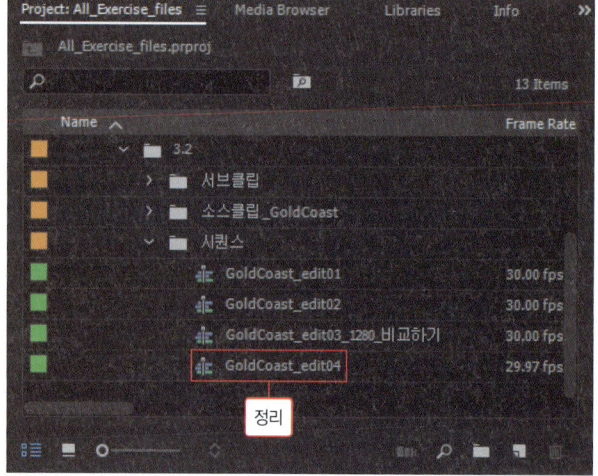

04 Project 패널에서 소스클립_GoldCoast 폴더 안에 'GC_006_jogging_1280.mp4' 클립을 찾습니다.

타임라인에 드래그하기 전에 클립 속성을 살펴봅니다. Project 패널 아랫부분 슬라이더를 움직여 Video info를 확인합니다. Video Frame Size가 1280×720인 것을 확인할 수 있습니다.

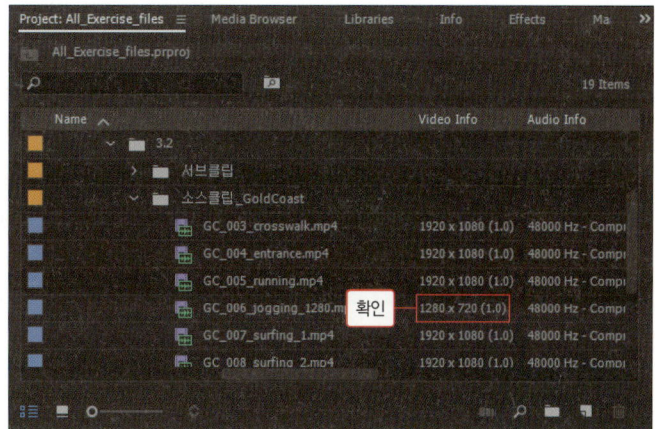

05 이 클립을 'GoldCoast_edit04' 시퀀스 위로 드래그합니다.

Clip Mismatch Warning 경고 대화상자가 표시됩니다. 시퀀스의 프레임 크기와 비디오 클립의 프레임 크기가 다르기 때문입니다.

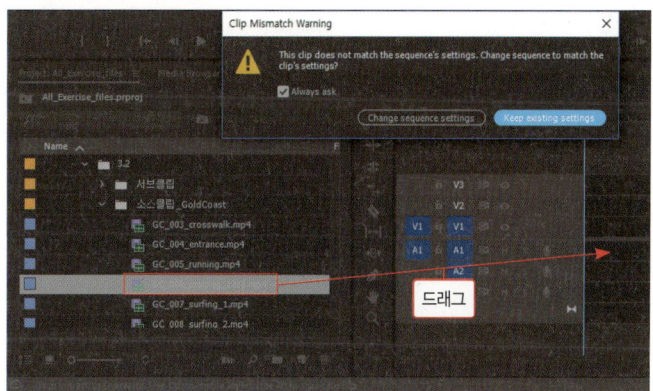

06 〈Change sequence settings〉 버튼을 클릭하면 시퀀스 설정이 비디오 클립의 속성과 같게 수정됩니다. 만약, 〈Keep existing settings〉 버튼을 클릭하면 시퀀스 설정이 그대로 유지됩니다.

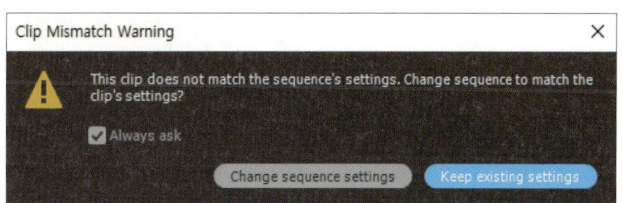

CHAPTER 06
Premiere Pro CC

기본 편집 테크닉

클립들을 타임라인 위에 배치하고 정리하여 편집을 시작합니다. 비디오 편집은 워드프로세서에서 단락을 편집하는 것과 유사합니다. 글을 작성할 때 단어와 문장을 삽입하거나 단어를 삭제하여 내용을 다듬고, 때로는 스토리를 다른 방식으로 전달하기 위해 문장을 재배치하기도 합니다. 비디오 편집도 이와 크게 다르지 않습니다. 비디오 클립을 삽입하고, 불필요한 부분을 삭제하여 견고하게 만들고, 클립 순서를 재배치하여 스토리를 다른 방식으로 전달합니다. 패널들의 역할과 사용, Tools 패널의 편집 도구들의 쓰임을 자세히 알아보고, 키보드 단축키를 이용한 더 빠르고 효율적인 편집 기술을 알아봅니다.

|예제 폴더| 모든예제파일\Chapter003_편집테크닉높이기\3.3

1 인서트(Insert) 편집하기

사전적 의미로 '끼우다, 삽입하다'라는 뜻으로 영상에서 장면들 사이사이에 다른 장면을 끼워 넣는 것을 의미합니다.

01 Timeline 패널이 빈 상태로 서브클립 폴더에서 'GC_001_Subclip001'을 타임라인에 드래그하여 새 시퀀스를 만듭니다. 시퀀스 이름을 'GoldCoast_edit05'로 수정하고 새 시퀀스 폴더로 이동합니다.

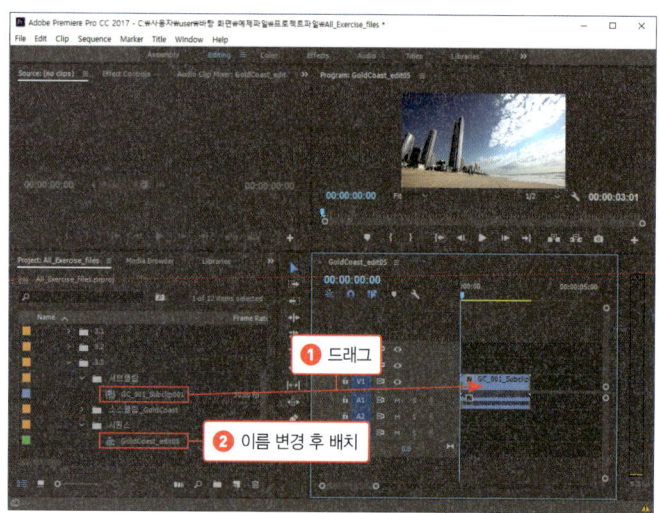

02 소스클립_GoldCoast 폴더 안에서 'GC_002_Seawave.mp4'를 더블클릭하여 Source Monitor 패널로 불러들입니다. 편집에 필요한 구간에 인아웃 포인트를 마킹합니다.

03 Timeline 패널에서 플레이헤드를 장면 삽입을 원하는 구간에 가져다 놓습니다. 'GC_001_Subclip001' 클립 끝부분에 플레이헤드를 위치시킵니다. 타임라인에서 키보드의 위아래 화살표 키를 이용하면 클립 단위로 플레이헤드를 이동시킬 수 있습니다.

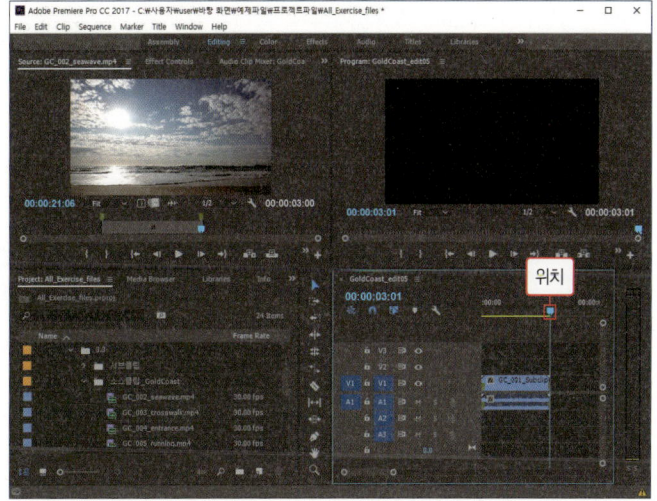

04 ⟨,⟩ 키를 누르거나, Source Monitor 패널 아랫부분 토글 버튼 중 'Insert' 아이콘(🔳)을 클릭하여 'GC_002…' 클립을 삽입합니다.

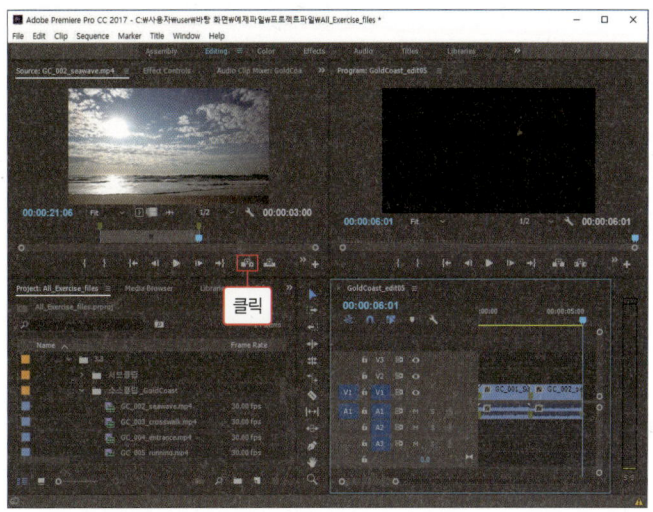

Chapter6 기본 편집 테크닉 115

05 클립 사이에 인서트 편집을 해 봅니다. 타임라인에서 키보드의 위아래 화살표 키를 이용하여 플레이헤드를 'GC_001'과 'GC_002' 사이에 위치시킵니다.

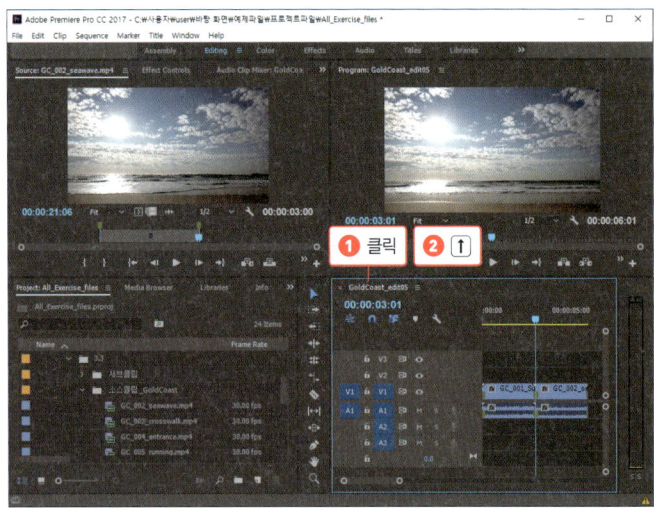

06 'GC_003_crosswalk.mp4' 클립을 더블클릭하여 Source Monitor 패널에서 인아웃 포인트를 마킹합니다. [,] 키를 누르거나, Source Monitor 패널 아랫부분 토글 버튼 중 'Insert' 아이콘( )을 클릭하여 'GC_003' 클립을 삽입합니다.

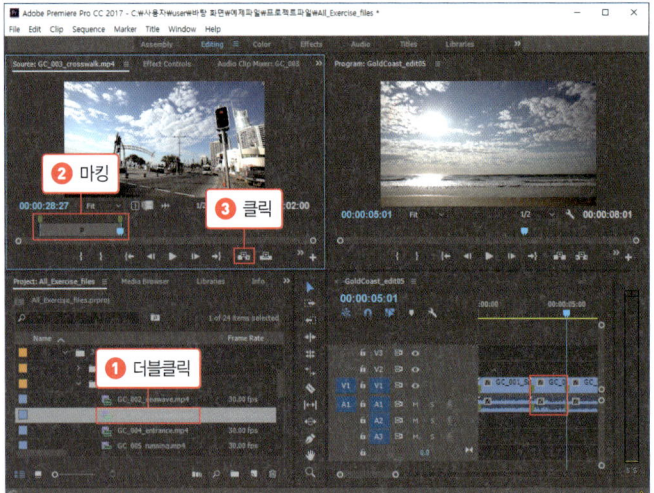

2 비디오 또는 오디오 트랙 중 하나만 삽입하기

01 'GoldCoast_edit05' 시퀀스를 이용합니다. 타임라인에서 플레이헤드를 'GC_002' 클립 끝에 위치시키고, 비디오 소스 패칭 토글 버튼 V1을 끕니다.
A1은 활성화합니다.

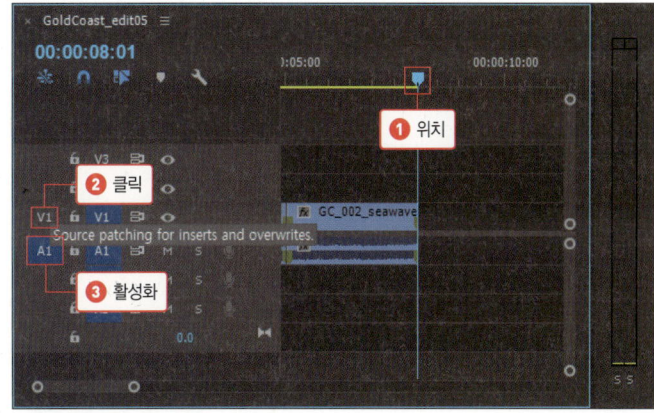

02 Project 패널에서 'GC_004_entrance.mp4' 클립을 선택하고, [,] 키를 눌러 클립을 삽입합니다. 오디오 트랙만 삽입되는 것을 확인할 수 있습니다.
[Ctrl]+[Z] 키를 눌러 삽입을 취소합니다.

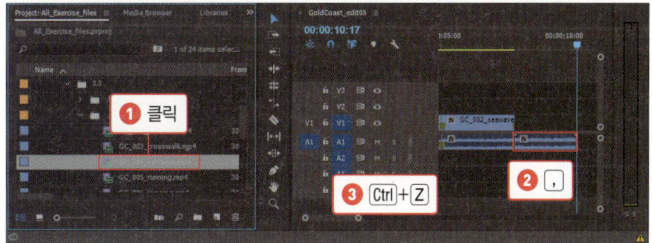

···· TIP ····
마찬가지로 오디오 소스 패칭 토글 버튼 A1을 끈 상태에서 인서트 편집을 실행하면 비디오 트랙만 삽입할 수 있습니다.

03 이 기능은 Source Monitor 패널 아랫부분 두 개의 토글 버튼으로도 실행할 수 있습니다.
비디오와 오디오 트랙의 소스 패칭 토글 버튼을 활성화합니다. Project 패널에서 'GC_005_running' 클립을 더블클릭하여 Source Monitor 패널로 불러들입니다.
Timeline 패널에서 플레이헤드를 'GC_002' 클립 뒤에 배치합니다. Source Monitor 패널의 'Drag Video Only' 아이콘(■)을 클릭, 드래그하여 타임라인 위에 던져 놓으면 비디오 트랙만 추가합니다. 마찬가지로 Source Monitor 패널의 'Drag Audio Only' 아이콘(■)을 이용하면 오디오 트랙만 추가됩니다.

3 클립 이동시키기

프리미어 프로는 대표적인 비선형 편집 도구로서 컷의 위치와 순서에 상관없이 언제든 자유롭게 영상을 삽입하거나 제거할 수 있습니다. 따라서, 타임라인 위의 클립들을 자유롭게 이동하여 클립들 사이사이에 공간을 만들 수 있고 클립 사이사이에 다른 장면이나, 타이틀, 이미지 같은 그래픽 소스를 삽입할 수 있습니다.

1 | 마우스로 무리지어 이동시키기 (Lassoing)

01 시퀀스 폴더에서 'GoldCoast_edit006' 시퀀스를 더블클릭하여 타임라인으로 불러들입니다. 타임라인의 빈 공간에서부터 마우스를 클릭, 드래그하여 여러 개의 클립을 한꺼번에 선택합니다.

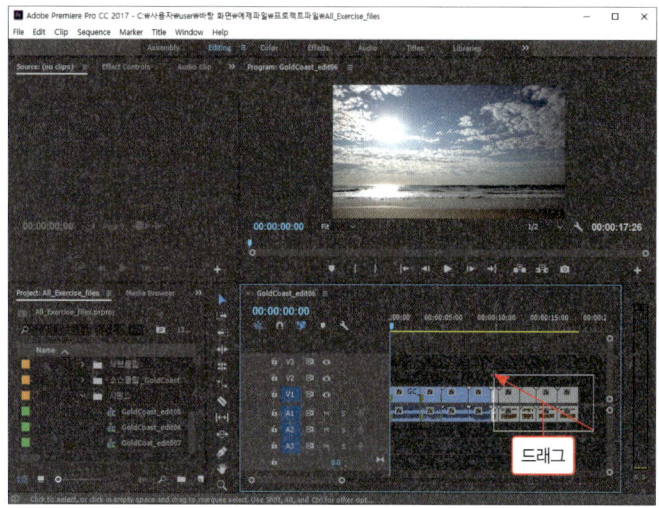

02 선택된 클립의 무리를 마우스로 클릭하고 오른쪽으로 드래그하면 그 무리가 쉽게 이동하는데, 이때 마우스 커서 아래쪽으로 얼마만큼 뒤로 혹은 앞으로 물러났는지 숫자 지표(Indicator)가 함께 나타납니다.

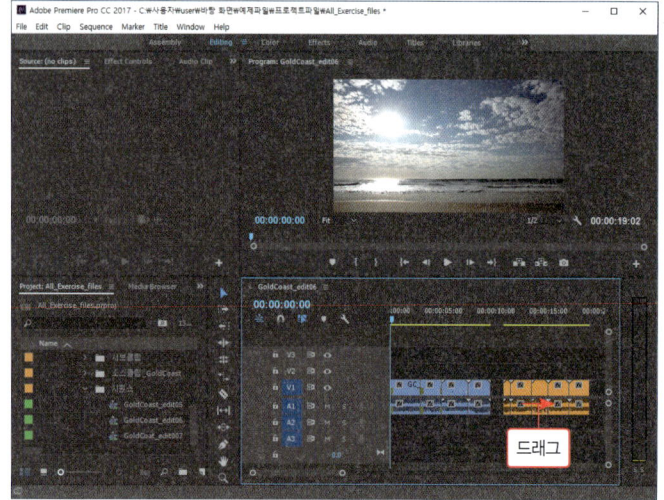

03 타임라인이 줌 아웃된 상태에서는 그 값이 꽤 크게 변하지만, 타임라인을 확대하여 클립의 무리를 이동시키면 클립 이동 시간을 조절하는 값은 좀 더 정교해집니다.

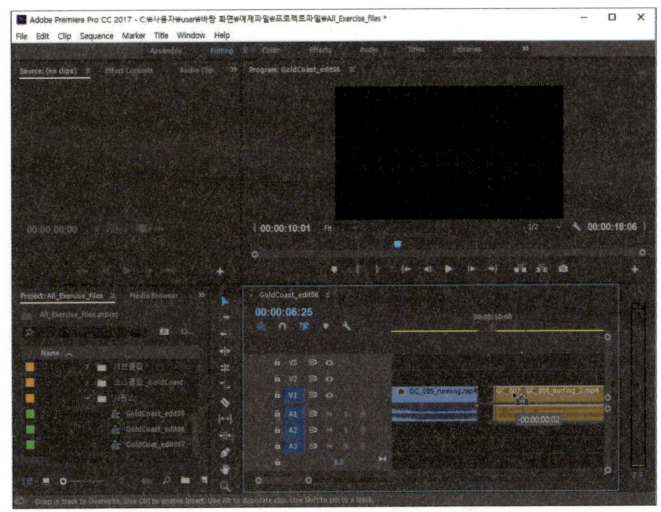

·······TIP·······

시퀀스 길이를 Timeline 패널 길이에 맞춰 보기

Timeline 패널이 줌 인이 되어 있을 때, ₩ 키를 누르면 한번에 시퀀스를 Timeline 패널 크기에 꼭 맞춰 볼 수 있습니다. 다시 ₩ 키를 누르면 마지막 줌 인 상태로 돌아갑니다.

2 | 트랙 선택 도구 사용하기

만약 마우스로 무리지어 이동시키기 불가능할 만큼 긴 시퀀스의 경우라면, 트랙 선택 도구 또는 역 트랙 선택 도구를 이용하면 좋습니다.

01 시퀀스 폴더에서 'GoldCoast_edit007' 시퀀스를 더블클릭하여 Timeline 패널에 표시합니다. Ⓐ 키를 눌러 도구를 트랙 선택 도구(▶)로 바꾸고, 네 번째 클립을 선택해 옆으로 이동시킵니다. 선택한 클립 이후의 모든 클립이 한꺼번에 옆으로 이동합니다.

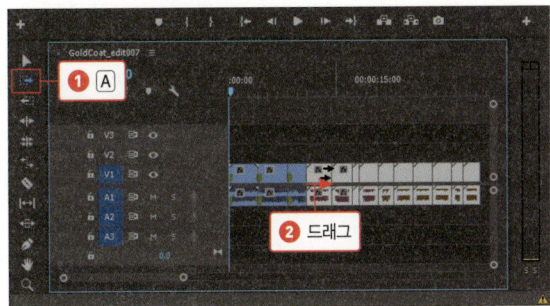 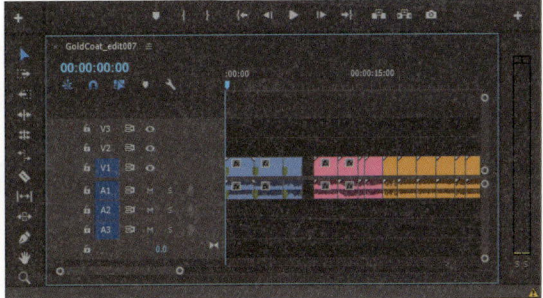

02 아홉 번째 클립을 선택해 옆으로 오른쪽으로 이동시켜, 클립들을 세 무리로 쪼갭니다.

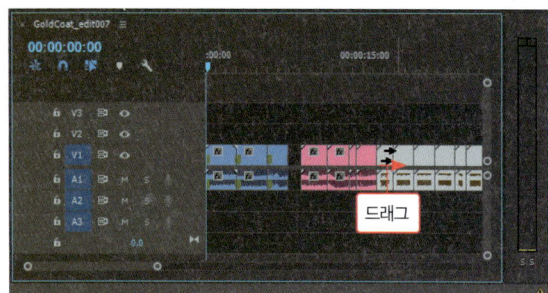 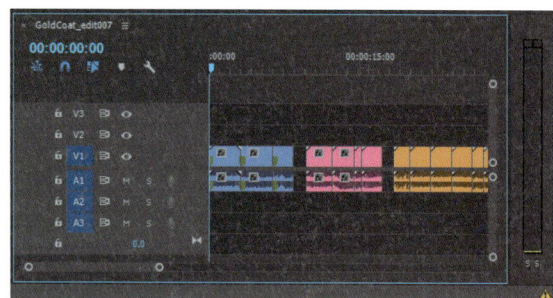

03 두 번째 무리 중 맨 앞 클립을 트랙 선택 도구(▶)로 선택해 오른쪽으로 이동시켜봅니다. 두 번째와 세 번째 무리 사이의 빈 공간이 유지된 채로 옆으로 이동되는 것을 확인할 수 있습니다.

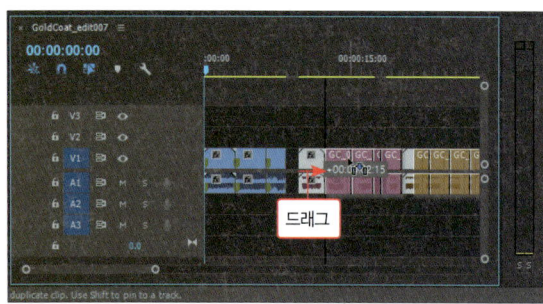 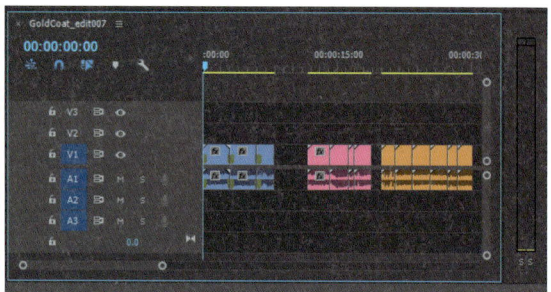

04 트랙 선택 도구로 세 번째 무리를 두 번째 무리 클립과 다시 붙여보겠습니다. 두 번째 무리의 마지막 클립 끝과 세 번째 무리의 첫 번째 클립 앞이 마치 자석처럼 붙는 것을 확인할 수 있습니다.

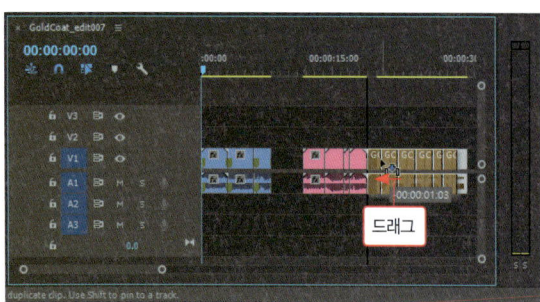 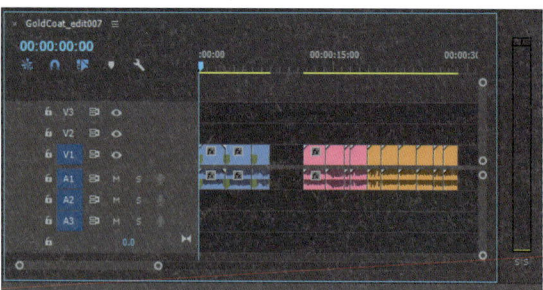

05 이것은 스냅(Snap) 기능이 활성된 상태로 클립의 끝머리와 앞머리에 작은 삼각형이 나타나 경계가 맞닿는 것을 보여줍니다. ⓢ 키를 눌러 Snap 기능을 잠시 꺼 봅니다. Timeline 패널 위의 자석 아이콘이 파랗게 하이라이트된 것이 회색으로 꺼진 것을 확인할 수 있습니다.

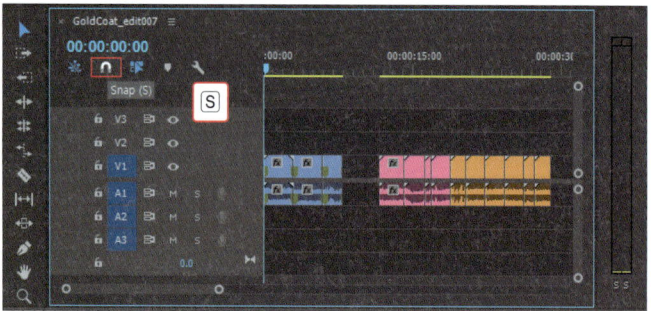

06 이 상태에서 두 무리로 나눠진 클립 사이 공간을 없애 봅니다. 트랙 선택 도구(▦)로 두 번째 무리의 클립을 선택하고 첫 번째 클립 무리에 붙여 봅니다. Snap 기능이 꺼진 상태에서는 자석처럼 달라붙지 않기 때문에 프레임 단위로 움직일 수 있어 좀 더 정교한 이동이 가능해집니다. 하지만 Snap 기능이 꺼져 있기 때문에 경계가 제한되지 않아 클립 위로 덮어쓰기가 가능해지기 때문에 주의해야 합니다.

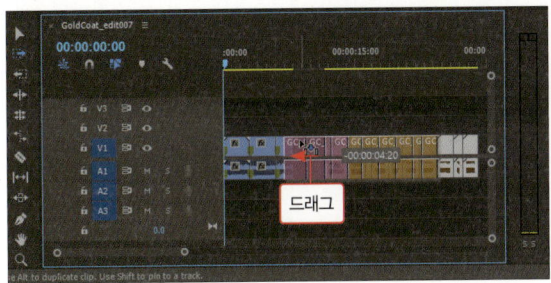
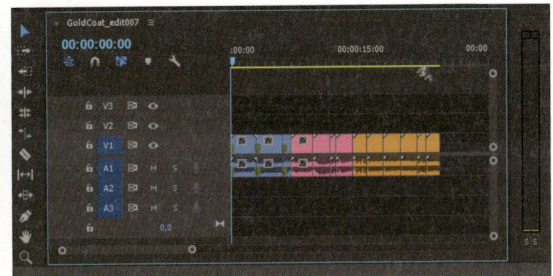

---- TIP

클립을 살살 밀어 이동시키기

마우스로 이동시키고자 하는 클립을 선택하고 키보드 단축키를 이용하면 타임라인을 줌 인하지 않고도 정교하게 이동할 수 있습니다. 마찬가지로, A 키를 눌러 트랙 선택 도구를 이용하여 무리를 선택하고 키보드 단축키를 이용할 수도 있습니다.

- 1프레임씩 밀어 이동하기 : Ctrl + ← , → / Command + ← , →
- 5프레임씩 밀어 이동하기 : Ctrl + Shift + ← , → / Command + Shift + ← , →

---

3 | 클립 사이 위치 바꾸기 (Ctrl + Alt + 드래그 / Command + option + 드래그)

시퀀스 위에 정렬된 클립들을 그대로 유지하면서 순서만 바꾸고 싶다면 키보드 단축키를 이용하면 빠르고 유용합니다. 이 기능을 사용하기 전에, 타임라인에 Snap 기능이 켜져 있는지 확인하는 것이 중요합니다. 자석 아이콘이 파란색으로 하이라이트되어 있으면 활성화된 것입니다. Snap 기능을 끈 상태로 이동하면 정교한 이동이 가능하지만 클립을 덮어쓸 수 있으니 주의해야 합니다.

01 시퀀스 폴더에서 'GoldCoast_edit008' 시퀀스를 더블클릭하여 Timeline 패널에 표시합니다.

빨간색 클립과 주황색 클립의 위치를 바꿔 보겠습니다. 선택 도구(▶)를 선택합니다. 빨간색 클립을 선택하고 키보드의 Ctrl + Alt 키를 누른 상태에서 드래그하여 주황색 클립 뒤에 놓습니다.

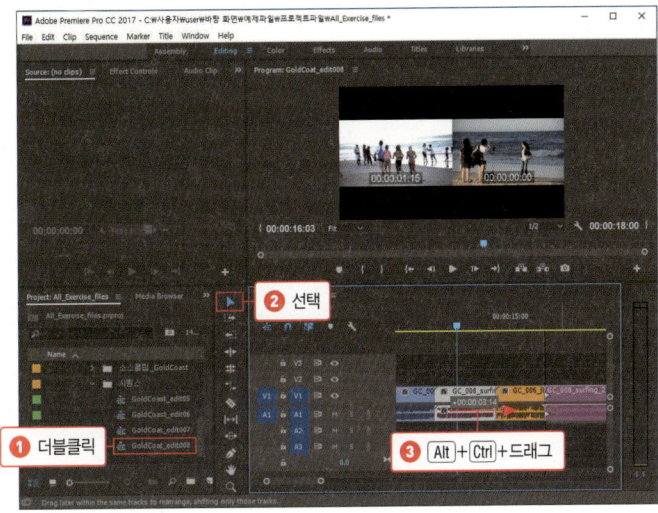

02 빈 공간이 생기거나 덮어쓰지 않고 클립과 클립의 순서가 바뀐 것을 확인할 수 있습니다.

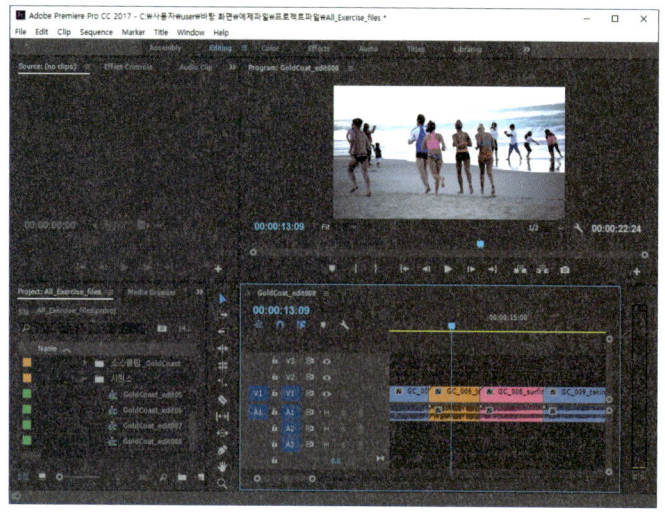

4 클립 없애기

클립을 제거하는 방법은 다음과 같습니다.

1 | 선택하고 지우기 (Lift)

01 시퀀스 폴더에서 'GoldCoast_edit009' 시퀀스를 더블클릭하여 Timeline 패널에 표시합니다.

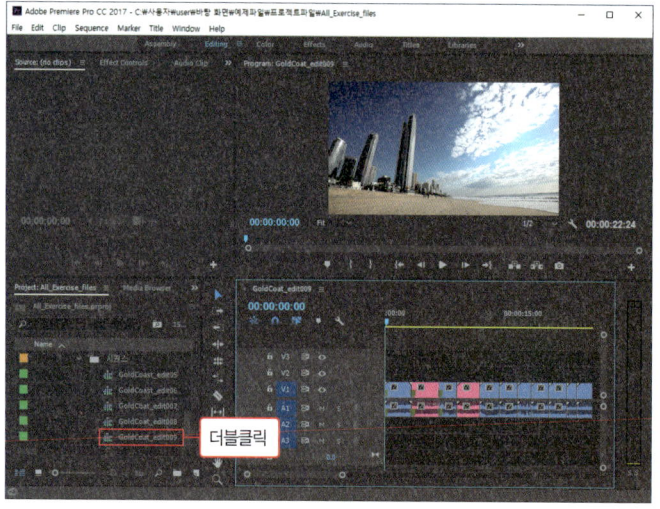

02 빨간색 클립 두 개를 Shift 키를 누르고 선택합니다.

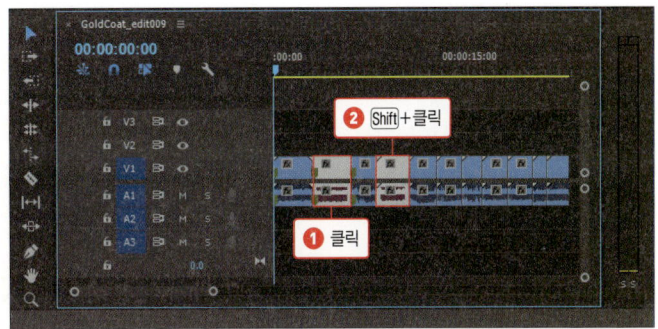

03 Delete 키를 눌러 클립을 지웁니다. 클립이 지워진 자리가 빈 공간으로 남는 것을 확인할 수 있습니다.

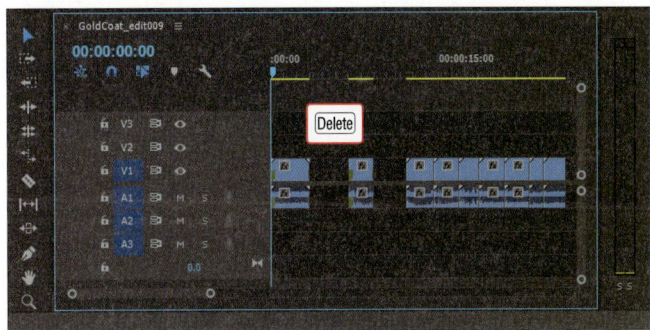

04 뒤에 남겨진 클립들을 끌어당겨 빈 공간을 닫아 보겠습니다. 첫 번째 빈 공간에 마우스 오른쪽 버튼으로 클릭하고 표시되는 메뉴의 **Ripple Delete**를 실행합니다. 두 번째 빈 공간도 **Ripple Delete**를 실행하여 없앱니다.

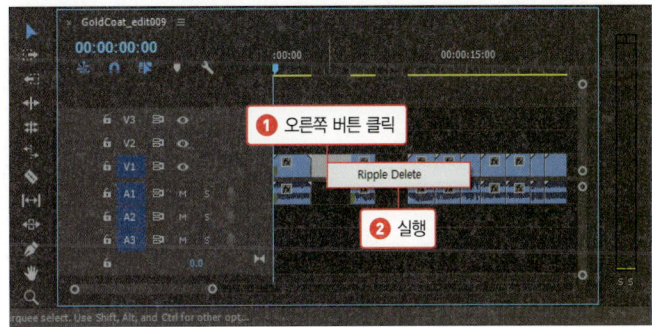

2 | 빈 공간 없이 지우기 (Extract)

01 Ctrl + Z 키(Mac : Command + Z)를 여러 번 눌러 빨간색 클립이 표시되도록 되돌립니다. 빨간색 클립 두 개를 Shift 키를 누르고 선택합니다.

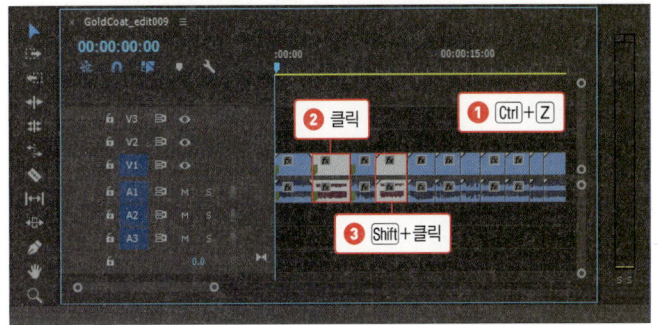

02 오른쪽 Shift + Delete 키를 눌러 지웁니다. 빈 공간 없이 지워지는 것을 확인할 수 있습니다.

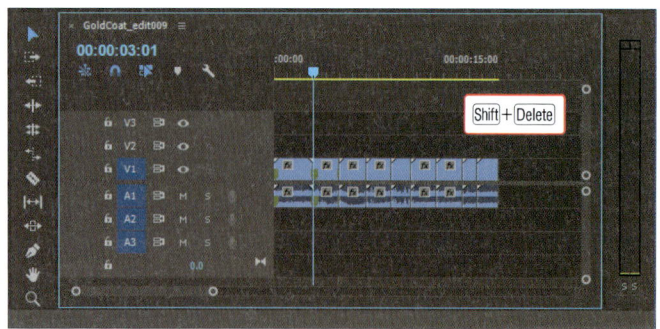

5 클립과 클립 사이의 빈 공간 없애기

1 | Ripple Delete

타임라인에서 클립을 선택하고 지울 때, 'Extract'와 같은 기능을 실행하지 않는다면, 클립을 없앤 자리에 빈 공간이 생깁니다. 이때, 빈 공간을 닫는 방법으로 'Ripple Delete'를 실행합니다. 타임라인 위의 빈 공간을 마우스 오른쪽 버튼으로 클릭하고 Ripple Delete를 실행합니다.

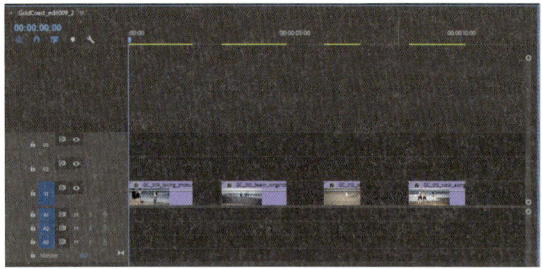
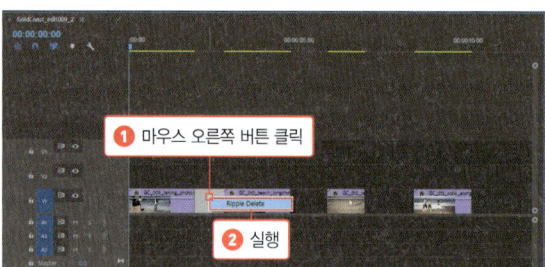

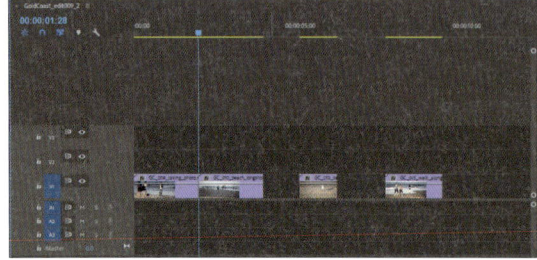

2 | Close Gap

프리미어 프로 CC 2018로 업데이트되면서 새로 추가된 기능으로, 이 기능을 사용하면 클립과 클립 사이의 빈 공간을 한 번에 제거할 수 있습니다. 타임라인 위에 클립들이 하나의 트랙에만 나열되어 있는 경우 [Sequence] → Close Gap을 실행하면 트랙 위의 모든 빈 공간이 한번에 닫힙니다.

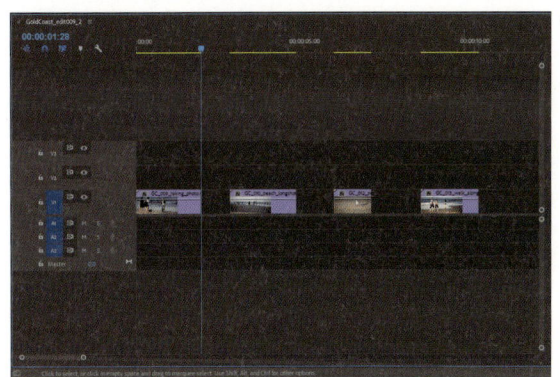 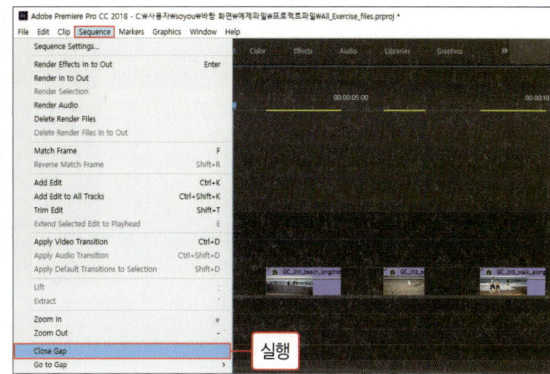

그러나 두 개 이상의 트랙에 클립들이 나열되어 있는 경우, 두 트랙 간의 싱크(Sync)가 어긋나지 않는 범위 안에서만 빈 공간이 닫힙니다.

01 시퀀스 폴더에서 'GoldCoast_edit009_2' 시퀀스를 더블클릭합니다.
시퀀스의 V1와 V2 트랙을 살펴봅니다. V1 트랙의 초록색과 보라색 라벨의 클립은 간격을 두고 편집되어 있습니다. V2 트랙 위의 빨간색 클립은 V1 트랙의 두 번째와 세 번째 클립 위에 올려져 있습니다. V2 트랙의 주황색 클립은 V1 트랙의 네 번째 클립 위에 올려져 있지만, V1 트랙의 네 번째 보라색 클립과 마찬가지로 세 번째 초록색 클립과도 간격을 두고 있습니다.

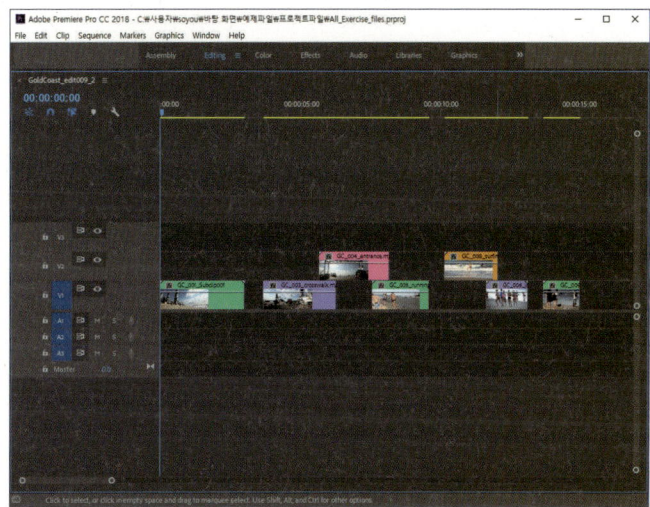

02 아무 클립도 선택되지 않은 상태에서 [Sequence] → Close Gap을 실행합니다. V1 트랙의 첫 번째(초록색)와 두 번째(보라색) 클립 사이 빈 공간이 닫혔지만, 그 뒤로 두 번째 클립과 세 번째 클립은 여전히 간격이 벌어져 있습니다. V2 트랙의 빨간색 클립이 V1 트랙의 두 번째와 세 번째 클립 위에 싱크가 맞기 때문입니다. V2 트랙의 오렌지색 클립도 마찬가지입니다. 이 클립과 V1 트랙의 네 번째 클립이 싱크가 맞은 상태로 V1 트랙의 세 번째 클립과 사이 빈 공간이 닫힌 것을 확인할 수 있습니다.

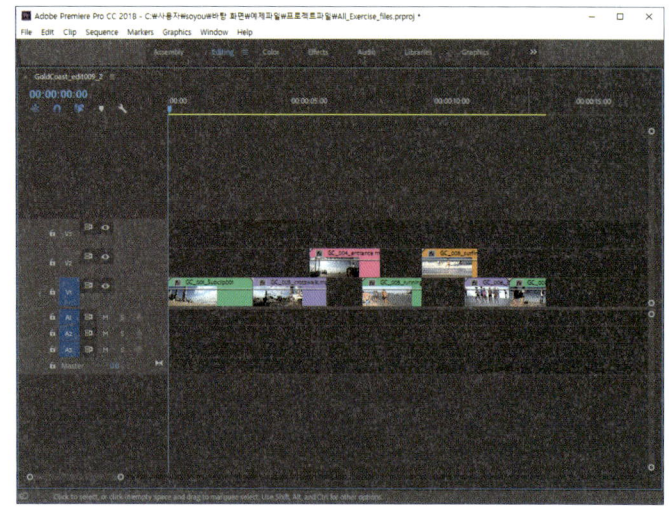

즉, 트랙 사이 싱크가 어긋나지 않는 내에서 클립들 사이 빈 공간이 닫힌다는 것을 염두에 두어야 합니다. 트랙 위의 특정 클립을 선택하여 선택 범위 안의 빈 공간을 닫을 수도 있습니다. 마우스로 드래그하여 첫 번째와 두 번째 트랙만 선택하고 Close Gap을 실행하면 두 클립 사이의 빈 공간만 닫힙니다.

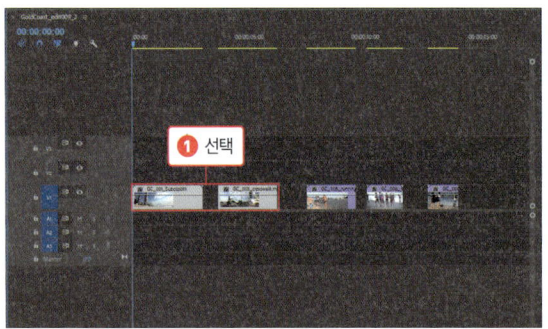
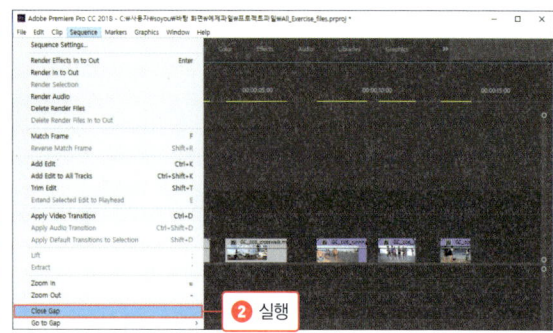

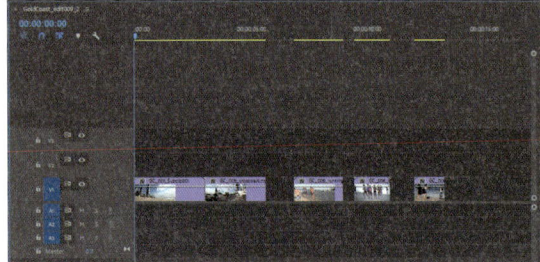

같은 기능을 툴 박스에 있는 트랙 선택 도구(, A)와 거꾸로 트랙 선택 도구(, Shift + A)로도 실행할 수 있습니다.

마우스로 드래그할 수 없을 만큼 길게 늘어선 클립들을 트랙 선택 도구( )로 한번에 선택하여 빈 공간을 한번에 닫습니다. 트랙 선택 도구로 선택한 클립 앞의 모든 클립 또는 뒤의 모든 클립을 한번에 선택하고, 'Close gap' 기능을 실행합니다.

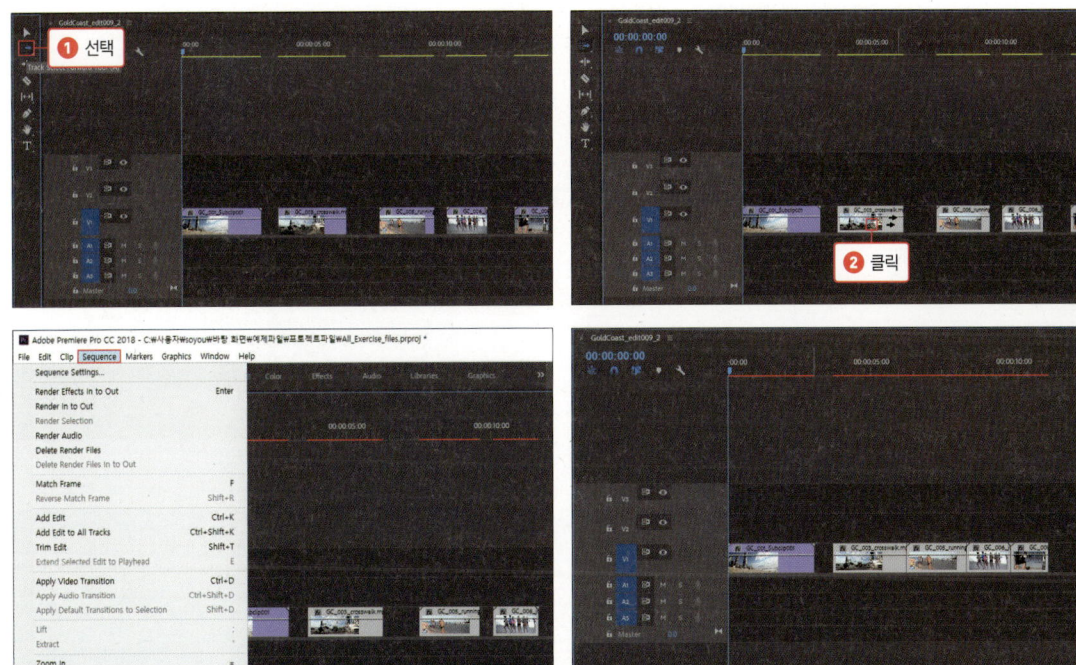

3 | Close Gap 단축키 지정하여 사용하기

[Sequence] → Close Gap의 탭을 살펴보면, 오른쪽에 단축키가 설정되어 있지 않은 것을 확인할 수 있습니다. Close Gap 기능에 단축키를 설정한다면 편집을 보다 빠르고 효율적으로 진행할 수 있을 것입니다.

01 [Edit] → Keyboard Shortcuts를 실행합니다.

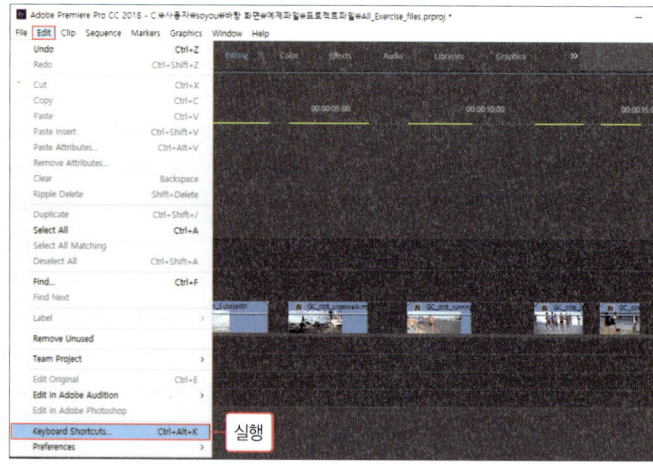

02 키보드 맵이 표시됩니다.

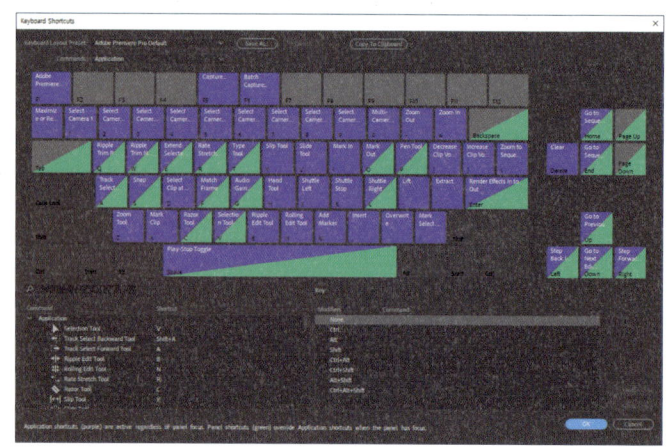

03 Close Gap 기능에 새로운 키를 부여해야 하므로, 단축키 설정이 되어 있지 않은 키가 어떤 것이 있는지 살펴봐야 합니다. 보라색과 초록색으로 컬러링 된 키는 명령어가 이미 들어 있는 키이고, 회색 키는 아직 명령어가 배분되지 않은 키입니다. 우선, 키보드의 Ctrl를 눌러 봅니다. 거의 대부분의 키가 이미 단축키로 설정되어 있는 것을 확인할 수 있습니다.

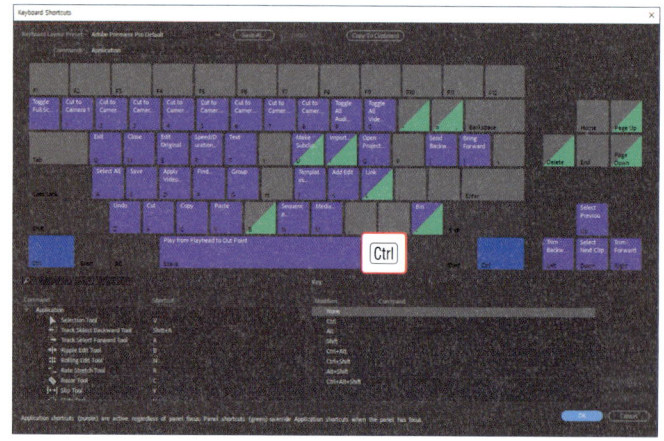

04 키보드의 Shift 키를 눌러 봅니다. 마찬가지로 거의 대부분의 키가 이미 단축키로 설정되어 있습니다.

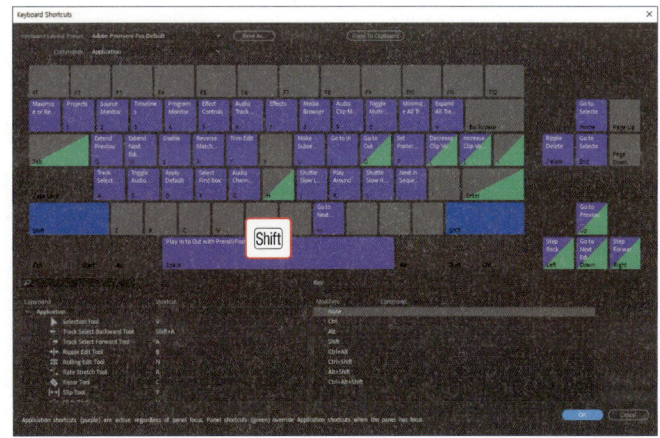

05 Shift + Ctrl 키와 같이 두 개 이상의 수식 키를 함께 쓸 수도 있습니다. 두 개의 키를 동시에 눌러 단축키로 설정할 수 있는 키가 있는지 확인합니다.

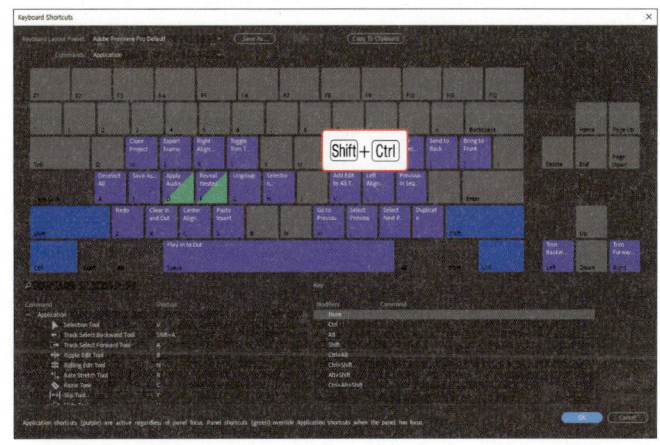

06 Alt 키를 눌러 봅니다. Ctrl 키와 Shift 키와 비교하면 단축키로 설정할 수 있는 키가 많이 남아 있습니다.

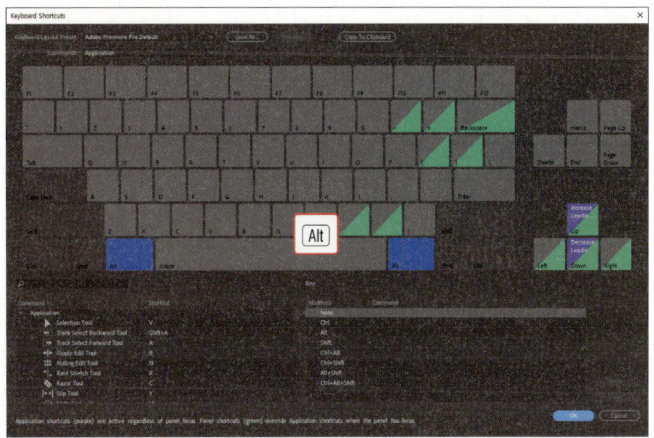

07 Alt+Z 키가 비어 있습니다. 여기에 'Close Gap' 기능을 부여해 봅니다. 검색 필드에 'Close Gap'을 검색합니다.

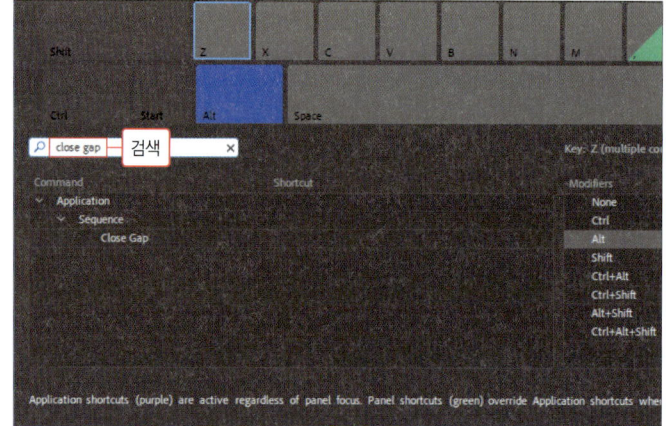

08 [Shortcut] 탭을 클릭하여 활성화하고, Alt+Z 키를 누릅니다. 설정을 마치고 〈OK〉 버튼을 클릭하여 키보드 맵을 끕니다.

09 시퀀스에 단축키를 사용해 봅니다. 간단하게 클립 사이 빈 공간이 닫히는 것을 확인할 수 있습니다.

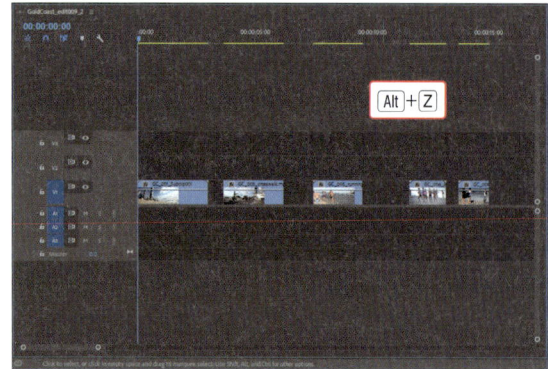 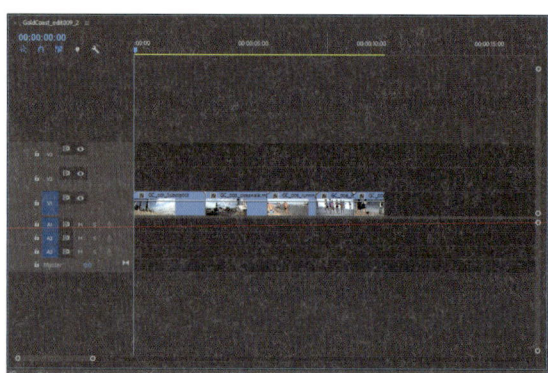

6 클립 자르기

Tools 패널에서 면도날 아이콘으로 생긴 자르기 도구를 이용하여 클립을 자를 수 있습니다.

01 시퀀스 폴더에서 'GoldCoast_edit010' 시퀀스를 더블클릭하여 Timeline 패널에 표시합니다. 자르기 도구(✂)를 선택합니다.

주황색 라벨 클립 부분의 일부를 자르겠습니다. Timeline 패널에서 주황색 마커로 표시되어 있는 곳에 플레이헤드를 위치시키고 마우스 포인터를 가져갑니다. 클릭하여 잘라내면 클립이 반으로 쪼개진 것을 확인할 수 있습니다.

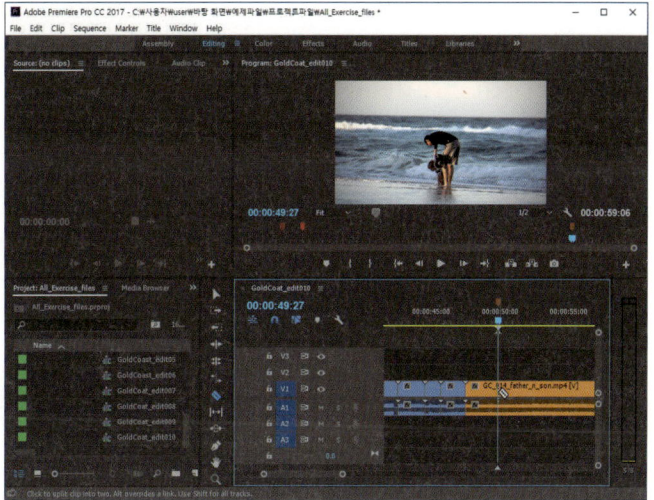

···· TIP
Snap 기능을 켜고 키보드의 Shift 키를 누른 다음 플레이헤드 라인에 마우스가 자석처럼 붙어 유용합니다.

02 선택 도구(▶)를 선택하고 클립의 잘려진 부분을 선택한 다음 Shift + Delete 키를 눌러 빈 틈 없이 지웁니다.

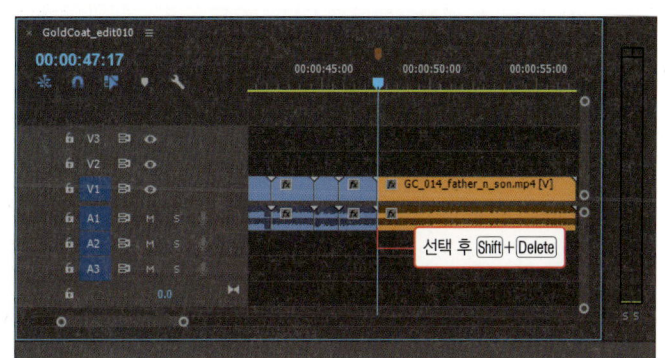

···· TIP
I, O, J, K, L 단축키
마커를 만들고 재생하고 멈추는 I, O, J, K, L 단축키는 소스 모니터뿐만 아니라 타임라인에서도 사용 가능합니다.

7 인아웃 포인트 이용하여 클립 없애기

01 시퀀스 폴더에서 'GoldCoast_edit010' 시퀀스를 사용합니다.
Source Monitor 패널에서 ① 키와 ⓞ 키를 이용하여 마킹했던 것과 같이 타임라인 위에서도 같은 단축키로 마킹할 수 있습니다. 타임라인에서 빨간색 마커로 표시되어 있는 곳에 인아웃 포인트를 마킹합니다.

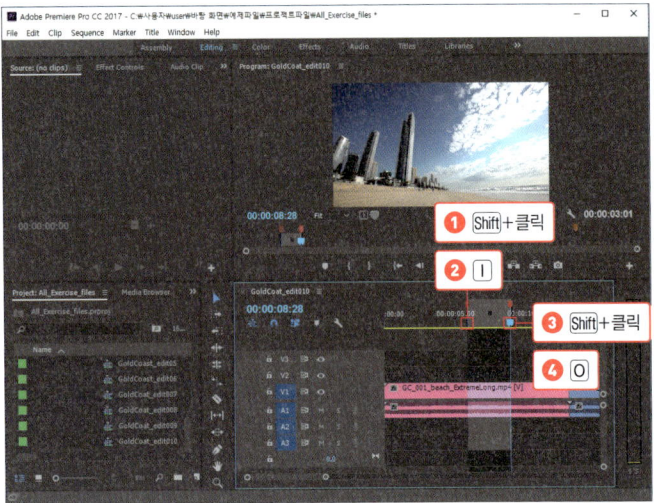

TIP
플레이헤드를 위치시킬 때, 스냅 기능을 활성화하고 Shift 키를 누른 다음 이동시키면 마커 위치에 자석처럼 달라붙습니다.

02 인아웃 포인트 마킹을 마치면, Program Monitor 패널에서 아랫부분 'Extract' 아이콘(⛏)을 클릭하거나 ⌐ 키를 누릅니다. 빈 공간 없이 클립이 지워진 것을 확인할 수 있습니다.

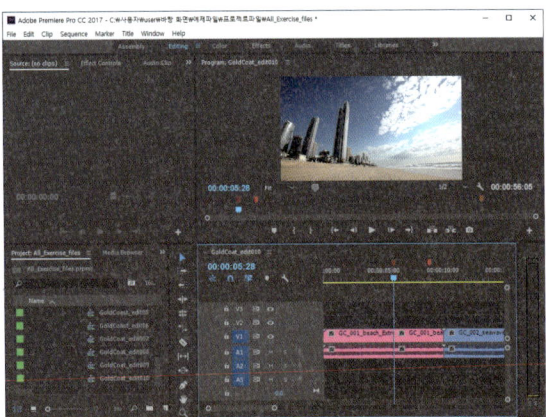

03 Ctrl+Z 키(Mac : Command+Z)를 눌러 되돌립니다. 이번에는 그 옆의 'Lift' 아이콘(📤)을 클릭하거나 ; 키를 누릅니다. 클립이 지워지고 빈 공간이 남은 것을 확인할 수 있습니다.

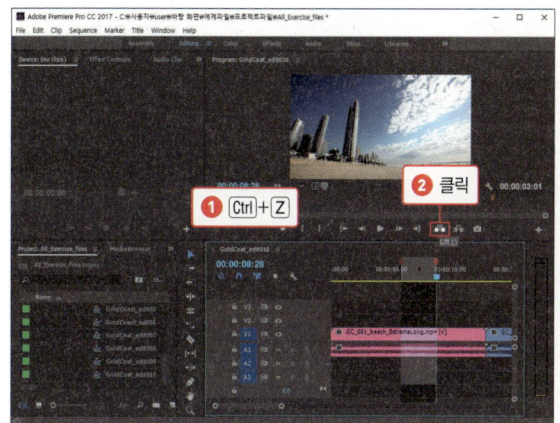
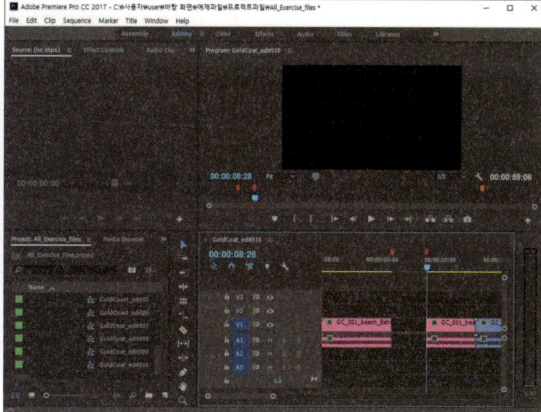

TIP

재생하는 도중에 인아웃 포인트 마킹하기

타임라인에서 Spacebar 키를 누르거나, J, K, L 키를 이용하여 클립을 재생할 수 있는데, 이와 동시에 실시간으로 I 키와 O 키를 이용하여 인아웃 포인트를 마킹할 수 있습니다.

TIP

Lift와 Extract 키보드 단축키

; 키와 ' 키는 타임라인에서 인아웃 포인트 마커과 함께 사용해야 적용됩니다. 마커 없이 동일한 액션을 실행하기 위해서는 Lift의 경우 Delete 키를, Extract의 경우 Alt 키(Mac : option)를 누르고 Delete 키를 사용해야 합니다.

---

8 비디오와 오디오 트랙 싱크 맞추기(Toggle Sync Lock)

트랙 셀럭터를 이용하면 비디오 트랙 또는 오디오 트랙 둘 중 하나만 드러내기(Lift)가 가능합니다. 드러내기 한 자리에는 빈 공간이 남게 됩니다. Ripple Delete하듯이 빈 공간 없이 클립을 지우려면 클립을 추출(Extract)해야 하는데 이 때는 트랙 셀럭터와 토글 싱크 락 기능을 함께 사용해야 합니다. 토글 싱크 락 기능이 활성화되어 있을 때는 트랙 셀럭터가 비디오 또는 오디오만 활성화되어 있더라도 두 트랙 모두 지워집니다.

01 시퀀스 폴더에서 'GoldCoast_edit011' 시퀀스를 더블클릭하여 Timeline 패널에 표시합니다.

Timeline에서 주황색 클립만큼 인아웃 포인트를 마킹합니다. 플레이헤드를 클립의 가운데 놓고 X 키를 누르면, 해당 클립의 구간만큼 인아웃 포인트가 마킹됩니다.

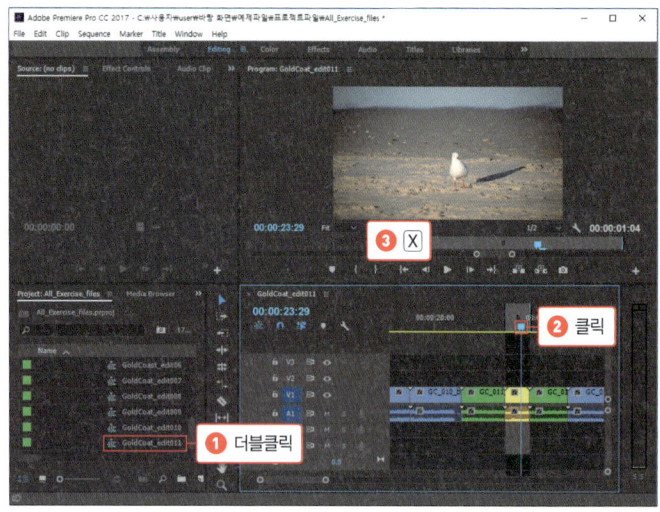

02 타임라인의 오디오 트랙 셀렉터(A1)를 끄고, ; 키(Lift)로 클립을 지웁니다. 오디오 트랙만 남고 비디오 트랙이 지워집니다.

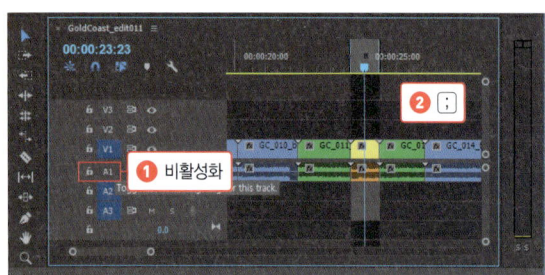 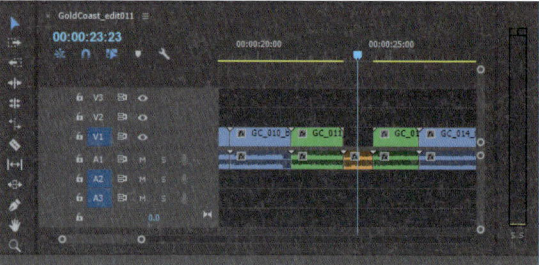

03 Ctrl+Z(Mac : Command+Z)를 눌러 되돌립니다. 비디오 트랙 셀렉터(V1)을 끄고, ; 키(Lift)로 클립을 지웁니다. 비디오 트랙만 남고 오디오 트랙이 지워집니다.

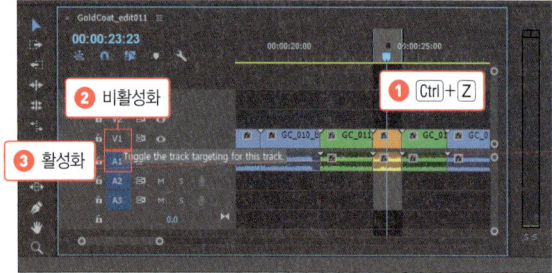 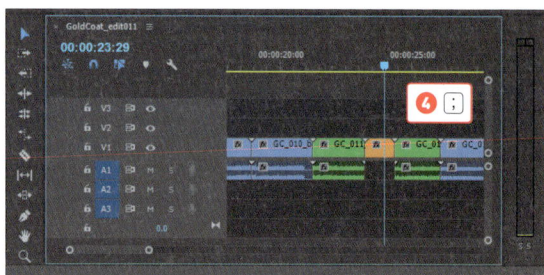

04 Ctrl+Z 키를 눌러 되돌립니다. 비디오 트랙 셀렉터(V1)을 끄고 ' 키(Extract)로 클립을 지워 보겠습니다. 비디오 트랙 셀렉터를 비활성화했음에도 불구하고, 비디오 트랙과 오디오 트랙이 모두 지워집니다.

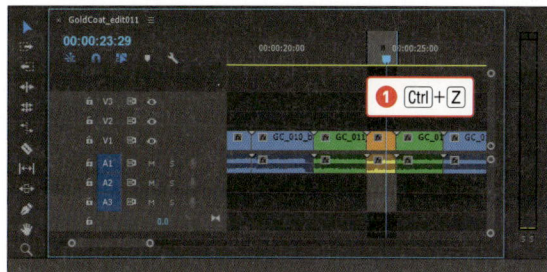 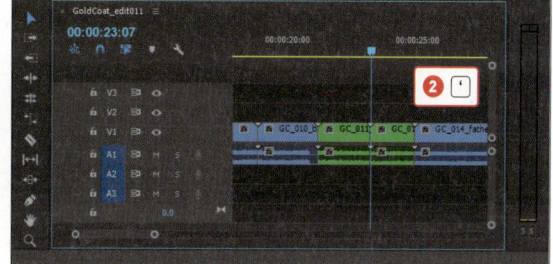

05 'Toggle Sync Lock' 아이콘이 활성화되어 있기 때문에 클립을 추출할 때는 비디오와 오디오가 모두 삭제되는 것입니다. Ctrl+Z 키를 눌러 되돌립니다.
'Toggle Sync Lock' 아이콘(🔒)을 클릭하여 오디오와 비디오 트랙의 토글 싱크를 비활성화합니다. 그리고 오디오 트랙 셀렉터(A1)을 끄고 ' 키(Extract)로 클립을 지워 보겠습니다.

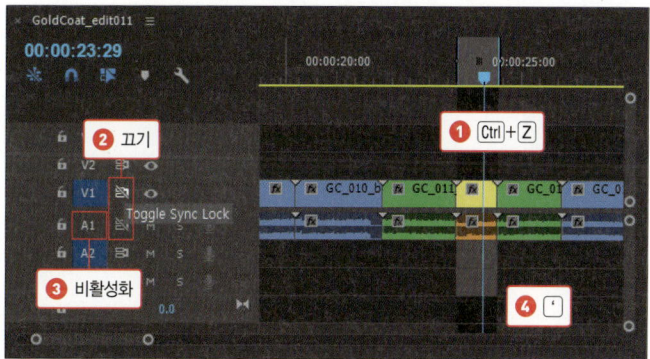

06 비디오가 빈틈없이 지워지면서 편집 구간이 앞당겨져 비디오와 오디오 싱크가 더 이상 맞지 않습니다. 싱크가 맞지 않는 구간의 길이가 클립 아래쪽에 붉은색 숫자로 표기됩니다. 싱크를 맞추기에 길이가 모자란 구간은 '-'로 표시되고, 길이가 남는 구간은 '+'로 표시됩니다.

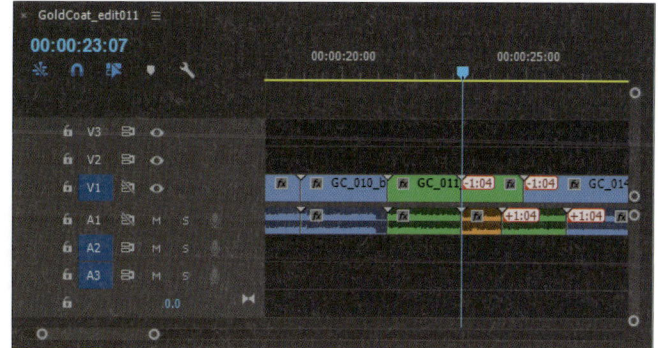

TIP

트랙 싱크와 Ripple Delete

Toggle Sync Lock이 비활성화된 상태에서 Ripple Delete 명령을 실행하면 싱크가 맞지 않는 상태로 빈 공간을 닫습니다.

9 트랙 쌓아 올리기

타임라인에 비디오 트랙 하나와 오디오 트랙 하나를 이용하여 1차 편집을 마치고, 비디오 트랙 하나를 더 올려서 보조 샷(B-Roll)을 추가해 보겠습니다. 쉽고 단순한 방법으로 Project 패널에서 필요한 소스 클립을 타임라인으로 바로 드래그하여 트랙을 쌓는 방법이 있습니다. 이 튜토리얼에서는 플레이헤드와 인서트 단축키인 ,키를 이용하여 클립을 추가하고 트랙을 쌓아 올리는 방법에 대하여 알아봅니다.

|예제 폴더| 모든예제파일\Chapter003_편집테크닉높이기\3.3.2

1 | 플레이헤드 위치에 인서트 편집하기

01 시퀀스 폴더에서 'Take2_Multicam _Edit01' 시퀀스를 사용합니다.

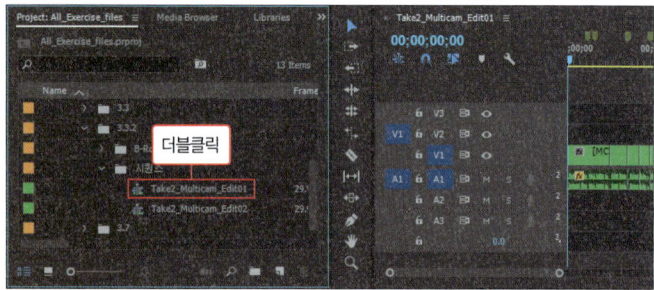

02 B-Roll 폴더에서 '019_low_angle _dolly_in.mp4' 클립을 더블클릭하여 Source Monitor 패널로 불러들입니다. 마커로 표시한 구간에 인아웃 포인트를 마킹합니다.

03 Timeline 패널에서 소스 패칭 토글 버튼 V1과 트랙 셀렉터 V2만 활성화하고 나머지 모든 트랙은 비활성화합니다. 오디오는 A1에 올려진 사운드가 계속 흐르는 상태에서 비디오만 추가하기 위해서입니다.

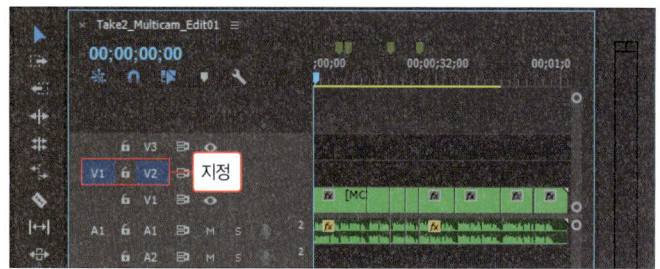

04 타임라인에서 첫 번째 마커(00;00;06;25) 위에 플레이헤드를 위치시키고, ⸺ 키를 눌러 인서트 편집을 합니다.

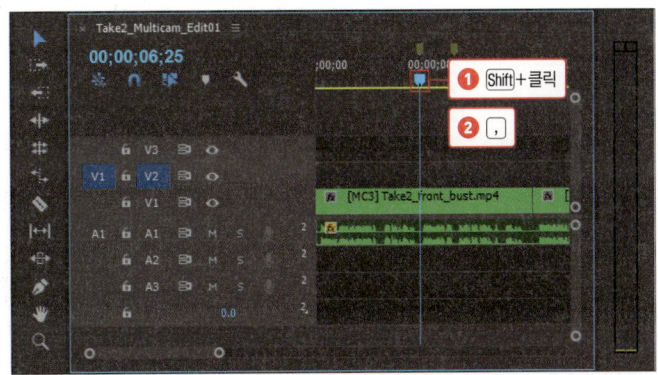

05 클립이 추가되면서 이전에 자리 잡은 클립들이 밀려납니다. Toggle Sync Lock이 활성화된 상태이기 때문입니다.

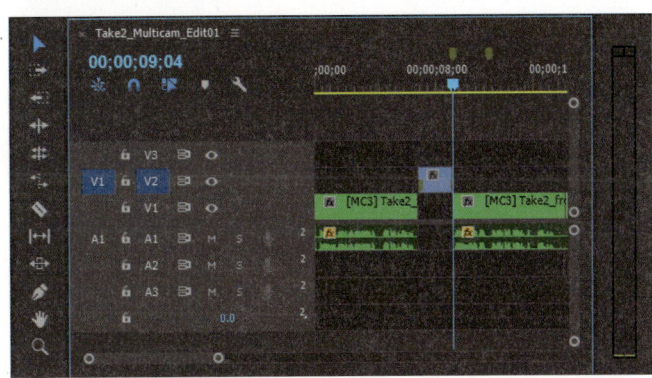

06 Ctrl+Z 키(Mac : Command+Z)를 눌러 되돌리고, 이번에는 V2, V1, A1의 토글 싱크 락을 비활성화한 다음 같은 명령을 실행해 봅니다.

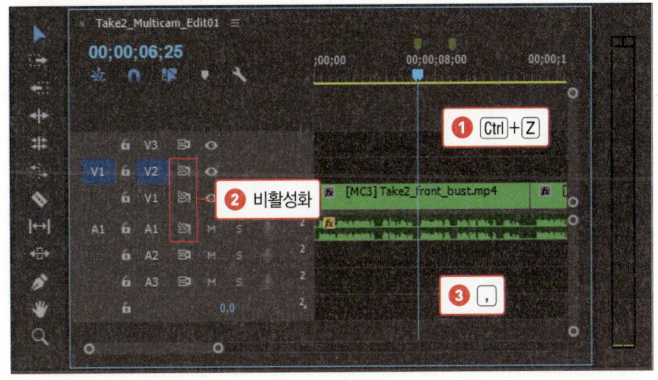

07 클립이 밀려나지 않고 원하는 위치에 덮어쓰기가 됩니다. 하지만 Insert(⸺)를 쓰기 위해서 Timeline 패널의 Sync Lock 버튼을 켜고 끄는 것은 비효율적일 것입니다.

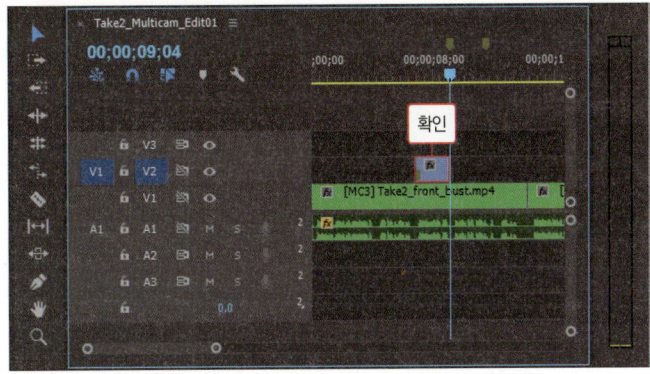

2 | 플레이헤드 위치에 덮어쓰기(Overwrite, .)

01 Ctrl+Z 키(Mac : Command+Z)를 눌러 되돌립니다. Sync Lock 토글 버튼도 다시 활성화합니다.

Insert 명령 대신에 이번에는 Overwrite 명령을 써보겠습니다. Source Monitor 패널 아랫부분의 'Overwrite' 아이콘(📼)을 클릭하거나 . 키를 누릅니다.

02 싱크 해제를 하지 않아도 트랙 이동 없이 원하는 자리에 덮어쓰기가 되는 것을 확인할 수 있습니다.

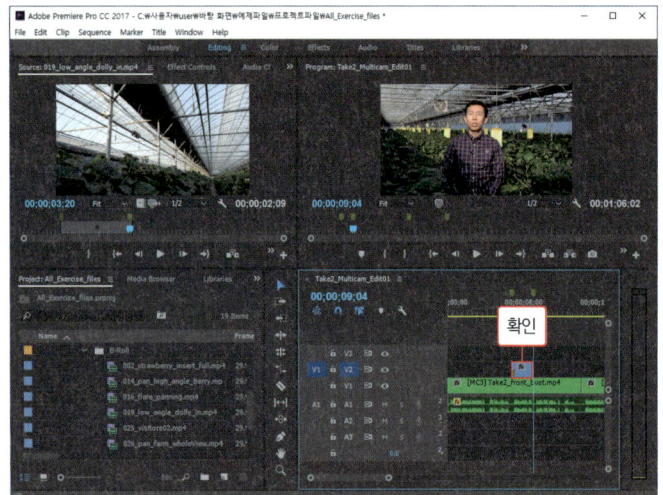

···· TIP ····

소스 패칭 토글 버튼

자물쇠 아이콘 왼쪽에 자리한 V1과 A1 버튼에 마우스를 가져다대면 'Source patching for inserts and overwrites.'라고 설명 지표가 나타났다가 사라지는데, 인서트 편집이나 덮어쓰기를 할 때 레이어를 선택하는 역할을 합니다. 자물쇠 아이콘 오른쪽에 자리한 트랙 셀렉터의 활성화와 비활성화에 상관없이 소스 패칭 토글 버튼이 활성화된 트랙에서만 인서트 편집이나 덮어쓰기를 할 수 있습니다.

10 매치 프레임 기능 사용하기

매칭 프레임은 시퀀스 상에 편집되어진 클립들의 원본 소스를 Source Monitor 패널로 불러들이는 기능입니다.

01 시퀀스 폴더에서 'Take2_Multicam _Edit02' 시퀀스를 사용합니다.

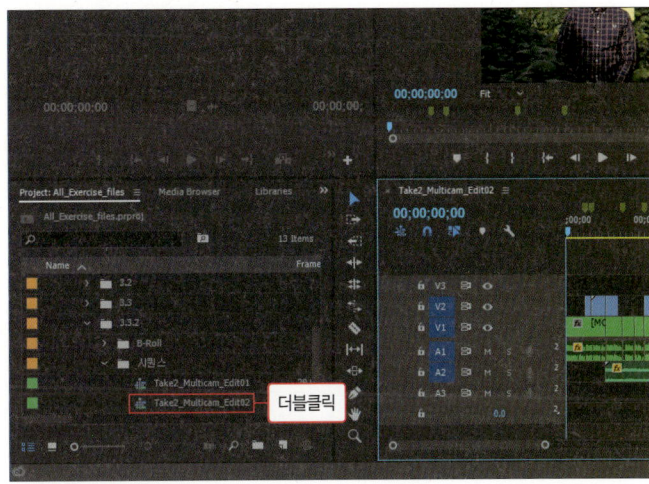

02 V2 트랙 위에 올려진 클립들 중 두 번째 클립 중간에 플레이헤드를 위치시킵니다.

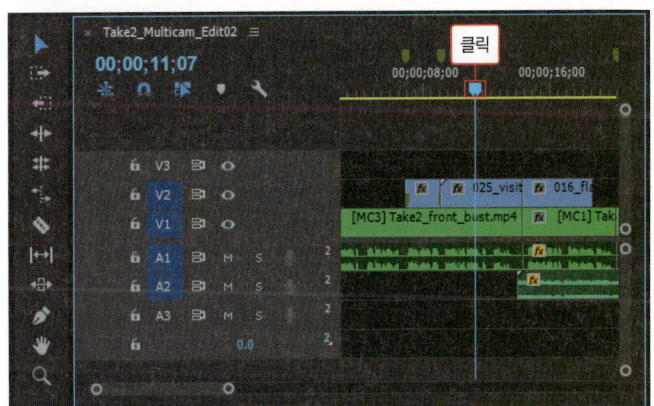

03 타임라인에 어떠한 클립도 선택하지 않은 상태에서 F 키를 누릅니다.

04 비디오 트랙이 V1, V2 두 개라면, 프리미어는 쌓여 있는 트랙 중 제일 위에 있는 트랙의 클립을 매칭합니다.

Source Monitor 패널을 살펴보면 원본 클립이 불러들여지고 타임라인에 편집된 구간이 인아웃 포인트로 하이라이트되어 나타납니다. 트랙 셀렉터를 이용하면 원하는 트랙만 매칭할 수도 있습니다. V2를 비활성화하고 V1 트랙 셀렉터만 활성화한 상태에서 F 키를 누릅니다.

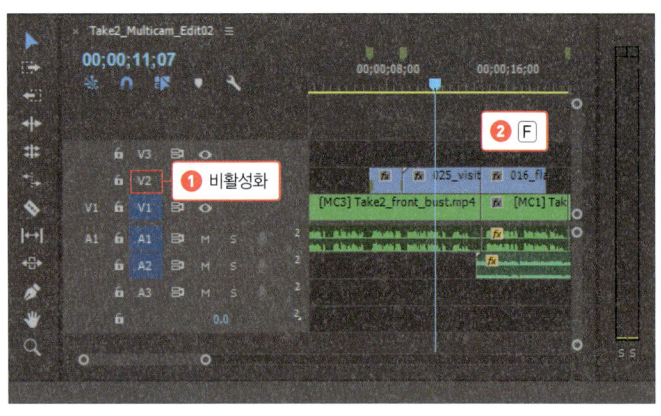

05 오디오 트랙도 마찬가지입니다. 오디오 트랙 중 제일 아래 있는 트랙을 매칭 프레임하려면 그 트랙을 제외한 모든 비디오, 오디오 트랙의 트랙 셀렉터 버튼을 모두 비활성화해야 합니다. 플레이헤드를 A2 트랙 위에 걸쳐 놓고 A2를 제외한 모든 트랙의 트랙 셀렉터를 비활성화합니다.

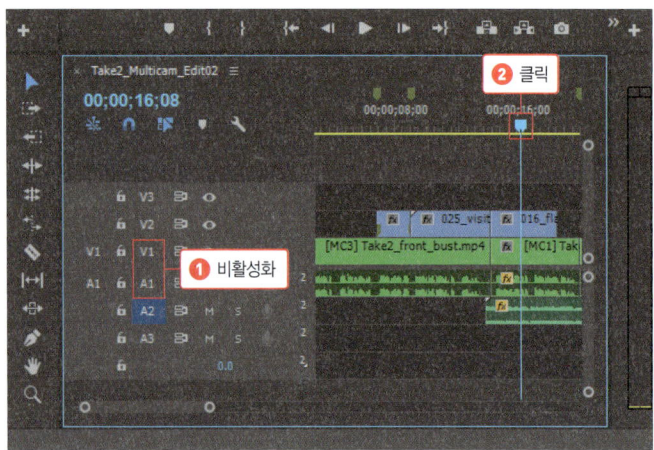

06 트랙 셀렉터 버튼을 사용하지 않고 매칭 프레임하려면, 타임라인의 특정 클립을 선택하고 F 키를 사용합니다.

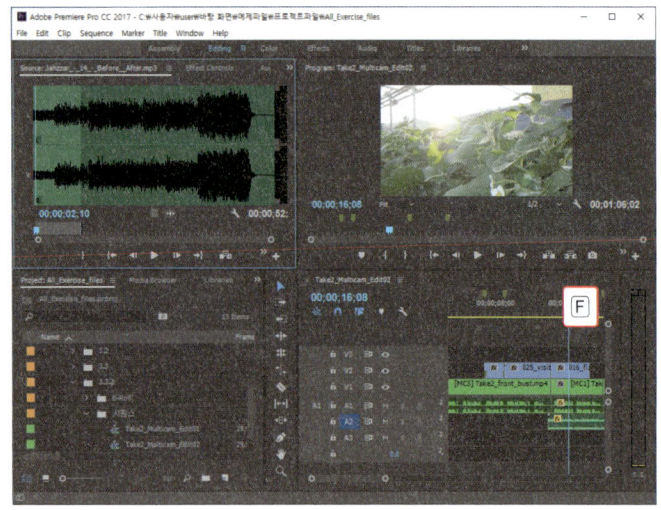

11 트랙 링크 설정(Linked Selection)

지금까지 비디오나 오디오 트랙을 편집할 때, 두 트랙 모두 선택되고 잘리거나 지워졌습니다. 두 트랙이 연결되어 있기 때문인데, 트랙 링크 설정을 해제하면 비디오 또는 오디오 트랙 중 하나만 선택하고 편집할 수 있습니다.

① **'Linked Selection' 아이콘( )** : Timeline 패널에서 타임 코드 아래 'Linked Selection' 아이콘을 비활성화하면 비디오 또는 오디오 트랙만 단독으로 선택됩니다. 이렇게 비디오 트랙과 오디오 트랙의 링크가 'Unable' 상태가 되면 트리밍도 마찬가지로 비디오 또는 오디오 둘 중 하나만 적용 가능합니다.

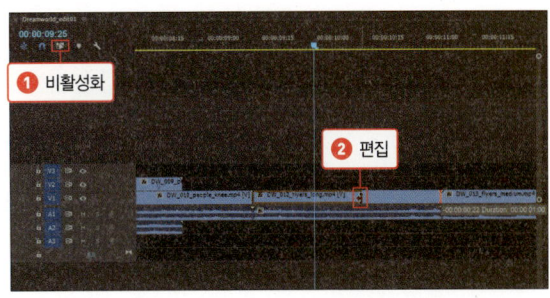

② **Alt 키를 누르고 클릭하기** : 'Linked Selection' 아이콘을 활성화한 상태에서 비디오 또는 오디오 트랙을 단독으로 선택하려면 Alt 키를 누르고 클립을 선택하면 가능합니다.

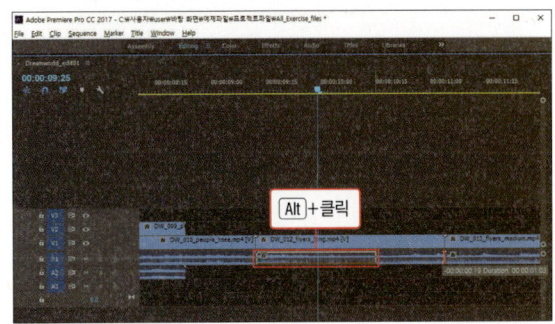

③ **Unlink** : 클립마다 비디오와 오디오 링크를 해제할 수 있습니다. 링크 해제하려는 클립을 선택하고 마우스 오른쪽 버튼으로 클릭한 다음 Unlink를 실행합니다. 트랙이 비디오 또는 오디오만 선택되는 것을 확인할 수 있습니다.

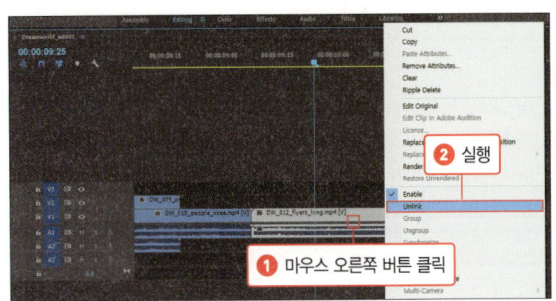 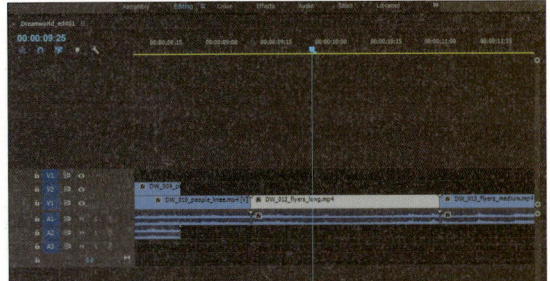

다시 두 트랙을 연결하려면, 클립의 비디오와 오디오 트랙을 Shift 키를 누르고 복수 선택한 다음 **Link**를 실행합니다.

이 기능은 여러 개의 클립이 링크 해제된 상태에서 연결을 원하는 트랙을 골라 연결할 수 있는데, 세 개 이상일 때는 링크 설정이 그룹 설정으로 바뀝니다. Shift 키를 누르고 복수 선택한 다음 마우스 오른쪽 버튼으로 클릭하고 **Group**을 실행하여 그룹으로 만들 수 있습니다.

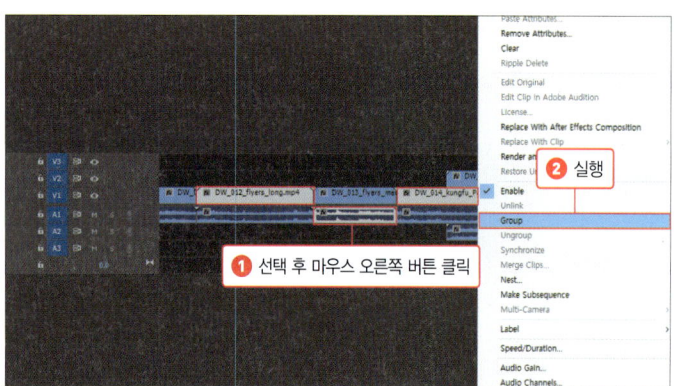

CHAPTER 07
Premiere Pro CC

효과적인 트리밍 테크닉

앞서 배운 기본 편집 테크닉을 바탕으로, 익숙해지면 작업 효율을 200% 높일 수 있는 유용하고 심화적인 트리밍 테크닉을 살펴봅니다. 비슷한 단축키와 명령 반복이 많아 한두 번 학습하는 것으로 효과를 보기 어렵습니다. 단축키가 손에 익을 때까지 반복해서 연습하면 더욱 효과적인 사용을 기대할 수 있습니다.

| 예제 폴더 모든예제파일\Chapter003_편집테크닉높이기\3.4

1 마커를 이용한 트리밍하기 (Three-point Edits)

타임라인에 두 개의 인아웃 포인트로 덮어쓰기 할 구간을 마킹하고, Source Monitor 패널에서 인 포인트만 마킹하여 이렇게 세 개의 포인트로 편집하는 방법을 알아봅니다. Source Monitor 패널에서 클립을 재생하여 덮어쓸 구간을 고르고, 그 시작 점에만 인 포인트를 마킹하는데, 덮어쓰기하는 클립 길이는 타임라인에 마킹한 구간 길이에 맞춰 알아서 뒷부분이 잘려 나갑니다.

01 시퀀스 폴더에서 'Dreamworld_edit02' 시퀀스를 사용합니다. Timeline 패널에서 덮어쓰기 할 구간을 먼저 마킹합니다. 마커로 표시한 구간을 I 키와 O 키를 이용해 인 아웃 포인트를 마킹합니다.

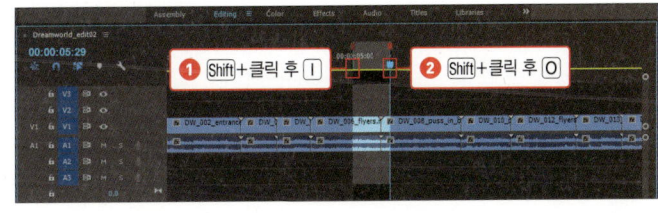

02 Project 패널에서 소스클립_Dreamworld 폴더에서 'DW_007_happy_people.mp4' 클립을 더블클릭하여 Source Monitor 패널로 불러들여 00;00;00;19 구간에 인 포인트를 마킹합니다.

03   Timeline 패널로 돌아와 V2 트랙의 소스 패칭 토글 버튼 (V1)을 활성화합니다. 그리고 키보드 단축키 [.]를 눌러 덮어쓰기(Overwrite)합니다.

04   추가한 클립 끝 부분에 마우스 포인터를 가져가면 마우스 아이콘이 트리밍 도구로 자동으로 바뀌는데 언제든 구간을 더 늘리거나 줄일 수 있습니다. 끝부분을 트리밍하여 00;00;06;12까지 지속 시간을 늘립니다. 클립 섬네일 아래 현재 시간 표시기를 보면 +00;00;00;12 총 지속시간 00;00;01;13이 표기되는 것을 확인할 수 있습니다.
트리밍할 때는 이 현재 시간 표시기의 지표를 기준으로 프레임 단위로 정교하게 편집합니다.

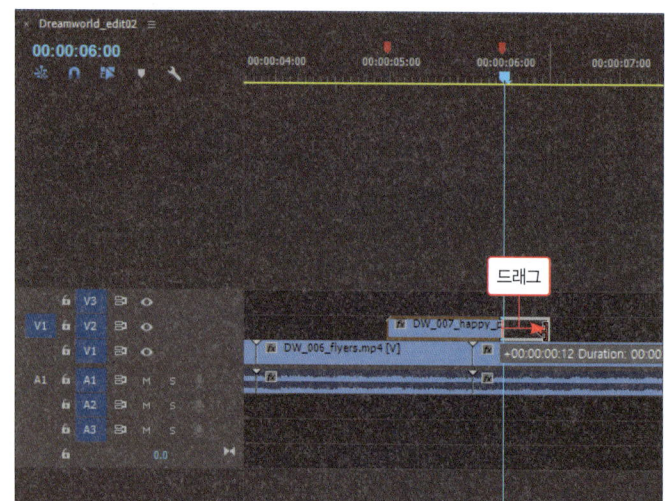

···· TIP ····

Three-point Edits를 이용한 스틸 이미지 덮어쓰기

스틸 이미지는 움직이지 않기 때문에 지속 시간(Duration)이 있지 않습니다. Three-point Edits을 이용하여 스틸 이미지를 편집할 때, Timeline 패널에만 인아웃 포인트를 마킹하고 키보드 단축키 [.]으로 덮어쓰면 됩니다.

2 리플 편집 도구 사용하기

리플 편집 도구( )는 클립의 지속 시간을 늘리거나 줄이는 역할을 합니다.

1 | Standard Trim

01 시퀀스 폴더에서 'Dreamworld_edit02' 시퀀스를 사용합니다. Timeline 패널에서 마우스 포인터가 선택 도구일 때, 클립 끝 부분에 마우스 포인터를 가져가면 아이콘이 트리밍 도구로 바뀝니다.

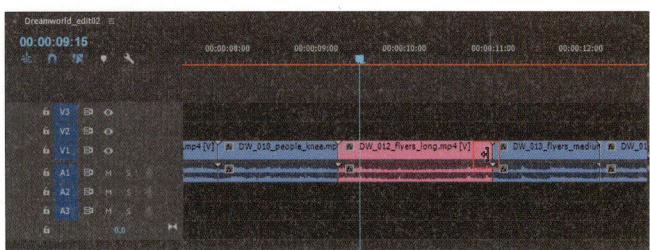

02 아이콘이 바뀐 상태에서 빨간색 클립 끝을 클릭하고 왼쪽으로 드래그합니다. 클립은 트리밍이 되었지만 그 자리에 빈 공간이 생깁니다.

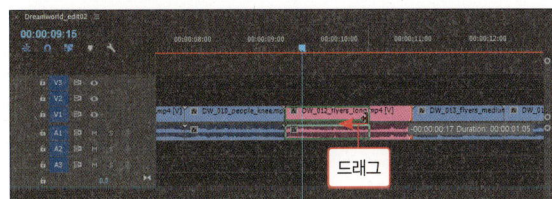 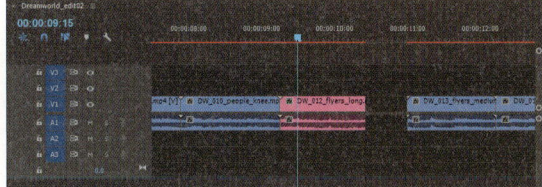

03 빈 공간에 마우스 오른쪽 버튼으로 클릭하고 **Ripple Delete**를 실행합니다.

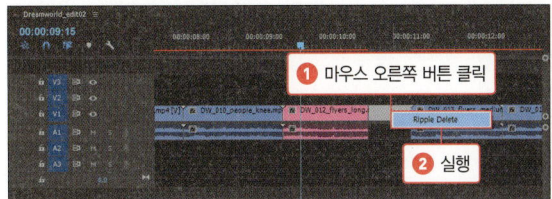 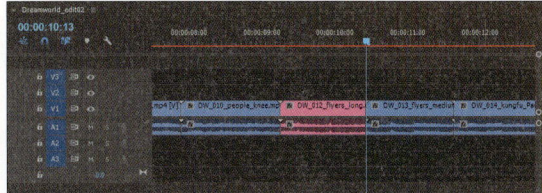

04 다시 한 번 빨간색 클립 끝을 클릭하고 오른쪽으로 드래그합니다. 타임코드 지표에 Trim blocked on Video 1이라는 인디케이터가 뜨는데, 다음 클립의 경계와 맞닿아 있기 때문에 그 이상 트리밍할 수 없다는 것을 알려줍니다.

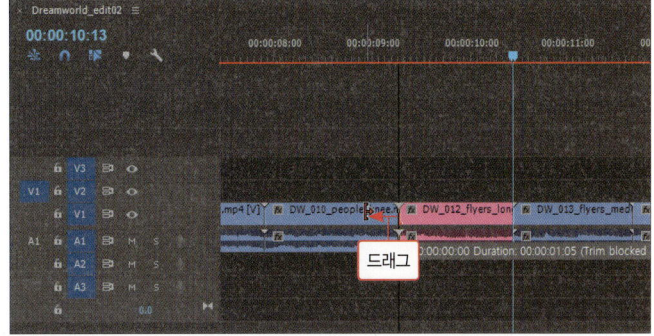

2 | 리플 편집 도구(B)

01 시퀀스 폴더에서 'Dreamworld_edit02' 시퀀스를 사용합니다. 리플 편집 도구(⬌)를 선택하거나 B 키를 눌러 마우스 포인터를 리플 편집 도구로 바꿉니다.

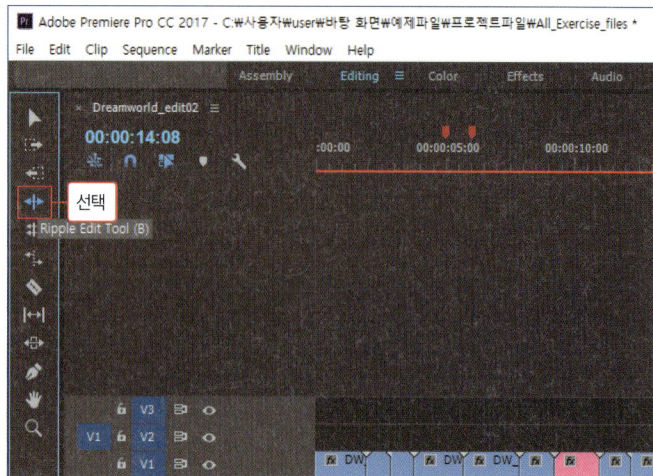

02 주황색 클립 끝을 클릭하고 오른쪽으로 또는 왼쪽으로 드래그해 봅니다. 리플 편집 도구는 마우스 아이콘이 트리밍 도구로 바뀌는 것과 모양이 같지만, 아이콘이 노란색으로 표시된다는 점이 다릅니다.

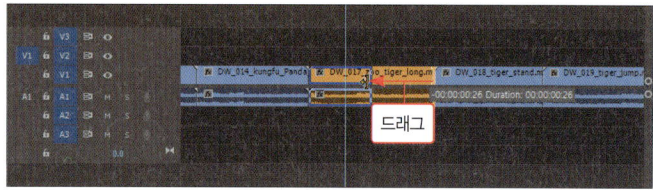

03 빈 공간 없이 트리밍되는 것을 확인할 수 있습니다.

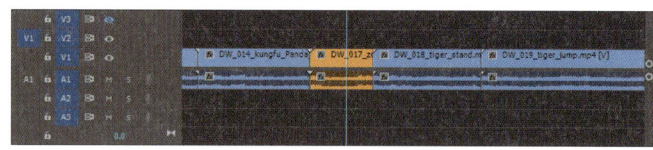

04 이 도구를 사용할 때는 클립의 경계 제한 없이 양쪽 방향으로 모두 트리밍이 가능합니다.

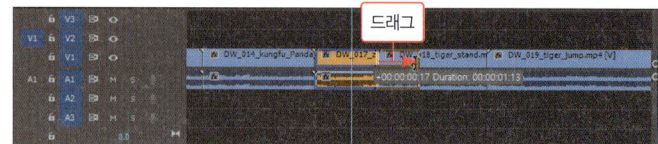

3 | 도구를 바꾸지 않고 리플 편집하기

마우스 포인터가 선택 도구인 상태에서 Ctrl 키(Mac : Command)를 누르고 마우스 클릭, 드래그하면 리플 편집 도구를 쓰는 것과 같은 기능을 합니다. 아이콘 색상이 빨간색에서 노란색으로 바뀌는 것을 확인할 수 있습니다.

이 기능은 트랙이 쌓여 있는 상태에서 V1 트랙 위의 상위 트랙의 클립을 트리밍할 때 제한될 수 있습니다. 지속 시간을 늘리는 트리밍의 경우(오른쪽으로 트리밍)는 제한이 없지만, 지속 시간을 줄이는 트리밍의 경우(왼쪽으로 트리밍)에는 트리밍이 불가능합니다. 이것은 Sync Lock이 활성화되어 있기 때문인데, 왼쪽으로 트리밍하게 되면 이 클립 이후의 모든 클립이 왼쪽으로 이동하여 싱크가 틀어지기 때문입니다.

01 시퀀스 폴더에서 'Dreamworld_edit03' 시퀀스를 사용합니다. Timeline 패널에서 'Sync Lock' 아이콘( )을 클릭하여 비활성화합니다.

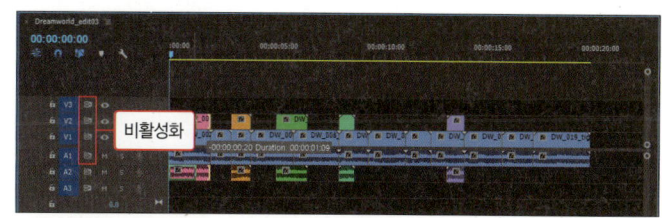

02 V2 트랙에서 빨간색 클립의 끝을 클릭하고 Ctrl 키를 누른 상태에서 왼쪽으로 드래그하여 트리밍합니다.

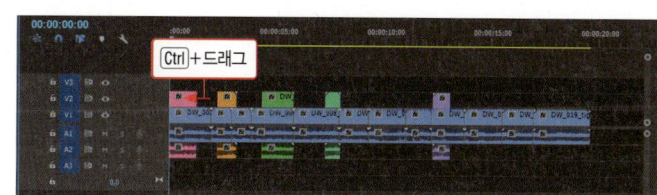

03 빨간색 클립 뒤로 늘어선 모든 컬러 클립들이 모두 왼쪽으로 이동된 것을 확인할 수 있습니다. Ctrl + Z 키를 눌러 되돌립니다. 상위 트랙에서 클립 하나만 단독으로 트리밍할 것이라면, 마우스 포인터가 선택된 상태에서 Standard Trim을 하는 것이 더 적합합니다.

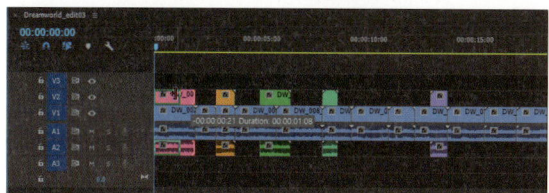 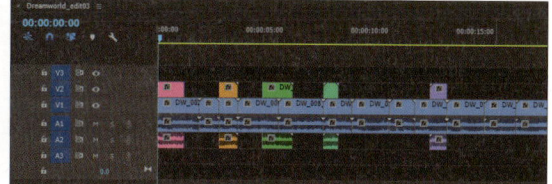

TIP

키보드 이용하여 정교하게 트리밍하기

Tools 패널에서 롤링 편집 도구를 선택하거나 N 키를 눌러 마우스 포인터를 바꾸고, 롤링 편집을 적용하고자 하는 경계를 선택한 다음 키보드 명령을 사용합니다.
- 1프레임씩 트리밍하기 : Ctrl + ←, →(Mac : option + ←, →)
- 5프레임씩 트리밍하기 : Shift + Ctrl + ←, →(Mac : Shift + option + ←, →)

3 롤링 편집 도구 사용하기

클립과 클립 사이의 경계를 트리밍 포인트로 하여 왼쪽이나 오른쪽으로 경계를 밀어서 두 클립의 길이를 조절합니다. 경계가 맞닿아 있는 두 클립 이외의 다른 클립들에는 영향을 주지 않습니다.

1 | 롤링 편집 도구(N)

01 시퀀스 폴더에서 'Dreamworld_edit04' 시퀀스를 사용합니다. Tools 패널에서 롤링 편집 도구(井) 또는 N 키를 눌러 마우스 포인터를 롤링 편집 도구로 바꿉니다.

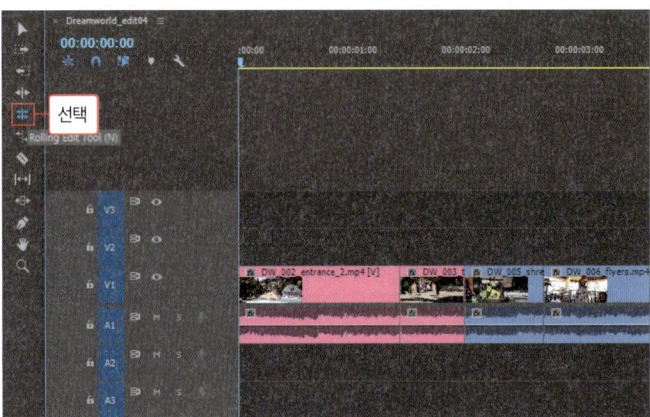

02 빨간색 두 클립의 경계에 마우스를 놓고 왼쪽으로 혹은 오른쪽으로 드래그하여 트리밍합니다.

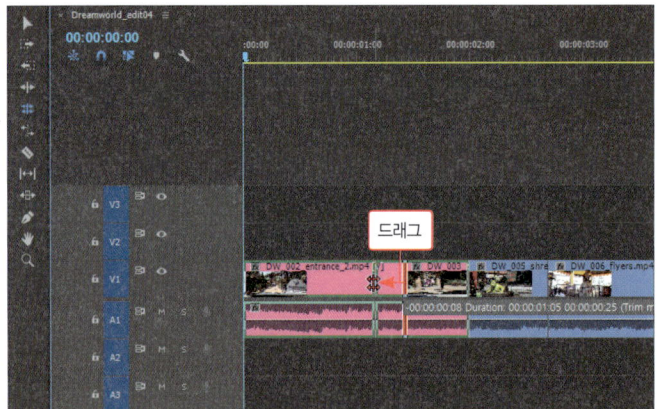

03 빈 공간 없이 그리고 다른 클립에 영향을 주지 않고 두 클립의 길이가 상대적인 비율로 조절됩니다.

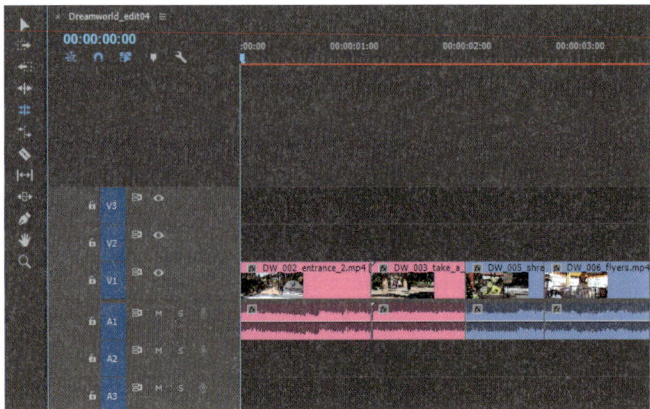

2 | 도구 바꾸지 않고 롤링 편집하기

롤링 편집은 Ripple Trim과 그 원리가 같습니다. 마우스 포인터가 선택 도구인 상태에서 Ctrl 키(Mac : Command)을 누르고 클립 사이에 경계에 대고 마우스 클릭, 드래그하면 롤링 편집 도구를 쓰는 것과 같은 기능을 합니다.

즉, Ctrl 키와 Command 키를 누른 상태에서 트리밍하는 것은 마우스를 클립의 어느 위치에 놓는가에 따라 두 가지 기능을 다르게 쓸 수 있습니다. 타임라인을 키보드 +, -로 확대, 축소하거나, 마우스의 커서 아이콘이 다르게 나타나는 것도 구분하는 방법 중 하나입니다.

TIP

키보드 이용하여 정교하게 트리밍하기

Tools 패널에서 롤링 편집 도구를 선택하거나 N 키를 눌러 마우스 포인터를 바꾸고, 롤링 편집을 적용하고자 하는 경계를 선택한 다음 키보드 명령을 사용합니다.
- 1프레임씩 트리밍하기 : Ctrl + ←, → (Mac : option + ←, →)
- 5프레임씩 트리밍하기 : Shift + Ctrl + ←, → (Mac : Shift + option + ←, →)

---

4 Slipping Edits 사용하기

슬립 편집은 클립을 교체하지 않고 같은 클립의 다른 구간을 사용할 때 사용합니다. 이 기능을 사용하면 클립 길이를 그대로 유지한 채, 편집 구간을 바꿀 수 있습니다.

01 시퀀스 폴더에서 'Dreamworld_edit04' 시퀀스를 사용합니다. 주황색 클립 위에 마우스 커서를 올려 클립의 지속 시간을 확인합니다.

Program Monitor 패널에서 클립이 시작되는 구간과 끝나는 구간의 타임코드를 확인해도 좋습니다.

주황색 클립 위에 플레이헤드를 위치시키고 F 키를 눌러 매칭 프레임을 합니다.

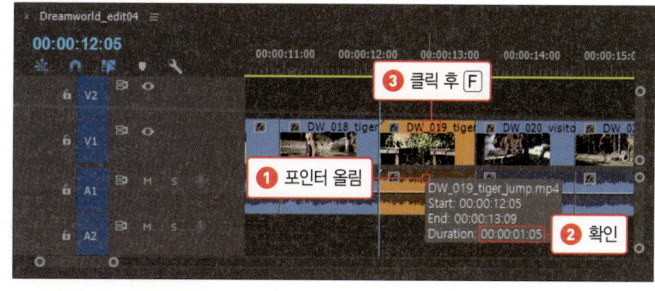

02 Source Monitor 패널에 클립의 원본이 불러들여지고, 편집에 사용된 구간이 하이라이트되어 보여집니다.

Source Monitor 패널에서 00;00;00;27 구간에 플레이헤드를 위치시킵니다. 이 장면을 첫 프레임으로하여 편집 구간을 바꿔 보겠습니다.

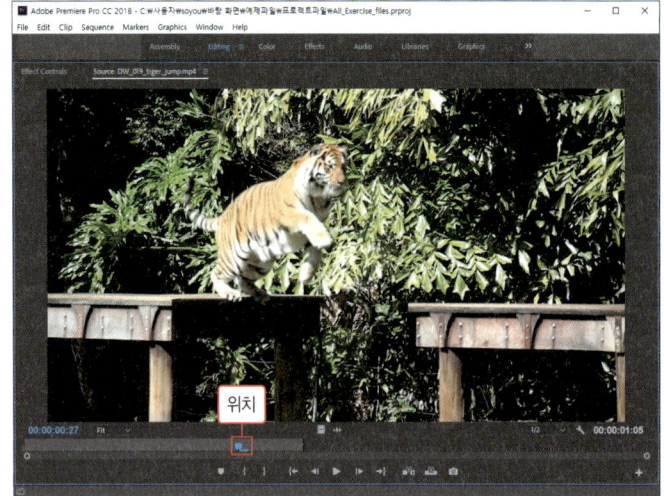

···TIP···

키보드 이용하여 정교하게 트리밍하기

Tools 패널에서 슬립 도구를 선택하거나 Y 키를 눌러 마우스 포인터를 바꾸고, 슬립 편집을 적용하고자 하는 클립을 선택한 다음 키보드 명령을 사용합니다. (Alt 키를 누르고 클립을 선택하면 비디오 또는 오디오 트랙을 단독으로 선택할 수 있습니다.) 키보드 이용하여 슬립 도구로 트리밍할 때는 트림 모니터가 나타나지 않습니다. 따라서, 플레이헤드를 첫 프레임이나 마지막 프레임에 위치시켜 놓고 키보드 명령을 쓰는 것이 좋습니다.

- 1프레임씩 트리밍하기 : Ctrl + Alt + ←, → (Mac : Command + option + ←, →)
- 5프레임씩 트리밍하기 : Shift + Ctrl + ←, → (Mac : Shift + option + ←, →)

03 슬립 도구( )를 선택하거나 Y 키를 눌러 마우스 포인터를 바꿉니다.

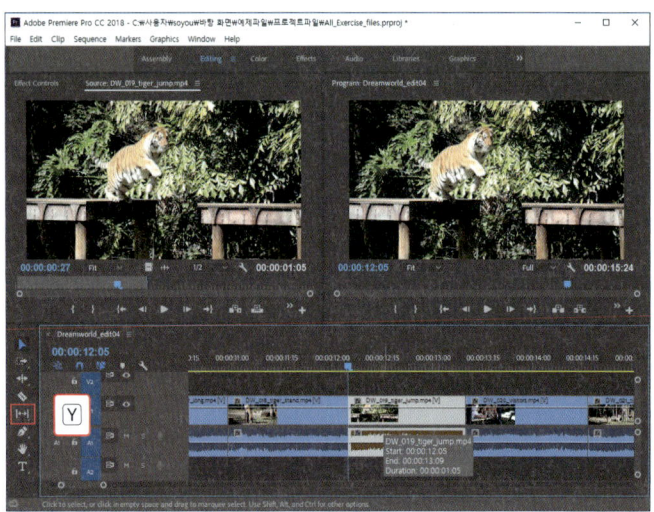

04 Timeline 패널로 돌아와 마우스 포인터를 클립 위에 놓고 클릭, 왼쪽으로 드래그해 봅니다. Program Monitor 패널의 화면이 트림 모니터로 바뀝니다.

트림 모니터는 두 개의 화면으로 이루어져 있는데, 왼쪽은 클립의 첫 장면을 보여주고 오른쪽 클립의 마지막 장면을 보여줍니다.

05 트리밍 모니터의 왼쪽 화면과 Source Monitor 패널의 화면이 맞는 구간에서 클릭한 마우스 포인터를 놓습니다. 트리밍 모니터의 타임코드를 소스 모니터의 타임코드(00;00;00;27)와 맞추면 더욱 정교한 트리밍이 가능합니다.

클립 위에 다시 마우스를 올려 지속 시간을 확인합니다. Program Monitor 패널을 다시 확인해 보면 클립이 시작되는 구간과 끝나는 구간의 타임코드가 처음과 같다는 것을 확인할 수 있습니다.

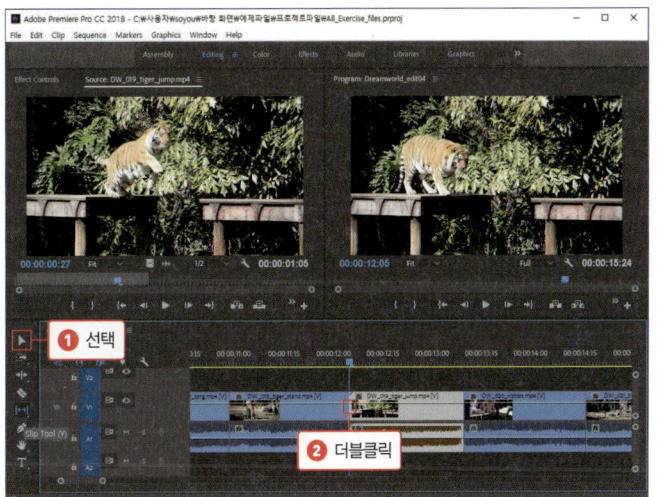

5 Sliding Edits 사용하기

도구로 클립과 클립 사이에 위치한 클립을 움직이면, 이 클립의 지속 시간은 변하지 않고 앞뒤에 위치한 클립을 동시에 트리밍하는 효과를 얻을 수 있습니다.

01 시퀀스 폴더에서 'Dreamworld_edit05' 시퀀스를 사용합니다.
슬라이드 도구(　)를 선택하거나 U 키를 눌러 마우스 포인터를 바꿉니다.

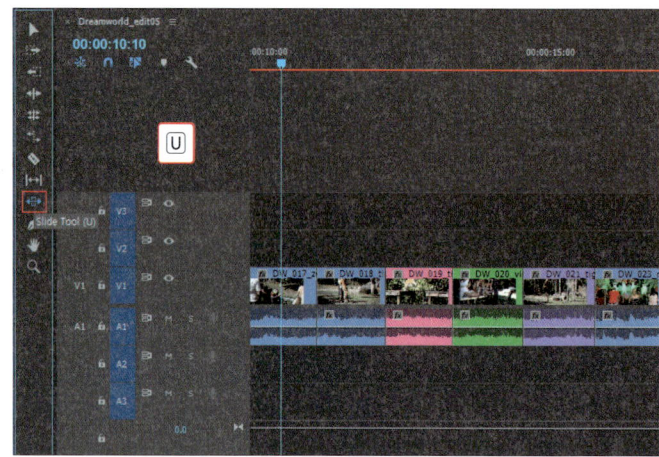

02 초록색 클립을 클릭, 드래그하여 왼쪽으로 움직입니다.

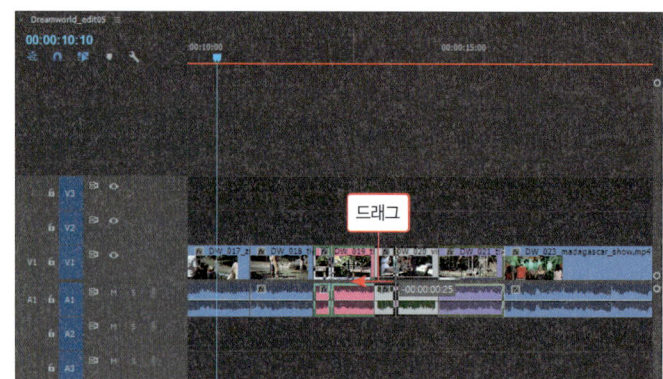

03 초록색 클립 앞뒤에 위치한 두 클립의 지속 시간이 함께 트리밍되는 것을 확인할 수 있습니다. 빨간색 클립은 상대적으로 짧아졌고, 보라색 클립은 상대적으로 길어졌습니다.

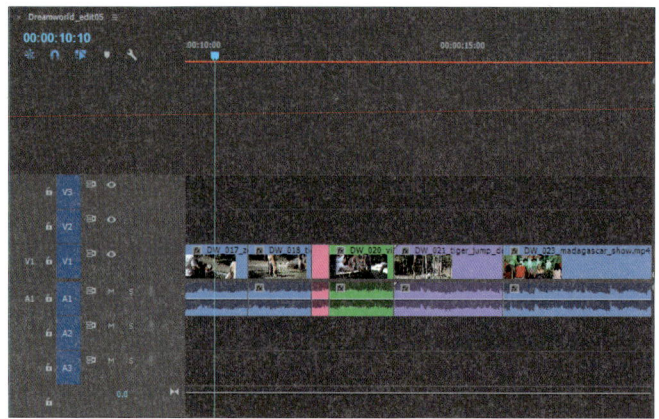

04 여러 개의 클립을 한 번에 슬라이드 편집하는 것도 가능합니다. Ctrl+Z 키를 누릅니다. 이번에는 빨간색 라벨과 초록색 클립 두 개를 Shift 키를 누르고 선택합니다. U 키를 눌러 마우스 포인터를 슬라이드 도구( )로 바꾸고, 두 클립을 클릭, 드래그하여 오른쪽으로 움직입니다.

두 클립의 앞뒤에 위치한 클립들의 지속 시간이 상대적으로 트리밍되는 것을 확인할 수 있습니다.

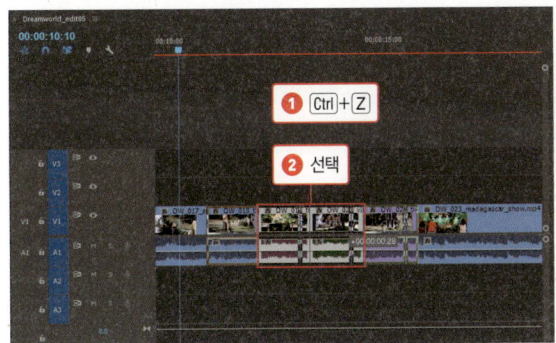
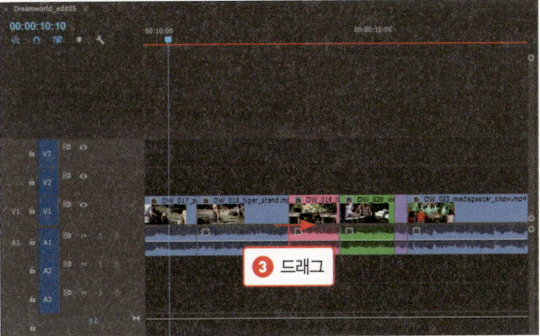

6 트림 모니터 이해하기

1 | 더블클릭으로 모니터 불러오기

01 시퀀스 폴더에서 'Dreamworld_edit05' 시퀀스를 사용합니다.

Timeline 패널에서 주황색 클립과 하늘색 클립 사이의 경계를 더블클릭합니다. 프로그램 모니터에 트림 모니터가 불러들여집니다.

02 Program Monitor 패널 위에 마우스를 좌우 화면에 올려보면 마우스 포인터가 Standard Trim으로 자동으로 바뀝니다. 왼쪽 화면을 마우스로 드래그하여 13프레임 줄입니다. 트림 모니터에서 숫자가 표기되는 부분을 보면서 트리밍합니다.

03 타임라인 상의 주황색 클립의 길이가 줄고, 트리밍된 만큼 빈 공간이 생긴 것을 확인할 수 있습니다.

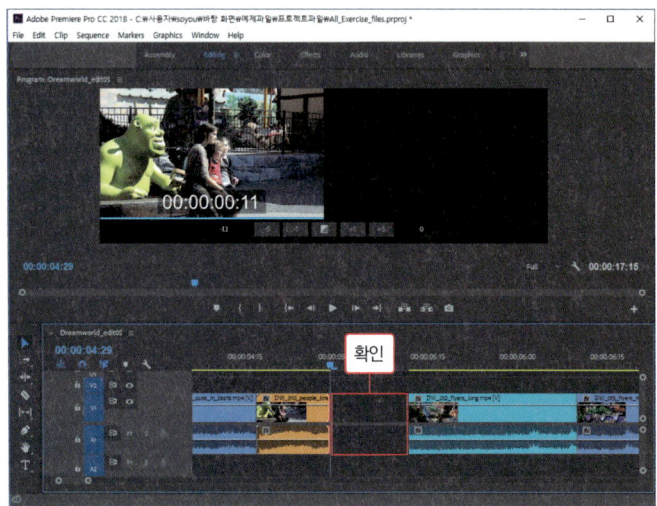

04 Ctrl+Z 키를 눌러 되돌립니다. Timeline 패널에서 클립 사이를 더블클릭합니다. Program Monitor 패널의 트리밍 모니터에서 클립과 클립 사이의 경계를 한번 클릭합니다.

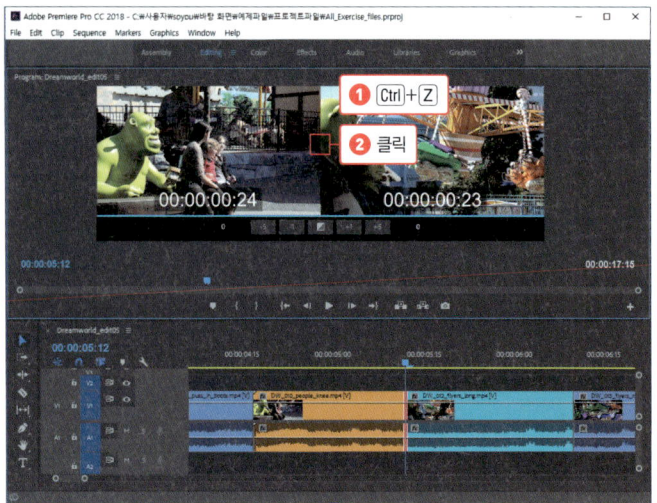

05 오른쪽 화면으로 마우스 포인터를 가져갑니다. 마우스 포인터가 리플 편집 도구로 바뀐 것을 확인할 수 있습니다.

06 오른쪽 화면을 오른쪽으로 드래그하여 17프레임 트리밍합니다.

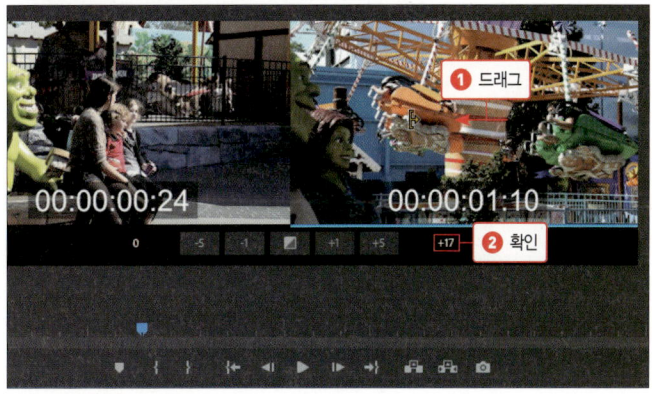

07 빈 공간 없이 트리밍된 것을 확인할 수 있습니다.

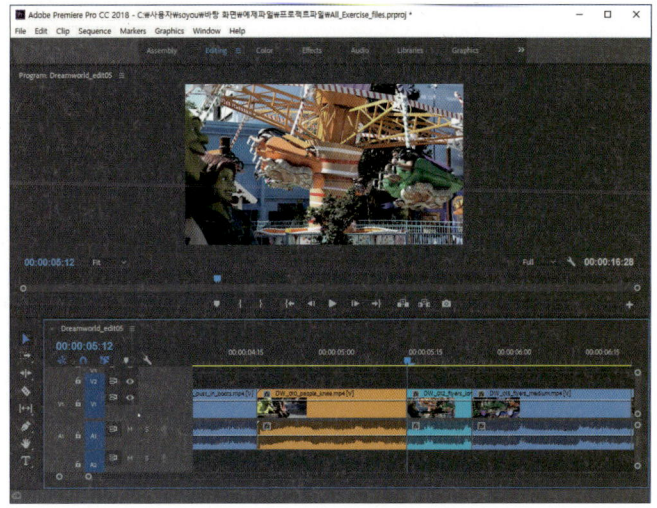

2 | 단축키로 트림 모니터 불러오기

Timeline 패널에서 회색의 빈 부분을 클릭하여 선택 해제한 상태에서 Shift+T 키를 누르면 플레이헤드와 가장 가까운 위치에 있는 클립 경계가 트림 모니터로 불러집니다.

01 시퀀스 폴더에서 'Dreamworld_edit05' 시퀀스를 사용합니다. 주황색 클립과 하늘색 클립 경계 근처에 플레이헤드를 위치시키고 Shift+T 키를 누릅니다.

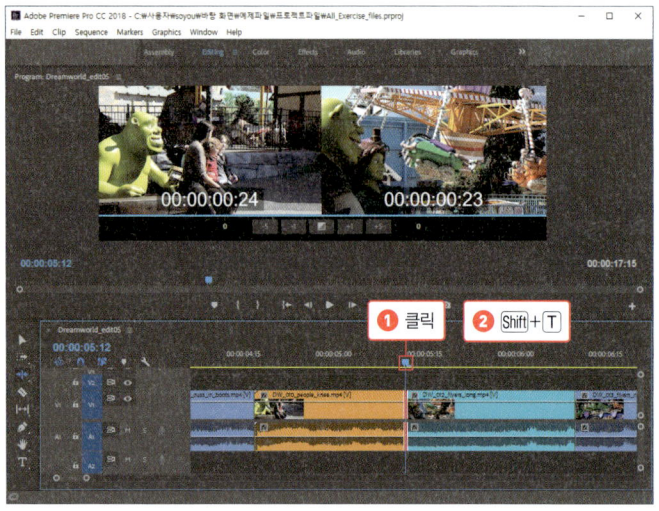

02 트림 모니터의 왼쪽 화면에 마우스 커서를 올려 봅니다. 마우스 포인터가 리플 편집 도구로 바뀌는 것을 확인할 수 있습니다.

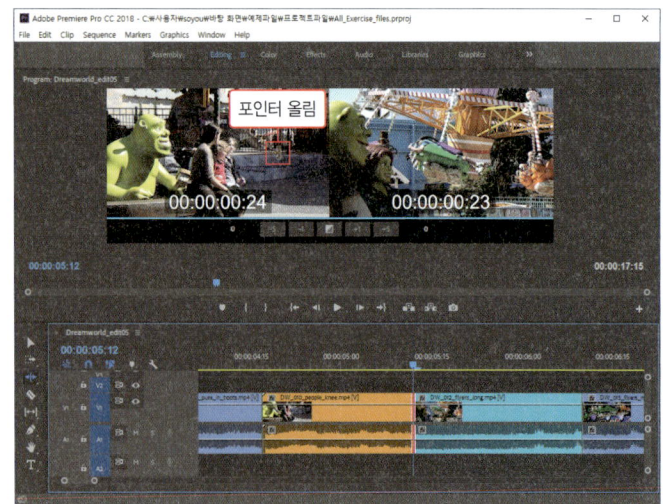

03 주황색 클립을 16프레임 트리밍합니다.

> **TIP**
> 하늘색 클립의 원본 시작점까지 트리밍되면 Trim media limit reached on Video 1이라고 프로그램 모니터에 표시됩니다. 트리밍을 해제하고 클립을 보면 주황색 클립 오른쪽 윗부분에 삼각형이 표시된 것을 확인할 수 있습니다.

04 Spacebar 키를 눌러 재생합니다. 트림 모니터를 재생하게 되면 트림 경계로부터 앞과 뒤로 몇 초간을 반복 재생하게 됩니다.

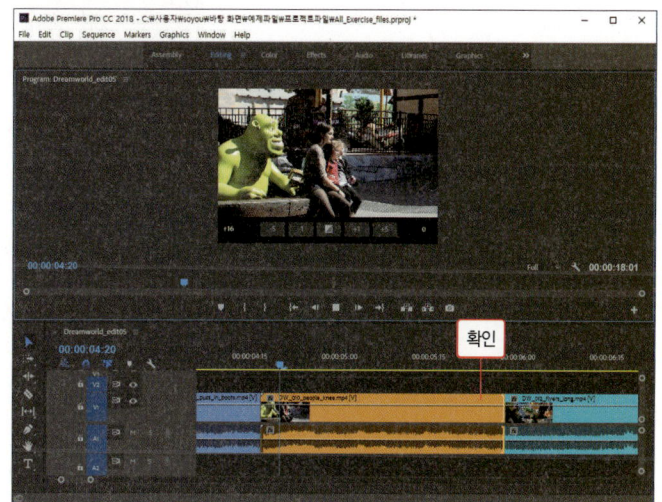

> **TIP**
>
> **트림 모니터 플레이백(Playback)**
>
> 트림 모니터를 재생할 때, Pre-roll과 Post-roll의 길이를 조절할 수 있습니다. [Edit] → Preferences → Playback(Mac : [Premiere Pro CC] → Preference → Playback)을 실행합니다. Preroll은 트림 경계로부터 몇 초 전부터, Postroll은 트림 경계로부터 몇 초 후까지 재생해 볼 것인지를 정하게 됩니다.

3 | 토글 버튼 사용하여 트림 모니터로 트리밍하기

01 시퀀스 폴더에서 'Dreamworld_edit06' 시퀀스를 사용합니다.
주황색 클립과 초록색 클립의 경계를 더블클릭하여 트림 모니터를 켭니다. 트림 모니터 중간을 마우스로 클릭하여 리플 편집이 가능하도록 합니다.
트림 모니터 아랫부분의 토글 버튼으로 프레임 단위로 트리밍합니다. 마우스를 토글 버튼에 가져가면 단축키 인디케이터가 나타나는데, 키보드 단축키로도 동일한 프레임 단위의 트리밍이 가능합니다.

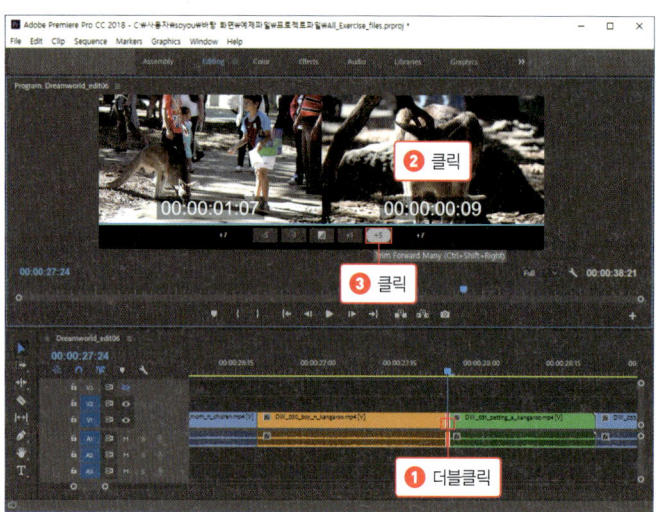

02 토글 버튼 중간에 있는 작은 사각형 버튼에 마우스 커서를 가져다대면 Apply Default Transitions to Selection이라는 설명 인디케이터가 나타나는데 이 버튼을 누르면 클립과 클립 사이에 기본 트랜지션 효과가 적용됩니다. 트랜지션 효과에 관해서는 이펙트와 관련한 챕터를 통해 더욱 깊이 있게 알아보겠습니다.

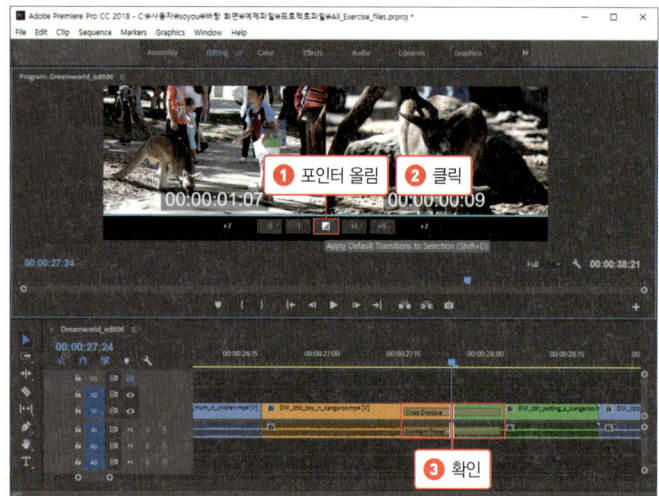

···· TIP ····

키보드 이용하여 정교하게 트리밍하기

앞서 슬립 도구에서 썼던 키보드 단축키는 트리밍 모니터에서 사용 가능합니다. 토글 버튼을 클릭하는 대신 키보드 단축키를 이용하여 정교하게 트리밍이 가능합니다.
- 1프레임씩 트리밍하기 : Ctrl + Alt + ←, →(Mac : Command + option + ←, →)
- 5프레임씩 트리밍하기 : Shift + Ctrl + ←, →(Mac : Shift + option + ←, →)

4 | 단축키와 병행하여 트림 모니터로 트리밍하기

재생과 멈춤, 뒤로 감기, 빨리 감기, 슬로우 모션 등의 재생에 대한 J, K, L 키는 트림 모니터에서도 사용할 수 있습니다. 재생하다가 멈추는 타이밍이 롤링 트리밍(Rolling Edit) 포인트가 됩니다.

01 시퀀스 폴더에서 'Dreamworld_edit06' 시퀀스를 사용합니다. 초록색 클립과 빨간색 클립의 사이의 경계를 더블클릭하여 트림 모니터(Shift+T)를 켭니다.

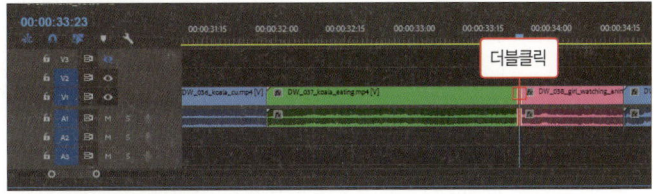

02 Program Monitor 패널 위를 한번 클릭합니다. J 키를 눌러 클립을 되감았다가 K 키를 눌러 멈춥니다. 트리밍 포인트가 앞당겨진 것을 확인할 수 있습니다.

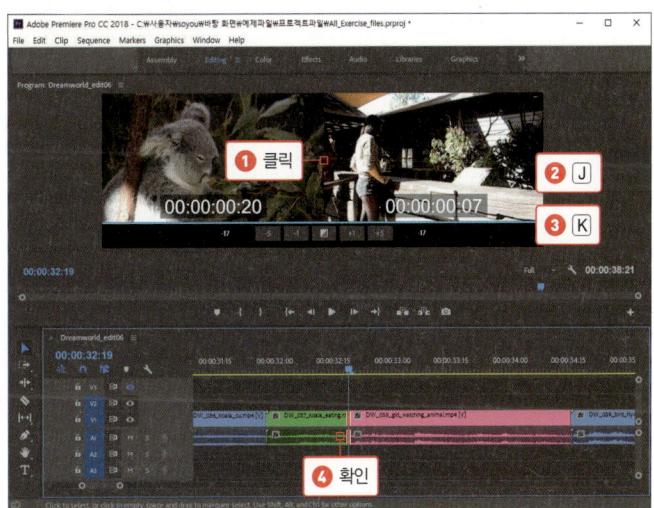

03 L 키를 눌러 클립을 앞으로 감았다가 K 키를 눌러 멈춥니다. 트리밍 포인트가 뒤로 물러난 것을 확인할 수 있습니다.

> **TIP**
> J 키와 K 키를 동시에 눌러 슬로우 모션으로 편집을 합니다. 두 키를 길게 누르고 있다가 떼는 것으로 기능을 사용할 수 있습니다. K 키와 L 키를 동시에 길게 눌러 슬로우 모션 편집을 합니다. K 키를 누른 상태에서 J 키나 L 키를 한 번씩 누르게 되면, 1프레임 단위로 뒤로 가거나 앞으로 트리밍 포인트를 옮길 수 있습니다.

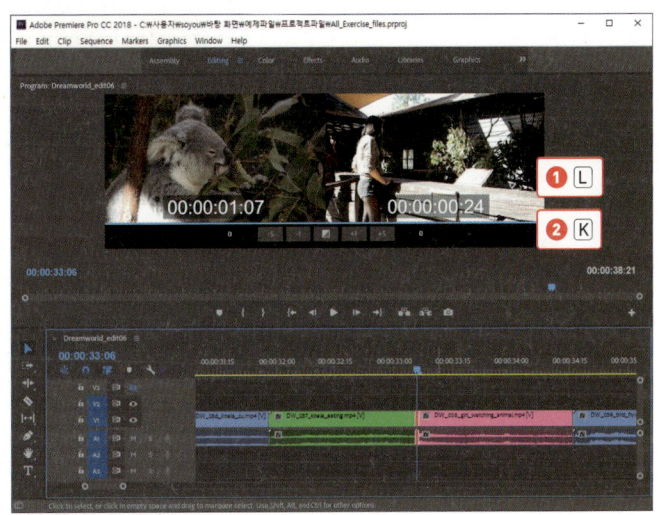

7 Extend Edit 사용하기

01 리플 편집 도구( )를 선택하거나 또는 B 키를 눌러 마우스 포인터를 트리밍 도구로 바꿉니다. 초록색 클립 끝을 마우스로 한번 클릭합니다. 클립 끝이 노란색으로 변한 것을 확인할 수 있습니다.

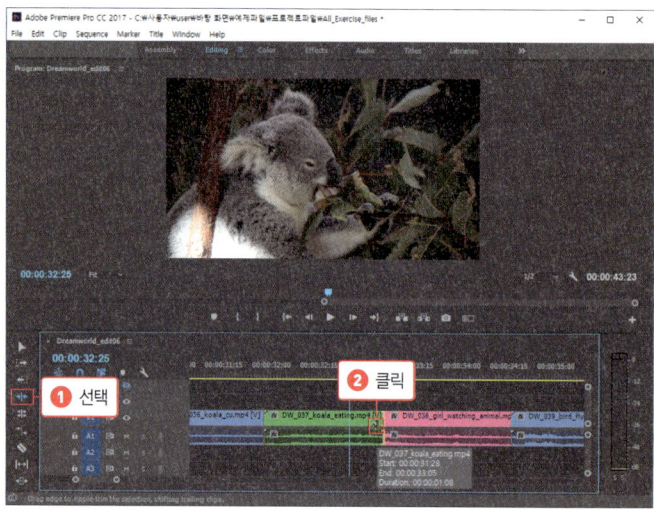

02 플레이헤드를 00;00;32;21에 위치시키고, E 키를 누릅니다.

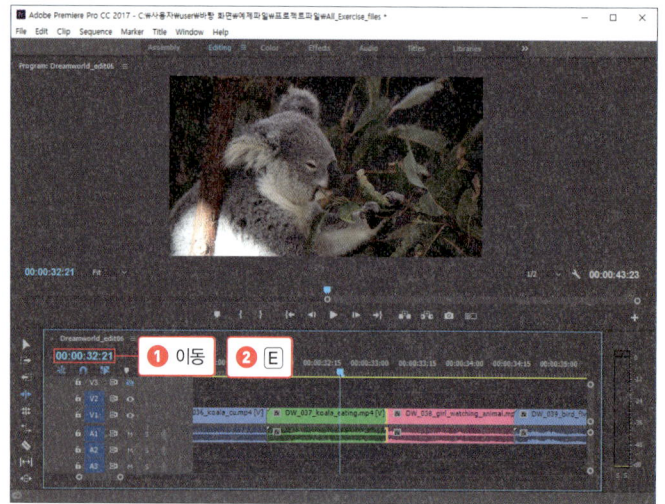

03 클립의 경계가 플레이헤드가 위치한 자리만큼 리플 트리밍된 것을 확인할 수 있습니다. 롤링 편집 도구로 같은 명령을 반복해 봅니다.

04 롤링 편집 도구(⊞)를 선택하거나 N 키를 눌러 마우스 포인터를 롤링 편집 도구로 바꿉니다. 초록색과 빨간색 클립 사이를 마우스로 클릭합니다.

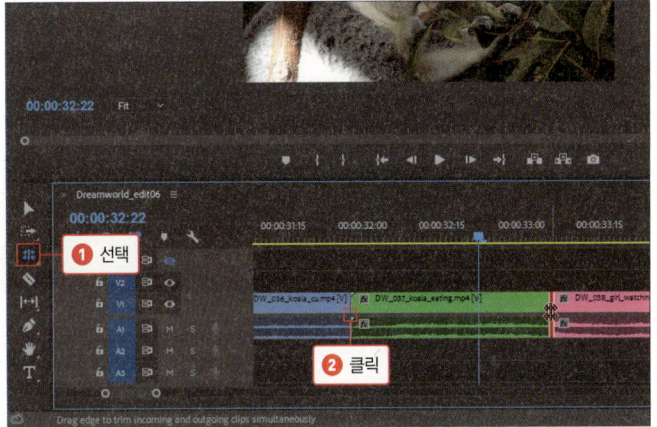

05 플레이헤드를 00;00;32;22에 위치시키고, E 키를 누릅니다. 클립의 경계가 플레이헤드가 위치한 자리만큼 트리밍된 것을 확인할 수 있습니다.

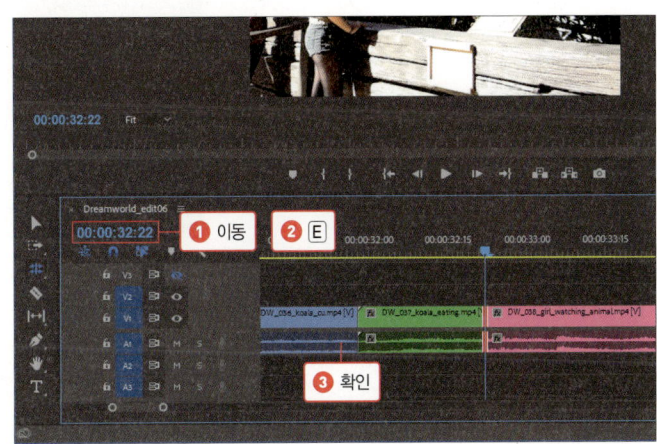

TIP

알아두면 유용한 트리밍 단축키와 사용자 설정(Preference) 옵션

1 트림에 관한 사용자 설정 옵션

① [Edit] → Preferences → Trim을 실행하여 트림에 관련한 사용자 설정 옵션 창을 켭니다.
② 'Allow Selection tool to choose Roll and Ripple trims without modifier key' 옵션이 기본적으로 비활성화되어 있는데, 이 옵션을 켭니다.
③ Timeline 패널 클립 끝이나 경계 위에 마우스 커서를 올려놓으면, Ctrl 키를 누르지 않아도 리플 편집 도구 또는 롤링 편집 도구로 자동으로 마우스 아이콘이 바뀝니다.
④ 만약 Standard Trim(기본 마우스 드래그로 하는 트리밍, 붉은색 리플 트림)을 하고 싶다면, Ctrl 키를 누르고 마우스 클릭, 드래그합니다.

2 다섯 가지 트림 옵션을 다루는 키보드 단축키(Shift+T(Mac : Ctrl+T))

① Timeline 패널에서 회색의 빈 부분을 클릭하여 선택 해제하고, 플레이헤드를 클립의 경계 근처에 둔 다음 Shift+T 키를 눌러 가까운 트리밍 경계 하나를 선택합니다.
② Shift+T 키를 반복해서 누르면 클립과 클립의 경계가 다섯 가지 트림 옵션(Rolling Edit, A-side Traditional Trim, B-side Tradition Trim, A-side Ripple Trim, B-side Ripple Trim)으로 바뀝니다.

8 장면 교체하기(Replace Edits)

1 | 인 포인트로 장면 교체하기

01 시퀀스 폴더에서 'Dreamworld_edit06' 시퀀스를 사용합니다. 보라색 클립 앞에 머리와 어깨 클로즈업(Head and Shoulder Close-up) 쇼트를 추가해 봅니다.

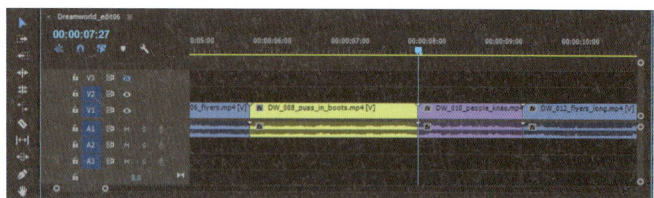

02 ⓒ 키를 누르거나 자르기 도구(🔪)를 선택하고, 보라색 클립 앞의 클립을 15프레임 정도 잘라냅니다.

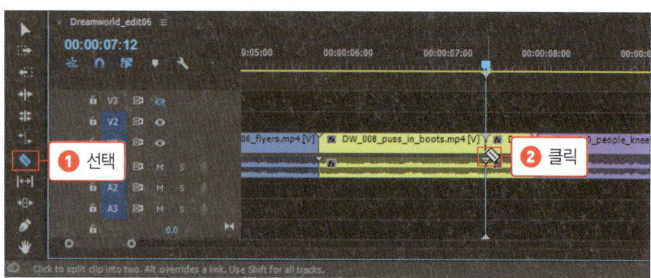

03 Project 패널에서 소스클립_Dreamworld 폴더에서 'DW_009_people_head_n_shoulder_CU.mp4' 클립을 찾아 더블클릭합니다.

> **TIP**
> 이 클립은 첫 프레임부터 사용할 것이기 때문에 인 포인트를 마킹하지 않아도 됩니다. 타임라인에 미리 잘라 놓은 구간 만큼 새 장면을 넣을 것이기 때문에 아웃 포인트도 마킹하지 않습니다.

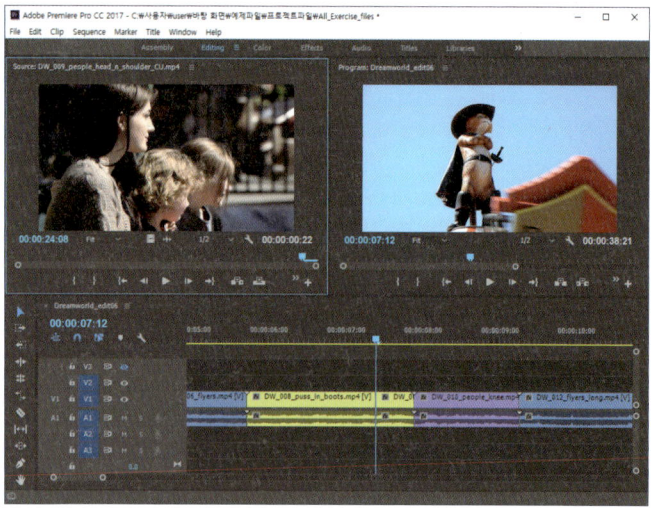

04 Source Monitor 패널을 드래그하여 타임라인으로 클립을 가져갑니다. 마우스를 클릭한 상태로 타임라인 위에 올려놓으면 반투명 상태로 클립의 길이가 보이는데, 교체 전 클립의 Duration보다 상당히 깁니다.

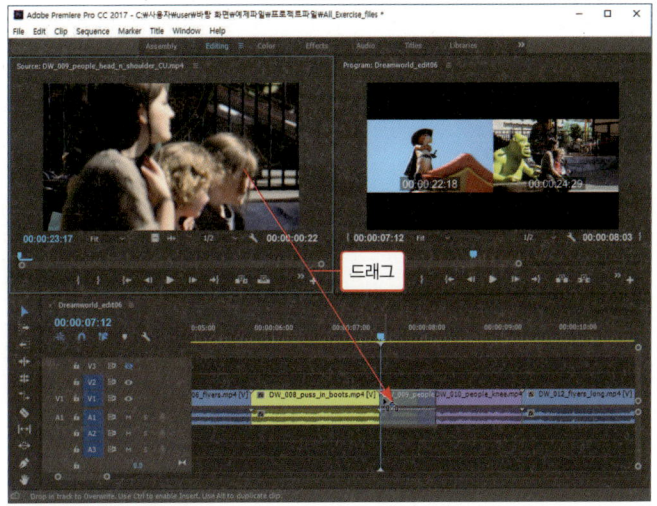

05 이 상태에서 Alt 키(Mac : option)를 누르면, 타임라인에 자른 구간만큼 소스 클립의 길이가 줄어듭니다. 다시 Alt 키를 누르지 않으면 클립 길이 그대로가 반투명 상태로 나타납니다.

Alt 키를 누른 채 교체하려는 지리 위에 놓습니다.

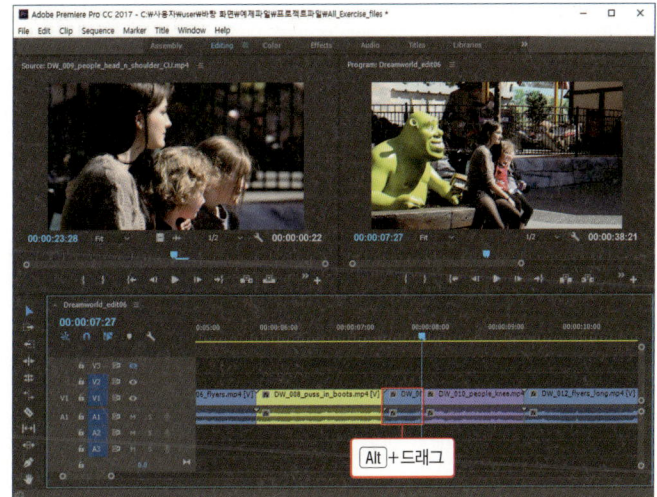

···· TIP ····

연결성 있는 장면 교체하기

같은 피사체를 다양한 쇼트(Full Shot, Medium Shot, Close-up Shot)와 앵글로 촬영하여 편집하면 영상이 더욱 풍성해집니다. 이때, 오디오 트랙을 유지한 채로 장면 교체를 하면 더욱 연결성 있는 편집할 수 있습니다. 이 경우, 타임라인 상에서 비디오만 선택해 잘라 교체 구간을 만들어 놓으면, Source Monitor 패널에서 소스 클립을 가져와 교체할 때도 비디오만 바꿀 수 있기 때문에 효율적인 작업을 할 수 있습니다.

2 | 소스 매칭(Match Frame)으로 장면 교체하기

인아웃 포인트를 마킹하지 않고, 타임라인의 플레이헤드 위치와 소스 모니터의 플레이헤드 위치를 매칭시켜 편집하는 기능입니다.

01   시퀀스 폴더에서 'Interview_Take3_cat' 시퀀스를 사용합니다. 타임 라인에 미리 마커로 표시해 놓은 곳에 플레이헤드를 위치시킵니다.

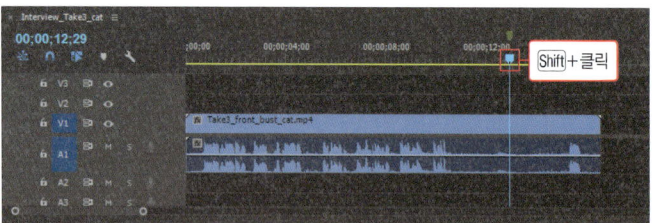

02   C 키를 눌러 마우스 포인터를 자르기 도구(✂)로 바꾸고, 비디오 트랙만 잘라내기 위해 Alt 키를 누르고 자릅니다.

03   소스클립_인터뷰 폴더에서 'Take3_FS_main_audio_cat.mp4' 클립을 찾아 더블클릭합니다.

타임라인에 미리 자른 구간의 첫 프레임을 프로그램 모니터로 확인하고, Source Monitor 패널로 불러들인 클립에서 이와 같은 동작을 하는 구간을 찾겠습니다. Source Monitor 패널에서 00;00;13;06 구간에 플레이헤드를 위치시킵니다.

04   타임라인에서 잘라낸 클립을 마우스 오른쪽 버튼으로 클릭하고 **Replace With Clip → From Source Monitor, Match Frame**을 실행합니다.

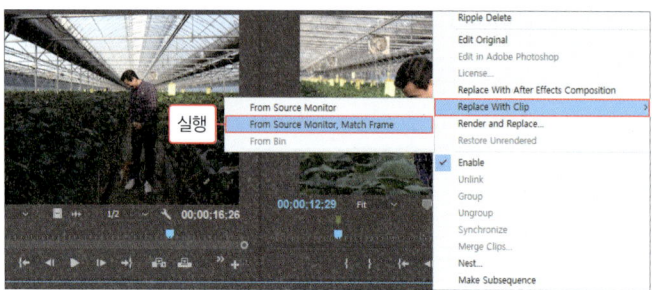

05 Timeline 패널에서 플레이헤드가 놓인 위치와 Source Monitor 패널에서 플레이헤드가 놓인 장면이 매치되고 잘라낸 구간 길이만큼 자동으로 편집됩니다.

9 Top and Tail Editing 사용하기

이 편집 기법은 트리밍이나 마킹 포인트 없이 편집하는 것이 특징입니다. 플레이헤드와 Q, W 키를 이용하여 머리와 꼬리를 잘라내듯 클립의 앞부분과 뒷부분을 트리밍합니다.

|예제 폴더| 모든예제파일\Chapter003_편집테크닉높이기\3.5

01 Project 패널의 시퀀스 폴더에서 'AQ_edit01' 시퀀스를 더블클릭하여 타임라인으로 표시합니다.
Project 패널에서 소스클립_아쿠아리움 폴더를 폴더째 선택하고, 드래그하여 타임라인 위에 올려놓습니다. 폴더 안에 소스 클립이 들어 있던 순서로 Timeline 패널 위에 정렬됩니다.

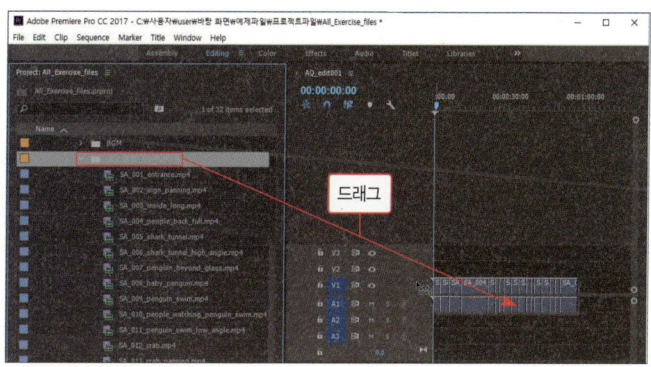

······ TIP ······

일련번호를 가진 소스 클립을 타임라인에 불러들일 때

Project 패널에서 폴더를 만들어 몽타주 편집에 사용할 모든 소스 클립들을 넣어 놓습니다. 소스 클립에 일련번호를 매겨 놓으면 타임라인으로 클립을 불러들였을 때 미리 정해 놓은 순서대로 정렬할 수 있기 때문에 더욱 유용합니다. Timeline 패널로 소스 클립을 불러들일 때, Project 패널에서 소스 클립을 선택한 순서대로 Timeline 패널에 정렬됩니다. 즉, Project 패널에서 폴더 안에 001부터 005까지 일련의 번호로 정리되어 있어도, 선택한 순서가 002-004-005-003-001이라면 Timeline 패널에도 이 순서로 클립이 불러들여집니다.

02 불러들인 클립들의 오디오 트랙을 Alt 키를 누르고 마우스로 드래그하여 선택한 다음 Delete 키를 눌러 지웁니다.

 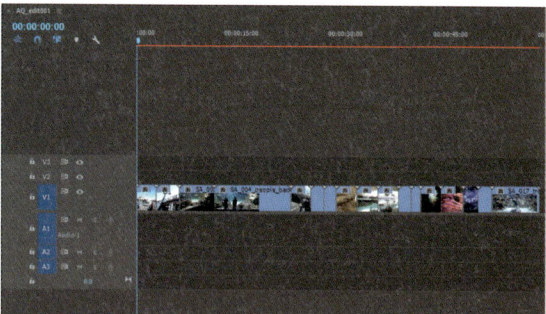

03 BGM 폴더에서 'Jahzzar_09_So_Easy.mp3' 파일을 타임라인의 오디오 트랙 A1로 드래그하여 올려놓습니다. 오디오 트랙 A1의 자물쇠 아이콘(Lock)을 눌러 편집에 영향을 받지 않도록 합니다.

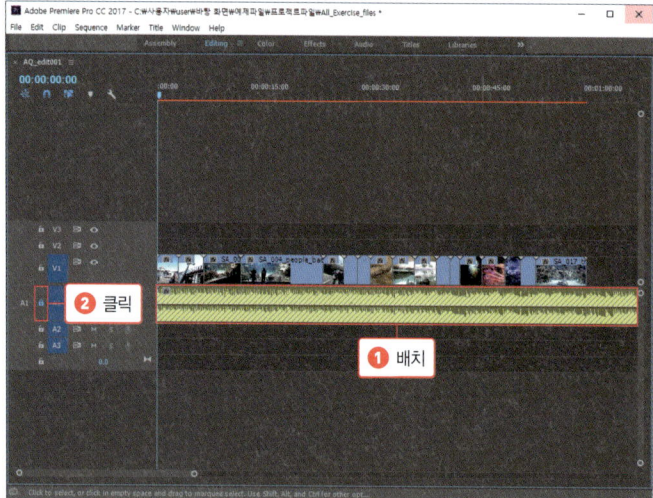

04 Timeline 패널에 올려진 첫 번째 소스 클립부터 편집을 시작합니다. 00;00;00;10에 플레이헤드를 위치시킵니다.

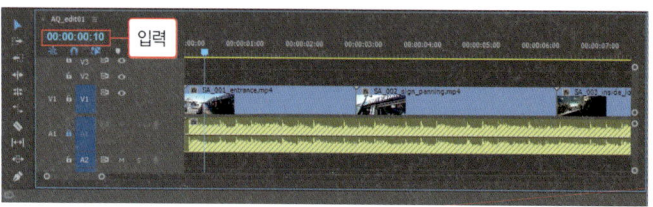

05 Q 키를 누릅니다. 클립의 시작 부분부터 00;00;00;10까지 앞부분이 한 번에 잘리는 것을 확인할 수 있습니다.

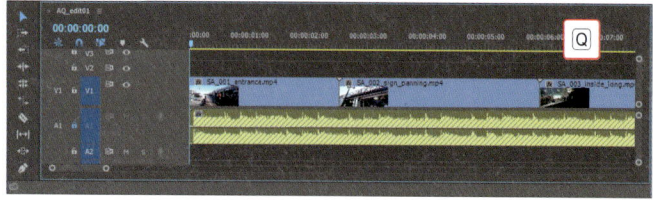

06 L 키를 눌러 재생하다가 00:00:01:20 에서 K 키를 눌러 재생을 멈추고, 플레이헤드를 위치시킵니다.

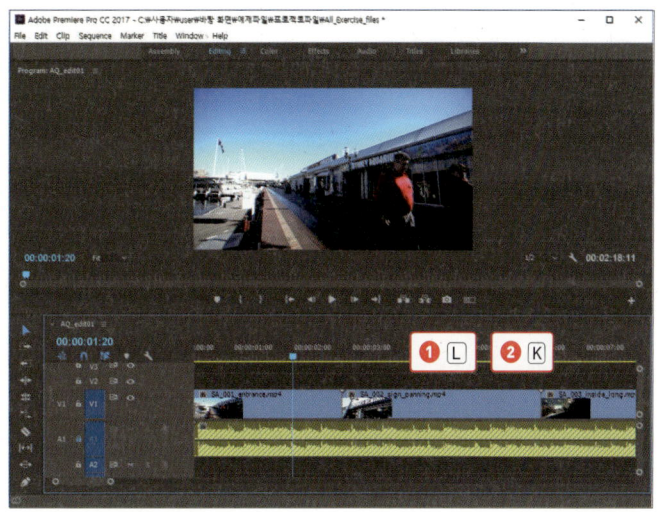

07 W 키를 눌러 플레이헤드 위치부터 클립 끝부분까지 클립 뒷부분을 잘라냅니다. 이렇게 두 번째, 세 번째 클립도 앞부분 자르고 뒷부분을 잘라내면 순차적으로 편집해 나갑니다. 슬립 도구(Y)로 클립을 구간을 재설정하거나, 롤링 편집 도구(N)로 클립과 클립의 경계를 음악의 박자에 맞춰 앞으로 당기거나 뒤로 밀어 편집을 다듬어 나가면 좋습니다. 완성된 시퀀스는 'AQ_edit01_Top&Tail_example'로 확인해 볼 수 있습니다.

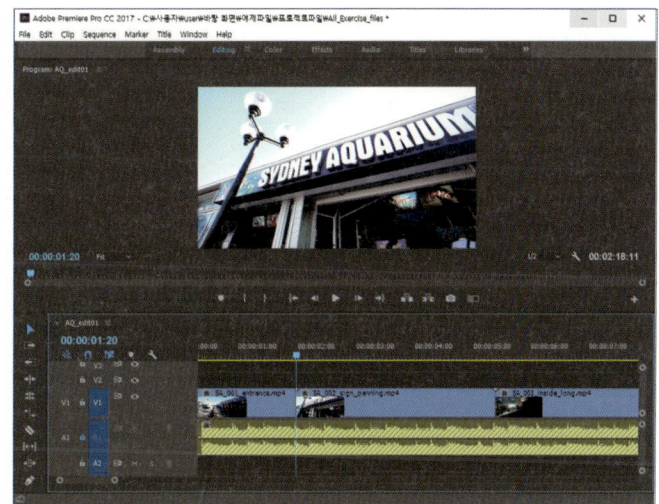

TIP

Top and Tail Editing에 유용한 키보드 단축키
- 빈 공간 남기고 앞부분 지우기(Top Lift) : Ctrl + Alt + Q (Mac : option + Q)
- 빈 공간 남기고 뒷부분 지우기(Tail Lift) : Ctrl + Alt + W (Mac : option + W)

CHAPTER 08
Premiere Pro CC

마커(Markers) 활용하여 편집하기

타임라인에서 마커를 활용하여 편집하는 방법을 알아봅니다. 마커는 편집 포인트를 알려 주는 지표로 사용되기도 합니다. 마치 시퀀스에 포스트잇을 붙여놓듯 메모하거나, 체크해야 할 사항들을 적어 넣어 팀 프로젝트에서 팀원 사이 의사소통에 도움을 주기도 합니다.

| 예제 폴더 | 모든예제파일\Chapter003_편집테크닉높이기\3.5

1 마커로 몽타주(Montage) 편집하기

몽타주 편집이란 조각난 쇼트(Shots)를 조합하여 새로운 장면이나 내용을 구성하는 방식을 말합니다. 이 튜토리얼에서는 오디오에 맞춰 비디오 조각들을 몽타주 편집하여 구성합니다. 음악의 박자에 맞춰 마커를 찍고 마커 포인트를 근거로 자동으로 클립을 정렬하고 편집하는 시퀀스 명령을 알아봅니다.

01   Project 패널의 시퀀스 폴더에서 'AQ_edit02' 시퀀스를 사용합니다. Timeline 패널에 어떤 것도 선택되지 않은 상태에서, 00;00;00;00에 M 키를 눌러 첫 번째 마커를 찍습니다. Spacebar 키를 눌러 오디오 클립을 재생합니다. 오디오 클립이 재생되는 동안 M 키를 눌러도 재생이 멈추지 않기 때문에, 음악의 박자에 맞춰 마커를 찍습니다.

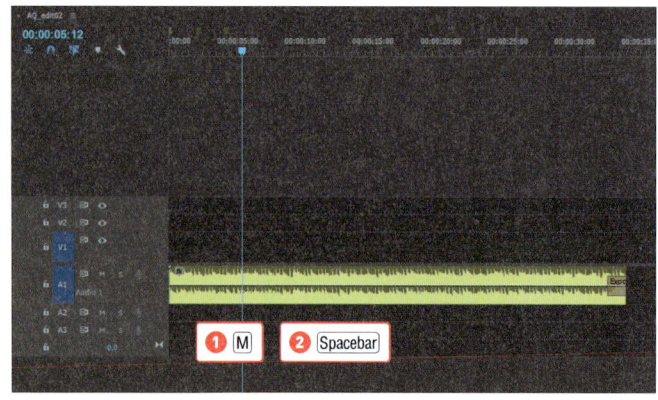

02   마커를 다 찍고 플레이헤드를 다시 타임라인의 시작점에 위치시킵니다.

03 소스클립_아쿠아리움 폴더를 열고, 첫 번째 클립을 먼저 선택한 다음 Shift 키를 누르고 마지막 클립을 선택합니다. 또는 Ctrl 키(Mac : Command)를 누르고 선택하여 번호나 파일명에 상관없이 선택한 순서대로 시퀀스를 정렬할 수 있습니다.

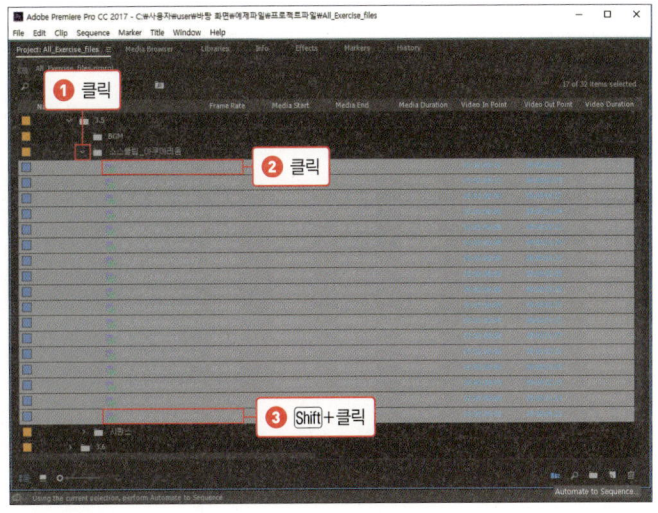

04 클립이 선택된 채로 선택하고 Project 패널 아랫부분의 'Automate To Sequence' 아이콘(■)을 클릭합니다. 대화상자에서 Ordering(정렬 순서)를 지정합니다. 'Sort Order(폴더 정렬 순서)'를 따를 것인지, 'Selection Order(선택 정렬 순서)'를 따를 것인지 선택합니다. 여기서는 'Sort Order'로 지정합니다.

05 다음으로 Placement(배치)를 'At Unnumbered Markers'로 지정하여 마커 위치를 근거로 편집하는 것을 선택합니다. 'Sequentially'를 선택하면 모든 마커들은 무시될 것입니다.

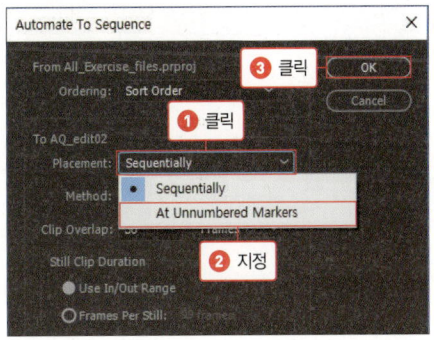

06 Method(배치 방식)를 'Overwrite Edit(덮어쓰기)'으로 지정합니다.

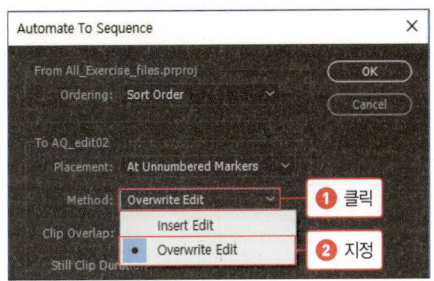

Chapter8 마커(Markers) 활용하여 편집하기 **169**

07 Still Clip Duration은 스틸 이미지를 사용했을 때 해당하는 옵션이므로 건너뜁니다. Ignore Options에서 'Ignore Audio'를 선택해 시퀀싱하려는 클립들의 오디오는 무시하도록 합니다.
⟨OK⟩ 버튼을 클릭하여 시퀀싱합니다.

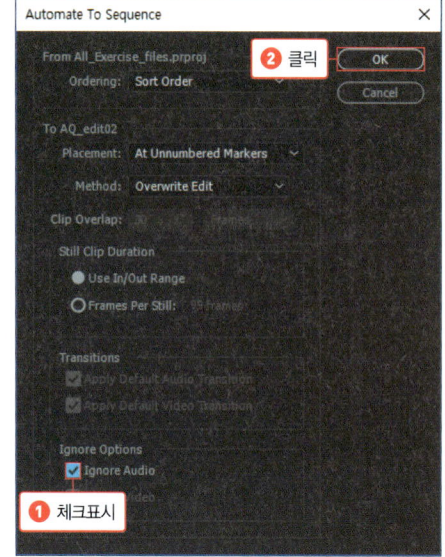

08 소스 클립의 원본 길이가 짧은 것은 마커 사이 구간이 띄어진 것을 확인할 수 있습니다. 띄어진 부분들은 마우스 오른쪽 버튼으로 클릭하고 **Ripple Delete**를 실행하여 빈 칸을 메우고 타임라인 전체를 재생해 봅니다. 슬립 도구(⬚, Y)로 클립을 구간을 재설정하거나, 롤링 편집 도구(⬚, N)으로 클립과 클립의 경계를 음악의 박자에 맞춰 앞으로 당기거나 뒤로 밀어 편집을 다듬어 나가면 좋습니다. 완성된 시퀀스는 'AQ_edit02_Montage_example'로 확인할 수 있습니다.

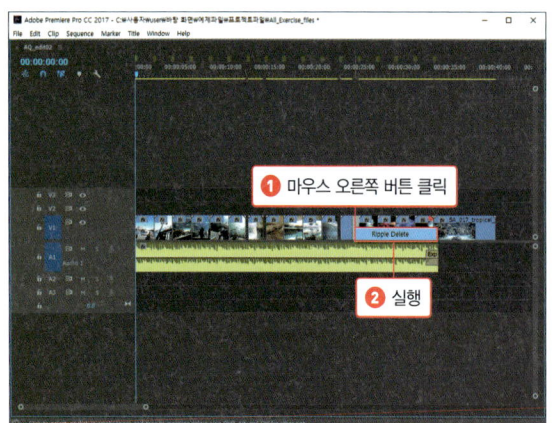 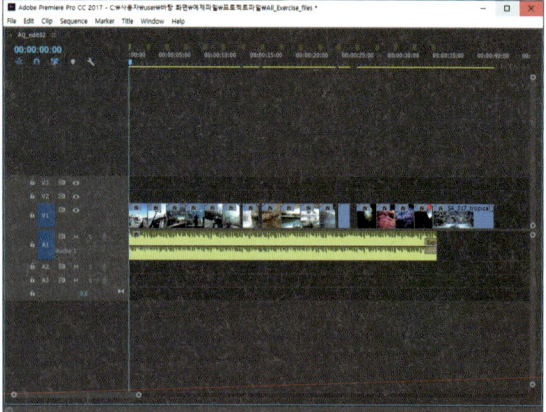

TIP

마커를 몽타주 편집을 위한 사전 작업

음악의 박자에 맞춰 마커를 찍다 보면 클립과 클립 사이의 지속 시간이 얼마나 되는지 짐작할 수 있습니다. 각 클립의 Duration이 길지 않으므로 필요한 구간을 미리 편집해 놓는 것이 효율적입니다. 클립들의 인 포인트를 Source Monitor 패널을 통해 미리 잡아 두면 정렬, 배치 후에 편집을 다듬는 과정을 줄일 수 있습니다.

2 마커로 시퀀스 정리하기 - 시퀀스 마커와 소스 클립 마커

Timeline 패널에서 M 키를 누르면 마커가 만들어집니다. 시퀀스에서 아무 것도 선택하지 않은 상태에서 키보드 단축키를 사용하면 시퀀스 Timeline 패널 윗부분에 마커가 생기는데 이를 시퀀스 마커라고 부릅니다. 만약 특정 클립을 선택하고 키보드 단축키를 사용하면 클립 내부에 마커가 만들어지는데 클립의 특정 프레임에 마킹하고 싶을 때 주로 사용합니다. 이렇게 만들어진 마커는 지우지 않는 이상, 소스 클립을 다른 시퀀스에 사용하는 대로 계속해서 보입니다.

01 Project 패널의 시퀀스 폴더에서 'AQ_edit03' 시퀀스를 사용합니다. Timeline 패널의 빈 공간을 한번 클릭하여 어떤 것도 선택하지 않도록 합니다. 이 상태에서 M 키를 눌러 시퀀스 마커를 만듭니다.

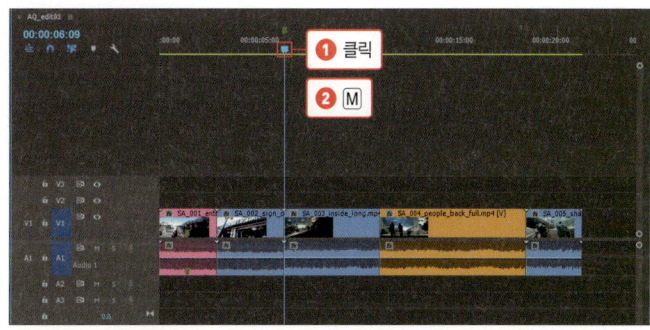

02 빨간색 클립을 선택하고 그 위에 플레이헤드를 위치시킵니다. F 키를 눌러 매치 프레임(Match Frame)을 실행합니다.

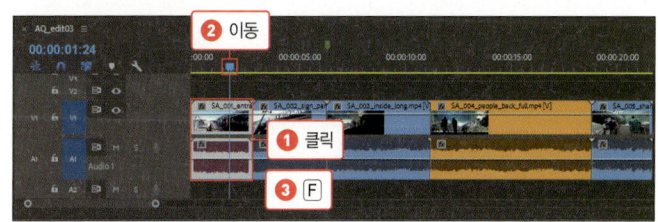

03 Timeline 패널에 빨간색 클립이 선택된 상태에서 플레이헤드를 00;00;01;11에 위치시키고 M 키를 눌러 소스 클립 마커를 만듭니다. Timeline 패널에서 클립 내부에 마커가 만들어진 것과 동시에 Source Monitor의 타임라인에도 마커가 표시됩니다.

04 소스 클립 마커가 만들어진 빨간색 클립을 선택하고 타임라인에서 클립 위치를 바꿔 봅니다. 소스 클립 마커가 빨간색 클립에 표시된 채로 함께 움직이는 것을 확인할 수 있습니다. 클립을 제자리에 옮겨 놓습니다.

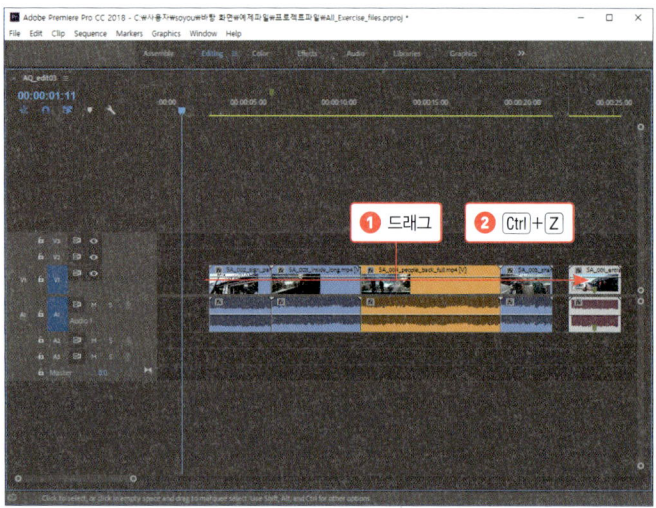

05 플레이헤드를 00;00;14;24로 이동시키고 M 키를 눌러 시퀀스 마커를 하나 더 만듭니다. 시퀀스 마커를 생성하려면 타임라인의 어떠한 클립도 선택되지 않아야 합니다.

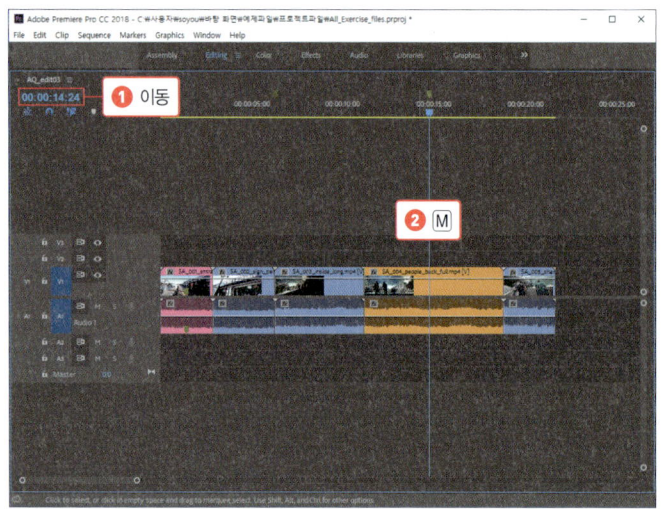

06 시퀀스의 일부분에 인아웃 포인트를 마킹하고 마킹한 부분을 ' 키(Extract)를 눌러 지웁니다. 표시한 시퀀스 마커가 제자리에 머물러 있는 것을 확인할 수 있습니다.

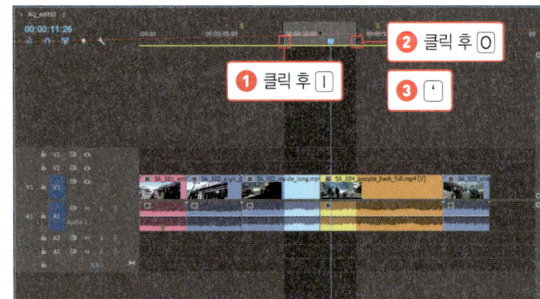 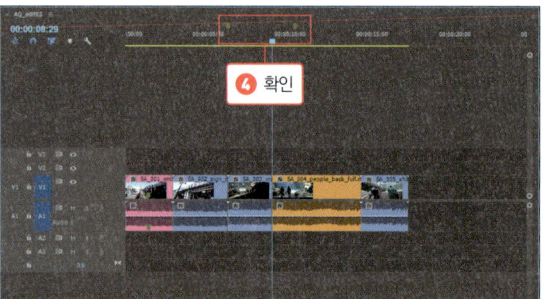

07 Ctrl+Z 키를 눌러 되돌립니다. [Makers] → Ripple sequence makers 에 체크 표시합니다. (다시 한 번 누르면 체크 해제됩니다.)

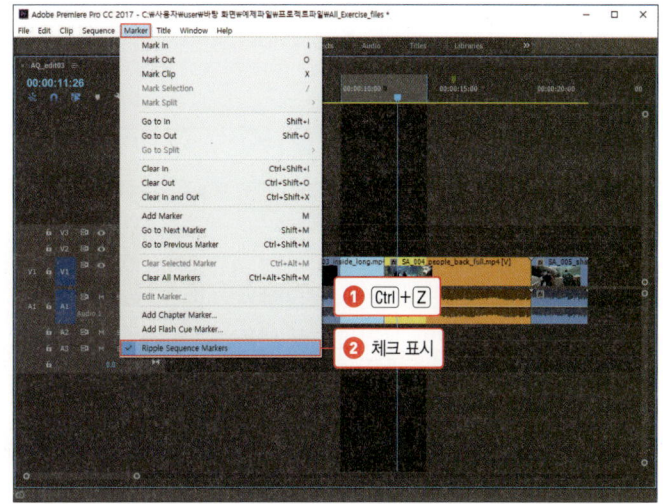

08 액션을 다시 한 번 수행합니다. 클립들이 지워지면서 시퀀스 마커가 함께 당겨지는 것을 확인할 수 있습니다.

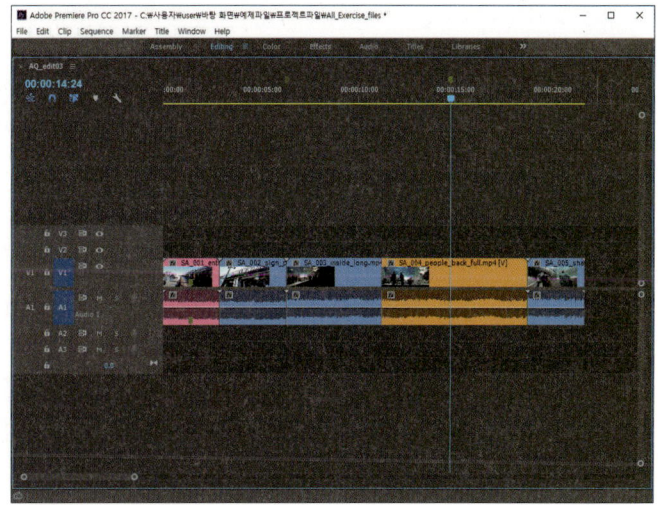

3 마커(Markers)로 메모하기

1 | 소스 클립 마커에 메모하기

01 Project 패널의 시퀀스 폴더에서 'AQ_edit04' 시퀀스를 사용합니다. 두 번째 클립을 선택하고 00:00:06:09에 플레이헤드를 위치시킨 다음 M 키를 눌러 마커를 만듭니다. 클립 내부에 마커가 만들어진 것을 확인할 수 있습니다. M 키를 한 번 더 눌러 방금 만든 마커의 여러 옵션을 수정할 수 있는 대화상자를 표시합니다.

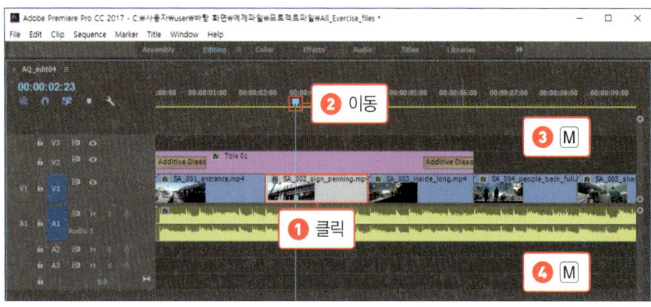

02 Name에 '스펠링 체크/카메라 앵글 변경'이라고 적고, Comments에 '지명이 맞는지?/양각에서 정각으로?'라고 메모합니다. 마커의 색상도 변경 가능합니다. 민트색 마커를 선택하고 〈OK〉 버튼을 클릭합니다.

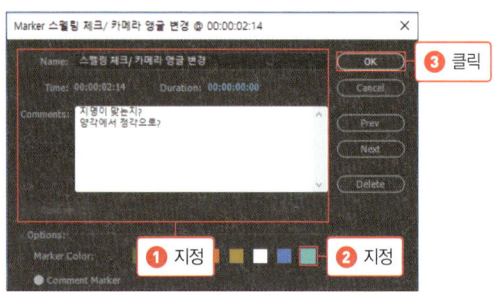

03 마우스 커서를 클립 마커 위에 올려놓으면 타임코드와 함께 마커에 메모된 내용이 보입니다.

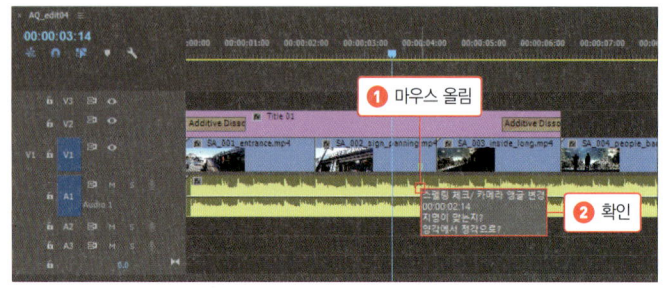

04 소스 클립 마커의 위치를 변경하려면 타임라인 상에서 마커를 더블클릭하거나, F 키를 눌러 매치 프레임 명령을 실행해 Source Monitor 패널로 클립을 불러들여 마커를 이동시킬 수 있습니다.

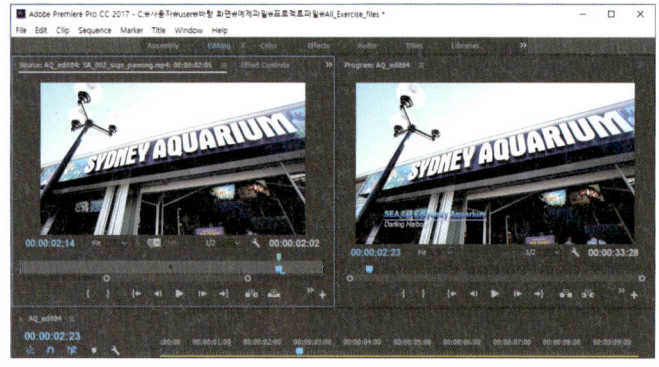

2 | 시퀀스 마커에 메모하기

01 시퀀스 폴더에서 'AQ_edit04' 시퀀스를 사용합니다. 주황색 클립 가운데 플레이헤드를 위치시키고 마커를 만듭니다. 시퀀스 상에 아무것도 선택하지 않은 채 M 키를 누르면 시퀀스 마커가 만들어집니다.

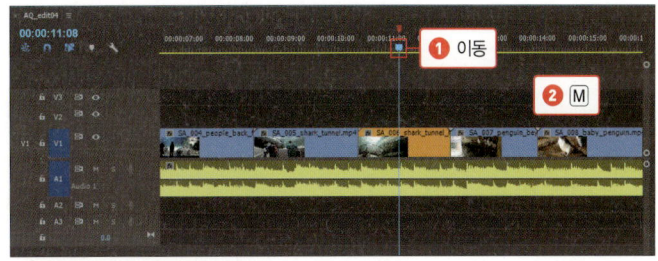

02 플레이헤드를 마커 위에 위치시킨 상태로 M 키를 한 번 더 누르거나, Timeline 패널에서 마커를 더블클릭하여 마커 옵션 대화상자를 표시합니다. Name을 '쇼트 삭제 고려', Comments를 '대체할 쇼트가 있는지 체크'라고 메모합니다.
마커의 색상을 파란색으로 변경하고 〈OK〉 버튼을 클릭합니다.

···· TIP ····························
마킹은 특정 프레임 위치에 할 수도 있지만 일정의 구간에 마킹할 수도 있습니다. 팝업 창의 Duration 부분에 마킹 구간을 적어 넣을 수도 있고, 마우스로 마커를 클릭, 드래그하여 시간을 늘릴 수 있습니다. 구간 마킹은 타임라인에서도 얼마든지 조정 가능하기 때문에 정확하게 입력하지 않아도 됩니다.
·······································

03 시퀀스 마커는 마우스로 클릭, 드래그하여 구간 길이와 위치 조정이 가능합니다.

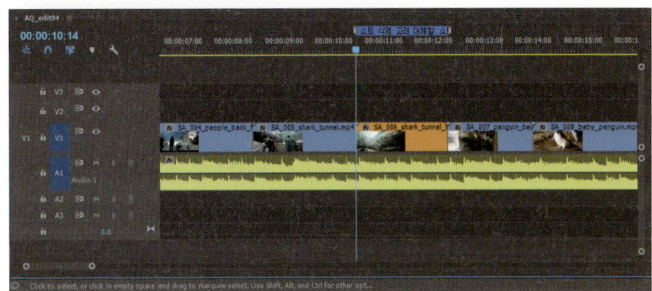

3 | 알아두면 유용한 마커 옵션

① **소스 클립 마커 보기와 숨기기** : Timeline 패널의 'Settings' 아이콘(🔧)을 선택하고 Show Clip Markers 옵션을 체크하거나 체크 해제하여 소스 클립 마커를 보거나 숨길 수 있습니다.

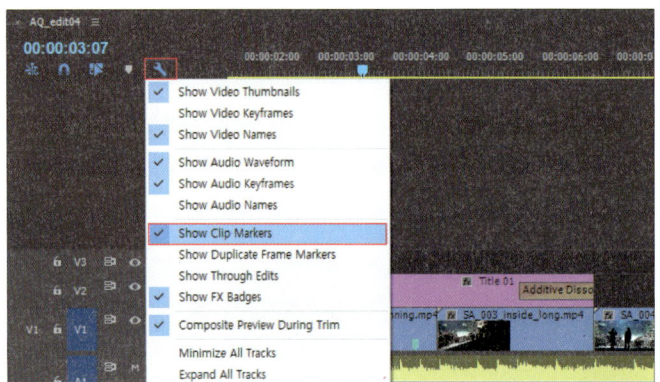

② **마커 사이 이동** : [Markers] → Go to Next Marker를 실행하거나 Shift+M 키를 누르면 플레이헤드가 있는 위치에서 다음의 마커 위치로 플레이헤드가 이동합니다. 마찬가지로 [Marker] → Go to Previous Marker를 실행거나 Shift+Ctrl+M 키(Mac : Shift+Command+M)을 누르면 플레이헤드가 있는 위치에서 이전의 마커 위치로 플레이헤드가 이동합니다.

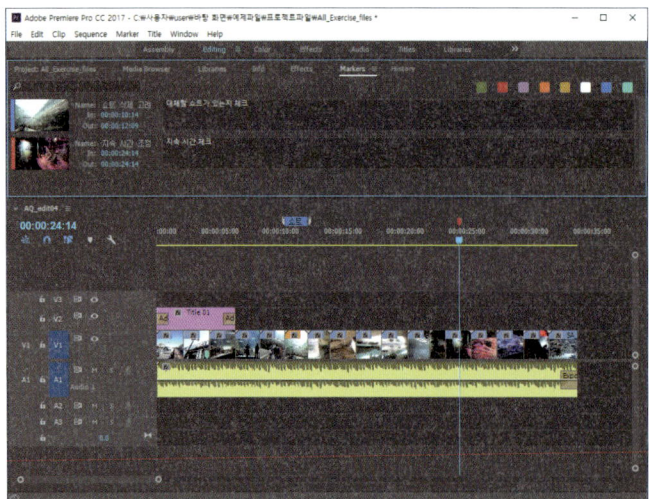

③ **마커 내용 한번에 보기** : Markers 패널에서 시퀀스 상에 표기된 모든 마커를 한번에 볼 수 있습니다. 찾을 수 없다면 [Window] → Markers를 실행해 활성화합니다. Markers 패널을 불러들린 후 Timeline 패널을 한번 클릭해 시퀀스를 활성화해야 마커 창에 시퀀스 마커 정보가 보입니다. Markers 패널에서 마커 인포를 클릭하면 해당 마커로 플레이헤드가 자동 이동됩니다. 만약, 소스 클립 마커를 Markers 패널에서 보고 싶다면 해당 클립을 클릭합니다.

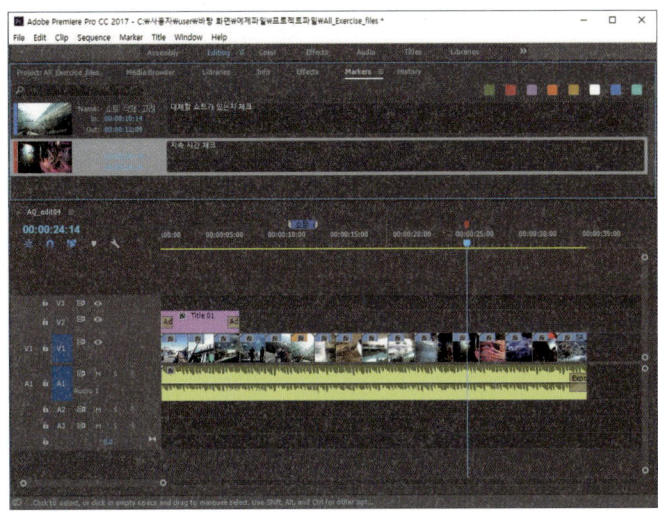

소스 클립 마커 내용을 보려면 [Markers] 탭 오른쪽 드롭다운 메뉴를 누르고 Show all clip markers in sequence를 실행합니다.

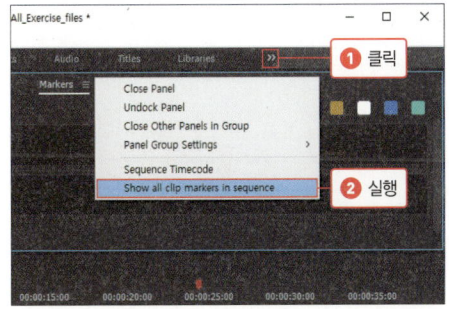

④ **마커의 컬러 태그 이용하기** : 마커의 색은 태그와 같은 역할을 하여, 색에 따라 마커 정보를 구분하여 볼 수 있습니다. 마커 성격에 따라 색을 배정해 놓는다면 시퀀스를 정리하는 데 훨씬 유용합니다.

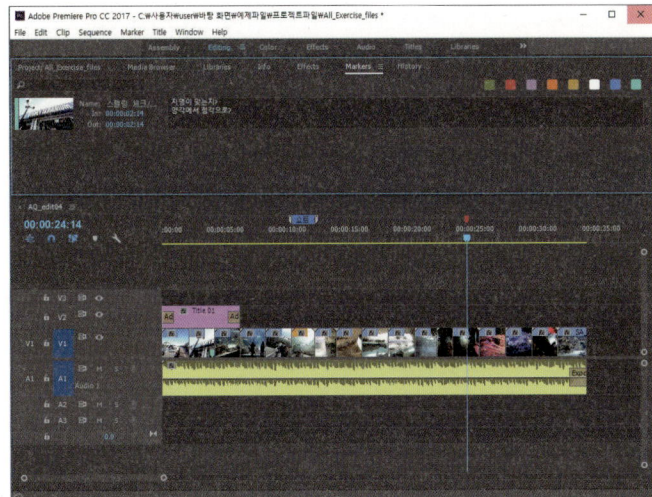

CHAPTER 09
Premiere Pro CC

타임라인 트랙 이해하기

타임라인의 비디오, 오디오 트랙을 활용하는 방법을 알아봅니다.

1 비디오 트랙 사용하기

V1, V2, V3 등 비디오 트랙이 쌓여 있을 때, 아랫부분 레이어 트랙을 보려면 상위 레이어 트랙의 눈 모양 아이콘을 클릭하여 숨길 수 있습니다. 이 토글 버튼을 이용하여 레이어를 숨기거나 보이게 할 수 있습니다.

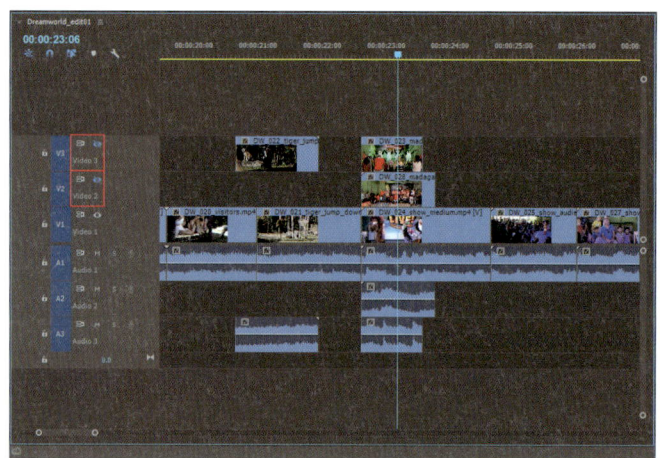

2 오디오 트랙 사용하기

오디오 트랙이 쌓여 있을 때 특정 레이어의 오디오만 듣고 싶다면 'M(Mute)' 아이콘 또는 'S(Solo)' 아이콘을 클릭합니다.
예를 들어, A1 트랙을 뮤트시키면 A1을 제외한 모든 오디오 트랙이 재생됩니다. 만약, A1 트랙을 솔로시키면 A1만 재생됩니다.

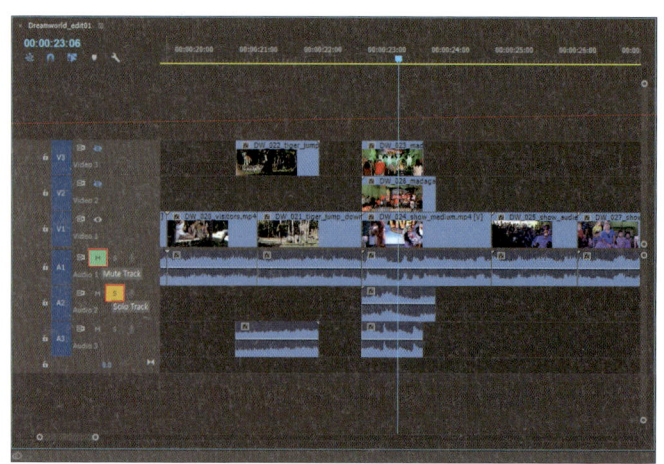

|폴더| 모든예제파일\Chapter003_편집테크닉높이기\3.4

3 특정 클립 보이지 않게 하기

01 시퀀스 폴더에서 'Dreamworld_edit_01' 시퀀스를 사용합니다.
숨기고 싶은 클립을 Shift 키를 누르고 마우스로 클릭하여 개별 선택하거나, 마우스로 드래그하여 여러 개를 선택합니다. 마우스 오른쪽 버튼을 클릭하고 **Enable**에 체크 표시를 해제합니다. 만약 다시 보이게 하고 싶다면, 마우스로 선택하고 다시 **Enable** 옵션에 체크 표시합니다.

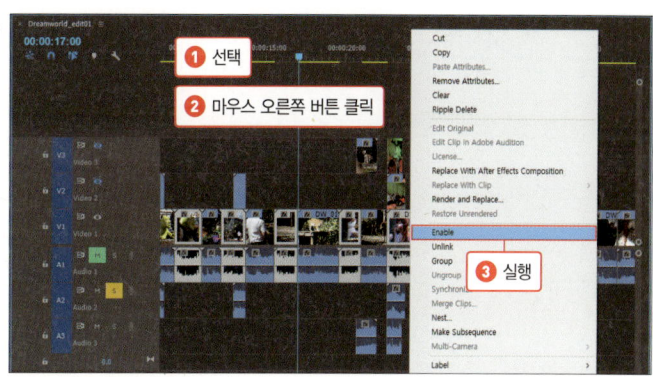

4 트랙 잠그기(Locking)

편집을 하면서 클립을 이동하거나 이펙트를 적용할 때, 영향을 주고 싶지 않은 트랙은 Timeline 패널 왼쪽 끝의 자물쇠 아이콘을 클릭하여 잠궈 놓을 수 있습니다. 트랙을 잠궈 놓으면 빗금 선영이 트랙 위에 표시되며, 자물쇠 아이콘을 다시 한 번 클릭하면 잠근 것을 풀 수 있습니다.

01 오디오 트랙을 모두 잠그고, 비디오 트랙의 일부분을 A 키를 눌러 트랙 선택 도구( )를 선택한 다음 오른쪽으로 이동합니다.

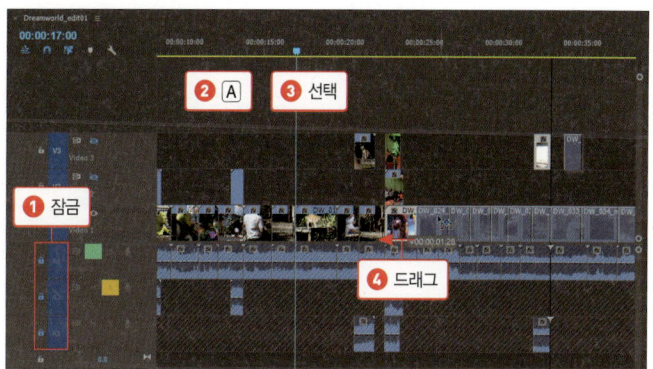

02 두 트랙은 싱크가 되어 있었기 때문에 비디오 트랙과 오디오 트랙의 싱크가 어긋나는 것을 확인할 수 있습니다. 어긋난 지속 시간만큼 숫자로 지표가 나타납니다.

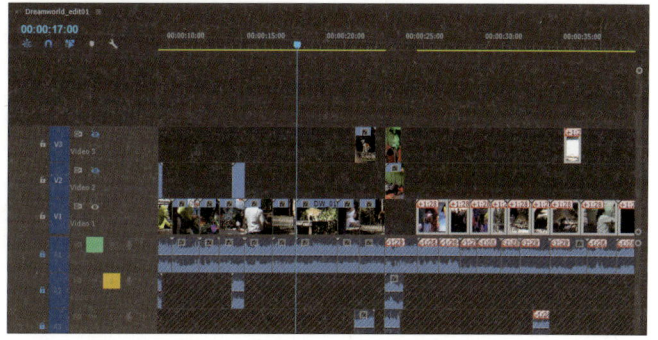

Chapter9 타임라인 트랙 이해하기 179

CHAPTER 10
Premiere Pro CC

속도 조정하기

|폴더| 모든예제파일\Chapter003_편집테크닉높이기\3.6

1 정지 화면 만들기(Freeze Frame)

1 | 클립을 스틸 이미지로 만들기(Frame Hold Options Freeze)

Frame 기능은 동영상 클립을 특정 구간에서 정지시켜 스틸 이미지처럼 사용합니다. 이 기능은 키보드 단축키가 없습니다.

01 시퀀스 폴더에서 'Underground_edit01' 시퀀스를 사용합니다.
플레이헤드를 00:00:01:20에 위치시킵니다. 이 지점에 해당하는 프레임을 정지 화면으로 만들겠습니다.

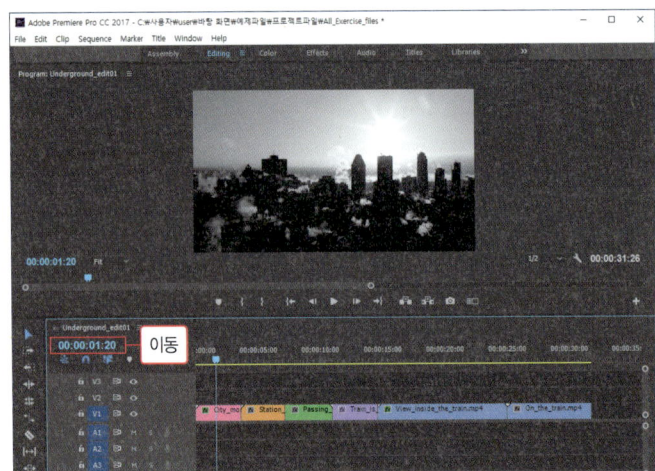

02 빨간색 클립을 선택하고 마우스 오른쪽 버튼을 클릭한 다음 **Frame Hold Options**를 실행합니다.

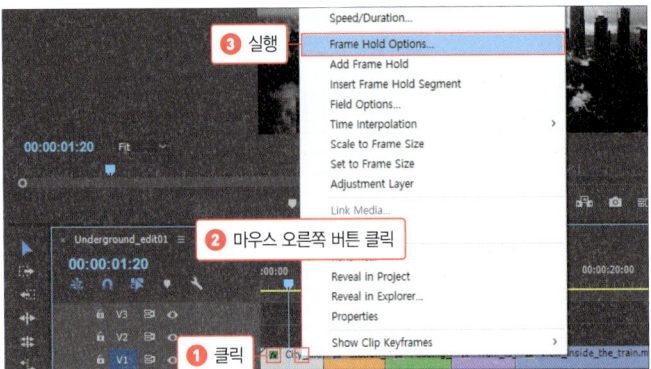

03 현재 플레이헤드를 사용하여 구간을 찾았으므로, 'Playhead'를 선택하고 〈OK〉 버튼을 클릭합니다.

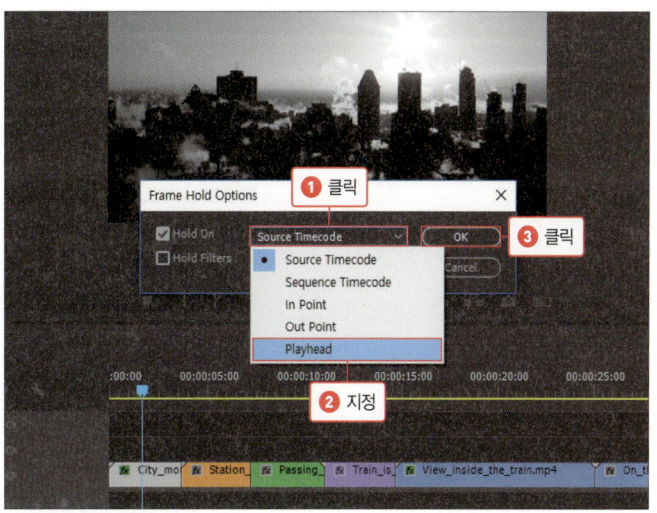

04 플레이헤드를 타임라인 앞으로 가져가 재생해 봅니다. 플레이헤드를 위치시켰던 구간의 프레임이 스틸 이미지로 만들어진 것을 확인할 수 있습니다.

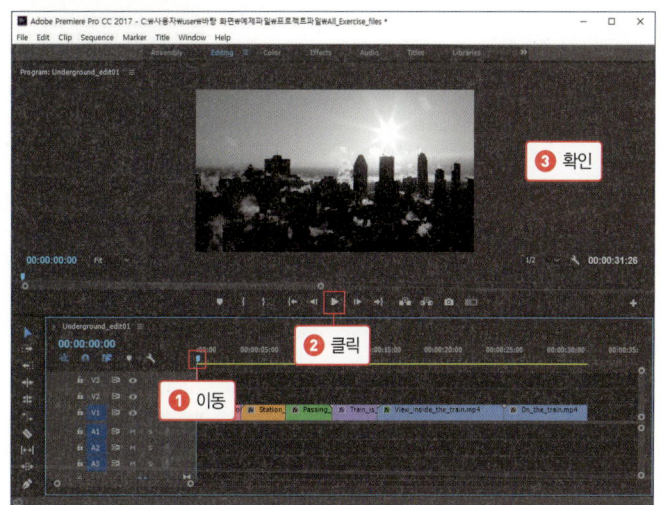

05 정지 화면으로 만든 클립을 다시 동영상으로 변경할 수 있습니다. 마우스 오른쪽 버튼을 클릭하고 **Frame Hold Options**를 실행합니다.

'Hold On'에 체크되어 있는 것을 체크 해제하고 〈OK〉 버튼을 클릭합니다. 재생해 보면 다시 동영상 클립의 형태로 돌아온 것을 확인할 수 있습니다.

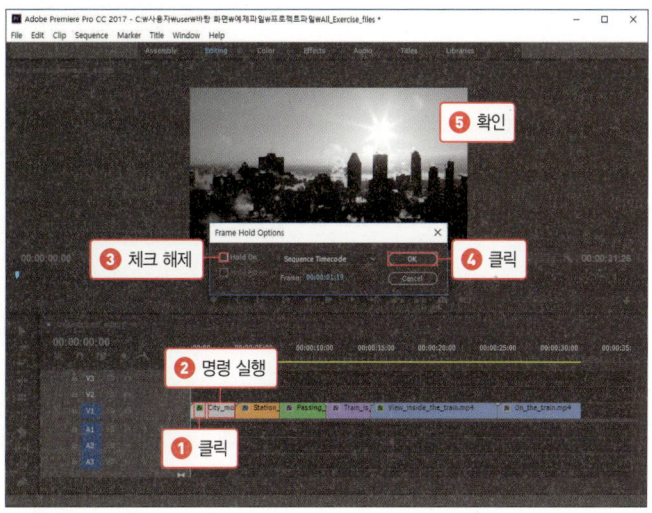

Chapter10 속도 조정하기　181

2 | 특정 지점부터 정지 화면으로 만들기 - Add Frame Hold

플레이헤드를 위치시킨 구간을 기준으로 클립을 자르고 그 이후의 구간을 스틸 이미지로 사용합니다. 스틸 이미지가 되는 구간은 플레이헤드를 놓은 지점이 됩니다.

01 00:00:05:12에 플레이헤드를 위치시킵니다. 플레이헤드가 놓인 지점이 기준점이 됩니다.

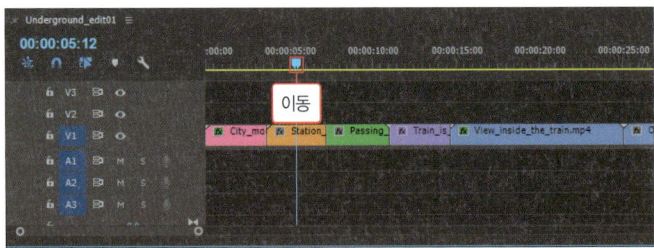

02 주황색 클립을 선택하고, 마우스 오른쪽 버튼을 클릭한 다음 **Add Frame Hold**를 클릭합니다.

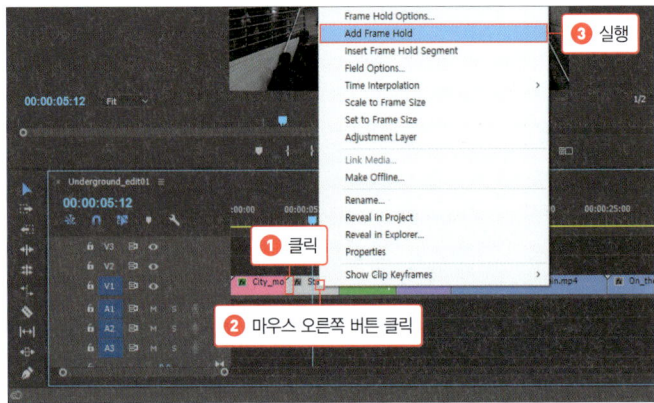

03 플레이헤드가 놓인 지점이 잘리고, 이 기준점 이후로 스틸 이미지가 됩니다.

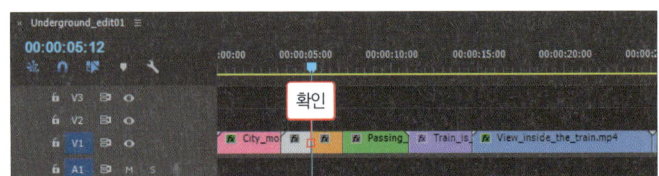

04 플레이헤드를 타임라인 앞으로 가져가 재생해 봅니다. 컷 편집된 이전은 동영상이 나오다가 컷 편집 이후로 스틸 이미지가 재생됩니다.

> **TIP**
> Freeze Frame으로 만든 구간은 마우스로 드래그하여 원하는 만큼 트리밍하여 지속 시간을 조절하는 것이 가능합니다.

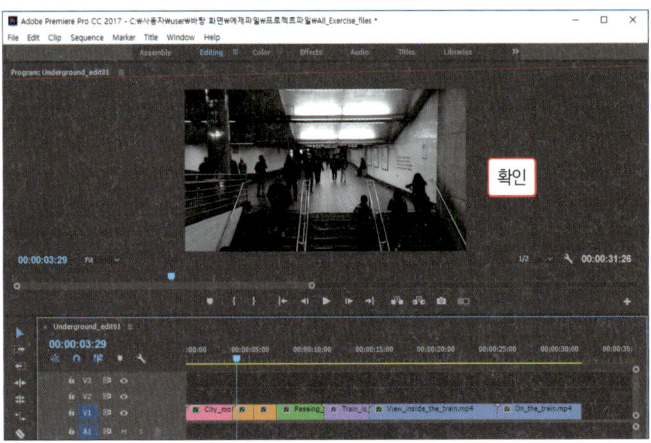

3 | 특정 지점을 정지했다가 다시 동영상으로 재생하기 (Insert Frame Hold Segment)

플레이헤드를 위치시킨 지점의 프레임을 일정 구간의 정지 화면으로 잡아 두는 기능입니다.

01 00:00:12:24에 플레이헤드를 위치시킵니다. 보라색 클립을 마우스 오른쪽 버튼으로 클릭한 다음 Insert Frame Hold Segment를 실행합니다.

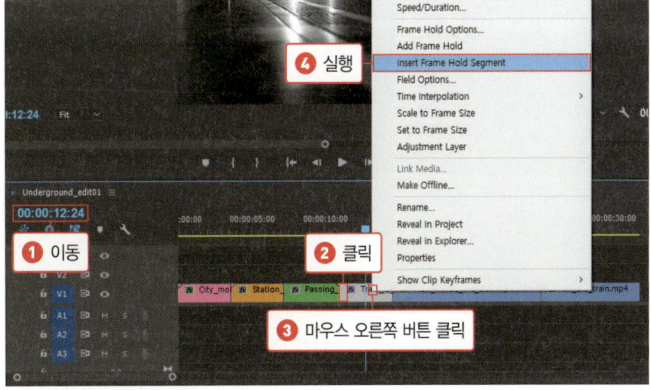

02 플레이헤드가 위치한 지점의 프레임이 스틸 이미지로 컷 편집되어 추가되었습니다. 클립 앞부분부터 재생을 해 보면 동영상이 재생되다가 스틸 이미지 구간만큼 정지했다가 이후 다시 동영상으로 재생됩니다.

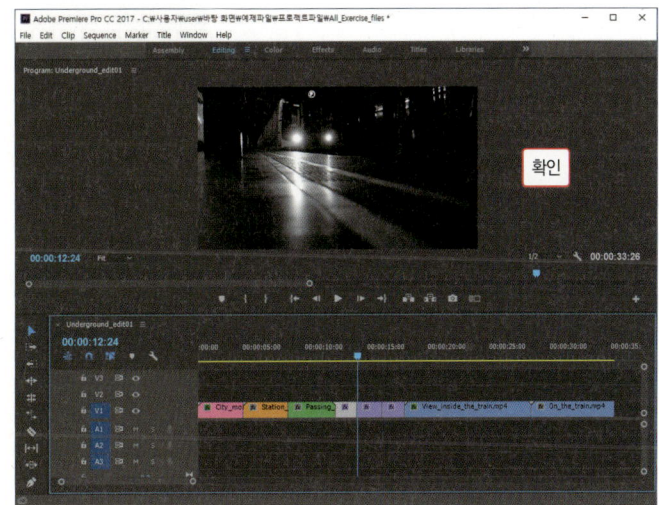

03 스틸 이미지 구간을 1초로 트리밍하겠습니다. B 키를 눌러 마우스를 리플 편집 도구( )로 바꾸고 빈 공간 없이 트리밍합니다.

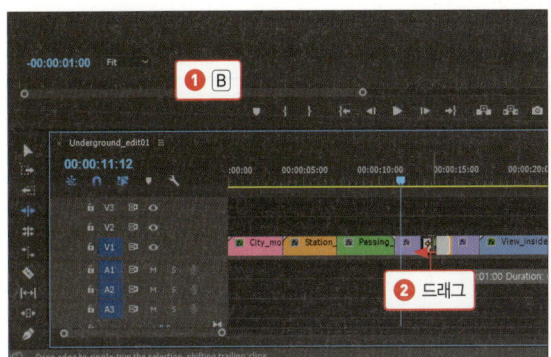
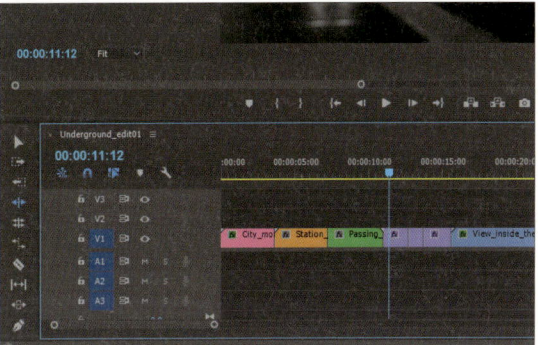

4 | 스틸 이미지로 내보내기

클립의 특정 프레임을 스틸 이미지로 내보냅니다.

01 00:00:08:13에 플레이헤드를 위치시키고 Ctrl+Shift+E 키를 누릅니다.

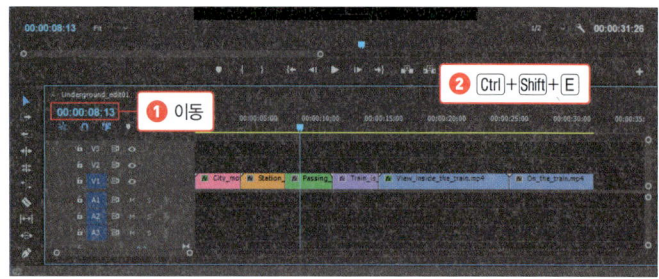

02 Export Frame 대화상자가 표시됩니다. Name에 이미지 파일명을 지정하는데, 'Platform_01'로 적어 넣습니다. Format은 이미지 파일 형식을 지정하는데, 'JPEG'을 선택합니다.

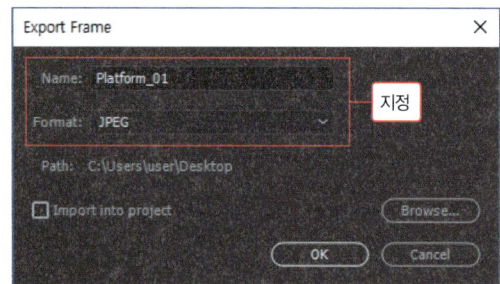

03 'Path'는 이미지를 저장하는 경로를 지정할 수 있습니다. 〈Browse〉 버튼을 클릭하여 저장 경로를 바탕화면으로 지정하고 〈OK〉 버튼을 클릭합니다.

'Import into project'에 체크 표시하면 스틸 이미지를 내보냄과 동시에 Project 패널에 자동으로 불러들여집니다. 이 부분에 체크 표시하고 〈OK〉 버튼을 클릭합니다.

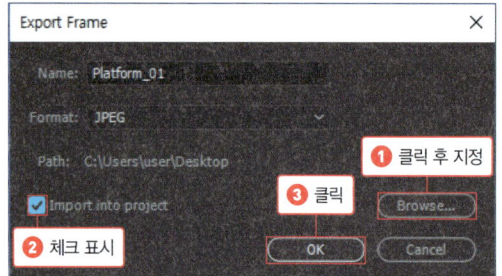

04 Project 패널을 살펴보면 방금 내보낸 스틸 이미지가 들어와 있는 것을 확인할 수 있습니다.

더블클릭하여 Source Monitor 패널에서 스틸 이미지로 잘 저장되었는지 재생해 봅니다.

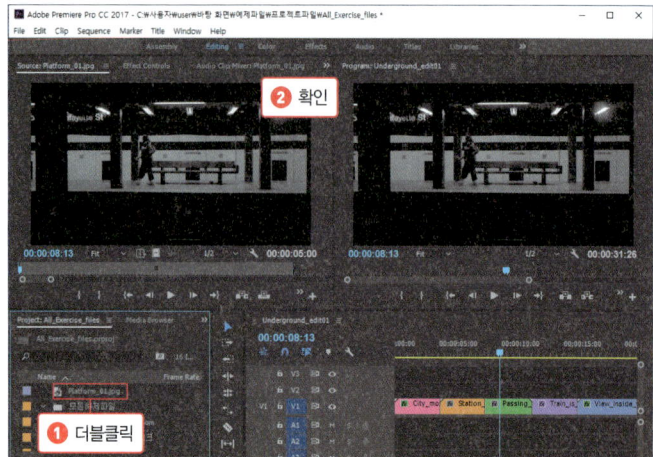

2 마킹 구간에 소스 클립 구겨 넣기(Fit-to-Fill Editing)

Fit to Fill Editing은 Timeline 패널에 마킹된 구간에 소스 클립 속도를 자동으로 계산하여 구겨 넣는 편집 방법입니다. 예를 들어, 타임라인 상에 마킹된 구간이 2초인데 덮어쓰기하려는 소스 클립의 길이가 10초라면 소스 클립의 속도는 굉장히 빠르게 조절될 것입니다. 2초 안에 10초짜리 클립을 재생해야 하기 때문입니다. 만약 그 반대라면 10초의 마킹 구간 안에 2초짜리 클립을 덮어쓰게 되므로, 클립의 속도가 굉장히 느리게 될 것입니다.

01 시퀀스 폴더에서 'Underground_edit02' 시퀀스를 사용합니다. 소스클립_Underground 폴더에서 빨간색 클립의 원본 클립(View_inside_the_train.mp4)을 Project 패널에서 찾아 더블클릭하여 Source Monitor 패널로 불러들입니다.

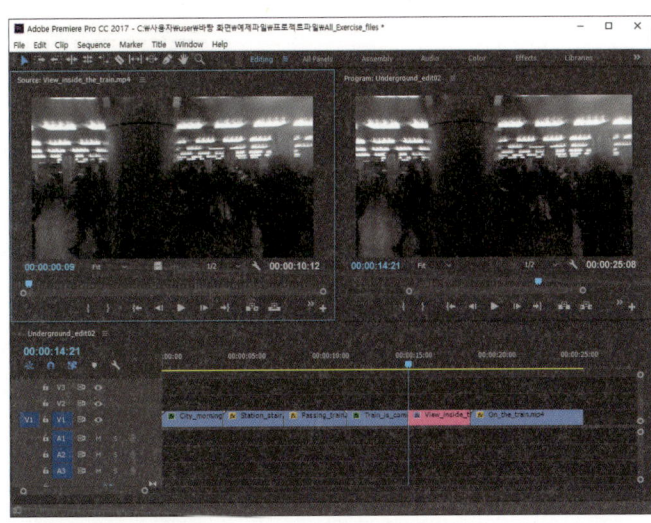

02 Source Monitor 패널 오른쪽 아랫부분의 타임코드를 보면 원본 클립의 지속 시간(Duration)이 00:00:10:12(10초 12프레임)인 것을 확인할 수 있습니다.
Timeline 패널에서 빨간색 클립을 X 키로 인 아웃 포인트를 마킹하여 클립의 지속 시간을 확인합니다. Program Monitor 패널 오른쪽 아랫부분의 타임코드를 보면 편집된 클립의 지속 시간이 00:00:03:24(3초 24프레임)인 것을 확인할 수 있습니다.

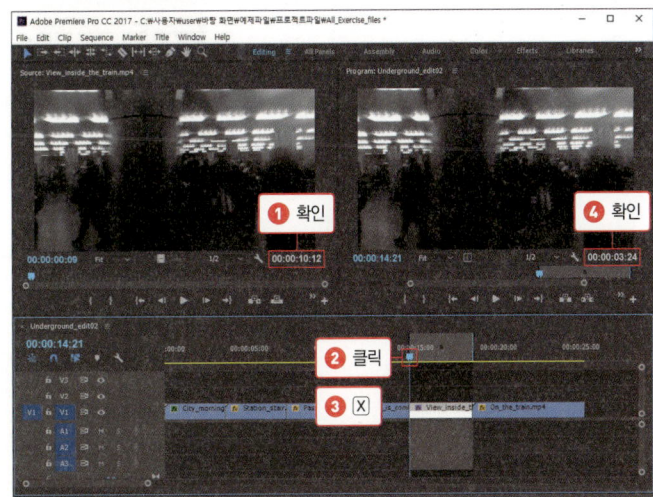

03 원본 클립의 지속 시간(Duration)이 편집된 클립의 길이보다 훨씬 긴 것을 확인할 수 있습니다. Source Monitor 패널에서 덮어쓰기 할 구간을 인아웃 포인트로 마킹합니다. 00:00:00:10에 인 포인트를, 00:00:09:11에 아웃 포인트를 마킹합니다.

····TIP···

Fit to Fill Editing을 할 때는, 반드시 Source Monitor 패널과 Timeline 패널에 모두에 덮어쓰기 할 구간을 마킹해야 합니다. Source Monitor 패널에서는 덮어쓰기 할 구간만큼을 인아웃 포인트로 마킹하고, Timeline 패널에는 끼워 넣을 구간만큼을 인아웃 포인트로 마킹합니다. Timeline 패널에서는 이미 편집된 구간에 덮어쓸 수도 있지만, 빈 공간을 마킹하여 덮어쓸 수도 있습니다.

···

04 ［.］키를 눌러 덮어쓰기 명령을 실행하면, Fit Clip 대화상자가 표시됩니다. 'The source is longer than the destination.(덮어쓰기 하려는 구간보다 소스가 더 길다)'이라는 메시지가 뜨고 어떻게 처리할지를 선택하게 됩니다. 옵션 중 맨 위에 있는 'Change Clip Speed(Fit to Fill)'을 선택하여 클립 속도를 덮어쓰려는 구간에 맞게 조절하도록 하고 〈OK〉 버튼을 클릭합니다.

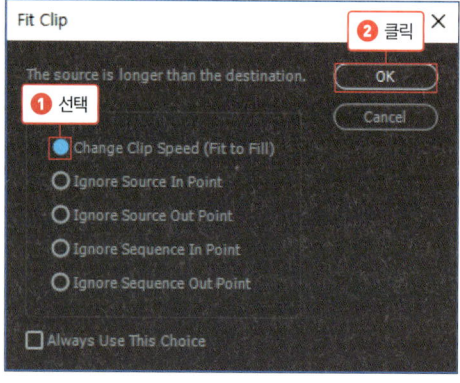

05 재생해 봅니다. 클립 속도가 빨리 감기를 한 듯 빨라졌습니다. 타임라인을 확대하면 클립의 파일명 옆 괄호 안의 숫자 지표로 238.6%만큼 속도가 빨라진 것을 확인할 수 있습니다.

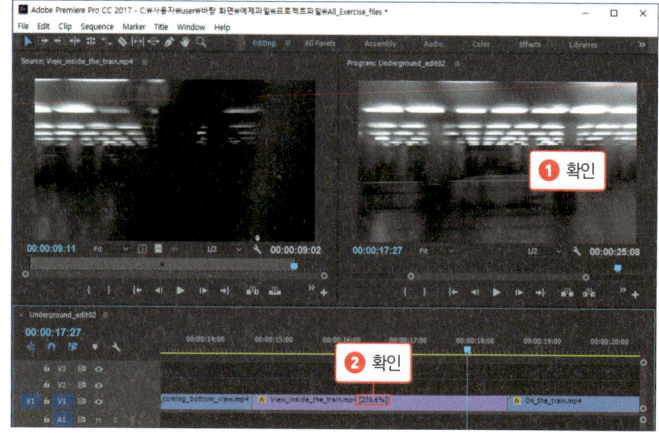

3 속도 조절 도구 사용하기

소스 모니터나 마커를 활용하지 않고, 타임라인에서 클립을 선택하고 드래그하여 트리밍을 하면서 클립 속도를 조절하는 방법을 알아봅니다. 잘려진 클립의 구간을 속도 조절 도구로 늘리거나 줄이는 것으로 속도 조절 도구로 트리밍해도 앞이나 뒤에 샷이 추가되지 않으며, 속도는 클립 길이에 비례하기 때문에 클립 길이가 늘어나면 재생 속도는 그만큼 느려집니다.

01 시퀀스 폴더에서 'Underground_edit03' 시퀀스를 사용합니다.

속도 조절 도구 (　)를 선택하거나 R 키를 눌러 마우스 포인터를 바꿉니다.

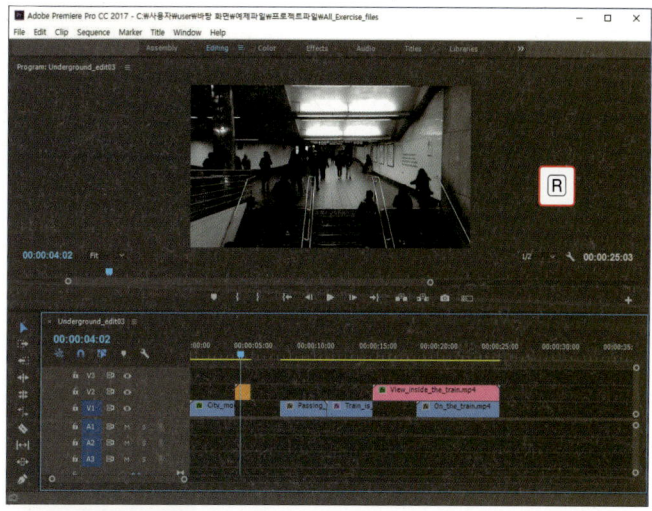

02 주황색 클립을 세 번째 파란색 클립 앞부분까지 지속 시간을 늘려 보겠습니다. 주황색 클립 끝부분을 마우스로 드래그합니다.

···· TIP
속도 조절 도구를 이용하면, 주황색 클립의 편집된 재생 구간은 바뀌지 않고 속도만 느리게 하여 재생 시간을 늘립니다.

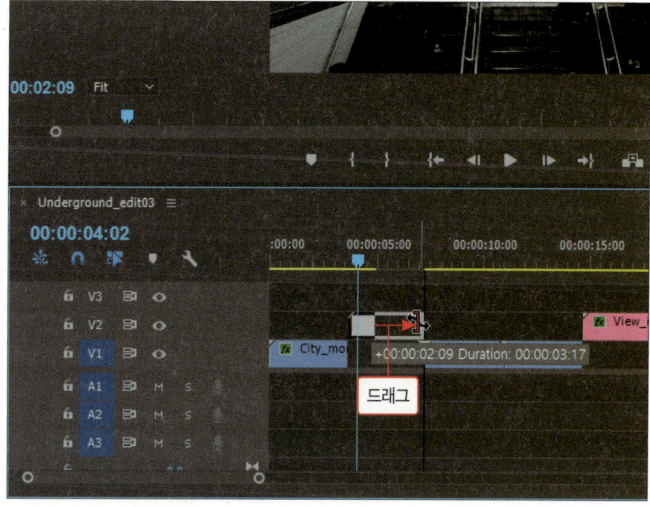

···· TIP
편집 단계에서 클립 속도를 빠르게 하거나 느리게 만들 수 있지만, 촬영할 때 카메라의 Frame Rate(초당 프레임 수)를 조정하여 얻어내는 결과물보다 그 질이 현저하게 떨어지는 것이 사실입니다. 프리미어 프로를 이용하여 클립의 속도를 빠르게 하는 것은 느리게 하는 것보다 좋은 결과물을 얻을 수 있습니다. 하지만 자연스러운 슬로우 모션 영상을 얻기 위해서는 초당 96프레임의 High Frame Rate로 촬영해야 합니다.

03 ⊞ 키를 눌러 타임라인을 확대합니다. 클립의 파일명 옆에 괄호 안 숫자 지표를 보면 35.51%의 속도로 재생되는 것을 확인할 수 있습니다. 숫자가 작을수록 느리고, 숫자가 클수록 빠른 것을 의미합니다.

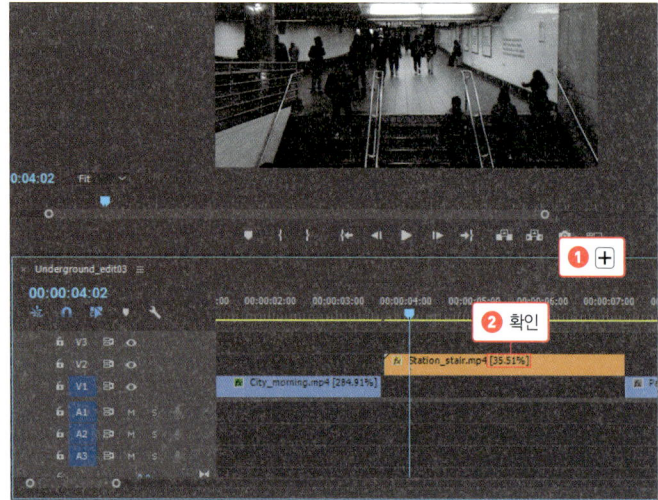

04 Ⅴ 키를 눌러 마우스 포인터를 선택 도구(▶)로 바꿉니다. 주황색 클립의 뒷부분을 20프레임 정도 트리밍해 봅니다. 일정 구간을 짧거나 길게 트리밍해도 재생 속도는 그대로 유지되는 것을 확인할 수 있습니다.

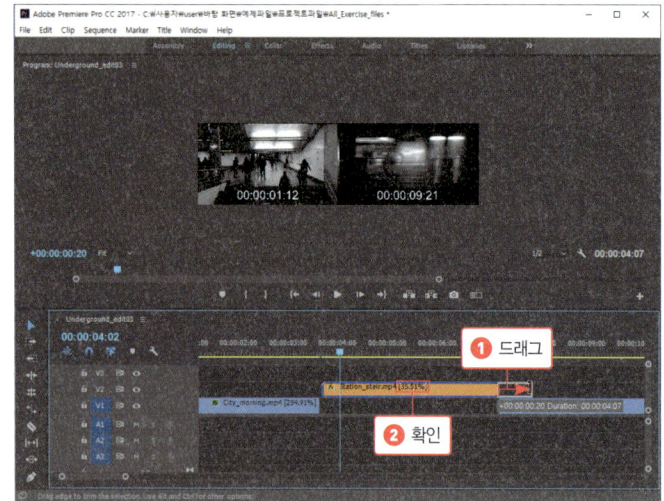

05 Ⓡ 키를 눌러 마우스 포인터를 바꾸고, 빨간색 클립을 트리밍합니다. ⊞ 키를 눌러 타임라인을 확대합니다. 286.24%의 속도로 빠르게 재생되는 것을 확인할 수 있습니다.

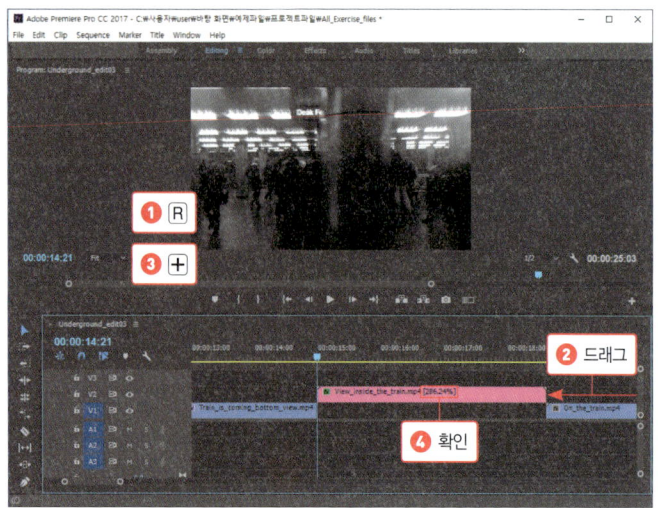

4 Clip Speed/Duration 창 제어하기

클립을 특정 지속 시간(Duration)에 맞춰 속도를 조절할 수 있습니다. 이 명령은 타임라인 상의 클립은 물론 Project 패널의 소스 클립에도 적용할 수 있습니다.

01 시퀀스 폴더에서 'Underground_edit04' 시퀀스를 사용합니다.
빨간색 클립을 마우스 오른쪽 버튼으로 클릭합니다. **Speed / Duration**을 실행해 Clip Speed/Duration 대화상자를 엽니다.

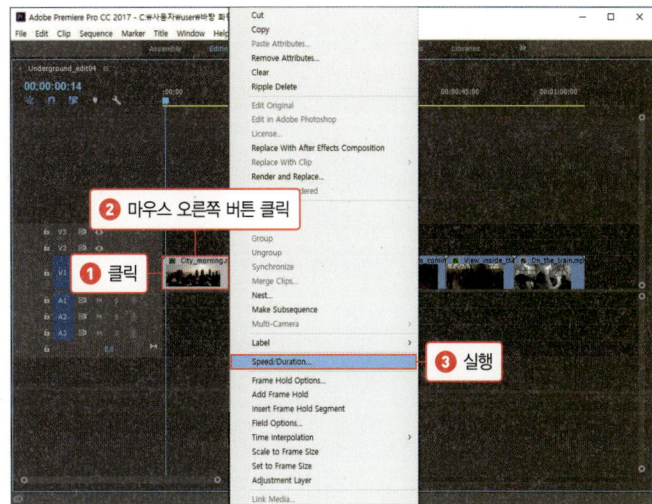

02 대화상자 윗부분은 Speed와 Duration에 각각 특정 숫자를 적어 넣을 수 있습니다. 이 두 수치는 서로 연결되어(Link) 있어 어느 쪽 하나의 값만 입력하면 나머지 하나는 자동으로 값이 조절됩니다. 고리 모양의 아이콘을 누르면 링크가 해제되었다가 다시 누르면 연결되는데, 대개는 이 수치를 별개로 입력하지 않기 때문에 링크를 해제하지 않고 사용합니다. 현재 클립의 지속 시간(Duration)는 약 15초입니다. Speed 옆에 '200%'라고 적어 봅니다. 재생 길이가 약 7초로 자동으로 바뀌는 것을 확인할 수 있습니다. 〈OK〉 버튼을 클릭합니다.

 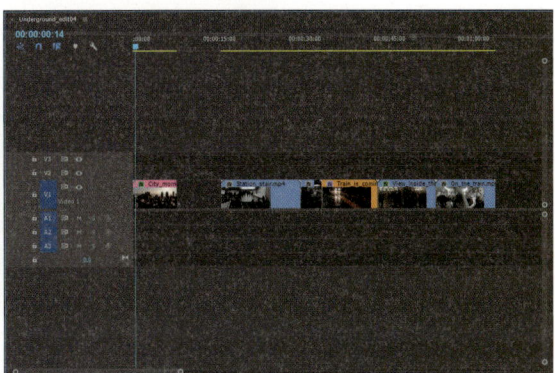

03 주황색 클립의 Clip Speed/Duration 대화상자를 표시하고 지속 시간(Duration)에 4초 27프레임을 적어봅니다. 속도가 자동으로 200% 정도로 바뀌는 것을 확인할 수 있습니다. 'Reverse Speed' 옵션은 재생 방향을 바꾸는 기능을 합니다. 이 옵션에 체크하면, 거꾸로 재생할 수 있습니다. 'Ripple Edit', 'Shifting Trailing Clips' 옵션은 타임라인에서 클립 사이에 있는 중간 클립을 선택했을 때 유용합니다. 체크했을 때와 체크하지 않았을 때의 차이를 알아보기 위해 우선, 이 옵션에 체크하지 않고 〈OK〉 버튼을 클릭합니다.

04 주황색의 클립이 약 4초로 줄어들었지만, 뒤쪽에 늘어선 클립들이 제자리에 남아 있는 것을 확인할 수 있습니다. Ctrl+Z 키를 눌러 되돌립니다.

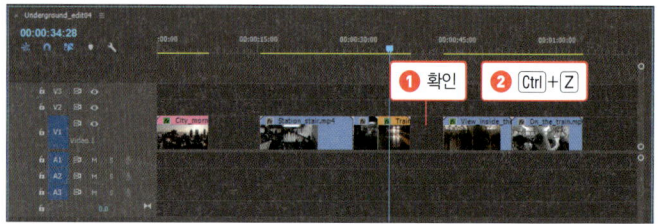

05 다시 주황색 클립을 선택하고 마우스 오른쪽 버튼을 클릭한 다음 **Speed/Duration**을 실행합니다. 이번에는 'Ripple Edit, Shifting Trailing Clips' 옵션에 체크 표시하고 〈OK〉 버튼을 클릭합니다.

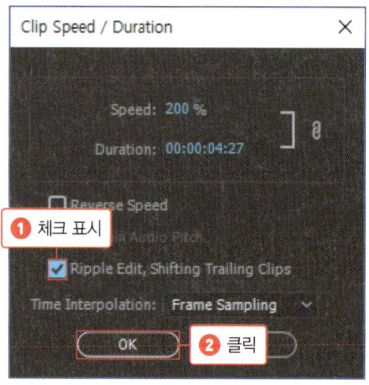

06 빈 공간 없이 주황색의 클립 뒤쪽에 늘어선 모든 클립들이 당겨진 것을 확인할 수 있습니다.

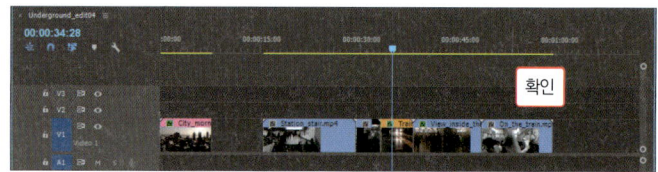

5 슬로우 모션 만들기 (Time Interpolation)

극적인 슬로우 모션을 만들기 위해 이 기능을 사용합니다. 프리미어 프로가 프레임 분석과 픽셀 모션 예측을 바탕으로 새로운 프레임을 만들기 때문에 보다 부드러운 슬로우 모션 효과를 만들 수 있습니다.

01 Project 패널의 시퀀스 폴더에서 'Puppy_edit01' 시퀀스를 사용합니다. ⓒ 키를 누르거나 자르기 도구(✂)를 선택하여 00:00:01:00부터 00:00:03:00까지 잘라냅니다.

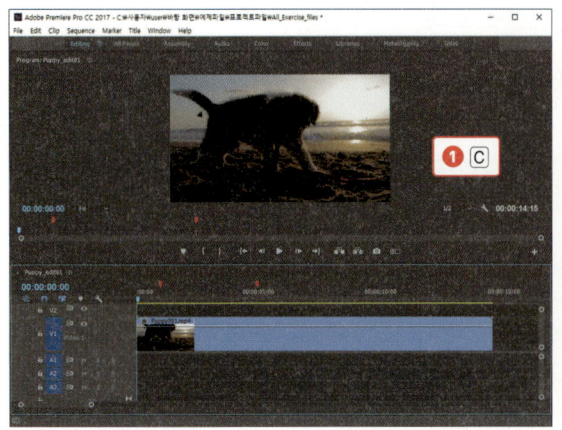
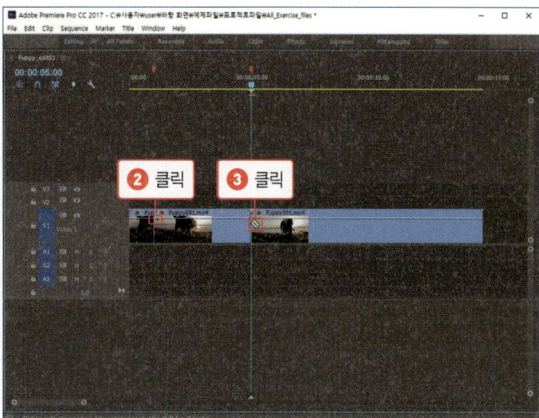

02 중간 클립을 마우스 오른쪽 버튼으로 클릭하고 **Speed/Duration**을 실행합니다. Speed를 '20%'로 설정하여 속도를 느리게 만듭니다. 'Ripple Edit, Shifting Trailing Clips'에 체크 표시해야 사이 클립 지속 시간을 유지하여 트리밍할 수 있습니다. 〈OK〉 버튼을 클릭합니다.

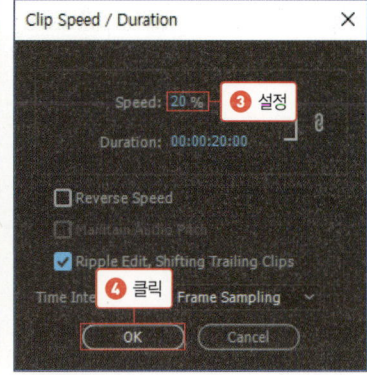

03 방향키를 이용하여 프레임 단위로 재생합니다. 프레임이 두 장 혹은 세 장씩 복제된 것을 확인할 수 있습니다.
Ctrl + Z 를 눌러 되돌립니다.

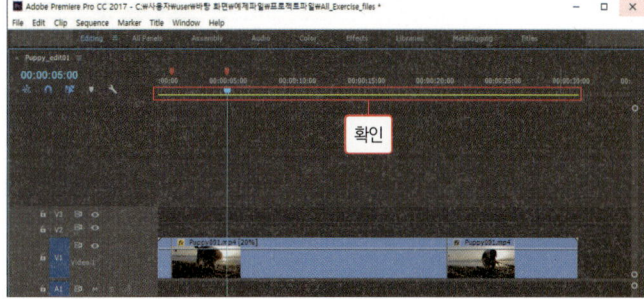

04 이번에도 같은 명령을 실행하는데, Clip Speed/Duration 대화상자 아랫부분에서 Time Interpolation을 'Optical Flow(광학 흐름)'으로 지정하고 〈OK〉 버튼을 클릭합니다.

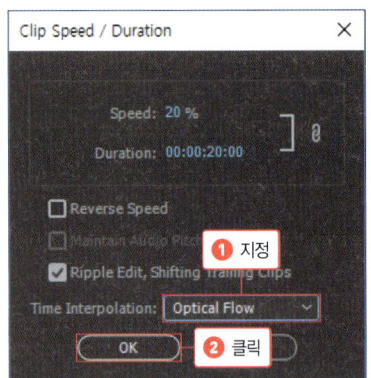

05 앞서 실행했던 것과 다르게 타임라인이 빨간색으로 표시되는 것을 확인할 수 있는데, 이는 '광학 흐름' 효과가 적용된 결과물을 확인하기 위해서는 Pre-Render(사전 렌더, 미리 보기와 같은 기능)라는 작업 수행 과정을 거쳐야 합니다.

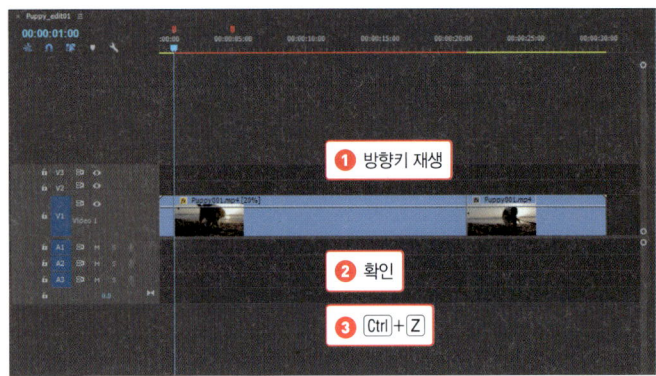

06 [Sequence] → Render Effects In to Out(효과가 적용된 부분의 처음과 끝만 렌더하기)을 실행하거나 Enter 키를 눌러 렌더합니다.

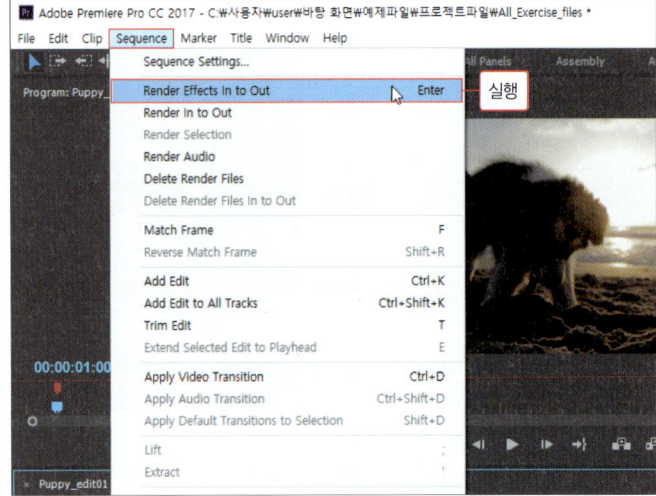

07 자동으로 Rendering 대화상자가 표시되서 작업 시간이 표기됩니다.

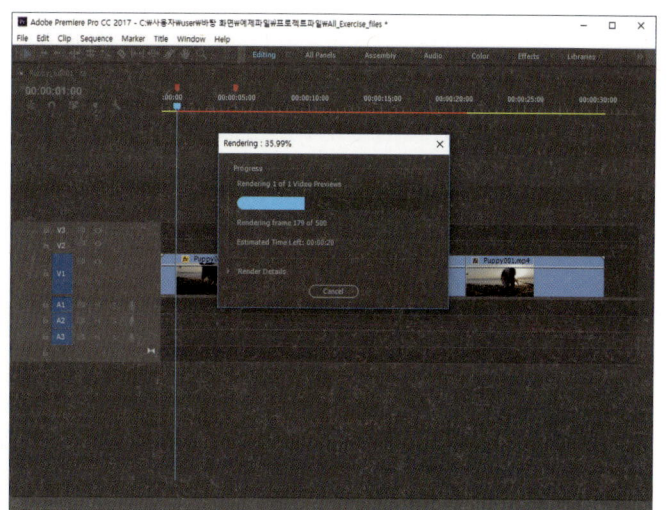

08 사전 렌더가 완료되면 타임라인이 초록색으로 표기되는 것을 확인할 수 있습니다. 다시 키보드 화살표 키를 이용하여 프레임 단위로 재생해 봅니다.
이번에는 프레임 사이에 반복되는 프레임 없이 새로운 프레임이 보강되어 더욱 매끄러운 슬로우 모션 효과를 만든 것을 확인할 수 있습니다.

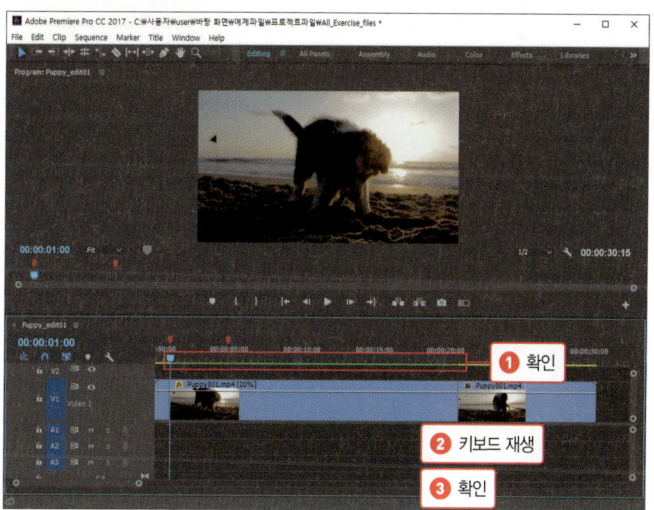

> **TIP**
>
> **Ripple Edit, Shifting Trailing Clips 옵션**
>
> 이 옵션은 튜토리얼과 같이 속도를 빠르게 할 때는 물론이고, 속도를 느리게 할 때도 고려해야 합니다. 속도를 느리게 하면 속도가 늘어난 만큼 지속 시간이 길어질 것입니다. 클립들 사이에 위치한 클립의 지속 시간을 길게 수정할 때 이 옵션에 체크하면, 클립의 지속 시간이 보호되고 뒤쪽 클립도 그만큼 뒤로 밀리게 됩니다. 만약 이 옵션에 체크하지 않으면, 클립의 지속 시간은 변하지 않고 속도만 바뀌게 됩니다.

6 시간 리매핑 도구 사용하기

1 | Timeline 패널에서 Time Remapping 사용하기

지금까지는 지속적인 속도 제어에 대해 알아봤다면, 이 기능은 키프레임을 통해 클립의 속도를 구간별로 다르게 조절할 수 있습니다.

01 시퀀스 폴더에서 'Puppy_edit02' 시퀀스를 사용합니다.
Timeline 패널에서 트랙의 섬네일이 보일만큼 트랙 높이를 조절합니다. V1 트랙의 높이를 높입니다.

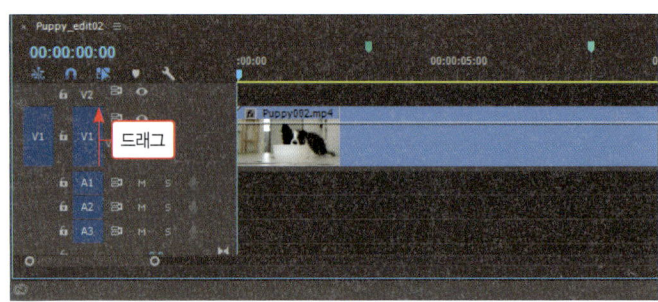

02 Timeline 패널 윗부분에서 'Settings' 아이콘(🔧)을 클릭하고 **Show Video Key frames**에 체크 표시합니다. 이 옵션에 체크 표시하면 타임라인에서 키프레임을 볼 수 있습니다.

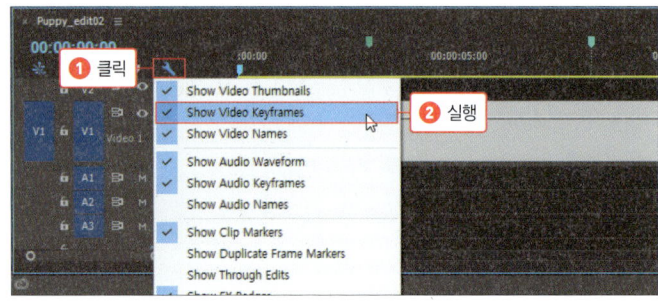

03 클립의 파일명 왼쪽에 달린 'Fx' 아이콘을 마우스 오른쪽 버튼으로 클릭합니다. 기본적으로 Opacity가 설정되어 있는 것을 확인할 수 있습니다.

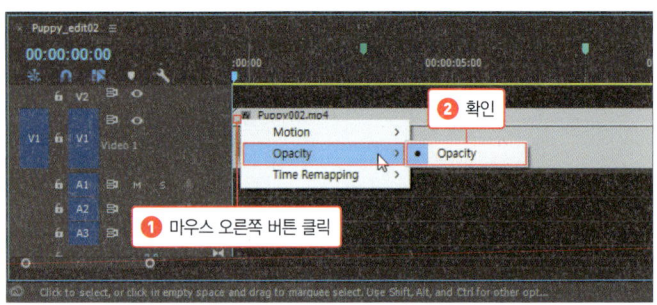

04 Time Remapping에 키프레이밍 해야 하므로, **Time Remapping → Speed**를 선택해 옵션에 체크합니다. 클립 중간에 가로 줄이 하나 만들어지는데, 이것으로 스피드 키프레이밍을 할 수 있습니다.

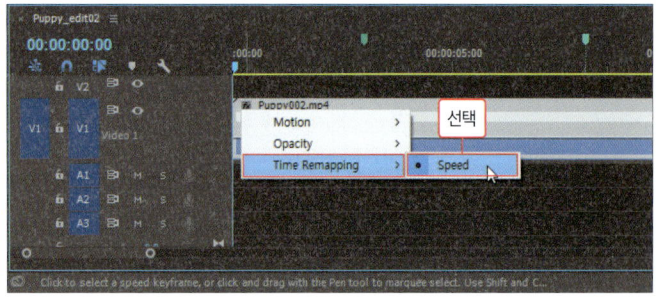

05 플레이헤드를 3초로 이동시키고, Ctrl 키(Mac : Command)를 누른 다음 클릭하여 키프레임을 만듭니다. Spacebar 키를 눌러 재생하다가, 8초에 플레이헤드를 멈추고 Ctrl 키를 누른 채 클릭하여 키프레임을 하나 더 만듭니다.

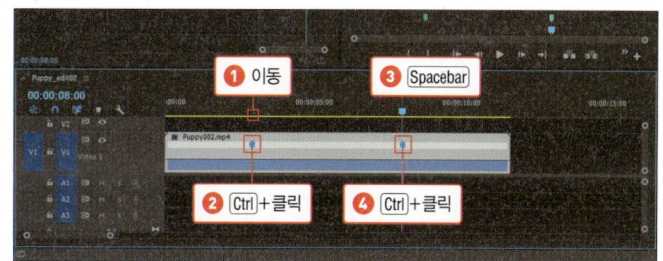

06 두 개의 키프레임을 만들고, 이 키프레임들 사이의 라인을 클릭한 다음 드래그하여 속도를 조절합니다. 위로 드래그하면 속도를 빠르게 만들 수 있고, 아래로 드래그하면 속도를 느리게 만들 수 있습니다. 라인을 드래그할 때 나타나는 숫자 지표로 몇 % 정도 속도가 빠르거나 느린지 알 수 있습니다. 200% 정도 속도를 빠르게 합니다.

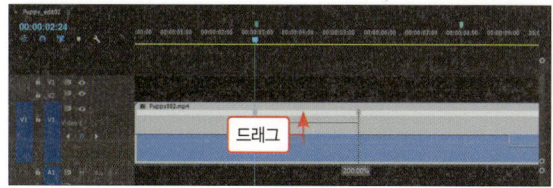 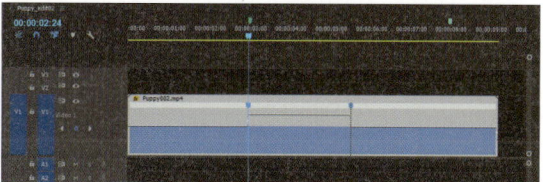

07 ＋ 키를 눌러 타임라인을 확대합니다. 키프레임 모양이 다른 이펙트 키프레임과 같은 다이아몬드 모양이 아닌 것을 알 수 있습니다. 키프레임 반쪽을 클릭하고 옆으로 드래그합니다. 스피드 라인의 모양이 경사면으로 바뀌는데 이로써 속도를 점점 빠르게 만들 수 있습니다.

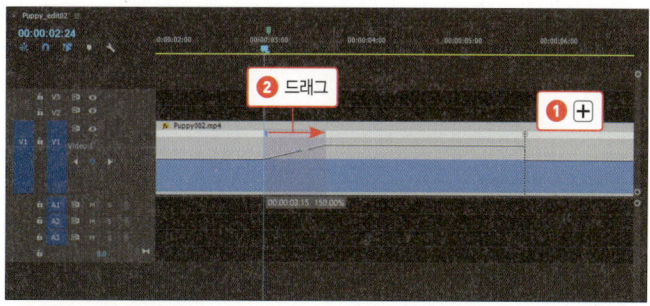

08 키프레임을 하나 선택하면 경사면에 Bezier(베지어 곡선)를 조절할 수 있는데, 직선 경사면은 등속도로, 곡선 경사면은 가속도로 속도를 변화를 줄 수 있습니다.

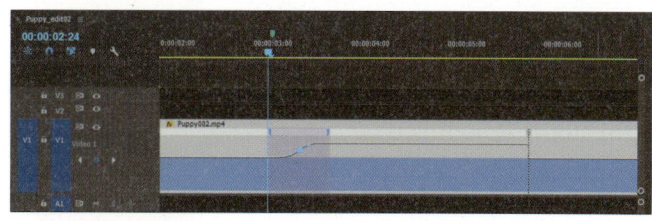

09 반대쪽의 키프레임도 드래그하여 경사면을 만들고, 속도가 점점 느려지게 만듭니다.

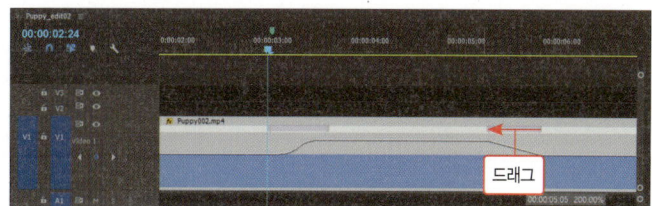

2 | Effect Controls 패널에서 Time Remapping 사용하기

위의 과정을 Effect Controls 패널에서도 똑같이 사용할 수 있습니다. 속도를 조절하려는 클립을 선택하고 Effects Controls 패널에서 Time Remapping 왼쪽 화살표를 클릭하여 기능을 펼칩니다. Speed 키프레임 왼쪽의 화살표 역시 클릭하여 Effect Controls 패널 타임라인에 라인 그래프를 볼 수 있도록 합니다. Effect Controls 패널의 타임라인에서도 마찬가지로 Ctrl 키(Mac : Command)를 누르고 마우스 클릭하여 키프레이밍한 다음, 키프레임 사이의 라인을 위아래로 드래그하여 속도를 조절합니다. 또는 Speed 오른쪽에 특정 숫자를 입력하여 키프레임을 만들 수도 있습니다.

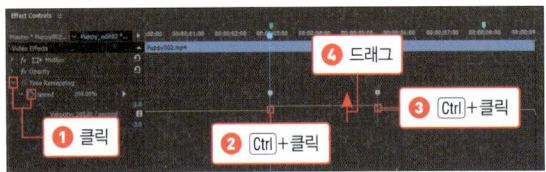
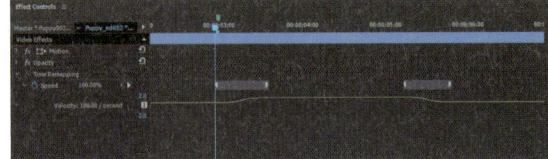

---- TIP

키보드 단축키와 타임 리맵핑 도구 사용하기

- 키프레임 만들기 : Ctrl 키(Mac : Command)를 누르고 마우스 클릭
- 키프레임 이동시키기 : Alt 키를 누르고 마우스 클릭, 드래그
- 키프레임 복사하여 거꾸로 돌리기 : Ctrl 키(Mac : Command)를 누르고 원래 있던 키프레임 클릭 앤 드래그. 키프레임이 복사되고, 사이 구간은 거꾸로 재생됩니다.

---

3 | Time Interpolation과 함께 사용하기

01 시퀀스 폴더에서 'Puppy_edit03' 시퀀스를 사용합니다. 클립을 선택하고 Effect Controls 패널에서 Speed 옆 작은 삼각형을 눌러 스피드 그래프 라인이 보이도록 합니다. 3초와 10초에 Time Remapping 키프레임을 두 개 만듭니다.

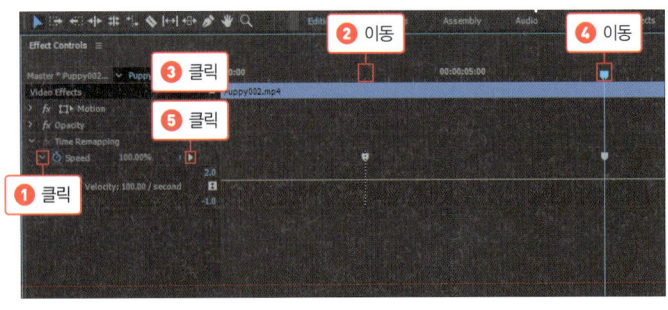

02 라인을 마우스로 클릭하고 아래로 드래그하여 Velocity를 10%인 슬로우 모션을 만듭니다.

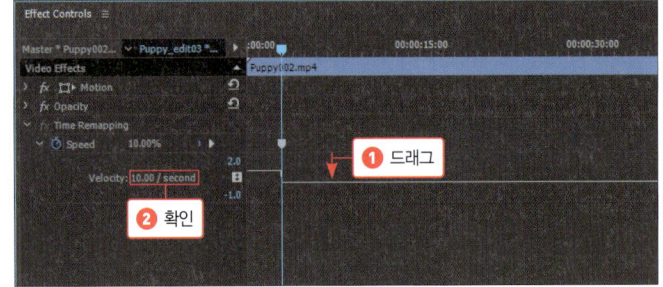

03 키프레임 각각의 반쪽을 드래그하여 가속도 구간을 만듭니다.

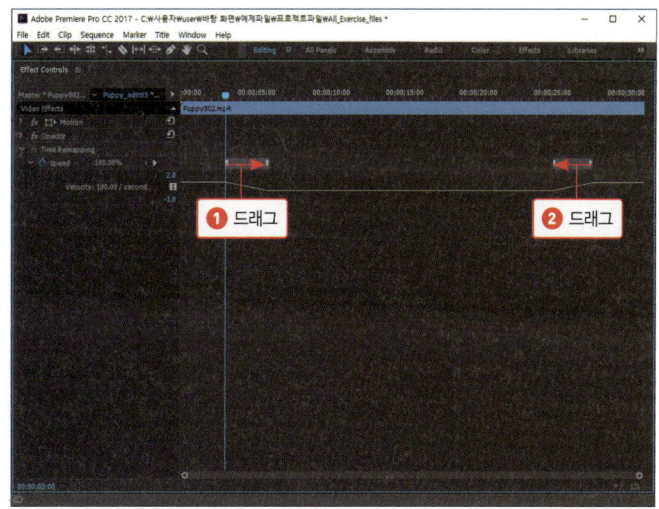

04 Spacebar 키를 눌러 재생합니다. 3초 지점에서 원래의 속도에서 느려져서 10초 지점에서 원래 속도로 빨라집니다.
타임라인에서 클립을 마우스 오른쪽 버튼으로 클릭한 다음 **Time Interpolation → ptical Flow**를 실행합니다.

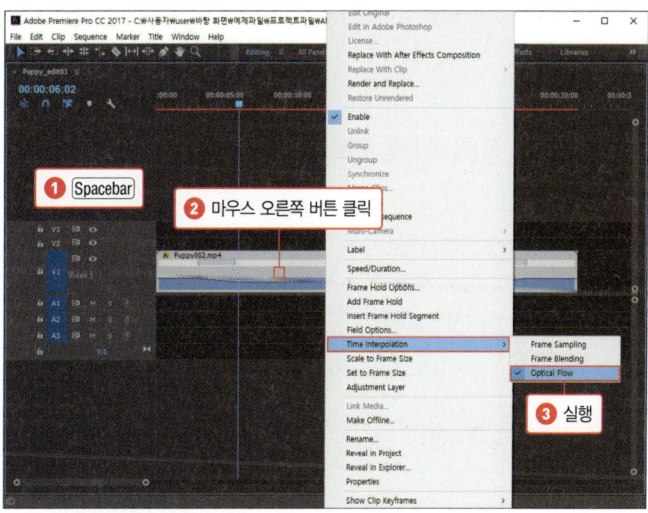

05 Enter 키를 눌러 렌더합니다. 타임라인 상의 붉은 라인이 초록색으로 바뀌면 Spacebar 키를 눌러 재생합니다.

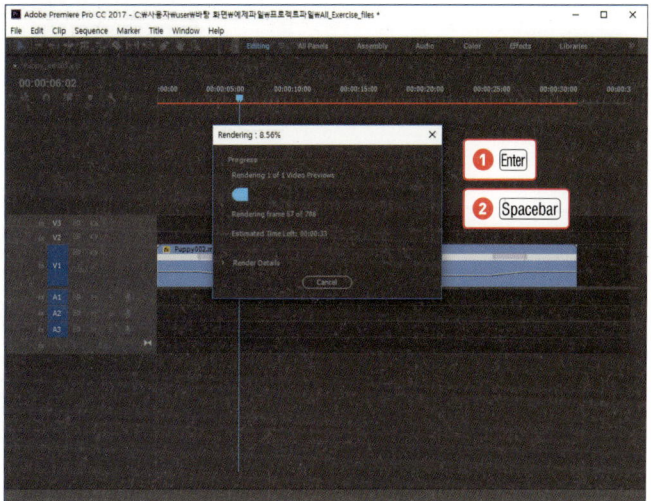

CHAPTER 11
Premiere Pro CC

멀티캠 영상 편집하기

여러 대의 카메라로 동시에 촬영한 영상물을 멀티 캠(Multi-Camera) 영상이라고 합니다. 같은 피사체를 다양한 카메라 앵글과 쇼트로 담아 내는 것으로, 뉴스나 쇼, 음악 프로그램과 같은 방송 영상에서 카메라를 바꿔 가면서 송출하는 것과 같은 방식으로 볼 수 있습니다. 프리미어 프로는 여러 대의 카메라의 소스를 싱크시키고 한번에 편집할 수 있도록 멀티캠 편집을 지원합니다.

| 폴더 | 모든예제파일\Chapter003_편집테크닉높이기\3.7

1 멀티캠 소스 싱크 맞추기

01 Project 패널에서 소스 클립_인터뷰영상 폴더 안에 있는 멀티캠 소스를 Ctrl 키를 누른 채 클릭하여 선택합니다. Take2_FS_main_audio.mp4, Take2_Profile_burst.mp4, Take2_front_burst.mp4 순으로 선택합니다.

···· TIP ····
멀티캠 소스를 처음 불러들일 때는 반드시 고퀄리티의 오디오를 가지고 있는 클립을 첫 클립으로 선택해야 합니다. 여기서는 'Take2_FS_main_audio.mp4' 클립을 먼저 선택해야 합니다.

02 마우스 오른쪽 버튼으로 클릭하고 **Create Multi-Camera Source Sequence**를 실행합니다.

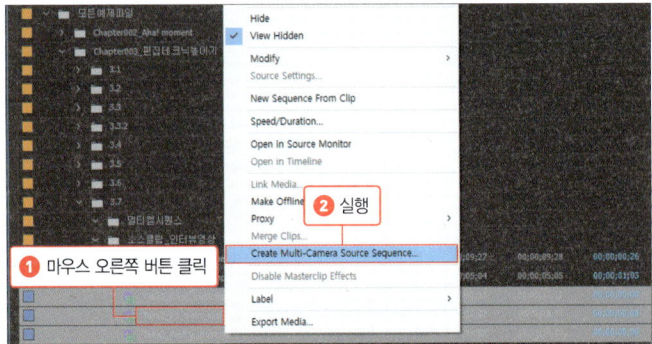

03 멀티캠 소스 옵션 창이 팝업으로 열립니다. Video Clip Name+를 'Custom'으로 변경하고 시퀀스 이름을 'Take2_Multicam_01'로 지정합니다.

Synchronize Point 옵션으로 'Audio'를 지정합니다. 이로써, 각 소스 클립들의 오디오 파형을 바탕으로 싱크를 맞출 수 있습니다. 'Move source clips to Processed Clips bin'에 체크 표시하여 멀티캠 소스 파일들을 하나의 폴더(Bin)에 모읍니다. Audio 항목에서 Sequence Settings를 'Camera 1'로 지정한 다음 〈OK〉 버튼을 클릭합니다.

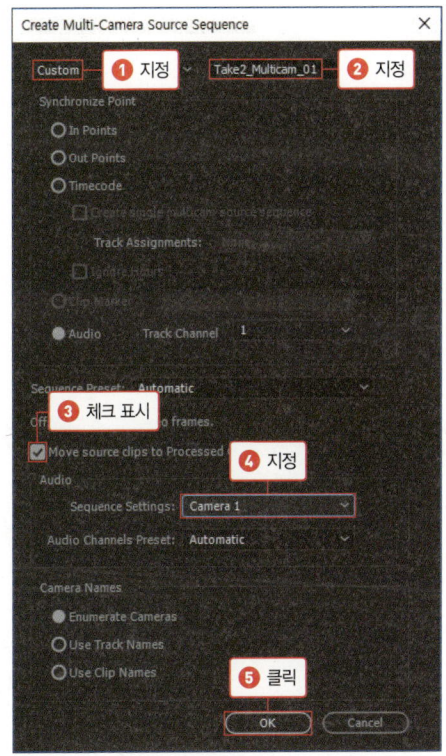

04 'Take2_FS_main_audio.mp4' 클립(멀티캠시퀀스를 만들 때, 처음 선택한 클립)의 오디오를 메인으로 사용합니다. Project 패널을 확인해 보면 멀티캠시퀀스가 새로 만들어지고 'Processed Clips' Bin이 만들어진 것을 확인할 수 있습니다. 멀티캠시퀀스는 멀티캠시퀀스 폴더 안에 넣습니다.

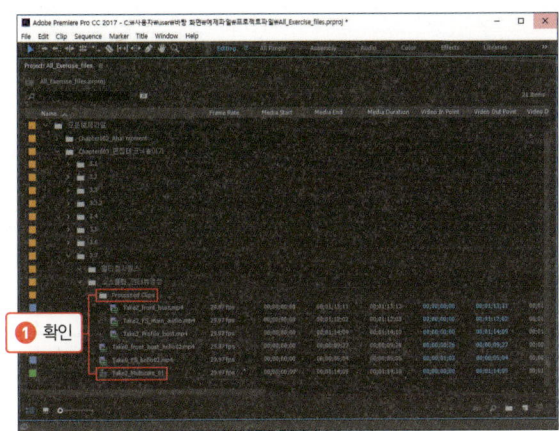 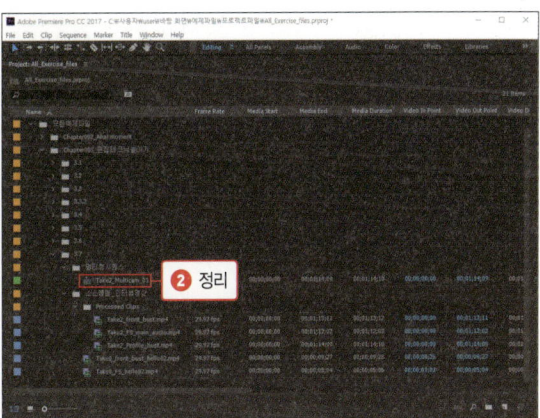

2 멀티캠 편집하기

멀티캠 편집은 Program Monitor 패널의 멀티캠 뷰 모드에서 화면을 직접 마우스로 클릭하여 편집할 수 있습니다. 타임라인을 재생하면서 원하는 카메라 구도를 즉석해서 선택하면, 타임라인 시퀀스의 클립이 자동으로 편집됩니다. 이때, 비디오는 카메라 선택에 따라 컷 편집되지만 오디오는 메인 오디오를 그대로 유지할 수 있습니다.

01 Project 패널의 멀티캠시퀀스 폴더에서 'Take2_Multicam_02' 시퀀스를 마우스 오른쪽 버튼으로 클릭하고 **New Sequence From Clip**을 실행합니다.

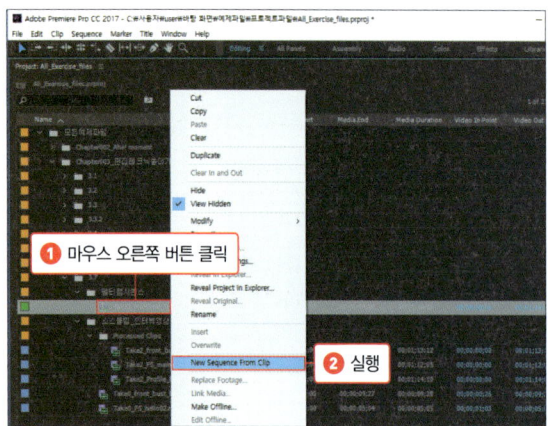
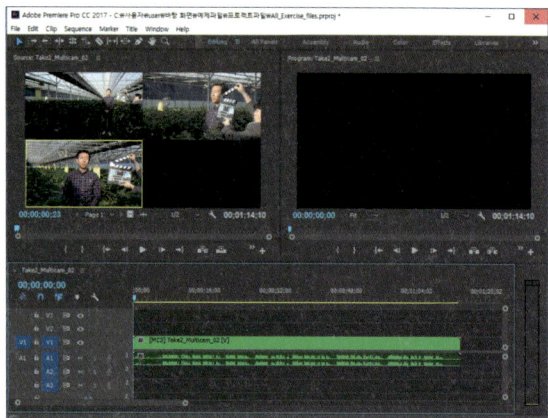

02 Program Monitor 패널의 오른쪽 아랫부분에 위치한 '+' 아이콘( )을 클릭하면 Button Editor가 팝업창으로 뜹니다. 팝업창의 버튼들 중 'Toggle Multi-Camera View' 아이콘( )을 드래그하여 Program Monitor 패널의 버튼 창 위에 올려놓습니다.

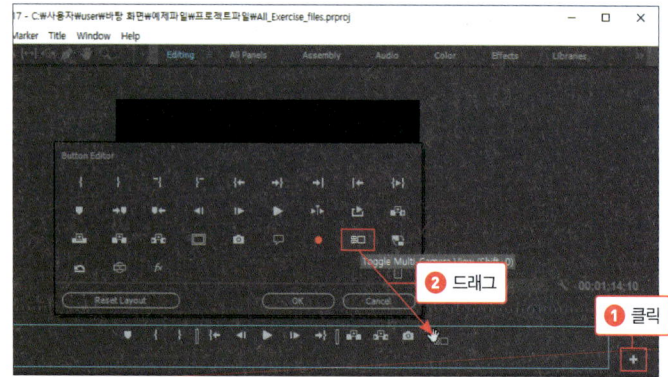

03 'Toggle Multi-Camera View' 아이콘( )을 클릭하거나 Shift 키를 누릅니다.

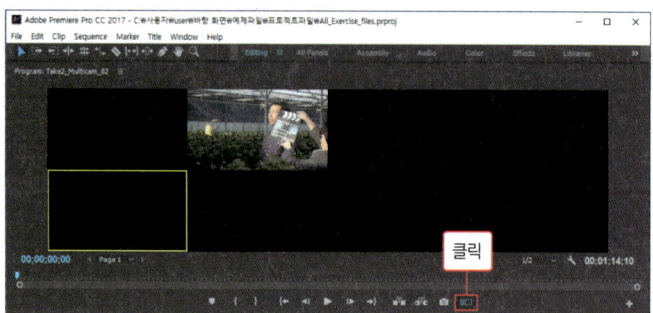

04 타임라인에서 시퀀스를 재생하면 세 클립의 시작점이 모두 다른 것을 확인할 수 있습니다.

플레이헤드를 00:00:06:15에 위치시키고 'Mark Out' 아이콘( )을 클릭하여 아웃 포인트를 마킹합니다.

05 키를 눌러 마킹 구간을 Extract 하여 드러냅니다.

06 정면 바스트 샷을 편집의 시작 클립으로 편집합니다. Spacebar 키를 눌러 재생하면서, 소스 모니터에서 멀티캠 뷰모드의 카메라를 다양하게 선택합니다. 편집을 시작하면, 편집 전 노란색으로 하이라이트되던 멀티 카메라 화면이 붉은색으로 표기되는 것을 확인할 수 있습니다.

완성된 예제 파일은 멀티캠시퀀스 폴더 안에 'Take2_Multicam_03'을 통해 확인할 수 있습니다.

TIP

멀티캠 편집 키보드 단축키 사용하기

- 숫자 키로 카메라 선택하기

  멀티캠 뷰 모드에서 마우스로 카메라 화면을 직접 클릭했듯이, 키보드 상의 숫자 키를 이용하여 편집할 수 있습니다. 왼쪽 윗부분부터 멀티 카메라 1, 오른쪽 윗부분이 멀티 카메라 2, 왼쪽 아랫부분이 멀티 카메라 3, 오른쪽 아랫부분이 멀티 카메라 4가 됩니다.

- 선택 카메라 단축키 설정하기

  카메라를 선택하는 단축키는 키보드 단축키 설정을 통해 커스터마이징할 수 있으며, 최대 열여섯 대까지 조정 가능합니다.

  ① [Edit] → Keyboard Shortcuts(Ctrl+Alt+K)를 실행합니다.

  ② 숫자 패드 부분을 살펴보면, 'Select Camera 1'이라는 명령어를 확인할 수 있습니다.

  ③ 키보드 패널 바로 아래 자리한 돋보기 아이콘 옆에 'Select'라는 검색어를 입력하면, Select와 관련된 명령어를 분류해 볼 수 있습니다. 스크롤을 내리면 선택 카메라 명령어를 쉽게 찾을 수 있는데, 숫자 키가 1번부터 9번까지 카메라 아홉 대에 배정되어 있으며 10번부터 16번까지 새롭게 단축키를 지정할 수 있는 것을 확인할 수 있습니다.

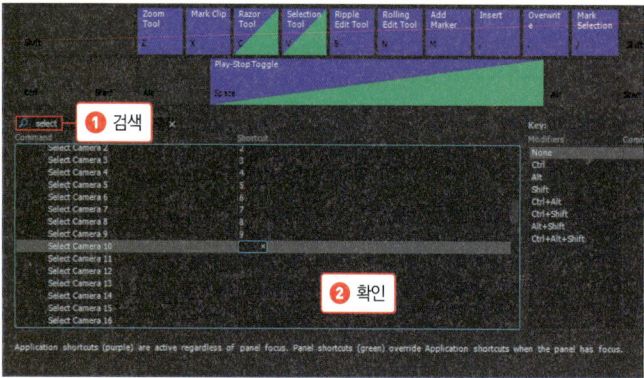

3 멀티캠 편집 다듬기

1 | Tools 패널 이용하여 트리밍하기

01 멀티캠시퀀스 폴더에서 'Take2_Multicam_04' 시퀀스를 사용합니다. 미리 마킹해 둔 00;00;24;21부터 00;00;25;22까지 인 아웃 포인트로 마킹하고 ['] 키를 눌러 Extract하여 드러냅니다.

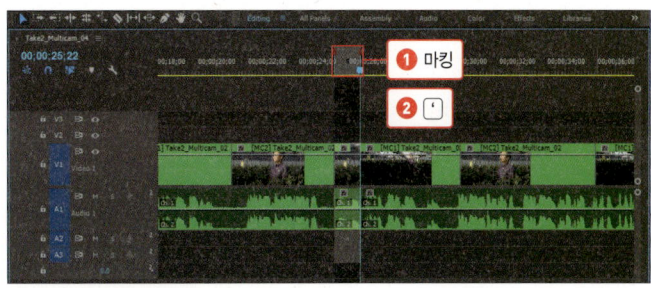

02 [Markers] → Ripple Sequence Markers에 체크 표시하여 리플 편집을 진행하면서 마커도 같이 트리밍되도록 설정합니다.

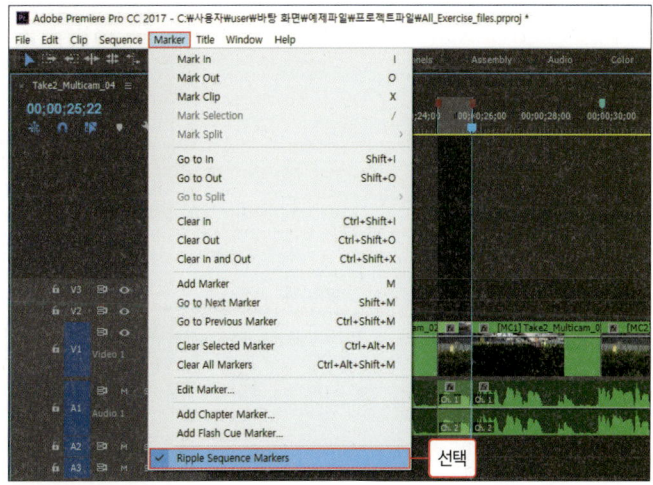

03 00;00;28;20에 위치한 카메라 변경 지점을 앞당기는 편집을 하겠습니다. '봄하고 겨울에는~'이라는 인터뷰 내용을 카메라 변경 시점으로 하고 오디오 파형을 기초로 하여 편집합니다. [N] 키를 누르거나 롤링 편집 도구(⊞)를 선택하여 00;00;28;20에 위치한 경계 지점을 00;00;28;14까지 앞당깁니다.

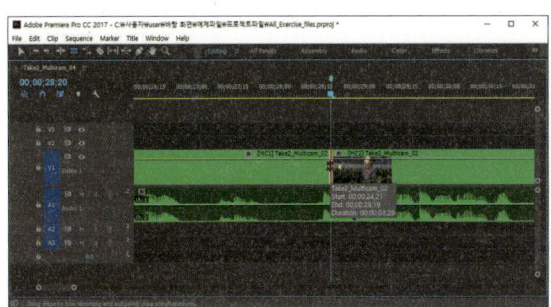 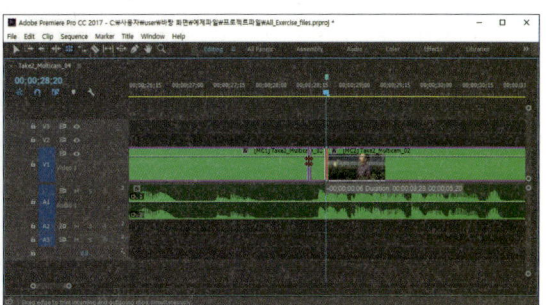

> **TIP**
> [Ctrl]+[←], [→]를 이용하면 프레임 단위로 편집합니다.

2 | 카메라 바꾸기

타임라인에서 플레이헤드를 위치시킨 상태에서 멀티캠 뷰 모드의 멀티 카메라 화면을 선택하는 것으로 타임라인 시퀀스의 카메라 시점을 변경할 수 있습니다. 이 경우, 편집된 구간 전체가 변경되므로 카메라 시점을 추가 수정하기 위해서는 Ctrl 키(Mac : Command)를 누른 상태에서 멀티 카메라 화면을 선택해야 합니다.

01 멀티캠시퀀스 폴더에서 'Take2_Multicam_04' 시퀀스를 사용합니다. 주황색 마커 위치에 플레이헤드를 위치시킵니다.

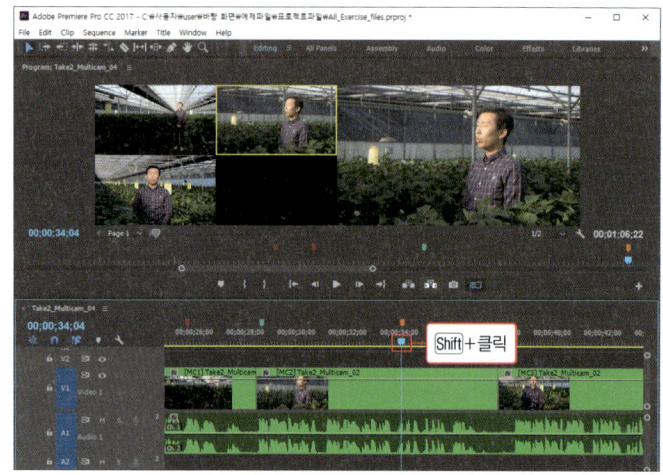

02 타임라인 상의 편집된 클립을 선택하지 않은 상태에서, Ctrl 키 누르고 멀티캠 카메라 1번(왼쪽 상단 카메라, 풀샷)을 선택합니다.

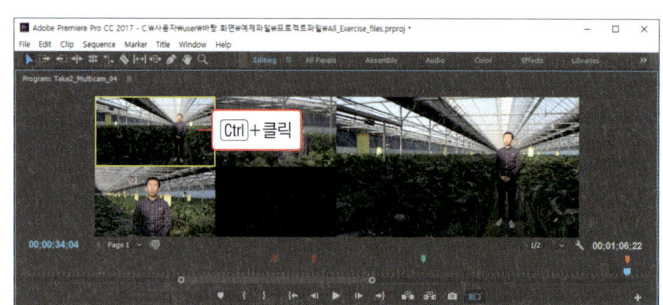

03 타임라인 상의 시퀀스가 컷 편집되면서 멀티 카메라 1번 클립이 추가 편집됩니다. 마찬가지로, 멀티 캠 뷰 모드의 화면을 직접 클릭하지 않고 키보드의 숫자 키를 이용할 수 있습니다.

Ctrl 키를 누르고 숫자 키를 누르면 해당 카메라로 컷 편집할 수 있습니다. 다소 비효율적이기는 하나 타임라인 상의 시퀀스를 자르기 도구로 자르고 마우스 오른쪽 버튼으로 클릭합니다. **Multi-Camera** 메뉴에서 카메라를 선택하여 수정할 수 있습니다.

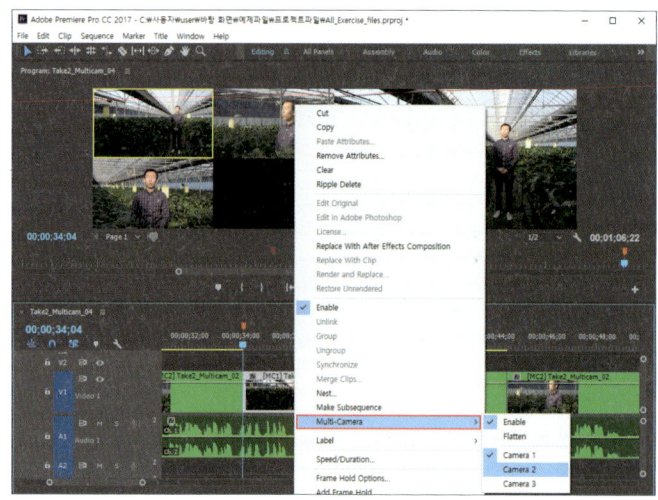

CHAPTER 12
Premiere Pro CC

History 패널 이해하기

대부분의 그래픽 소프트웨어들은 되돌리기(Undo) 기능을 제공하는데 Ctrl + Z 키(Mac : Command + Z)를 사용합니다. 이것은 주로 실수한 부분을 고치거나 다른 시도를 해 볼 때 사용합니다. 예를 들어, 작업을 하다가 오디오 트랙과 비디오 트랙의 싱크(Sync)가 틀어졌다면, 그 이전의 단계로 되돌려 다시 작업을 시작할 수 있습니다. 프리미어 프로는 여타의 그래픽 소프트웨어들과 마찬가지로 사용자의 작업 순차(Actions)를 기록으로 남겨 둡니다. 이것을 History 패널이라고 부르는데 주로 Project 패널 그룹에 속해 있습니다.

1 History 패널 꺼내기

History 패널은 Project 패널 그룹에 속해 있습니다. Project 패널에서 History 패널이 바로 보이지 않는다면, 오른쪽 끝에 위치한 작은 화살표 두 개로 이루어진 아이콘을 누르고 **History**를 실행하면 [History] 탭을 불러올 수 있습니다. 탭 메뉴에서 찾을 수 없다면, [**Window**] → **History**에 체크 표시하여 패널을 활성화합니다.

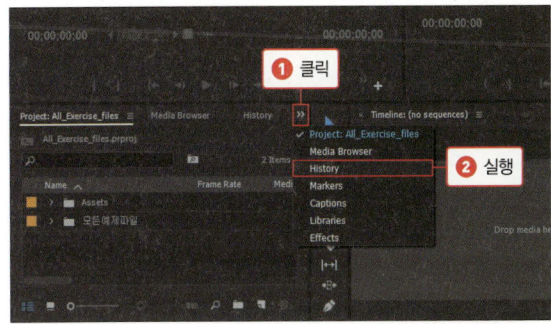
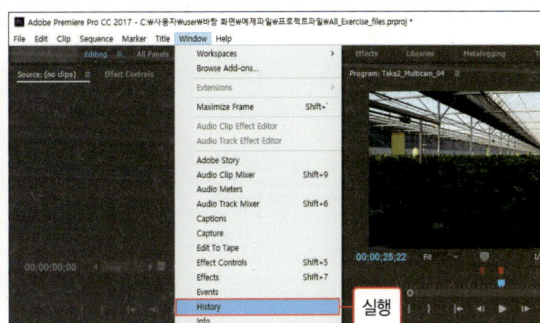

2 History 패널 보기

History 패널 아랫부분에는 얼만큼 되돌릴 수 있는지 숫자로 표기되어 있습니다. 이 숫자는 최근까지 사용자가 몇 단계의 작업 액션을 취했는지 알려 주는 것과 동시에 최대한 얼마만큼 되돌릴 수 있는지를 알려 주는 지표입니다.

만약 프로젝트 파일을 새로 열었거나 작업을 시작한지 얼마 되지 않았다면 숫자는 아마 1이거나 굉장히 낮을 것입니다. History 패널을 볼 때 아래 줄일수록 최근 작업 액션을 뜻합니다. 이 액션의 목록을 따라 거슬러 보면 어떤 경로로 지금의 결과물이 나왔는지 알 수 있습니다.

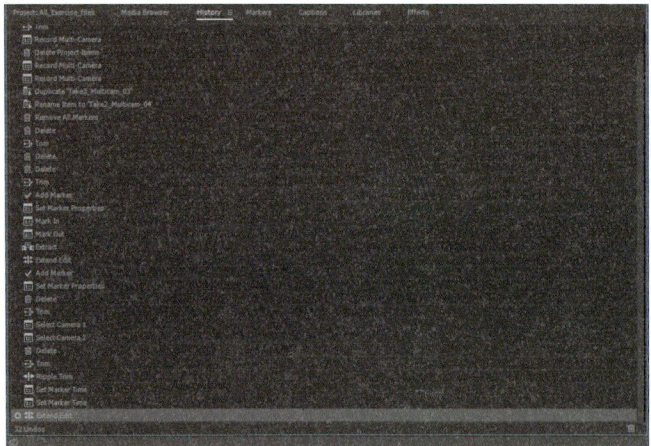

3 History 패널 사용하기

History 패널 상의 특정 액션으로 돌아가려면 간단하게 그 액션을 클릭하면 됩니다. 되돌리는 시점 이전의 액션은 흰색으로 표시되며, 그 이후의 액션들(아래 줄)은 흐린 회색으로 표시됩니다. 새로운 액션을 취하게 되면, 흐린 회색으로 표시되었던 액션들은 모두 지워지고 새로운 액션 한 줄이 추가됩니다. 중요한 것은 새로운 액션이 추가되면, 지워진 액션들은 다시 되돌릴 수 없습니다. 다음의 내용은 따라하기 예제가 없는 '예시'입니다.

01 History 패널을 거슬러 올라가다 보면 Extract(빈 공간 없이 클립 지우기) 액션을 찾을 수 있습니다. 이 액션을 실행했던 시점으로 되돌려서 지웠던 클립들을 다시 되돌립니다.

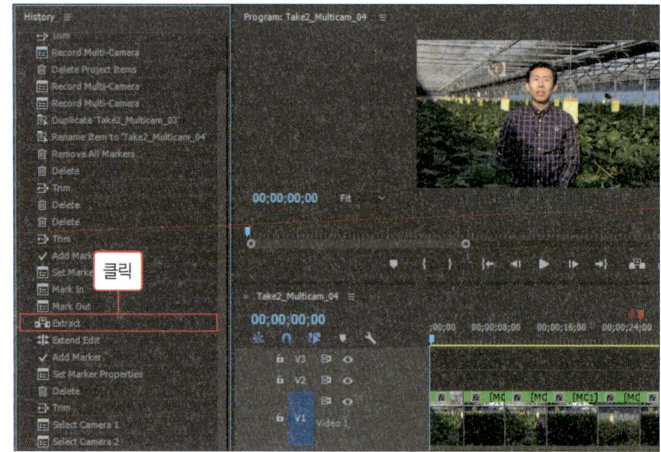

02 History 패널에서 Extract 바로 이전 액션(Mark Out)을 클릭합니다. 이 액션을 기준으로 윗줄은 흰색으로 표시되고, 아랫줄은 흐린 회색으로 표시됩니다.

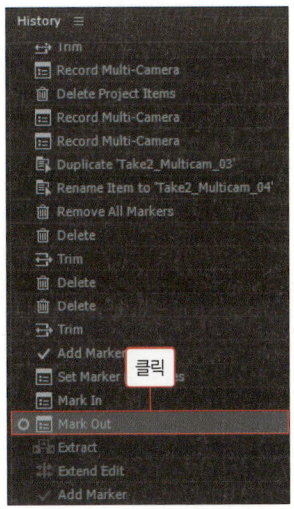

03 이 상태에서 새로운 액션을 취해 봅니다. Timeline 패널을 마우스 오른쪽 버튼으로 클릭하고 **Clear In and Out**을 실행합니다.

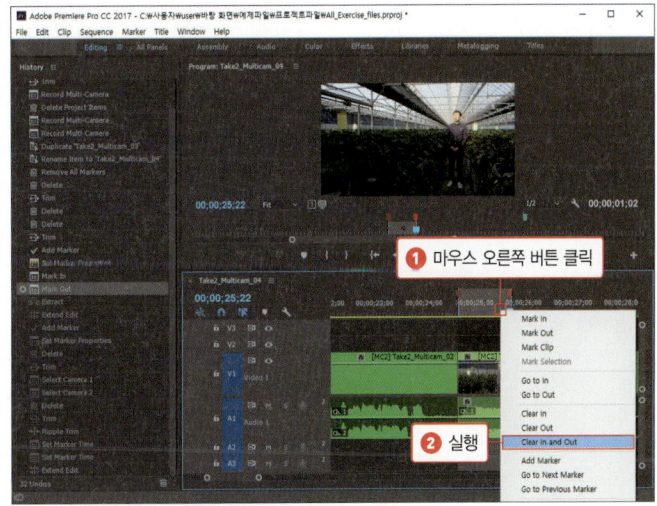

04 History 패널에 'Clear In and Out'이라는 액션이 새로 추가되고, 되돌린 시점부터 그 이후의 모든 액션들은 사라진 것을 알 수 있습니다.

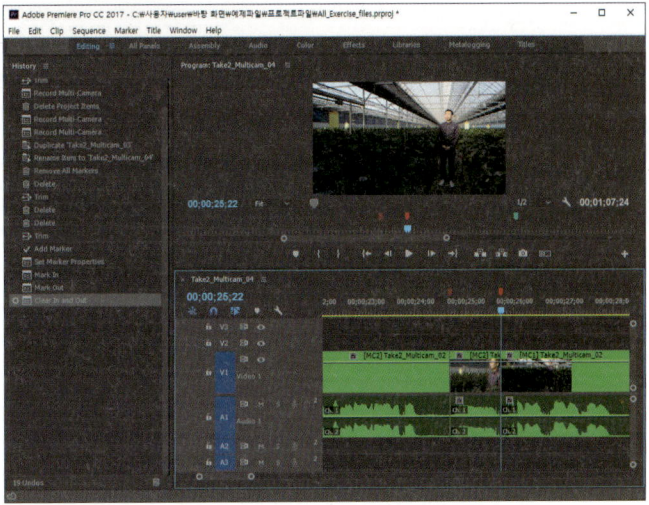

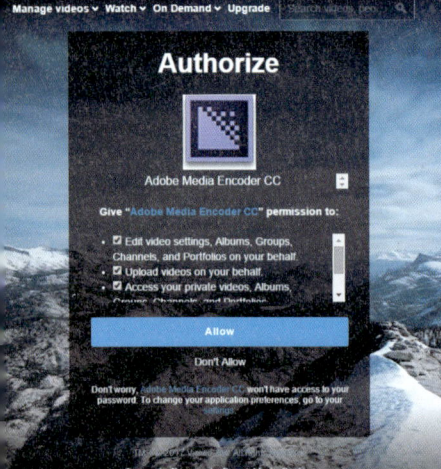

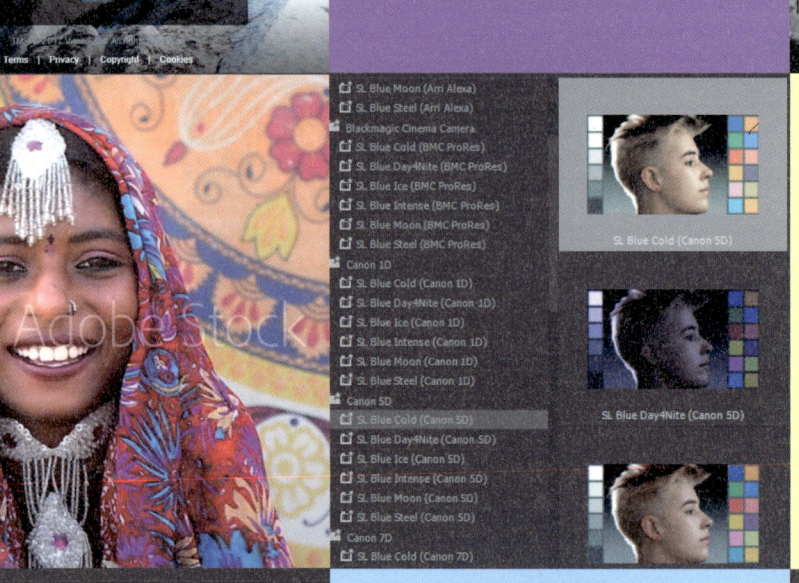

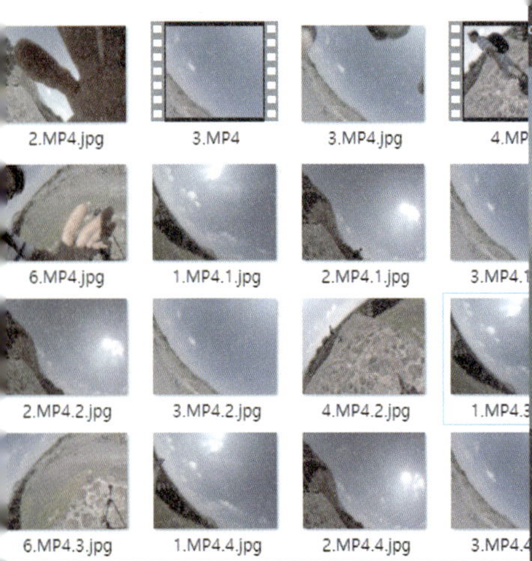
2.MP4.jpg
3.MP4
3.MP4.jpg
6.MP4.jpg
1.MP4.1.jpg
2.MP4.1.jpg
2.MP4.2.jpg
3.MP4.2.jpg
4.MP4.2.jpg
6.MP4.3.jpg
1.MP4.4.jpg
2.MP4.4.jpg
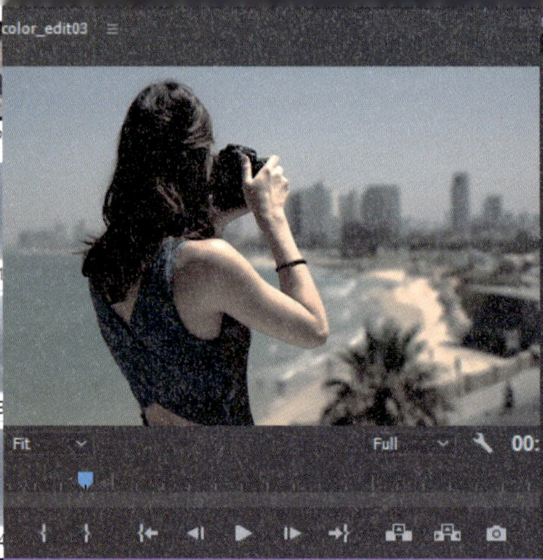
color_edit03
Fit
Full
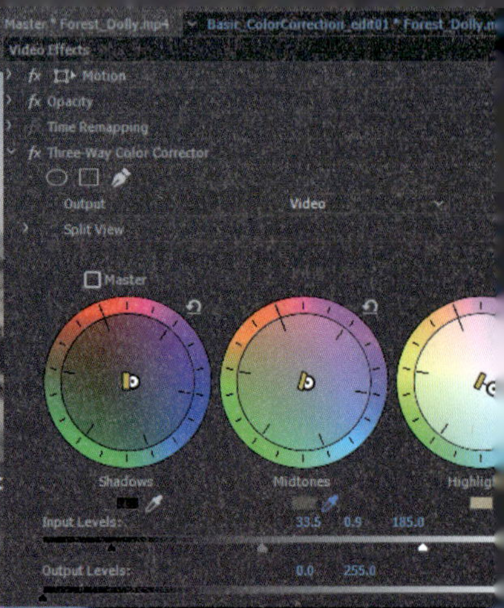
Video Effects
Motion
Opacity
Time Remapping
Three-Way Color Corrector
Output
Video
Split View
Master
Shadows
Midtones
Input Levels:
Output Levels:
Manage videos
Watch
On Demand
Upgrade
Authorize
Adobe Media Encoder CC
Allow
Don't Allow
Terms
Privacy
Copyright
Cookies

PART 04

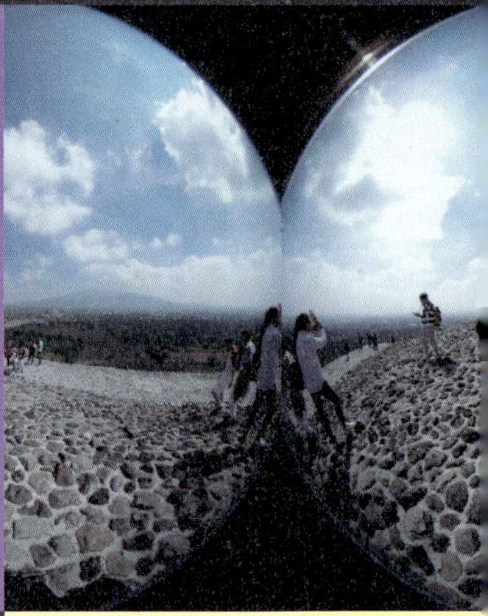
Adobe Stock
SL Blue Cold (Canon 5D)
SL Blue Day4Nite (Canon 5D)
003_crosswalk.mp4
GC_004_entrance.mp4
008_surfing_2.mp4
GC_006_jogging.mp4
romakey_edit01
Fit
Full

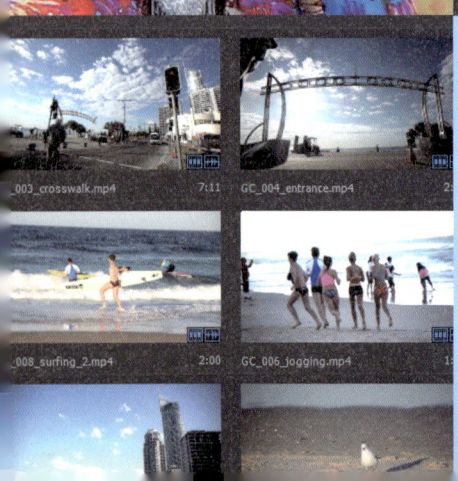

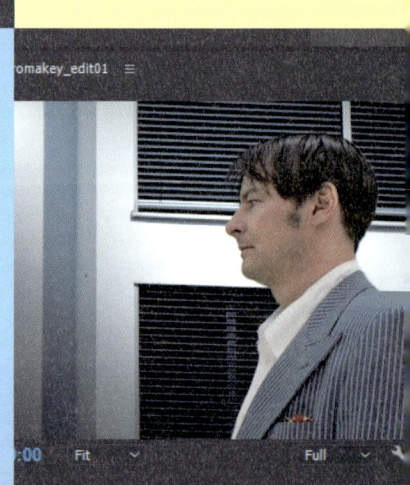

이미지와 그래픽 소스로 작업하기

Part 4에서는 DSLR 풋티지(사진과 비디오)를 이용하여 슬라이드쇼나 타임랩스(Time-lapse) 등의 이미지 시퀀스를 만드는 방법에 대하여 알아보고, 키프레임을 이용하여 풋티지 위치와 비율을 조정하는 등의 애니메이션을 적용하는 방법을 알아봅니다. 타이틀이나 자막과 같은 그래픽 소스를 적용하는 방법과 포토샵이나 일러스트레이터, 애프터 이펙트 등의 그래픽 소프트웨어와 연동하여 작업하는 방법을 알아봅니다.

CHAPTER 01
Premiere Pro CC

이미지 가져오기(Importing)

1 카메라 카드에서 이미지 가져오기

DSLR 카메라마다 캡처하는 비디오 포맷이 다릅니다. 어떤 카메라는 비디오 파일을 별도의 동영상 파일로 저장하는가하면, 어떤 카메라는 번들 또는 패키지로 저장하여 컴퓨터 운영체제에서 인식하지 못할 수 있습니다. 어떤 경우에는 컴퓨터 운영 체제에서 재생할 수 없는 포맷으로 압축된 동영상으로 재생하는 카메라도 있습니다.

가장 먼저 카메라 카드에 저장되어 있는 미디어를 컴퓨터 하드 드라이브로 복사해야 합니다. 이 과정은 굉장히 중요한데, 프리미어 프로는 미디어를 프로젝트에 포함시키지 않고 원본 미디어의 가상 지표를 만들기 때문입니다. 다시 말해, 카메라 카드에서 데이터를 불러와 프리미어 프로로 편집을 하게 되면, 나중에 카메라 카드와 연결이 끊어진 상태에서는 모든 미디어가 오프라인으로 바뀌어 더 이상 프리미어 프로에서 편집이 불가능해집니다. 만약 카메라 카드에서 미디어 데이터를 실수로 지운다면, 모든 소스 파일은 없어지게 되는 것입니다. 따라서, 반드시 미디어 데이터를 컴퓨터에 복사한 다음 프리미어 프로로 미디어를 가져와 작업해야 합니다.

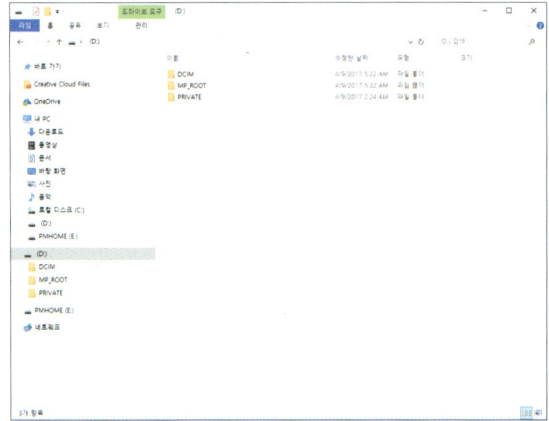
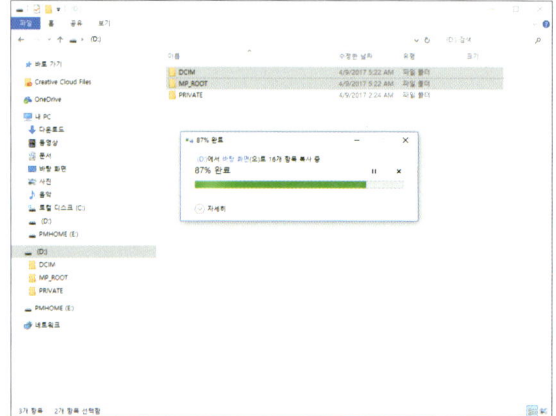

01 카메라를 연결한 상태에서 프리미어 프로를 실행합니다. Media Broeser 패널에서 카메라 카드 경로를 찾는데 드라이브명과 폴더명, 그리고 동영상 클립과 이미지가 저장되어 있는 하위 폴더는 카메라 기종에 따라 다를 수 있습니다. Media Broeser 패널 아랫부분 아이콘을 눌러 뷰 모드를 Thumbnail View로 바꿉니다. 미디어가 포함되어 있는 폴더라면 동영상 클립과 이미지를 나타내는 아이콘이 표시됩니다.

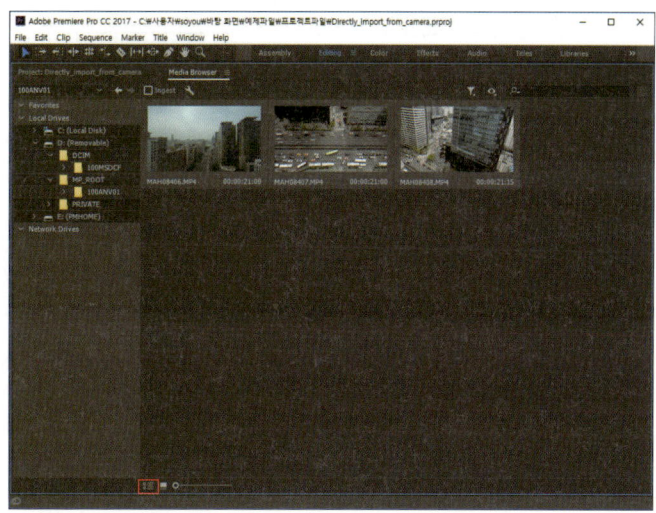

02 Media Broeser 패널에서 동영상 클립에 마우스를 올려 좌우로 움직여 보면(Hover Scrub) 어떤 내용을 담고 있는지 미리 보기 할 수 있습니다.

필요한 미디어를 Ctrl 키를 누르고 개별 선택하거나, Ctrl+A 키를 눌러 전체 선택합니다. 그리고 마우스 오른쪽 버튼으로 클릭하고 **Import**를 실행합니다.

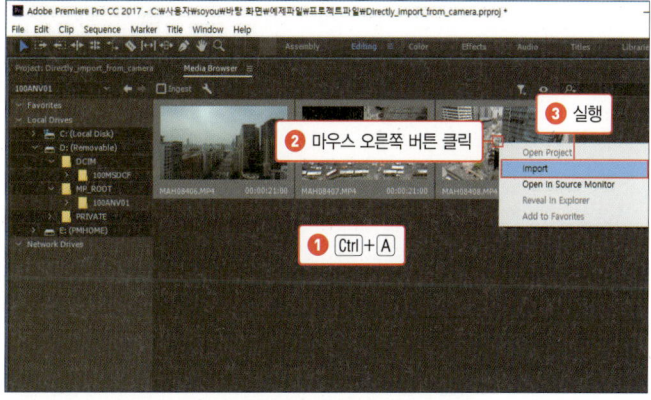

03 윗부분 탭을 눌러 Project 패널을 열면 불러들인 미디어들을 볼 수 있습니다.

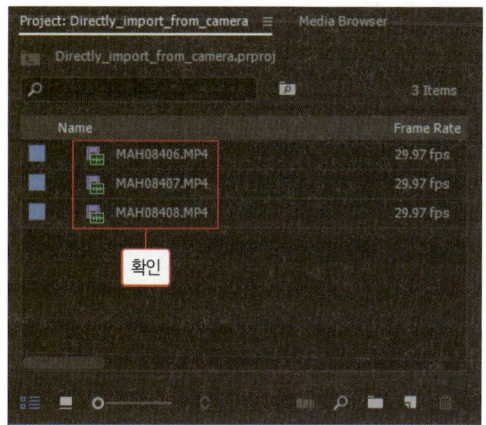

04 Project 패널로 불러들여진 미디어 클립 중 하나를 마우스 오른쪽 버튼으로 클릭하고 **Reveal in Explorer**를 실행합니다.

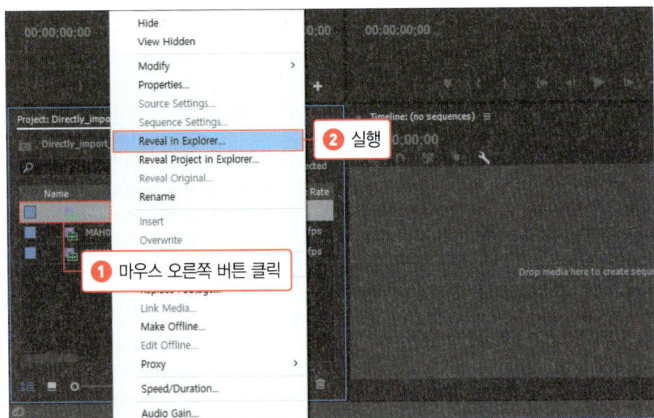

05 파일 경로가 카메라 카드로 설정된 것을 확인할 수 있습니다.

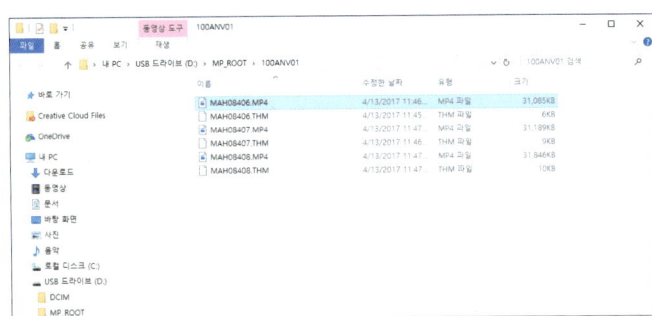

06 프리미어 프로의 프로젝트 파일을 저장하고 프리미어 프로를 끕니다. 그리고 카메라 카드를 제거한 상태에서 다시 프리미어 프로를 실행하고 방금 저장한 프로젝트 파일을 켜면 모든 파일이 오프라인으로 바뀌면서 미디어를 재연결(Re-linking)하라는 대화상자가 표시됩니다. File Path(파일 경로)를 살펴보면 카메라 카드의 드라이브로 설정된 것을 확인할 수 있습니다.

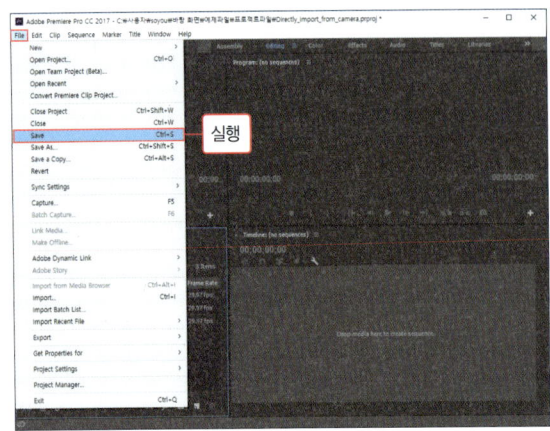
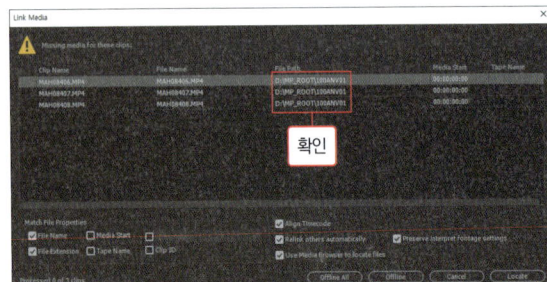

2 미디어 브라우저를 이용하여 이미지 가져오기

01 Project 패널에서 4.1 폴더 안에 'Images'라는 이름의 새 폴더를 만듭니다. 폴더를 선택하고 Media Browser 패널을 표시합니다.

02 Media Browser 패널에서 이미지가 들어 있는 폴더의 경로를 찾습니다. `` ` `` 키를 누르면 전체 화면 모드로 파일을 검색할 수 있습니다. 예제파일 → 미디어파일 → 이미지 → 고화질이미지 경로로 들어갑니다. 창 아랫부분에 아이콘 뷰를 눌러 이미지를 섬네일과 함께 봅니다.

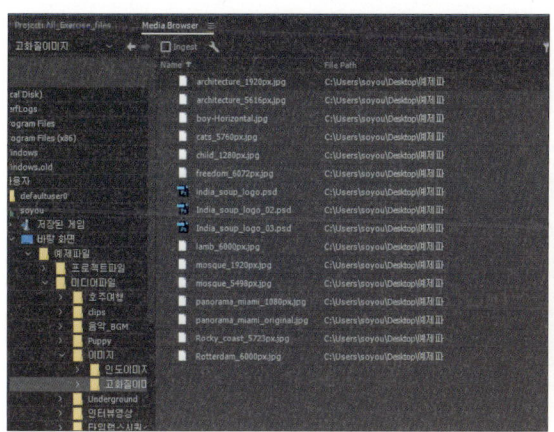
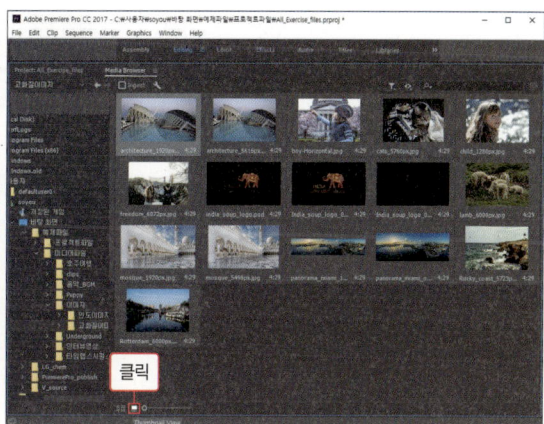

03 패널 오른쪽 윗부분 필터 아이콘( )을 클릭하면, JPEG, TIFF, Photoshop File 등 특정 형태의 파일만 걸러 볼 수 있습니다. 필터의 항목들을 선택하는 대로 복수의 필터 옵션을 적용할 수 있습니다.

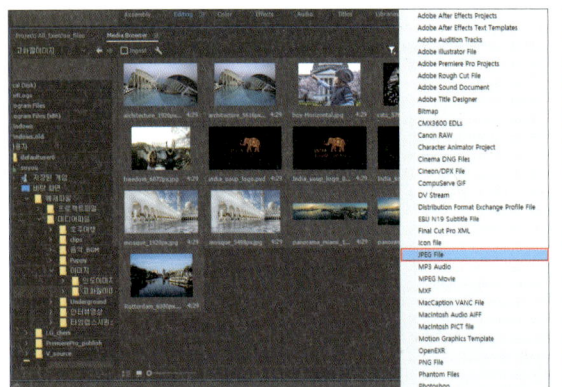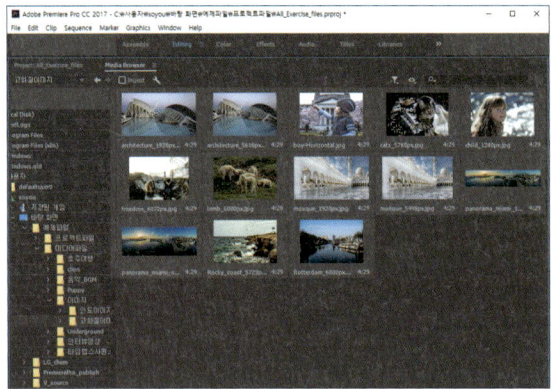

04 가져오려는 이미지를 Ctrl 키를 누르고 복수 선택하거나, Ctrl+A 키 혹은 마우스 드래그하여 전체를 선택합니다. 전체 선택하고 오른쪽 마우스 버튼을 클릭하고 **Import**를 실행합니다.

05 Project 패널로 돌아와 보면 좀 전에 만든 Images라는 폴더에 방금 불러들인 이미지 파일들이 들어있는 것을 확인할 수 있습니다.

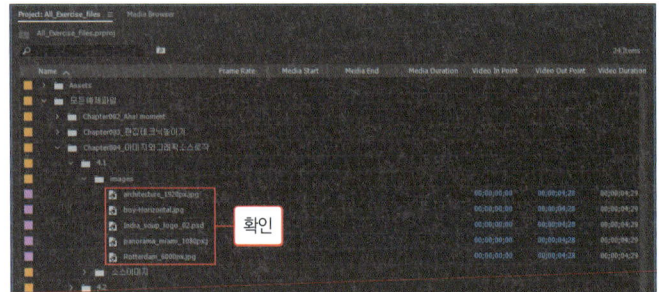

3 포토샵이나 일러스트 파일 가져오기(Import Layered File)

프리미어 프로로 포토샵이나 일러스트 파일을 가져올 때, 작업 파일의 특성상 레이어를 어떻게 처리할지 묻는 팝업창을 마주하게 됩니다. 레이어를 모두 합쳐서 단일 파일로 불러들일지, 레이어를 개별적으로 살려서 가져올지를 결정하게 됩니다.

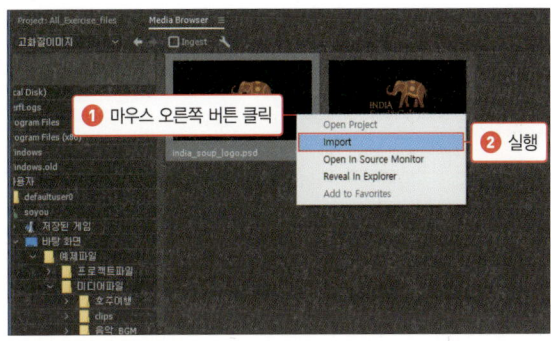
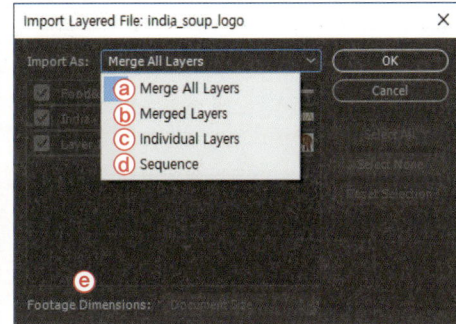

ⓐ **Merge All Layers** : 모든 레이어를 하나로 합쳐 단일 파일로 불러들입니다.

ⓑ **Merge Layers** : 레이어를 부분적으로 선택하고 합쳐 단일 파일로 불러들입니다.

ⓒ **Individual Layer** : 레이어를 개별적으로 선택하여 단일 파일로 가져옵니다.

ⓓ **Sequence** : 모든 레이어를 개별적으로 살리고 시퀀스 하나로 묶어 가져옵니다.

ⓔ **Footage Dimensions** : 포토샵이나 일러스트 파일을 불러들일 때, 레이어 크기를 어떻게 처리하여 불러올 것인지를 정하는 옵션입니다. 'Document Size' 옵션은 아트보드 크기(포토샵이나 일러스트레이터의 작업 크기)로 레이어를 처리하여 불러들이게 되며, 'Layer Size' 옵션은 해당 레이어 크기로 불러들일 수 있습니다.

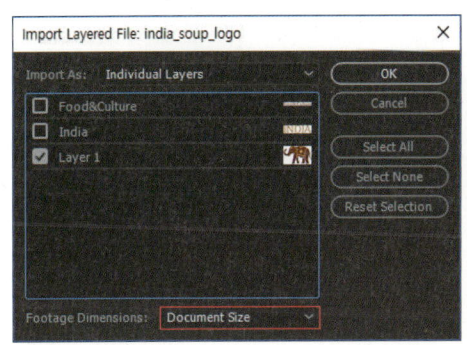
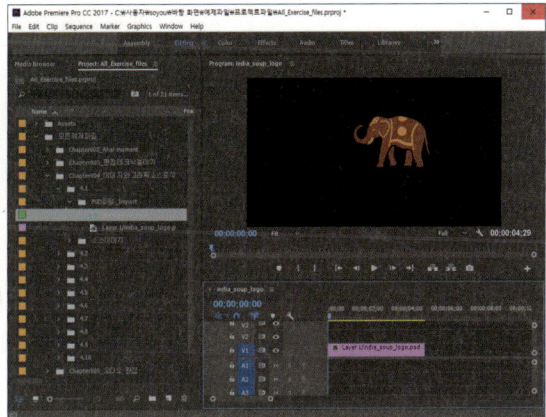
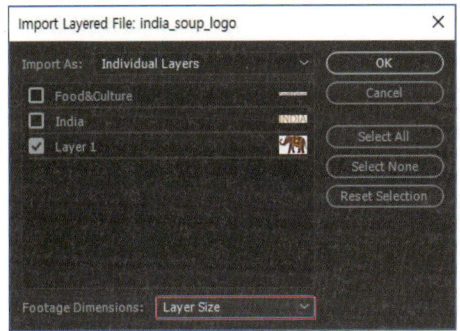
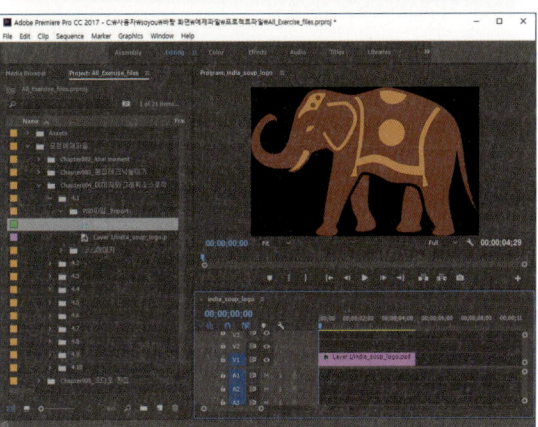

CHAPTER 02
Premiere Pro CC

이미지 해상도와 포맷 이해하기

HDTV는 더 이상 단어가 의미하는 것처럼 고화질이 아닙니다. 시중에서 볼 수 있는 대부분의 DSLR 카메라들은 20~24메가픽셀을 캡처할 수 있는 센서가 있습니다. 24메가픽셀 이미지는 6000×4000픽셀로 된 이미지를 말합니다. HDTV 해상도는 1920×1080픽셀 즉, 약 2메가 픽셀밖에 되지 않습니다. 이와 같이 높은 해상도의 사진을 프리미어 프로로 가져온다면 컴퓨터는 필요한 작업량의 12배에 달하는 작업을 각 비디오 프레임마다 수행해야 함을 의미합니다. 이렇게 큰 이미지는 아무리 성능이 좋은 컴퓨터라도 속도를 저하시킵니다.

▲ 6000×4000

▲ 1290×1080

또 다른 문제점은 대부분의 DSLR의 종횡비는 3:2 또는 4:3의 종횡비로 이미지를 캡처한다는 데 있습니다. HDTV의 종횡비는 16:9로 비디오에 사진을 추가하면, 사진의 위쪽과 아래쪽을 잘라내거나 좌우로 검은색 레터박스(Letterbox)가 생기게 됩니다. 프리미어 프로는 사진 정보가 불필요하게 잘려 나가지 않도록 하기 위해 이렇게 표시합니다.

▲ 4:3 원본

▲ 16:9 세로 비율 맞춤

▲ 16:9 가로 비율 맞춤

프리미어 프로에서 이미지를 잘라 비율을 조정할 수도 있는데, 이 작업은 포토샵과 라이트룸에서 훨씬 더 수월하게 할 수 있습니다. Crop Presets를 이용하여 16:9로 사진을 자를 수 있고, 또 정확하게 자르고 싶은 부분을 설정할 수 있어 유용합니다. TV는 가로로 되어 있기 때문에 이미지를 잘라 내보낼 때도 가로로 내보내야 할 것입니다. 만약 이미지를 확대하는 애니메이션을 추가하려면 1920×1080픽셀보다 높은 해상도로 사진을 내보내야 확대하더라도 이미지의 선명도를 유지할 수 있습니다.

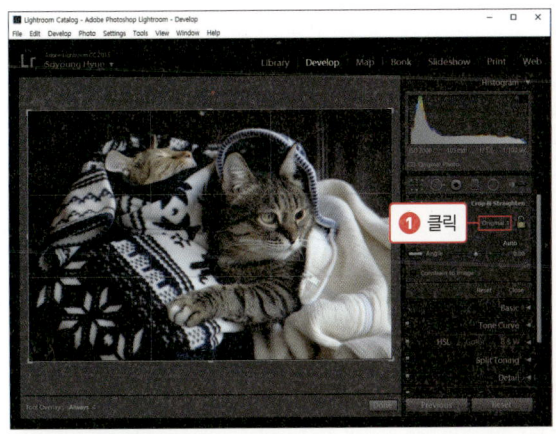

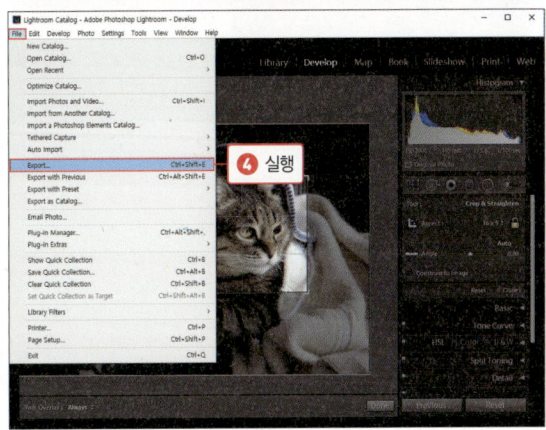

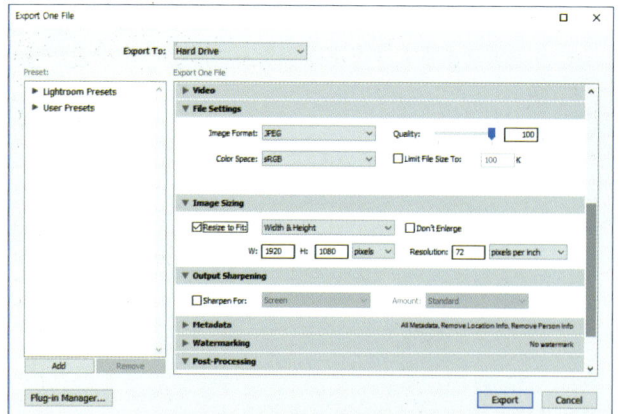

> **TIP**
>
> **이미지를 확대했을 때 권장 해상도**
>
> HDTV(1920px) 해상도 기준으로 확대 비율에 따라 다를 수 있지만, 다음 해상도를 충족하는 이미지를 사용하는 것이 이미지의 선명도를 유지하면서 좋은 결과물을 낼 수 있습니다.
> - 150% 확대 = 2880×1620px
> - 200% 확대 = 3840×2160px
> - 300% 확대 = 5760×3240px

프리미어 프로는 일반적인 이미지 형식의 대부분(AI, GIF, DPX, EPS, JPEG, PICT, PNG, PSD, TIF, TARGA 등)을 사용할 수 있지만 Camera Raw는 지원하지 않습니다. 따라서, 카메라 카드에서 가져온 모든 이미지를 JPEG 또는 TIFF 파일로 변환할 것을 권장합니다. TIFF 파일은 JPEG보다 용량이 크고 편집하는 동안 재생이 원활하지 않을 수 있습니다. 오래된 컴퓨터나 RAM 용량이 낮거나 하드 드라이브 속도가 느린 경우에 JPEG으로 변환하는 것을 권하며, 이는 TIFF보다 빠르게 재생되고 최종 비디오에서 품질 차이도 느끼지 못할 것입니다.

1 이미지 작업을 위한 환경 설정하기

Timeline 패널 위의 이미지 지속 시간은 5초로 사전 설정되어 있습니다. 만약 기본 값을 변경하고 싶다면, [Edit] → Preferences → Timeline을 실행하고 Still Images Default Duration으로 들어가 스틸 이미지의 지속 시간을 얼마든지 변경할 수 있습니다. 모든 스틸 이미지의 지속 시간은 이미지를 시퀀스에 배치한 후에도 마우스 트리밍을 통해 언제든지 늘리거나 줄일 수 있습니다.

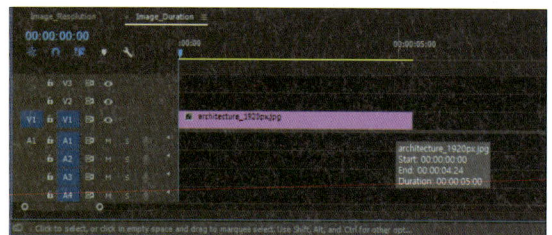
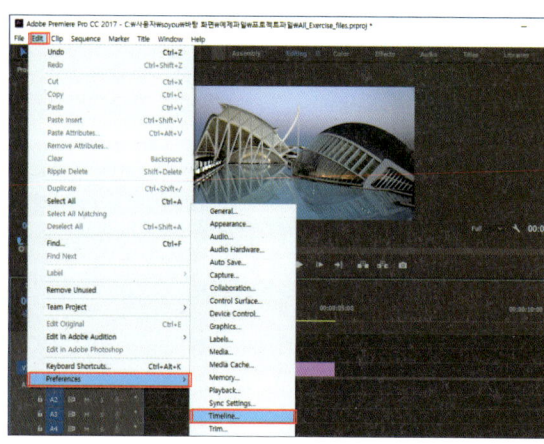

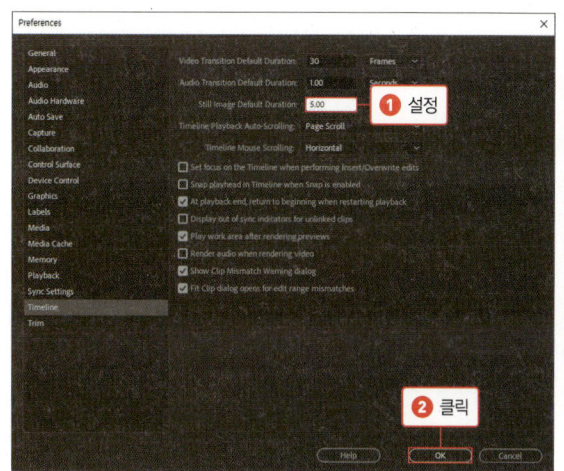
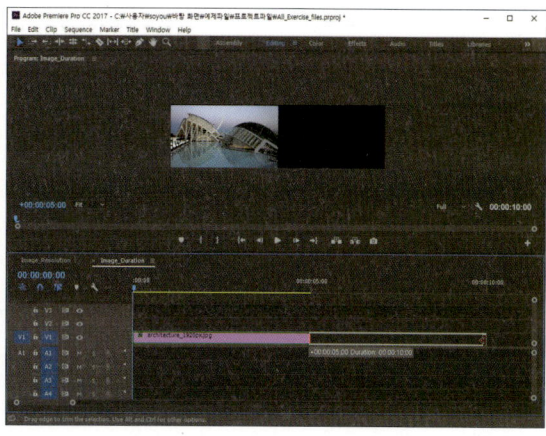

시퀀스에 이미지를 정렬하다보면 평균적으로 사용하는 지속 시간이 있을 것입니다. 시퀀스에 올려진 이미지들의 평균 시간과 기본 지속 시간을 동일하게 설정하는 것이 좋습니다. 스포츠 비디오의 경우 빠른 속도감 때문에 이미지 한 장 당 평균 지속 시간이 2초가 될 수도 있고, 웨딩 비디오의 경우 느린 호흡이 필요하므로 10초 정도가 될 수 있습니다.

이미지 해상도와 비디오 화면 해상도 이미지를 비디오 화면 해상도 1920×1080픽셀에 맞게 잘라냈다면 타임라인 상에 이미지를 불러들였을 때, 프로그램 모니터에 이미지의 전체 디테일이 모두 보일 것입니다. 하지만 비디오 화면 해상도보다 이미지가 클 경우, 이미지의 일부(가운데 부분)만 보이게 될 것입니다.

2 이미지 해상도와 비디오 화면 해상도 알아보기

이미지를 비디오 화면 해상도 1920×1080픽셀에 맞게 잘라냈다면 타임라인 상에 이미지를 불러들였을 때, 프로그램 모니터에 이미지 전체 디테일이 모두 보일 것입니다. 하지만 비디오 화면 해상도보다 이미지가 클 경우에는 이미지의 일부(가운데 부분)만 보이게 될 것입니다.

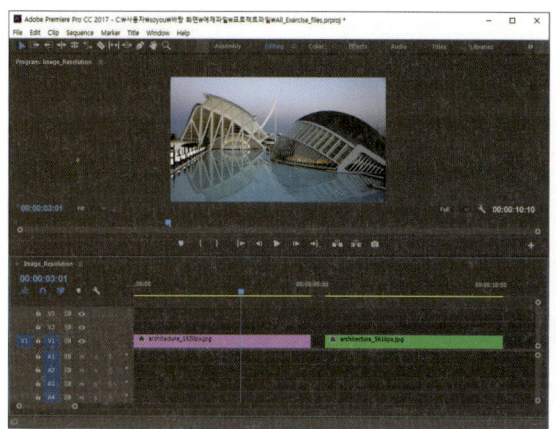
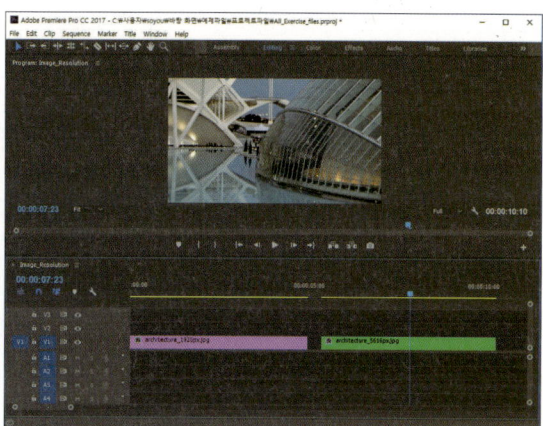

프로그램 모니터에서 Select Zoom Level을 '10%'로 설정하고, Source Monitor 패널 그룹 중 하나인 Effect Controls 패널을 활성화합니다. Program Monitor 패널에서 이미지를 더블클릭하면 이미지 크기의 바운딩 박스가 나타납니다.

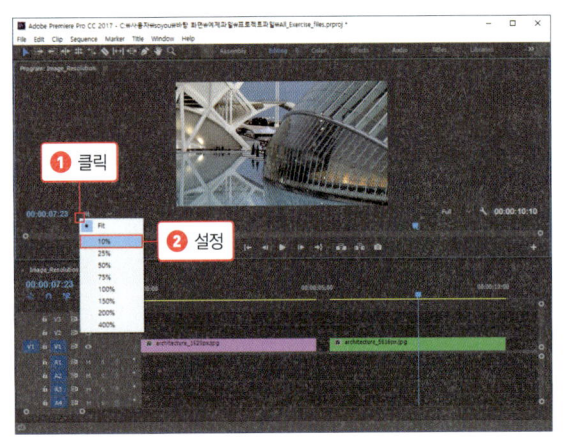
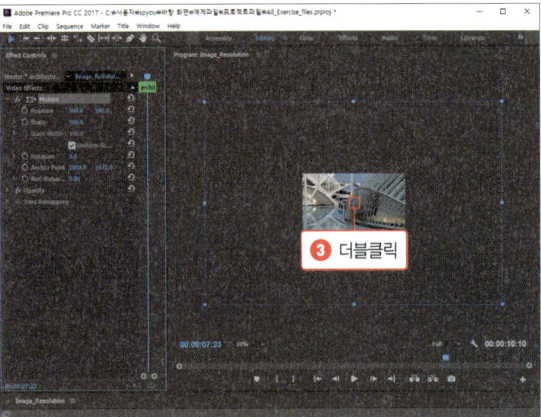

타임라인에서 이미지를 마우스 오른쪽 버튼으로 클릭하고 **Set to Frame Size**를 선택합니다. 고해상도 이미지가 화면 크기에 맞춰 자동으로 크기가 줄어듭니다. 4:3의 이미지가 16:9 화면에 맞춰졌기 때문에 좌우에 검은색 레터박스가 생긴 것을 확인할 수 있습니다. 이미지 전체가 프레임에 맞게 맞춰지더라도 이미지 원본 픽셀 해상도는 그대로 유지되므로 이미지를 확대하더라도 선명도를 그대로 유지할 수 있습니다. 이 명령은 타임라인의 모든 이미지를 Ctrl+A 키 또는 드래그로 전체 선택하고 마우스 오른쪽 버튼을 클릭하여 한꺼번에 적용할 수 있습니다.

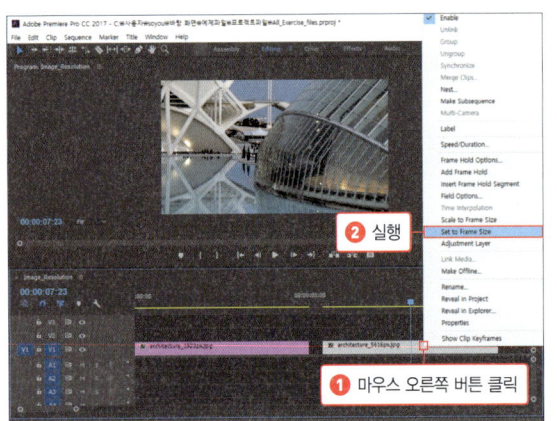
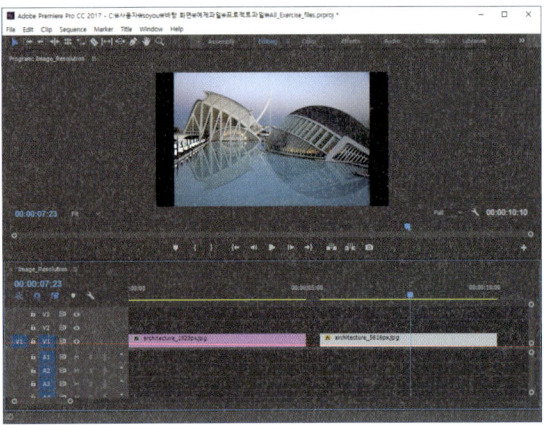

인터넷 상에서 이미지를 다운받아서 사용할 때, HDTV 해상도보다 작은 이미지를 사용할 때도 있을 것입니다. 프리미어 프로에서 이미지 크기를 크게 만들어 사용할 수 있지만 비디오의 품질이 굉장히 낮아질 수 있으니 반드시 Full Screen Mode (100%)로 화질을 체크해야 합니다.

3 컬러 매트 사용하기

이미지를 올린 화면에 상하좌우에 검은색 바가 만들어질 때 이 부분은 비어 있는 공간이라고 생각해야 합니다. 화면 비율과 맞지 않는 이미지를 V2 트랙에 올리고, V1 트랙의 B-roll로 사용하면 이미지 뒤로 V1의 비디오 화면이 겹쳐 보이게 됩니다. 이런 경우 Color Matte를 만들어 배경 화면으로 사용할 수 있습니다.

|시퀀스| 모든예제파일\Chapter004_이미지와그래픽소스로작업하기\4.2

01 시퀀스 폴더에서 'Color_Matte' 시퀀스를 사용합니다.
플레이헤드를 이동시켜 V2 트랙 위의 이미지가 프로그램 모니터에 보이도록 합니다.

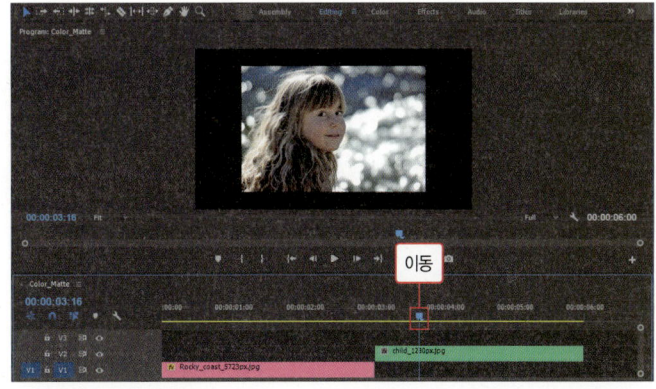

02 이미지 비율이 맞지 않아 V2 뒤로 검은색 화면이 보이는 것을 확인할 수 있습니다. V1트랙의 이미지를 트리밍하여 V2와 겹치게 놓습니다.
플레이헤드를 V1과 V2 트랙이 겹치는 위치에 놓으면 V2 이미지 뒤로 V1 이미지가 그대로 드러나는 것을 확인할 수 있습니다.

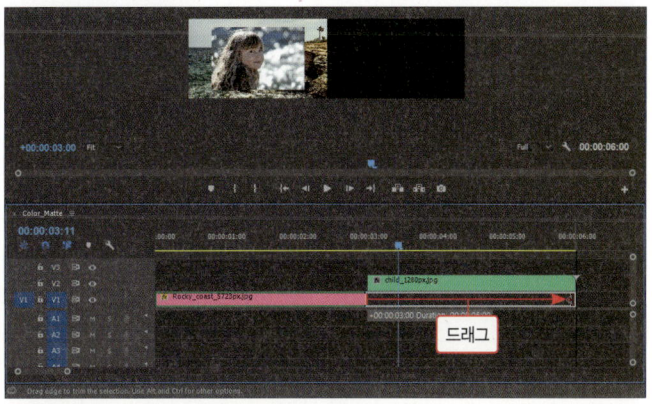

03 Project 패널에서 'New Items' 아이콘(■)을 클릭하고 **Color Matte**를 실행합니다.

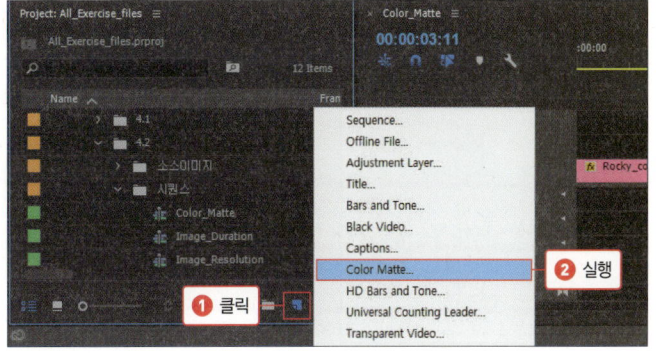

04 팝업창이 표시되면 Video Settings를 시퀀스 세팅과 동일하게 만들고 〈OK〉 버튼을 클릭합니다.

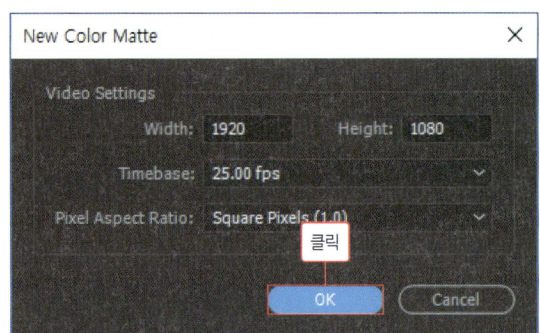

05 Color Picker 대화상자가 자동으로 표시되는데, 배경색을 지정하는 창입니다. 마우스로 컬러 팔레트 부분을 드래그하여 색을 고를 수 있습니다. 여기서는 검은색을 선택합니다.

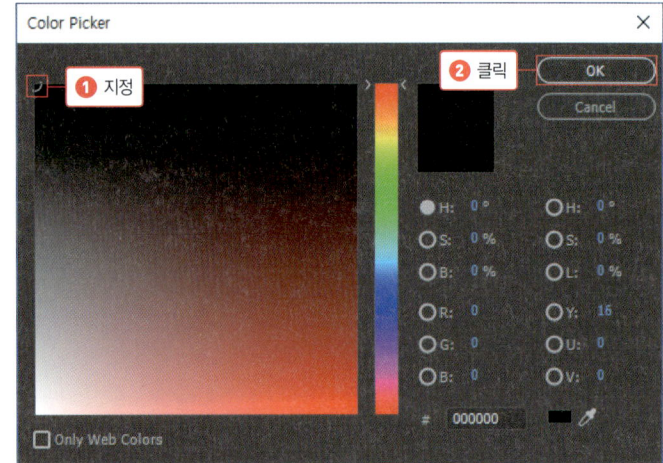

06 컬러 매트의 이름을 지정하고 〈OK〉 버튼을 클릭합니다. Project 패널에 'Black BG'라는 이름의 컬러 매트가 만들어진 것을 확인합니다. Project 패널에서 New Bin(폴더)을 만들고 'Color Matte'라고 이름을 지정한 다음 컬러 매트를 정리해 넣습니다.

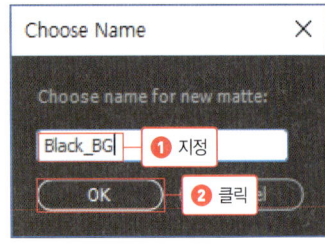
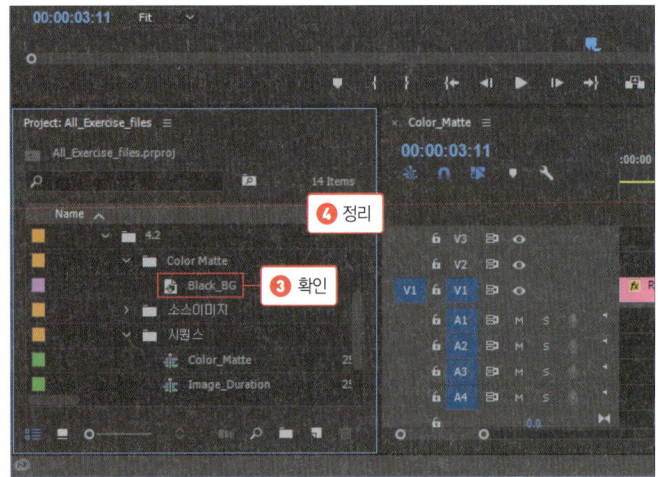

07 타임라인으로 돌아와 V2 트랙에 올려진 이미지를 마우스로 클릭, 드래그하여 V3 트랙으로 옮깁니다.

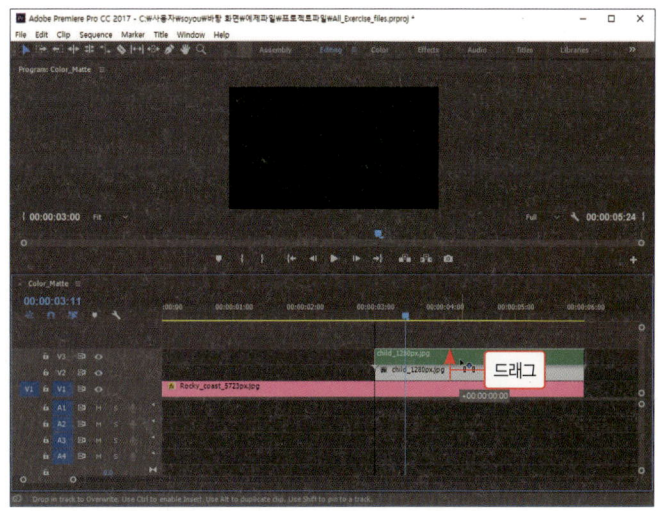

08 V2 트랙에 컬러 매트를 올리고, V3 트랙의 이미지 재생 시간에 맞게 트리밍합니다.

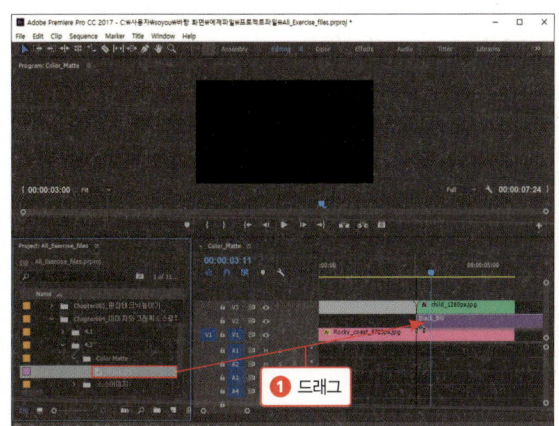 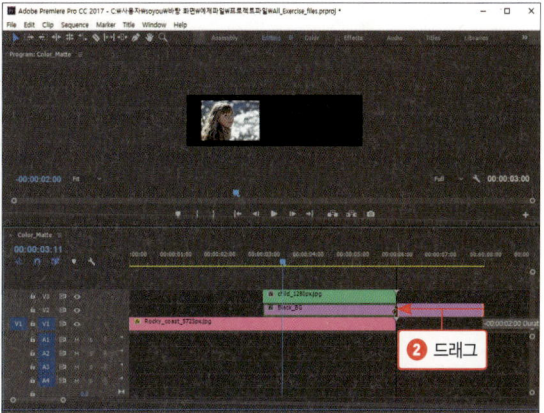

09 플레이헤드를 V1과 V3 트랙이 겹치는 위치에 놓고 확인합니다. 컬러 매트를 사용했기 때문에 V3 트랙의 이미지 뒤로 V1 트랙의 이미지가 보이지 않는 것을 확인할 수 있습니다.

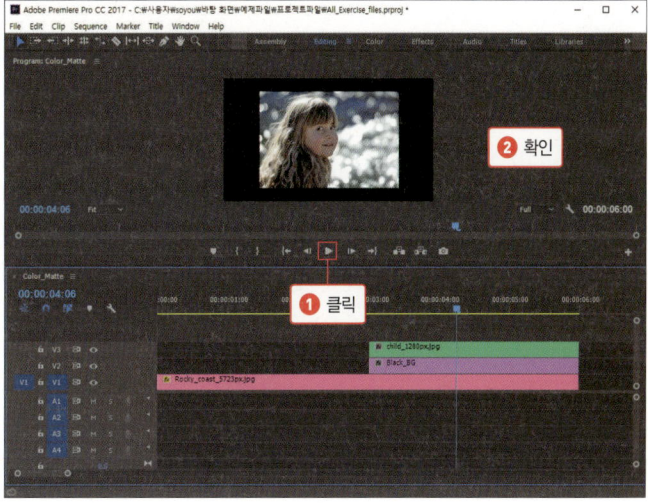

Chapter2 이미지 해상도와 포맷 이해하기 223

CHAPTER 03
Premiere Pro CC

이미지 시퀀스 만들기

이미지 시퀀스를 만들기 위해서는 FPS(Frame Per Seconds)라고 하는 초당 프레임 레이트를 알아야 합니다. 1초 분량의 비디오를 만들기 위해서 필요한 이미지의 수라고 할 수 있는데, 이 이미지 수는 시퀀스 설정의 타임 기반에 따라 다를 수 있습니다. 29.97fps, 24fps, 25fps 등은 1초 분량의 비디오를 만들려면 30개, 24개 또는 25개의 이미지가 필요하다는 것을 의미합니다. 만약 30fps로 30초 분량의 비디오 만들기를 원한다면, 900장의 이미지가 필요할 것입니다.

1 이미지 준비하기

우선 프리미어 프로는 Camera Raw 파일은 지원하지 않기 때문에 JPEG과 같은 파일 형식으로 변환해야 합니다. 이미지 시퀀스의 경우 많은 양의 이미지를 일괄 변환하는 것이 효율적이므로, 프리미어 프로로 가져오기 전에 라이트룸 또는 포토샵에서 이미지를 수정하는 것이 가장 좋습니다. 이미지의 영역을 확대하거나 패닝하는 등과 같은 카메라 움직임 효과를 적용하지 않으려면 16:9의 종횡비로 자른 다음 HDTV 크기인 1920×1080으로 비율을 조정하는 것이 좋습니다.

···· TIP ····

어도비 라이트룸으로 이미지 조정하기

① 어도비 라이트룸 클래식에서 [File] → Import Photos and Video(Ctrl+Shift+I)를 실행하여 라이트룸으로 이미지들을 불러들입니다.

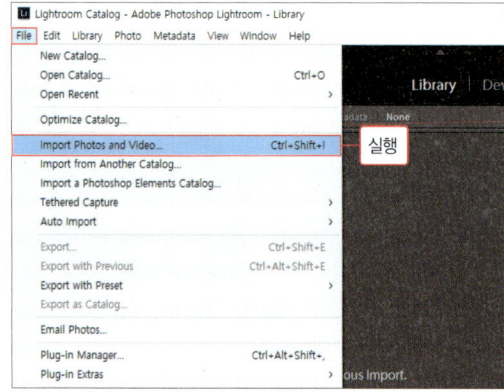

② 왼쪽 탭을 이용하여 파일 경로를 찾고 〈Check All〉 버튼을 클릭하여 폴더 안에 들어 있는 이미지들을 모두 선택합니다. 〈Import〉 버튼을 클릭합니다.

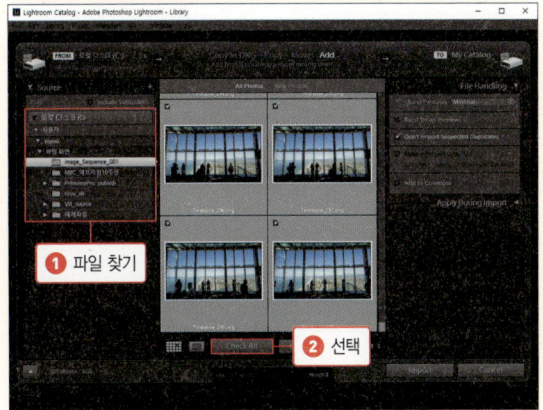

③ 첫 번째 이미지를 더블클릭하여 세부 조정 모드로 들어갑니다. 화면 윗부분의 Develop 탭을 누르고 히스토그램 아래 툴 박스 중 제일 첫 번째 사각형 'Crop Overlay' 아이콘(■)을 선택합니다.

 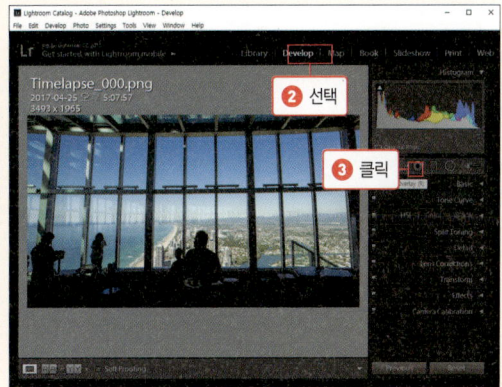

④ Crop Overlay 툴 탭이 열립니다. 자물쇠 아이콘 옆 Original을 클릭하면 자르기(Crop) 비율을 일정하게 만들 수 있는데, HD 영상 화면 비율에 맞춰 16:9 비율을 선택합니다.

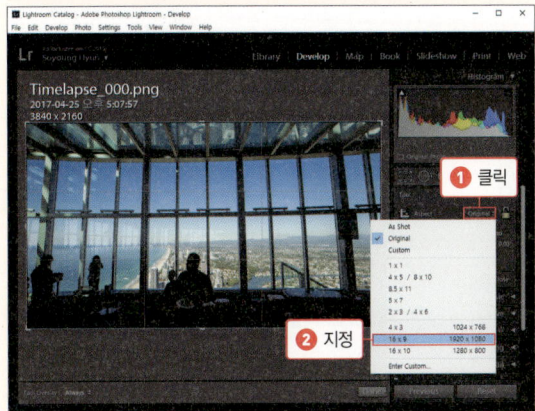

Chapter3 이미지 시퀀스 만들기 225

⑤ 왼쪽 이미지를 클릭, 드래그하여 이미지에서 원하는 부분만 잘라낼 수 있습니다. 잘라내기를 마치면 〈Done〉 버튼을 클릭합니다.

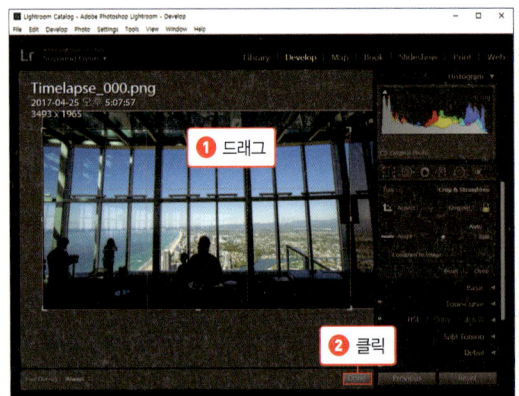
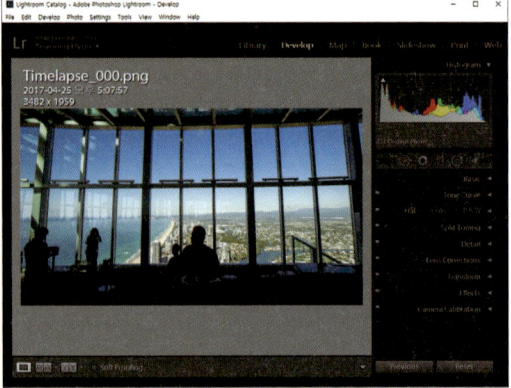

⑥ 윗부분 탭에서 Library를 선택합니다. 이미지를 다시 더블클릭하여 세부 조정 모드에서 밖으로 나갑니다. 첫 번째 이미지를 선택하고 Ctrl+A 키를 눌러 이미지를 전체 선택합니다. 그리고 〈Sync Settings(설정 동기화)〉 버튼을 클릭하여 나머지 모든 이미지들을 일괄 조정합니다.

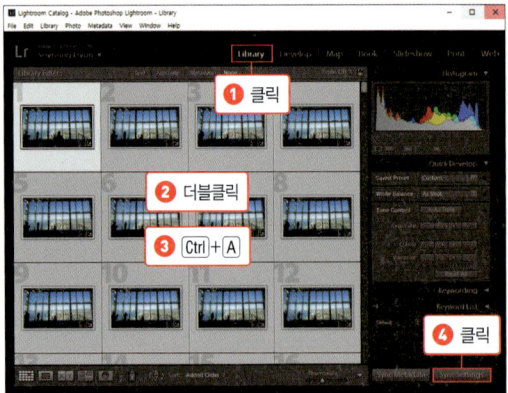

⑦ 설정 값 선택에서 설정 값 조정이 이루어진 부분을 체크하거나 원하지 않는 부분은 체크 해제할 수 있습니다. 여기서는 'Crop'에 체크한 다음 〈Synchronize〉 버튼을 클릭합니다.

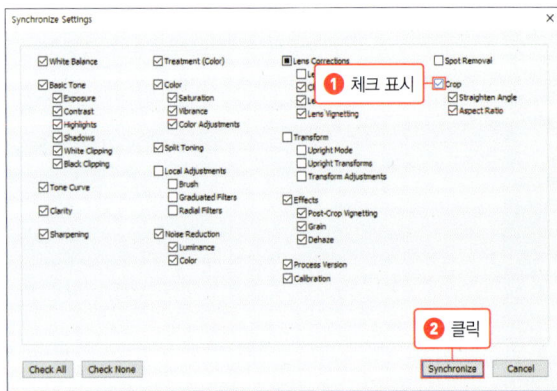

⑧ 전체 이미지가 선택된 채로 [File] → Export(Ctrl+Shift+E)를 실행하여 이미지를 내보냅니다.

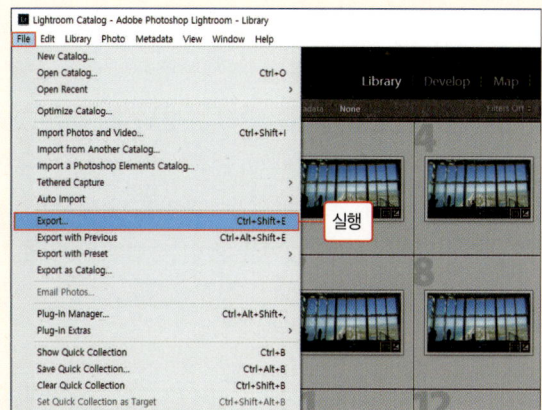

⑨ Export Location에서 내보낼 폴더를 지정합니다. Export to를 'Specific folder'로 지정하고 Folder 항목에서 〈Choose〉 버튼을 클릭하여 설정합니다. 이미지 시퀀스는 파일 이름이 동일한 제목과 일련의 이어진 번호로 되어 있는 것이 중요합니다. 예를 들어, name_001, name_002 등과 같이 만들어야 합니다. 'Rename To'에 체크 표시하여 'Custom Name – Sequence' 또는 'File Name – Sequence'를 선택하거나, 'Filename'을 선택합니다. Example을 통해 일련 번호가 붙는 형태가 다른 것을 확인할 수 있습니다.

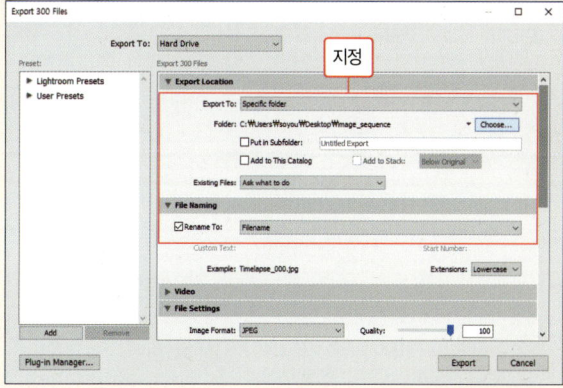

⑩ 마지막으로 Image Sizing 옵션에서 비율을 '1920×1080'으로 조절하고 〈Export〉 버튼을 클릭합니다.

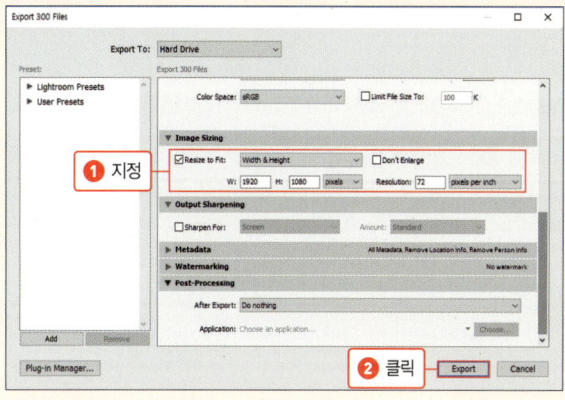

|폴더| 모든예제파일\Chapter004_이미지와그래픽소스로작업하기\4.3

2 이미지 시퀀스로 불러들이기(Import as Image Sequence)

Time-lapse(타임랩스)로 촬영한 이미지들을 시퀀스로 불러들여 비디오를 만드는 방법에 대하여 알아봅니다. 타임랩스는 간헐 촬영 혹은 완속 촬영이라고 합니다. 일정하게 정해진 간격에 따라 움직이는 대상을 촬영함으로써, 시간 흐름을 압축하여 표현하는 영상 기법입니다. 타임 랩스 촬영을 위해서는 디지털 카메라와 삼각대, 그리고 일정 시간 간격으로 셔터를 눌러 주는 타이머 기능이 있는 릴리스가 필요합니다.

01 Media Browser 패널에서 이용하여 이미지가 저장되어 있는 폴더를 찾습니다. 예제파일\미디어파일\타임랩스시퀀스\Timelapse02_Beach 폴더로 들어갑니다. Media Browser 패널 메뉴를 열고 'Import as Image Sequence(이미지 시퀀스로 가져오기)' 옵션에 체크 표시합니다.

02 폴더 안의 첫 번째 이미지를 선택하고 마우스 오른쪽 버튼을 클릭한 다음 **Import**를 실행합니다.

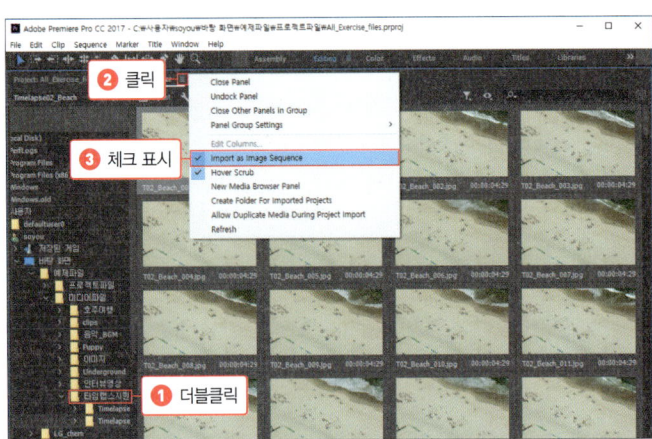

03 프리미어 프로는 이 이미지 시퀀스를 비디오 클립으로 가져오게 됩니다. 이때 클립명은 선택한 첫 번째 이미지의 이름이 적용되는데 확장자 이름(JPG)과 함께 쓰여 있어 혼동될 수 있기 때문에 이름을 바꾸는 것이 좋습니다. 이름을 'Beach_Timelapse_Sequence'로 지정합니다.

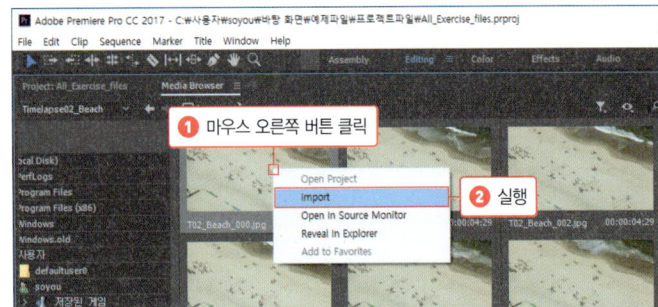

04 이미지 시퀀스를 타임라인에 배치합니다. [File] → New → Sequence(Ctrl+N)를 실행하여 새 시퀀스를 만듭니다.

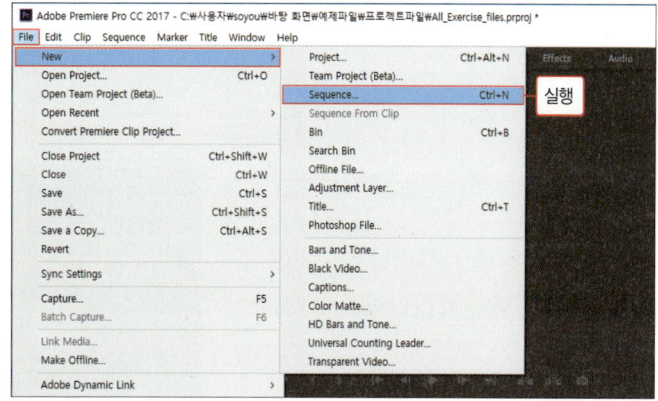

05 팝업되어 나타난 설정 창 왼쪽에서 'DSLR1080p30' 프리셋을 선택합니다. 30은 29.97fps를 반올림해서 보기 좋게 표기한 것이라고 보면 됩니다. 설정 창 오른쪽을 살펴보면 프레임 레이트가 29.97인 것을 확인할 수 있습니다. 시퀀스 이름을 'Beach_Timelapse_edit01'로 지정하고 〈OK〉 버튼을 클릭합니다.

만든 시퀀스에 'Beach_Timelapse_sequence' 클립을 올린 후 재생해 봅니다.

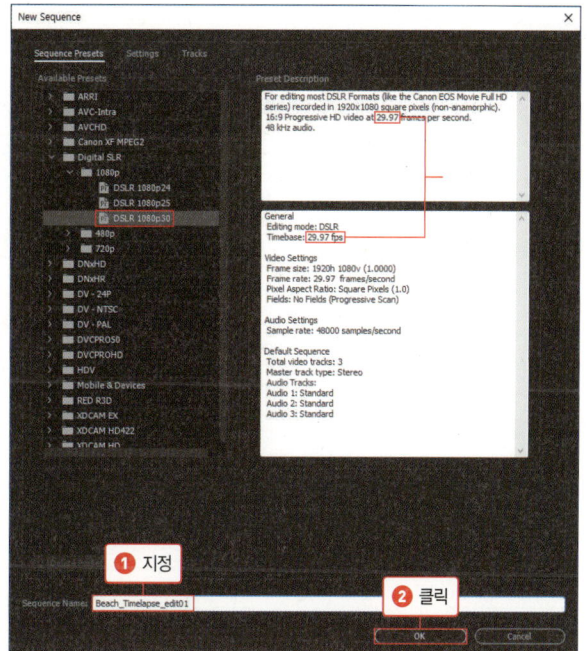

TIP

시퀀스 설정과 클립 속성이 일치하지 않을 때(Clip Mismatch Warning)

새 시퀀스를 만들면서 설정한 시퀀스 설정과 클립의 속성이 일치하지 않은 상태에서 타임라인에 클립을 드래그하여 올려놓으면 'Clip Mismatch Warning'이라는 팝업 경고창이 뜹니다. 당황할 필요 없이 시퀀스 세팅을 클립에 맞춰 바꿀 것인지(Change sequence settings), 기존의 시퀀스 설정을 유지할 것인지(Keep existing settings)를 선택하면 됩니다.

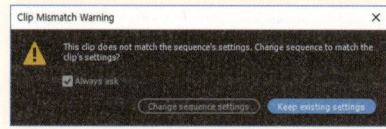

만약 파노라마와 같이 오버사이즈된 클립을 패닝하거나 이미지를 점점 확대하는 애니메이션을 추가하려면, 클립 속성과 시퀀스의 세팅이 일치할 필요가 없을 것입니다. 확대 비율이 높아져도 모든 것이 선명해야 하기 때문에 클립 크기가 시퀀스 크기보다 클 것이기 때문입니다. 만약, Clip Mismatch Warning 대화상자 〈Change sequence settings〉 버튼을 클릭한다면 시퀀스 크기는 HDTV 크기(1920px)에서 미디어 크기에 해당하는 해상도로 변경될 것입니다.

3 비디오 클립에서 프레임 내보내기(Export Frame)

비디오 클립에서 특정 프레임을 발췌하여 스틸 이미지로 내보낼 수 있습니다.

01 시퀀스 폴더에서 'India_edit01' 시퀀스를 사용합니다.

스틸 이미지로 내보내고 싶은 구간에 플레이헤드를 위치시킵니다. 여기서는 00;00;05;00 구간에 플레이헤드를 위치시킵니다.

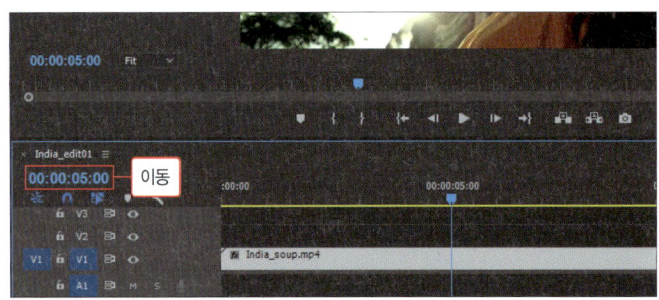

02 Ctrl+Shift+E 키(Mac : Shift+E)를 눌러(Export Frame) 대화상자가 표시됩니다.

Name을 'India_still001'로 지정하고, Format의 드롭다운 메뉴를 눌러 파일 형태를 'JPEG'으로 지정합니다. 〈OK〉 버튼을 클릭합니다.

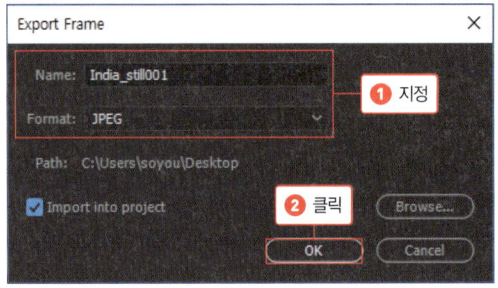

···· TIP ····
Path(파일 경로) 항목에서 〈Browse〉 버튼을 클릭하여 파일이 저장되는 폴더를 지정할 수 있습니다. 'Import into Project'에 체크 표시하면, 내보내기 한 프레임을 Project 패널로 자동으로 불러들일 수 있습니다.

03 Project 패널에 비디오 프레임이 스틸 이미지로 불러들여진 것을 확인할 수 있습니다.

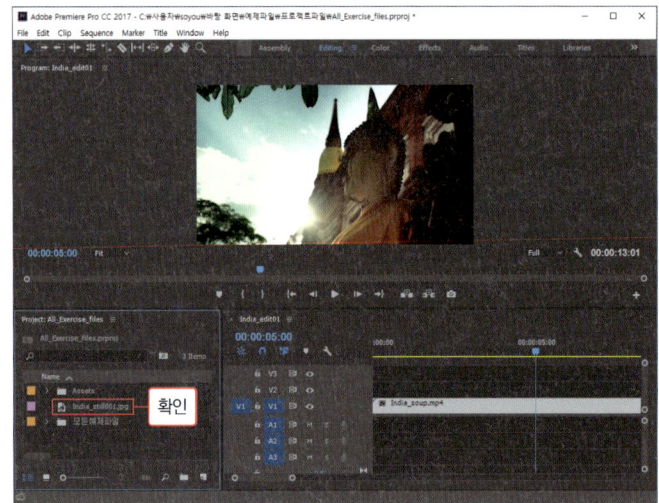

CHAPTER 04
Premiere Pro CC

이미지 키프레이밍 애니메이션 작업하기

이미지의 위치 및 비율을 조정하는 기본 방법에 대해 알아보고, 키프레이밍(Keyframing) 이용하여 이동, 패닝(Panning)하거나 확대(Zoom)하는 등의 애니메이션을 이미지에 적용하는 방법을 살펴봅니다.

| 폴더 | 모든예제파일\Chapter004_이미지와그래픽소스로작업하기\4.4

1 Effect Controls 패널에서 위치 및 비율 조정하기

Timeline 패널의 각각의 이미지 혹은 클립들마다 개별의 Effect Controls 패널을 가지고 있다고 볼 수 있습니다. 따라서, Effect Controls 패널을 활성화하려면 Timeline 패널에서 반드시 이미지나 클립을 클릭하여 선택해야 합니다.

01 시퀀스 폴더에서 'India_edit01' 시퀀스를 사용합니다. Effect Controls 패널을 표시합니다. 이것은 비디오 이펙트를 조정하는 패널로서, 'Motion' 이펙트 왼쪽 작은 괄호 '〉' 아이콘을 클릭하면 세부 조정이 가능한 드롭다운 메뉴가 펼쳐집니다. Position(위치), Scale(크기), Rotation(회전) 등의 기본 컨트롤 옵션들을 볼 수 있습니다.

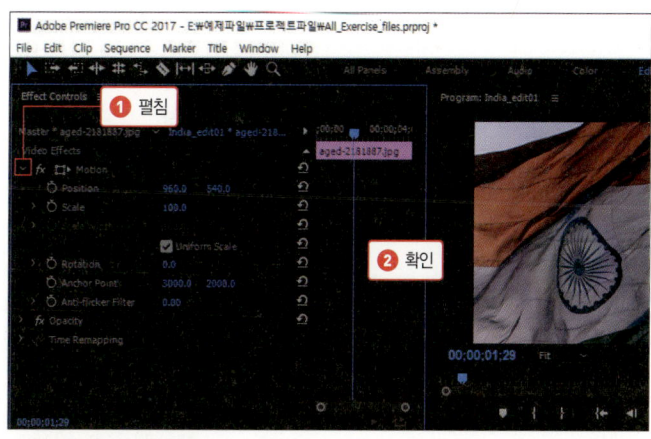

02 Position에 해당하는 숫자 중 왼쪽을 마우스로 클릭한 상태로 좌우로 드래그하면 수치가 바뀌는데, Program Monitor 패널을 살펴보면 해당 이미지의 위치가 바뀌는 것을 확인할 수 있습니다. Position의 왼쪽 숫자는 x축으로 좌우 이동을, 오른쪽 숫자는 y축으로 상하 이동을 조정할 수 있습니다.

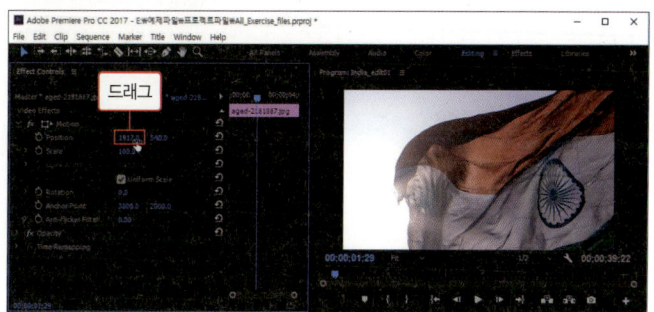

03 숫자를 클릭하여 특정 숫자를 적을 수도 있습니다. Scale을 '40'으로 설정하여, 이미지 크기의 40%로 축소시킵니다.

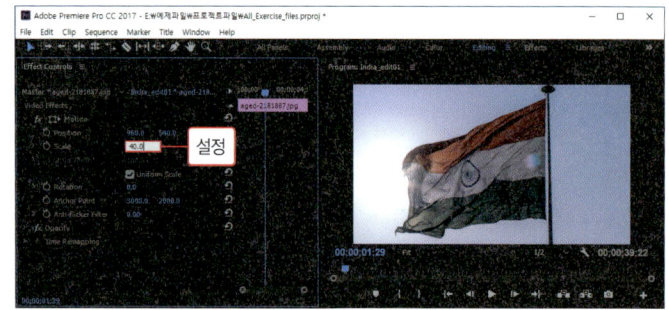

04 만약 수치를 원래대로 되돌리고 싶다면 창 오른쪽에 위치한 반시계 방향의 아이콘(　)을 클릭하거나 Ctrl+Z 키를 누르면 언제든지 실행 취소하거나 이전 단계로 돌아갈 수 있습니다.

Rotation은 회전 값을 조절하는 영역으로 숫자를 드래그하거나 특정 숫자를 적어 수치를 바꿀 수 있습니다. 숫자를 적어 넣을 때 '-'를 숫자 앞에 붙여넣으면 반시계 방향으로 회전합니다.

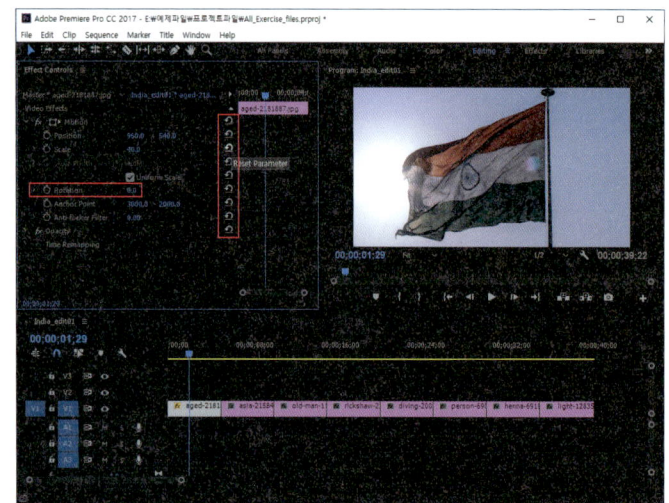

2 프로그램 모니터에서 위치 및 비율 조정하기

Effect Controls 패널이 아닌 프로그램 모니터에서 직접 이미지의 위치 및 비율을 조절할 수 있습니다.

01 시퀀스 폴더의 'India_edit01' 시퀀스를 사용합니다. Effect Controls 패널에서 'Motion'을 클릭합니다.

Program Monitor 패널의 이미지에 바운딩 박스가 나타나는데, 지금처럼 시퀀스 크기보다 소스의 크기가 클 때는 바운딩 박스가 한눈에 보이지 않을 수 있습니다. 프로그램 모니터를 보면 이미지 한가운데 파란색의 동그란 원이 나타난 것을 확인할 수 있는데 이것은 바운딩 박스의 중심축입니다.

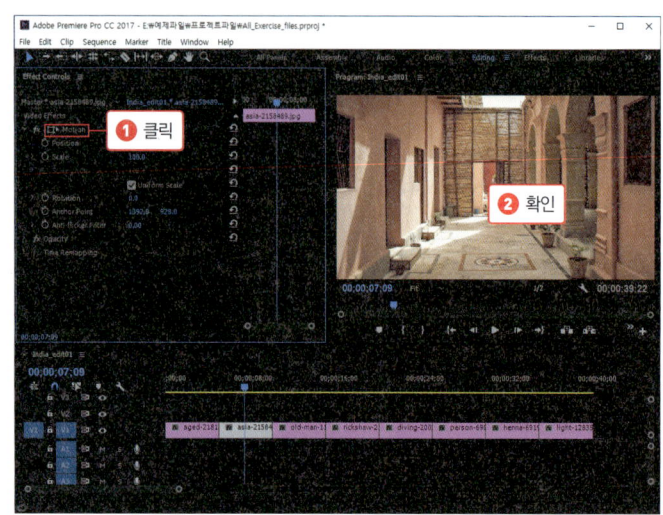

02 Program Monitor 패널 아랫부분의 보기 확대/축소 레벨 옵션을 클릭하여 화면 보기 비율을 조정하면 바운딩 박스의 전체 영역을 볼 수 있습니다. 화면 보기 비율을 10%로 바꾸면 바운딩 박스가 모두 드러나는 것을 확인할 수 있습니다.

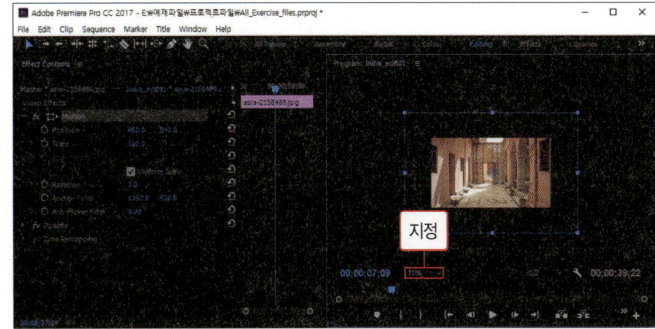

03 프로그램 모니터 상의 소스 이미지를 클릭하고 상하좌우로 드래그하면 이미지의 위치를 바꿀 수 있습니다.

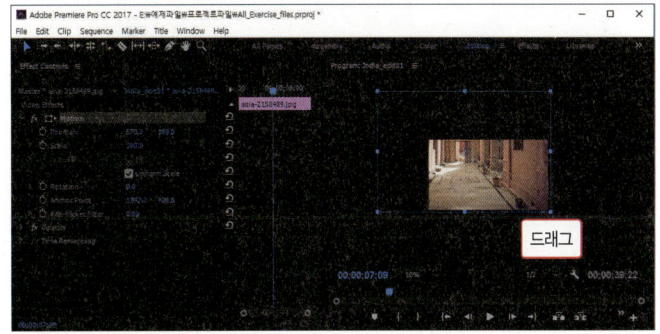

04 바운딩 박스의 모서리나 가장자리를 마우스로 클릭하고 드래그하면 이미지 크기를 조절할 수 있습니다. 마우스 포인터가 어떻게 바뀌는지 주목해 봅니다.

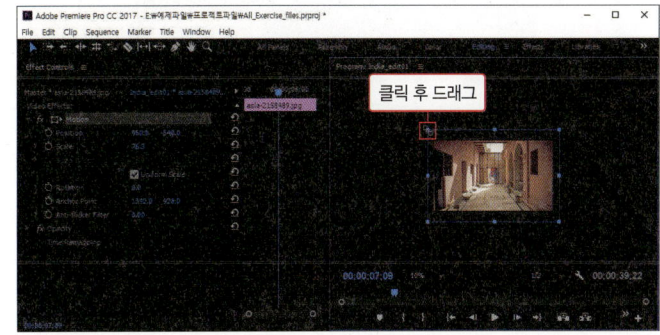

05 바운딩 박스 모서리 위쪽으로 마우스를 가져가면 마우스 커서가 Rotation(회전 값)을 조절하는 툴로 바뀝니다. 마우스 커서가 바뀐 상태에서 클릭하고 드래그하여 소스를 회전할 수 있습니다.

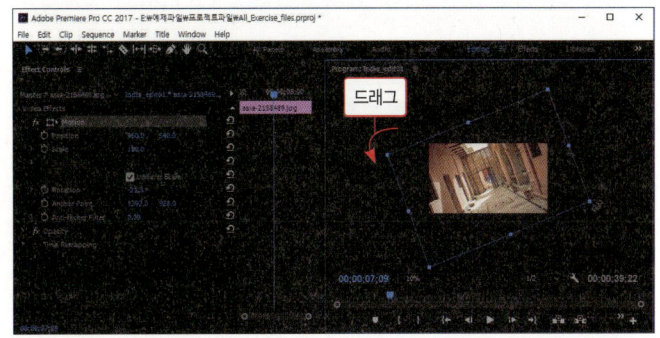

···· TIP

앵커 포인트

Effect Controls 패널에서 앵커 포인트 값을 조절하게 되면 마치 Position 값을 바꾸는 것처럼 소스가 상하좌우로 이동하게 됩니다. 그러나 Anchor Point는 소스의 중심축으로써, 이 값을 바꾸게 되면 소스의 중심축이 이동하는 것으로 보는 것이 맞습니다.

① Program Monitor 패널에서 화면 보기 비율을 축소하여 바운딩 박스가 화면에 드러나게 조정합니다. 우선, 중심축이 소스의 정가운데 위치한 상태에서 이미지를 축소합니다. 가운데를 기준으로 축소, 확대되는 것을 확인할 수 있습니다.

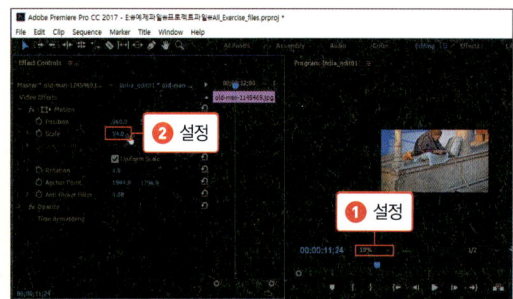

② Ctrl+Z 키를 눌러 되돌리기 합니다. 바운딩 박스를 활성화한 상태에서 이번에는 중심축을 이미지 오른쪽 아랫부분으로 옮깁니다. Program Monitor 패널을 보면, 이미지는 왼쪽으로 이동하지만 가운데 중심축은 화면의 정가운데 그대로 멈춰 있는 것을 확인할 수 있습니다.

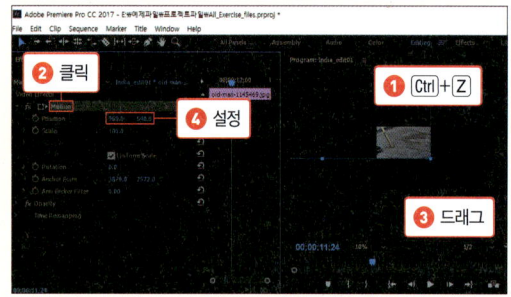

③ 이미지를 이동시켜 화면 모서리와 이미지 모서리가 맞닿게 위치를 조정합니다. 이 상태에서 이미지를 축소시키면 오른쪽 아랫부분의 축을 기준으로 이미지가 축소, 확대되는 것을 확인할 수 있습니다.

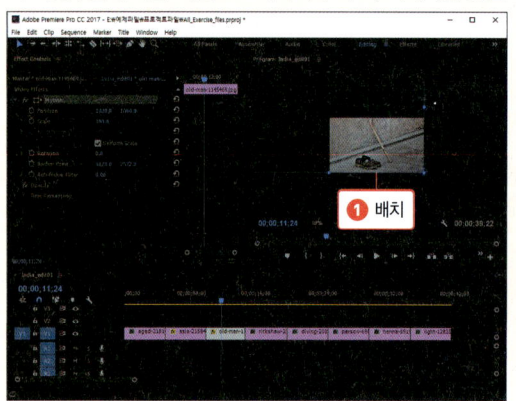
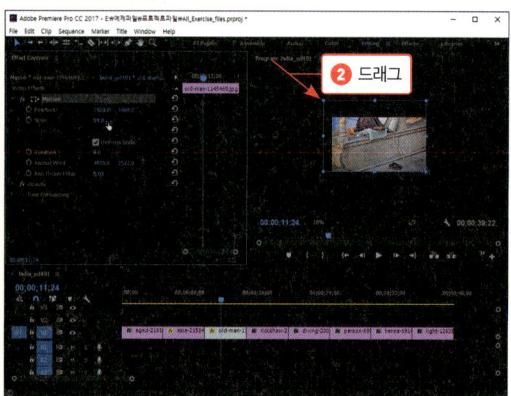

④ 회전도 마찬가지입니다. Position과 Anchor Point의 'Reset Effect' 아이콘( )을 클릭하여 중심축과 소스가 정가운데 위치하도록 조정합니다. 그리고 Rotation의 값을 조정하여 소스를 회전합니다. 가운데를 기준으로 시계 방향, 반시계 방향으로 회전하는 것을 확인할 수 있습니다.

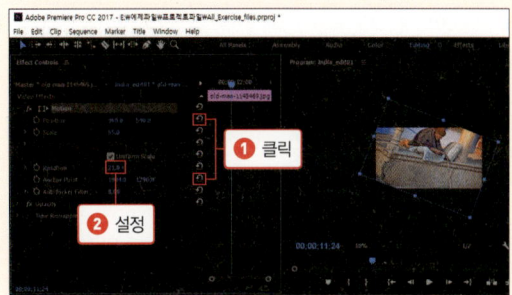

⑤ 회전 값을 원래대로 되돌리고, 이번에는 중심축을 이미지의 왼쪽 윗부분으로 옮깁니다. 마찬가지로 이미지를 이동합니다.

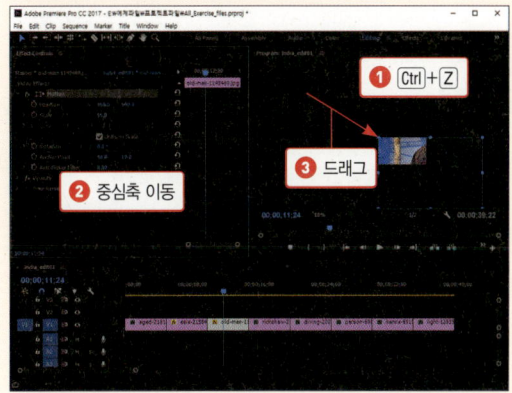

⑥ 이 상태에서 회전 값을 조절하면, 왼쪽 윗부분의 축을 기준으로 이미지가 회전하는 것을 확인할 수 있습니다.

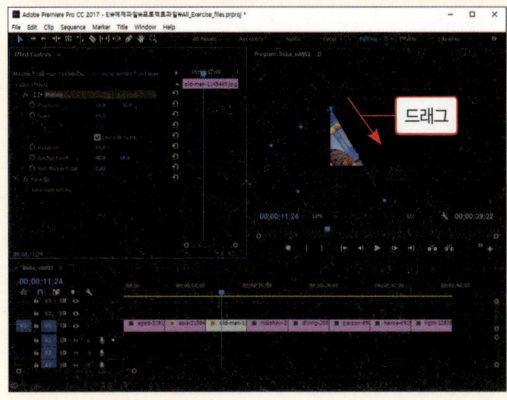

3 키프레임으로 애니메이션하기

이미지나 클립 등의 풋티지(Footage)에 애니메이션을 적용하려면 최소한 두 개의 키프레임을 만들어야 합니다. 첫 번째는 변화가 시작되는 지점에서 속성을 변화시키기 이전에 이미지를 고정하기 위한 값을 나타내는 키프레임이고, 두 번째는 변화가 끝나는 지점에서 나타나는 효과를 위한 키프레임을 말합니다. 애니메이션이란 이 두 키프레임 사이의 시간의 경과에 따라 변화하는 효과를 나타냅니다.

4 이미지 패닝하면서 확대/축소하기

가로 크기가 1920px 이상의 고화질 이미지를 가지고 패닝 및 이미지 확대/축소하는 애니메이션을 적용하여 슬라이드 쇼를 만들어 봅니다.

01 시퀀스 폴더에서 'India_edit02' 시퀀스를 사용합니다.

Timeline 패널에서 초록색 소스 클립을 클릭합니다. 우선 Effect Controls 패널에서 'Motion'을 클릭하여 클립에 바운딩 박스가 나타나도록 합니다. 이로써 Program Monitor 패널에서 소스 이미지의 대략적인 크기를 확인할 수 있습니다.

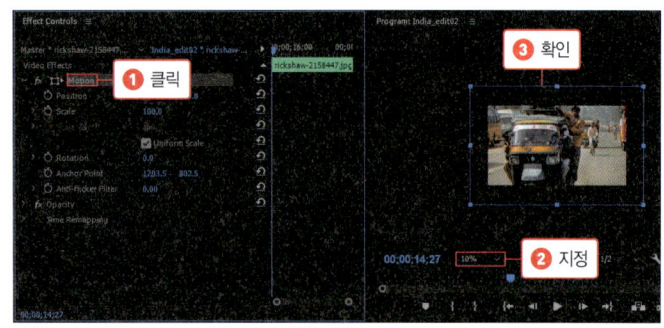

····TIP··

고화질 이미지를 화면 크기에 맞춰 보기

HD 화면 크기보다 큰 고화질의 소스를 HD 크기의 시퀀스로 불러들이면 소스의 일부만 보이게 됩니다. 이런 경우 Timeline 패널의 소스를 선택하고 마우스 오른쪽 버튼을 클릭한 다음 **Set to Frame Size**를 실행하면 클립 크기가 화면 크기에 맞게 자동으로 조정됩니다.

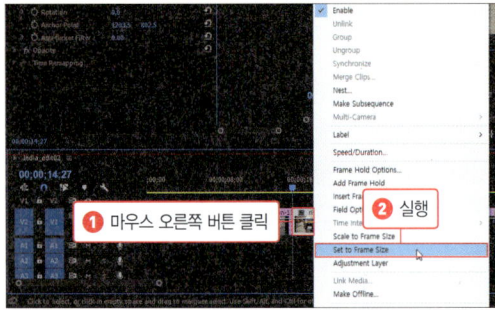

02 플레이헤드를 클립의 맨 앞으로 가져갑니다. 타임라인의 플레이헤드를 움직일 때 Effect Controls 패널의 플레이헤드도 함께 움직이는 것을 확인할 수 있습니다.
소스를 오른쪽에서 왼쪽으로 이동하면서 축소시키는 애니메이션을 추가하겠습니다. 우선, 바운딩 박스를 활성화하고 이미지 오른쪽 윗부분 모서리를 화면 모서리에 맞춥니다.

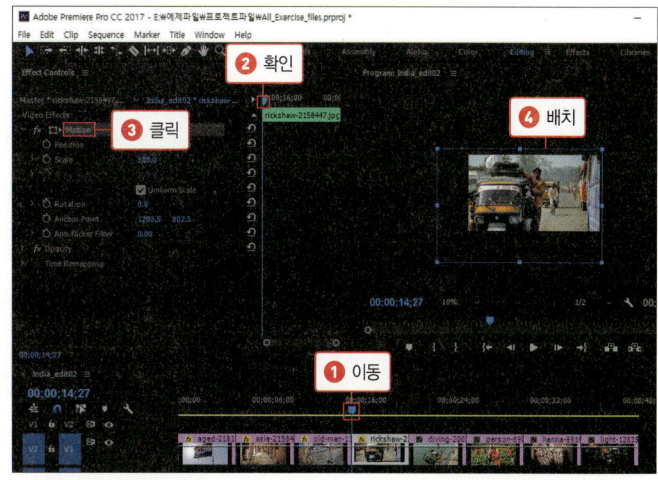

03 Motion Effects 옵션 중 Position과 Scale 왼쪽의 스톱워치 모양의 아이콘을 눌러 첫 번째 키프레임을 만듭니다. Effect Controls 패널의 타임라인 위에 다이아몬드 모양의 키프레임이 만들어진 것을 확인할 수 있습니다.

> **TIP**
> 이 두 개의 키프레임은 각각 소스 위치와 크기가 변하는 시작 지점의 값을 고정한 것이라 볼 수 있습니다.

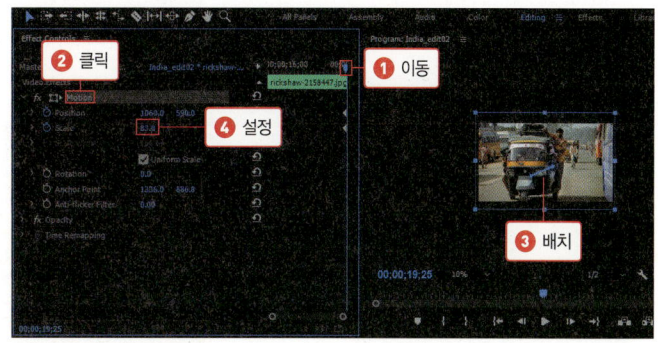

04 플레이헤드를 클립 맨 끝으로 가져갑니다. 이번에는 Scale을 '83'으로 축소하고, Program Monitor 패널에서 이미지를 클릭, 드래그하여 화면 중간으로 이동시킵니다. 매개변수가 변하자 처음 키프레임을 만들었던 것처럼 스톱워치를 누르지 않아도 자동으로 다음 키프레임이 만들어지는 것을 확인할 수 있습니다.

05 플레이헤드를 소스 가운데 올리고 X 키를 눌러 인아웃 포인트를 마킹합니다. Ctrl + Spacebar 키를 눌러 구간 재생하고 애니메이션 속도를 확인합니다.

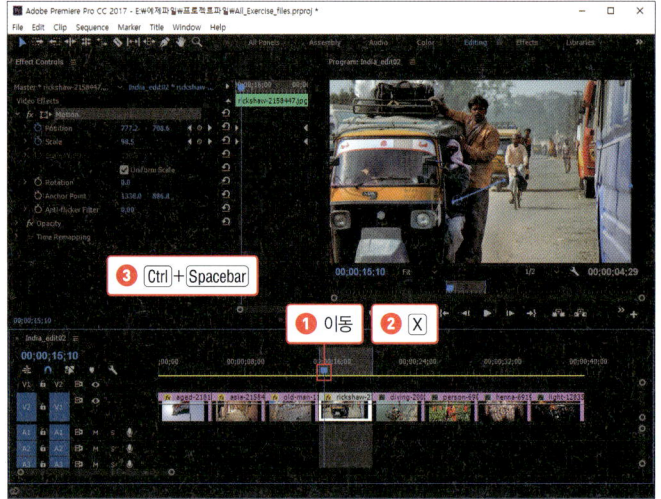

06 Program Monitor 패널의 화면 보기 비율을 '100%'로 바꾸고 가운데를 보면 소스 클립의 이동 경로가 파란색 점선으로 표시된 것을 확인할 수 있습니다.

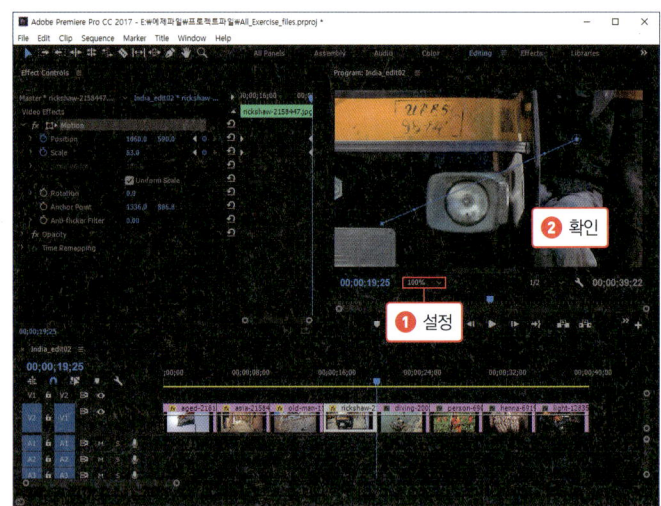

07 파란색 점선을 자세히 살펴보면 작은 점 두 개가 이동 지점에 각각 있는데, 이것은 베지어(Bezier)라고 하는 곡선을 만드는 핸들입니다. 작은 점 하나를 클릭하고 위아래로 움직여보면 소스의 이동 경로가 곡선으로 바뀌는 것을 확인할 수 있습니다.

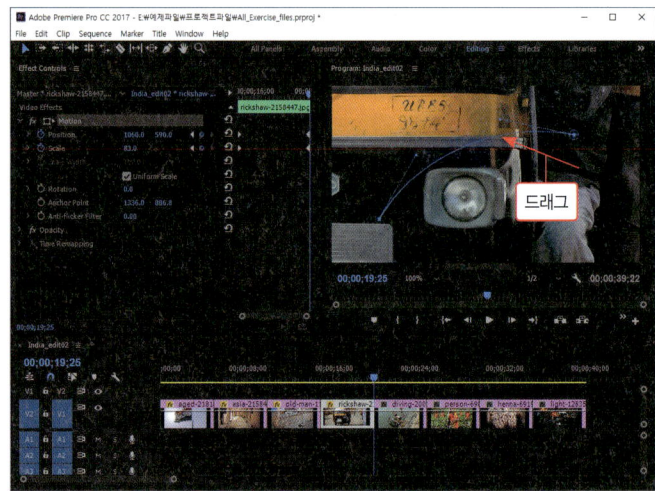

08 Ctrl+Spacebar 키를 눌러 구간 재생하고 이동 경로 변화를 확인합니다.

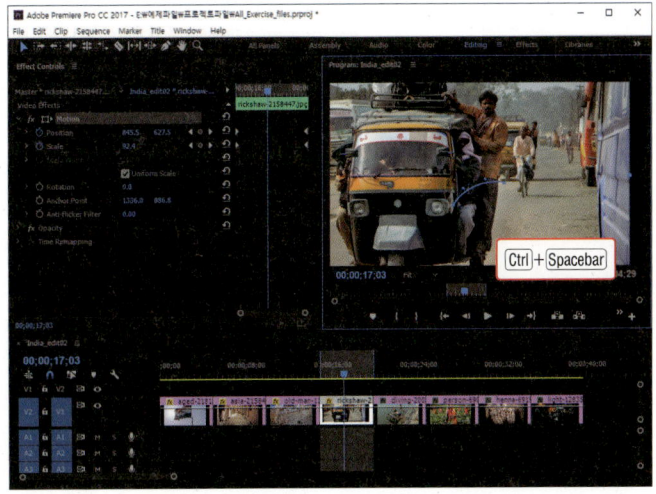

09 남은 이미지들도 키프레임 애니메이션을 적용하여 완성합니다. 마지막으로 이미지와 이미지 사이의 연결을 좀 더 부드럽게 하기 위해 마우스로 드래그하여 이미지 시퀀스 전체를 선택하고 Shift+D 키를 눌러 기본 트랜지션 효과를 적용합니다. 이미지와 이미지 사이에 Cross Dissolve가 적용된 것을 확인할 수 있습니다.

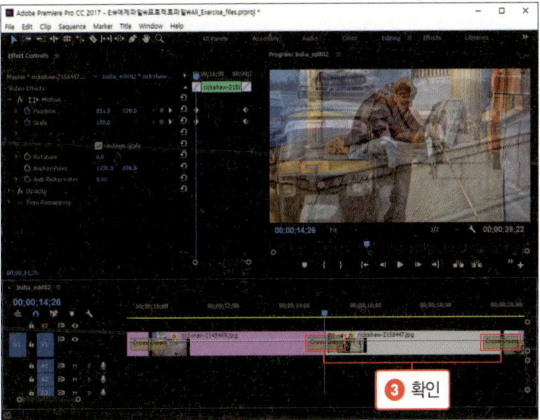

> **TIP**
>
> **키프레임 이동 및 매개변수 변화 없이 키프레임 만들기**
>
> 키프레임 사이 이동은 매개변수 수치를 나타내는 숫자 옆의 작은 삼각형 두 개를 이용합니다. 왼쪽의 작은 삼각형(Go to Previous Keyframe) 아이콘(◀)을 클릭하면 이전 키프레임으로 이동하며, 오른쪽의 작은 삼각형(Go to Next Keyframe) 아이콘(▶)을 클릭하면 다음 키프레임으로 이동합니다.
> 만약, 매개변수 변화 없이 키프레임을 추가하고 싶을 때는 왼쪽과 오른쪽 작은 삼각형 사이에 있는 다이아몬드 모양의 키프레임 아이콘을 클릭합니다.

1 | 애니메이션 타이밍 조절하기

01 시퀀스 폴더에서 'India_edit03' 시퀀스를 사용합니다. Effect Controls 패널에서 다이아몬드 형태의 키프레임을 드래그하여 키프레임 사이의 구간(애니메이션 타이밍)을 짧거나 길게 조정할 수 있습니다. 주황색 클립을 선택하고 Effect Controls 패널을 활성화합니다. Effect Controls 패널에서 마우스로 드래그하여 Position와 Scale의 두 번째 키프레임을 모두 선택하고, 왼쪽으로 드래그하여 사이 구간을 좁힙니다. 애니메이션이 빨라진 것을 확인할 수 있습니다.

 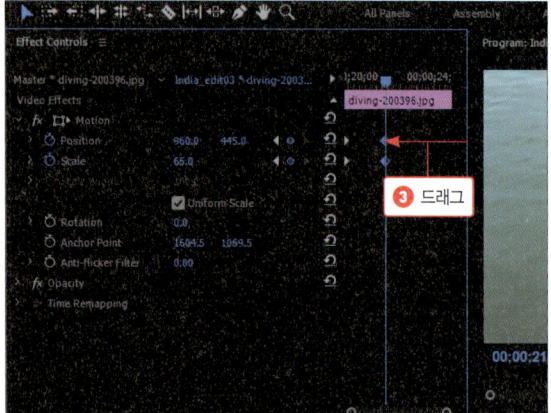

02 다시 마우스로 드래그하여 Position와 Scale의 두번째 키프레임을 모두 선택하고, 오른쪽으로 드래그하여 사이 구간을 넓힙니다. 애니메이션이 느려진 것을 확인할 수 있습니다.

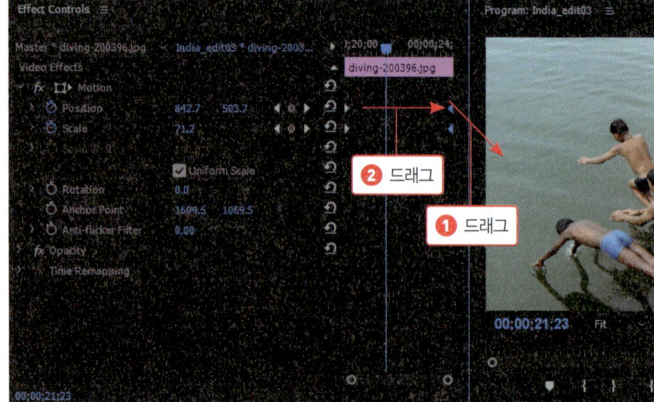

2 | 키프레임 지우기

키프레임 두 개 이상일 때, 키프레임과 키프레임 사이에 있는 중간 키프레임을 지우게 되면 애니메이션의 시작점과 끝 점이 달라지는 것은 물론이고 사이 구간 변화도 달라지는 점을 주의해야 합니다.

01 시퀀스 폴더에서 'India_edit03' 시퀀스를 사용합니다. 하늘색 또는 청록색 클립을 선택하고 Effect Controls 패널을 활성화합니다. 지우고 싶은 키프레임을 선택하고 키보드의 Delete 를 누르거나 마우스 오른쪽 버튼을 클릭하고 **Clear**를 실행합니다.

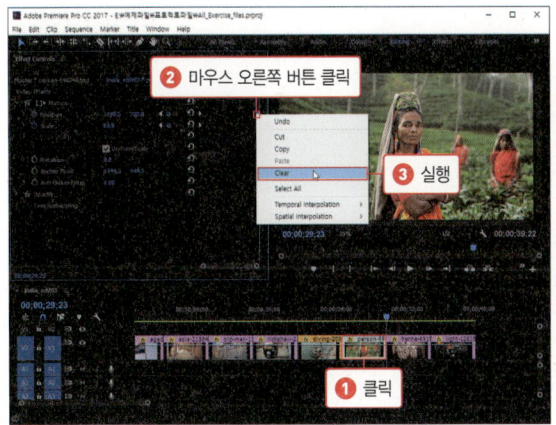
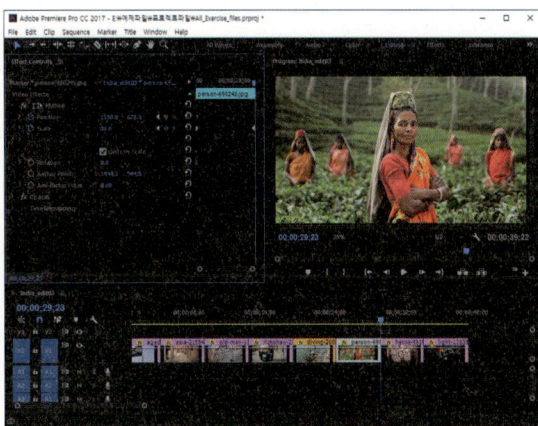

····TIP

프리미어 프로 버전에 따라 클립 색이 다를 수 있습니다.

02 다수의 키프레임을 지우고 싶다면, Effect Controls 패널에서 Shift 키를 누르고 마우스로 드래그하여 선택한 다음 키보드의 Delete 키를 누르거나, 마우스 오른쪽 버튼을 클릭하고 **Clear**를 실행합니다.

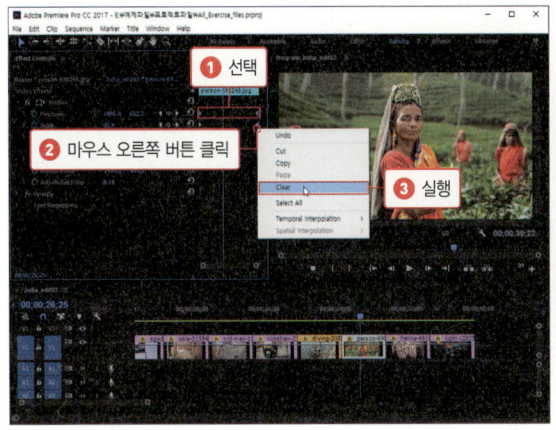
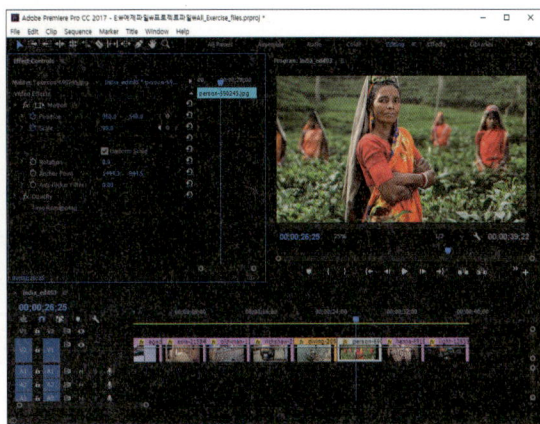

03 만약 모든 키프레임을 한번에 지우고 싶다면, 첫 키프레임을 만들었을 때처럼 스톱워치 아이콘을 클릭하면 모든 키프레임을 한번에 지울 수 있습니다. 모두 지울것인지 묻는 경고박스가 표시되면 〈OK〉 버튼을 클릭하고 실행합니다.

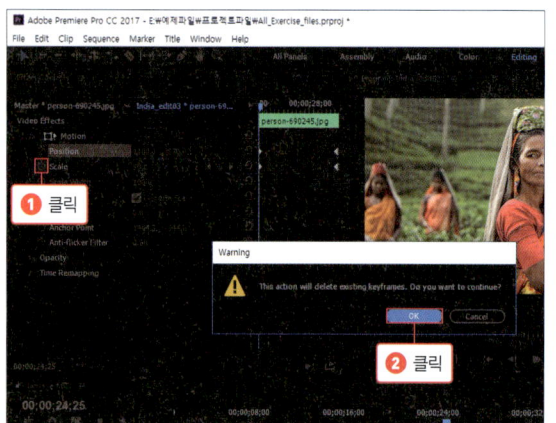 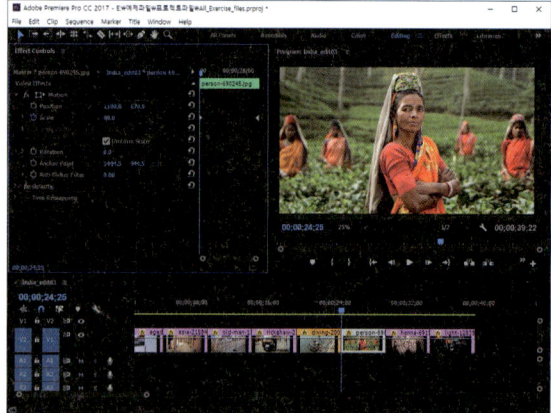

3 | 파노라마 비디오 만들기

왼쪽에서 오른쪽으로 움직이는 파노라마 비디오를 만듭니다. 이때 사용할 이미지는 세로 사이즈가 일반 HD 프레임 길이 1080px 이상이고, 가로 크기는 좌우 패닝을 위해 일반 HD 프레임 길이의 2.5배 (4600px) 이상이 되는 것이 좋습니다.

01 시퀀스 폴더에서 'panorama_edit01' 시퀀스를 사용합니다.

> **TIP**
> 이미지를 타임라인으로 불러들이는 경우 자동으로 가운데 정렬됩니다.

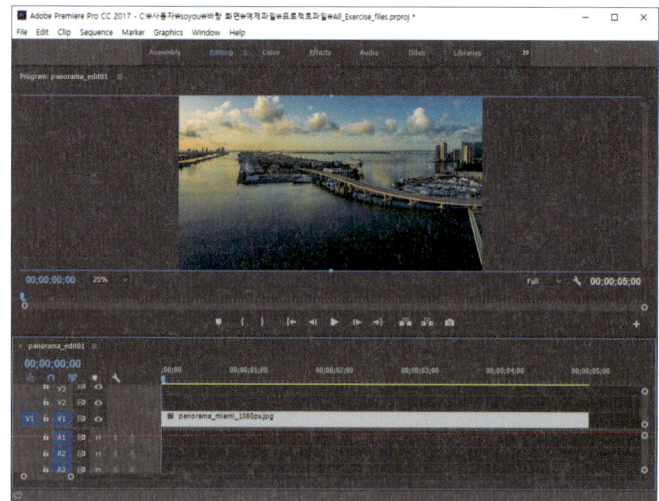

02 Effect Controls 패널을 활성화합니다. Position의 가로 파라미터 숫자를 마우스로 클릭하고 드래그하여 이미지를 이동시키는데, Program Monitor 패널에서 이미지가 왼쪽으로 이동하는 것을 보면서 숫자를 조정합니다.

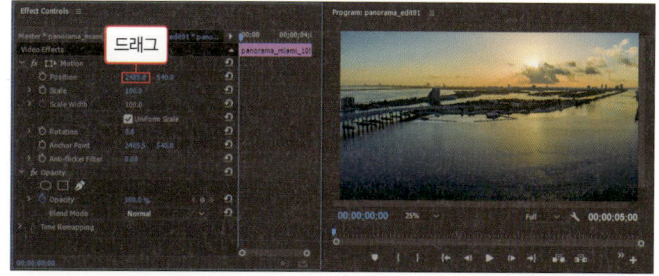

03 이미지를 이동시키고 시작점을 고정했다면 스톱워치를 눌러 키프레임을 만듭니다.

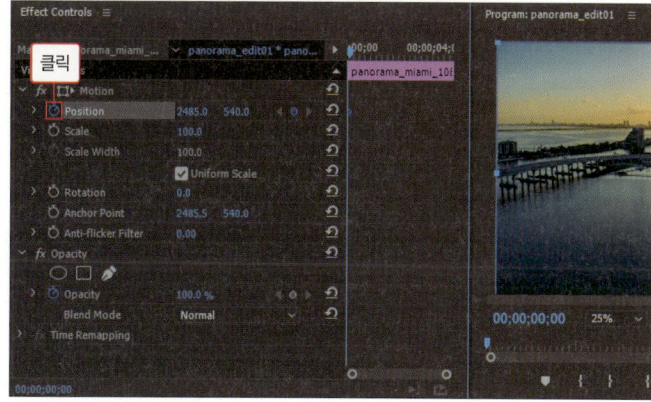

04 패닝이 끝나는 지점을 8초로 하고 플레이헤드를 위치시키겠습니다. 기본으로 설정된 이미지 재생 시간이 5초인데, 타임라인에서 트리밍하여 8초로 만듭니다. Shift 키를 누르고 마우스로 드래그하면 자석 기능이 활성화되어 8초에 위치한 플레이헤드에 달라붙습니다.

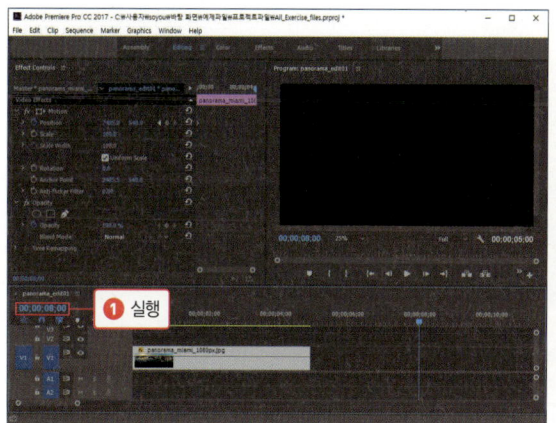
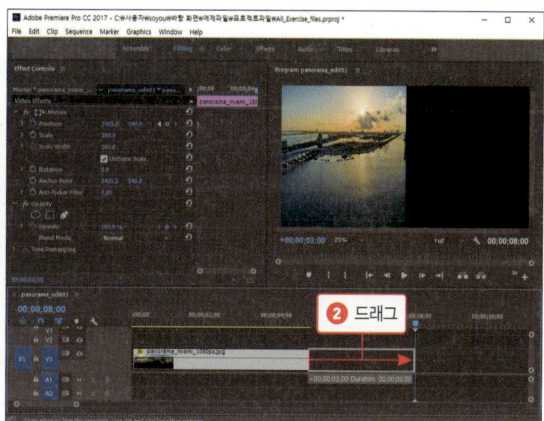

Chapter4 이미지 키프레이밍 애니메이션 작업하기 **243**

05 Timeline 패널을 활성화한 상태에서 플레이헤드를 00;00;07;29에 위치시켜 이미지가 보이도록 합니다.

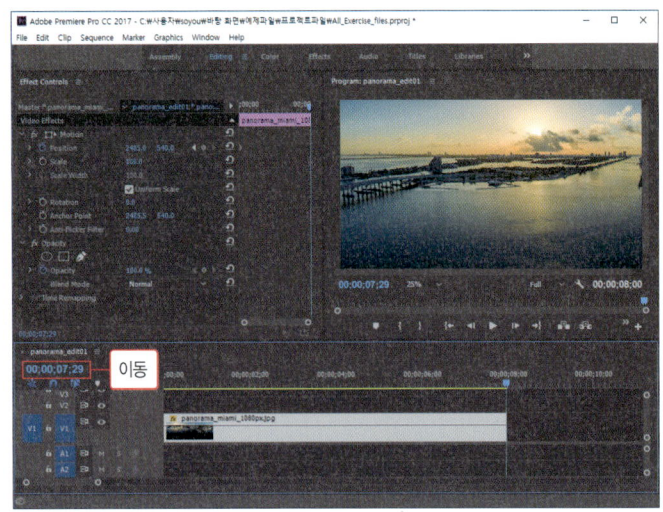

06 Position의 가로 파라미터 숫자를 드래그하여 두 번째 키프레임을 만듭니다. Program Monitor 패널에서 이미지의 오른쪽 끝이 화면의 오른쪽 가장자리에 맞도록 조절합니다.

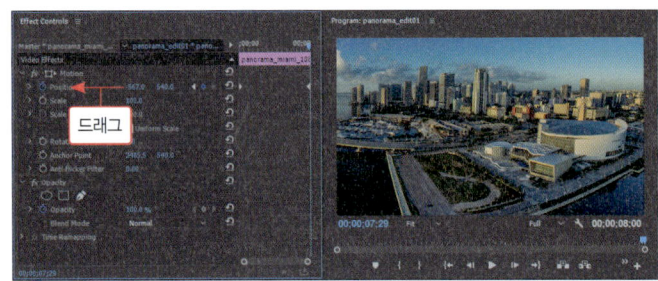

07 한번 재생해 보고 속도가 어떠한지 체크합니다. 8초가 좀 짧게 느껴집니다. 16초로 이미지를 트리밍하고, 플레이헤드를 00;00;15;29로 이동시킨 다음 Effect Controls에서 키프레임도 이동시킵니다.
다시 재생하여 속도가 어떠한지 체크합니다. 아직도 빠르다고 느껴진다면, 이미지를 더 길게 트리밍하고 키프레임의 위치도 마지막 프레임 위치로 옮깁니다.

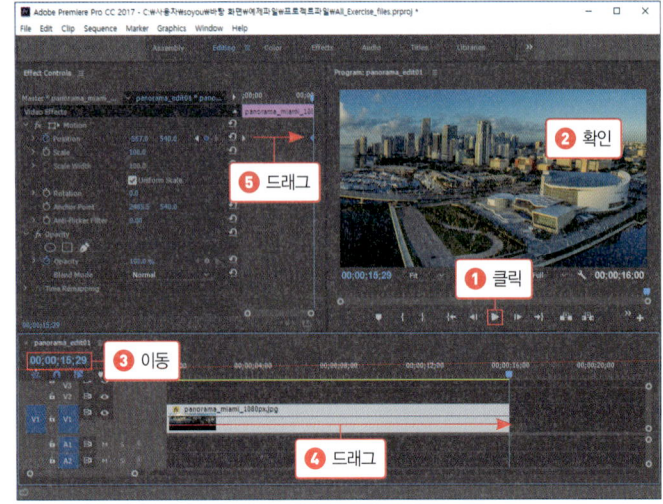

CHAPTER 05
Premiere Pro CC

포토샵 파일 사용하기

|폴더| 모든예제파일\Chapter004_이미지와그래픽소스로작업하기\4.5

1 포토샵 파일을 시퀀스로 불러 작업하기

여러 레이어로 이루어진 포토샵 파일을 시퀀스로 불러들여 애니메이션을 적용하는 방법에 대하여 알아봅니다. 포토샵 파일을 시퀀스로 불러들이면 각각의 레이어들을 개별적으로 편집하고 애니메이팅할 수 있습니다.

01 시퀀스 폴더에서 'India_soup_edit01' 시퀀스를 사용합니다.
Project 패널에서 소스클립\PSD파일 폴더를 찾고 마우스 오른쪽 버튼을 클릭한 다음 Import를 실행합니다.

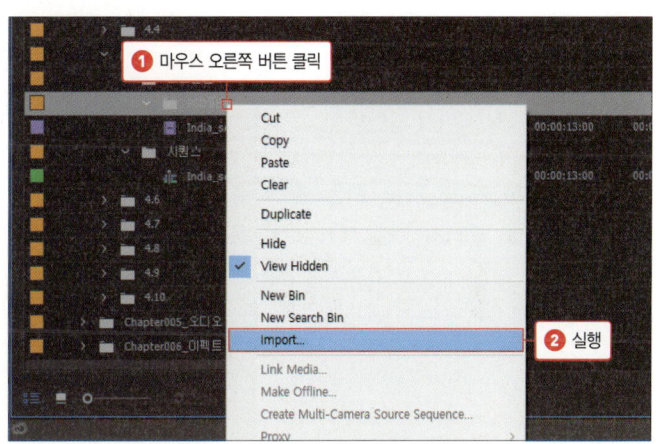

02 예제 폴더에서 미디어파일\이미지\고화질이미지 폴더 안에 'india_soup_logo.psd' 파일을 선택하고 〈열기〉 버튼을 클릭합니다.

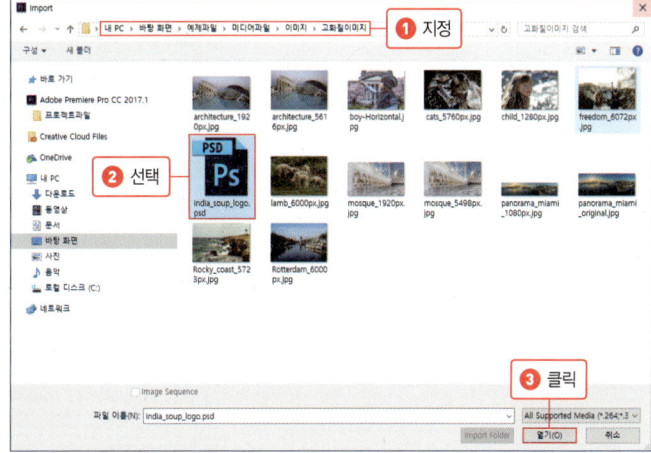

03 포토샵 파일의 레이어들을 어떻게 처리할지 묻는 대화상자가 표시됩니다. 레이어를 합쳐서 단일 파일로 사용하지 않고, 개별적으로 애니메이팅할 것이므로 Import As의 옵션 중 'Sequence'를 선택하고 〈OK〉 버튼을 클릭합니다.

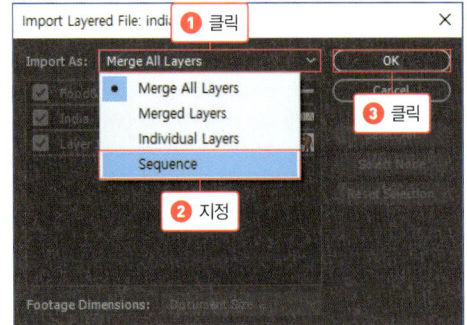

04 Project 패널을 살펴보면 PSD 파일 폴더 안에 'India_soup_logo'라는 새로운 Bin이 만들어졌고, 그 안에 PSD 레이어들이 개별적으로 불러들여진 것을 확인할 수 있습니다. 그리고 'India_soup_logo'라는 새로운 시퀀스가 만들어진 것을 알 수 있습니다.

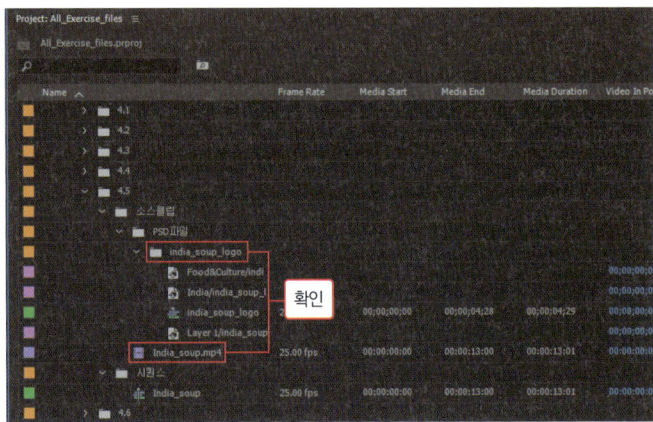

05 'India_soup_logo' 시퀀스를 타임라인 시작점으로 불러들입니다. Timeline 패널에서 'India_soup_logo' 시퀀스를 더블클릭합니다.

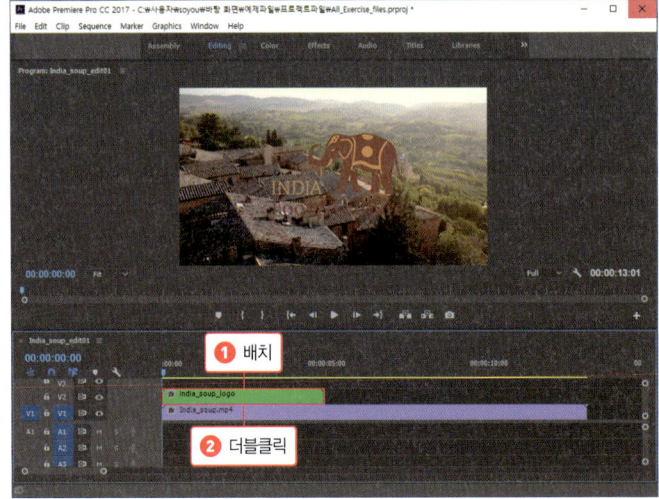

06 새 탭에 원본 시퀀스가 불러들여집니다. 이 시퀀스를 자세히 살펴보면 각각의 레이어들이 포토샵의 레이어가 쌓여 있듯이 비디오 트랙에 차례대로 쌓여 있는 것을 알 수 있습니다.

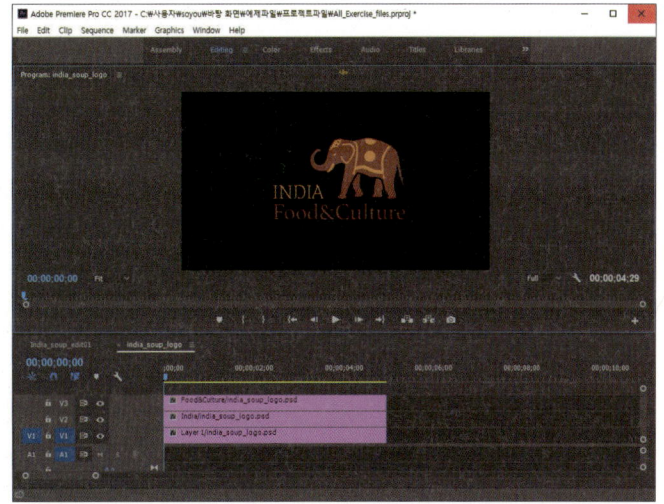

07 V2와 V3 트랙 위의 레이어를 마우스로 트리밍하여 각각의 레이어가 나타나는 시점을 다르게 편집합니다. 1초 뒤에 'India'라는 글씨가 보이고, 2초 뒤에 'Food&Culture'라는 글씨가 보이도록 트리밍합니다.

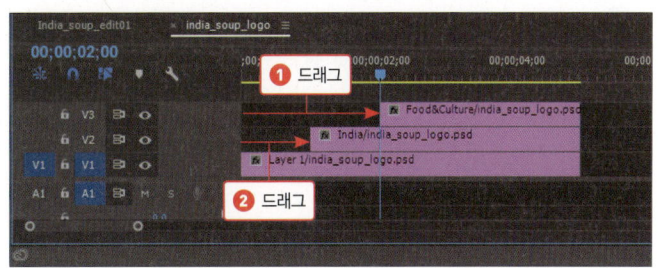

08 원본 시퀀스에서 생긴 변화는 이 시퀀스가 들어 있는 모든 상위 시퀀스에도 똑같이 적용됩니다. 상위 시퀀스(India_soup)으로 돌아가 재생해 봅니다.

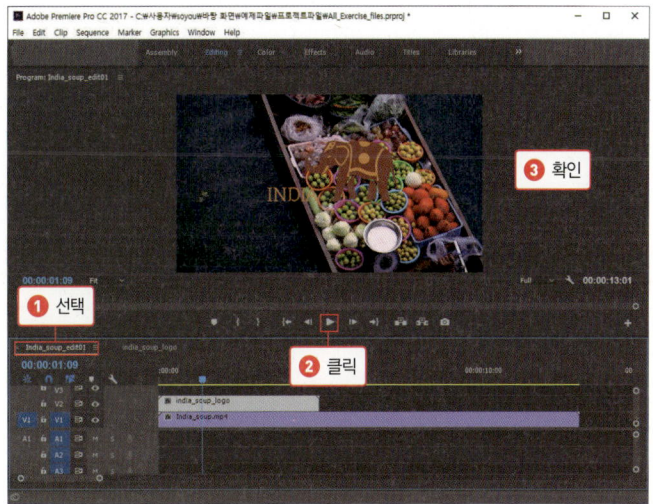

Chapter5 포토샵 파일 사용하기 **247**

09 다시 'India_soup_logo' 시퀀스로 돌아옵니다. 세 트랙 위의 레이어에 Position 과 Opacity 애니메이션을 적용해 보겠습니다.

우선, V1 트랙 위의 코끼리 로고를 서서히 나타나게 하는 애니메이션을 적용해 봅니다. Effects Controls 탭을 활성화하고, V1 트랙 위의 Layer 1을 클릭합니다.

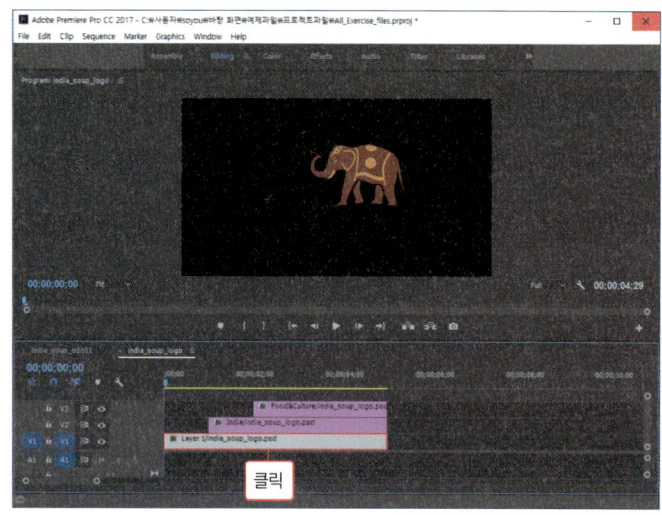

10 플레이헤드를 0초에 놓고 다이아몬드 모양의 버튼을 눌러 Opacity에 첫 키프레임을 만듭니다.

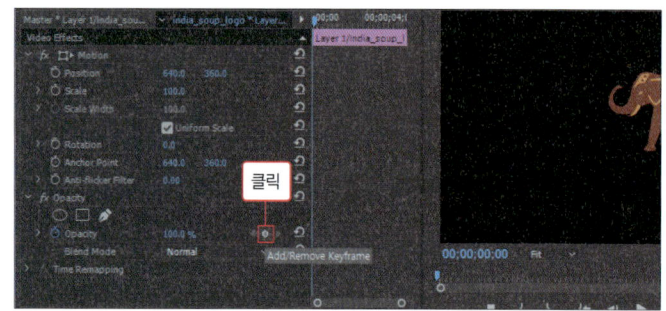

11 1초 위치에도 키프레임을 만들고 플레이헤드를 0초에 놓은 다음 Opacity를 '0%'으로 설정합니다.

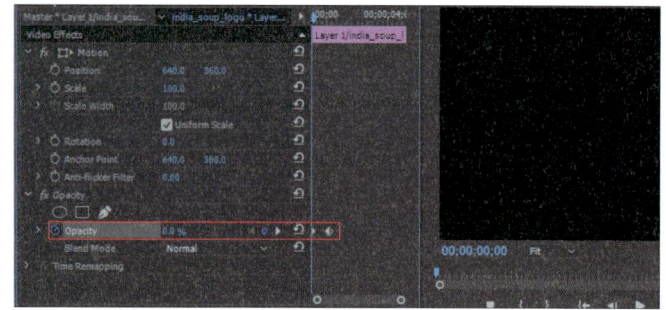

12 이렇게 만들어진 두 개의 키프레임을 재생해 보면, 코끼리 로고가 서서히 나타나는 애니메이션이 만들어진 것을 확인할 수 있습니다. 이번에는 V2 트랙 위의 레이어를 선택하고, 플레이헤드를 움직여 1초 지점과 2초 지점에 P 키프레임을 만듭니다.

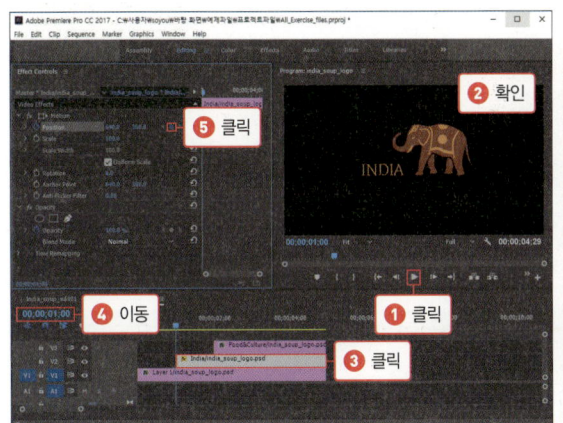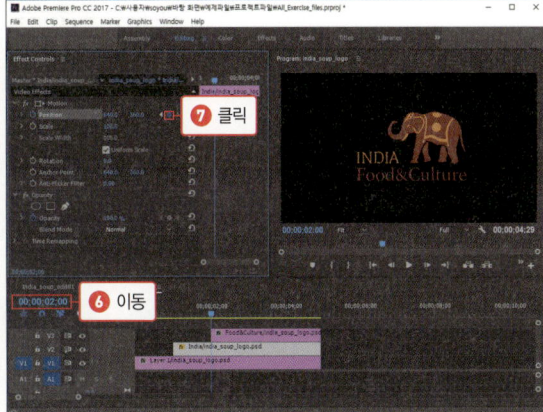

13 작은 삼각형(Go to previous key frame) 버튼을 눌러 이전 프레임으로 이동하고, Position의 x축 매개변수를 드래그하여 'India'라는 텍스트가 화면의 1/4 지점에 위치하도록 합니다.

14 재생해 보면 V2 트랙의 텍스트가 왼쪽에서 오른쪽으로 이동하는 애니메이션이 적용된 것을 확인할 수 있습니다. 여기에 Opacity 애니메이션을 추가하여 서서히 보이게 만들겠습니다.
V2 트랙의 클립을 선택한 상태에서 Position에 찍힌 두 키프레임과 같은 위치에 Opacity 애니메이션을 추가하기 위해 1초와 2초 지점에 다이아몬드 버튼을 눌러 각각 키프레임을 만듭니다.

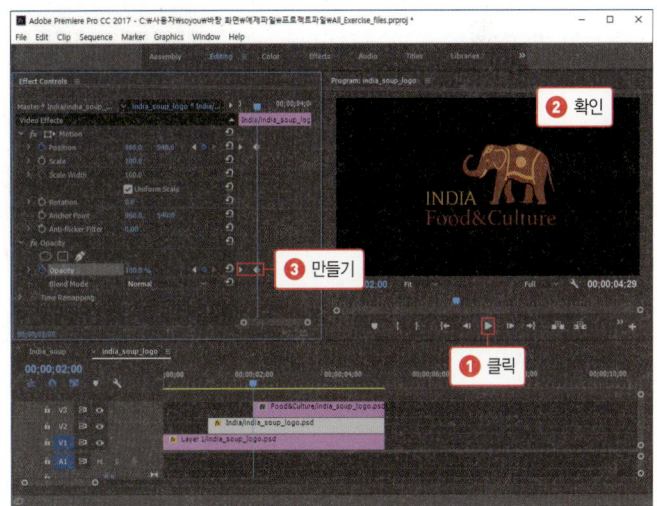

15 서서히 나타나는 모션을 추가할 것이므로, 1초 지점의 Opacity 값을 '0%'으로 수정 입력합니다.

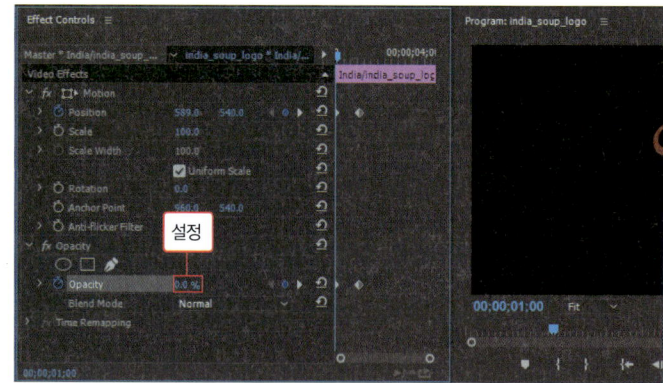

16 재생하면 V2 트랙의 텍스트가 좌에서 우로 이동하면서 서서히 드러나는 애니메이션이 적용된 것을 확인할 수 있습니다.
마지막으로 V3 트랙 위의 클럽이 아래에서 위로 올라오는 애니메이션을 적용하겠습니다.
V3 트랙의 클립을 선택하고 2초와 3초 지점에 각각 Position 키프레임을 만듭니다.

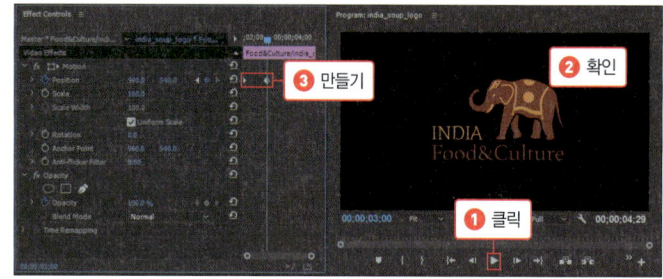

17 플레이헤드를 첫 키프레임 지점에 위치시키고, Position의 y축 매개변수를 수정합니다. 아래에서 위로 등장할 것이기 때문에 매개변수를 마우스로 클릭, 드래그하여 텍스트가 화면 밖으로 완전히 밀려나게 이동시킵니다.
Spacebar 키를 눌러 애니메이션을 재생해 봅니다. 각 레이어들의 키프레임을 이동시켜 애니메이션이 시작되는 지점이나 끝나는 지점을 변화시켜 봅니다. 애니메이션이 완성되면 상위 시퀀스로 돌아가 다시 한 번 재생해 봅니다.
완성된 예제 파일은 'India_soup_logo02' 시퀀스, 응용 파일은 'India_soup_eidt02' 시퀀스를 통해 확인할 수 있습니다.

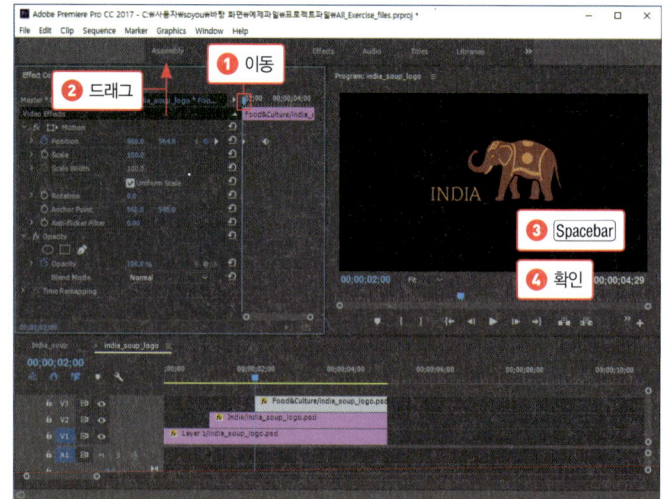

2 포토샵과 연동하여 타이틀 작업하기

Creative Suite를 구성하는 프로그램 중 포토샵과 연동하여 두 프로그램을 병행하면서 타이틀을 제작하는 방법을 알아봅니다. 포토샵 파일이 업데이트가 되면 그 파일을 불러들인 프리미어 프로에서도 업데이트된 데이터가 적용됩니다. 또한 포토샵과 연동하여 작업할 때, 포토샵 프로그램을 실행하지 않고 프리미어 프로에서 포토샵 파일을 만들어 작업을 시작할 수 있습니다. 이렇게 되면, 프리미어 프로에서 설정한 시퀀스 설정과 같게 만들 수 있어 편리합니다.

1 | 포토샵 파일 업데이트하기

01 시퀀스 폴더에서 'India_soup_edit03' 시퀀스를 사용합니다. 로고 색과 영상 색이 비슷하여 로고가 잘 드러나지 않습니다. 포토샵에서 이를 수정하여 업데이트하겠습니다. 'India_soup_logo03' 시퀀스를 더블클릭하여 활성화합니다.

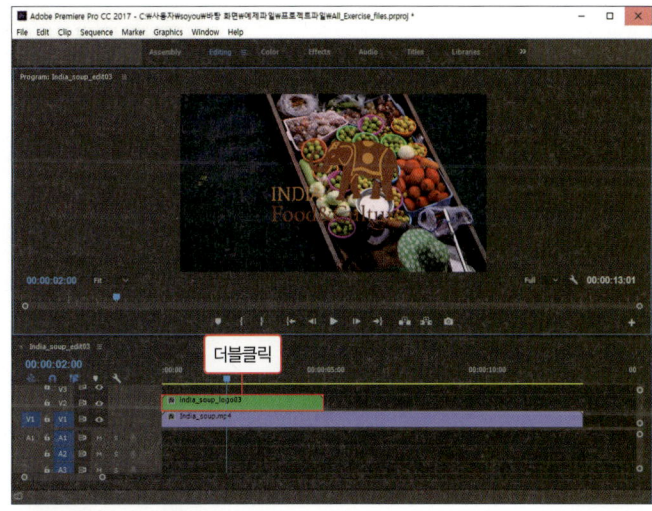

02 세 개의 레이어 중 하나를 선택하고 마우스 오른쪽 버튼을 클릭한 다음 **Edit in Adobe Photoshop**을 실행합니다.

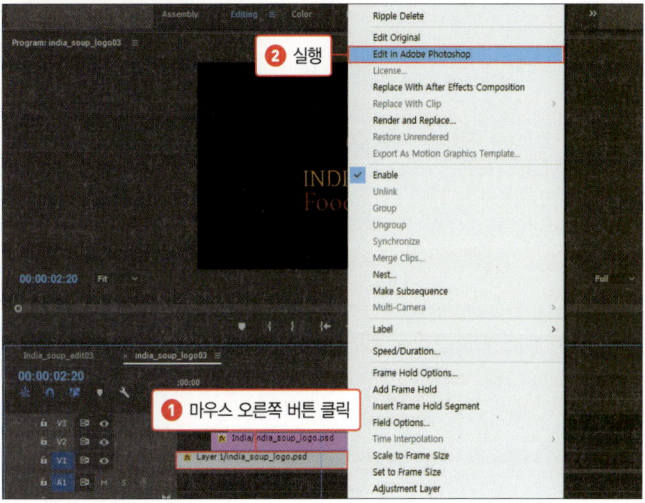

Chapter5 포토샵 파일 사용하기 251

03 포토샵이 열리고 파일이 불러들여집니다. 'Layer 1'을 선택합니다.

04 'Layer1'(코끼리 로고 그림)에 그림자 효과와 입체감 효과를 적용하겠습니다. 포토샵 Layers 패널 아랫부분에서 'Add a layer Style' 아이콘( )을 클릭하고 **Drop Shadow**를 실행합니다.

05 Layer Style 대화상자가 표시됩니다. 그림자의 Opacity를 '75%', Angle을 '90°', Spread를 '10%', Size를 '10px'로 설정합니다.

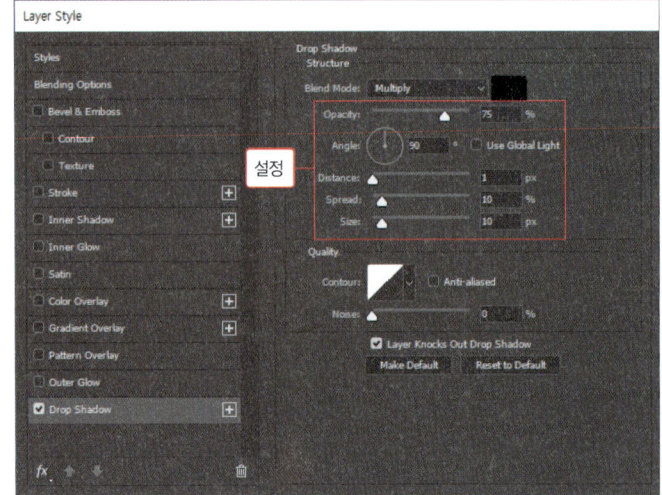

06 팝업창 왼쪽의 Styles에서 'Bevel & Emboss'를 선택하여 활성화합니다. Style을 'Emboss', Direction을 'Up', Size를 '5px', Soften을 '2px'로 지정합니다.

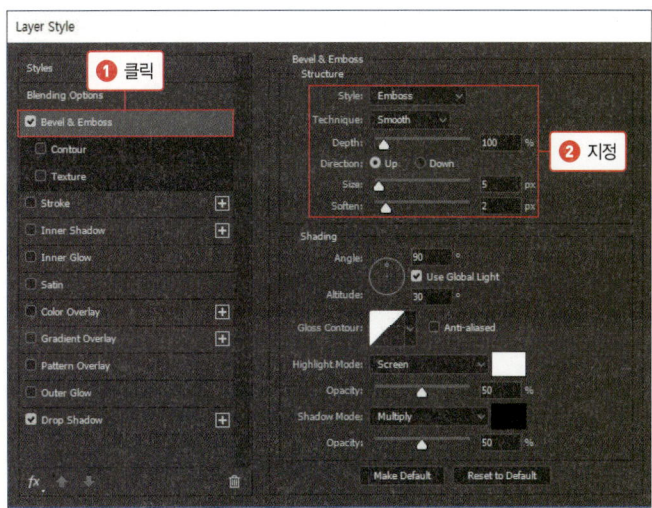

07 〈OK〉 버튼을 클릭하고 적용된 레이어 스타일을 확인합니다.
두 번째 레이어를 선택하고 마찬가지로 'Add a layer style' 아이콘( )을 클릭한 다음 **Stroke**를 실행합니다.

08 Stroke의 Size를 '3px', Position을 'Outside', Color는 색상 코드에 '4b3f3c'를 입력하고 〈OK〉 버튼을 클릭합니다.

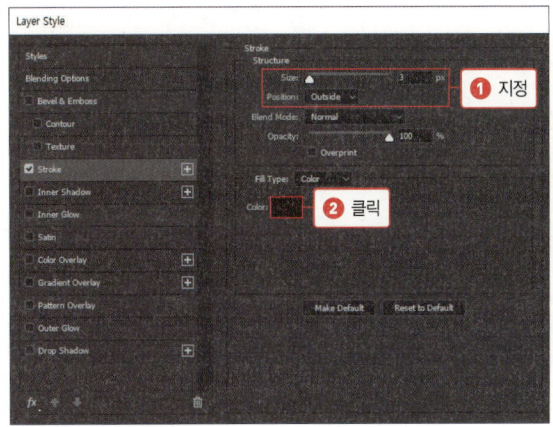 

09 마지막으로 세 번째 레이어에는 두 번째 레이어와 같은 레이어 스타일을 적용하겠습니다.

두 번째 레이어를 선택하고 마우스 오른쪽 버튼을 클릭한 다음 **Copy Layer Style**을 실행합니다.

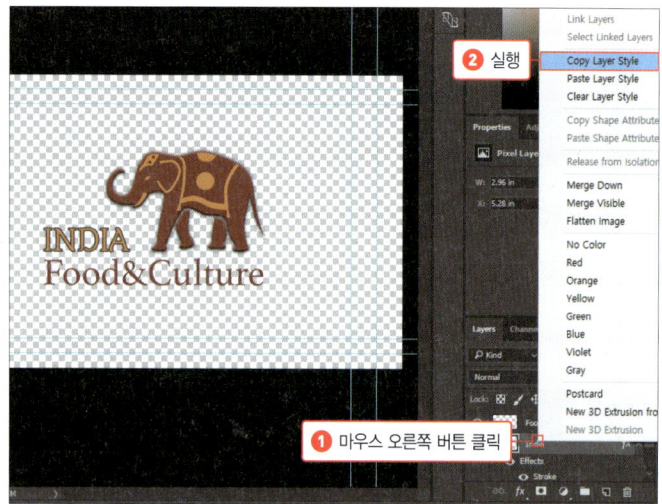

10 세 번째 레이어를 선택하고 마우스 오른쪽 버튼을 클릭한 다음 **Paste Layer Style**을 실행합니다. 두 번째 레이어와 같은 Stroke 효과가 적용된 것을 확인할 수 있습니다.

Ctrl+S 키 또는 [File] → Save(Ctrl+S)를 실행하여 저장하고 프리미어 프로로 돌아갑니다.

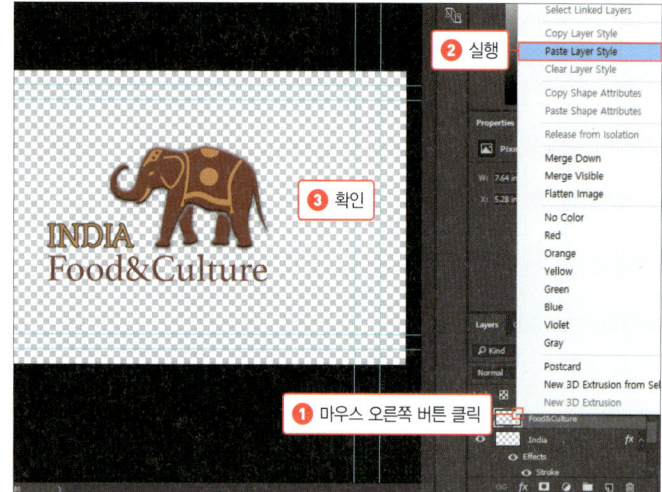

11 상위 시퀀스 'India_soup_edit03'을 확인해 보면 좀 전에 수정한 포토샵 파일 내용이 업데이트된 것을 확인할 수 있습니다. 완성된 파일은 'India_soup_edit04'를 통해 확인할 수 있습니다.

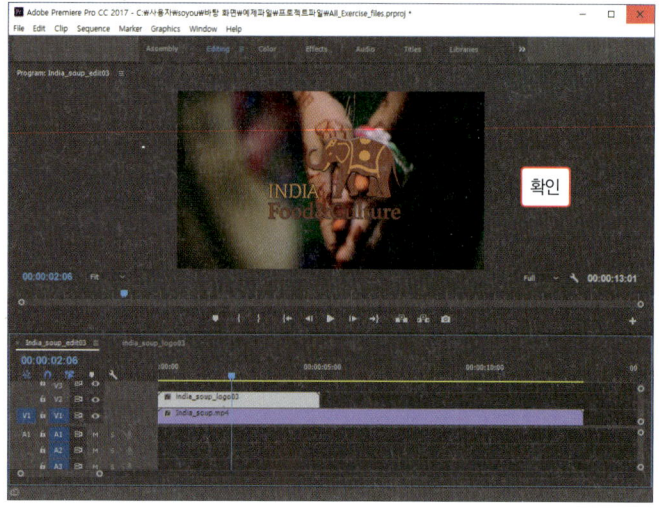

2 | 프리미어 프로에서 포토샵 파일 만들기

01 [File] → New → Photoshop File을 실행합니다.
포토샵 파일의 속성을 설정하는 대화상자가 표시됩니다. 프리미어 프로에 설정한 시퀀스 설정과 같게 만들고 〈OK〉 버튼을 클릭합니다.

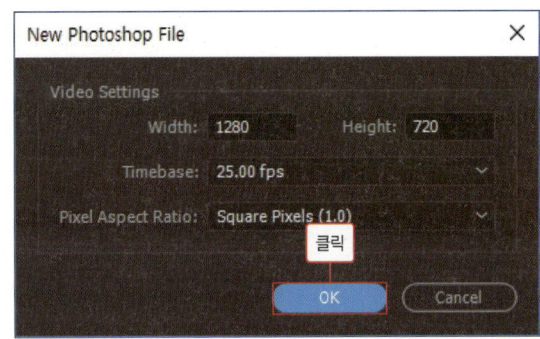

02 포토샵 파일을 저장할 경로를 설정하고, 새 이름을 지정합니다. 팝업창 아랫부분에서 'Add to Project (Merged Layers)'에 체크 표시하면, 포토샵 파일을 저장하고 레이어가 모두 합쳐진 형태로 Project 패널에 자동으로 가져오기까지 실행됩니다. 체크 해제하면 포토샵 파일은 저장되지만 Project 패널에는 가져오기하지 않습니다.
〈OK〉 버튼을 클릭합니다.

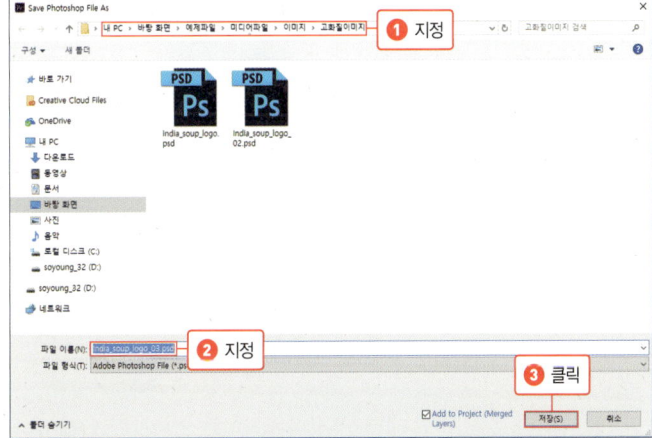

03 포토샵이 자동으로 실행됩니다.

CHAPTER 06
Premiere Pro CC

그래픽스 타이틀러 활용하기

프리미어 프로의 타이틀 작업 방식이 2017 버전 이후 새로워졌습니다. 기존의 타이틀 작업 방식은 정지된 텍스트를 기본으로 하여(Default Still) 프리미어 프로가 제공하는 Title Styles나 Title Properties(속성)를 적용하는 정도의 기능만 했습니다. 2017 이후 버전부터 'Graphics Titler'라는 새로운 명칭과 함께, 포토샵이나 애프터이펙트와 같은 다른 어도비 어플리케이션과 같이 더욱 직관적인 인터페이스와 기능을 제공하게 되었습니다. 기본적인 텍스트 삽입은 물론이고, 모션 그래픽에 사용되는 기본적인 애니메이션을 적용할 수 있게 되어 더욱 편리해졌습니다. 이전 버전의 타이틀러를 사용하고 싶다면 [File] → New → Legacy Title을 이용합니다.

| 폴더 | 모든예제파일\Chapter004_이미지와그래픽소스로작업하기\4.6

1 Lower Third Title 자막 만들기

다큐멘터리나 뉴스, 인터뷰 영상에서 흔히 쓰이는 지명이나 인명 자막 또는 음악 방송에서 노래 제목과 가수의 이름이 나오는 자막과 같이 화면의 1/3보다 낮은 위치에 만들어지는 자막을 Lower Third Title이라고 합니다. 텍스트와 기본 도형 몇 가지를 활용하여 Lower Third Title를 만들어 보고 새로워진 그래픽스 타이틀러의 기본을 익혀 봅니다.

01 시퀀스 폴더에서 'Take2_Multicam_Edit03' 시퀀스를 사용합니다.
우선 Effect Controls 패널을 표시합니다. 그래픽스 타이틀러는 이펙트 컨트롤러와 함께 사용합니다.

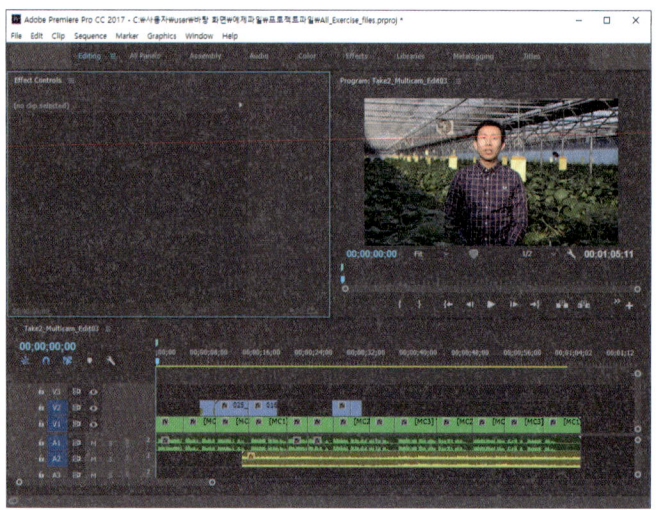

02 타임라인이 활성화된 상태에서 [Graphics] → New Layer → Text를 실행하거나, Ctrl+T 키를 눌러 텍스트 레이어를 추가합니다.

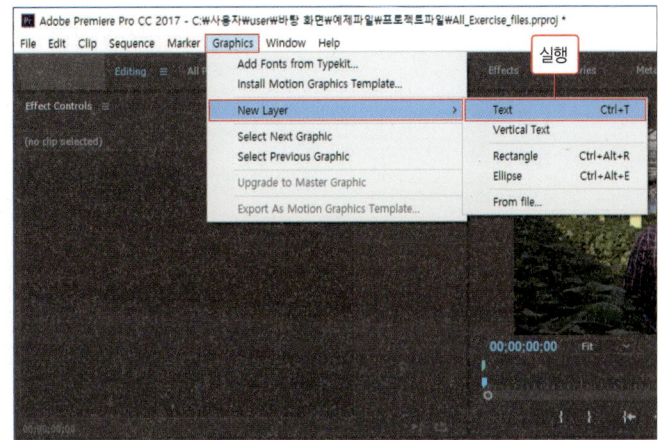

03 Effect Controls 패널과 타임라인에 새 그래픽스 레이어가 추가된 것을 확인할 수 있습니다.

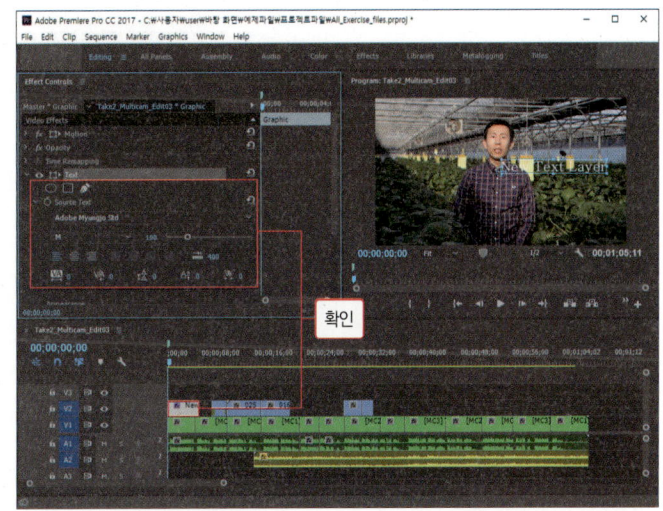

04 문자 도구(T)를 선택하거나 T 키를 눌러 마우스 포인터를 문자 도구로 바꿉니다.

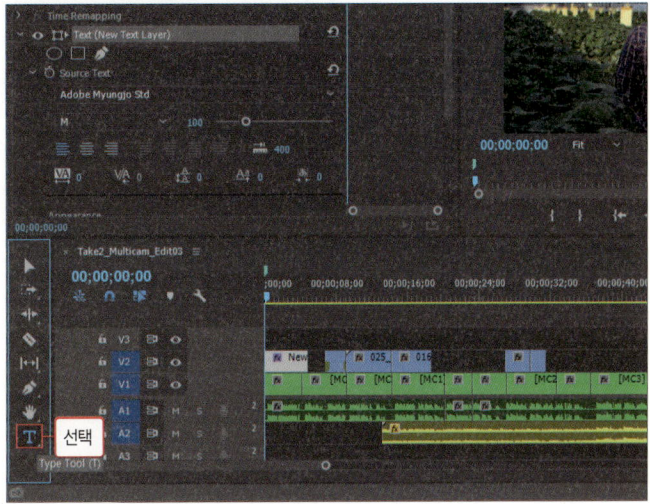

05 Program Monitor 패널의 텍스트 박스를 클릭하여 텍스트를 수정합니다. 텍스트 박스 내부 수정이 활성화되면 붉은색 박스로 바뀌고 붉은색 포인터가 표시됩니다. 예제에서는 '현정철'로 수정했습니다.

06 텍스트 박스의 글씨가 잘 보이도록 타임라인에서 눈 모양 아이콘을 눌러 V1 화면을 잠시 꺼둡니다.

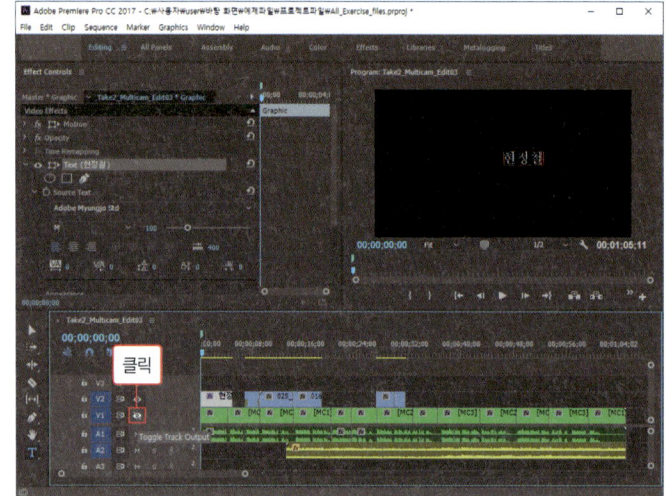

07 텍스트 박스 안의 글씨를 클릭하고 Ctrl+A 키를 눌러 전체 선택합니다. 그리고 Effect Controls 패널에서 Source Text 옵션 중 Font의 드롭다운 메뉴를 눌러 서체를 바꿉니다. Tracking(🔡)을 '30'으로 설정합니다.

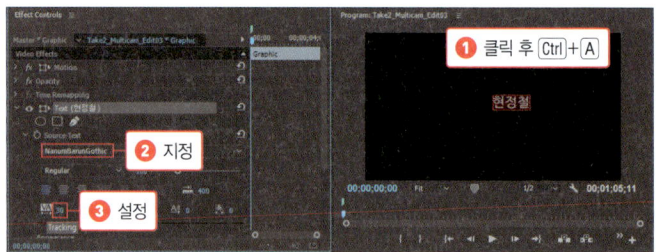

08 텍스트 수정을 마치면 선택 도구(▶)를 선택하여 텍스트 박스를 비활성화합니다. 텍스트 박스가 다시 파란색 박스로 바뀐 것을 확인할 수 있습니다.

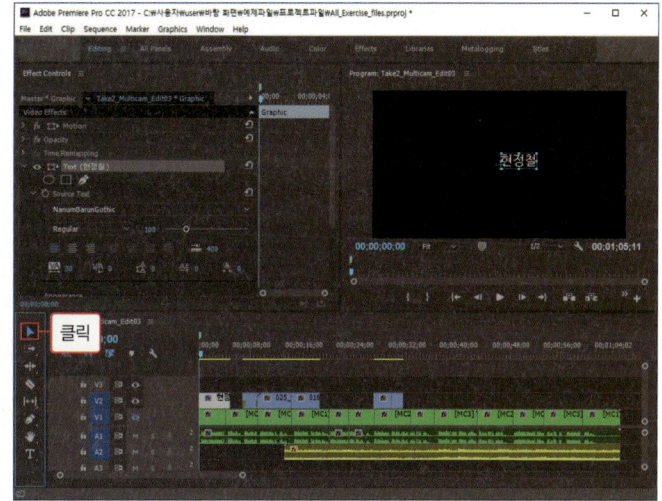

09 타임라인에서 텍스트 레이어가 선택된 상태로 처음과 같이 [Graphics] → New Layer → Text(Ctrl+T)를 실행합니다. 이렇게 하면 타임라인의 같은 레이어 안에 새 그래픽스 레이어를 추가할 수 있습니다.

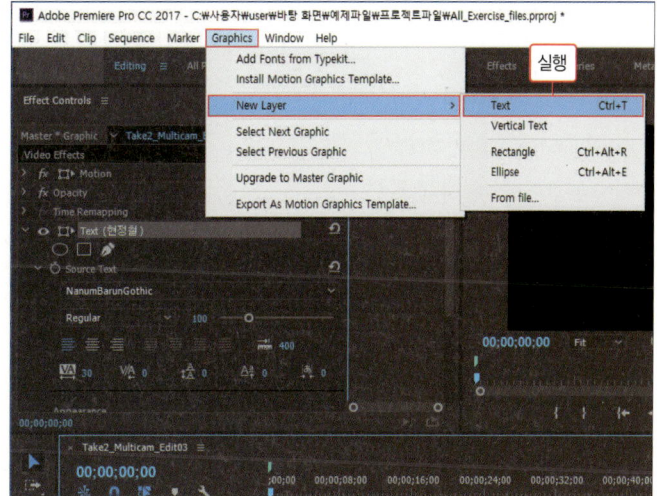

10 선택 도구(▶) 마우스 포인터를 이용하여 새 텍스트 레이어가 겹쳐 보이지 않도록 아래쪽으로 내립니다.

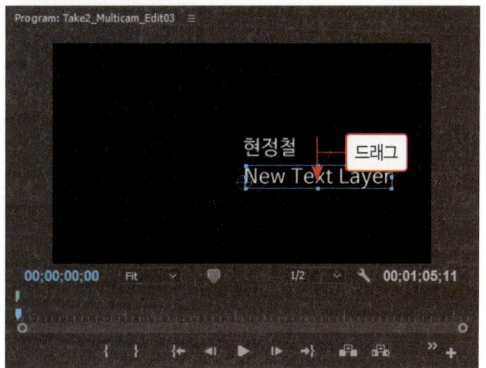

Chapter6 그래픽스 타이틀러 활용하기 259

11 문자 도구(T)를 선택하고 텍스트를 수정합니다. 수정이 끝나면 선택 도구(▶)를 선택하고 텍스트 박스를 비활성합니다.

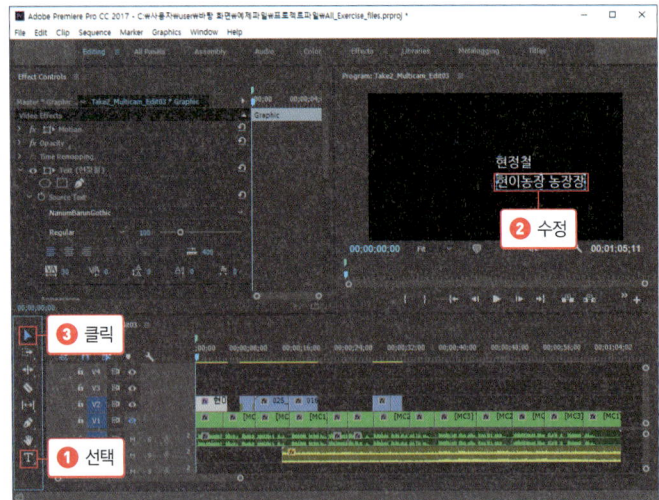

12 글씨와 글씨 사이에 라인을 하나 추가하겠습니다. 마찬가지로 타임라인 상의 그래픽스 레이어가 선택된 상태에서 [Graphics] → New Layer → Rectangle (Ctrl+Alt+R)을 실행합니다.

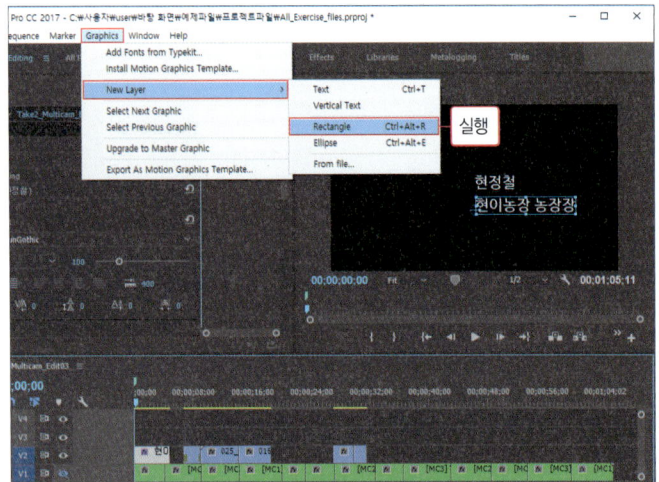

13 화면 위에 사각형이 하나 생겼고, Effect Controls 패널을 살펴보면 두 개의 텍스트 레이어 아래 Shape 레이어가 추가된 것을 확인할 수 있습니다.

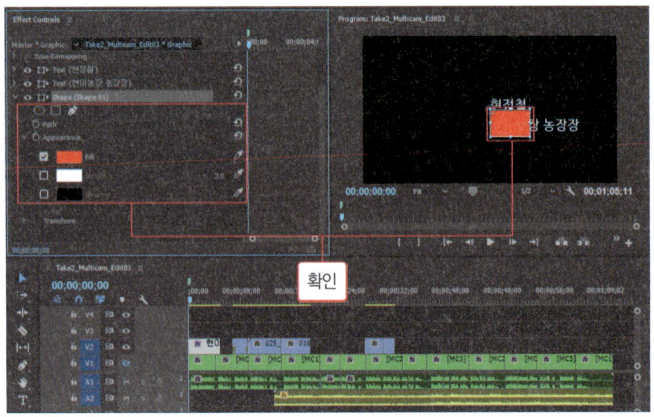

TIP

그래픽스 레이어 추가하기

1 타임라인에 이미 만들어진 그래픽스 레이어를 선택하고 새로운 그래픽스 레이어를 추가했을 때

이 상태에서 새 그래픽스 레이어를 추가하게 되면, 타임라인에 놓여진 단일 레이어에 그래픽스 레이어를 여러 개 추가할 수 있습니다. 이렇게 되면 여러 개의 그래픽스 레이어들을 개별적으로 제어할 수 있을 뿐만 아니라, 이들을 그룹화하여 사용하듯이 단일 레이어로서도 제어할 수 있어 편리합니다.

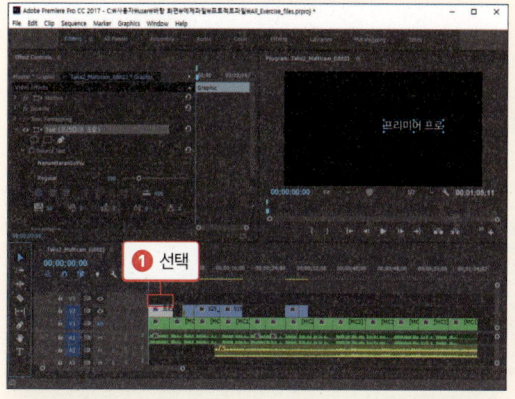
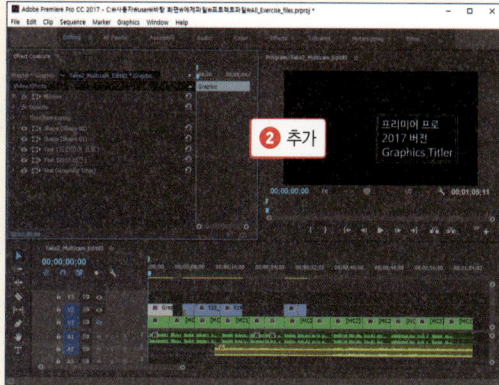

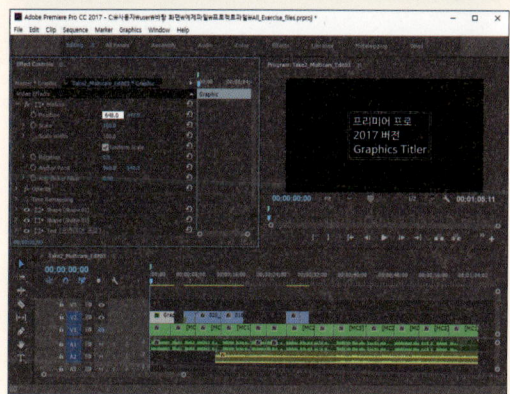

2 타임라인의 이미 만들어진 그래픽스 레이어를 선택하지 않고 새로운 그래픽스 레이어를 추가할 때

이 상태에서 새 그래픽스 레이어를 추가하게 되면, 타임라인에 놓인 레이어 외에 또 다른 그래픽스 레이어가 새로 추가됩니다. 이렇게 되면 개별 제어는 가능하지만 이들을 그룹화하여 사용하는 것은 불가능합니다. 따라서 타임라인의 여러 개의 그래픽스 레이어를 추가 사용하는 것은 그래픽스 레이어 한 세트를 만들고, 또 다른 세트를 만들고자 할 때 사용하면 좋습니다.

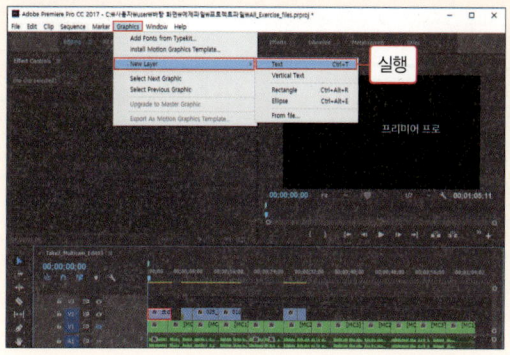
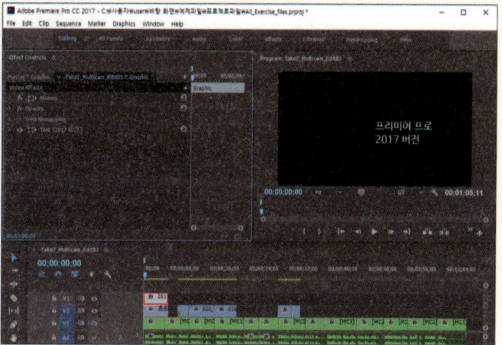

14 도형 레이어 옵션 중 Transform을 펼칩니다.

Scale을 조정하여 가는 라인을 만들 것인데, 가로와 세로의 조정 비율이 같지 않으므로 'Uniform Scale'에 체크 표시를 해제합니다.

···· TIP ··
체크를 해제하면 Vertical Scale(세로 크기)과 Horizontal Scale(가로 크기) 옵션이 각각 활성화된 것을 확인할 수 있습니다.
···

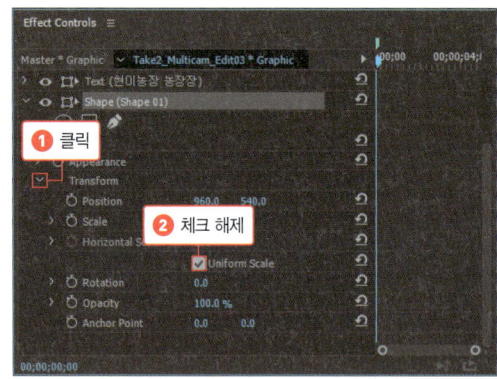

15 Vertical Scale을 '8', Horizontal Scale을 '223'으로 설정합니다.

이 방법 외에도 프로그램 모니터에서 마우스로 박스 모서리를 잡고 눈대중으로 사이즈를 조절할 수도 있습니다.

Position의 Y축 매개변수를 조절하여 라인이 글씨와 글씨에 들어오도록 조정합니다. 마찬가지로 프로그램 모니터에서 라인을 클릭, 드래그하여 원하는 위치로 옮겨 놓을 수 있습니다.

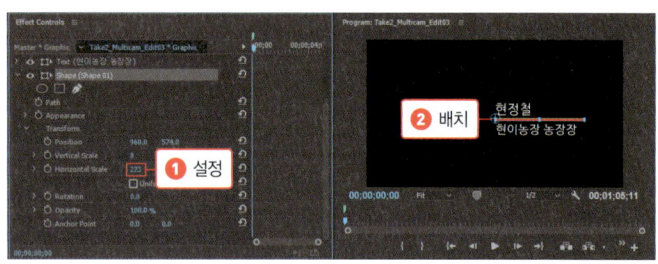

16 V1의 눈 모양 아이콘을 클릭하여 다시 영상이 보이도록 합니다.

Effect Controls 패널 윗부분 Motion 옵션은 타임라인 상의 그래픽스 레이어를 움직일 수 있는 즉, 각각의 개별 레이어를 한 번에 제어할 수 있는 기능을 합니다. Scale을 '70%'로 설정하여 전체 크기를 축소합니다.

17 Position의 X축과 Y축 매개변수를 조절하여 Lower Third Title 위치를 화면의 오른쪽 아랫부분으로 조절합니다.

18 Ctrl+D를 눌러 그래픽스 레이어 앞뒤에 Default Dissolve 효과(기본은 Cross Dissolve로 설정되어 있습니다)를 넣습니다. Spacebar 키를 눌러 화면을 재생합니다.

19 Project 패널을 살펴봅니다. 타임라인에 그래픽스 레이어를 만들어 작업했지만 Project 패널 상에는 어떠한 소스도 만들어지지 않은 것을 확인할 수 있습니다.
Timeline 패널에서 그래픽스 레이어를 선택한 상태로 [Graphics] → **Upgrade to Master Graphic**을 실행합니다.

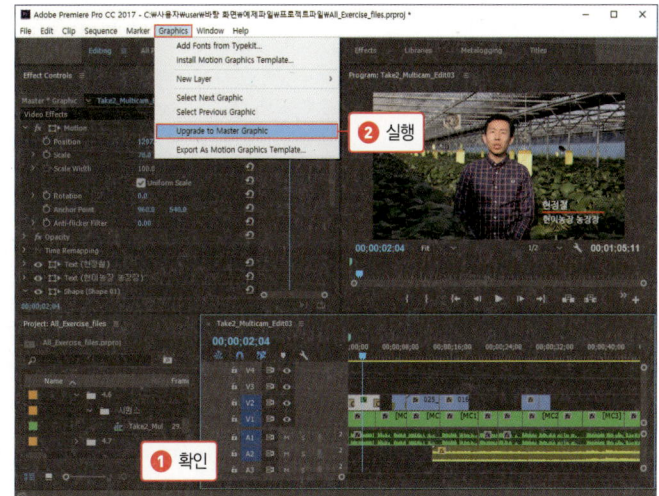

Chapter6 그래픽스 타이틀러 활용하기 263

20 Project 패널에 'Graphic'이라는 소스 클립이 만들어지고 더블클릭하면 Source Monitor 패널에 만든 그래픽스 레이어가 보입니다.

21 소스 클립화한 레이어는 Effect Controls 패널에서 [Master * Graphic] 탭을 이용하여 얼마든지 수정이 가능합니다. 완성된 예제 파일은 4.6\완성된예제파일 폴더에서 'Take2_Multicam_edit03_with Graphics'를 통해 확인할 수 있습니다.

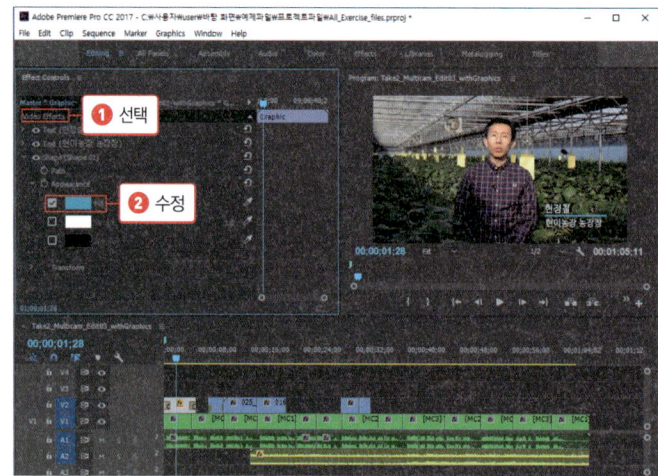

···TIP···

그래픽스 레이어 순서

그래픽스 레이어 순서는 Effect Controls 패널에서 아래쪽에 있는 레이어가 앞쪽에 있는 레이어입니다. 텍스트 레이어와 도형 레이어 두개를 이용하여 비교하면 쉽게 알 수 있는데, 레이어들 사이 순서는 마우스로 클릭, 드래그하여 쉽게 상하 이동이 가능합니다.

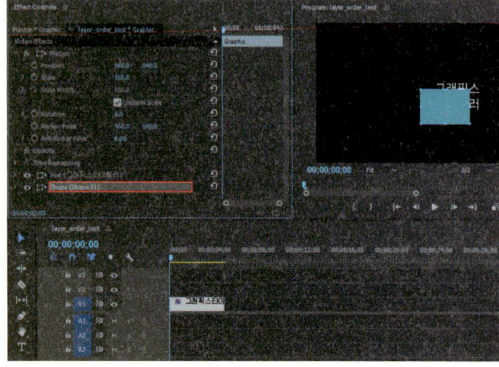 

2 타이틀에 모션 추가하기

프리미어 프로 CC 2017 이후 버전에서 업그레이드된 그래픽스 타이틀러는 이미지나 사진과 같은 그래픽에 애니메이션을 적용하듯이 텍스트에 모션을 추가할 수 있도록 개선되었습니다. 그래픽스 레이어마다 개별적인 모션 추가는 물론이고 레이어 각각을 한꺼번에 제어할 수도 있습니다.

01 시퀀스 폴더에서 'Take2_Multicam_edit04' 시퀀스를 사용합니다.
우선 V1의 눈 모양 아이콘을 눌러 그래픽스 레이어만 보이도록 만듭니다.

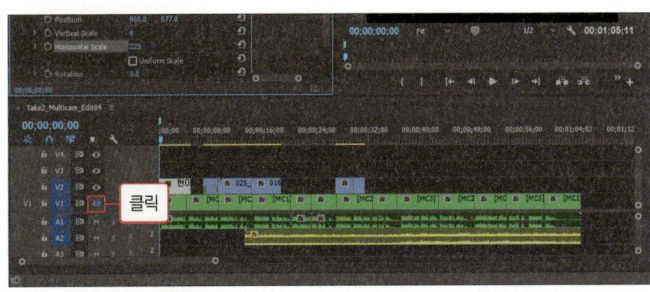

02 라인을 먼저 애니메이션하는데 왼쪽에서 오른쪽으로 그려지면서 나타나게 모션을 적용하겠습니다.
Timeline 패널에서 그래픽스 레이어를 선택하고 Effect Controls 패널에서 [Master*Graphic] 탭을 선택합니다. Shape 레이어의 드롭다운 메뉴를 열고 Transform에서 Horizontal Scale에 애니메이션을 추가하겠습니다.
'Unform Scale'의 체크 표시를 해제하고 0초에 키프레임을 하나 만든 다음 00;00;00;20에 두 번째 키프레임을 추가합니다.

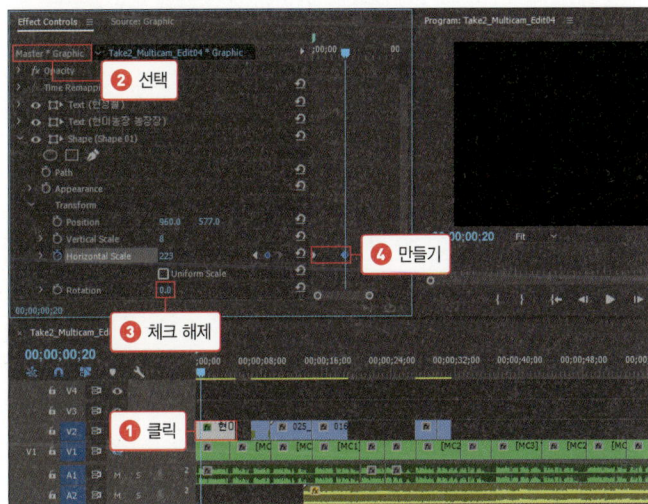

03 0초에 Horizontal Scale 값을 '0'으로 입력합니다. 그리고 재생해 봅니다. 등속도로 라인이 그려지는 것을 확인할 수 있습니다.

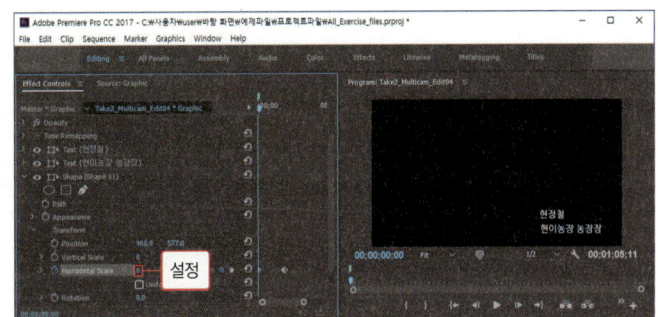

04 모션에 좀 더 재미를 더하기 위해 가속도로 라인이 그려지도록 수정하겠습니다. 두 번째 키프레임을 마우스 오른쪽 버튼으로 클릭한 다음 **Ease In**을 실행합니다. 속도가 점점 빨라졌다가 느려지면서 라인이 그려집니다.

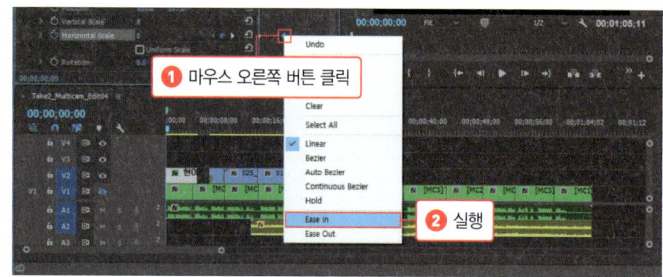

05 이번에는 윗줄의 텍스트에 위에서 아래로 내려앉으면서 점점 보이는 애니메이션을 추가합니다. 우선, Effect Controls 패널에서 Text(현정철) 레이어의 드롭다운 메뉴를 열고 Transform에서 Position과 Opacity에 키프레임을 추가합니다. 라인에 애니메이션을 준 것과 같이 0초와 00;00.00;20에 각각 키프레임을 만듭니다.

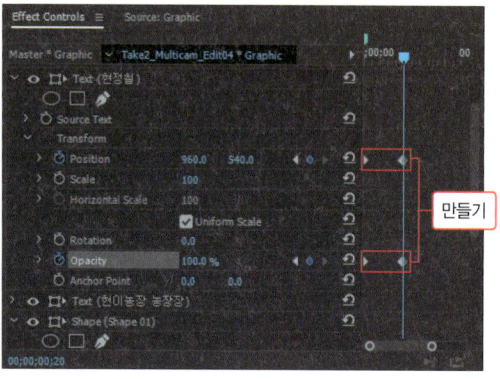

06 플레이헤드를 0초로 옮기고 Position의 Y축 매개변수에 '432.0'를 입력한 다음, Opacity를 '0%'로 설정합니다.

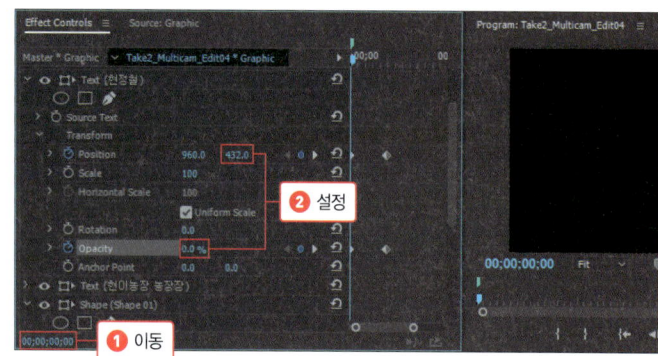

07 00;00;00;20에 위치한 두 개의 키프레임을 마우스로 드래그하여 모두 선택하고 마우스 오른쪽 버튼을 클릭한 다음 **Temporal Interpolation → Ease In**을 실행합니다.

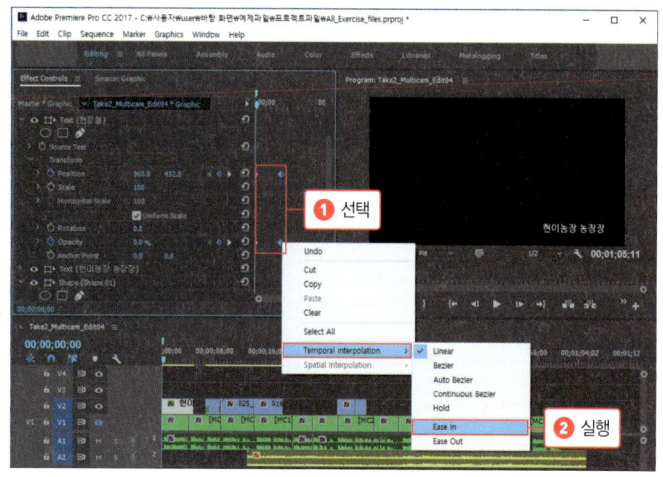

08 마지막으로 아랫줄의 텍스트는 아래에서 위로 올라가면서 점점 보이는 애니메이션을 추가합니다. 윗줄의 텍스트에 적용한 애니메이션을 똑같이 적용하되 Position의 Y축 매개변수를 아래에서 시작하도록 응용합니다.

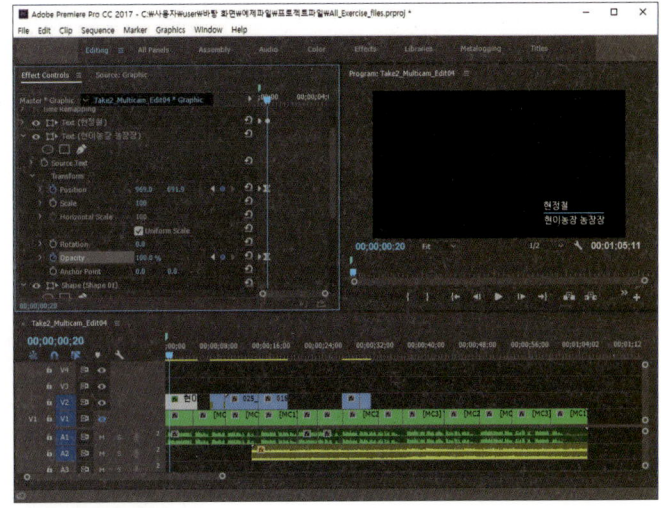

09 애니메이션을 완성하면 V1의 눈 모양 아이콘을 다시 켜고 재생합니다. 그래픽스 레이어를 선택하고 Shift + D 키를 눌러 디졸브 효과를 추가 적용하는데, 앞부분에 모션을 추가했으므로 앞부분에 적용된 디졸브 효과는 마우스 오른쪽 버튼을 클릭하여 지웁니다. 완성된 예제 파일은 4.6\완성된예제파일 폴더에서 'Take2_Multicam_Edit04_withMotion'을 통해 확인할 수 있습니다.

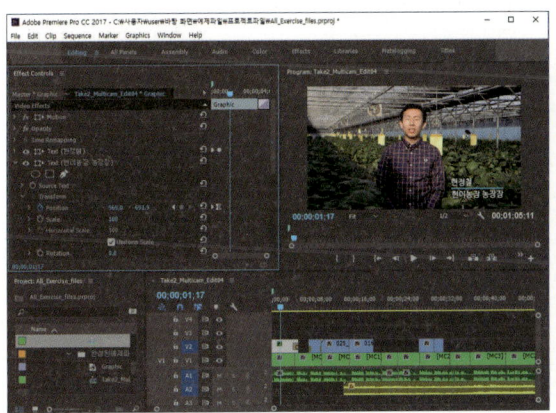 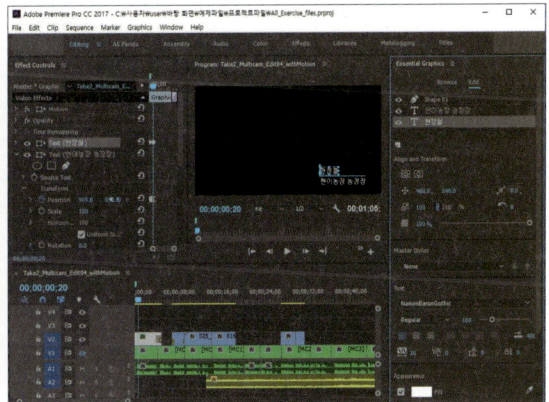

TIP

Essential Graphics 창

[Window] → Essential Graphics를 실행하면 Effect Controls 패널에서 그래픽스 레이어를 제어했던 것보다 좀 더 다양한 기능을 부가적으로 사용할 수 있습니다. 윗부분 두 개의 탭 중에 [Edit] 탭을 이용하여 부가 기능을 사용합니다. Essential Graphics 패널은 제어 가능한 기능의 풀 버전, Effect Controls 패널은 컴팩트 버전이라고 생각할 수 있습니다. 이 둘 중 어느 곳에서 수정하든 똑같이 적용됩니다.

3 그래픽스 타이틀러 프리셋 활용하기

프리미어 프로 CC 2017 이후 버전에서 업그레이드된 그래픽스 타이틀러는 마치 애프터이펙트의 모션 프리셋을 이용하는 것과 같이 쉽고 간편하게 모션을 추가할 수 있는 템플릿을 제공하고 있습니다. 프리미어 프로는 보편적으로 많이 쓰이는 타이틀 작업 방식을 프리셋으로 제공하여 초보 사용자들도 전문가 못지않은 비디오를 제작할 수 있도록 하고 있습니다.

01 시퀀스 폴더에서 'Take2_Multicam_edit05' 시퀀스를 사용합니다.

프리미어 프로가 제공하는 그래픽스 타이틀러 템플릿을 활용하기 위해서는 [**Window**] → **Essential Graphics**를 실행하여 패널을 활성화해야 합니다.

02 윗부분에 두 개의 탭이 있는데 Browse 탭을 선택합니다. 브라우저 안에는 적용 가능한 템플릿들이 기능에 따라 폴더화되어 있습니다. 여기서는 'Lower Thirds' 폴더를 더블클릭합니다.

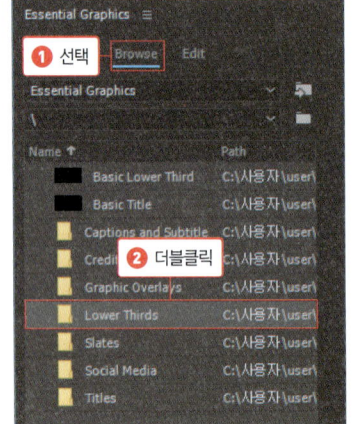

03 Lower Third Title을 만들 수 있는 다양한 템플릿이 보입니다. 좀 더 자세히 보기 위해 창 아랫부분에 'Thumbnail View' 아이콘(▣)을 클릭하고 바로 옆의 바를 움직여 미리 보기를 확대합니다.

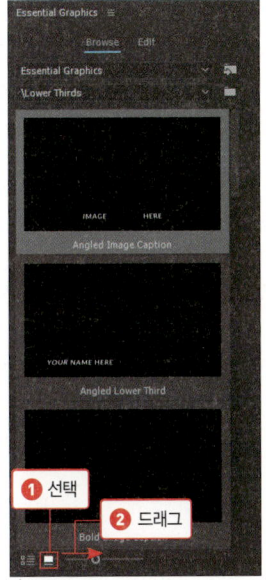

04 'Classic Lower Third Two Lines'를 선택합니다. 타임라인에 적용할 때는 템플릿의 섬네일을 클릭, 드래그하여 타임라인 위에 올려놓습니다.
재생해 보면 애니메이션까지 적용되어 있는 것을 확인할 수 있습니다.

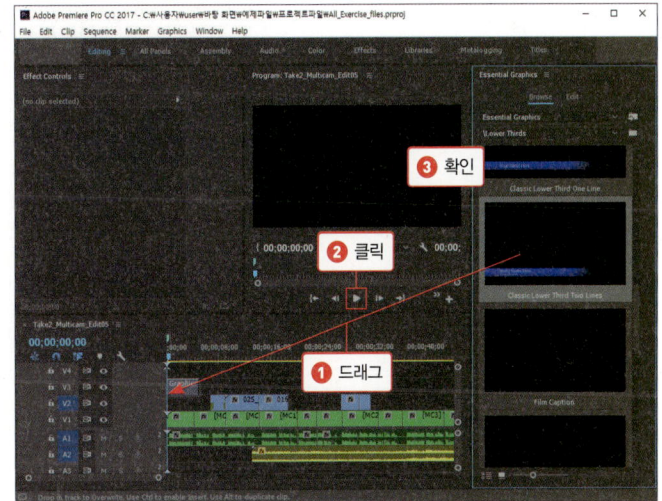

05 Essential Graphics 패널에서 그래픽스 레이어를 수정하겠습니다.
'ADD title here'에 직책 및 부서 등을 입력하고, 'Insert Name Here'에 이름을 입력합니다. 문자 도구(T)를 선택하고 텍스트를 수정합니다. 다시 한 번 재생합니다. 다른 템플릿들도 적용하여 어떤 모션이 들어갔는지 한번 살펴봅니다.

Chapter6 그래픽스 타이틀러 활용하기 **269**

4 반응형 디자인하기(Responsive Design)

프리미어 프로 CC 2018로 업데이트되면서 새롭게 추가된 기능으로서, Essential Graphics 패널과 모션 그래픽 템플릿(Templates)을 사용함에 있어서 Graphics Titler의 기능이 한층 향상되었습니다. 이 기능은 기본적인 그래픽 키프레임 애니메이션에는 적용되지 않으며, 그래픽 타이틀러를 사용하거나 모션 그래픽 템플릿을 사용할 때만 적용 가능합니다.

1 | Responsive Design-Time

그래픽스 타이틀러로 타이틀 애니메이션을 작업할 때, 키프레임 애니메이션이 적용된 그래픽 소스 클립을 트리밍(Trim Edit)하면 줄어들거나 늘어난 재생 시간에 맞춰 키프레임의 위치를 재정의해야 합니다. 새로 추가된 반응형 디자인은 이 부분을 보완한 새로운 기능을 제공합니다. Responsive Design-Time은 그래픽 소스 클립의 적용된 키프레임을 보호하고, 재생 시간을 트리밍하면 그에 맞춰 키프레밍이 자동으로 재정의됩니다.

01 시퀀스 폴더에서 'Take2_Multicam_edit06' 시퀀스를 사용합니다.

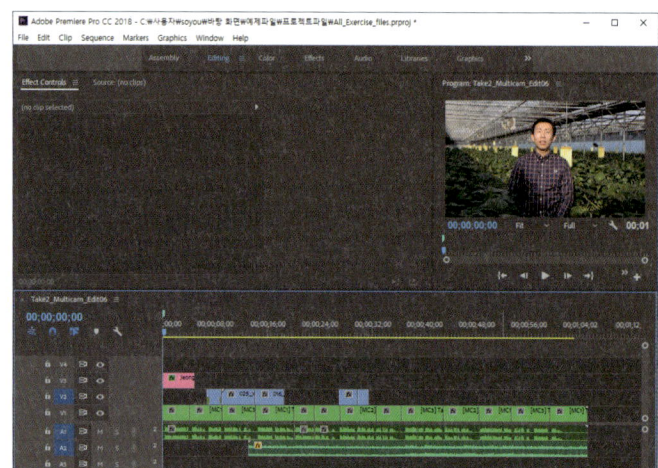

02 타임라인에서 빨간색 라벨의 그래픽 소스 클립을 선택하고, Effect Controls 패널을 엽니다. 이 클립에 키프레임 애니메이션이 정의되어 있는 것을 확인할 수 있습니다.

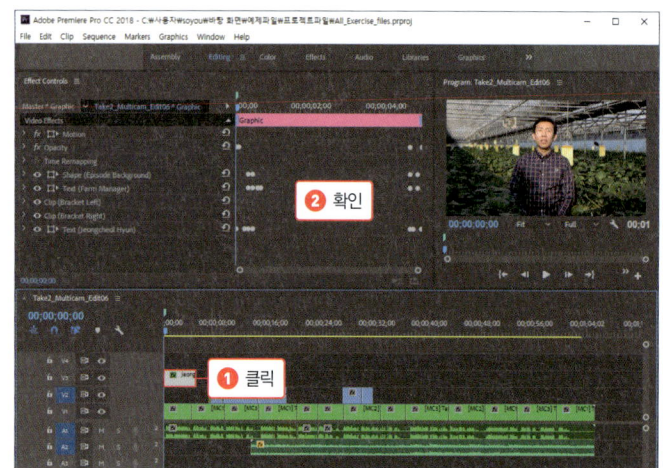

03 타임라인에서도 키프레임이 보이도록 합니다.
빨간색 클립 윗부분의 fx 아이콘을 마우스 오른쪽 버튼으로 클릭합니다.

> **TIP**
> 기본 값(Default)으로 설정된 옵션은 Opacity입니다. 이 그래픽 소스의 경우, Opacity에 키프레임이 적용되어 있기 때문에 트랙을 확장하는 것으로도 키프레임을 볼 수 있습니다.

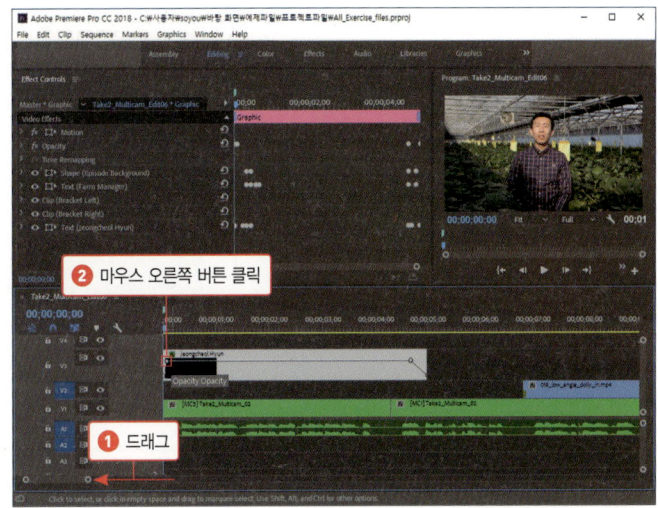

04 타임라인에서 키프레임을 볼 때, Effect Controls 패널에서 키프레임이 된 항목을 확인하고 그 옵션을 선택해 주면 타임라인에서도 키프레임을 볼 수 있습니다. 예를 들어, 이 그래픽 소스의 'Text (Farm Manager)' 레이어에 'Vertical Scale'에 애니메이션이 적용된 것을 알 수 있습니다. 이에 적용된 키프레임을 확인하기 위해서 타임라인의 fx 버튼을 클릭하고 이 항목을 불러들이면 됩니다.

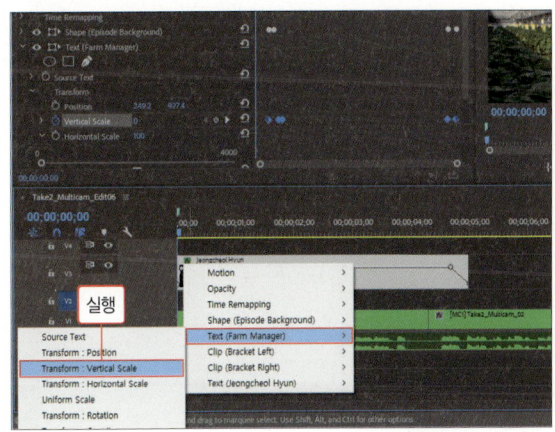
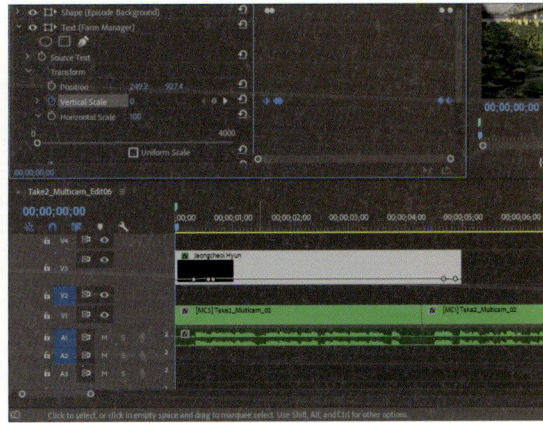

05 마우스 포인터를 빨간색 클립의 오른쪽 가장자리로 가져가 아이콘이 트리밍 툴로 바뀌면 26프레임 정도 트리밍합니다.

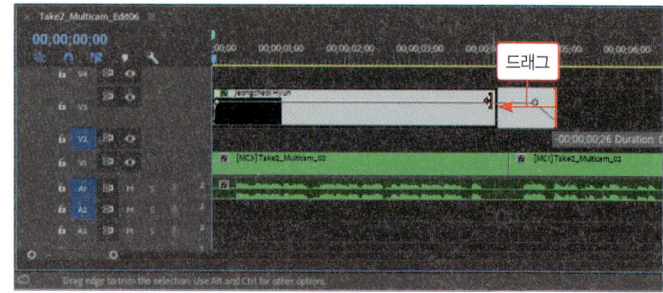

06 플레이헤드를 클립 앞으로 이동시키고 재생합니다. 클립이 트리밍된 만큼만 재생되고 그 이후에 키프레이밍한 모션은 보이지 않습니다.

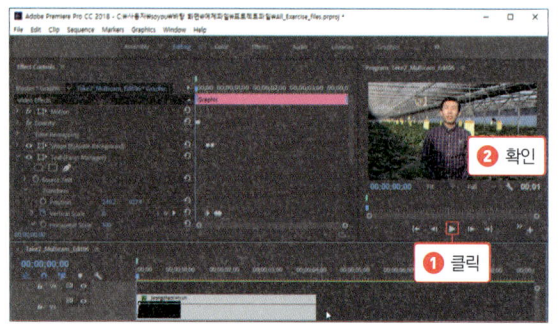
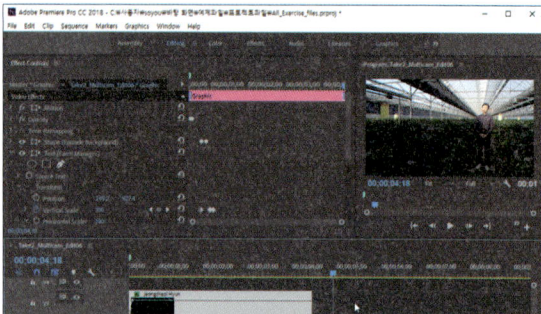

07 프리미어 프로 CC 2018 이전 버전에서는 이러한 경우 트리밍한 구간에 맞춰 키프레임을 일일이 옮겨야 했습니다. Ctrl + Z 키를 눌러 되돌리기 합니다. 이번에는 새롭게 추가된 '반응형 디자인-시간'을 사용하기 위해 Effect Controls 패널의 타임라인을 자세히 살펴봅니다. 타임라인의 앞과 뒤에 파란색의 가는 막대를 찾을 수 있는데, 이 막대를 이용하여 키프레임 애니메이션이 적용된 영역을 지정하고 보호할 수 있습니다. 우선, 앞부분의 파란색 막대를 드래그합니다. 마치, 인아웃 포인트를 마킹하듯이 특정 영역이 하이라이트됩니다. 이렇게 표시된 영역은 그래픽 클립의 인트로로 정의됩니다.

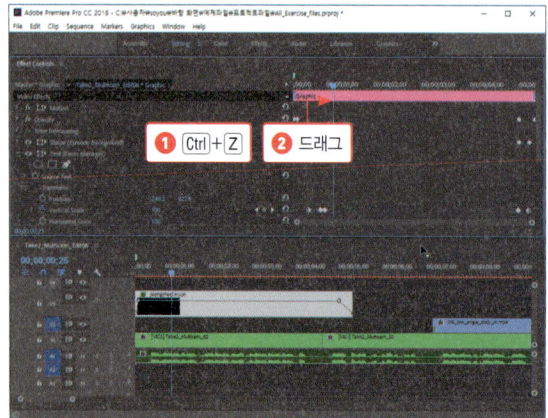
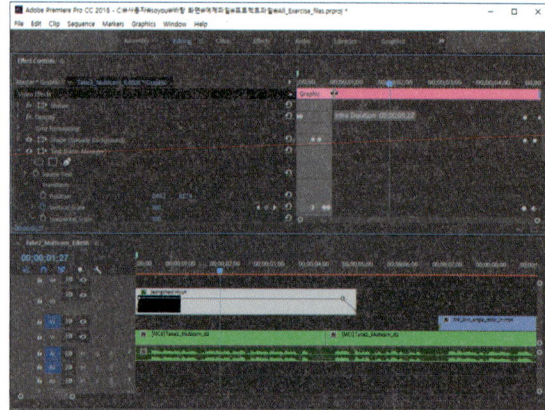

08 이번에는 뒷부분의 파란 막대를 드래그하여 그래픽 클립의 뒷부분에 적용된 키프레임 영역을 하이라이트시킵니다. 이 부분은 그래픽 클립의 아웃트로로 정의됩니다.

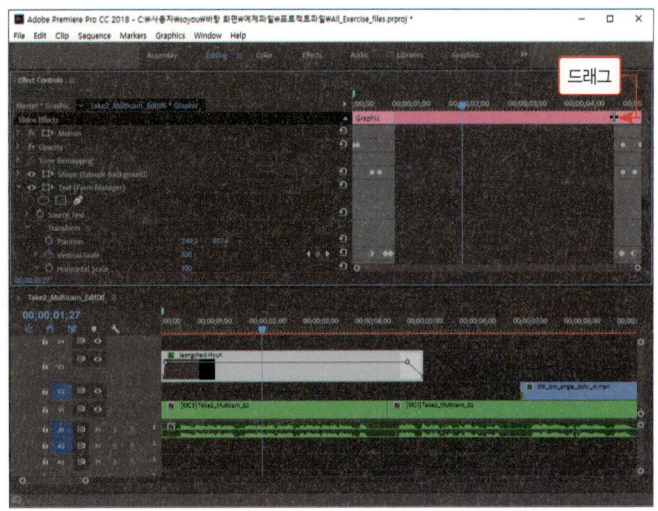

09 키프레임 영역을 Intro와 Outro로 정의하는 것은 Essential Graphics 패널에서도 가능합니다. [Window] → Essential Graphics를 선택하여 Essential Graphics 패널을 활성화합니다.

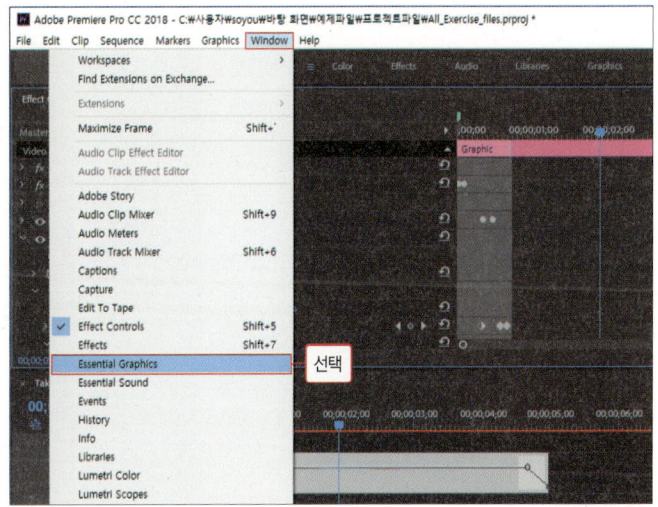

10 Essential Graphics 패널의 Edit 탭을 열면, Responsive Design – Time 아래 Intro Duration과 Outro Duration을 설정할 수 있는 것을 확인할 수 있습니다. Effect Controls 패널에서 파란 막대를 마우스로 드래그한 것과 마찬가지로 이 옵션의 타임코드 부분을 마우스로 드래그하거나 직접 숫자를 넣어 키프레임 애니메이션의 정의 영역을 수정할 수 있습니다.

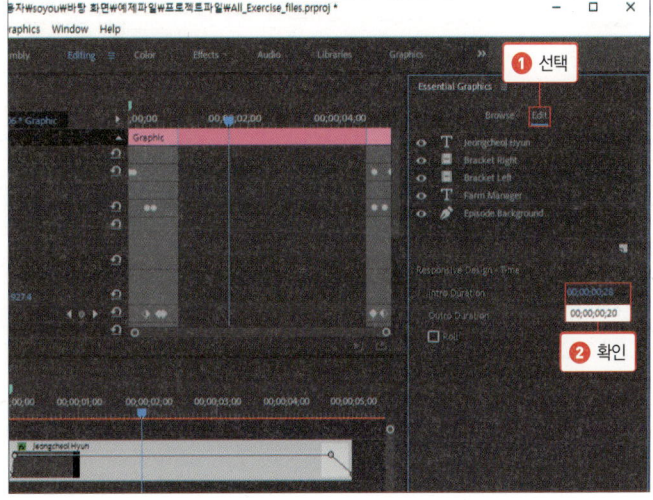

Chapter6 그래픽스 타이틀러 활용하기 273

11 키프레임 애니메이션의 Intro와 Outro 설정을 마치고 타임라인으로 돌아옵니다. 타임라인에서 그래픽 클립을 트리밍해 봅니다. 이번에는 1초 15프레임정도 트리밍합니다.

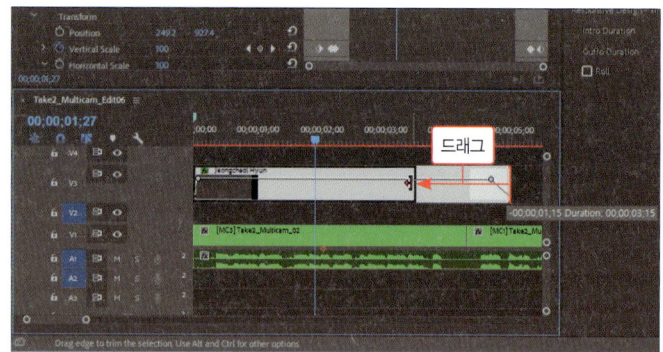

12 그래픽 클립의 재생 시간이 트리밍 되는 것과 동시에, 클립의 재생 시간에 맞춰 키프레임이 자동으로 옮겨지는 것을 확인할 수 있습니다. 기존의 그래픽 클립 길이보다 더 길게 트리밍하는 것도 마찬가지 입니다.

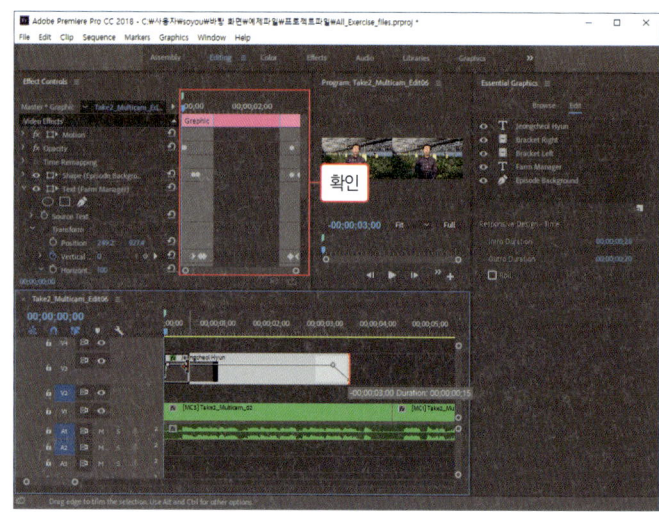

13 Intro와 Outro를 합친 시간보다 짧게 트리밍하게 되면, 그래픽 클립의 길이만큼 애니메이션 속도가 자동 조정됩니다.

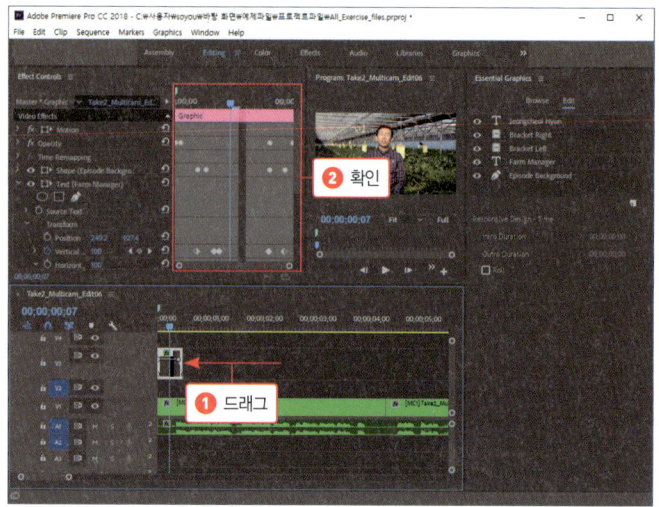

2 | Responsive Design-Position

그래픽스 타이틀러에서 하나 이상의 레이어를 사용할 때, 하나의 레이어를 다른 레이어에 종속시켜 부모가 되는 레이어에 변화를 주면 그에 종속된 레이어가 자동으로 조정되도록 만들 수 있습니다. 반응형 디자인을 사용하면 계층 구조에 있는 여러 레이어를 한번에 조정할 수 있기 때문에 복잡한 구조의 모션 그래픽도 효율적으로 관리할 수 있습니다.

01 시퀀스 폴더에서 'Take2_Multicam_edit06' 시퀀스를 사용합니다.

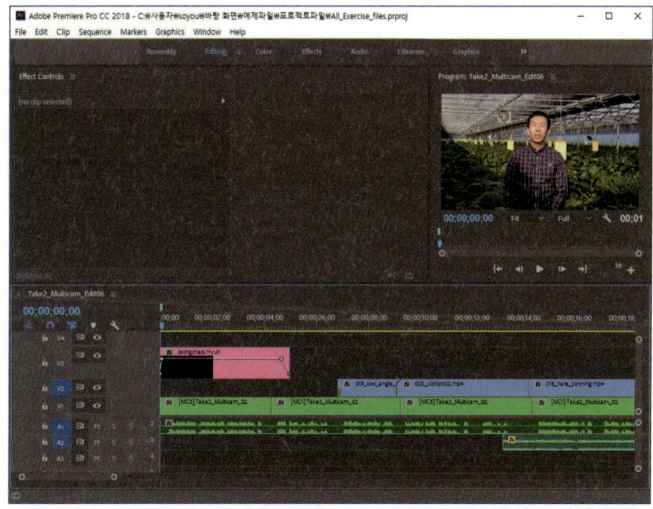

02 타임라인에서 빨간색 라벨의 그래픽 소스 클립을 선택하고, Essential Graphics 패널을 활성화시킵니다.

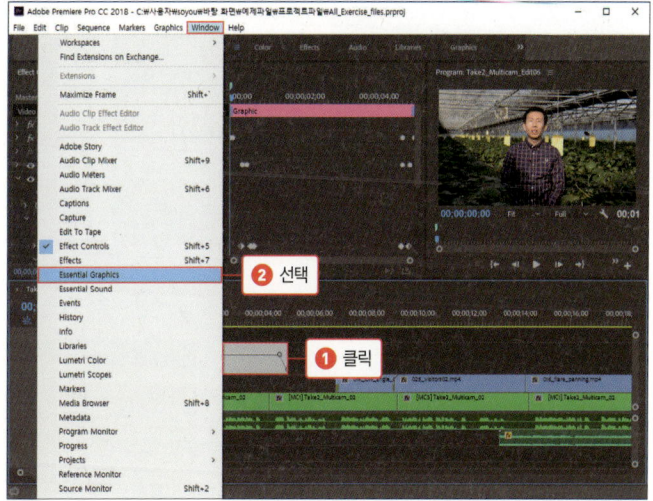

03 Edit 탭을 선택하고 레이어 구조를 살펴봅니다.

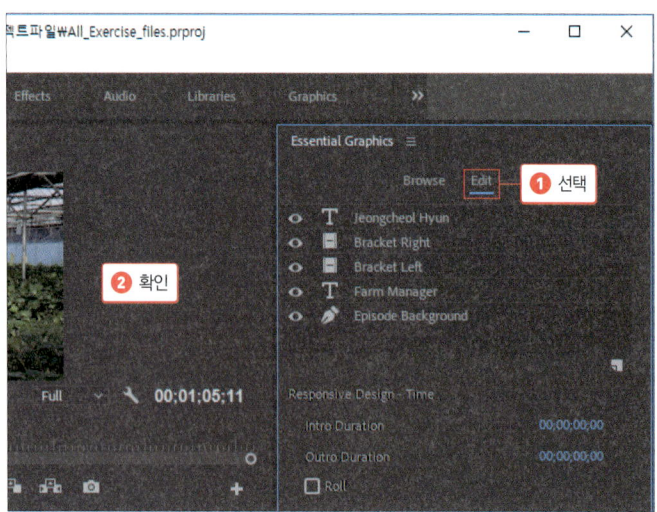

04 다섯 개의 레이어 중에서 맨 아래 두 개의 레이어를 먼저 살펴봅니다. 'Episode Background' 레이어의 왼쪽 눈 모양 아이콘을 클릭하고 Program Monitor 패널에서 이 레이어가 어떤 오브젝트인지 확인합니다. 'Episode Background'는 'Farm Manager'라고 입력된 텍스트 레이어의 배경이 되는 사각형 개체임을 알 수 있습니다.

 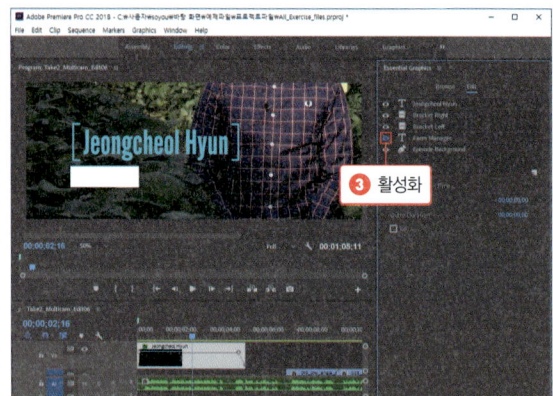

05 Essential Graphics 패널에서 'Episode Background' 레이어를 마우스로 클릭합니다. 변경 가능한 옵션들이 보여집니다.

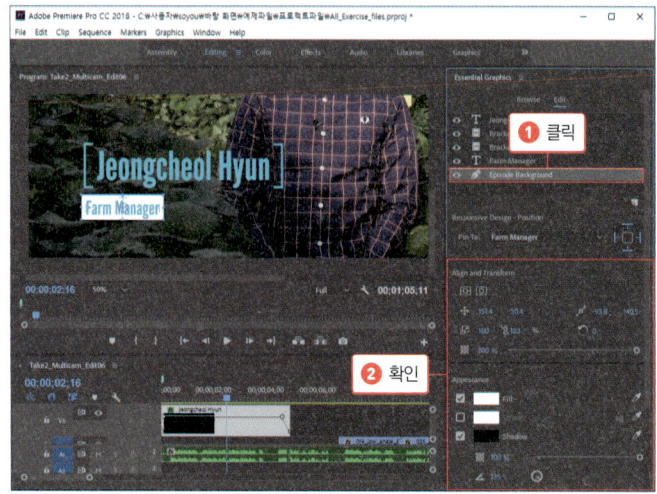

06 Responsive Design – Position 항목의 Pin to를 주목합니다. 이 기능은 하나의 레이어를 다른 레이어에 종속시키는 기능을 합니다.

현재 'Episode Background' 레이어가 'Farm Manager' 레이어에 묶여 있는 것을 알 수 있습니다. Pin to 오른쪽 메뉴를 열고, 현재 이 레이어를 다른 레이어에 종속되도록 바꿀 수도 있습니다.

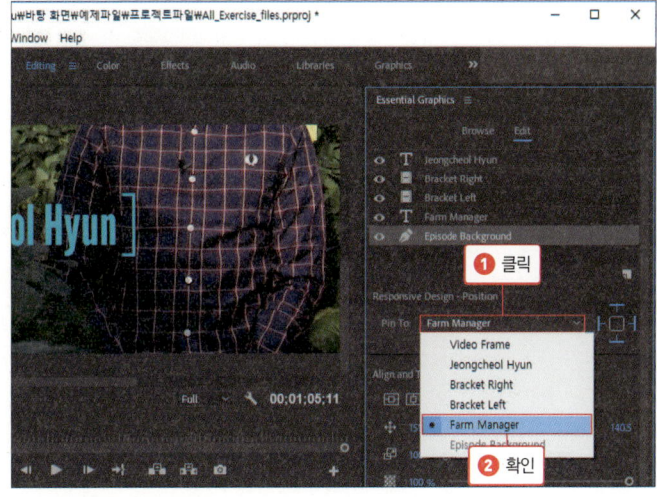

07 오른쪽에 표적처럼 보이는 버튼은 하나의 레이어를 어떤 상위 레이어에 묶어둘 때(Pin to), 상하좌우 어느 부분에 영향을 줄 것인지를 결정하는 역할을 합니다. 현재 'Episode Background' 레이어는 'Farm Manager' 레이어에 상하좌우 모두 반응형으로 묶여 있습니다.

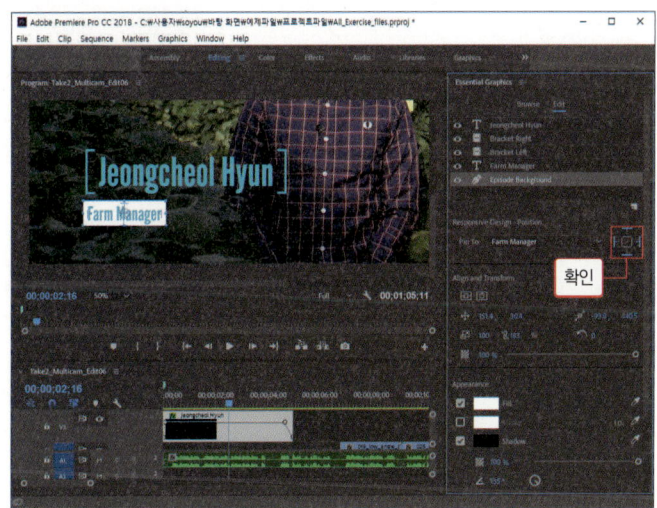

08 'Farm Manager' 레이어를 선택합니다. Pin to를 살펴보면 'Video Frame'으로 되어 있는데, 이 레이어는 이 그래픽 클립의 구성 요소 중 하나를 의미하지만 내부의 어떤 레이어에도 종속되어 있지 않음을 의미합니다. 네 개의 핀 버튼을 살펴봐도 어느 하나 하이라이트된 것이 없는 것을 확인할 수 있습니다.

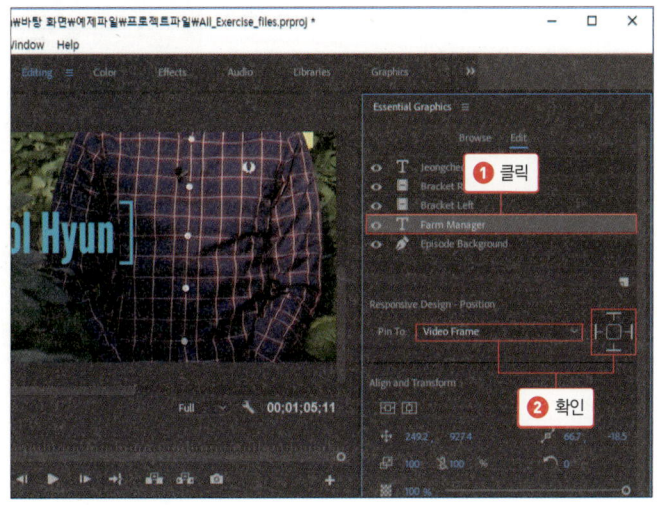

09 'Farm Manager' 레이어 크기(Scale)를 수정해 봅니다. 가로세로 비율을 같게 하기 위해서 숫자 사이의 연결고리 아이콘(🔒, Set Scale Lock)을 클릭하여 활성화시키고, 숫자를 마우스로 드래그하여 135%로 바꿔 봅니다.

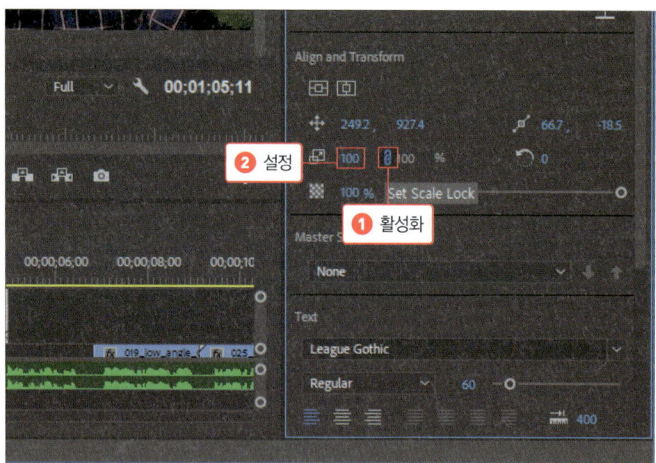

10 텍스트 레이어의 크기를 변화시켰지만 이에 종속된 'Episode Background' 레이어 또한 함께 변화되는 것을 확인할 수 있습니다.

11 핀 버튼의 역할에 대해 더 알아봅니다. Ctrl+Z 키를 눌러 되돌립니다. 'Episode Background' 레이어를 클릭하고, 핀 버튼을 좌, 우만 하이라이트시킵니다.

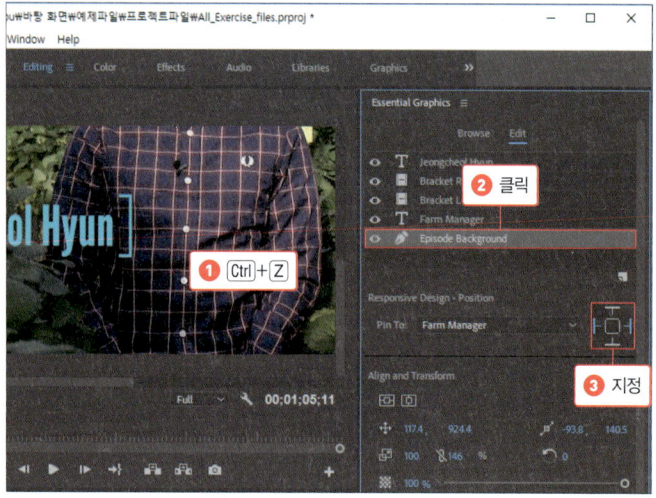

12 다시 'Farm Manager' 레이어를 선택하고, 크기를 '150%'로 수정합니다.

13 'Episode Background' 레이어가 좌우로만 크기가 변하는 것을 확인할 수 있습니다.

14 다섯 개의 레이어에서 나머지 세 개의 레이어를 살펴봅니다. 'Bracket Left'와 'Bracket Right'가 'Jeongcheol Hyun' 레이어에 묶여 있는 것을 알 수 있습니다. 'Bracket Left'와 'Bracket Right'는 각각 왼쪽과 오른쪽만 Pin to되어 있습니다.

Chapter6 그래픽스 타이틀러 활용하기 279

15 'Set Scale Lock' 아이콘(🔒)을 활성화하고 'Jeongcheol Hyun' 레이어의 Scale을 '150%'로 설정합니다. 두 개의 Bracket 레이어가 좌우로만 묶여 있기 때문에, 상하로 크기가 변화되지 않고 가운데 텍스트가 커질수록 좌우로만 밀려나는 것을 확인할 수 있습니다.

16 Ctrl+Z 키를 눌러 되돌립니다. 두 Bracket 레이어의 핀 버튼에 각각 상하를 추가해 봅니다.

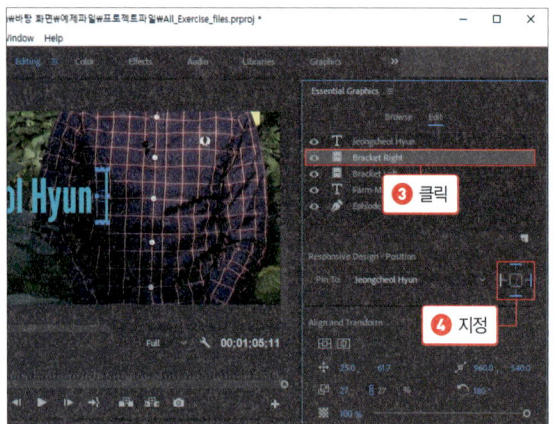

17 다시 'Jeongcheol Hyun' 레이어의 크기를 변화시킵니다. 이번에는 두 Bracket 레이어가 가운데 텍스트가 커지는 것과 동시에 함께 크기가 변하는 것을 확인할 수 있습니다.

> **TIP**
> Responsive Design - Position은 사용자가 어떤 디자인 구성 원리로 레이어를 관리할지에 따라 다양하게 적용하여 사용할 수 있습니다. 레이어의 계층 구조를 이용하기 때문에 보다 빠르고 효율적이며, 복잡한 레이어 구조도 손쉽게 관리할 수 있습니다.

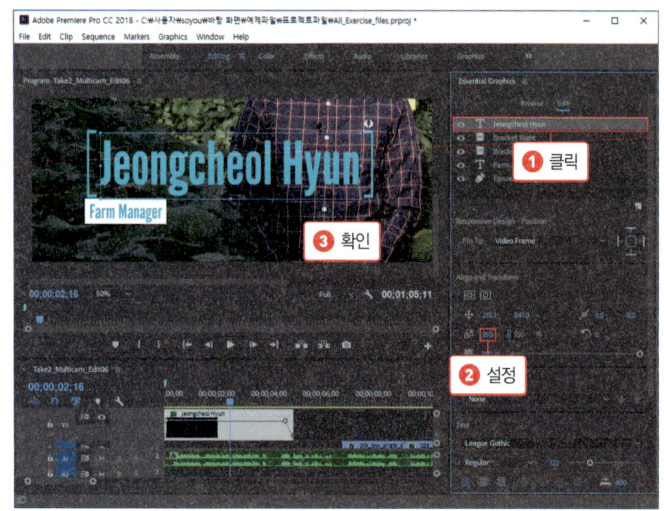

Rolling and Crawling 자막 만들기

1 Rolling Titles 만들기

롤링 타이틀은 영화의 크레딧 자막과 같이 아래에서 위로 올라가는 형태를 말합니다. Graphic Titler를 이용하여 포지션의 Y축 매개변수를 변화시키는 키프레임 애니메이션으로 롤링 자막을 만들 수도 있습니다. 하지만 여기서는 CC2017 이전 버전에 내재해 있는 Rolling Title 기능을 이용하여 키프레임 애니메이션 없이 롤링 타이틀을 만드는 방법을 알아봅니다. 연습을 위해 인터넷으로 영화 정보를 검색하여 영화 제작진 정보를 띄우고 다음의 학습을 따라하시면 더욱 좋습니다.

01 새 시퀀스를 만들고 [File] → New → Legacy Title을 실행합니다.

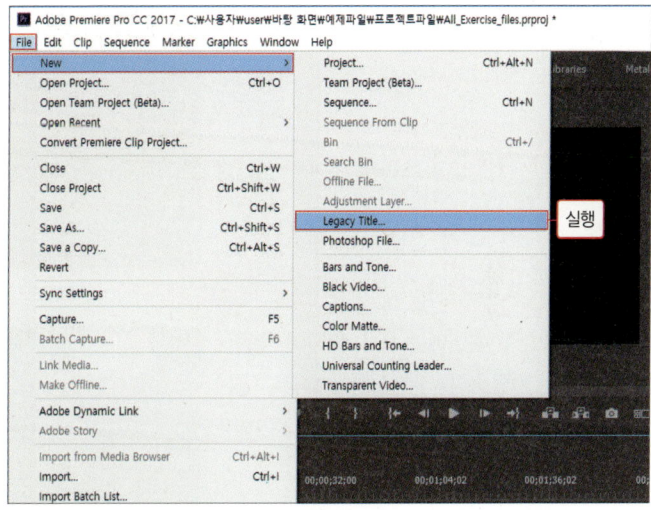

02 타이틀 레이어의 설정 창이 먼저 뜨는데 화면 사이즈와 프레임레이트에 주의합니다.
롤링 자막이 얹혀질 영상의 시퀀스 설정과 같아야 합니다. 새 타이틀 레이어의 이름을 'Rolling_title_01'로 지정합니다.

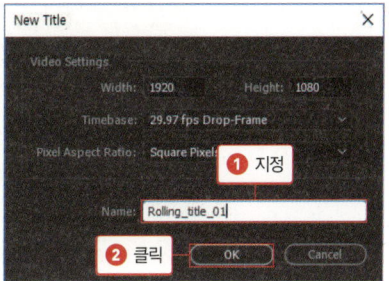

03 문자 도구(T)를 선택하고 가운데 화면을 한번 클릭합니다.

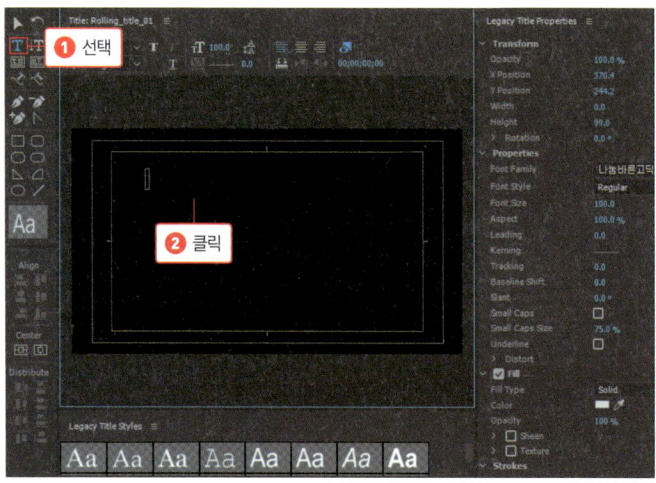

04 왼쪽 문단에는 영상을 만든 사람들의 역할(Role)을 적습니다. 영상의 형태, 장르에 따라 다를 수 있지만 감독, 각본, 기획, 제작, 촬영, 조명, 미술, 의상, 특수 효과, 음향, 음악 등의 내용이 들어갑니다.
Font Size는 '50', Leading은 '58'로 조절합니다.
문단 정렬을 오른쪽 정렬로 바꿉니다.

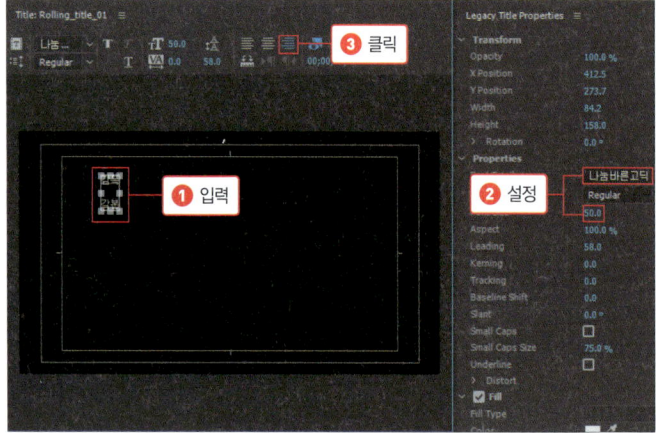

05 오른쪽 문단에는 왼쪽 문단에 적은 역할에 맞춰 사람들의 이름을 적어 넣습니다. 우선, 감독, 각본 두 역할만 적고 폰트 스타일과 크기, 행간을 조절합니다.
선택 도구(▶)를 선택해 텍스트 박스를 비활성화합니다. 텍스트 박스가 선택된 상태에서 Alt 키를 누른 채 오른쪽으로 드래그하다가 Shift 키를 누르면 왼쪽 문단이 그대로 수평으로 복제됩니다.

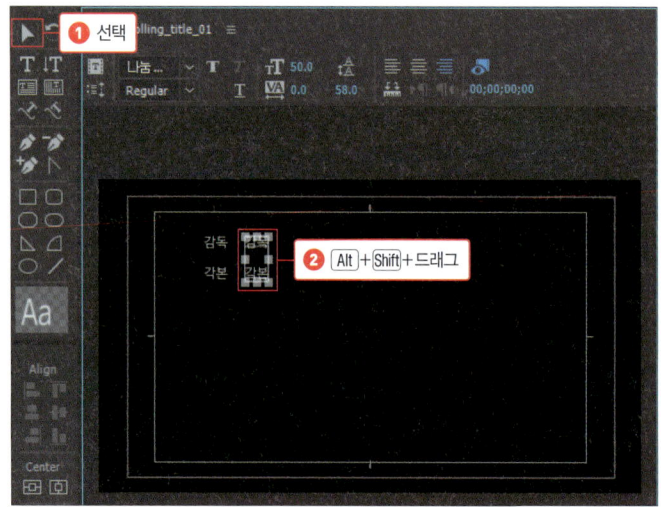

06 복제한 오른쪽 문단을 왼쪽 정렬로 바꾸고, 문자 도구(T)를 선택한 다음 오른쪽 문단을 한번 클릭해 텍스트를 수정합니다. 오른쪽 문단에는 왼쪽 역할에 맞춰 이름을 적어 넣습니다.

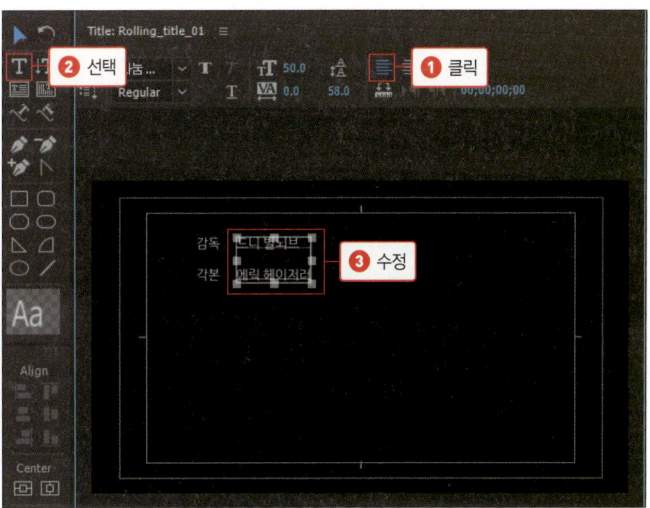

07 이번에는 한 역할에 여러 사람이 크레딧으로 들어갈 때 예시를 만듭니다. 왼쪽 문단을 클릭하여 텍스트 박스를 활성화합니다. 그리고 역할을 하나 더 추가합니다.

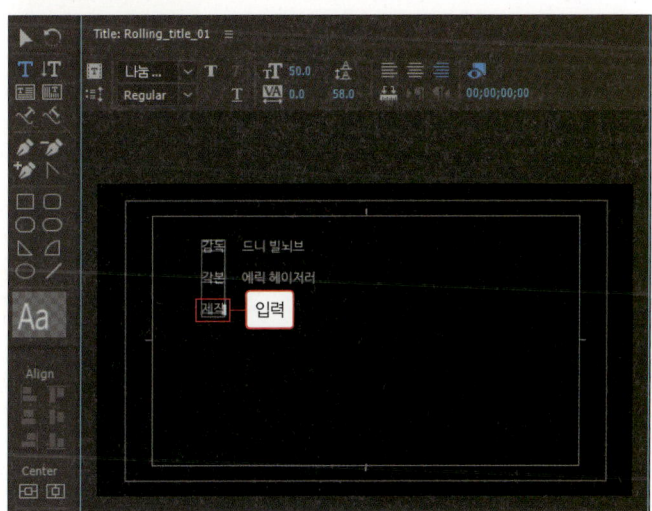

08 선택 도구(▶)를 선택하고 오른쪽 문단을 클릭합니다. Alt + Shift 키를 누른 다음 아래쪽으로 드래그하여 복사합니다. 행간과 좌우 문장 기준선이 잘 맞도록 눈대중으로 맞춥니다.

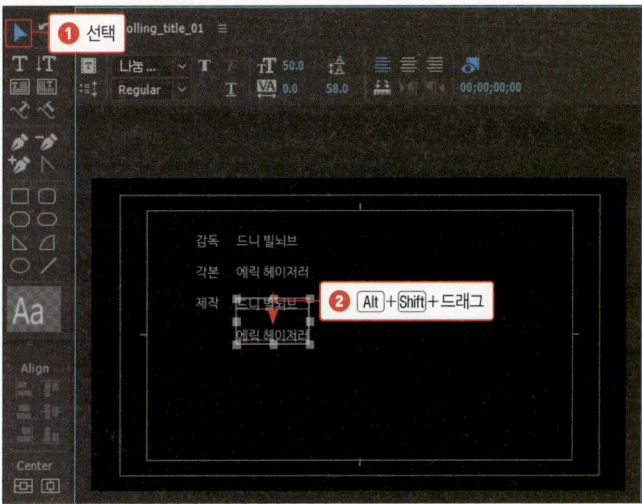

09 해당 역할에 맞춰 사람들의 이름을 모두 적어 넣습니다. 그리고 Leading을 '18'로 수정합니다. 이렇게 한 역할에 여러 사람이 크레딧으로 오르는 경우, 행간을 조절하면 역할 구분이 될 뿐만 아니라 세련된 엔딩 크레딧을 제작할 수 있습니다.

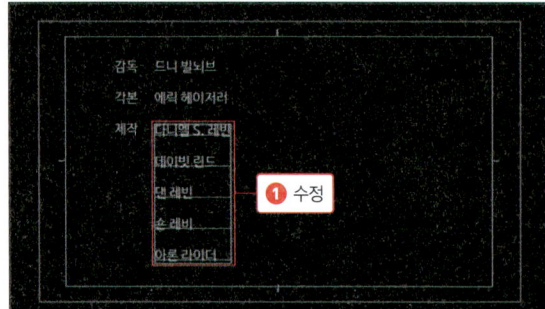 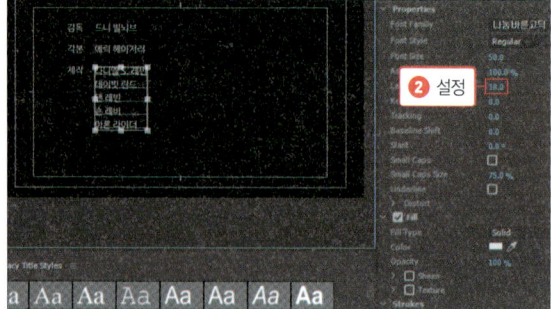

10 위와 같은 방법으로 아래쪽으로 두 문단 정도를 더 만듭니다.

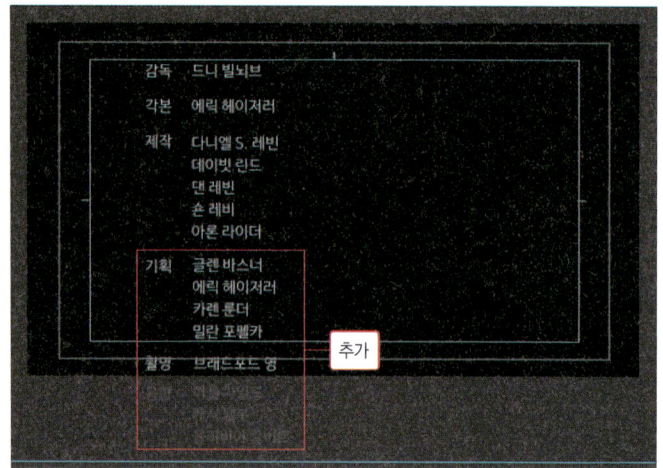

11 Ctrl+A 키를 눌러 모든 텍스트를 선택하고, 이동 도구를 이용하여 화면 가운데 위치시킵니다. 화면 밖 아래에서 화면 밖 위까지 이동시킬 것이지만 우선은 문단 맨 윗줄이 화면 안에 들어오도록 자리 잡습니다.

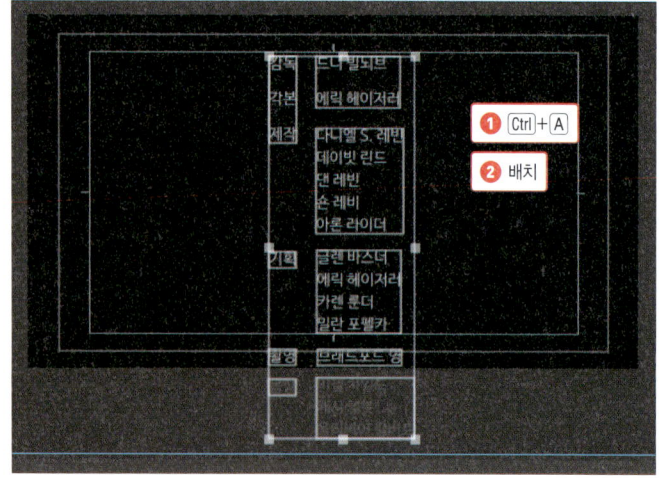

12 창 왼쪽 윗부분에서 'Roll/Crawl Options' 아이콘(■)을 클릭합니다. Title Type은 'Roll', Timing 옵션은 'Start Off Screen'과 'End Off Screen'에 둘 다 체크합니다. 이 옵션은 스크린 아래쪽에서 안 보였다가 나타나고 모든 자막이 안 보일 때까지 화면 위로 올라가 사라지도록 만듭니다. 〈OK〉 버튼을 클릭합니다.

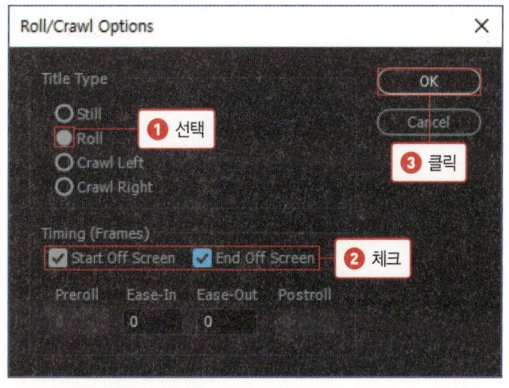

13 창을 닫습니다. Title 창은 따로 〈OK〉 버튼이 있지 않습니다.
Project 패널을 살펴보면 방금 만든 'Rolling_title_01'이 추가된 것을 확인할 수 있습니다. 'Rolling_title_01'을 타임라인 위에 올립니다.

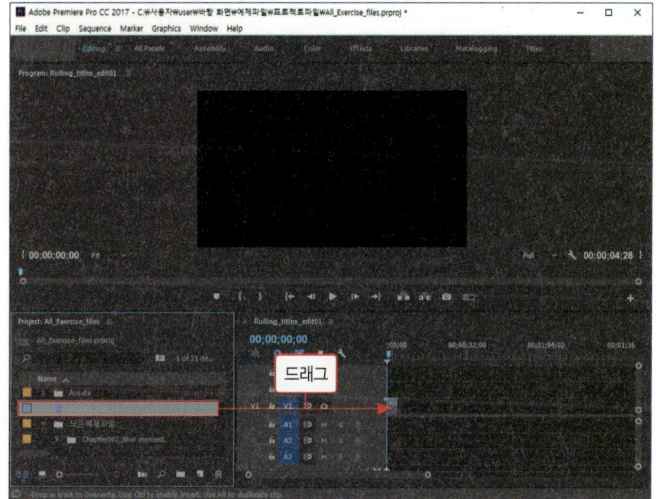

14 Spacebar 키를 눌러 자막을 재생하여 속도를 확인합니다. 롤링 타이틀이 눈으로 읽기 좋은 속도인지 확인합니다.
자막의 속도는 클립의 지속 시간과 반비례합니다. 자막이 올라가는 속도가 빠르다면, 마우스로 트리밍하여 지속 시간을 늘립니다. 클립의 지속 시간이 길어지면 자막 속도도 그만큼 느려집니다. 완성된 예제 파일은 4.7\완성된 예제파일 폴더의 'Rolling_title_edit01'로 확인할 수 있습니다.

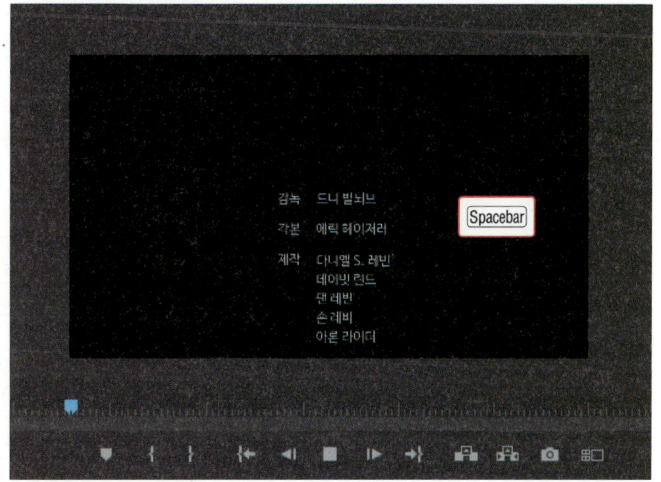

2 Crawling Titles 만들기

크롤 자막은 방송 영상 자막과 같이 좌우로 흐르는 형태를 말합니다. Graphic Titler를 이용하여 포지션의 X축 매개변수를 변화시키는 키프레임 애니메이션으로 크롤링 자막을 만들 수도 있습니다. 하지만 여기서는 2017 이전 버전에 내재해 있는 Crawling Title 기능을 이용하여 키프레임 애니메이션 없이 크롤링 타이틀을 만드는 방법을 알아봅니다.

01 새 시퀀스를 만들고 [**File**] → **New** → **Legacy Title**을 실행합니다. New Title 대화상자 먼저 표시되는데 화면 사이즈와 프레임 레이트에 주의합니다. 롤링 자막을 올릴 영상의 시퀀스 설정과 같아야 합니다. 새 타이틀 레이어의 이름을 'Crawling_title_01'로 지정합니다.

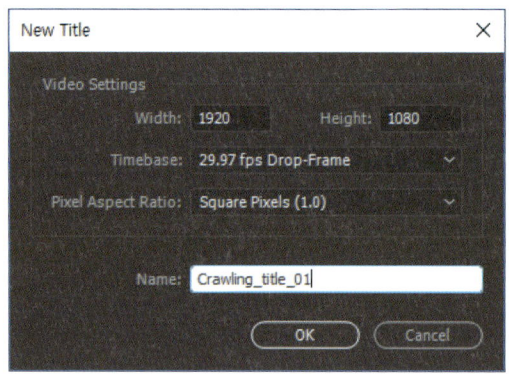

02 팝업창 왼쪽 문자 도구(T)를 선택하고 가운데 화면을 한번 클릭합니다.

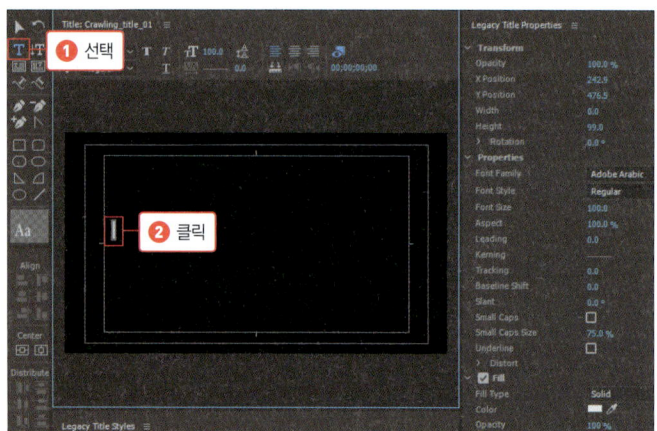

03 문장을 한 줄로 길게 적습니다. 이동 도구(▶)를 선택하여 텍스트 박스를 비활성화하고, 폰트 스타일을 바꿉니다. Font Size를 '50'으로 수정하고, 화면 아랫부분으로 이동합니다.

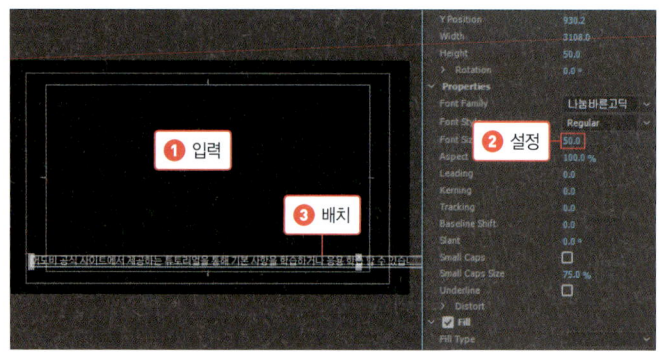

> **TIP**
> 어도비 공식 사이트에서 제공하는 튜토리얼을 통해 기본 사항을 학습하거나 응용 학습할 수 있습니다. http://helpx.adobe.com

04 배경 영상 위에서 흰색 자막이 잘 보일 수 있도록, 자막 뒤에 그림자를 추가하겠습니다. 창 오른쪽 Legacy Title Properties에서 'Shadow'에 체크 표시하고, Opacity를 '75%'로 설정합니다.

팝업창 왼쪽 윗부분에 위치한 'Roll/Crawl Options' 아이콘(　)을 클릭합니다.

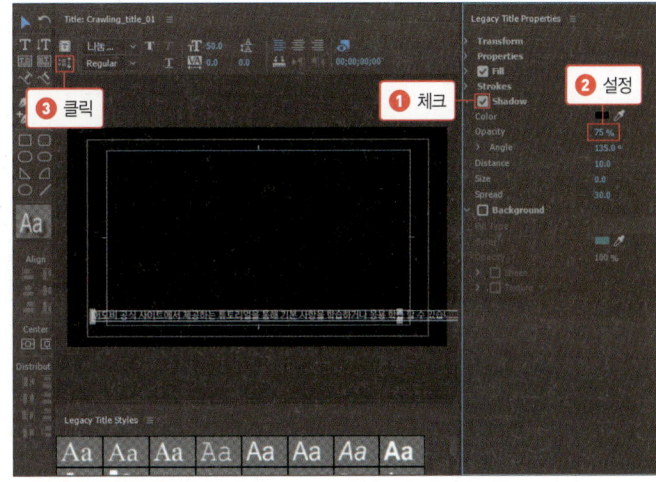

05 'Crawl Left'를 선택하면 자막이 왼쪽에서 오른쪽으로, 'Crawl Right'를 선택하면 자막이 오른쪽에서 왼쪽으로 흐릅니다. 여기서는 'Crawl Left'를 선택합니다.

Timing 옵션에서 'Start Off Screen'과 'End Off Screen'에 둘 다 체크합니다. 스크린의 왼쪽부터 안 보였다가 나타나고 모든 자막이 다 오른쪽으로 흐르면 스크린 오른쪽에서 안 보일 때까지 사라지도록 만듭니다. 팝업대화상자를 닫습니다.

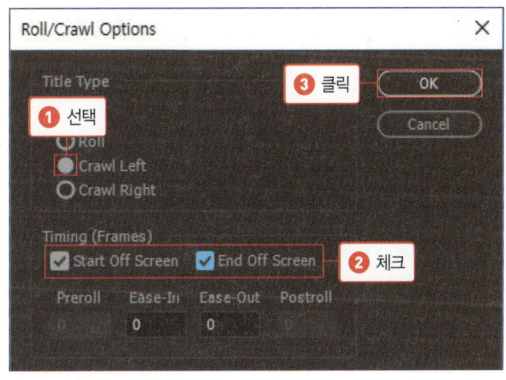

06 Title 창은 따로 〈OK〉 버튼이 있지 않습니다. Project 패널을 살펴보면 방금 만든 'Crawlling_title_01'이 추가된 것을 확인할 수 있습니다.

'Crawlling_title_01'을 타임라인 위에 올리고, 트리밍하여 재생 시간을 조정합니다.

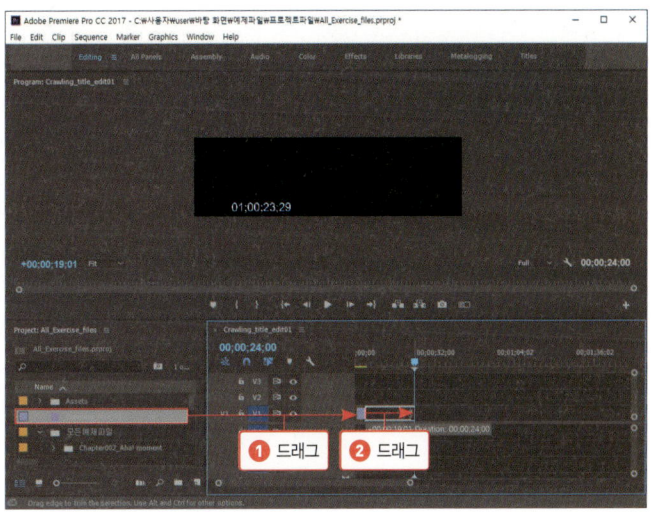

Chapter7 Rolling and Crawling 자막 만들기 **287**

07 Spacebar 키를 눌러 자막을 재생하여 속도를 확인합니다. 크롤링 타이틀이 눈으로 읽기 좋은 속도인지 확인합니다.

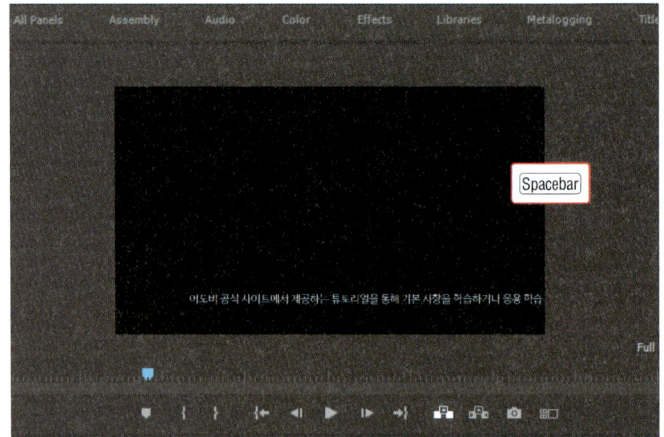

···TIP···
자막의 속도는 클립 지속 시간과 반비례합니다. 자막이 지나가는 속도가 빠르다면, 마우스로 트리밍하여 지속 시간을 늘립니다. 클립 지속 시간이 길어지면 자막 속도도 그만큼 느려집니다. 완성된 예제 파일은 4.7\완성된예제파일 폴더 'Crawlling_title_edit01'로 확인할 수 있습니다.

···TIP···

Graphic Titler로 크레딧 만들기

Rolling Title은 제작진이 많아 리스트가 길어질 때 적합합니다. 만약, 소수의 인원이 리스팅된다면 롤링 크레딧이 다소 어색할 수 있습니다. 이런 경우는 한 화면에 한 번에 보이는 크레딧이 더욱 세련되어 보입니다. 잘 정리해서 쓴 크레딧 타이틀 레이어 한 장에 Shift + D 키를 눌러 앞뒤로 Cross Dissolve를 넣어 간단하게 크레딧을 만듭니다. 또는 [Window] → **Essential Graphics**를 선택하여 패널을 활성화하고, Browse 탭을 선택하면 Credits 폴더 안에 다섯 가지의 템플릿이 들어 있습니다. 이것을 활용하는 것도 좋은 방법입니다.

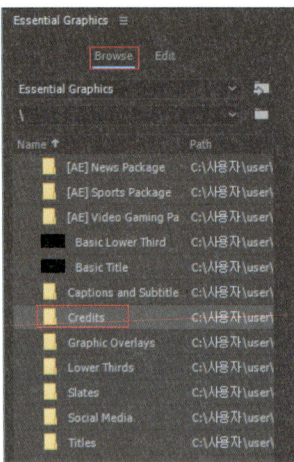

CHAPTER 08
Premiere Pro CC

자막(Captions) 만들기

자막은 다양한 언어로 비디오를 볼 수 있게 하고, 들을 수 없는 사람들도 비디오를 시청할 수 있게 합니다. 주로 폐쇄 자막(Closed Captions)을 많이 사용하는데, 페이스북이나 유튜브와 같은 소셜 미디어 사이트에 올라오는 비디오들에서 그 사용 빈도가 점점 많아지고 있습니다. 폐쇄 자막은 시청자(Viewers)에 의해 켜거나 끌 수 있는 반면, Open Captions(개방형 자막)은 마치 비디오에 새겨진 것처럼 항상 보이게 됩니다. 프리미어 프로에서는 폐쇄 자막과 개방형 자막 모두 만들 수 있으며, 개방형 자막에 대한 내용은 프리미어 프로 CC 2017 버전 11 이후 버전에서만 적용 가능합니다.

|예제 폴더| 모든예제파일\Chapter004_이미지와그래픽소스로작업하기\4.8

1 자막 만들기

폐쇄 자막은 개방형 자막과 달리 비디오에 자막을 켜고 끄는 기능을 추가할 수 있습니다. 하지만 개방형 자막과 달리 자막 텍스트나 백그라운드 처리 등을 자유롭게 수정하는 것은 거의 불가능합니다.

01 시퀀스 폴더에서 'Caption_edit01' 시퀀스를 사용합니다.
Project 패널 아랫부분에서 'New Item' 아이콘(📄)을 클릭하고 Captions를 실행합니다.

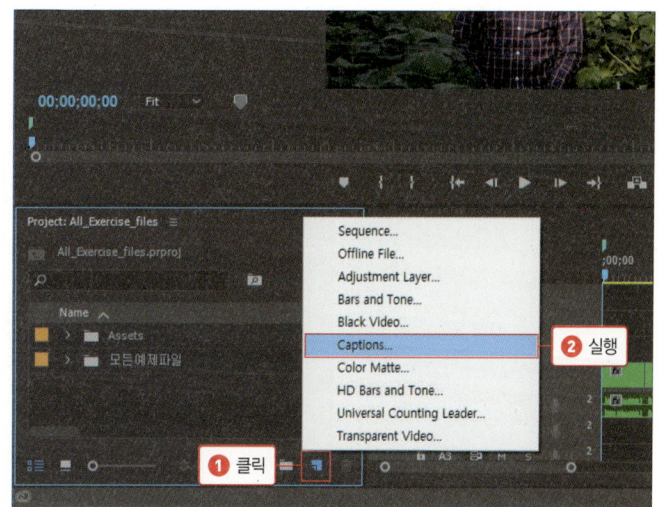

02 New Caption 대화상자가 표시됩니다. Standard를 'CEA-708'로 지정하고 〈OK〉 버튼을 클릭합니다.
Timebase는 영상 시퀀스 설정에서의 프레임 레이트와 같게 만듭니다.

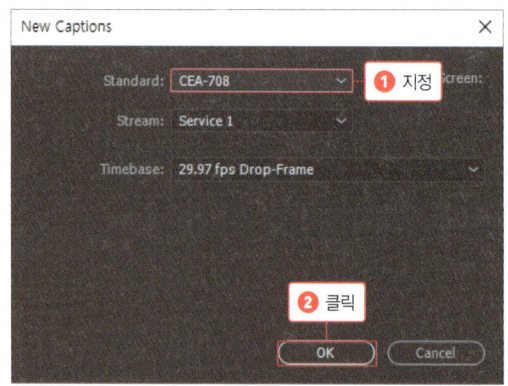

03 Project 패널에 캡션 아이템이 만들어진 것을 확인하고, 마우스로 클릭, 드래그하여 타임라인 위에 올립니다.

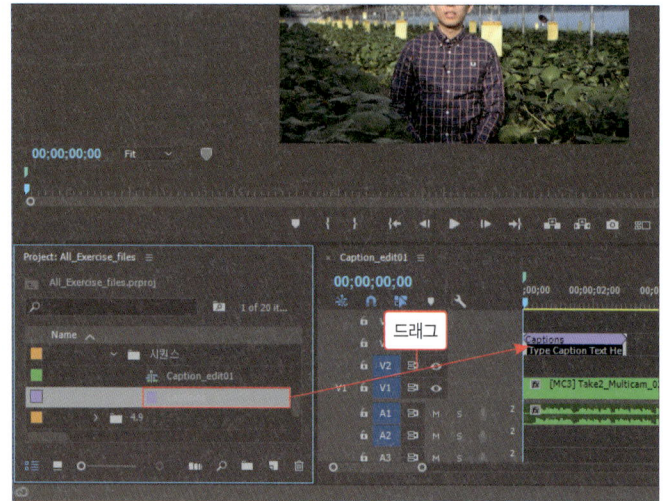

04 캡션 클립 역시 마우스로 클릭, 드래그하여 트리밍할 수 있습니다. 시퀀스 길이만큼 길게 만듭니다.

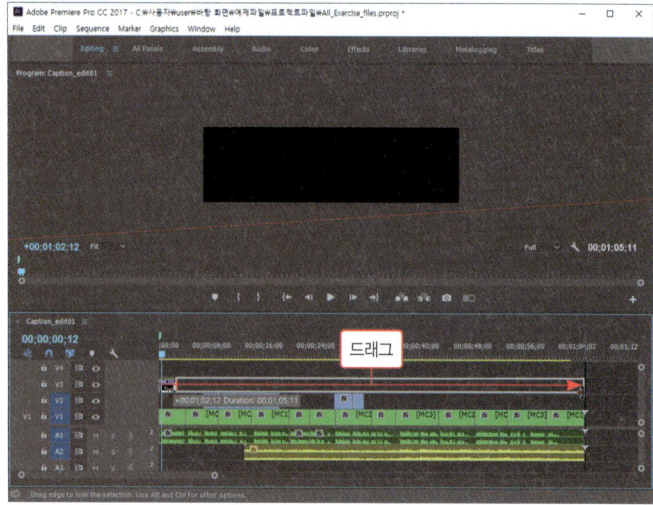

05 타임라인 위의 캡션 클립을 더블클릭합니다. Project 패널 그룹 탭에 Captions 패널이 불러와집니다. Captions 창을 찾을 수 없다면 [**Window**] → **Captions**를 선택합니다.

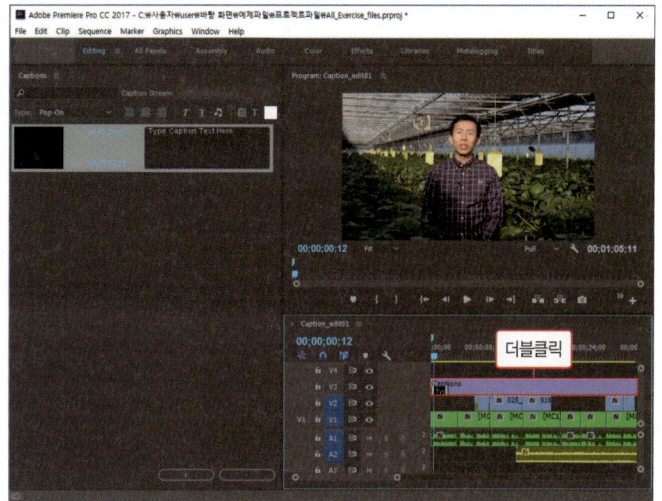

....TIP..

Captions 패널을 살펴보면 텍스트 박스가 만들어진 것을 확인할 수 있습니다. 또한, 타임라인을 확대해 보면 타임라인 위의 캡션 클립 레이어에도 검은색 캡션 블럭이 만들어진 것을 확인할 수 있습니다. 이 캡션 블럭 내부의 텍스트는 Captions 패널의 텍스트 박스와 동일한 것으로, Captions 패널에서 텍스트를 수정하면 타임라인 위의 캡션 블럭에도 똑같이 적용됩니다.

06 캡션을 보면서 작업을 진행해야 하므로, Program Monitor 패널에서 'Setting' 아이콘( )을 클릭하고, **Closed Caption Display** → **Enable**을 실행합니다. 다시 한 번 'Setting' 아이콘을 클릭하고, **Closed Captions Display** → **Settings**을 실행합니다. Standard를 'CEA-708'로 지정하여 타임라인에 적용한 캡션과 같은 옵션 설정이 되도록 만듭니다.

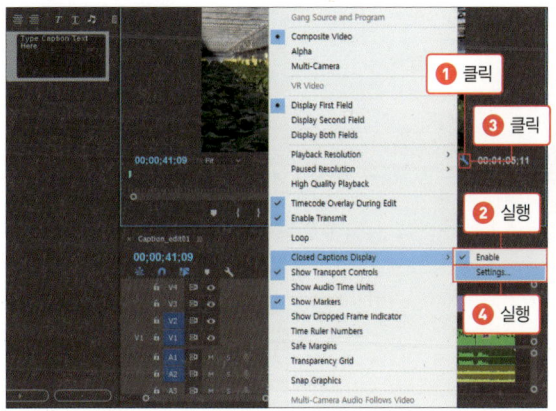
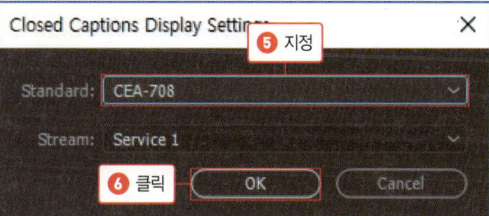

Chapter8 자막(Captions) 만들기 291

07 인터뷰 영상을 플레이해서 소리를 듣고 자막을 입력합니다. 영상을 재생한 상태에서도 자막 입력이 가능합니다. 문장이 읽기 쉽도록 적절한 곳에서 줄 바꿈을 해 줍니다.

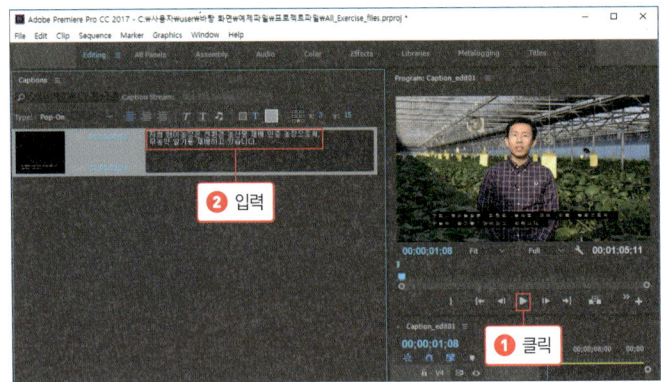

08 Captions 패널 윗부분에 몇 가지 옵션을 변화시켜 캡션을 수정할 수 있습니다.

···· **TIP** ····
문장 정렬, 폰트 스타일, 폰트 컬러, 백그라운드 컬러 그리고 자막의 위치 등을 간단히 수정할 수 있습니다.

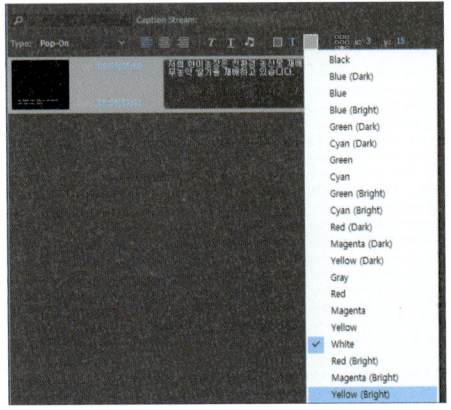

09 텍스트를 선택하고 오른쪽에 위치한 큰 컬러 박스를 클릭하면 컬러를 바꿀 수 있습니다. 마찬가지로 배경 컬러를 바꿀 때는, 'Background Color' 아이콘(■)을 선택하고 오른쪽에 위치한 큰 컬러 박스를 클릭합니다.

완성된 예제 파일은 4.8 → 완성된예제파일 폴더에서 'Caption_edit01_fin'을 통해 확인할 수 있습니다.

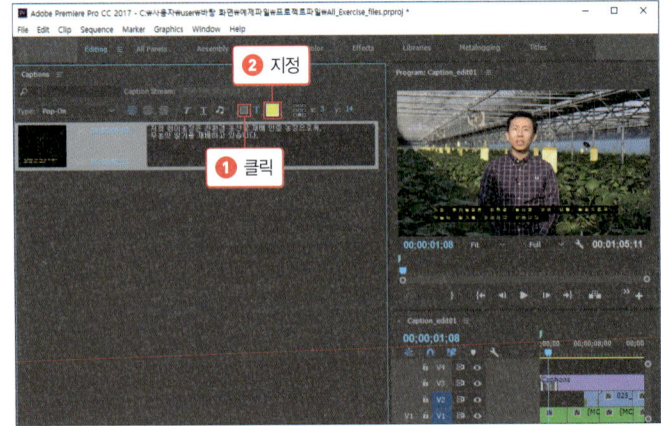

···· **TIP** ····

자막(Captions) 타입

- CEA-608 : Line 21 Caption이라고도 불리며, NTSC 방식의 방송용 비디오를 위한 표준 옵션입니다.
- CEA-708 : ATSC 또는 디지털 방송을 위한 표준 옵션입니다.
- Teletext : PAL 방식의 방송용 비디오를 위한 표준 옵션입니다.
- Open Captions : 비디오 시그널에 통합되지 않기 때문에 커스터마이징하기 좋습니다.

2 자막 수정하기

Captions 패널에서 자막을 문단별로 추가하거나 삭제할 수 있고, Timeline 패널의 캡션 블럭을 마우스로 드래그하여 타이밍이나 재생 시간을 조정할 수 있습니다.

01 4.8\시퀀스 폴더에서 'Caption_edit02' 시퀀스를 사용합니다.
시퀀스에서 캡션 클립을 선택하고 Captions 패널의 텍스트 박스 왼쪽을 살펴보면 인아웃 지점을 조정할 수 있는 타임코드를 발견할 수 있습니다.

02 자막의 재생 시간을 조정합니다. 타임라인에서 첫 문장이 끝나는 지점에 플레이헤드를 위치시키고, 검은색 캡션 블럭의 오른쪽 흰색 날개를 드래그하여 트리밍합니다.
이 방법 이외에도 Captions 패널에서 타임코드를 클릭하고 좌우로 드래그하거나 직접 타임코드의 숫자를 입력하여 인, 아웃 타이밍을 바꿀 수 있습니다.

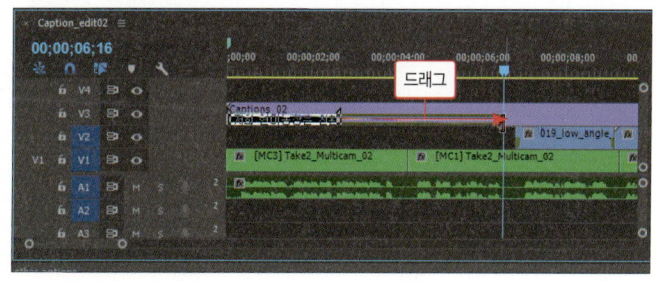

03 Captions 패널 아랫부분의 〈+〉 버튼을 클릭하여 두 번째 캡션을 추가합니다. 캡션은 타임라인 상의 제일 마지막 캡션 뒤에 만들어집니다. 타임라인의 캡션 위치를 바꾸면 Captions 패널에서도 캡션 순서 또한 바뀝니다.

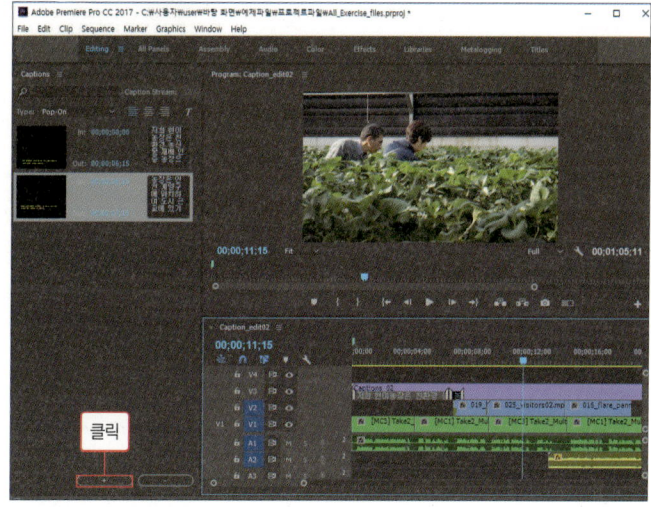

04 두 번째 자막이 시작되는 타이밍을 옮깁니다. 인터뷰 오디오가 나오는 지점으로 플레이헤드를 옮기고 캡션 블럭을 드래그합니다.

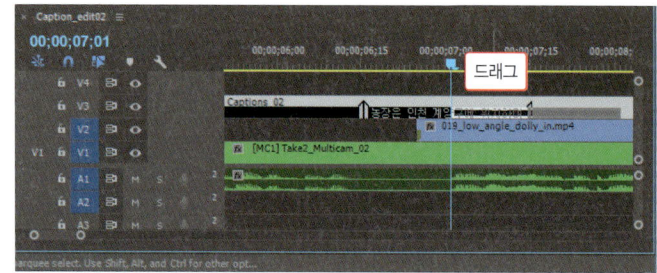

05 인터뷰 내용을 들어보고 문장이 끝나는 지점에 플레이헤드를 위치시킨 다음 캡션 블럭을 트리밍합니다.

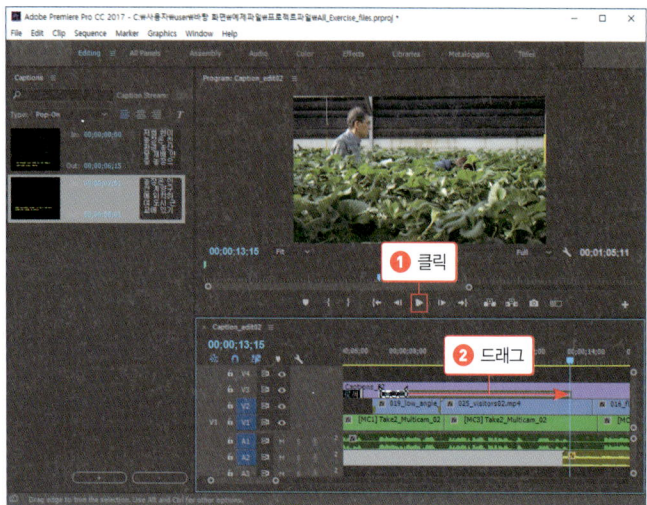

06 캡션을 몇 개 더 추가로 만들고 트리밍해 봅니다. Captions 패널 옵션 중 음표 버튼을 추가하여 BGM 정보를 표시할 수도 있습니다.
완성된 예제 파일은 4.8\완성된예제파일 폴더에서 'Caption_edit02_fin'을 통해 확인할 수 있습니다.

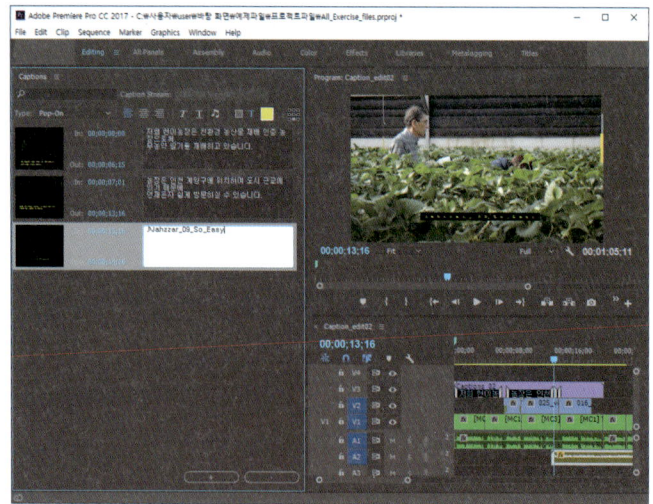

3 캡션 내보내기(Exporting)

비디오를 내보내면서 캡션을 어떻게 처리할 것인지 선택할 수 있습니다. [File] → Export → Media ([Ctrl]+[M])를 실행합니다.

Export Settings 창에서 [Captions] 탭을 클릭하고 Export Options를 선택합니다.

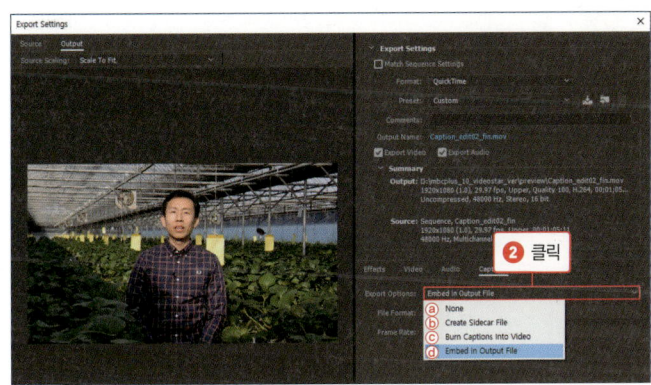

ⓐ **None** : 캡션을 만들었지만 보이지 않게 할 수 있습니다.

ⓑ **Create Sidecar File** : SCC라는 확장명을 가지며, 네트워크나 DVD 자막으로 사용할 수 있습니다.

ⓒ **Burn Captions Into Video** : 개방형 자막과 같이 비디오에 자막을 새겨 넣기 때문에 시청자(Viewers)가 자막을 켜고 끌 수 없습니다.

ⓓ **Embed in Output File** : 시청자(Viewers)가 자막을 켜고 끌 수 있습니다. [Captions] 탭에서 내보내기 옵션은 비디오 포맷에 따라 다를 수 있습니다. 이 기능을 사용하려면 비디오 포맷을 퀵타임으로 설정하고 비디오 코덱을 H.264로 설정합니다.

캡션 옵션을 다르게 하여 출력한 비디오를 폴더에서 찾아 퀵타임 플레이어로 확인합니다.

4 Open Captions 만들기

개방형 자막은 폐쇄 자막(Closed Captions)과 거의 동일하지만, 폐쇄 자막에는 없는 몇 가지 유용한 옵션을 더 가지고 있는 것이 특징입니다.

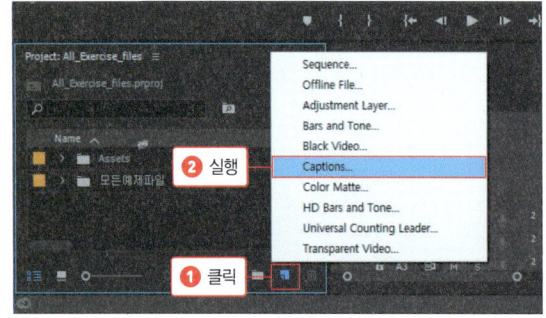 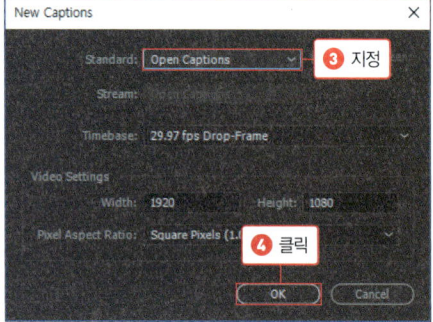

자막의 서체(Font)를 바꿀 수 있고, 텍스트 크기를 조절하고 텍스트에 아웃라인을 넣을 수도 있습니다. 또한, 자막의 배경색의 투명도(Opacity)를 조절할 수 있습니다.

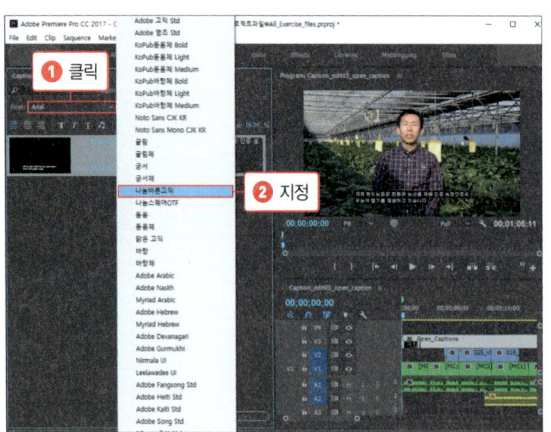 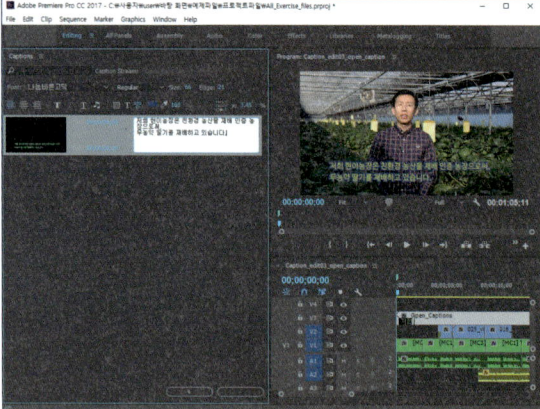

그러나 개방형 자막을 내보낼 때 Export Options는 자막을 넣거나(Burn Captions into Video), 넣지 않거나(None) 이렇게 두 가지 옵션만 선택할 수 있고, 비디오에 자막을 켜거나 끄는 기능은 추가할 수 없습니다.

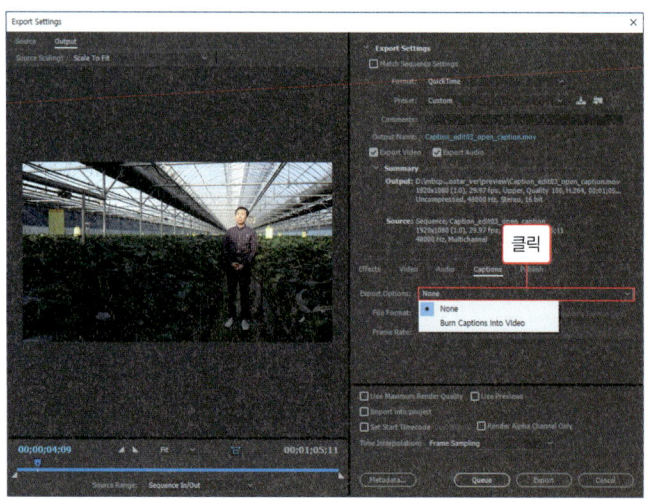

CHAPTER 09
Premiere Pro CC

모션 그래픽 템플릿 사용하기

그동안 프리미어 프로 CC에서 애프터이펙트에 내장된 모션 그래픽 템플릿(*.mogrt)을 사용하기 위해서 애프터이펙트를 설치하고 이에 내장된 템플릿을 프리미어 프로에 다시 설치하는 과정을 거쳐야 했습니다. 그러나 프리미어 프로 CC 2018로 업데이트되면서 애프터이펙트 어플리케이션을 따로 설치하지 않은 상태로 Essential Graphics 패널을 통해 대부분의 애프터이펙트 템플릿을 별도의 설치 없이 사용할 수 있게 되었습니다.

|예제 폴더| 모든예제파일\Chapter004_이미지와그래픽소스로작업하기\4.9

01 4.9\시퀀스 폴더에서 'Aquarium_edit002' 시퀀스를 사용합니다.
이 시퀀스의 Lower-third와 트랜지션 효과를 모션 그래픽 템플릿을 이용하여 수정해 봅니다. Essential Graphics 패널을 활성화합니다.

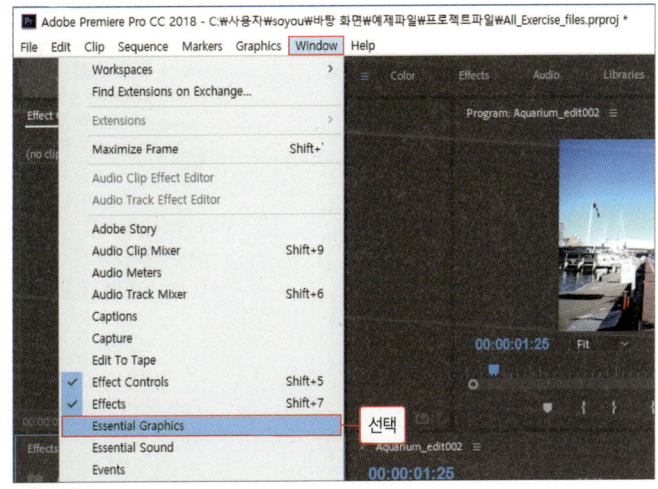

02 [Browse] 탭을 선택하고 '[AE] Video Gaming Package'를 더블클릭하여 엽니다.

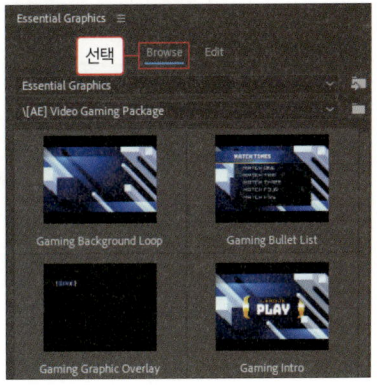

03 'Gaming Lower Third Left' 템플릿 파일을 드래그하여 'Aquarium_edit002' 시퀀스의 V2 트랙 위에 올려 놓습니다. 타임라인 위의 그래픽 클립을 클릭하면 Essential Graphics 패널의 [Edit] 탭이 활성화됩니다. 이 탭에서 보여지는 속성들은 사용자 임의로 얼마든지 수정 가능합니다.

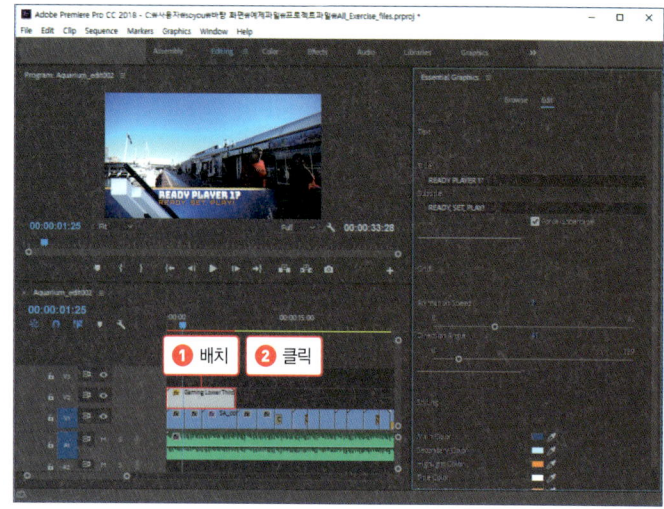

04 우선, 텍스트를 수정합니다. Title 필드에 'SEA LIFE Sydney Aquarium'을 입력합니다. 그리고 Subtitle 필드에 'Darling Harbour'를 입력합니다.

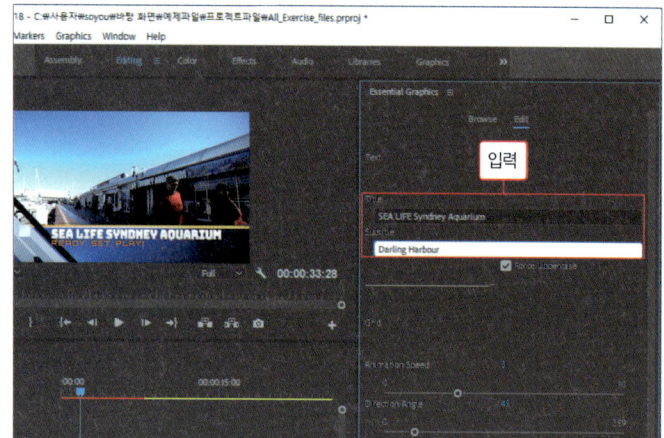

05 Spacebar 키를 눌러 재생합니다. 멋진 Lower Third Title이 완성되었습니다. 그래픽 클립의 길이를 5초로 트리밍합니다.

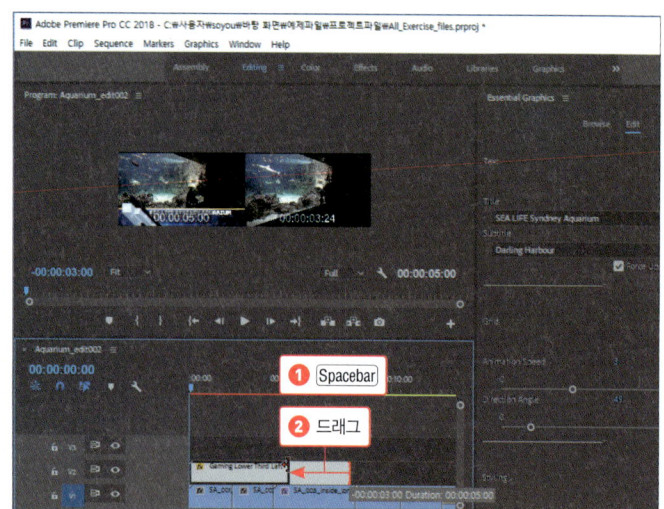

06 이 템플릿의 경우, 인트로와 아웃트로에 모든 그래픽이 나타났다가 사라지는 애니메이션이 없습니다. Ctrl+D 키를 눌러, 인트로와 아웃트로에 Default Dissolve 효과로 'Cross Dissolve' 효과를 추가합니다.

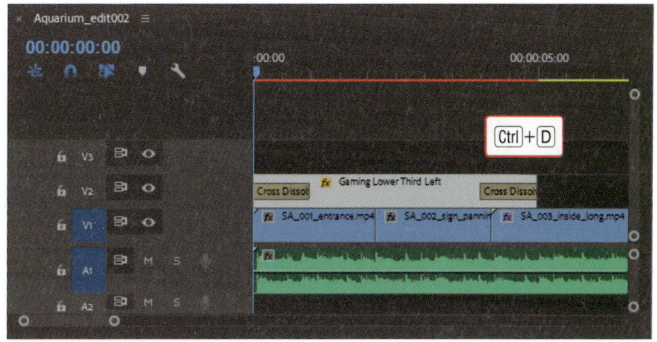

07 그래픽 클립을 선택한 상태에서 Essential Graphics 패널을 좀 더 살펴봅니다. 텍스트뿐만 아니라, 각 그래픽 요소들의 컬러나 애니메이션 속도 등을 수정할 수 있는 것을 확인할 수 있습니다.
Styling 항목의 컬러 박스를 클릭하여 원하는 컬러로 스타일을 바꿔 봅니다.

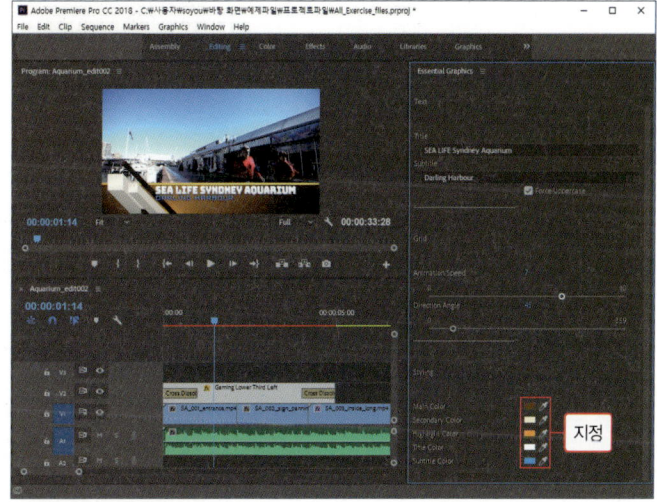

08 Essential Graphics 패널의 [Browse] 탭을 클릭합니다.

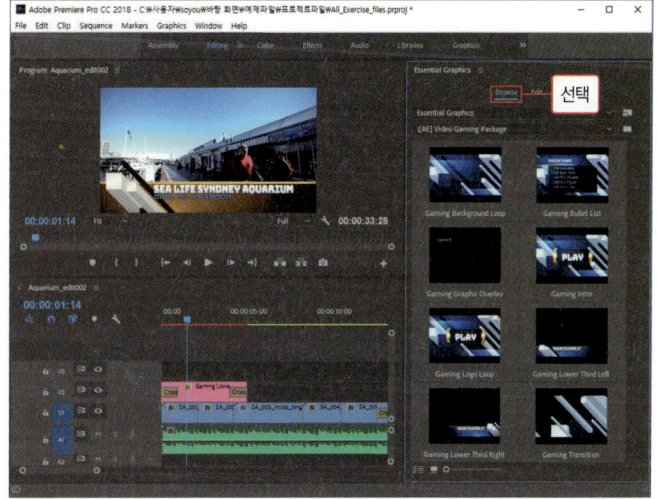

09 'Gaming Transition' 템플릿을 시퀀스로 불러들이겠습니다. 00:00:11:19에 플레이헤드를 위치시키고, 템플릿을 드래그하여 V2 트랙 위에 올립니다.

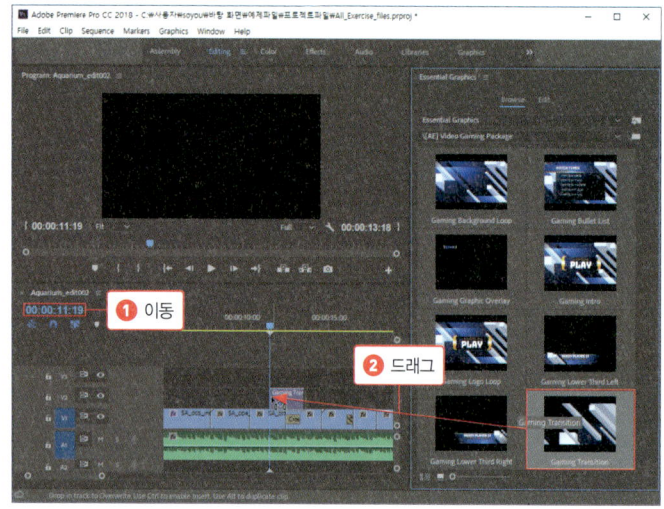

10 Spacebar 키를 눌러 재생합니다. 동적인 트랜지션 효과가 추가되었습니다.

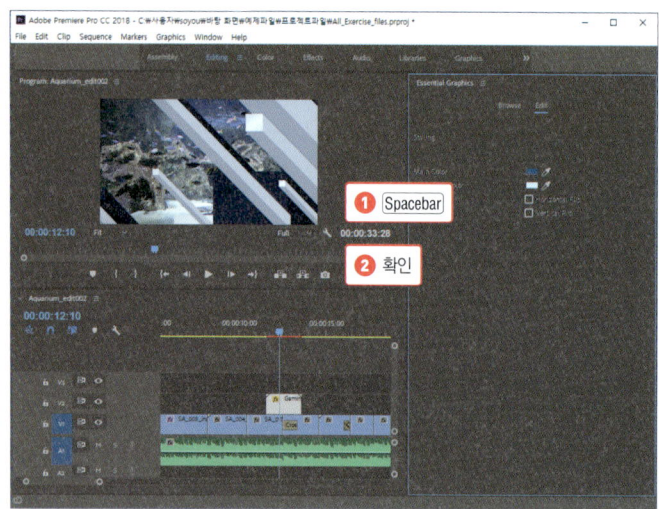

11 이 템플릿 역시 Essential Graphics 패널의 [Edit] 탭에서 수정 가능합니다. 수정 가능한 속성은 템플릿에 따라 다르게 나타나는데, 여기서는 컬러와 트랜지션 그래픽의 방향을 뒤집을 수 있는 것을 확인할 수 있습니다.

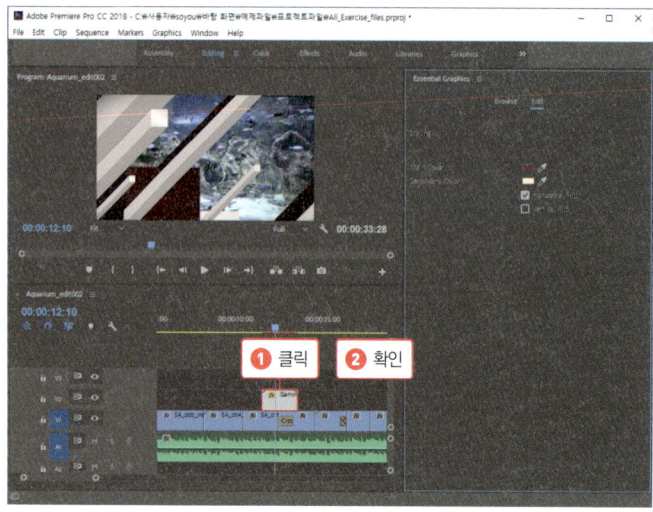

CHAPTER 10
Premiere Pro CC

Essential Graphics 패널에서 폰트 사용하기

1 Typekit 폰트 사용하기

Essential Graphics 패널에서 어떤 템플릿을 사용할 때, 템플릿에 사용된 폰트가 현재 활성화되어 있지 않다는 경고 대화상자가 표시됩니다. 사용자의 컴퓨터에 폰트가 없거나, 어도비가 제공하는 Typekit 폰트가 활성화되어 있지 않기 때문에 이와 같은 경고문이 뜨는 것입니다. 템플릿에 적용된 폰트가 활성화되어 있는지 아닌지는 템플릿의 섬네일을 살펴보면 알 수 있습니다. 템플릿 오른쪽 아랫부분에 'Typekit' 아이콘이 떠 있다면 폰트가 필요하다는 것을 의미합니다.

01 템플릿을 타임라인으로 드래그하여 가져옵니다.

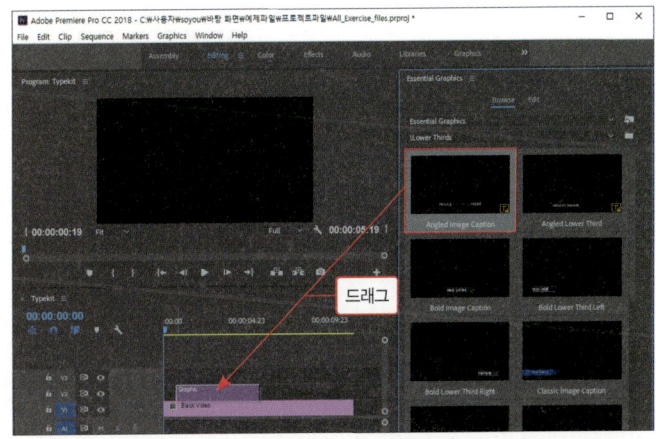

02 Resolve Fonts 대화상자가 표시되고 필요한 폰트가 무엇인지 표시됩니다. 여기서 'Sync from Typekit'에 체크하고 'Sync fonts'를 클릭하면, 100개의 제한 한도 안에서 Typekit 사이트에서 폰트를 다운받아 사용할 수 있습니다.

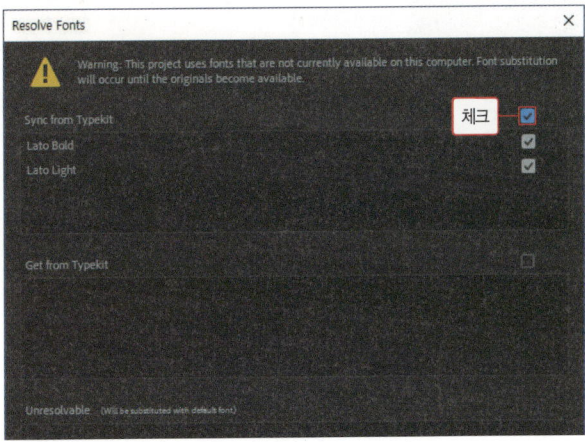

03 Typekit Warning 대화상자가 표시되는데 프리미어 프로가 폰트를 싱크하는 데 동의하는지를 다시 한 번 묻습니다. 〈OK〉 버튼을 클릭하면 약간의 로딩 시간이 소요되고, 템플릿 폰트가 동기화됩니다.

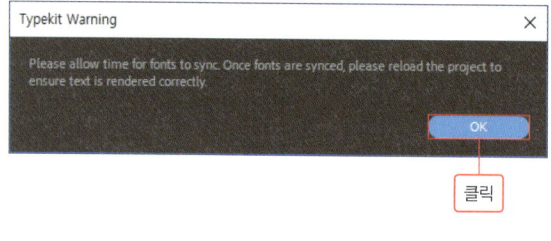
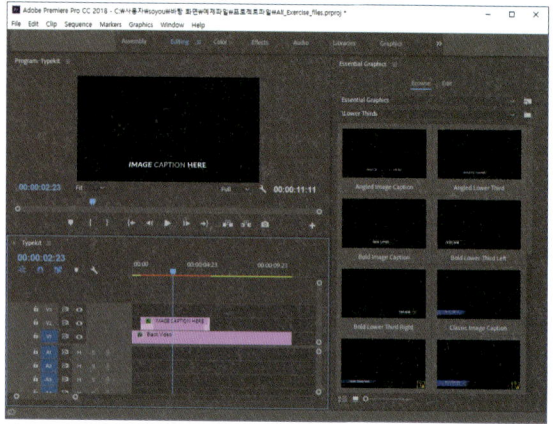

TIP

폰트를 자유롭게 사용하는 것은 100개의 한도가 있으므로, 100개의 제한을 넘어서게 되면 몇 가지 폰트들의 사용을 비활성화(Deactivate)하여 사용해야 합니다. Typekit이 제공하는 폰트 가운데 무료로 사용할 수 없는 유료 폰트의 경우, 'Font from Typekit'에 표시됩니다. 어떤 폰트의 경우, Typekit이 제공하는 폰트는 아니지만 템플릿에 쓰인 특정 폰트들이 있습니다. 이런 경우 맨 아래 섹션인 'Unresolvable'에 표시됩니다.

---

2 폰트 미리 보기와 필터링, Favorite 지정하기

Essential Graphics 패널에서 폰트 미리 보기가 가능해졌습니다. 기존의 컴퓨터에 설치된 폰트를 비롯하여 어도비 Typekit이 제공하는 폰트를 필터링하고, 사용자가 자주 사용하는 폰트를 'Favorite'로 지정하여 사용할 수 있도록 하고 있습니다.

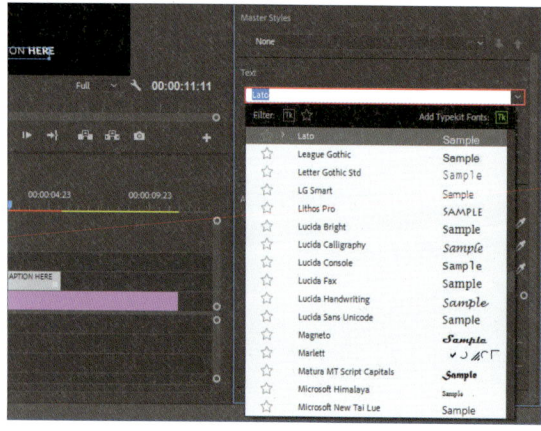
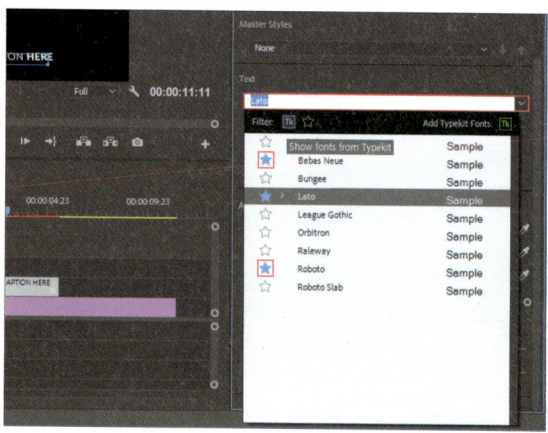

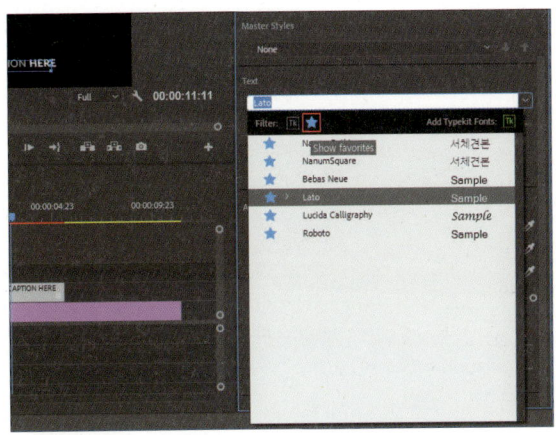

Add Typekit Fronts 옆의 아이콘을 클릭하면 Typekit 사이트로 연결되며, 필요한 폰트를 100개 한도 내에서 동기화하여 사용할 수 있습니다. Typekit를 사용하여 필요한 폰트를 검색할 때, 사이트 오른쪽 필터를 사용하면 원하는 폰트를 쉽고 빠르게 검색할 수 있습니다.

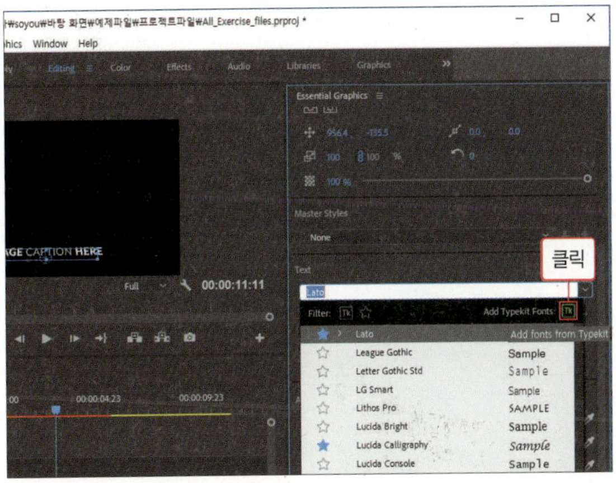

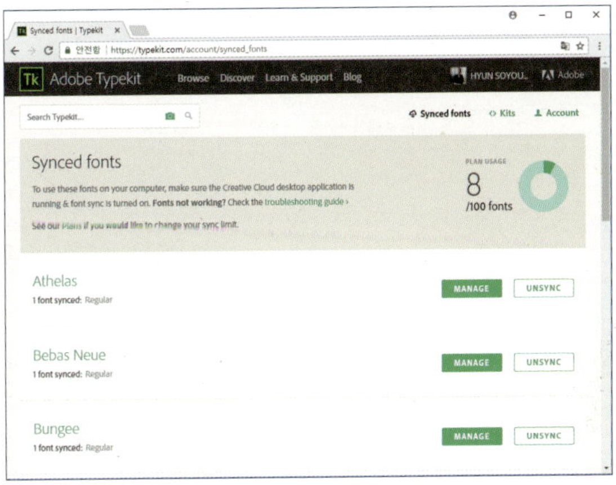

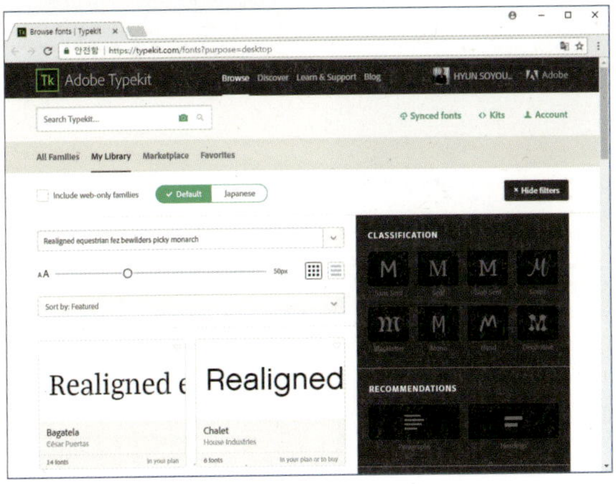

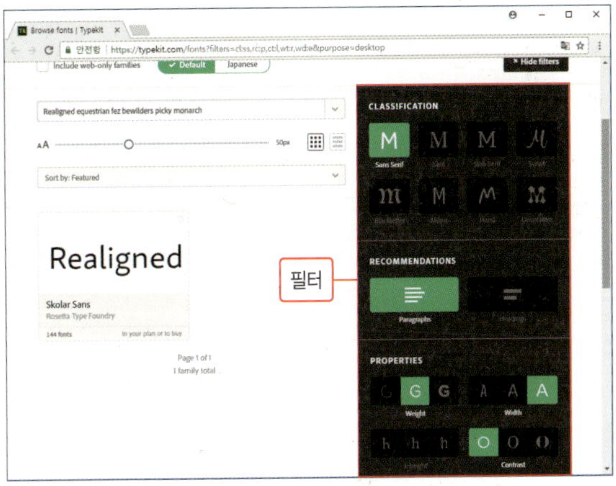

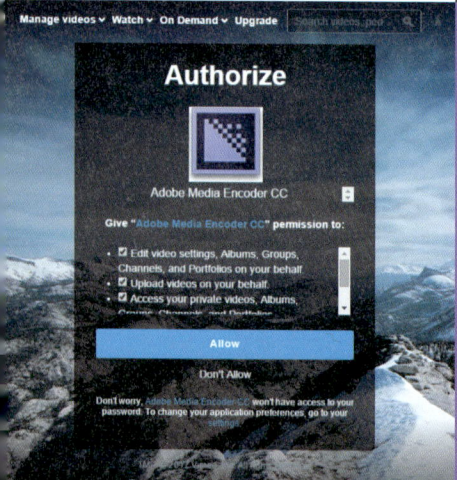

PART 05

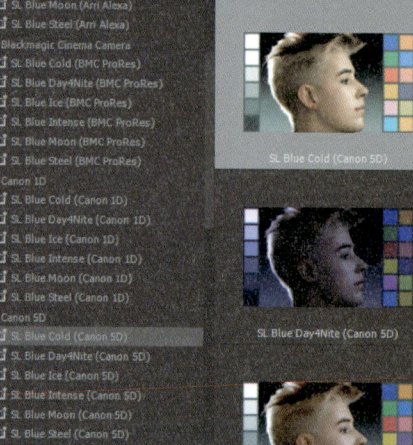

오디오 편집하기

Part 5에서는 양질의 사운드를 얻기 위한 오디오 편집의 기본 및 고급 기술에 대하여 알아봅니다. 볼륨을 모니터링하고 조절하는 것은 물론, 오디오 채널 또는 트랙을 분리하여 편집하거나 시퀀스 상의 오디오 트랙을 순서대로 혼합하고 조정할 수 있습니다. 오디오는 프레임으로 나뉘어지지 않고 일반적으로 오디오 샘플로 나뉘어집니다. 이러한 특성 때문에 시간을 기반으로 하거나 프레임을 기반으로 하는 비디오 편집에서 소스모니터 또는 시퀀스의 시간 눈금자를 오디오 샘플로 전환하면 더 정확한 편집 지점을 얻을 수 있습니다.

CHAPTER 01
Premiere Pro CC

오디오 채널 이해하기

|예제 폴더| 모든예제파일\Chapter005_오디오 편집\5.1

1 스테레오 사용하기

오디오 채널은 두 개 이상의 채널로 구성되며, 좌우 스피커에서 다른 소리가 나기 때문에 공간감과 방향감을 느낄 수 있습니다.

01 5.1\시퀀스 폴더에서 'Audio_configuration_01' 시퀀스를 사용합니다. 오디오클립 폴더에서 'Jason_Shaw_TRAVEL_LIGHT.mp3' 파일을 찾아 더블클릭하여 Source Monitor 패널로 불러들입니다.

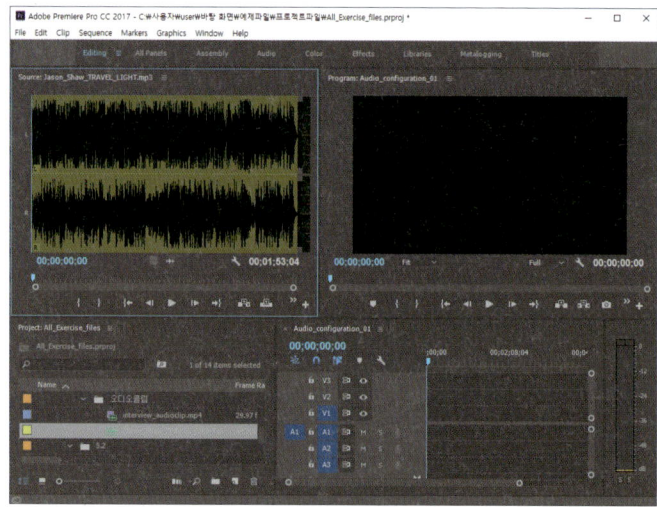

02 이 클립의 일부분을 I 키와 O 키를 이용하여 마킹합니다.

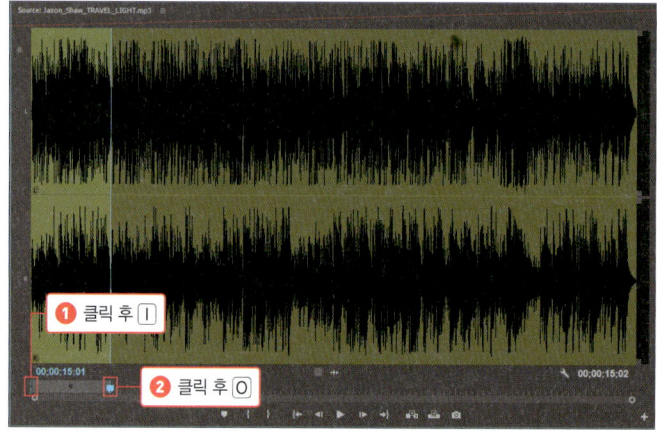

03 ⎡,⎦ 키를 눌러 타임라인으로 불러들입니다.

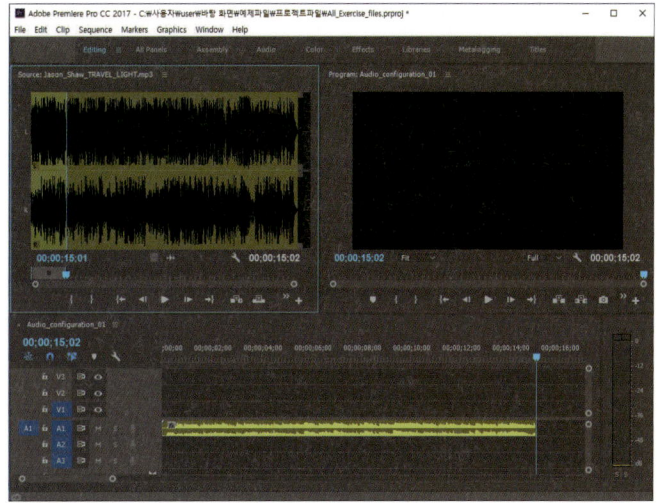

04 Audio Meters 패널을 활성화합니다. Audio Meters 패널을 찾을 수 없다면 **[Window]** → **Audio Meters**를 선택합니다.

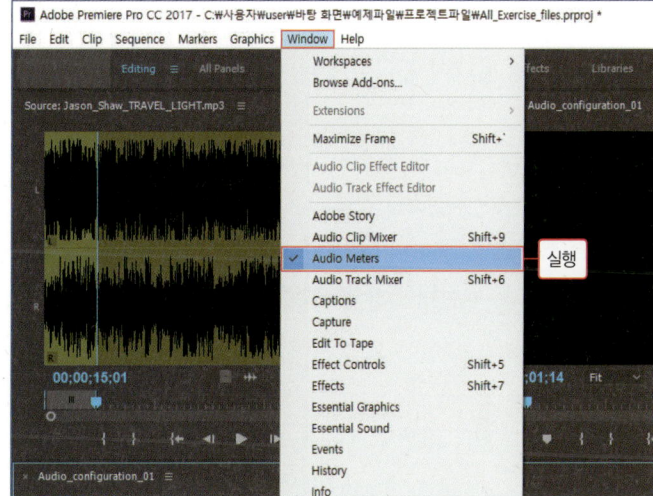

05 ⎡Spacebar⎦ 키를 눌러 음악 클립을 재생합니다. 오디오 미터를 보면 좌우 채널이 아주 약간씩 다른 것을 확인할 수 있습니다. BGM으로 사용되는 음악 파일의 경우, 모든 소리와 악기 구성이 전문적으로 믹싱되어 있는 상태이기 때문에 가급적 그 상태를 유지하여 사용하는 것이 좋습니다.

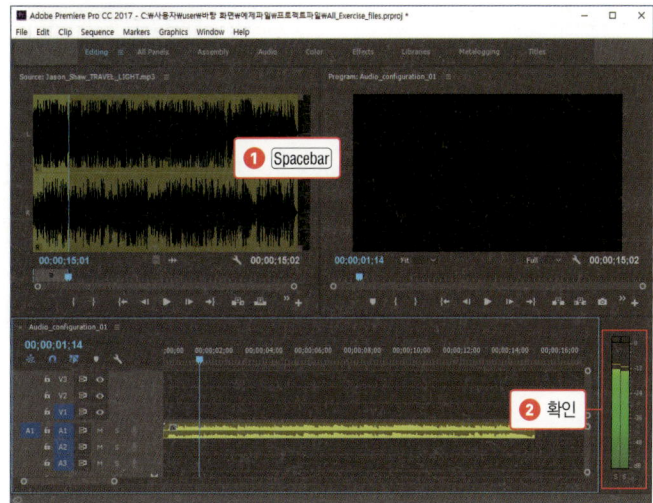

Chapter1 오디오 채널 이해하기 307

2 채널 분리하기

비디오 녹화를 할 때 두 개 이상의 마이크를 쓰게 되면 음질이 좋은 것과 나쁜 것이 섞여 녹음되는 경우가 종종 있습니다. 인터뷰 영상의 경우 인터뷰이(Interviewee)의 옷깃이나 목에 걸어 사용하는 라발리에(Lavalier) 마이크나 핀 마이크, 붐 마이크를 사용하여 인터뷰 내용이 또렷하게 전달될 수 있도록 합니다. 이때, 카메라에 부착된 내부 마이크나 카메라 온보드(Onboard) 마이크에도 같은 현장음이 녹음되는데 카메라와 인터뷰이가 멀리 떨어져 있는 거리만큼 음질도 좋지 않습니다. 이렇게 두 개의 사운드가 각각 좌우 채널로 각각 녹음되게 되는데, 영상을 편집할 때 이 두개의 채널을 분리하여 질이 떨어지는 사운드는 배제하고 질이 좋은 사운드만 채택합니다.

3 채널을 분리하여 스테레오를 모노로 전환하기

스테레오에서 좋은 음질의 채널을 분리하여 모노 채널로 만드는 방법에 대하여 알아봅니다. 모노는 사운드가 하나의 채널에 만들어집니다. 단일 사운드이기 때문에 음의 분리도와 음장감이 없으며, 주파수 대역과 사운드의 강약이 중심이 됩니다.

01 5.1\시퀀스 폴더에서 'Audio_configuration_01' 시퀀스를 사용합니다. 오디오클립 폴더에서 'interview_audioclip.mp4' 파일을 찾아 타임라인으로 불러들입니다.

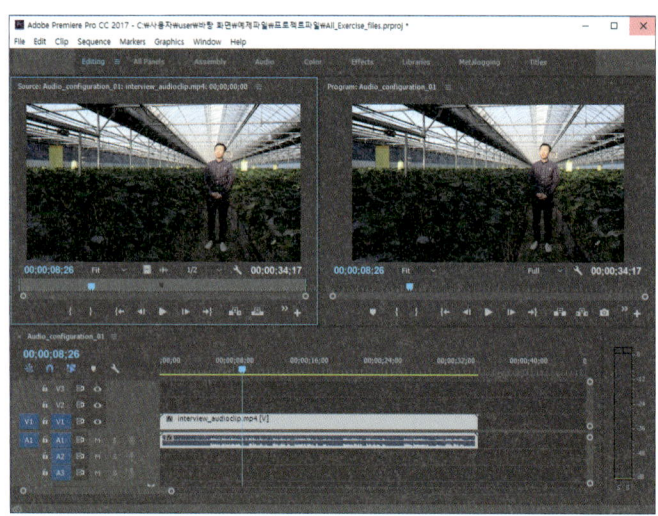

02 오디오 클립을 더블클릭하여 이 클립의 오디오 파형을 볼 수 있도록 합니다.

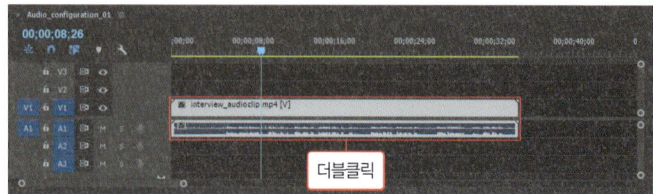

03 Source Monitor 패널의 오디오 파형을 보면, 두 채널의 볼륨 레벨 차이가 확연히 드러납니다.

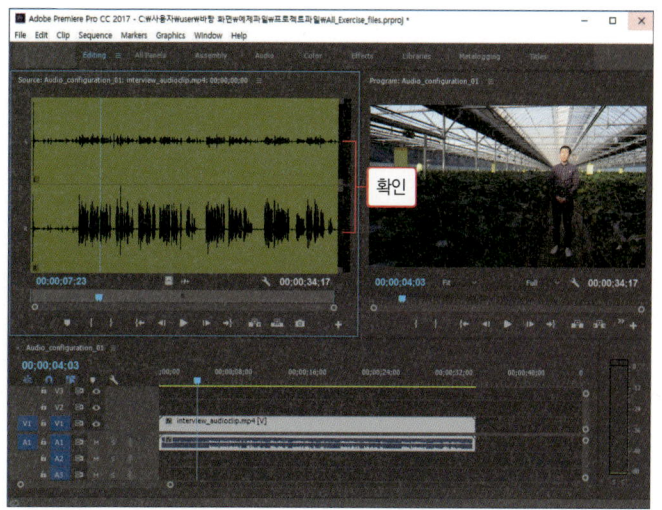

04 Project 패널에서 'interview_audioclip.mp4' 클립을 마우스 오른쪽 버튼으로 클릭하고 **Modify → Audio Channels**를 실행합니다.

····· TIP ·····
한번 타임라인에 불러들여진 오디오 클립은 채널 설정을 수정할 수 없습니다. Project 패널에서 오디오 채널 설정을 달리하여 타임라인으로 다시 불러들여야 합니다.

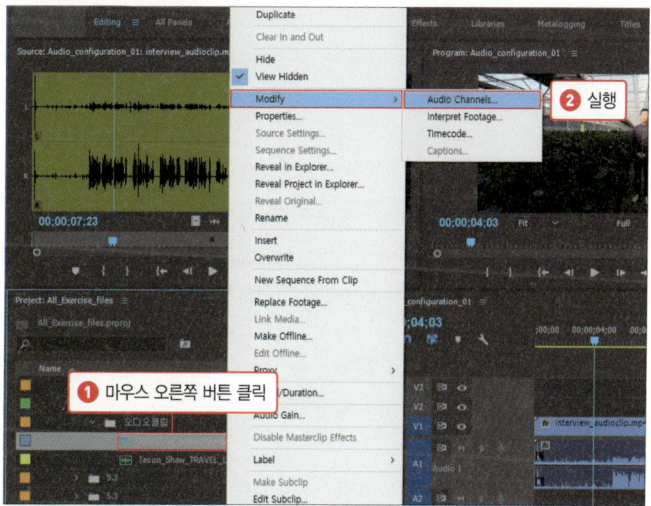

05 클립의 오디오 채널 설정 대화상자가 표시됩니다. 우선, 대화상자 아랫부분에 위치한 Preview Media Source Channel을 이용하여 좌우 채널의 음질을 파악합니다. 드롭다운 메뉴를 누르고 좌우 채널을 각각 선택하고, 오른쪽 재생 버튼을 눌러 확인합니다. 왼쪽 채널의 사운드가 거리감이 느껴지고, 현장 음이 많이 섞여 음질이 낮은 것을 알 수 있습니다.

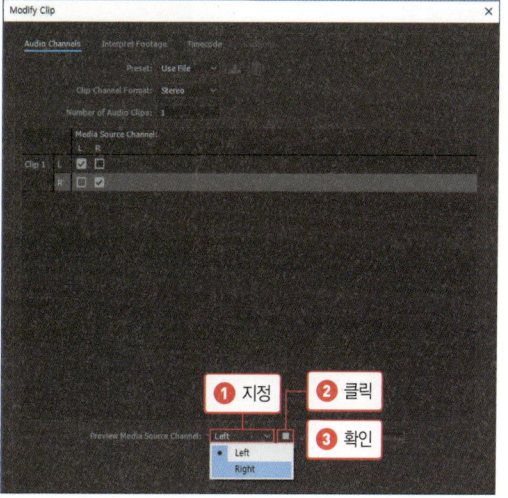

Chapter1 오디오 채널 이해하기 309

06 팝업창 윗부분 옵션에서 Clip Channel Format을 'Mono'로 지정합니다. 그리고 좋은 음질을 가진 오른쪽 채널을 선택합니다. 〈OK〉 버튼을 클릭하여 대화상자를 닫습니다.

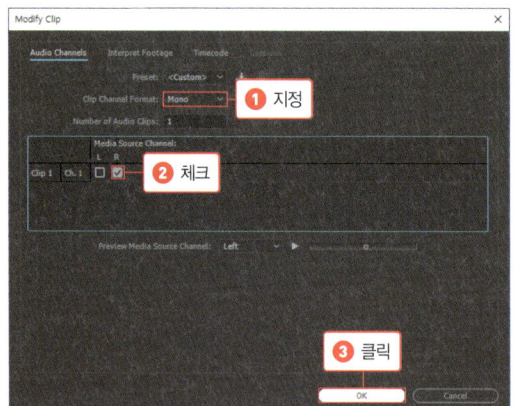

07 경고 대화상자가 표시되는데 이는 현재 변경한 오디오 설정은 이미 타임라인 위에 올린 클립에는 적용되지 않는다는 것을 알려주는 경고입니다. 〈Yes〉 버튼을 클릭하여 실행을 계속하도록 합니다.

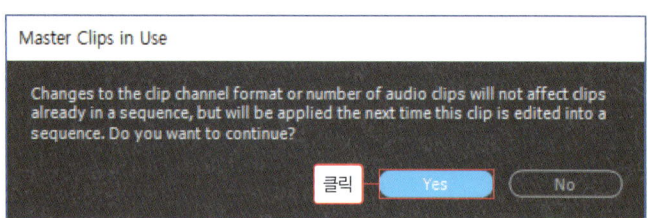

···· TIP

타임라인으로 부르기 전에 오디오 체크하기

오디오 채널 설정 변경 전에 타임라인으로 불러들여진 클립은 설정 변경의 영향을 받지 않습니다. 이미 타임라인에 불러들여진 비디오 클립의 오디오는 수정된 오디오 클립을 일일이 교체를 해주어야 합니다. 따라서, 영화나 인터뷰 영상처럼 재생 시간이 상당히 긴 경우는 오디오를 먼저 체크하고, 설정 변경을 사전에 모두 실행한 뒤에 타임라인으로 불러들여 편집하는 것이 더 효율적인 작업 과정이 될 것입니다.

08 타임라인 위의 플레이헤드를 이동시키고, [.] 키를 눌러 Source Monitor 패널의 클립을 타임라인으로 불러들입니다.
A1 트랙을 살펴보면, 방금 불러들인 클립의 오디오가 모노로 변경되었으며 오른쪽 채널이 메인 소스 채널로 채택되어 있는 것을 확인할 수 있습니다. Timeline 패널 위의 왼쪽, 오른쪽 클립을 번갈아 재생해 보면 왼쪽 클립은 현장 음이 섞여 있고, 오른쪽 클립은 현장 음이 현저히 줄었고 인터뷰 내용이 좀 더 명확하게 들리는 것을 확인할 수 있습니다.

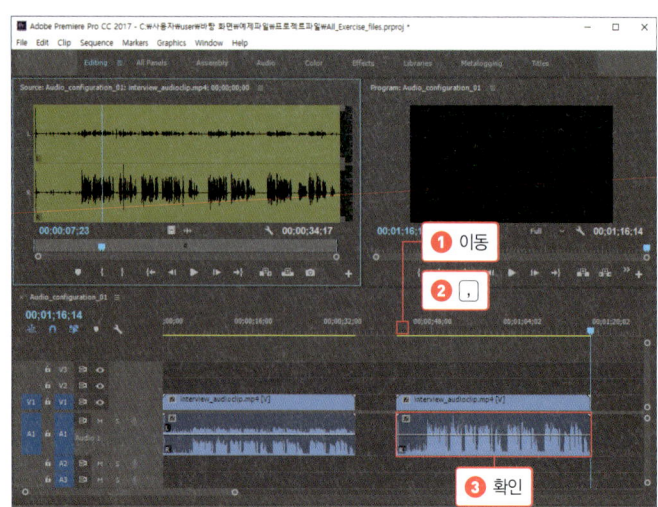

4 단일 채널을 복사하여 스테레오로 만들기

모노 채널로 변경한 것과 비슷한 효과지만, 스테레오를 유지하여 좌우 채널을 모두 살릴 수도 있습니다. 하나의 채널을 복사하여 두 채널에 같은 사운드를 넣는 것으로, 모노 채널보다 약간의 볼륨이 상승된 것을 느낄 수 있습니다.

01 5.1\시퀀스 폴더에서 'Audio_configuration_01' 시퀀스를 사용합니다. Project 패널에서 'interview_audioclip.mp4' 클립을 마우스 오른쪽 버튼으로 클릭하고 **Modify → Audio Channels**를 실행합니다.

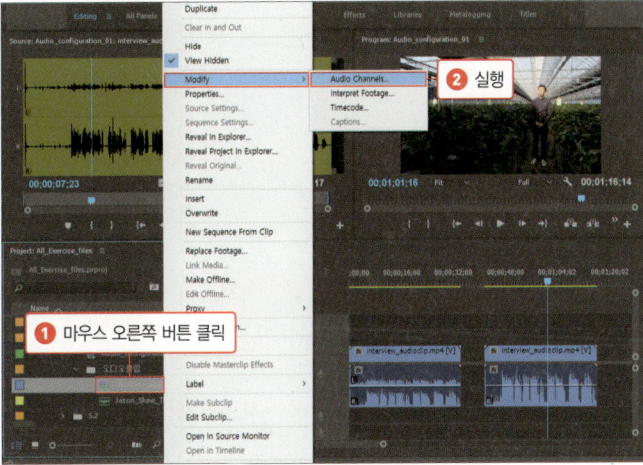

02 마지막으로 변경한 설정 값이 저장되어 현재 클립의 오디오가 모노가 되어있는 것을 확인할 수 있습니다. Clip Channel Format을 'Stereo'로 지정합니다.

클립의 채널이 위아래로 두 개 만들어져 다시 스테레오 형태로 변경되고, 채널 각각에 미디어 소스 채널 중 어떤 부분을 넣을 것인지 선택합니다. 좌우 채널 모두에 음질이 좋았던 오른쪽 채널 사운드를 넣고 〈OK〉 버튼을 클릭합니다.

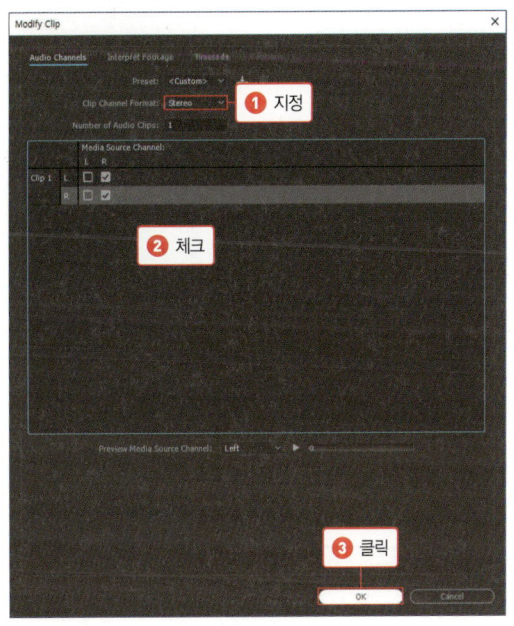

03 마찬가지로 이 설정 변경은 타임라인 위에 올린 클립에는 적용되지 않는다는 경고 대화상자가 표시됩니다. 〈Yes〉 버튼을 클릭합니다.

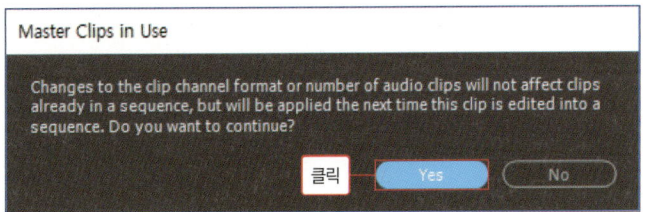

Chapter1 오디오 채널 이해하기 **311**

04 플레이헤드를 Timeline 패널 위에 이미 올린 두 클립을 피해 오른쪽에 위치시키고 ., 키를 누릅니다.

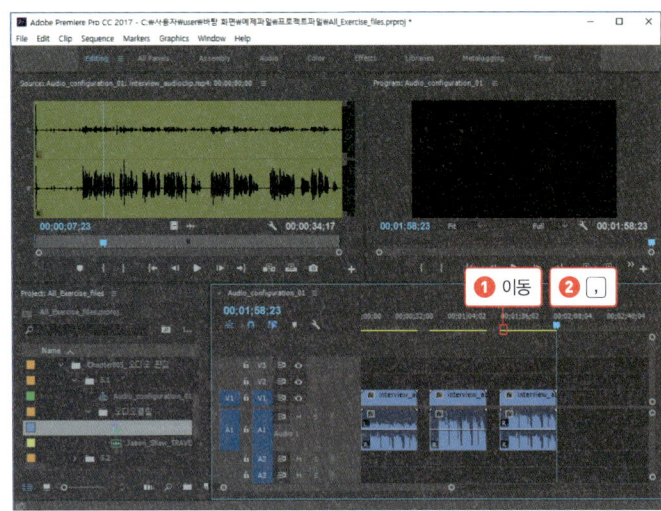

05 방금 불러들인 클립의 오디오의 좌우 채널에 모두 오른쪽 채널이 복사되어 스테레오로 변경된 것을 확인할 수 있습니다. 그리고 A1 트랙의 오디오 파형을 통해 세 클립이 각각 어떻게 다른 오디오 설정을 가지고 있는지 비교할 수 있습니다.

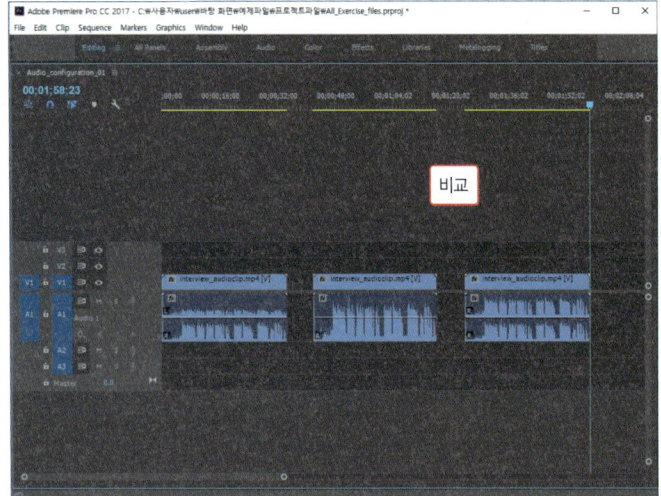

5 스테레오 채널을 분리하여 듀얼 모노(Dual Mono)로 만들기

스테레오는 좌우에 다른 채널을 가질 수 있지만, 왼쪽 오른쪽의 볼륨을 각각 조절할 수 없습니다. 만약, 두 명의 인터뷰이가 각각 다른 마이크를 사용하여 녹화했다고 가정하고 좌우 채널에 각각의 인터뷰이의 말이 녹음되었다고 가정합니다. 이때, 둘 중 한명의 녹음 질이 눈에 띄게 차이가 난다면 좌우 채널을 분리하여 각각을 조정할 수 있다면 더욱 효과적인 편집이 될 것입니다. 다음의 예제를 통하여 좌우 채널을 각각의 오디오 클립으로 만드는 방법에 대하여 알아봅니다.

01 5.1\ 시퀀스 폴더에서 'Audio_configuration_01' 시퀀스를 사용합니다. Project 패널에서 'interview_audioclip.mp4' 클립을 마우스 오른쪽 버튼으로 클릭하고 **Modify → Audio Channels**를 실행합니다.

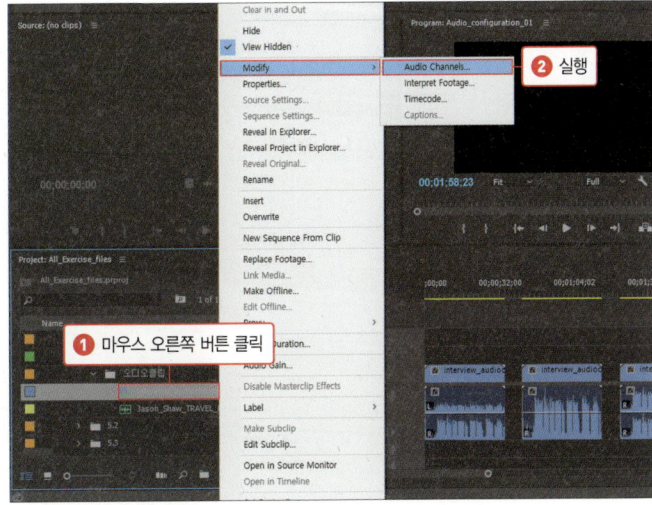

02 Clip Channel Format을 'Mono'로 지정합니다.

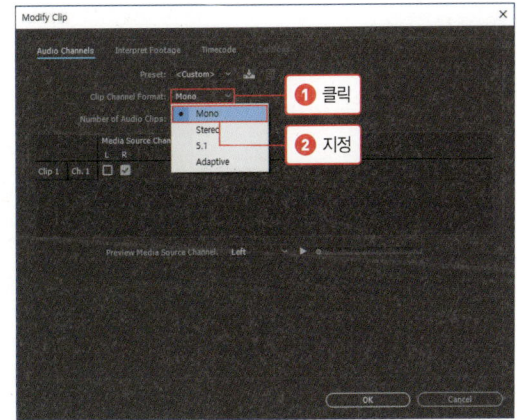

03 Number of Audio Clips을 '2'로 설정하여 듀얼 모노를 만듭니다. Stereo는 하나의 클립에 좌우 채널을 선택하는 설정이었다면, 듀얼 모노는 두 개의 클립에 각각의 채널을 선택해 넣을 수 있습니다. ⟨OK⟩ 버튼과 ⟨Yes⟩ 버튼을 클릭합니다.

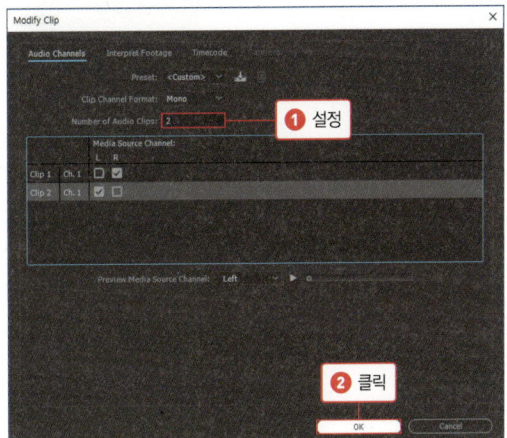

04 두 번째 클립에 미디어 소스의 왼쪽 채널을 넣습니다.

Timeline 패널에서 플레이헤드를 이동하고 [,] 키를 눌러 타임라인으로 클립을 불러들입니다.

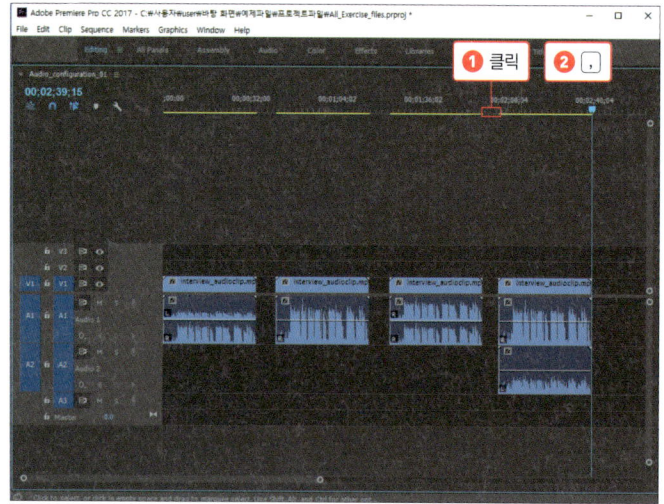

05 방금 불러들인 클립의 오디오를 살펴보면, A1과 A2 트랙에 각각 좌우 채널이 만들어진 것을 확인할 수 있습니다.

스테레오 클립의 경우 좌우 채널의 볼륨을 각각 조정할 수 없습니다. 그러나 듀얼 모노의 경우 좌우 채널을 분리하여 각각을 클립으로 만들기 때문에 볼륨 조정이 가능합니다.

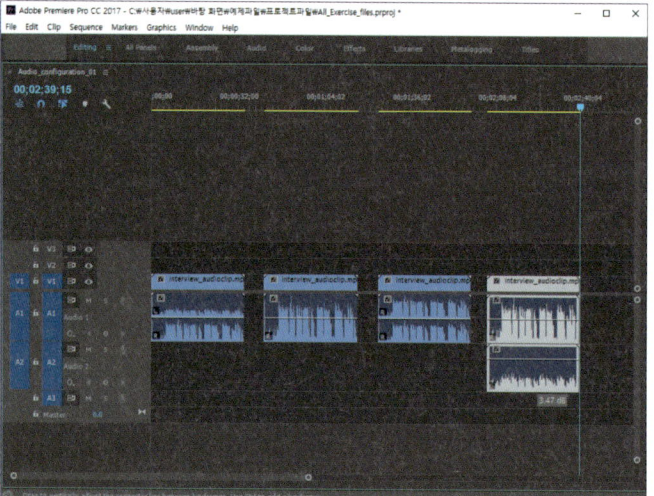

CHAPTER 02
Premiere Pro CC

오디오 게인과 볼륨 사용하기

오디오의 게인과 볼륨은 모두 사운드 음량을 나타냅니다. 게인은 클립의 입력 레벨 또는 볼륨을 나타내고, 볼륨은 일반적으로 출력 레벨 또는 시퀀스 클립이나 트랙의 볼륨을 나타냅니다. 사운드 음량을 조절할 때는 게인이나 볼륨을 설정하여 트랙 또는 클립의 볼륨을 보다 일관되게 설정하거나, 각 트랙 또는 각 클립의 볼륨을 변경할 수 있습니다. 하지만 오디오 레벨이 너무 낮게 잡혀 있는 클립의 경우, 단순히 게인이나 볼륨 값을 증가시키면 노이즈 또한 증폭시킬 수 있다는 점을 유념해야 합니다. 따라서 최상의 결과를 얻으려면 최적의 레벨로 소스 오디오를 녹음하거나 디지털화하는 표준 관행을 따르는 것이 좋습니다. 평균적인 오디오 레벨은 마이너스 숫자 상태를 유지해야 하며, 가장 시끄럽고 소리가 큰 구간이 0dB 이상이 되지 않아야 합니다.

1 소스 클립 게인 조절하기

Timeline 패널에 추가된 클립의 모든 인스턴스(타임라인에 편집된 부분 클립)가 동일한 게인 레벨을 가지도록 마스터 클립(소스 클립 원본)의 게인을 조정합니다. 타임라인으로 클립을 가져와 편집을 시작하기 이전에 소스 클립 상태에서 게인을 조절하는 것을 선행하는 것이 좀 더 이상적인 작업 과정이라 할 수 있습니다. 왜냐하면, 타임라인으로 이미 불러들여져 편집된 클립은 Project 패널에서 조정한 오디오 게인 평준화(Normalization) 명령이 적용되지 않기 때문에, 편집된 클립 각각을 일일이 수정해야 하기 때문입니다.

| 예제 폴더 | 모든예제파일\Chapter005_오디오 편집\5.2

01 5.2\오디오클립 폴더에서 'low_level_clip001.mp4' 클립을 더블클릭하여 Source Monitor 패널로 불러들입니다. Audio Meters 패널을 활성화하고 영상을 재생합니다. 오디오 미터에 표시된 오디오 레벨을 살펴보면 −12dB에서 −18dB 사이를 왔다 갔다 하는 것을 확인할 수 있습니다.

02 Project 패널에서 클립을 선택하고 마우스 오른쪽 버튼을 클릭한 다음 **Audio Gain**을 실행하거나 G 키를 누릅니다.

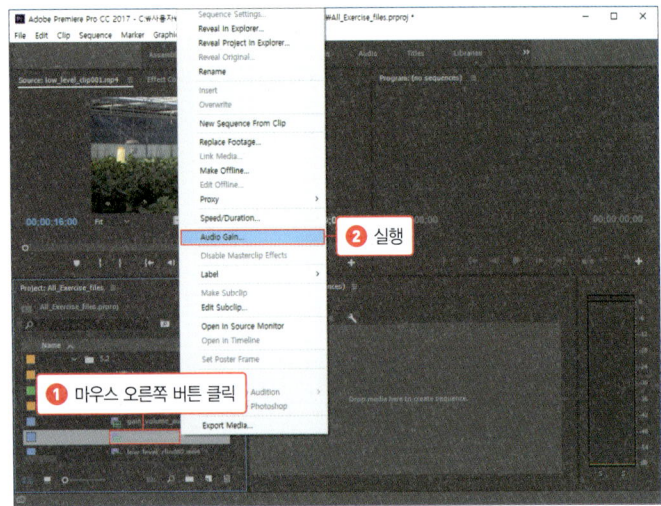

03 Audio Gain 대화상자가 열리면, 창의 아랫부분에 표시된 Peak Amplitude(진폭의 최고점)을 먼저 확인합니다. 이 클립은 가장 시끄러운 부분이 −14.7dB로 소리가 작게 녹음이 된 상태인 것을 확인할 수 있습니다. 〈Cancel〉 버튼을 클릭하고 대화상자를 닫습니다.

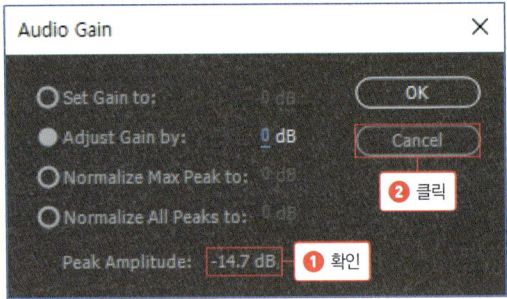

···TIP···
Peak Amplitude는 프리미어 프로가 선택한 클립의 가장 시끄러운 부분(소리가 가장 큰 부분, 진폭의 최고점)을 자동으로 계산하여 표시한 값입니다.
···

04 이번에는 'low_level_clip002. mp4'를 더블클릭하여 Source Monitor 패널로 불러들입니다. 영상을 재생하여 Audio Meters 패널에 오디오 레벨을 확인합니다. 'low_level_clip001'과 거의 비슷한 진폭을 보여줍니다.

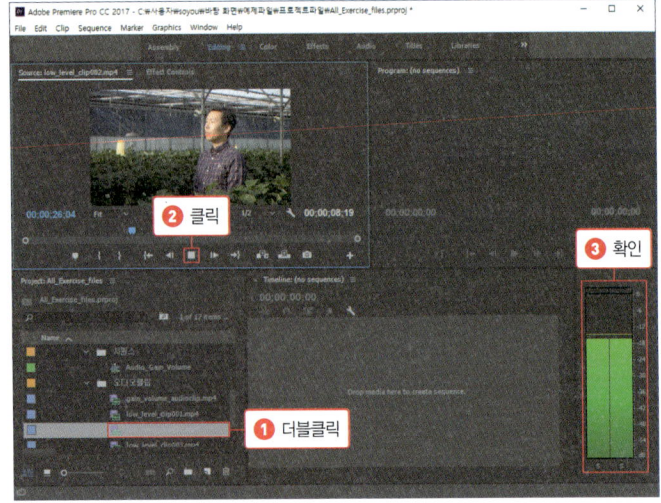

05 G 키를 눌러 Audio Gain 대화상자를 엽니다. Peak Amplitude를 확인해 보면 '-11.3dB'로, 첫 번째 클립보다는 소리가 조금 크게 녹음되었지만 여전히 소리가 작은 상태입니다.

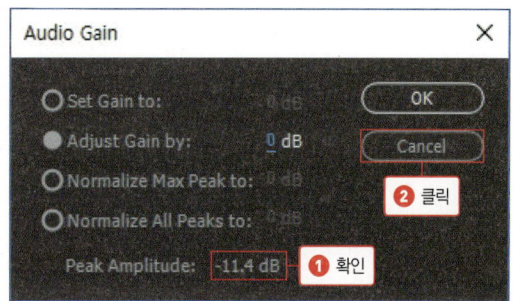

06 마지막으로 'low_level_clip003.mp4'를 Source Monitor 패널로 불러 오디오 레벨을 확인합니다.

07 Project 패널에서 클립을 선택하고 G 키를 눌러 오디오 게인을 확인합니다. Peak Amplitude가 -13.4dB로 두 클립과 비슷하게 녹음되어 있는 상태인 것을 확인할 수 있습니다.

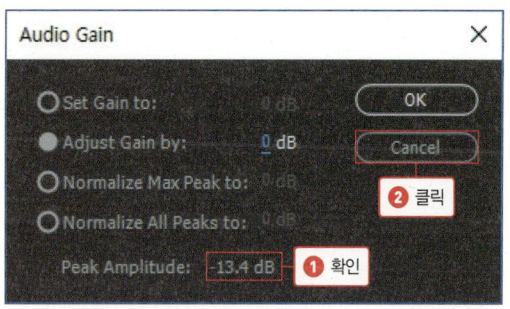

08 오디오 게인을 조정하는 것은 클립별로 선택하여 적용할 수 있지만, 조정하려는 클립을 복수로 선택하여 적용할 수도 있습니다. Project 패널에서 Shift 키를 누르고 'low_level_clip001.mp4'부터 'low_level_clip003.mp4'까지 모두 선택합니다. 그리고 G 키를 눌러 Autio Gain 대화상자를 엽니다.

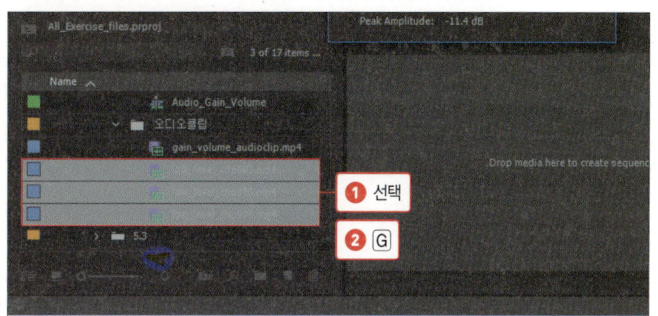

09 세 개의 클립 중 가장 높은 Peak Amplitude가 아랫부분에 표시됩니다. 이 세 개의 클립은 −13dB 사이를 오가는 상당히 작은 소리로 녹음되었습니다. Set Gain To에 게인 값을 입력하여 평균 게인을 높여 소리를 크게 만듭니다. Set Gain To를 '8dB'로 설정합니다. 이로써, 각 클립당 게인의 평균 진폭이 8dB만큼 상승합니다.

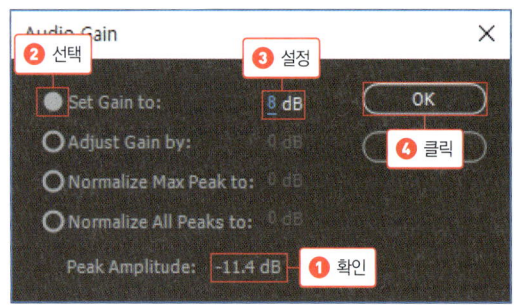

10 'low_level_clip001.mp4'을 더블 클릭하여 Source Monitor 패널로 불러들이고, 오디오 미터를 보면서 영상을 재생합니다. 오디오 미터에 표시되는 오디오 레벨이 −6dB부터 −12dB 사이를 왔다 갔다 하는 것을 확인할 수 있습니다. 나머지 두 개의 클립도 재생하여 게인이 알맞게 수정되었는지 확인합니다.

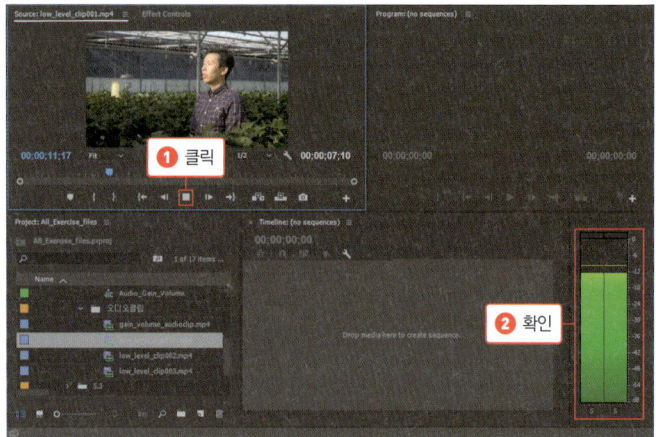

···· TIP ····

Audio Gain 옵션 창

- **Set Gain to** : 기본 값은 0.0dB입니다. 이 옵션을 사용하면 사용자가 오디오 게인을 특정 값으로 설정할 수 있습니다. 이 값은 옵션이 선택되지 않은 경우에도 항상 현재 게인으로 업데이트됩니다. 예를 들어, 두 번째 옵션인 Adjust Gain by에 값을 −1dB로 조정할 경우 게인 설정 값이 업데이트되어 결과적으로 게인 레벨이 표시됩니다. 게인 값이 이미 조정된 클립에 대하여 Audio Gain 대화상자가 표시되면 현재 게인 값이 이 필드에 표시됩니다.
- **Adjust Gain by** : 기본 값은 0.0dB입니다. 이 옵션을 사용하면 사용자가 게인을 + 또는 −dB로 조정할 수 있습니다. 이 필드에 0이외의 값을 입력하면 클립에 적용된 실제 게인 값을 반영하기 위해 Set Gain to의 dB값이 자동으로 업데이트됩니다.
- **Normalize All Peaks to** : 사용자는 이 값을 0.0dB 이하로 설정할 수 있습니다. 예를 들어, 사용자는 헤드룸(Headroom)을 허용하고 이를 −3dB로 설정할 수 있습니다. 이 옵션은 진폭의 최고점에 사용자가 특정 값을 입력할 수 있습니다. 예를 들어, 피크 진폭이 −6dB인 단일 클립의 경우, 진폭의 최고점을 0.0dB로 설정된 경우에는 게인이 +6dB로 조정됩니다. 다수의 클립을 선택한 경우, 선택 항목의 각각의 클립은 그들을 모두 0.0dB까지 증가시키는 데 필요한 양만큼 게인 조정을 하게 됩니다.

2 타임라인 위의 클립 게인 조절하기

시퀀스에 이미 편집되어 놓여진 클립의 게인을 조정할 수 있습니다. 이 방법은 소스 클립의 게인을 조절하는 것과 같습니다.

01 5.2\시퀀스 폴더에서 'Audio_Gain_Volume' 시퀀스를 사용합니다.
이 시퀀스에는 오디오 레벨에 약간의 조정이 필요한 클립에 빨간색, 주황색, 초록색 라벨로 표시해 두었습니다.

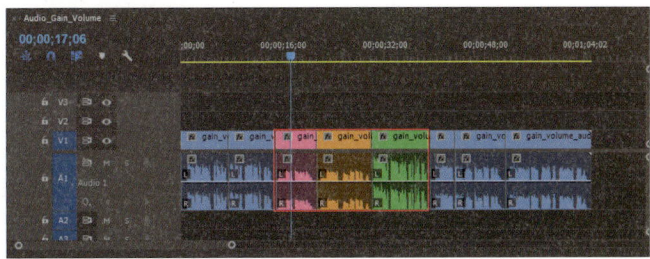

02 우선, 빨간색 클립을 살펴봅니다. 클립을 재생해 보면 소리가 작게 녹음된 것을 확인할 수 있습니다.

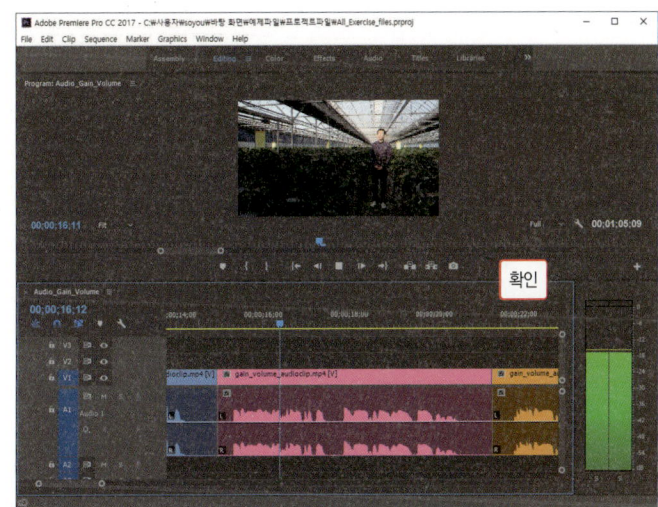

03 클립을 선택하고 [G] 키를 눌러 Audio Gain 대화상자를 엽니다. 이 클립의 가장 시끄러운 부분(진폭의 최고점)이 '-13.8dB'인 것을 확인할 수 있습니다. 타임라인 위에 오디오 파형을 주시하면서 Set Gain to에 '5dB'을 입력하고 〈OK〉 버튼을 클릭합니다.

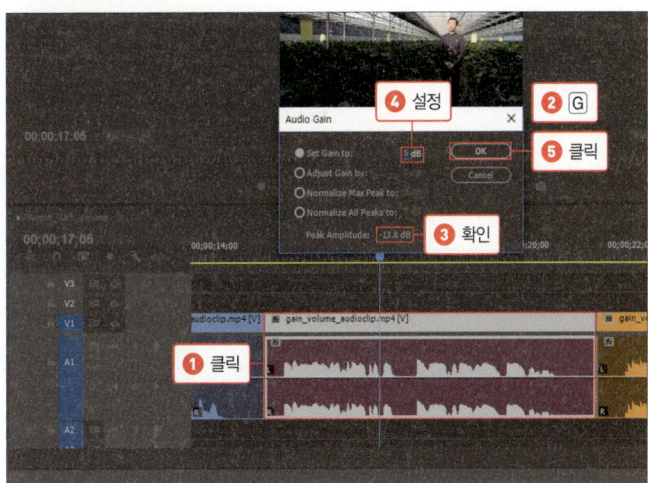

Chapter2 오디오 게인과 볼륨 사용하기 319

04 오디오 파형이 세로로 살짝 길어진 것을 확인할 수 있습니다. 클립을 재생해 보면 소리가 어느 정도 커졌는지 알 수 있습니다. 레벨의 진폭이 -6dB에서 -12dB 사이를 왔다 갔다 하는 것을 확인할 수 있습니다.

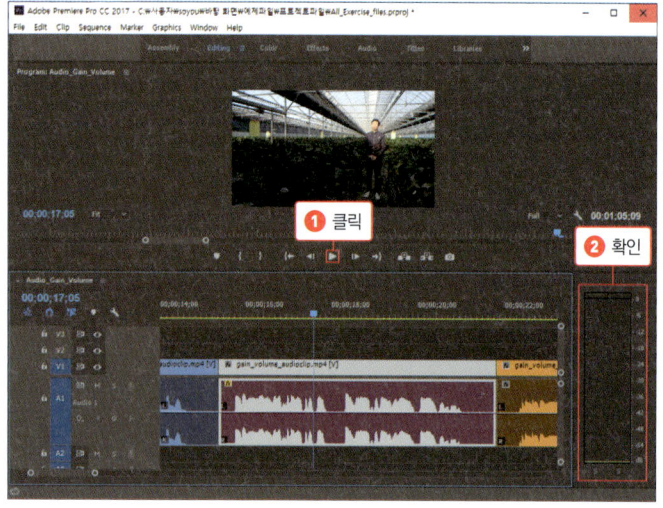

05 이 클립의 게인을 조금 더 올려 보겠습니다. 다시 G 키를 눌러 Audio Gain 대화상자를 엽니다. Adjust Gain by에 '4dB'을 입력합니다. Set Gain to를 살펴보면 4dB이 합쳐져 현재 게인 값이 9dB로 바로 업데이트 되는 것을 확인할 수 있습니다. 〈OK〉 버튼을 클릭합니다.

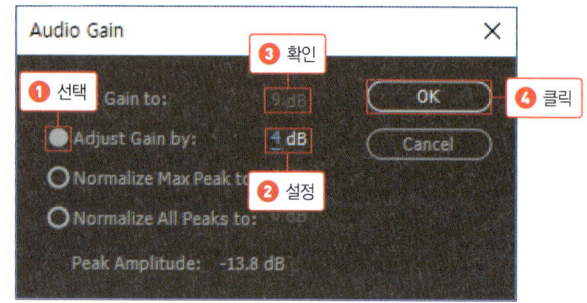

06 타임라인을 재생해 보면 클립의 오디오 레벨이 0dB에서 -12dB 사이를 왔다 갔다 하는 것을 확인할 수 있습니다.

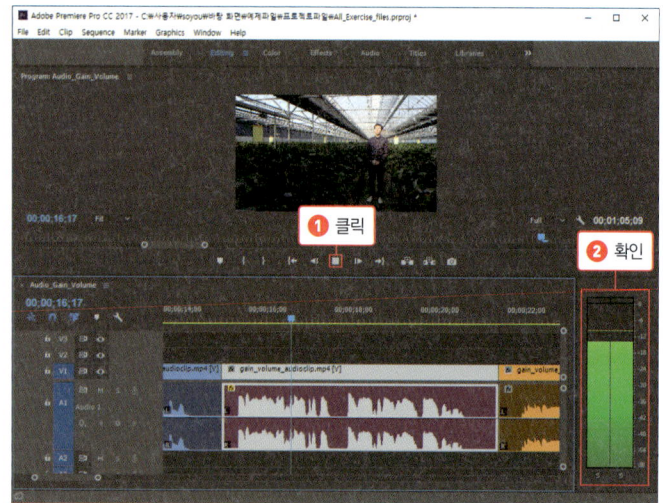

07 주황색 클립의 게인을 조정해 봅니다. 빨간색 클립을 조정한 과정과 마찬가지로 클립을 재생하여 오디오 레벨을 확인합니다. 소리가 작게 녹음되었습니다.

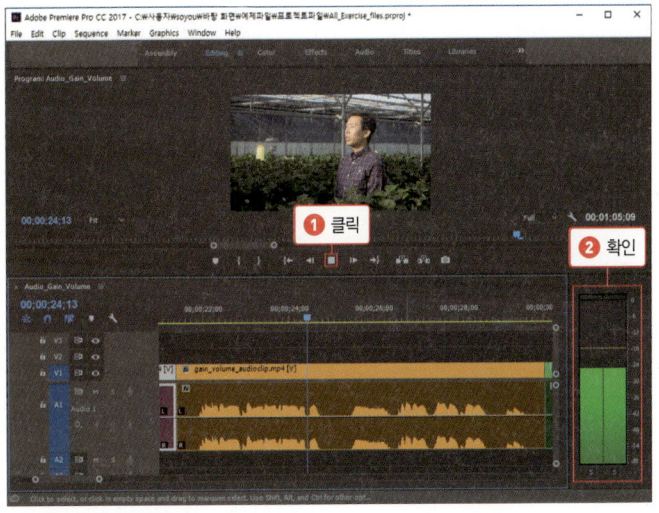

08 타임라인에서 클립을 선택하고 G 키를 눌러 Autio Gain 대화상자를 엽니다. 앞서 빨간색 클립의 게인을 9dB로 올렸던 것을 기준으로 이 클립에는 Set Gain to를 '9dB'로 설정하고 〈OK〉 버튼을 클릭합니다.

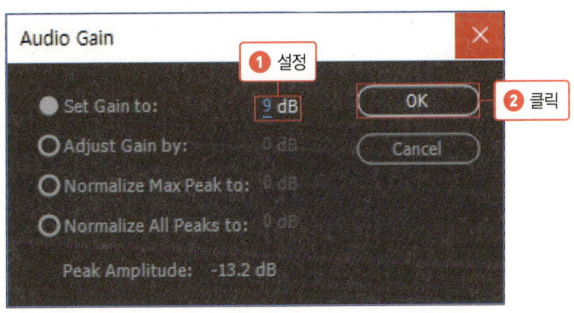

09 타임라인에 오디오 파형이 좀 더 커졌습니다. 재생하면서 오디오미터 레벨을 확인해 보면 –6dB 안팎으로 빨간색 클립과 비슷한 게인 값을 보이는 것을 확인할 수 있습니다.

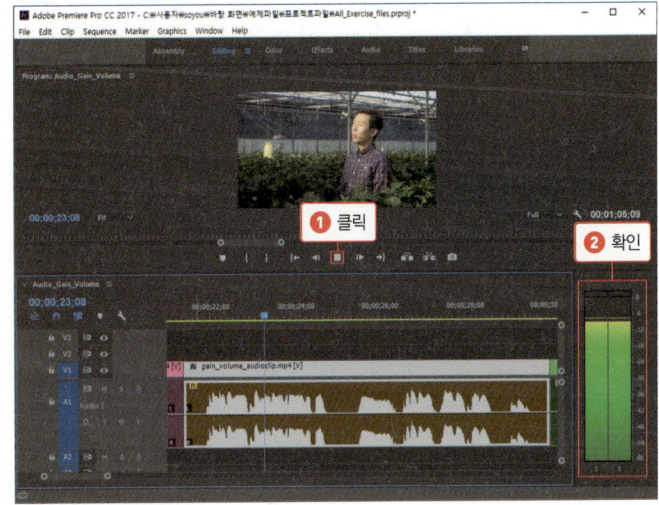

10 타임라인에서 00;00;29;02 부분을 재생해 보면, 주황색 클립의 마지막 문장이 게인 값을 조정했음에도 불구하고 여전히 소리가 작은 것을 확인할 수 있습니다. 자르기 도구(◆)를 선택하거나, C 키를 눌러 마우스 포인터를 자르기 도구로 바꿉니다. 플레이헤드를 00;00;28;29에 놓고 클립을 자릅니다.

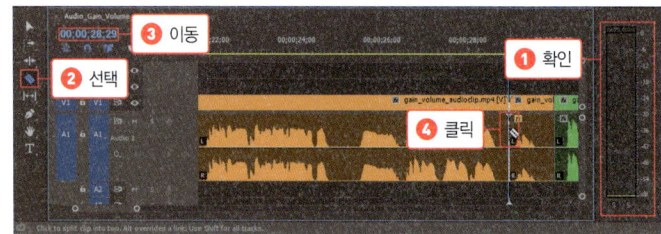

11 V 키를 눌러 선택 도구(▶)를 선택하고 클립의 가운데 흰색 라인을 마우스로 클릭 드래그합니다. 마우스를 드래그하면 라인 아래쪽에 볼륨 값을 나타내는 인디케이터가 함께 보여지는데, 이것을 보면서 +5dB정도 볼륨을 높입니다.

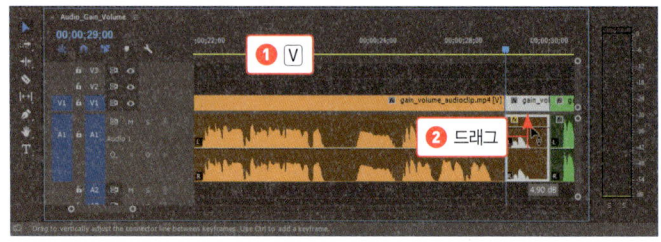

---- TIP ----

키보드로 클립의 볼륨 라인 조절하기

마우스로 클립 중간에 있는 흰색 라인을 드래그하여 볼륨을 조절하는 방법 이외에 키보드 단축키로도 같은 명령을 실행할 수 있습니다.
-], [: 클립을 선택한 상태에서] 키 또는, [키를 누르면 1dB씩 볼륨을 조절할 수 있습니다.
- Shift +], [: 클립을 선택한 상태에서 Shift 키를 누르고] 또는, [키를 누르면 3dB씩 볼륨을 조절할 수 있습니다.

---

12 플레이헤드를 조금 앞에 두고 클립을 전체 이어서 재생합니다. 오디오 레벨 값이 좀 더 크게 조정되어 클립 전체의 진폭이 거의 비슷하게 되었습니다.

마지막으로 초록색 클립을 재생합니다. 이 클립의 경우 상대적으로 게인이 높아 Audio Meter 패널에 주황색 피크가 가끔씩 보입니다. 오디오 레벨이 너무 높아 그 기준치인 0dB을 넘게 되면 Audio Meter 패널에 피크가 붉은색으로 표시됩니다.

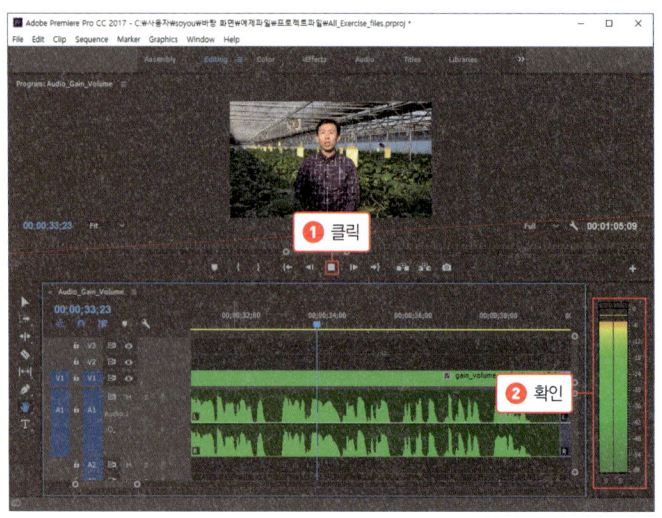

13 G 키를 눌러 Autio Gain 대화상자를 열고 Adjust Gain by를 '-3dB'로 설정합니다. 〈OK〉 버튼을 클릭합니다.

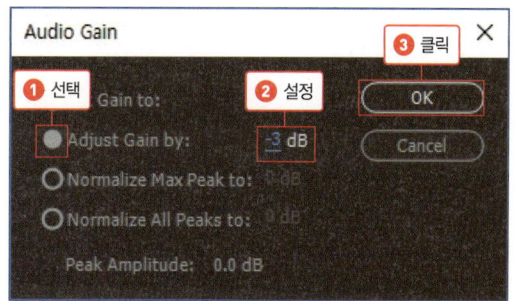

14 타임라인 위의 초록색 클립의 오디오 파형이 즉석해서 줄어듭니다. 클립을 재생해 보면 오디오 레벨이 -6dB 안팎을 왔다 갔다 하는 것을 확인할 수 있습니다.

···TIP·····
5.2\시퀀스 폴더에서 'Audio_Gain_Volume_fin' 시퀀스를 통해 완성된 예제 파일을 확인할 수 있습니다.

···TIP·····
Audio Clip Mixer 패널로 클립의 볼륨 라인 조절하기

① 클립의 볼륨 라인을 조절하는 것은 Audio Clip Mixer 패널로도 가능합니다. Audio Clip Mixer 패널은 Source Monitor 패널 그룹에 있으며, 찾을 수 없다면 [Window] → **Audio Clip Mixer**를 선택합니다.

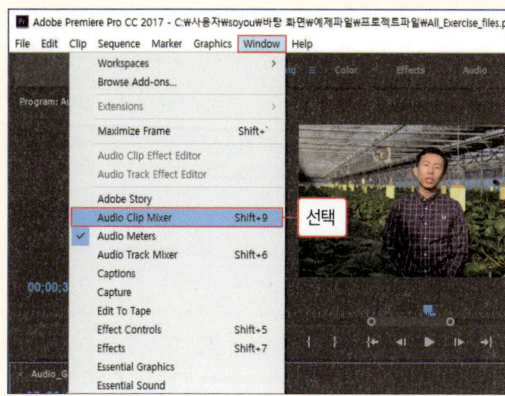

Chapter2 오디오 게인과 볼륨 사용하기 **323**

② 볼륨을 조절하려는 클립을 선택합니다.

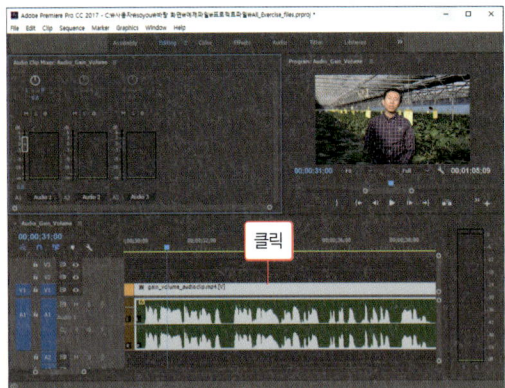

③ Audio Clip Mixer에 슬라이더를 위아래로 드래그하면 클립의 볼륨 라인도 함께 조정되는 것을 확인할 수 있습니다.

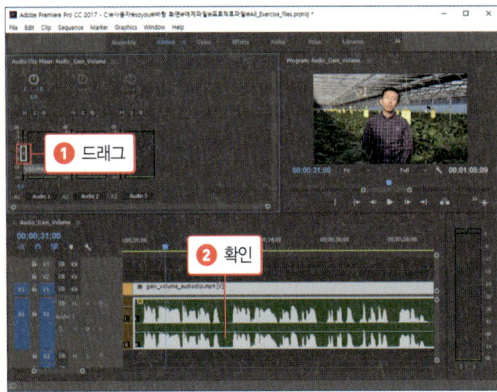

CHAPTER 03
Premiere Pro CC

오디오 키프레이밍하기

1 타임라인에서 키프레이밍하기

오디오 게인 조정을 통해 주 오디오의 입력 레벨을 설정했다면, 이번에는 시퀀스에 자리한 클립 각각의 볼륨을 각각 개별적으로 조정합니다. 예를 들어, BGM 음악을 사용하려고 할 때 인터뷰 내용이 없거나 대사가 없는 장면에서는 음악이 나오다가 다시 인터뷰 내용이나 대사가 시작될 때 음악의 볼륨을 낮춰서 인물의 말에 포커스되도록 만듭니다. 이러한 부분적이고 세밀한 볼륨 조정은 키프레이밍을 통해 실행합니다.

|예제 폴더| 모든예제파일\Chapter005_오디오 편집\5.3

01 5.3\시퀀스 폴더에서 'Keyframing _Audio' 시퀀스를 사용합니다. 이 시퀀스는 B-roll과 인터뷰 그리고, BGM으로 구성되어 있습니다. 음악이 인터뷰 내용에 방해가 되지 않고 좀 더 드라마틱하게 연출되도록 볼륨을 조정하겠습니다.

플레이헤드를 00;00;06;25에 위치시키고 Ctrl 키를 누른 채로 마우스를 오디오 트랙 중간 흰 라인에 가져갑니다. 마우스 커서 옆에 '+' 표시가 생기면서 현재 볼륨이 몇 dB인지 인디케이터로 표기됩니다.

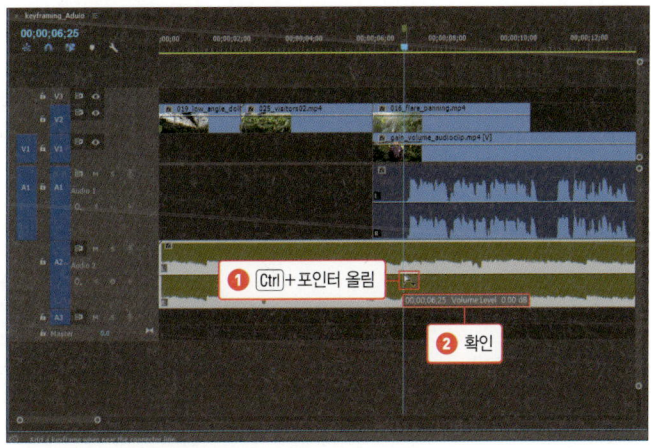

02 Ctrl 키를 누르고 흰색 볼륨 라인을 클릭하면 파란색 키프레임이 만들어집니다. 같은 방법으로 00;00;05;29에 키프레임을 하나 더 만듭니다.

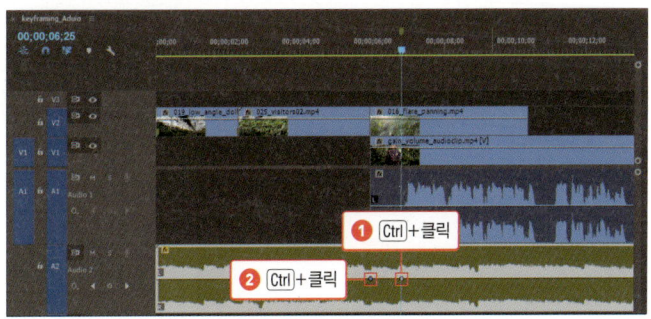

03 두 번째 키프레임을 클릭, 드래그하여 –16dB 가까이 볼륨을 줄입니다.

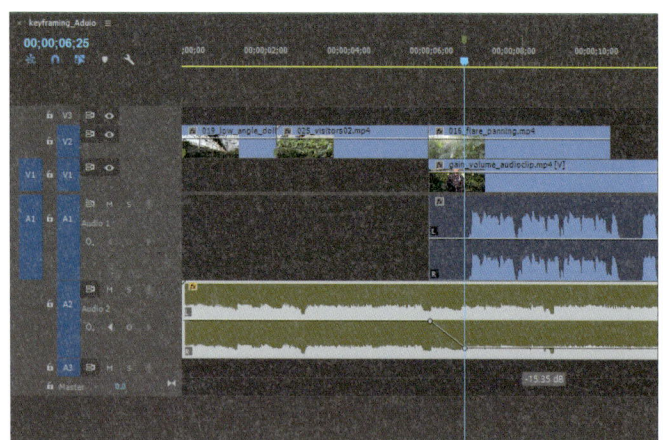

04 타임라인을 재생하여 소리를 들어봅니다. 소리가 조금 급격하게 줄어드는 감이 있습니다.
첫 번째 키프레임을 클릭하고 00;00;05;07까지 왼쪽으로 드래그하여 변화하는 구간에 좀 더 시간을 추가하겠습니다.

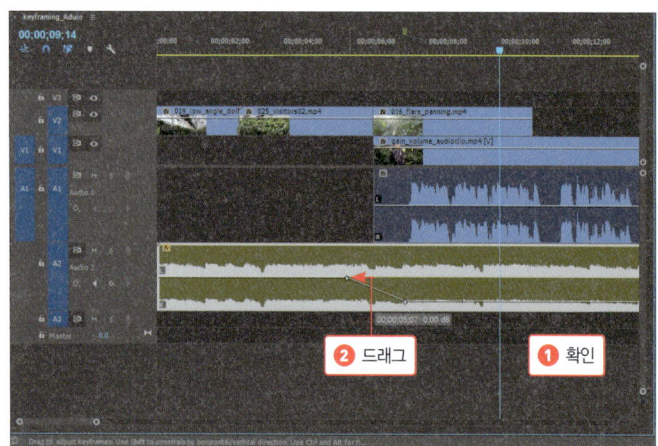

05 플레이헤드를 이동시켜 00;00;20;07에 위치시킵니다.
인터뷰 내용이 없는 구간에 다시 음악 볼륨을 높여 빈 공간을 채워 보겠습니다.

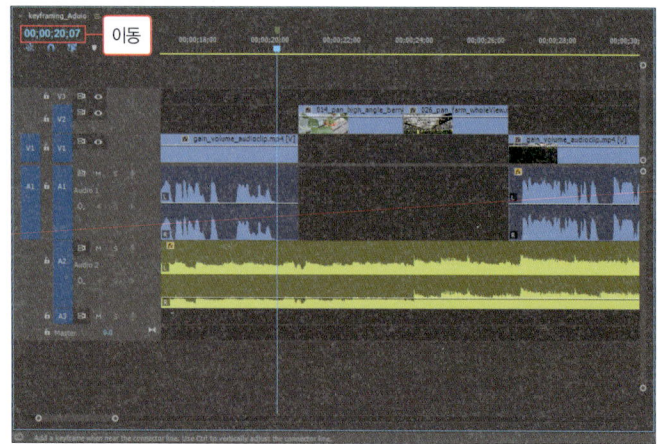

06 마우스 포인터를 펜 도구로 바꿉니다. 펜 도구(🖊)를 선택하거나 P 키를 눌러 마우스 포인터를 펜 도구로 바꾸고 볼륨 라인에 가져가면 Ctrl 키를 누르지 않고도 펜 도구 옆에 '+' 표시가 생깁니다. 음악의 볼륨을 점점 높였다가 다시 인터뷰 내용이 시작하는 부근에서 낮춰야 하므로, 네 개의 키프레임을 간격을 두고 만듭니다.

마우스 포인터를 다시 선택 도구(▶)로 바꾸고 가운데 두 개의 키프레임 사이에 위치한 라인을 드래그하여 볼륨을 0dB까지 높입니다.

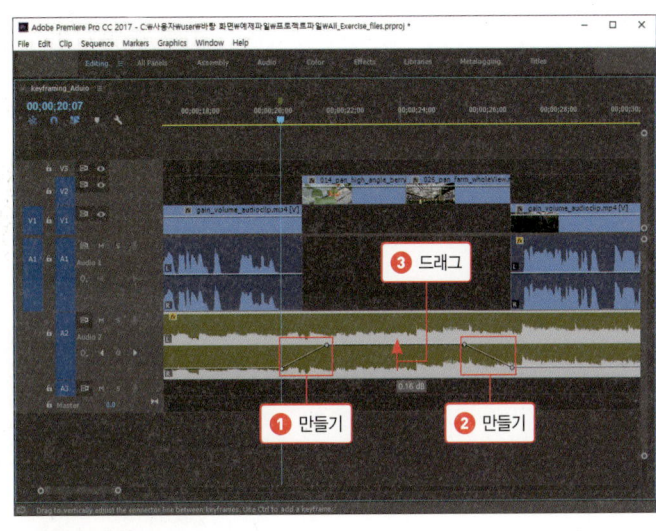

07 드래그하여 수정하기 때문에 볼륨을 정확한 숫자에 맞추기 어렵습니다.
Effect Controls 패널을 활성화하고, 각 키프레임에 정확한 숫자를 입력하여 원하는 볼륨 값을 갖도록 합니다.

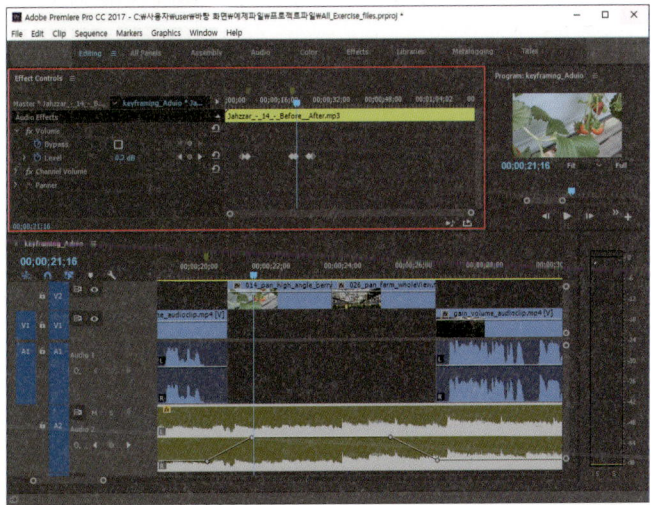

08 Effect Controls 패널 속 타임라인에 키프레임들이 겹쳐 보이지 않을 정도로 확대합니다.

플레이헤드를 두 번째 키프레임 위치로 이동합니다. Timeline 패널에서 이동시켜도 되고 Effect Controls 패널 속 타임라인에서 이동시켜도 됩니다.

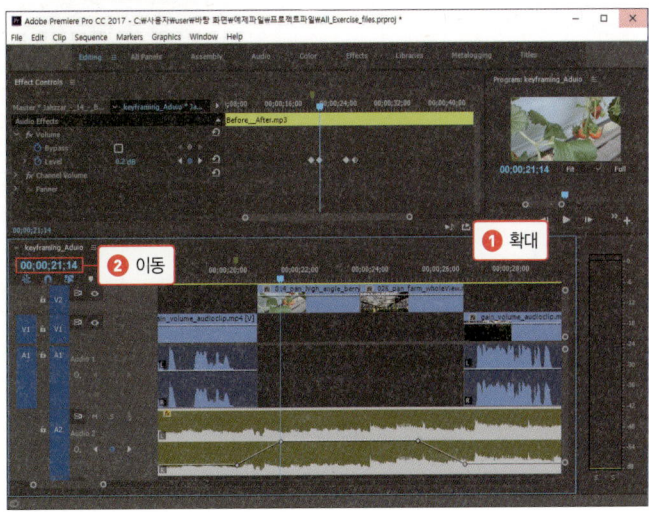

09 예제에서는 볼륨 레벨 값을 살펴보면 0.2dB로 되어 있는데, 이 부분에 '0'을 입력하여 수치를 조정합니다.
'Go to Next Keyframe' 아이콘(▶)을 클릭하여 세 번째 키프레임으로 이동합니다.

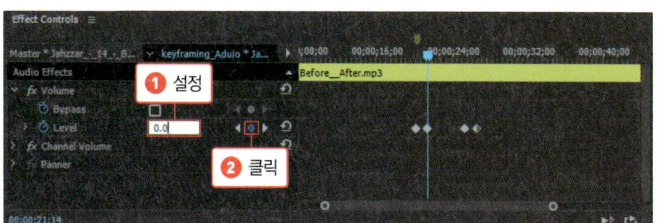

10 여기서 역시 '0'을 입력하여 수치를 조정합니다. 타임라인을 재생하여 음악과 인터뷰 볼륨이 적절하게 조정되었는지 확인합니다.

····TIP····························
완성된 예제파일은 5.3\완성예제파일 폴더에서 'Keyframing_Audio_fin'을 통해 확인할 수 있습니다.

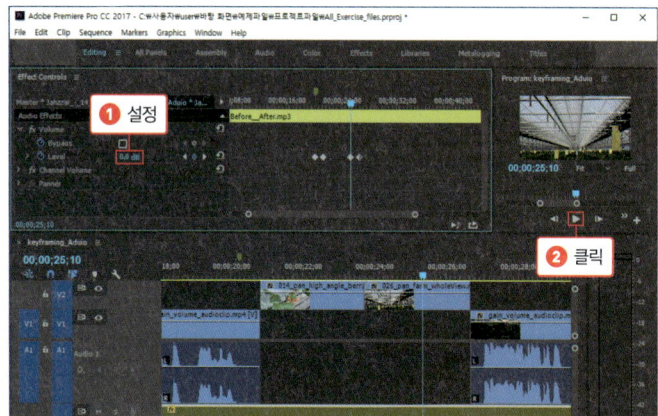

2 오디오 믹서로 키프레이밍하기

프리미어 프로 CC 2018로 업데이트되면서 Audio Clip Mixer 패널을 이용해 간단하고 쉽게 오디오 트랙에 키프레임 애니메이션을 추가할 수 있게 되었습니다. Audio Clip Mixer 패널의 슬라이더를 움직여 볼륨을 조정하면 타임라인의 오디오 트랙 위에 자동으로 키프레임이 추가됩니다.

01 5.3\시퀀스 폴더에서 'Keyframing_Audio_2' 시퀀스를 사용합니다.

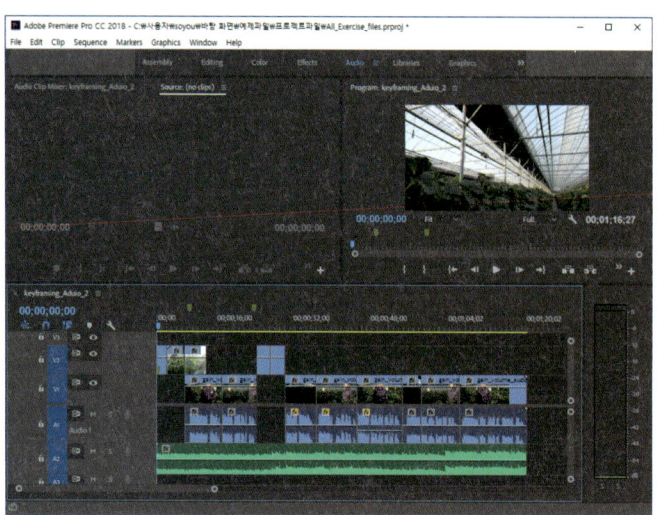

02 [Window] → Audio Clip Mixer (Shift+9)를 선택하여 패널을 활성화합니다. Audio Clip Mixer 패널로 키프레임을 만들기 위해서 M(Mute track), S(Solo track) 옆의 'Write keyframes' 아이콘(◉)을 클릭합니다. 아이콘을 클릭하면 파란색으로 하이라이트되며, 키프레임 읽기 모드가 활성화되면 Audio Clip Mixer 패널의 슬라이더가 움직이는 대로 키프레임이 만들어집니다.

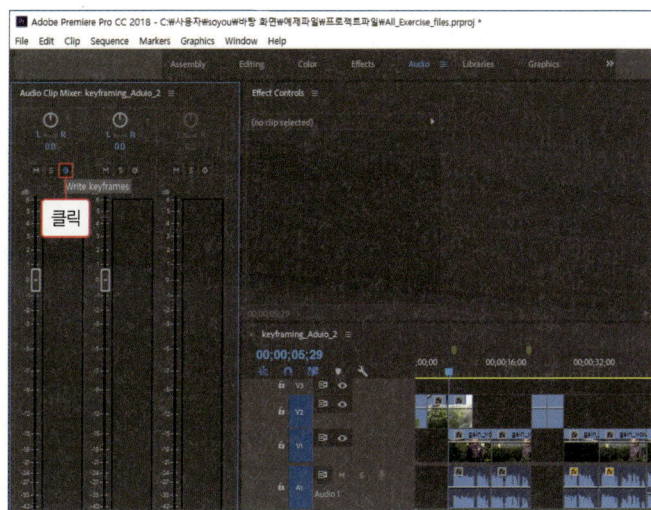

03 타임라인 위의 A1 트랙과 A2 트랙에 모두 키프레임 읽기 모드를 활성화합니다. 오디오 트랙이 여러 개일 경우, Alt 키를 누르고 키프레임을 클릭하면 모든 트랙의 키프레임 읽기 모드가 활성화됩니다.

04 Spacebar 키를 눌러 시퀀스를 재생합니다. 재생하는 동안 볼륨 조절이 필요한 구간의 오디오 트랙 슬라이더를 움직여 혼합합니다.

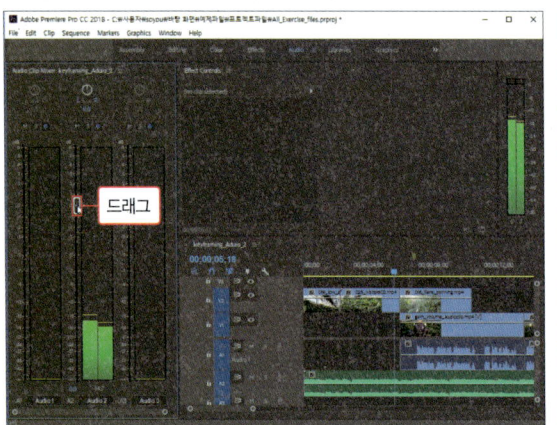
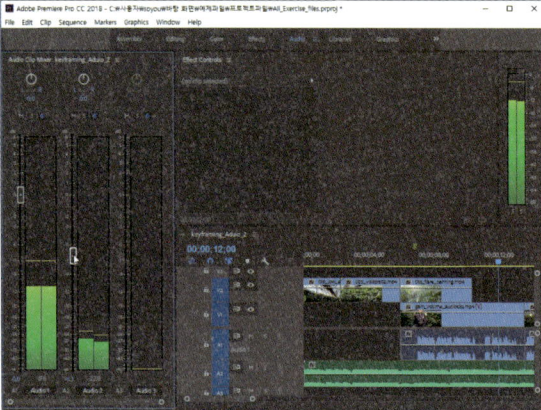
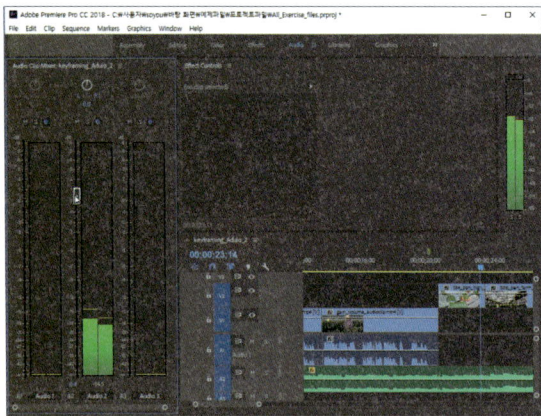

05 재생을 멈추고 타임라인의 오디오 트랙을 확대하여 살펴봅니다. 오디오 트랙에 자동으로 키프레임이 만들어진 것을 확인할 수 있습니다.

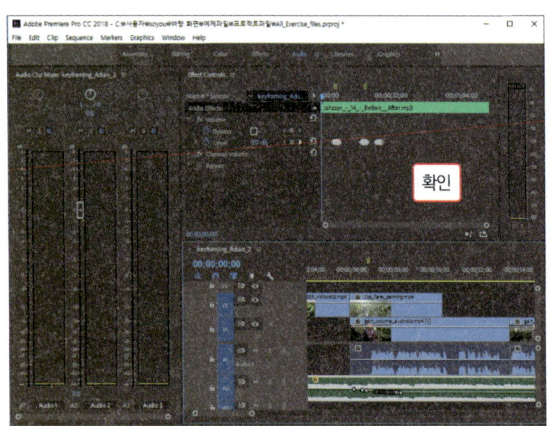
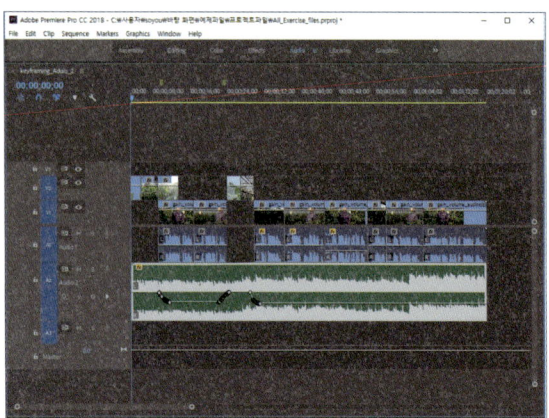

CHAPTER 04
Premiere Pro CC

오디오 믹싱(Mixing)하기

Audio Track Mixer 패널 활용법을 알아봅니다.

|예제 폴더| 모든예제파일\Chapter005_오디오 편집\5.4

1 Audio Track Mixer 패널 사용하기

Chapter 03을 통해 시퀀스 위의 각각의 클립별로 볼륨을 조절하는 방법에 대하여 알아봤습니다. 오디오 트랙을 살펴보면, A1 트랙에는 인터뷰 내용이 A2 트랙에는 음악이 있습니다. 트랙 키프레이밍을 통하여 트랙을 하나의 클립으로 만들어 트랙 전체의 볼륨을 높이거나 낮추는 방법에 대해 알아봅니다.

01 5.4\시퀀스 폴더에서 'Audio_Track_Mix' 시퀀스를 사용합니다.
오디오 트랙을 확대합니다. A1 트랙을 살펴보면 몇 군데 볼륨이 조정된 것을 확인할 수 있습니다.

02 A1 트랙의 높이를 확대하고 'Show Keyframes' 아이콘( )을 클릭하면 메뉴가 나타나는데, 여기서 **Track Keyframes → Volume**을 클릭합니다. A1 트랙의 개별 클립 조정 값이 사라지고 트랙 전체의 볼륨을 수정할 수 있는 볼륨 라인이 새로 만들어집니다.

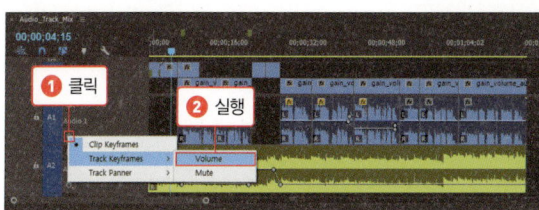
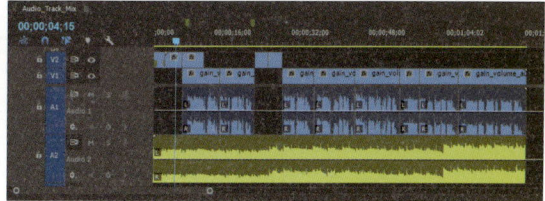

03 A2 트랙에도 같은 명령을 실행합니다. A2는 클립들이 조각나지 않고 하나의 클립이 놓여 있지만 여러 군데 키프레이밍 애니메이션이 적용되어 있습니다.
A2 역시 트랙 전체의 볼륨을 수정할 수 있도록 트랙 키프레임 볼륨 라인을 만듭니다.

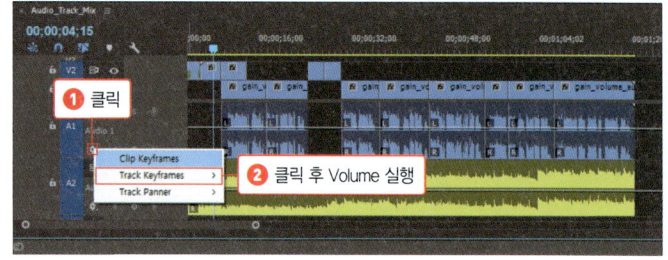

---- TIP ----
트랙의 클립별로 개별적인 조정을 원한다면 오디오 트랙의 키프레임 버튼을 누르고, 드롭다운 메뉴에서 Clip Keyframes 를 실행하면 언제든지 원하는 단계로 돌아갈 수 있습니다.

04 A1 트랙의 인터뷰는 아주 미세하게 볼륨을 올리고 A2 트랙의 음악은 약간 볼륨을 낮춰 보겠습니다. 오디오 트랙 중간에 자리한 흰색 볼륨 라인을 마우스로 클릭, 드래그하여 볼륨을 조절할 수 있습니다.
A1 트랙의 인터뷰는 1dB 높이고, A2 트랙의 음악은 -1dB로 볼륨을 낮춥니다.

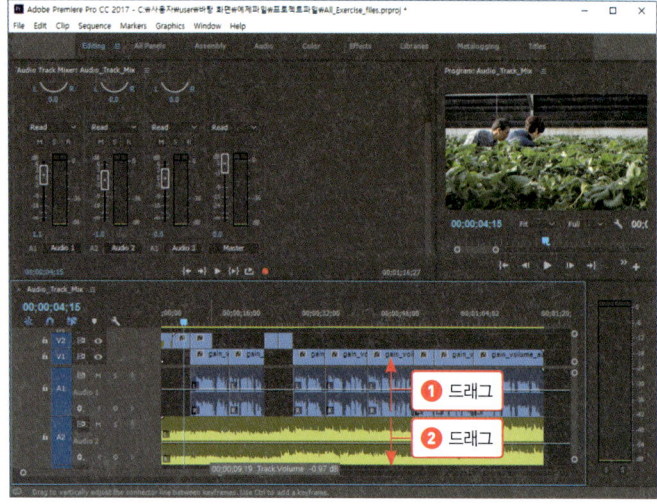

05 볼륨 라인을 조절하는 것은 Audio Track Mixer 패널에서도 가능합니다. Audio Track Mixer 패널은 소스 모니터 패널 그룹에 속해 있으며, 찾을 수 없다면 [Window] → **Audio Track Mixer**를 선택합니다.

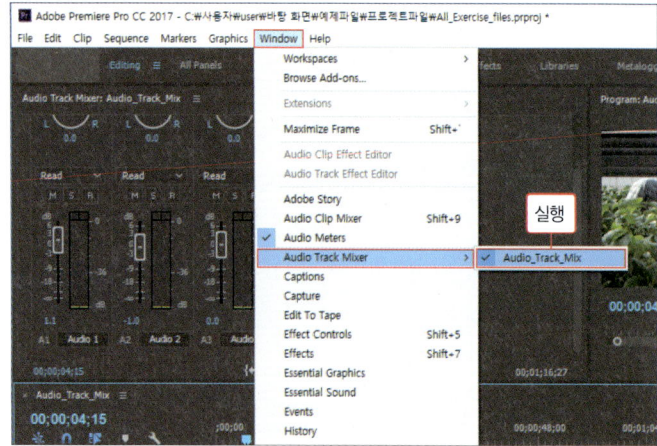

06 트랙 믹서의 왼쪽 슬라이더를 이용하여 볼륨 라인을 조절합니다. 슬라이더를 드래그하면 타임라인의 트랙 위의 볼륨 라인도 함께 움직이는 것을 확인할 수 있습니다.

07 슬라이더 아래 특정 숫자를 입력하여 볼륨을 조정할 수 있습니다. A1 트랙에는 0.8dB, A2 트랙에는 -0.9dB을 입력합니다. 트랙 볼륨 라인 역시 키프레이밍이 가능합니다. A2 트랙 끝 부분에 음악이 점점 줄어들도록 키프레이밍합니다.

> **TIP**
> 완성된 예제 파일은 5.4\시퀀스 폴더에서 'Audio_Track_Mixer_fin'을 통해 확인할 수 있습니다.

2 서브믹스 트랙 사용하기

서브믹스 트랙은 오디오 트랙이 여러 레이어로 쌓여 있는 상태일 때, 트랙을 임의로 선택하고 그룹화하여 제어할 수 있게 합니다. 예를 들어, A1과 A2는 배우들의 대화 내용이고, A3와 A4는 효과음, A5에는 BGM이 올려져 있다고 가정합니다. 각각의 오디오 트랙 특성별로 그룹화하여 보이스 서브믹스 트랙, 효과음 서브믹스 트랙, 음악 서브믹스 트랙 등으로 분리하여 제어한다면 더욱 효과적인 편집이 될 것입니다.

01 5.4\시퀀스 폴더에서 'Audio_Submix_Track' 시퀀스를 사용합니다.
[Sequence] → Add Tracks를 실행합니다.

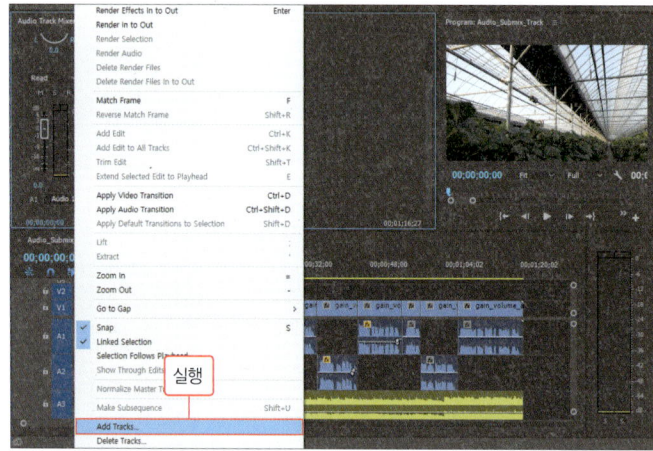

02 트랙을 추가하는 대화상자가 표시됩니다. 서브믹스 트랙 추가는 맨 마지막 칸에 자리합니다.
비디오와 오디오 트랙은 추가하지 않을 것이므로 '0'을 입력하고 오디오 서브믹스 트랙에는 '1'을 입력합니다. 그리고 Track Type은 'Adaptive'로 바꿉니다. 〈OK〉 버튼을 클릭하여 대화상자를 닫습니다.

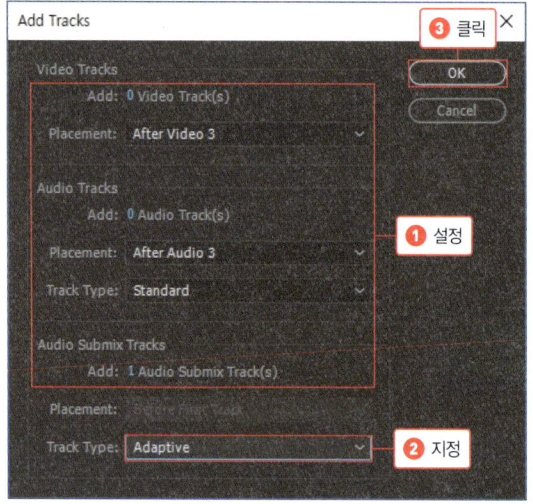

03 타임라인의 오디오 트랙을 살펴보면 마스터 트랙 위쪽에 서브믹스 트랙이 하나 추가되었고, 오디오 트랙 믹서에도 서브믹스 트랙이 추가된 것을 확인할 수 있습니다.

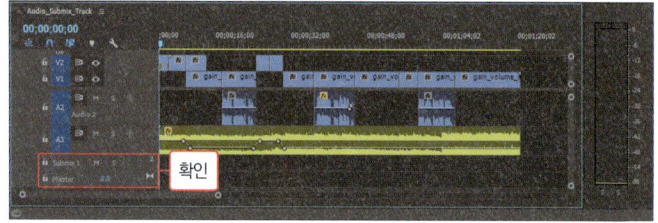

04 현재 모든 오디오 트랙은 마스터 트랙에 그룹화되어 있습니다. Audio Track Mixer 패널을 살펴보면 각 오디오 트랙 상단에 Master라고 표기되어 있습니다.

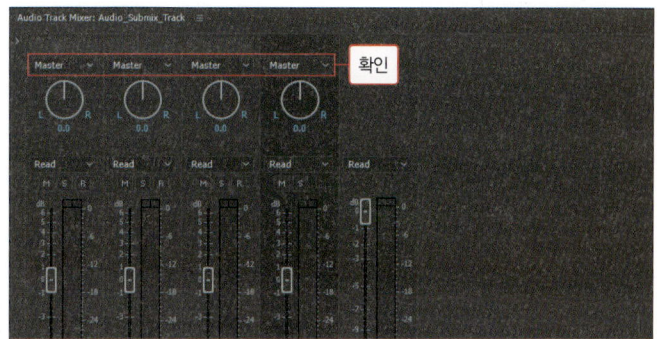

05 서브 믹스로 만드는 방법은 간단합니다. Master라고 표기된 부분에 드롭다운 메뉴를 열고 다시 그룹 정의를 해 주는 것입니다. A1과 A2 트랙을 서브믹스 트랙 1로 바꿉니다.

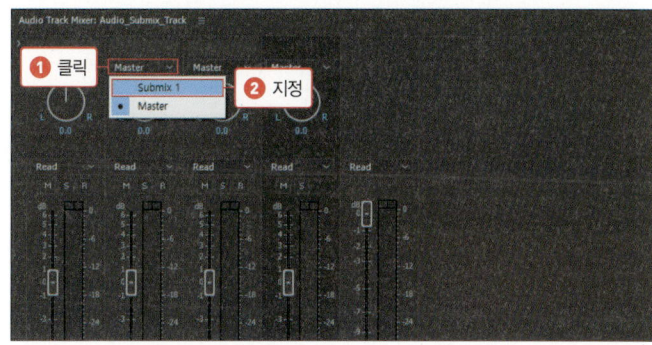

06 Audio Track Mixer 패널에서 서브믹스 트랙 1의 볼륨을 조정하면 A1과 A2의 볼륨을 한꺼번에 제어할 수 있습니다.

3 마스터 트랙 사용하기

마스터 트랙은 시퀀스에 사용되고 있는 모든 오디오 트랙을 하나로 통합하여 관리하는 트랙입니다. 시퀀스의 맨 아래쪽에 마스터 트랙이 자리잡고 있으며, Audio Track Mixer에서 'Master'라는 이름으로 위치해 있습니다. 마스터 트랙은 시퀀스의 오디오 트랙의 전체 볼륨을 조절할 수 있습니다.

CHAPTER 05
Premiere Pro CC

오디오 싱크 작업하기

실수로 타임라인의 Linked Selection 토글 스위치를 비활성화하거나, [Alt] 키를 누르고 오디오와 비디오 트랙을 분리하여 편집하다가 싱크가 틀어질 수 있습니다. 다음의 예제를 통해 오디오와 비디오의 싱크가 틀어진 트랙을 돌려놓는 방법을 알아봅니다.

|예제 폴더| 모든예제파일\Chapter005_오디오 편집\5.5

1 Move into Sync 사용하기

01 5.5\시퀀스 폴더에서 'Sync_Audio' 시퀀스를 사용합니다.
타임라인에서 초록색 클립을 확대합니다. 27 프레임만큼 비디오와 오디오의 싱크가 맞지 않는 것을 확인할 수 있습니다.

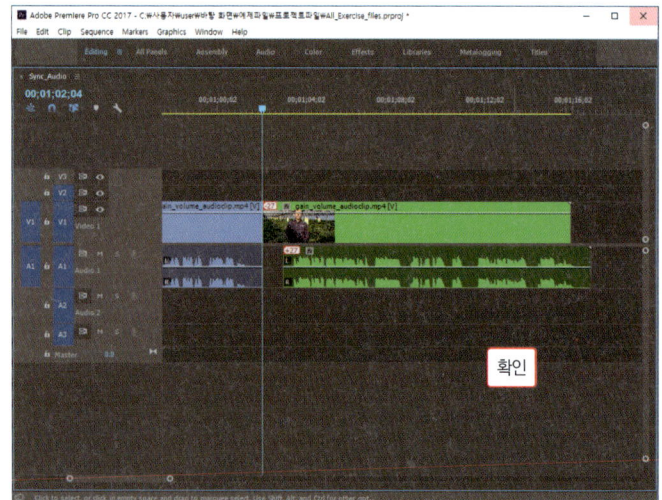

02 비디오 트랙에서 27프레임이 표기된 인디케이터를 마우스 오른쪽 버튼으로 클릭하고 **Move into sync**를 실행합니다.

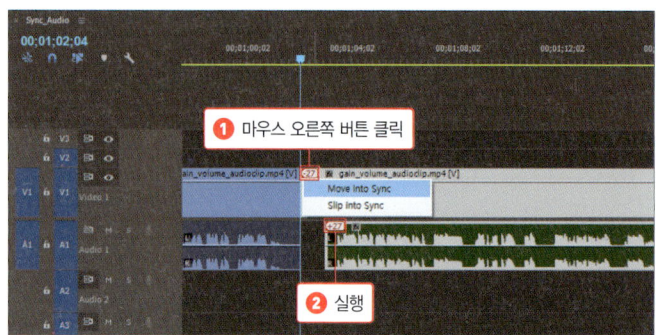

03 비디오 트랙을 선택하고 싱크 명령을 사용했기 때문에 오디오 트랙을 기준으로 비디오 트랙이 이동합니다.

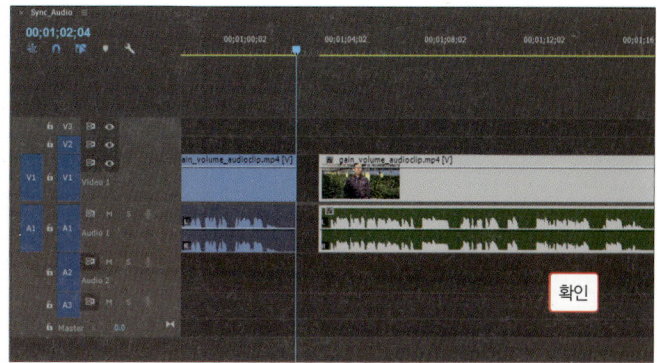

04 Ctrl+Z 키를 눌러 되돌립니다. 오디오 트랙의 인디케이터를 마우스 오른쪽 버튼으로 클릭하고 드롭다운 메뉴에서 **Move into Sync**를 실행합니다.

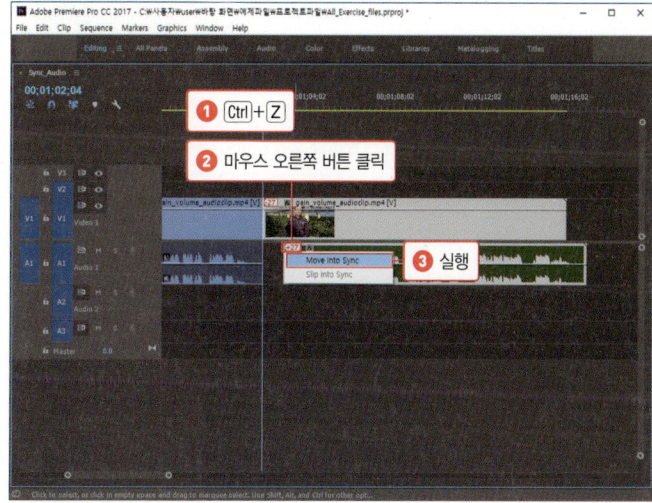

05 비디오 트랙을 기준으로 오디오 트랙이 이동하는 것을 확인할 수 있습니다.

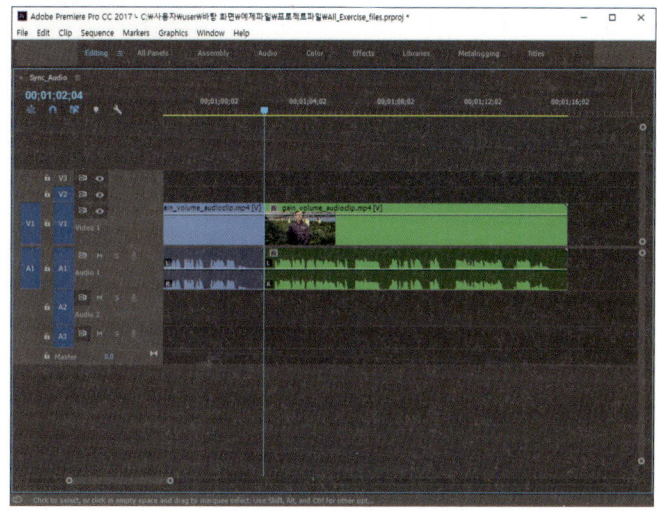

2 Slip into Sync 사용하기

01 5.5\시퀀스 폴더에서 'Sync_Audio' 시퀀스를 사용합니다.
타임라인에서 주황색 클립을 확대합니다. 20프레임만큼 비디오와 오디오의 싱크가 맞지 않습니다. 하지만 이 경우에는 앞뒤로 오디오 클립이 있고 그 사이에 싱크가 맞지 않는 클립이 있기 때문에 Move into Sync를 사용할 수 없습니다.

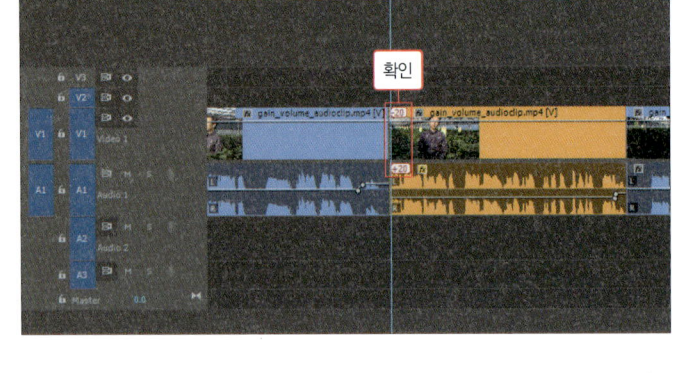

02 이렇게 클립과 클립 사이에 싱크가 어긋난 클립을 바로잡을 때 Slip into Sync 명령을 사용합니다. 비디오 트랙의 인디케이터를 마우스 오른쪽 버튼으로 클릭하고 **Slip into Sync**를 실행합니다.
타임라인을 재생하면 비디오 장면이 바뀐 것을 확인할 수 있습니다. 즉, 트리밍된 인아웃 포인트가 오디오에 맞춰 재설정된 것입니다.

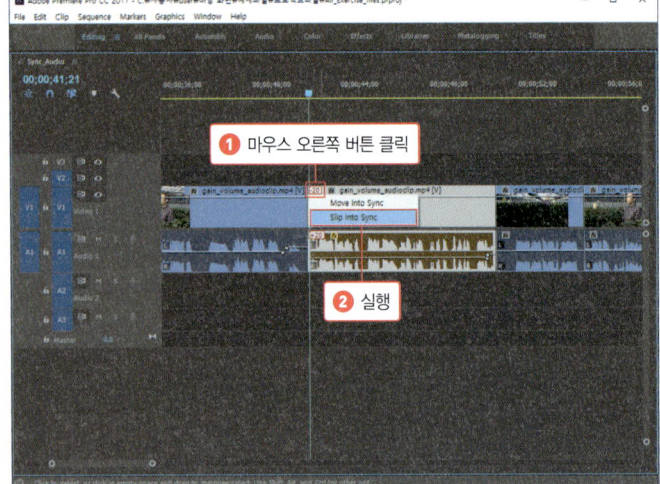

3 싱크 인디케이터 표시하기

위의 두 경우에는 빨간색 박스에 몇 프레임이 어긋났는지 싱크 인디케이터가 표기되었습니다. 그러나 가끔 실수로 비디오와 오디오 클립의 링크가 해제된 상태에서 클립이 편집되면 이러한 경우가 발생합니다. 프리미어 프로는 링크가 해제된 클립에 관해서는 싱크가 맞지 않는다는 것을 알려주지 않는데, 다음의 예제를 통해 링크가 해제된 클립의 싱크를 맞추는 방법과 프리미어 프로의 환경 설정을 바꾸는 방법에 대해 알아봅니다.

01 5.5\시퀀스 폴더에서 'Sync_Audio' 시퀀스를 사용합니다.
타임라인에서 빨간색 클립을 확대합니다. 비디오와 오디오 클립이 싱크가 틀어졌지만 빨간색 인디케이터는 보이지 않습니다.

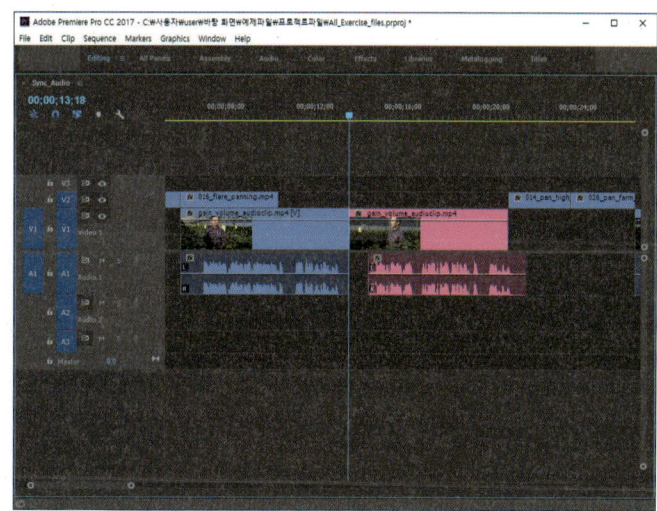

02 마우스로 드래그하여 비디오와 오디오 트랙을 한꺼번에 선택하고, 마우스 오른쪽 버튼으로 클릭한 다음 **Link**를 실행합니다. 어긋난 싱크를 알려주는 인디케이터가 다시 불러와졌습니다.

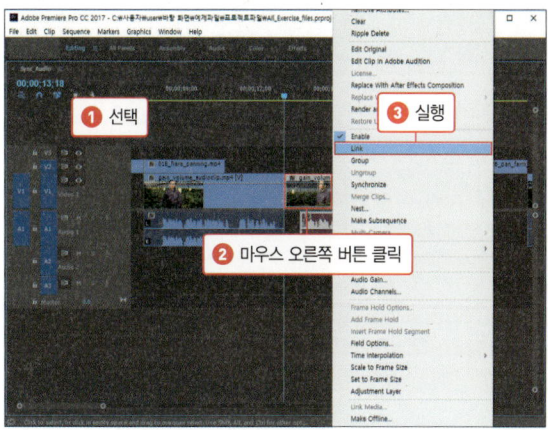 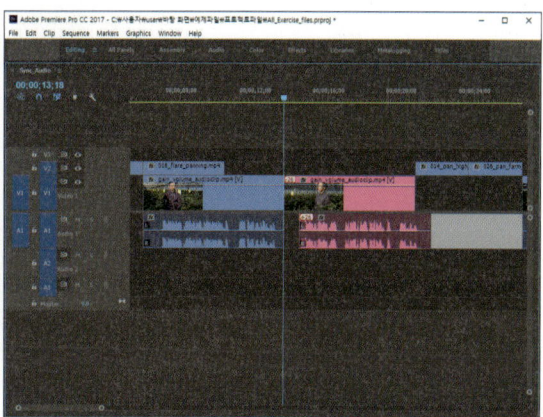

03 프리미어 프로의 환경 설정을 바꿔 링크가 해제된 클립도 싱크가 어긋난 것을 표기해 주도록 합니다. 우선, Ctrl+Z 키를 눌러 되돌립니다. [Edit] → Preferences → Timeline을 실행합니다.

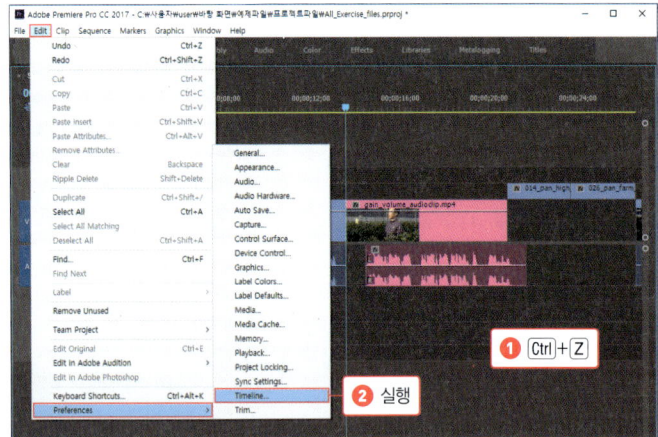

04 'Display out of sync indicators for unliked clips'에 체크 표시합니다. 〈OK〉 버튼을 클릭하여 창을 닫습니다.

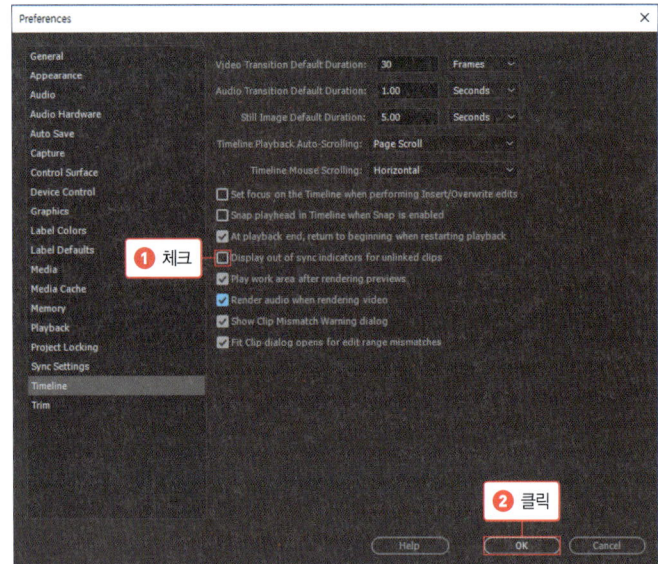

05 타임라인을 보면 빨간색 클립에 싱크가 어긋난 프레임 수가 표기됩니다.

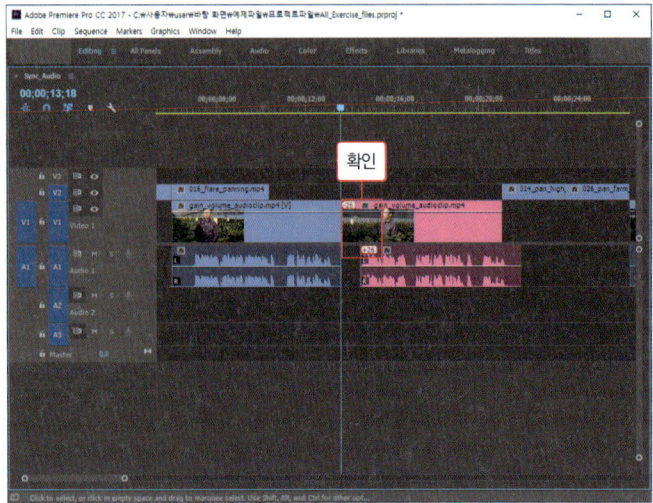

CHAPTER 06
Premiere Pro CC

오디션으로 연동하여 작업하기

프리미어 프로 오디오를 트랙을 어도비의 사운드 편집 전문 소프트웨어인 오디션(Audition)과 연결하여 오디오를 다듬는 과정에 대해 알아봅니다.

1 소스 클립 오디션으로 내보내기

Project 패널에서 소스 클립의 오디오 체크하고, 음질이 좋지 않은 클립을 오디션과 연동하여 보다 나은 퀄리티로 정돈하고 복원합니다.

|예제 폴더| 모든예제파일\Chapter003_편집테크닉높이기\5.6

01 5.6\소스클립 폴더에서 'low_quality_audioclip001'를 사용합니다.
Project 패널에서 'low_quality_audioclip001'을 더블클릭하여 Source Monitor 패널로 불러들입니다. 클립 음질이 상당히 떨어지는 것을 확인할 수 있습니다.

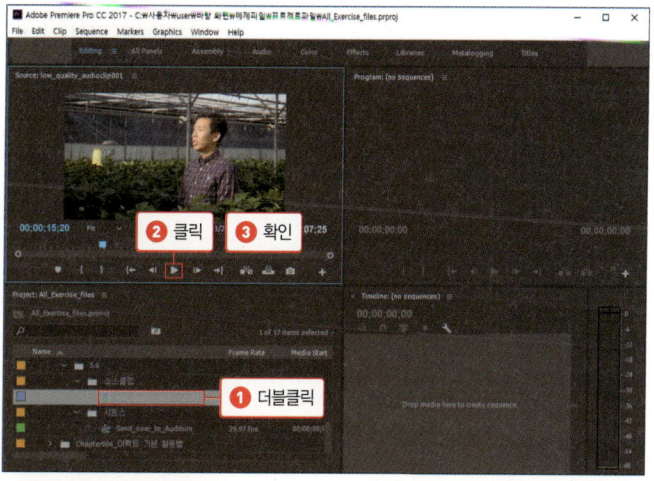

02 Project 패널에서 클립을 마우스 오른쪽 버튼으로 클릭한 다음 **Edit in Adobe Audition → Clip**을 실행합니다.

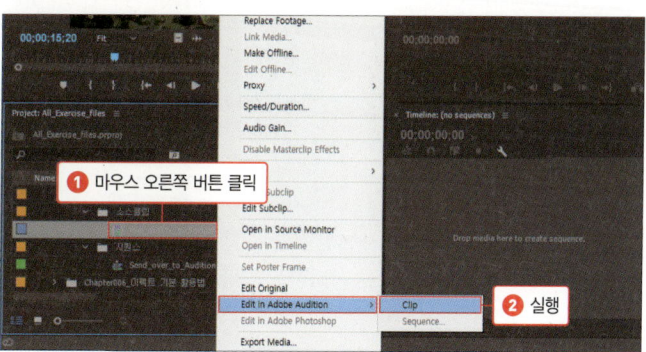

03 어도비 오디션이 자동으로 실행됩니다. 오디션 왼쪽 윗부분에 Files 패널을 살펴보면 'low_quality_audioclip001_Audio Extracted…'라는 파일이 만들어진 것을 확인할 수 있습니다.

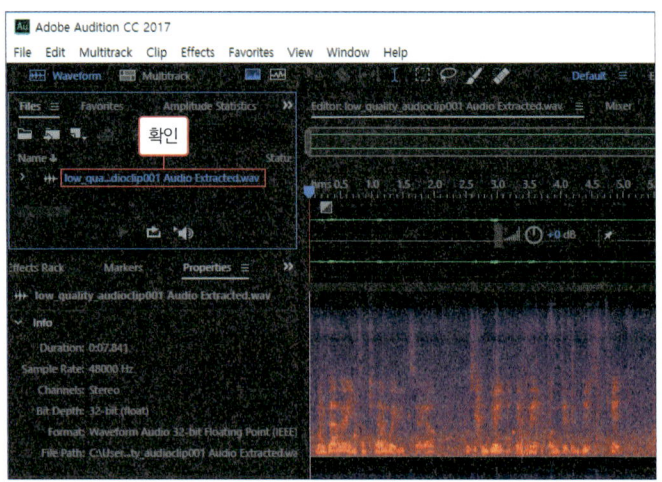

04 다시 프리미어 프로 화면을 띄웁니다. 프리미어 프로의 Project 패널을 살펴보면 오디션 프로그램에 새로 만들어진 WAV 파일이 들어와 있는 것을 확인할 수 있습니다.

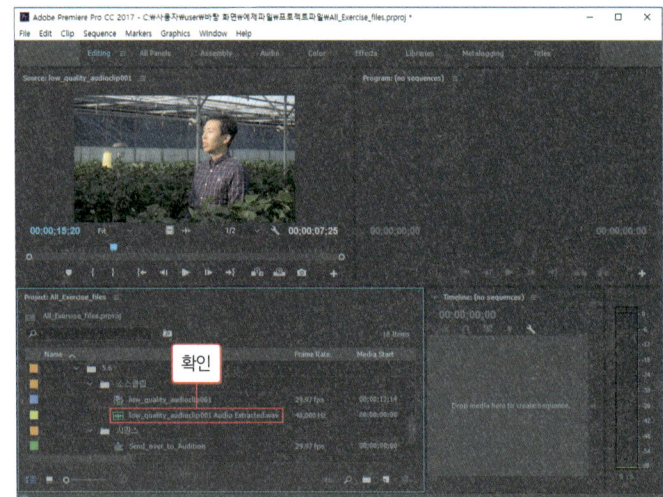

05 다시 오디션으로 돌아옵니다. 가운데 위치한 Editor 패널의 타임라인을 Spacebar 키를 눌러 재생해 봅니다.

> **TIP**
> 사람의 목소리는 −12dB 정도의 오디오 레벨이 되면 좋습니다. 그러나 지금 클립은 −18dB 이하로 작게 녹음된 상태입니다.

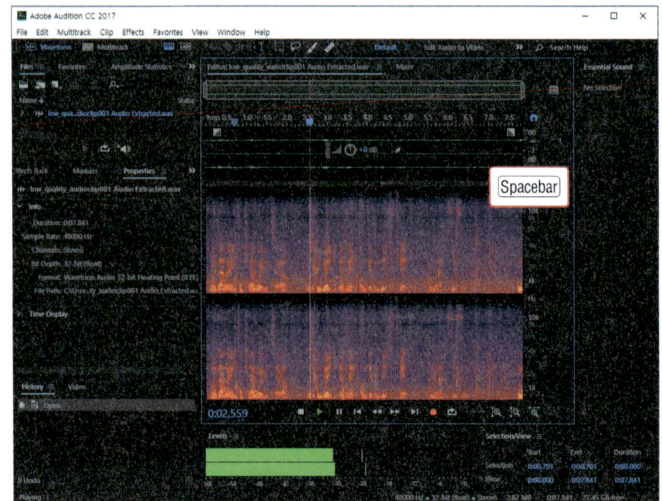

06 타임라인을 재생하면서 목소리가 잘 들리도록 10dB 정도로 레벨을 상승 조정합니다.

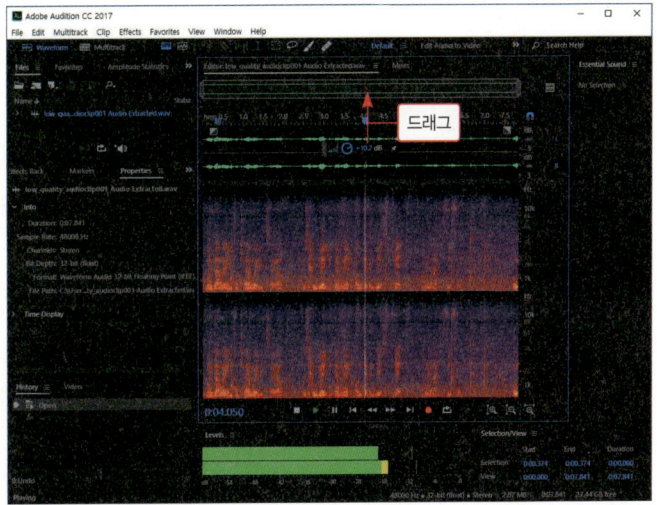

07 오디오의 레벨을 올리자 인터뷰이의 목소리가 커졌지만, 배경의 노이즈도 함께 커졌습니다. 타임라인에서 목소리가 나오지 않는 구간에 플레이헤드를 위치시키고, ➕ 키를 여러 차례 눌러 타임라인을 확대합니다.

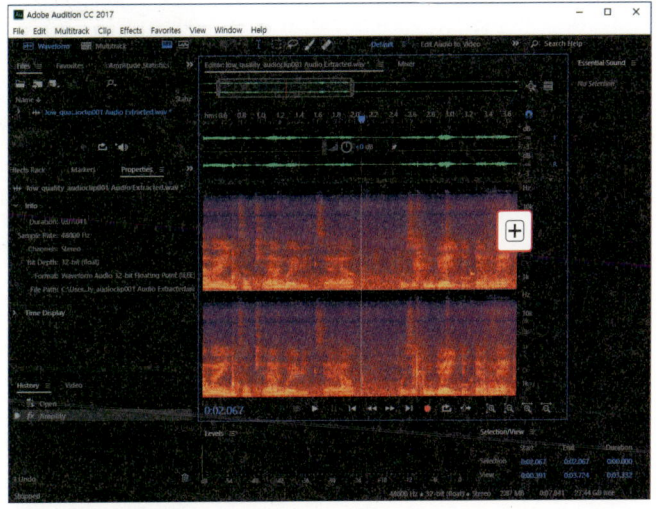

08 배경의 노이즈만 있는 구간을 마우스로 클릭 드래그하여 구간을 선택합니다. 이렇게 선택한 구간은 오디션이 노이즈 프린트라고 부르며, 제거할 부분이라고 인식합니다.

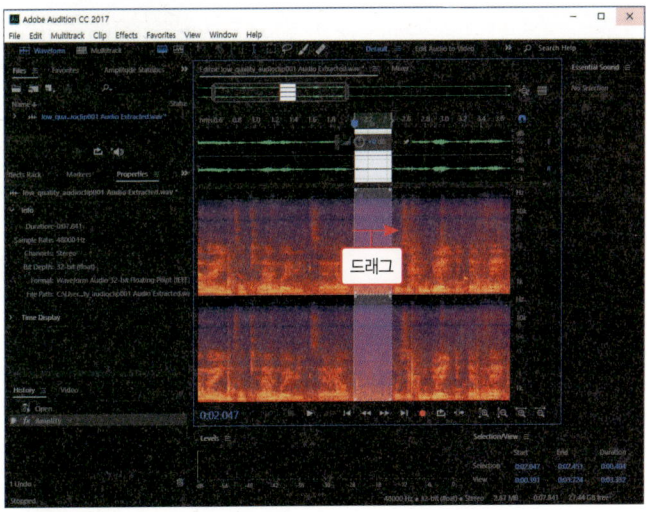

09 [Effects] → Noise Reduction/ Restoration → Capture Noise Print(Shift +D)를 실행합니다.

오디션이 노이즈 감소 이펙트를 사용할 때, 이 부분을 노이즈 프린트로 캡처하겠다는 알림이 표시됩니다. 〈OK〉 버튼을 클릭합니다.

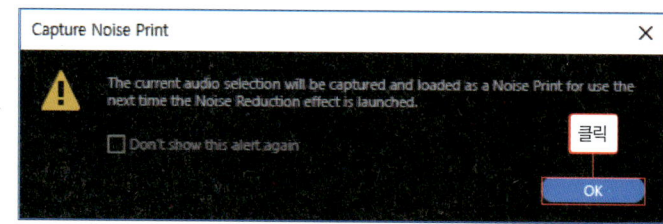

10 Ctrl+A 키를 눌러 타임라인 전체를 선택합니다.

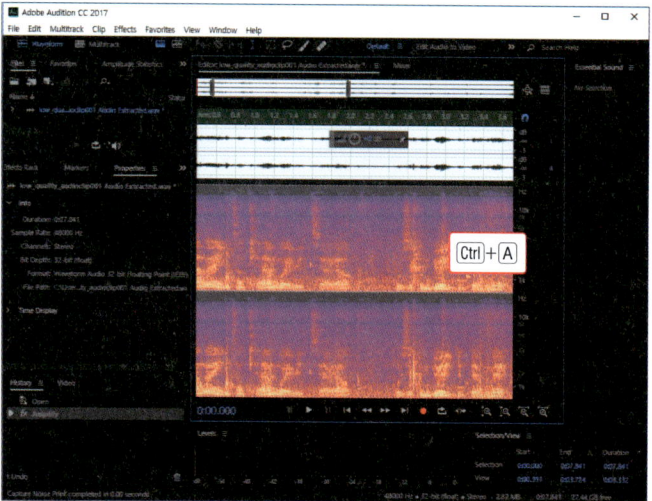

11 [Effects] → Noise Reduction/ Restoration → Noise Reduction (process) (Ctrl+Shift+P)를 실행합니다.

12 Effect-Noise Reduction 대화상자가 표시됩니다. 사운드를 좋게 만들 수 있는 수많은 매개변수들이 있지만, 간단히 Noise Reduction 값을 조정하는 것으로 효과를 적용해 봅니다.

Noise Reduction의 경우, 대개 60%~85% 정도일 때 좋은 결과를 냅니다. 이 매개변수를 80%로 조절합니다. Spacebar 키를 눌러 클립을 재생합니다. 배경의 노이즈가 현저히 감소된 것을 확인할 수 있습니다. 〈Apply〉 버튼을 클릭합니다. 오디션 프로그램에서 적용한 이 효과가 프리미어 프로에도 적용되기 위해서는 반드시 저장을 해야 합니다. Ctrl+S 키를 눌러 저장합니다.

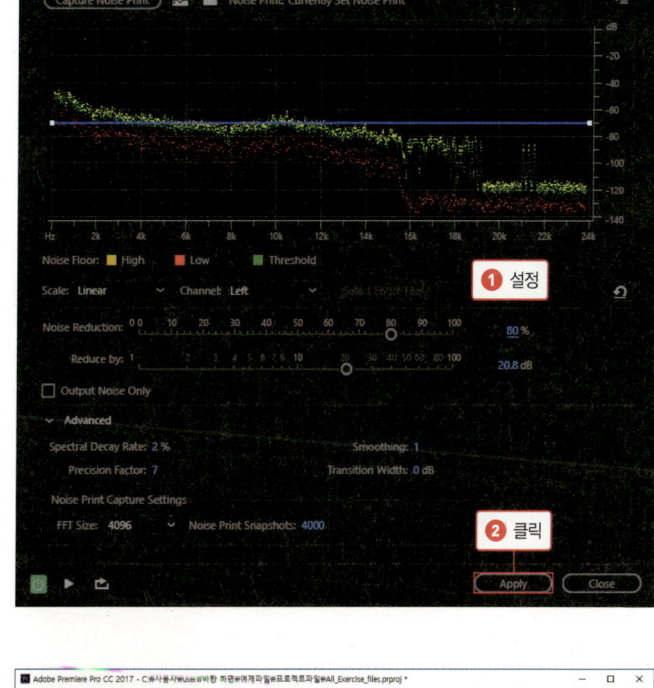

13 다시 프리미어 프로로 돌아갑니다. 현재 Source Monitor 패널에 'low_quality_audioclip001'이 열려 있습니다. 이 소스 클립을 먼저 재생해 봅니다. 아무런 효과도 적용되지 않았습니다. 이번에는 Project 패널에서 'low_quality_audioclip001 Audio Extracted.wav'를 더블클릭하여 Source Monitor 패널로 불러들이고, 이 클립을 재생합니다. 오디션에서 적용한 효과가 적용되어 보다 나은 음질의 오디오를 제공하는 것을 확인할 수 있습니다.

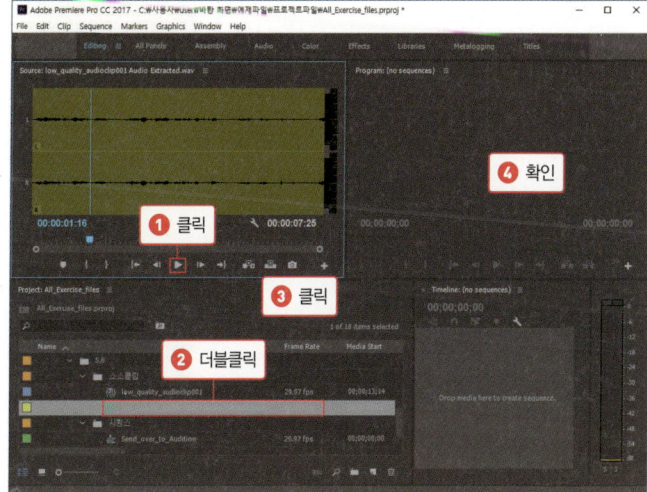

14 'low_quality_audioclip001' 클립과 'low_quality_audioclip001 Audio Extracted.wav' 클립을 합하여 음질이 보강된 새 클립을 만들겠습니다.

Project 패널에서 Shift 키를 누르고 두 클립을 선택합니다. 그리고 마우스 오른쪽 버튼을 클릭한 다음 **Merge Clips**를 실행합니다.

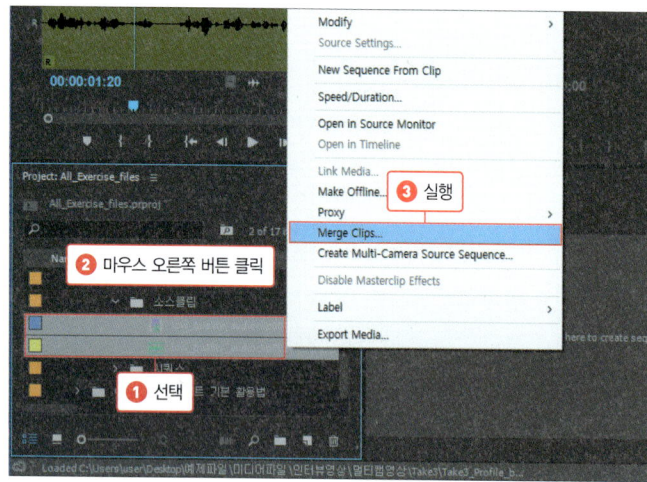

15 Merge Clips 대화상자가 표시됩니다. 두 클립의 싱크 지점(Sync Point)은 'Audio'로 지정합니다. 그리고 맨 아랫줄에 'Remove Audio From AV Clip'에 체크 표시하여 'low_quality_audioclip001' 클립의 오디오를 제거하여 오디션에서 보강한 오디오 클립을 오디오 트랙으로 사용하도록 합니다. 〈OK〉 버튼을 클릭하고 대화상자를 닫습니다.

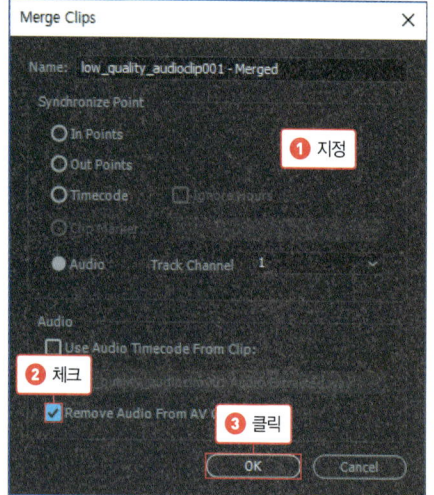

16 Project 패널을 살펴보면 'low_quality_audioclip001-Mergerd'라는 파일이 만들어진 것을 확인할 수 있습니다.

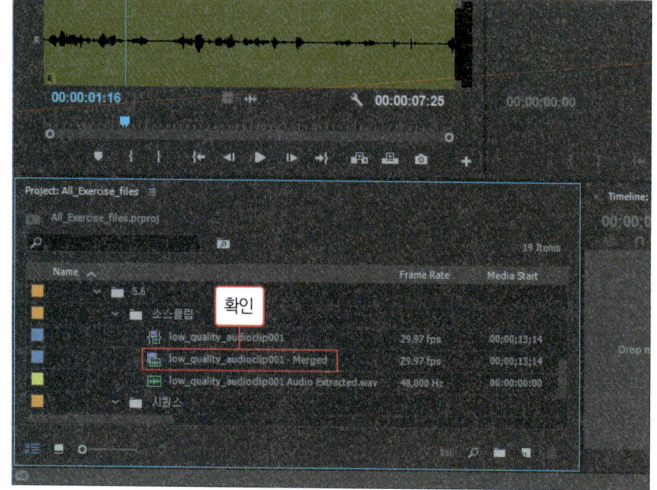

2 시퀀스에 편집된 클립 오디션으로 내보내기

01 5.6\시퀀스 폴더에서 'Send_over_to_Audition' 시퀀스를 사용합니다.
타임라인에서 주황색으로 표시된 클립을 재생해 봅니다. 상당히 낮은 퀄리티의 음질을 가진 클립임을 확인할 수 있습니다. 주황색 클립의 오디오 클립을 마우스 오른쪽 버튼으로 클릭한 다음 **Edit in Adobe Audition**을 실행합니다.

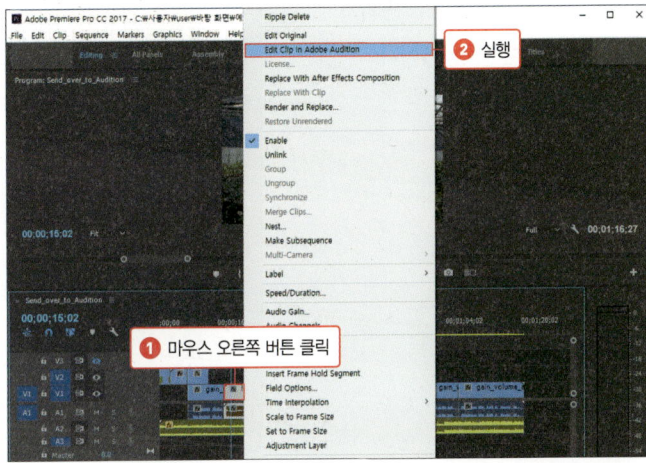

02 클립을 재생하면서 인터뷰이의 목소리가 잘 들릴 때까지 레벨을 상승 조정합니다.

···· TIP ····
오디션이 자동으로 실행됩니다. Editor 패널에 올려진 클립은 프리미어 프로의 시퀀스 전체가 아니라 편집된 클립이라 볼 수 있습니다.

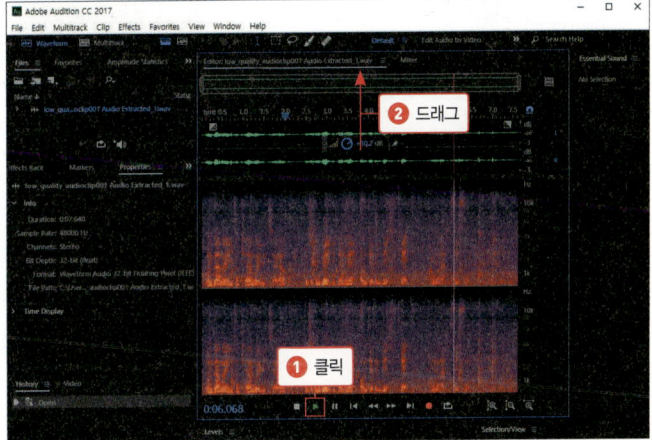

03 목소리가 나오지 않는 구간(배경음만 있는 구간)을 선택하여 노이즈 프린트를 캡처하고, 다시 전체 타임라인을 선택하여 노이즈 감소 효과를 적용합니다.

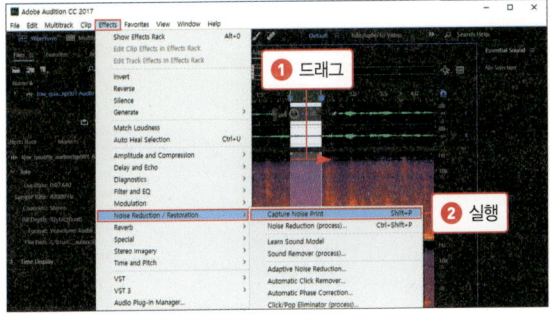 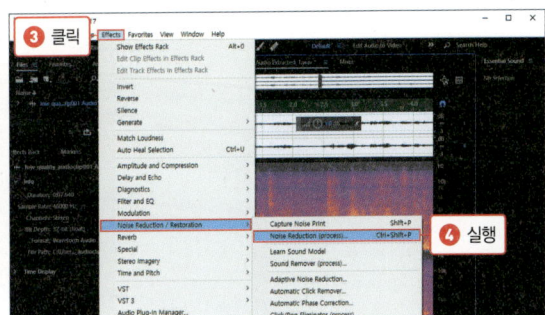

Chapter6 오디션으로 연동하여 작업하기 **347**

04 프리미어 프로로 돌아옵니다. 주황색 클립 구간을 재생해 보면 오디션에서 적용한 노이즈 감소 효과가 적용되지 않은 채로 있는 것을 확인할 수 있습니다.

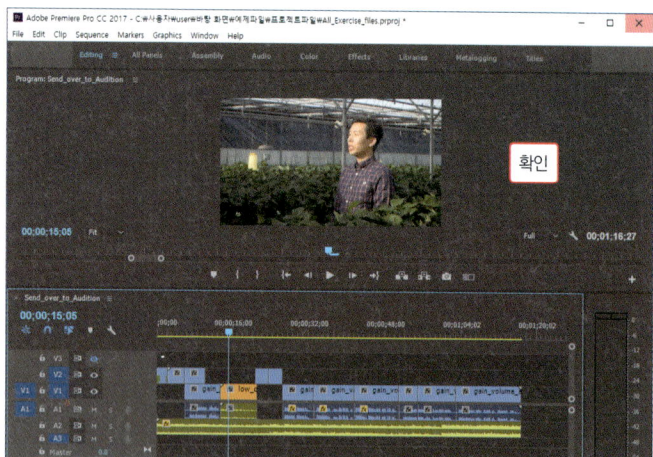

05 오디션을 연동해서 적용한 효과가 프리미어 프로에 적용되기 위해서는 반드시 저장을 해야 합니다. 다시 오디션으로 돌아와 Ctrl+S 키를 눌러 저장합니다.
다시 프리미어 프로 돌아와 타임라인의 주황색 클립을 재생합니다. 시퀀스에서 클립을 내보낼 경우는 클립 합치기(Merge Clips)를 하지 않아도 오디오 트랙이 자동으로 교체됩니다.

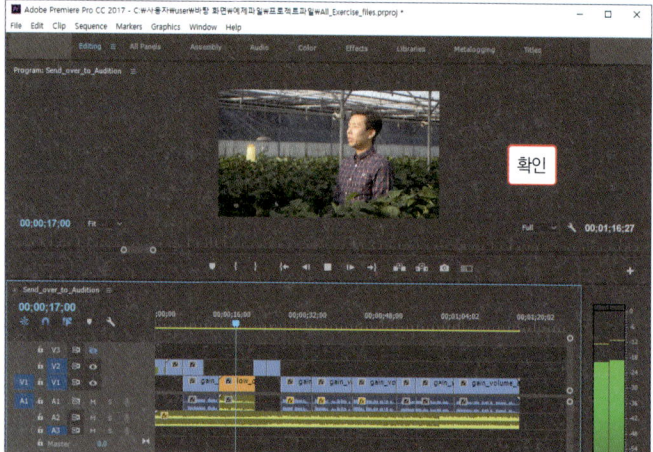

3 시퀀스를 오디션으로 내보내기

프리미어 프로에서 편집하고 키프레이밍한 시퀀스 전체를 오디션으로 내보낼 수 있습니다. 프리미어 프로에서 적용한 오디오 효과도 함께 내보낼 수 있습니다.

01 Project 패널에서 내보낼 시퀀스를 마우스 오른쪽 버튼으로 클릭한 다음 **Edit in Adobe Audition → Sequence**를 실행합니다.

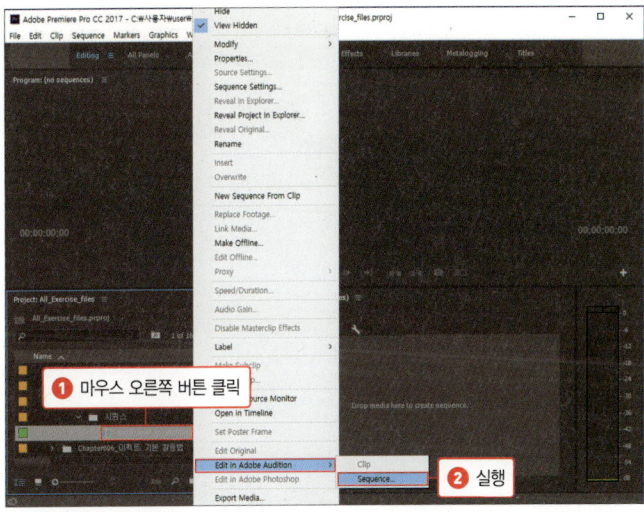

02 오디션에서 작업할 시퀀스에 대하여 대화상자가 표시됩니다. 시퀀스 이름을 지정하고, 파일 경로를 지정합니다. 이 대화상자에서 Video 부분에 세 가지 옵션이 있습니다. 'Send through Dynamic Link'의 경우, 프리미어 프로 프로젝트 파일 째로 오디션에 불러들입니다. 두 번째 'Export DV Preview Video'는 프리미어 프로가 시퀀스를 퀵타임 파일로 변환하여 오디션으로 내보냅니다.
Audio Handles는 오디션에서 만약 클립을 트리밍하게 될 경우를 대비하여 프리미어 프로에서 편집된 클립의 좌우 몇 초씩을 포함하여 불러들일 것인지를 설정하는 부분입니다. 이 값이 1Seconds라면 클립의 1초 앞과 1초 뒤까지를 오디션으로 불러들이게 됩니다.

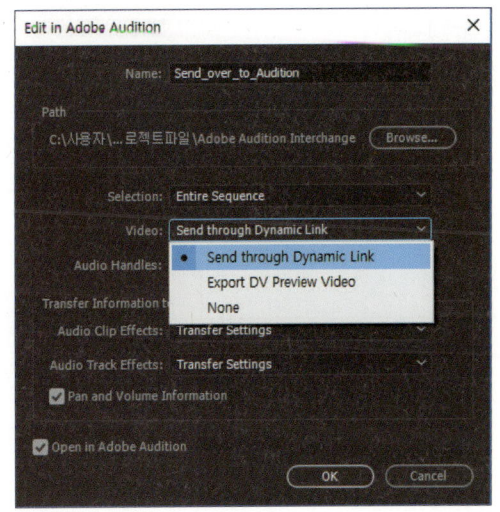

03 〈OK〉 버튼을 클릭하고 대화상자를 닫으면 오디션이 자동으로 실행됩니다. Editor 패널에 프리미어 프로에서 편집한 시퀀스가 그대로 불러들여집니다.

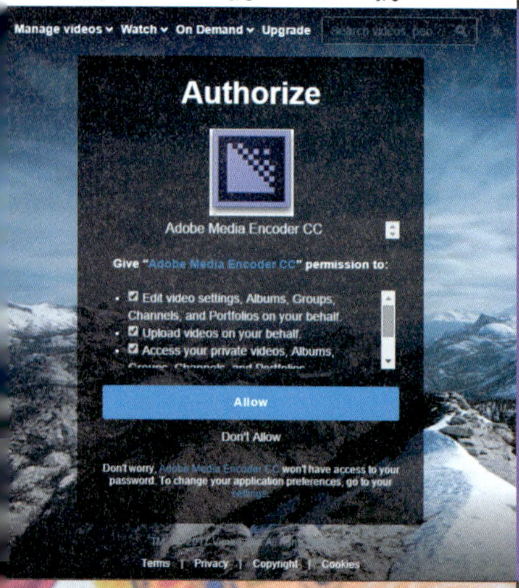

PART 06

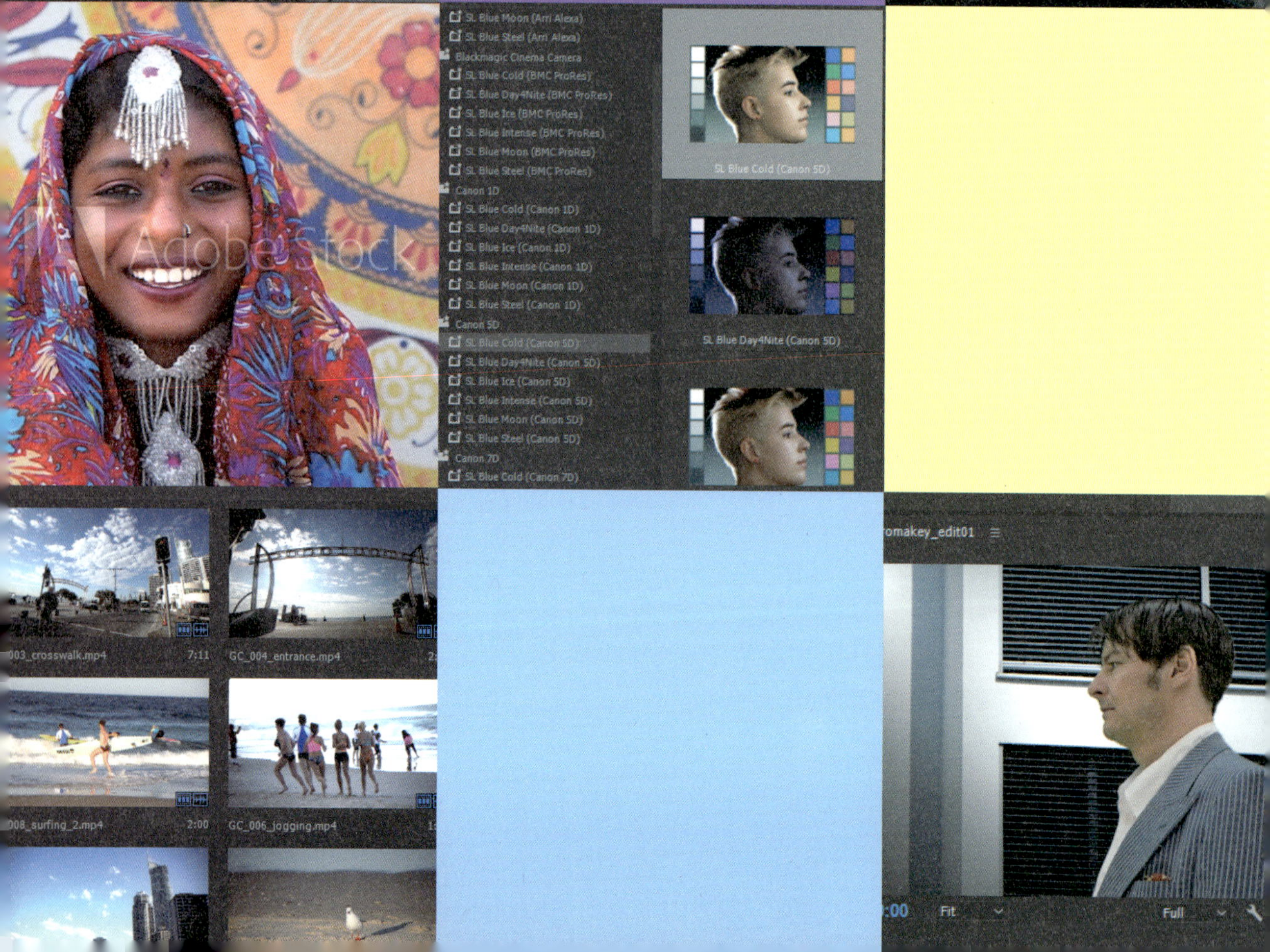

이펙트 효과 활용하기

Part 6에서는 프리미어가 제공하는 다양한 효과(Effects)와 전환 효과(Transitions)에 대하여 알아보고, 이를 적용하거나 수정, 응용하는 방법에 대하여 알아봅니다. 효과를 추가함으로써 비디오와 오디오에 특수한 특성을 부여할 수 있습니다. 프리미어 프로는 다양한 이펙트 프리셋을 제공하고 있는데, 각 효과들의 기본 특성을 이용하거나 자주 사용하는 이펙트들을 조합하여 사용자만의 이펙트 프리셋을 새로 설정할 수 있습니다. 이펙트 컨트롤 패널 또는 타임라인 패널에서 키프레임을 추가하여 보다 정밀하게 효과를 제어하는 방법에 대해 알아봅니다.

CHAPTER 01
Premiere Pro CC

전환 효과 추가하고 수정하기

|예제 폴더| 모든예제파일\Chapter006_이펙트 기본 활용법\6.1

1 기본 전환 효과(Default Transition) 추가하기

1 | 비디오와 오디오 클립에 기본 전환 효과 추가하기

01 6.1\시퀀스 폴더에서 'Climbing_transit01' 시퀀스를 사용합니다. 빨간색 라벨로 표시된 클립을 선택합니다.

····TIP··
비디오와 오디오가 서로 연결되어 있는 상태에서는 둘 중 하나의 클립을 선택해도 비디오와 오디오가 동시에 선택됩니다.

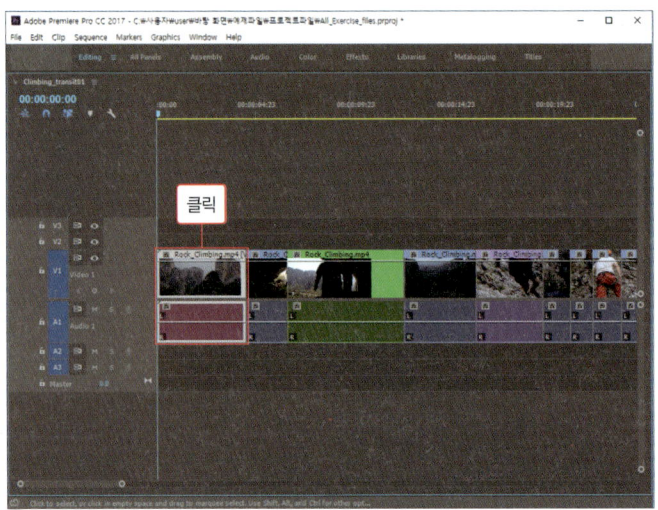

02 이 상태에서 Shift + D 키를 누르면, 비디오와 오디오에 모두 기본 전환 효과가 적용됩니다.

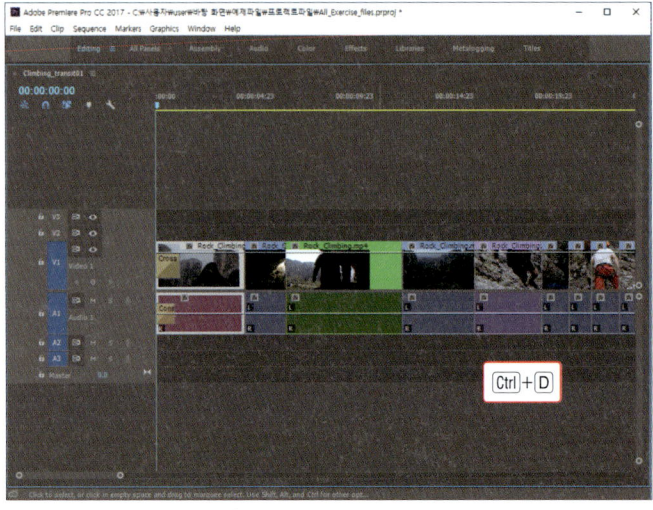

03 타임라인을 조금 확대합니다. 비디오의 경우 기본 전환 효과로 'Cross Dissolve'가 적용되었고, 오디오의 경우 기본 전환 효과로 Audio Cross Fade의 한 종류인 'Constant Power'가 적용된 것을 확인할 수 있습니다.

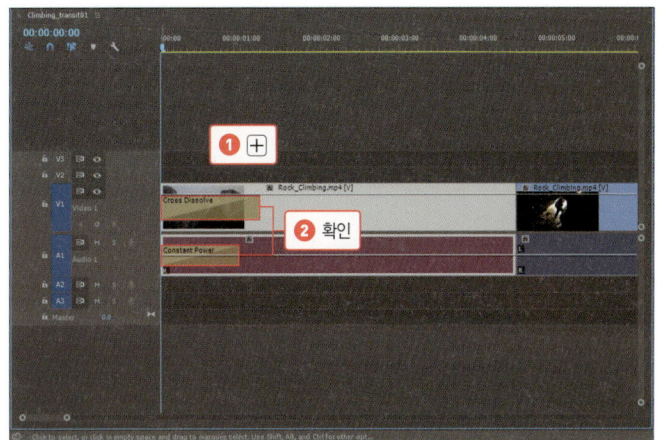

04 초록색 라벨로 표시된 클립을 선택합니다. 비디오와 오디오 클립이 각각 따로 선택됩니다.

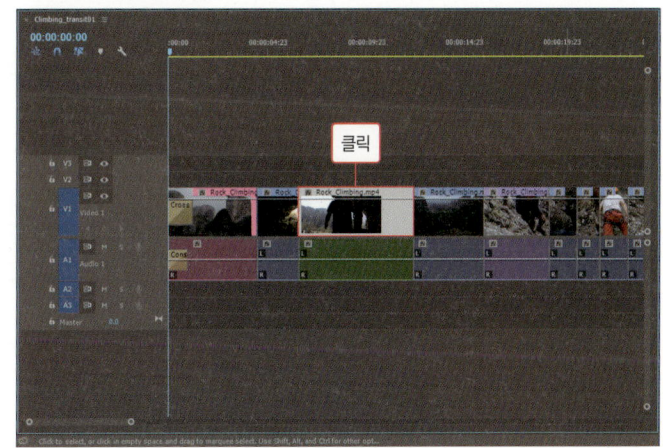

05 이 클립과 바로 앞 클립 사이를 마우스로 클릭합니다. 빨간색으로 트리밍 마크가 표시되는 것을 확인합니다. 그리고 Shift + D 키를 누릅니다.

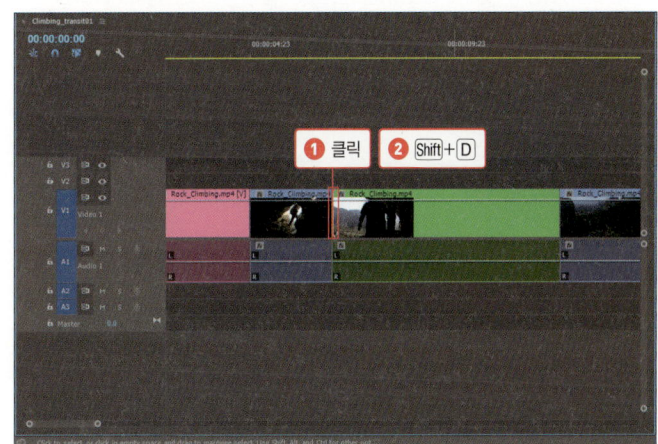

···· TIP

전환 효과 추가할 때 소스 클립 선택하기

소스 클립에서 전환 효과가 추가되는 부분은 클립과 클립 사이입니다. 시퀀스는 여러 소스 클립들이 편집된 채로 나열되어 있습니다. 빨간색 라벨로 표시된 클립의 경우, 이 클립의 앞부분과 연계된 클립이 없기 때문에 단순히 선택만으로도 클립의 앞에 전환 효과를 추가할 수 있습니다. 그러나 초록색 클립의 경우, 이 클립의 앞부분과 뒷부분에 서로 다른 클립이 연결되어 있기 때문에 클립을 선택하는 것으로 전환 효과를 추가할 수 없습니다. 앞 클립과의 사이 또는 뒷 클립과의 사이를 선택해야 전환 효과 단축키가 적용됩니다.

06 비디오 트랙 사이를 선택했기 때문에 비디오에만 기본 전환 효과가 적용되는 것을 확인할 수 있습니다. 이렇게 비디오와 오디오가 서로 연결되어 있지 않은 상태에서는 Shift + D 키를 눌러도 비디오와 오디오 모두에 기본 전환 효과가 적용되지 않습니다. Ctrl + Z 키를 눌러 되돌립니다.

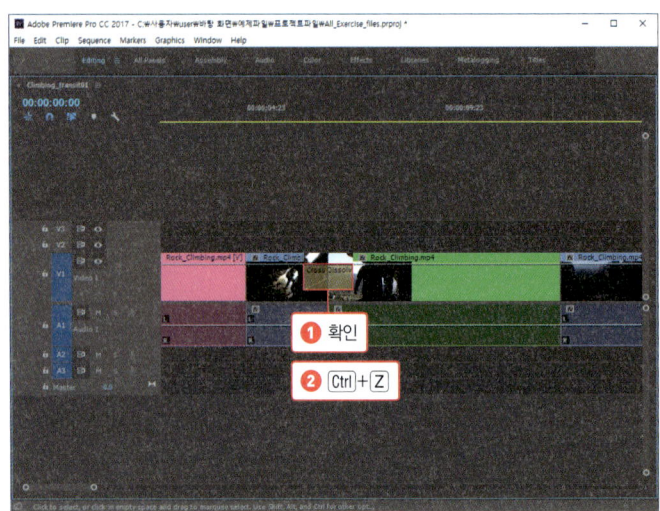

07 Shift 키를 누르고 비디오와 오디오 두 트랙 사이를 모두 선택하고 Shift + D 키를 누릅니다. 비디오와 오디오 트랙 모두에 기본 전환 효과가 적용된 것을 확인할 수 있습니다.

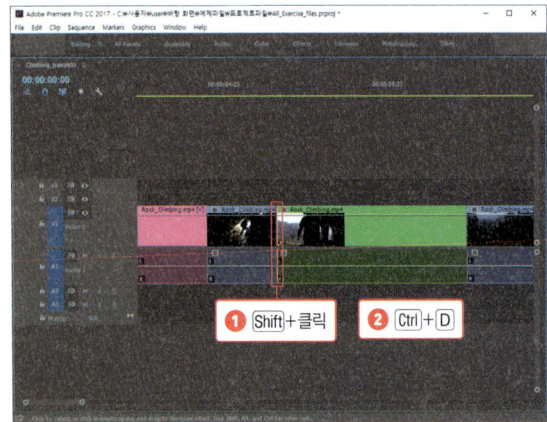 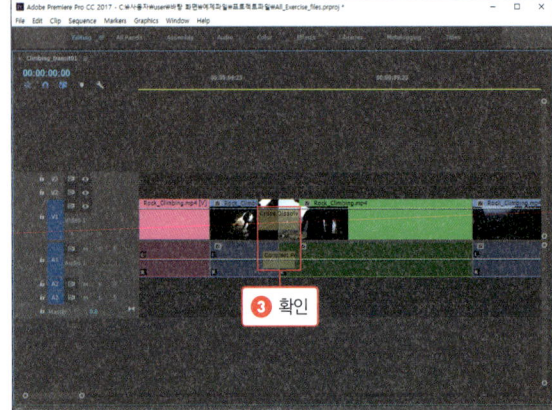

2 | 비디오 클립에만 기본 전환 효과 추가하기

01 보라색 라벨로 표시된 클립을 선택합니다. 비디오와 오디오가 서로 연결되어 있는 상태인 것을 확인할 수 있습니다.

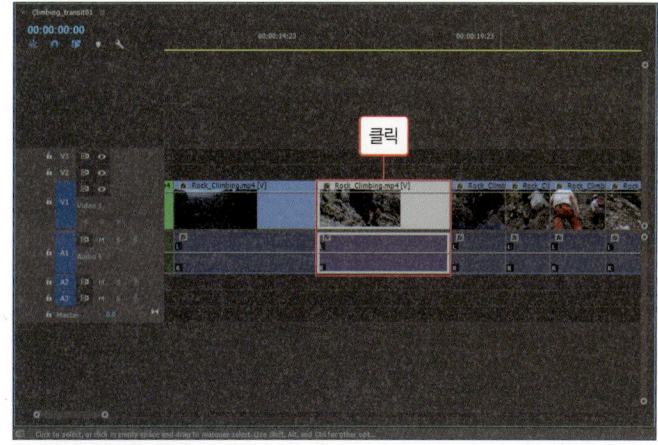

02 이 클립의 앞부분과 이전 클립의 사이를 선택하고 Ctrl+D 키를 누릅니다.

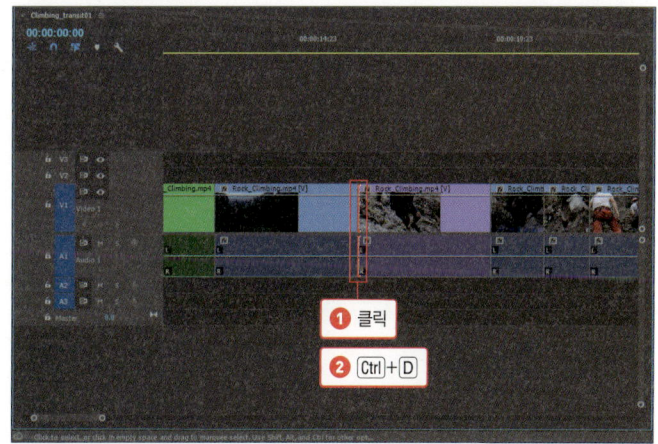

03 비디오와 오디오 트랙의 사이가 모두 선택되었지만, 비디오 클립에만 기본 전환 효과가 적용되는 것을 확인할 수 있습니다.

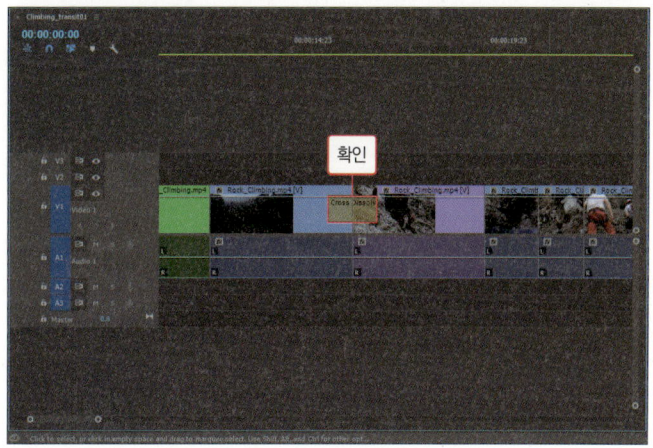

3 | 오디오 클립에만 기본 전환 효과 추가하기

01 Ctrl+Z 키를 눌러 되돌립니다. 다시 보라색 라벨로 표시된 클립의 앞부분과 이전 클립의 사이가 선택된 채로 Ctrl+Shift+D 키를 누릅니다.

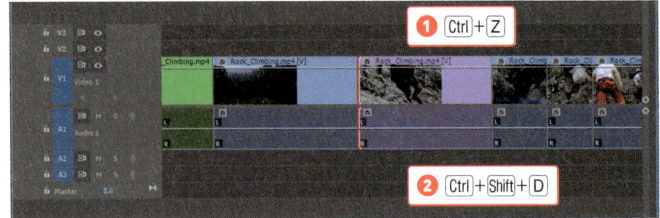

02 비디오와 오디오 트랙의 사이가 모두 선택되었지만, 오디오 클립에만 기본 전환 효과가 적용되는 것을 확인할 수 있습니다.

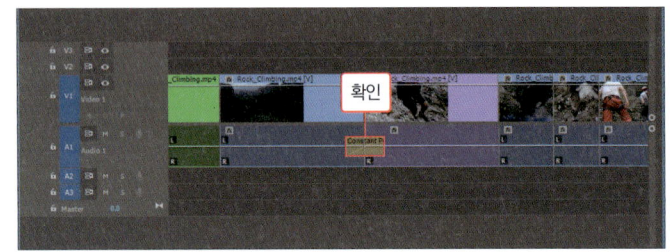

2 기본 전환 효과 바꾸기

키보드 단축키로 지정된 기본 전환 효과는 사용자가 원하는 다른 전환 효과로 수정이 가능합니다.

01 Project 패널 그룹에서 Effects 패널을 활성화합니다. 윗부분 검색 탭에 'Cross'라는 키워드를 입력합니다.
'Cross'라는 키워드와 관련되어 있는 모든 효과들이 보입니다. Video Transitions 폴더에서 'Cross Dissolve'와 Audio Transitions 폴더에서 'Constant Power'를 각각 찾을 수 있으며, 이 두 가지 효과는 파란색으로 하이라이트되어 있는 것을 확인할 수 있습니다. 검색 탭의 '×' 표시를 눌러 검색어를 지우고 전체 효과가 다 보이도록 합니다.

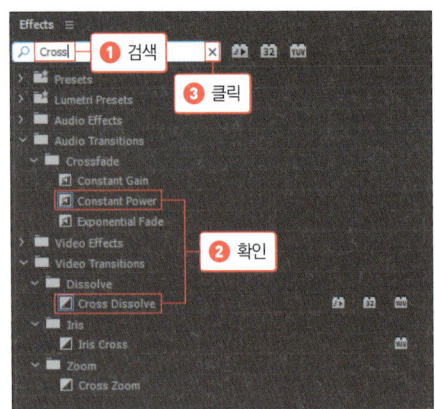

02 폴더에서 'Dissolve' 폴더를 엽니다.

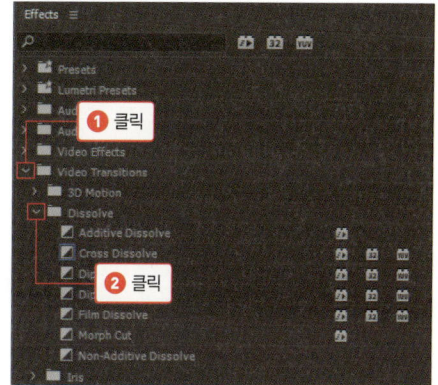

03 기본 전환 효과로 'Cross Dissolve'가 지정되어 있는데, 'Dip to Black'을 기본 전환 효과로 바꿔보겠습니다.
'Dip to Black'을 마우스 오른쪽 버튼으로 클릭하고 **Set Selected as Default Transition**을 실행합니다.

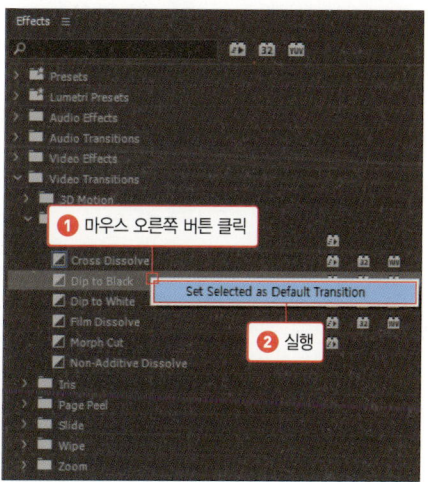

04 'Dip to Black'이 파란색으로 하이라이트된 것을 확인할 수 있습니다. 오디오의 기본 전환 효과 역시 같은 방법으로 수정 가능합니다.

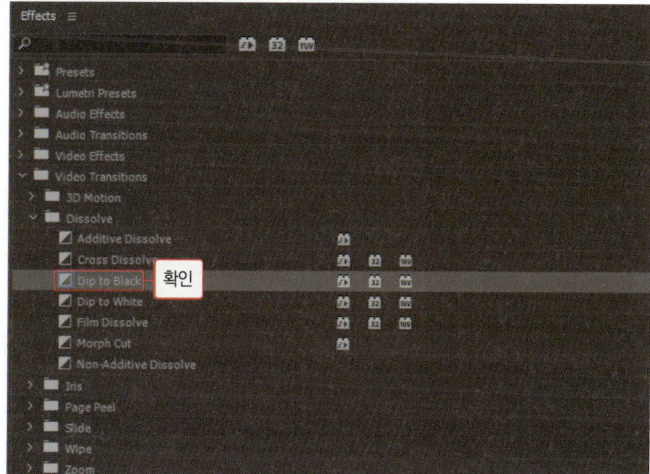

3 기본 전환 효과 재생 시간 수정하기

키보드 단축키로 적용하는 기본 전환 효과의 재생 시간은 Preference에서 설정 값을 바꿔 줌으로써 수정할 수 있습니다.

01 기본 전환 효과의 재생 시간은 Preference에서 수정합니다. **[Edit]** → **Preferences** → **Timeline**를 실행합니다.

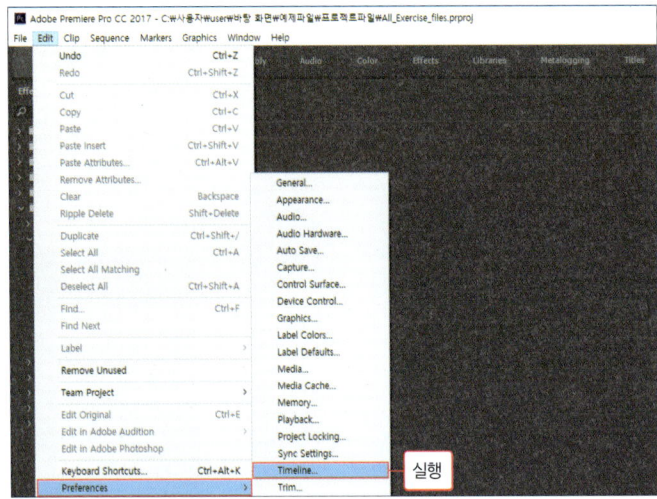

02 기본 설정으로 Video Transition Default Duration은 30프레임, Audio Transition Default Duration은 1초로 되어 있는 것을 확인할 수 있습니다.

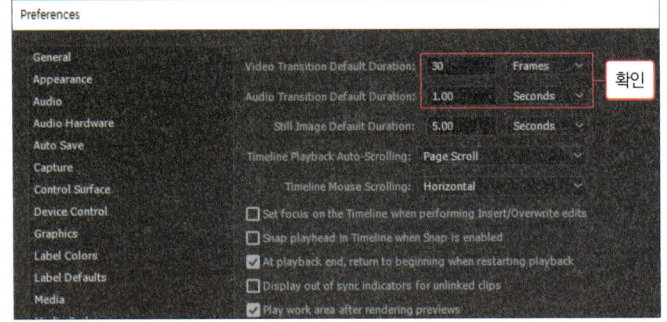

03 비디오 트랜지션의 재생 시간 단위를 프레임에서 초로 바꾸고, 기본 재생 시간을 1초로 수정하고 〈OK〉 버튼을 클릭합니다. 이렇게 되면 프레임 레이트에 상관없이 기본 비디오 전환 효과는 항상 1초로 설정할 수 있습니다.

4 전환 효과 재생 시간과 타이밍 수정하기

비디오와 오디오에 적용된 트랜지션은 타임라인과 Effect Controls 패널에서 수정할 수 있습니다.

| 예제 폴더 | 모든예제파일\Chapter003_편집테크닉높이기\4.3

01 6.1\시퀀스 폴더에서 'Climbing_transit02' 시퀀스를 사용합니다. 주황색과 초록색 라벨로 표시된 클립 사이를 클릭하고 Shift+D 키를 눌러 두 클립 사이에 트랜지션을 적용합니다.

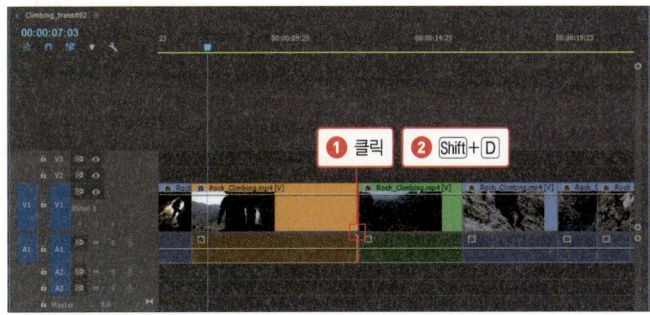

02 기본 전환 효과 재생 시간으로 설정한 1초의 트랜지션이 두 클립의 가운데에 적용된 것을 확인할 수 있습니다.

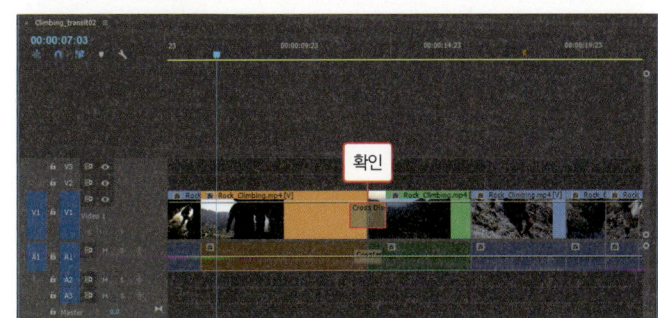

03 클립을 트리밍하듯이 트랜지션 효과 적용 박스 끝을 마우스로 클릭, 드래그하여 재생 시간을 늘리거나 줄일 수 있습니다.

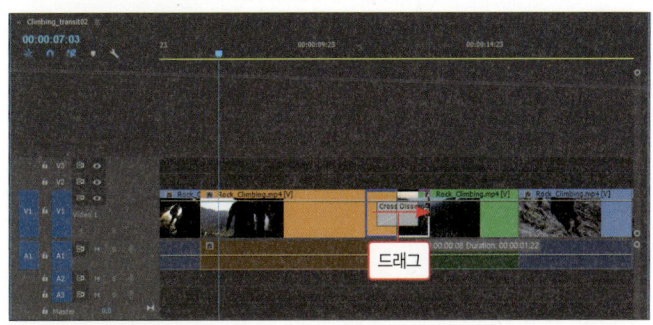

04 전환 효과 박스 안쪽을 드래그하여 두 클립 사이에 트랜지션 타이밍을 수정합니다.

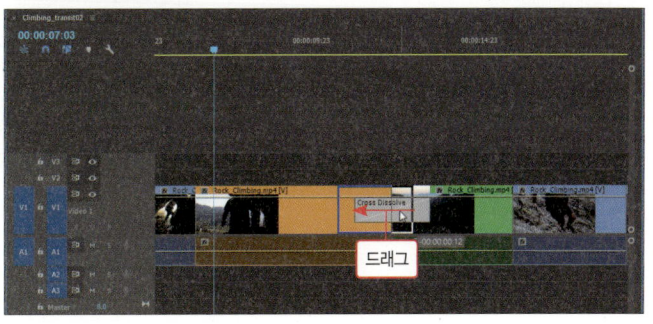

05 타임라인에서 마우스로 클릭, 드래그하여 트랜지션을 수정했듯이, Effect Controls 패널에서도 같은 방법으로 트랜지션을 수정할 수 있습니다.

수정하려 하는 트랜지션 효과를 선택하고 Effect Controls 패널을 활성화합니다.

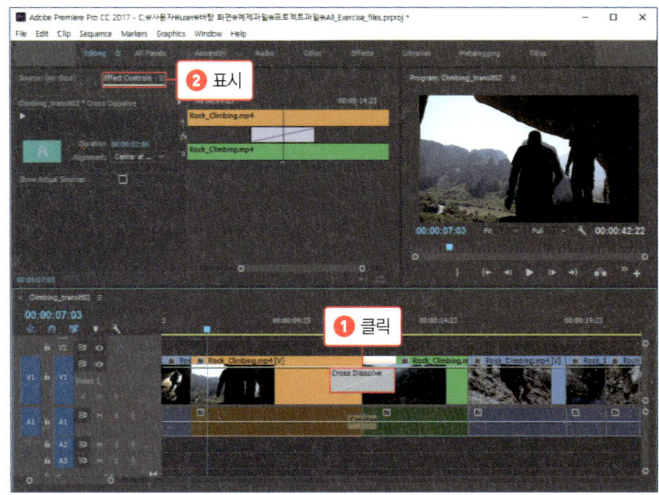

06 Effect Controls 패널을 살펴보면 타임라인에서 좌우에 위치해 있던 클립이 상하로 정렬되어 있고 가운데 트랜지션 효과 박스가 자리합니다. 타임라인에서와 마찬가지로 트랜지션 효과 박스 끝을 마우스로 클릭, 드래그하여 재생 시간을 조절할 수 있습니다.

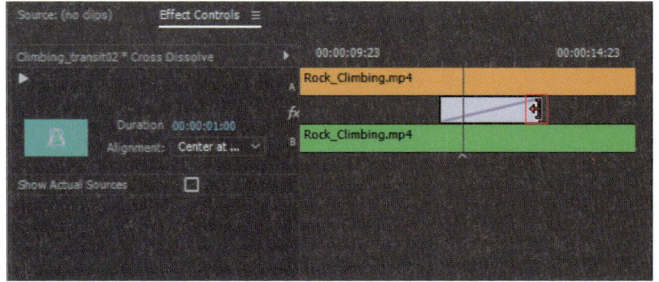

07 왼쪽에 Duration 탭에 원하는 값을 입력하여 트랜지션 재생 시간을 수정할 수 있습니다. 아래의 Alignment를 클릭하여 정렬 옵션을 변경하면, 전환 효과를 트리밍하는 것처럼 어느 한쪽으로 길거나 짧게 트리밍할 수 있습니다.

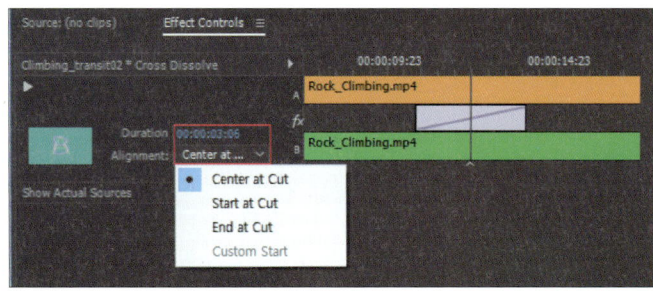

08 트랜지션 효과 박스 안쪽을 마우스로 클릭, 드래그하면 트랜지션 타이밍을 수정할 수 있습니다.

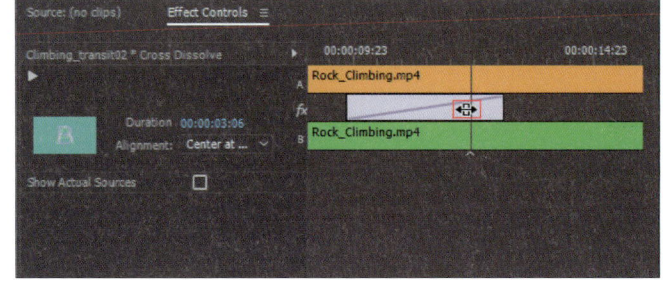

5 여러 클립에 한꺼번에 장면 전환 효과 넣기

01 6.1\시퀀스 폴더에서 'Climbing_transit02' 시퀀스를 사용합니다.
타임라인 위에 비디오 클립들을 마우스로 드래그하여 한꺼번에 선택하고 Shift+D 키를 누릅니다.

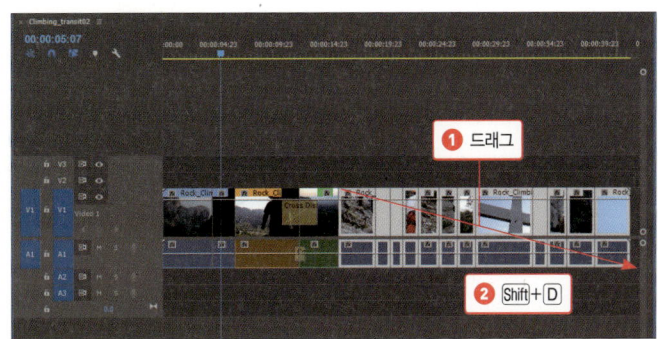

02 비디오 클립 사이사이에 기본 장면 전환 효과가 적용된 것을 확인할 수 있습니다.
Spacebar 키를 눌러 재생합니다.

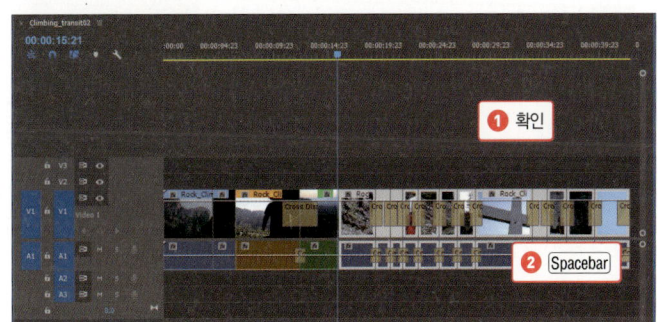

6 Morph Cut으로 인터뷰 영상 다듬기

인터뷰 내용이 실수 없이 한번에 이어지게 녹화되면 좋지만 인터뷰이가 잠시 머뭇거리거나 생각하는 장면이 녹화되는 경우가 종종 있습니다. 이러한 부분이 편집 중 잘려 나가면 장면과 장면 사이에 점프 컷(Jump Cut)이 생겨나게 됩니다. 프리미어 프로는 이를 자연스럽게 이어질 수 있도록 몰프 컷(Morph Cut)이라는 장면 전환 효과를 제공합니다.

|예제 폴더| 모든예제파일\Chapter006_이펙트 기본 활용법\6.1

01 6.1\시퀀스 폴더에서 'Take2_Multicam_Morphcut01' 시퀀스를 사용합니다. 빨간색 라벨로 표시된 부분을 Spacebar 키를 눌러 영상을 재생해 봅니다. 인터뷰이가 잠시 머뭇거리는 부분이 녹화된 장면인데 이 부분을 드래그하여 선택하고 지웁니다.

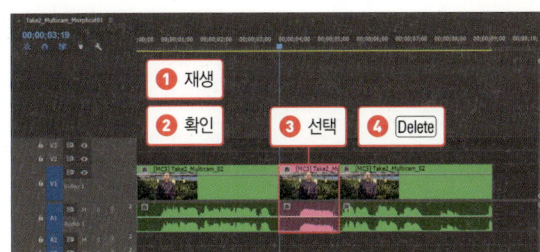
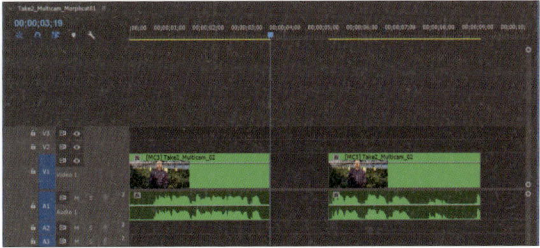

02 빈 부분을 마우스 오른쪽 버튼으로 클릭한 다음 **Ripple Delete**를 실행하여 지웁니다.

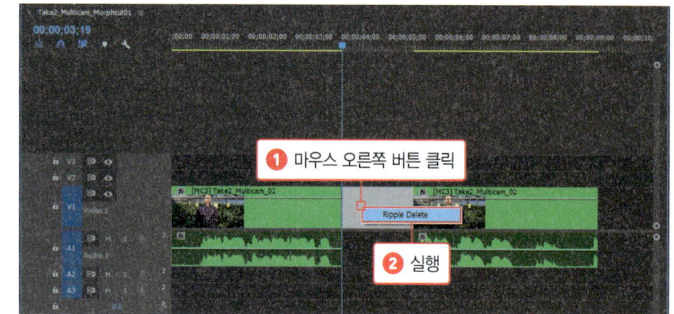

03 Effects 패널을 활성화하고, 검색어에 'Morph'라는 단어를 적어 넣습니다. Video Transitions → Dissolve → Morph cut이 검색됩니다.

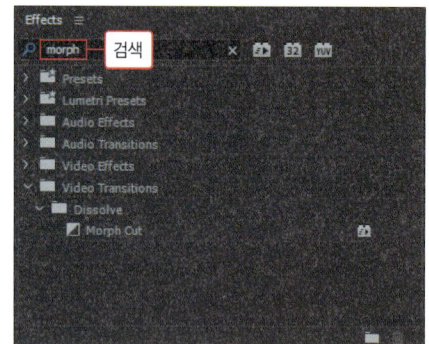

04 'Morph Cut' 효과를 마우스로 클릭, 드래그하여 클립과 클립 사이에 올려 놓습니다.

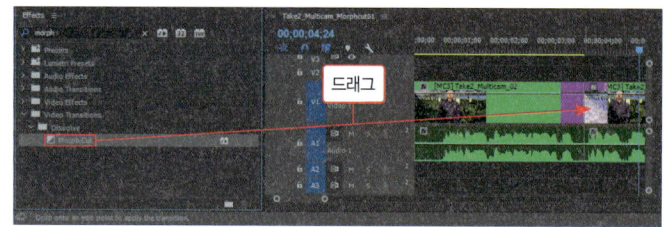

05 Effect Controls 패널을 이용하거나 트랜지션 효과 박스를 더블클릭하여 재생 시간을 직접 적어 넣을 수도 있습니다.
효과를 더블클릭한 다음 '12'프레임을 적어 넣고 〈OK〉 버튼을 클릭합니다.

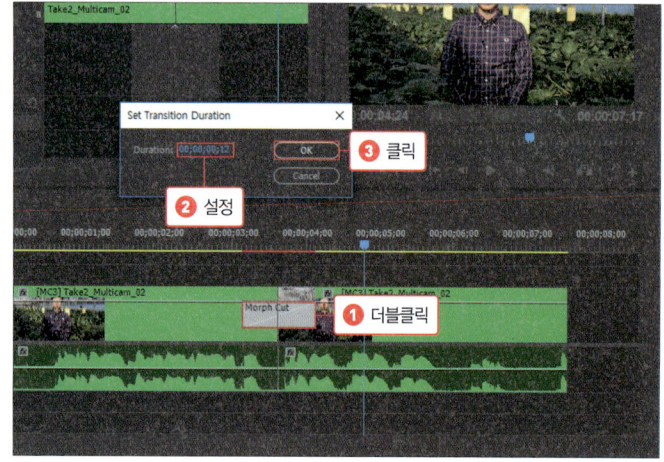

06 타임라인을 살펴보면 'Morph Cut' 효과가 적용된 부분이 붉은색 라인으로 표시되는데 이 부분은 렌더가 필요한 부분임을 프리미어 프로가 알려주는 표식입니다.

렌더가 완료되면 이 붉은색 라인이 초록색 라인으로 변하는데, 이렇게 이펙트가 적용된 부분을 미리 렌더를 해 줘야 최종 출력물과 같은 결과물을 확인할 수 있습니다.

07 [Sequence] → Render Effects In to Out(Enter)을 실행합니다. 이렇게 되면 타임라인에서 이펙트가 적용된 부분 모두를 렌더하게 됩니다.

다양한 이펙트가 적용된 시퀀스의 일정 부분만 렌더하기 위해 렌더하려는 부분을 I, O 키를 이용하여 인아웃 포인트를 마킹하고 [Sequence] → Render In to Out을 실행합니다.

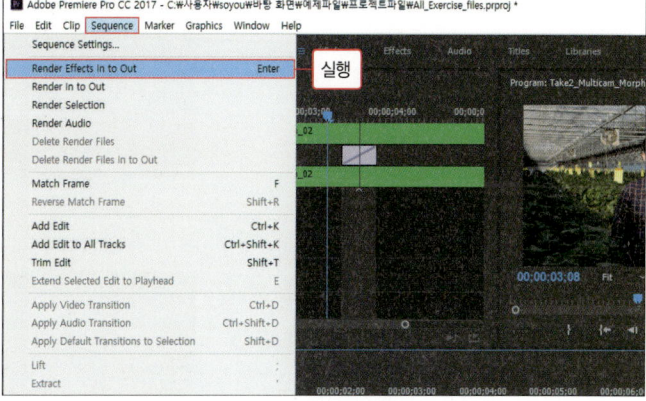

08 렌더링이 진행되는 것을 알려주는 팝업창이 열립니다.

09 렌더링이 완료되고 붉은색 라인이 초록색 라인으로 변한 것을 확인할 수 있습니다. Spacebar를 눌러 타임라인을 재생해 봅니다. 점프컷이 있던 부분이 부드럽게 연결되는 것을 확인할 수 있습니다.

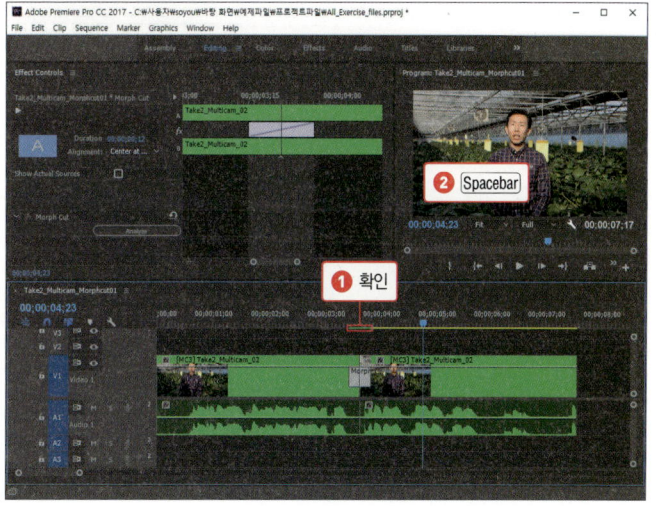

7 그래픽 이미지로 전환 효과 만들기

01 6.1\시퀀스 폴더에서 'Aquarium_edit001' 시퀀스를 사용합니다. 플레이헤드를 주황색 클립 앞머리에 위치시킵니다. 그리고 6.1\그래픽소스 폴더에서 'Geometry_transition.png' 파일을 드래그하여 V3 트랙에 추가합니다.

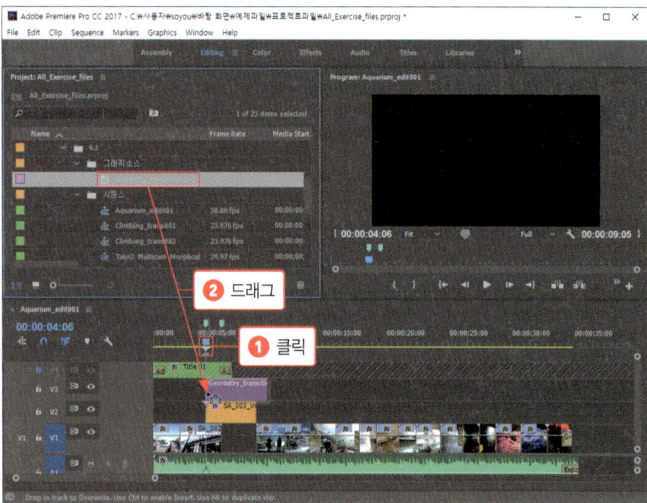

02 Source Monitor 패널 그룹에 있는 Effect Controls 패널을 표시합니다. 만약 패널을 찾을 수 없다면 [Window] → Effect Controls(Shift+5)를 실행합니다.
V3 트랙에 추가한 이미지를 선택하면, 이 레이어에 모션을 추가할 수 있도록 Effect Controls 패널이 활성화됩니다.

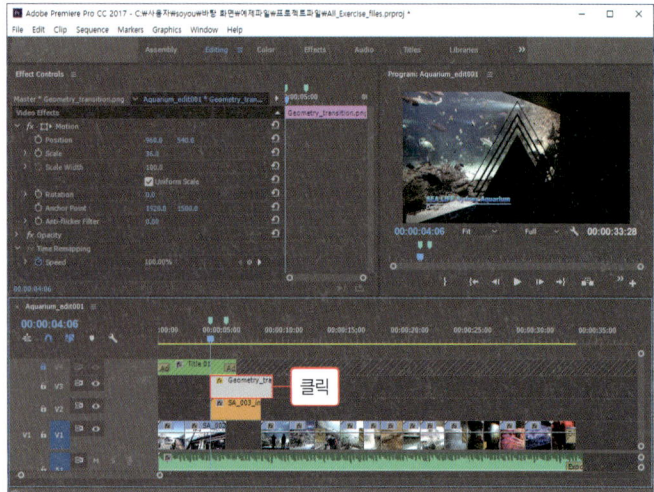

03 V4 트랙에 위치한 그래픽 타이틀러는 Lock(잠금)을 해제하고, 눈 모양의 'Toggle Track Output' 아이콘을 클릭해 보이지 않게 합니다. 그리고 레이어에 변형이 가해지지 않도록 다시 잠궈 놓습니다.

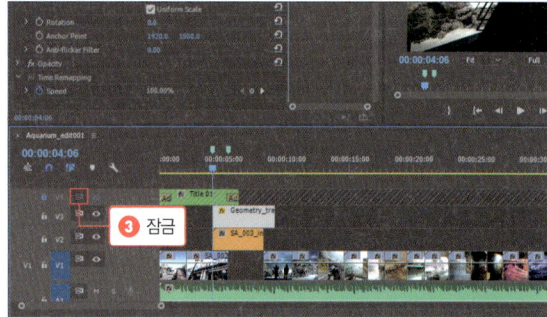

04 플레이헤드를 첫 번째 초록색 마커 지점에 위치시키고, Scale의 'Toggle Animation' 아이콘(◎)을 클릭하여 키프레임을 하나 만듭니다.

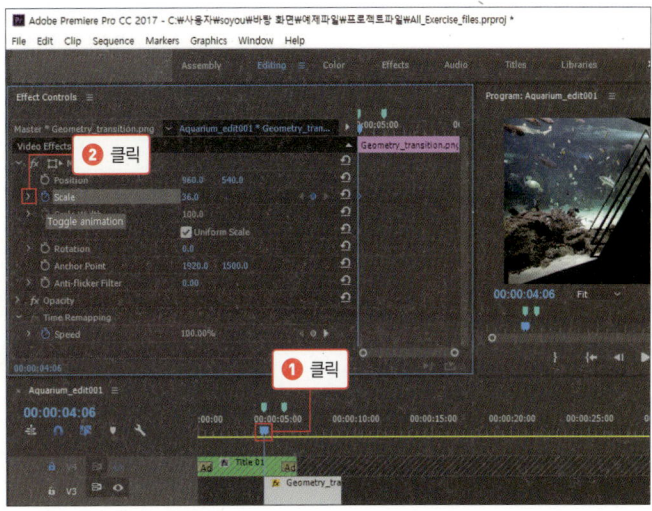

05 Scale을 '16'으로 수정합니다.

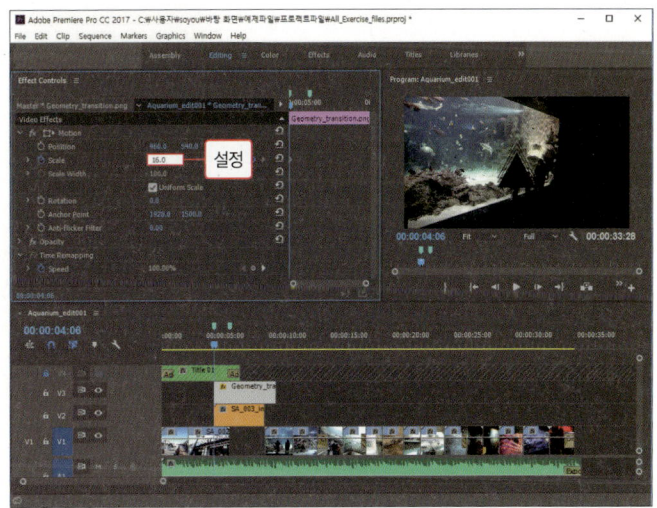

06 플레이헤드를 두 번째 초록색 마커 지점에 위치시키고, Scale을 '216'으로 수정합니다. 매개변수를 수정하는 것만으로도 키프레임이 자동으로 만들어집니다.

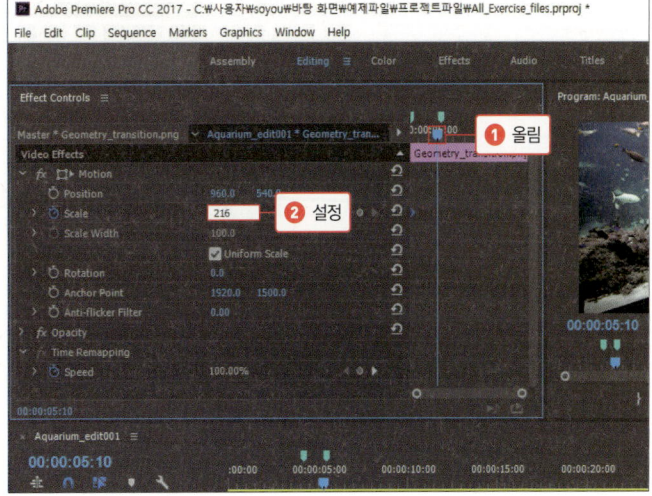

07 두 키프레임을 Shift 키를 누르거나 드래그하여 모두 선택하고, 마우스 오른쪽 버튼을 클릭한 다음 **Bezier**를 실행합니다. 모션의 속도에 가속도가 붙으면서 좀 더 동적이게 됩니다.

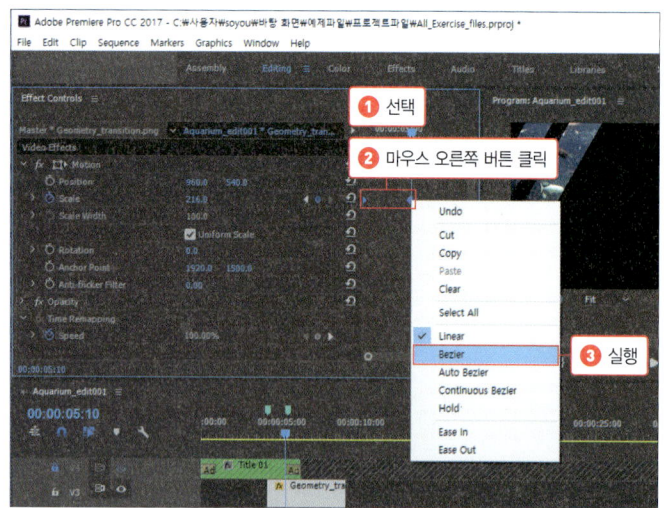

08 Position의 키프레임 애니메이션을 추가하겠습니다. 마찬가지로 플레이헤드를 첫 번째 초록색 마커 지점에 위치시키고, Position 왼쪽에서 'Toggle Animation' 아이콘(🕒)을 클릭하여 키프레임을 하나 만듭니다.

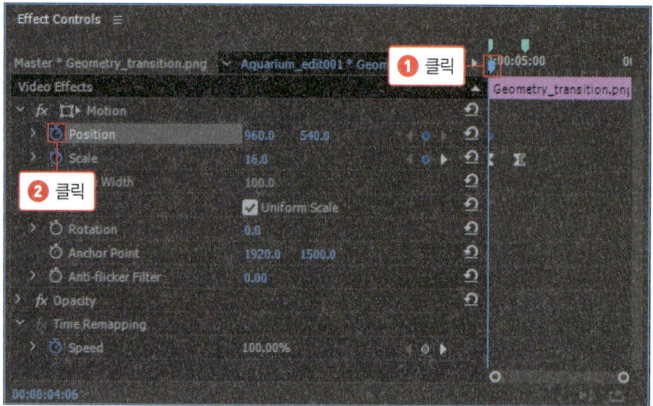

09 플레이헤드를 두 번째 초록색 마커 지점에 위치시키고, Position의 Y축 매개변수를 '-563'으로 설정합니다. 그래픽 소스로 화면이 뒤덮이면서 화면이 검은색으로 보입니다.

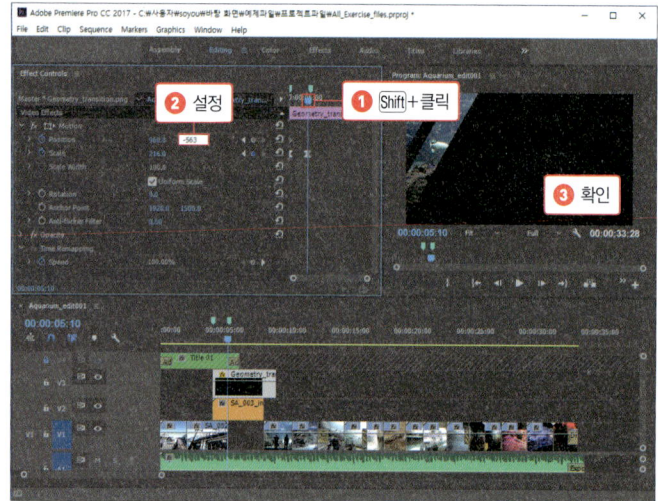

10 Position의 두 키프레임을 마우스로 드래그하여 모두 선택합니다. 마우스 오른쪽 버튼으로 클릭하고 **Temporal Interpolation → Ease Out**을 실행합니다. 처음 속도가 느렸다가 점점 빨라지는 가속도 모션이 적용되었습니다.

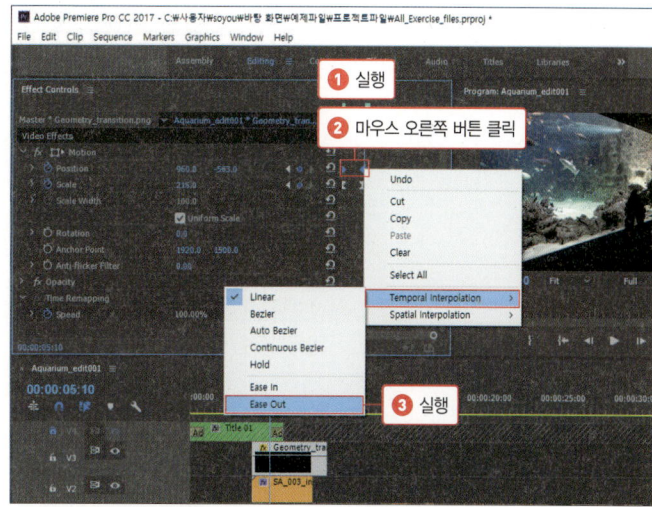

11 Effects 패널을 표시하고 'Track Matte'를 검색합니다.
'Track Matte Key' 효과를 V2 트랙 위의 주황색 클립에 드래그하여 적용합니다.

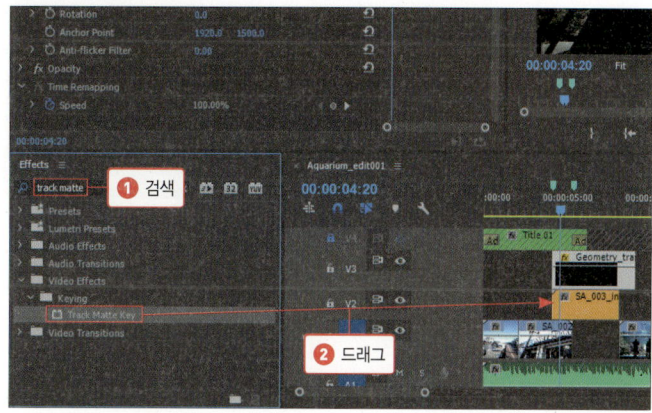

12 Effect Controls 패널에 Track Matte Key 효과가 표시됩니다.

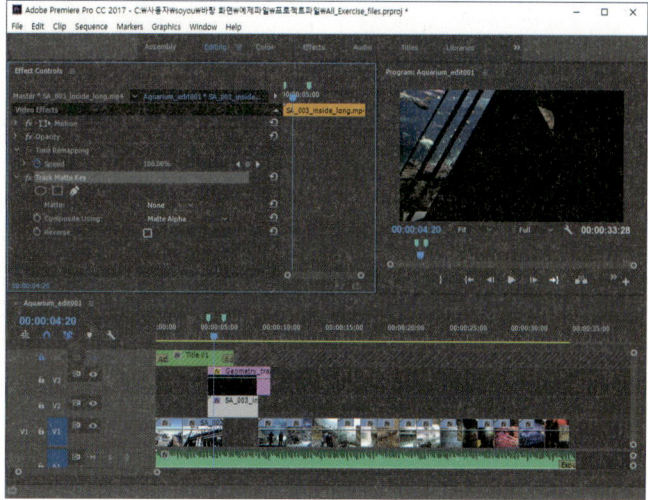

13 Matte 옵션을 클릭하여 'Video 3'으로 수정합니다. 다시 화면이 보입니다.

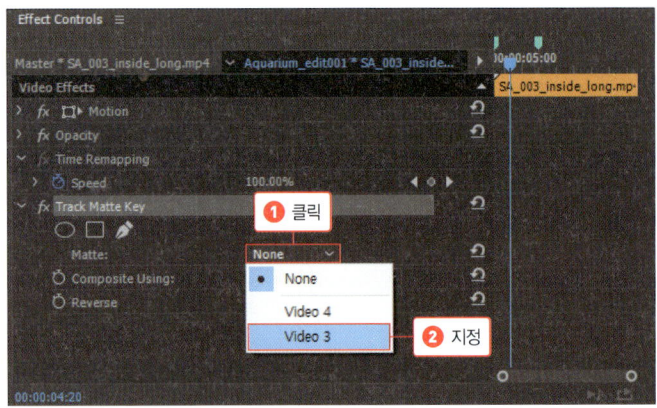

14 Spacebar 키를 눌러 시퀀스를 재생해 봅니다.

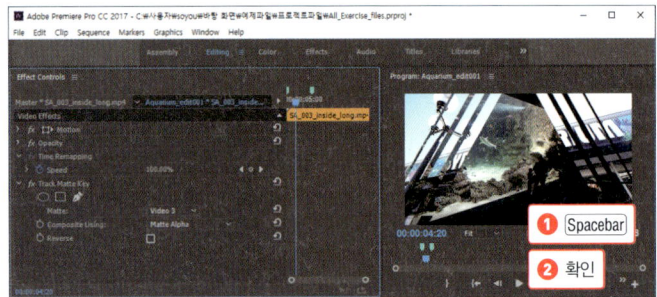

15 효과는 검은색 매트를 창문처럼 사용하는 효과로 V2 트랙의 주황색 클립이 검은색 매트에만 보이게 됩니다. 즉, 검은색 매트가 점점 커지는 애니메이션이 주황색 클립이 보이는 영역이 점점 넓어지는 트랜지션 효과로 적용된 것입니다.

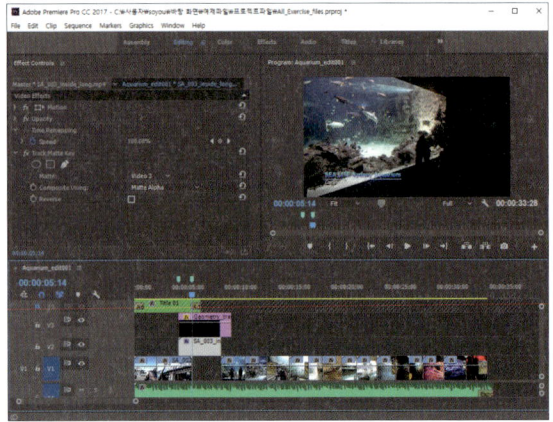

TIP
완성된 예제 파일은 'Aquarium_fin004'를 통해 확인할 수 있습니다.

CHAPTER 02
Premiere Pro CC

이펙트 조합하고 프리셋 만들기

사용자의 마음대로 이펙트를 조합하여 프리셋으로 저장하고, 이를 활용하는 방법에 대하여 알아봅니다. 이펙트를 조합하는 과정에서 효과 적용하는 순서(Order)에 따라 결과물이 어떻게 달라질 수 있는지 이해합니다.

1 이펙트 적용 순서 이해하기

Effect Controls 패널에서 효과가 적용되는 순서는 위에서 아래로 입니다. 즉, 아래쪽에 위치한 효과가 최근에 적용한 효과이자 가장 나중에 적용되는 효과가 됩니다.

|예제 폴더| 모든예제파일\Chapter006_이펙트 기본 활용법\6.2

01 6.2\시퀀스 폴더에서 'Climbing_effects01' 시퀀스를 사용합니다.
Effects 패널을 활성화합니다. Video Effects → Image Control 폴더에서 'Black&White' 효과를 찾습니다.

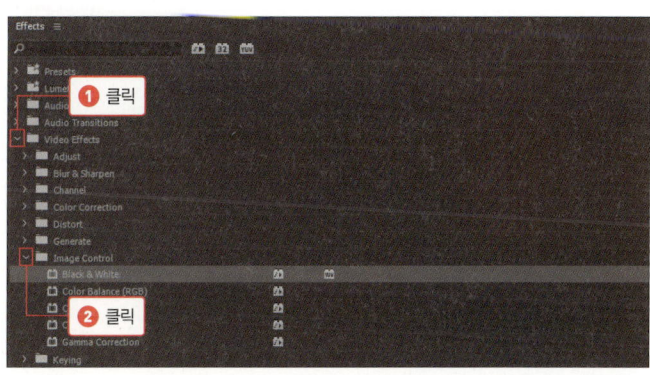

02 이펙트를 클립에 적용시키는 것에는 몇 가지 방법이 있습니다. 효과를 클릭, 드래그하여 적용하려는 클립 위에 올리는 방법이 있으며, 효과를 적용시키려는 클립을 먼저 선택하고, 효과를 더블클릭하는 방법이 있습니다.

03 Effect Controls 패널을 활성화하고 효과를 적용하려는 클립을 선택하고 Effects 패널에서 효과를 드래그하여 Effect Controls 패널 위에 올립니다.

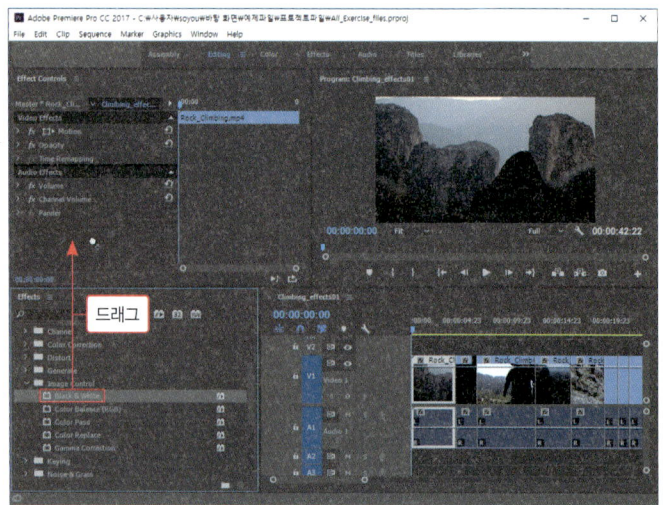

04 Black & White 효과가 추가된 것을 확인할 수 있습니다. 이 효과는 특별한 매개변수 변화를 가지고 있지 않습니다. 클립을 흑백으로 전환시키거나 그렇지 않게 하는 On, Off의 개념만 있습니다.

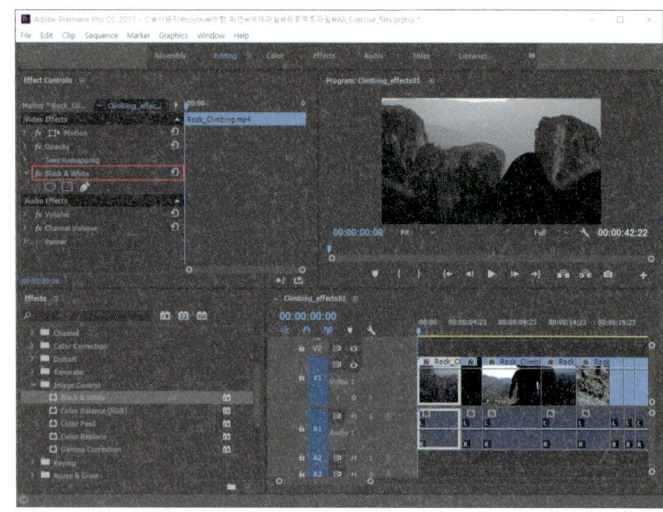

05 Effect Controls 패널에서 Black & White 효과 이름 왼쪽 'fx' 토글을 켜고 끔으로써 효과를 적용시키거나 적용시키지 않을 수 있습니다.

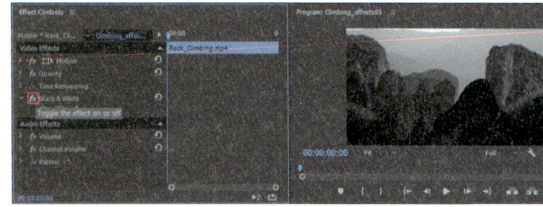 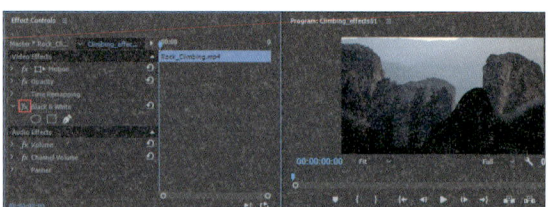

06 효과를 완전히 지우려면 Black & White 효과를 마우스로 클릭하고 Delete 키를 누르거나, 마우스 오른쪽 버튼으로 클릭하고 **Clear**를 실행합니다.

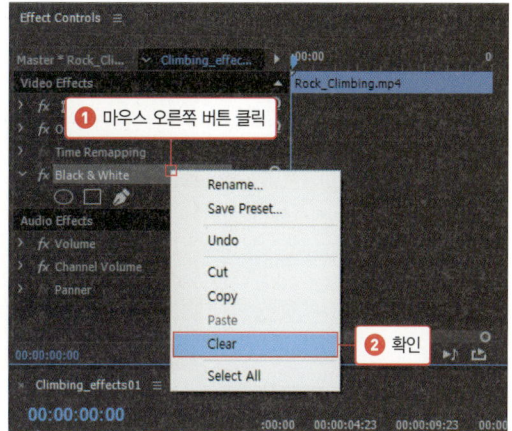

07 첫 번째 클립에 다른 효과를 추가해 봅니다. 클립을 선택한 상태로 Video Effects → Color Correction 폴더에서 Tint를 더블클릭합니다. Tint의 매개변수를 조절하면 컬러 필터를 사용한 효과를 낼 수 있습니다.

 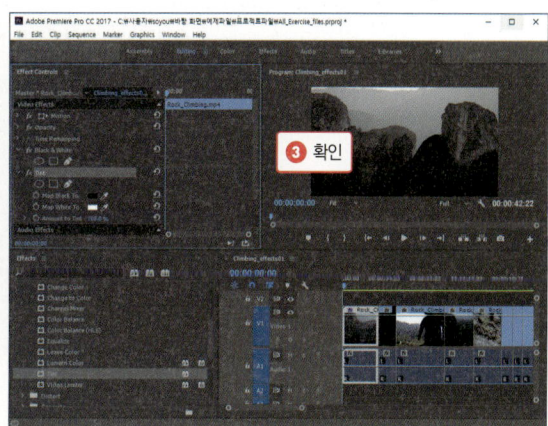

08 Map Black To의 색 추출(Color Picker) 창을 엽니다. 검은색으로 설정된 것을 어두운 청색(#021521)으로 바꿔 주고 〈OK〉 버튼을 클릭합니다.

Map White To의 색 추출 창을 열고, 흰색으로 설정된 것을 밝은 청회색(#BDDFF4)으로 바꾸고 〈OK〉 버튼을 클릭합니다.

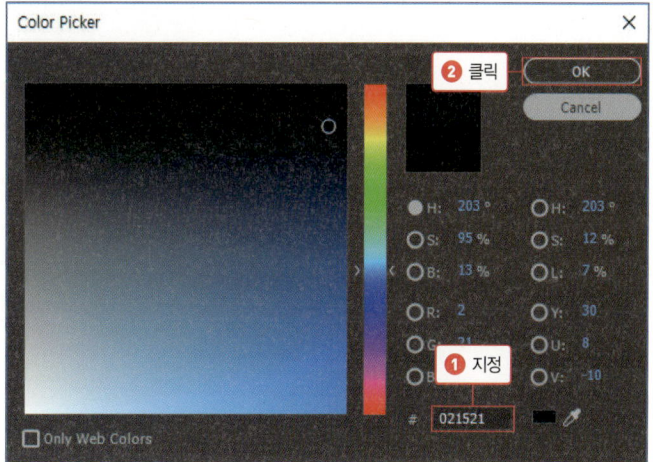

Chapter2 이펙트 조합하고 프리셋 만들기 371

09 Amount to Tint는 효과를 원본과 얼만큼 믹스할 것인지를 조정하는 값입니다. '75%' 정도로 수정합니다.

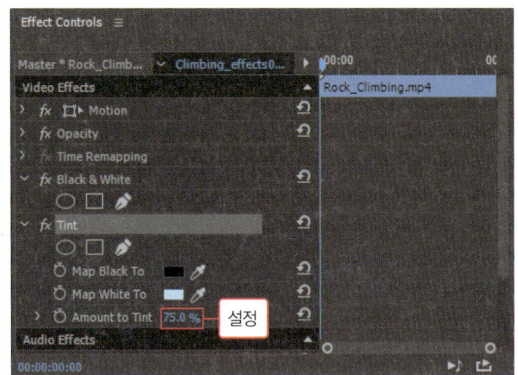

10 이번에는 'Black & White' 효과를 클릭, 드래그하여 Tint 효과 아래에 위치하도록 합니다.

갈색 필터가 적용된 클립이 흑백으로 바뀌는 것을 확인할 수 있습니다. 효과가 적용되는 순서가 위에서 아래로 내려가면서 순차적으로 적용되기 때문입니다. [Ctrl]+[Z] 키를 눌러 되돌립니다.

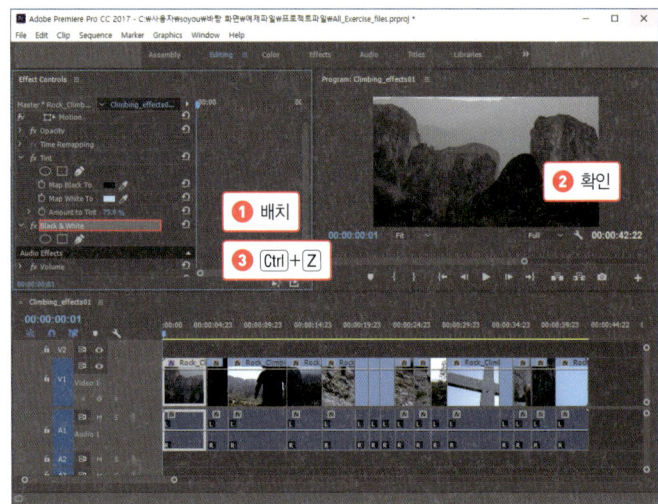

11 다시 Effects 패널을 활성화하고, Video Effects → Blur & Sharpen 폴더에서 'Camera Blur'를 더블클릭합니다.

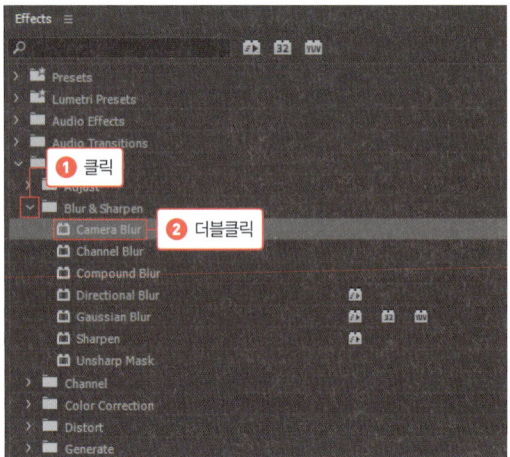

12 Camera Blur는 화면 전체가 초점이 맞지 않는 것처럼 흐릿하게 보이게 만듭니다. 이 효과를 화면 외곽에만 적용하면 비네트 효과(Vignette)를 만들 수 있는데, 이 효과는 꿈꾸는 장면이나 과거 회상 장면을 만들 때 사용합니다.

13 화면 모서리에 비네트 효과를 적용하기 위해 마스크를 만들겠습니다. Effect Controls 패널에서 Camera Blur 아래쪽에 위치한 도형 버튼 중 원형 모양을 클릭합니다.

14 Program Monitor 패널을 살펴보면 화면에 원형 도형이 만들어지고, 도형 안쪽은 흐릿한데 바깥쪽은 뚜렷한 것을 확인할 수 있습니다. 마우스로 도형의 꼭짓점을 클릭, 드래그하여 크기를 변형합니다.

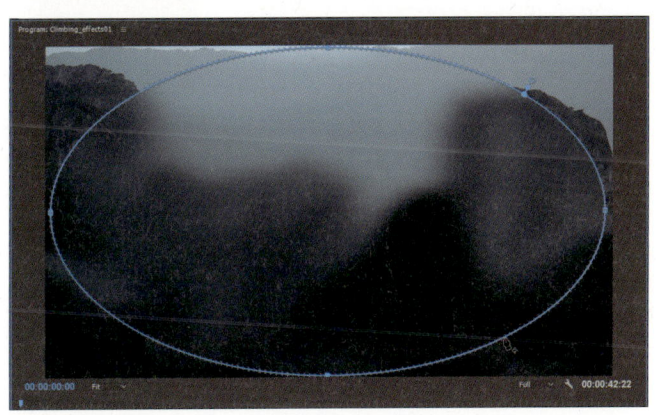

15 화면 모서리에 곡선이 생길 수 있게 모양을 다듬습니다. 원형 선 위에 마우스를 올려놓으면 포인트를 추가할 수 있게 마우스 아이콘이 바뀝니다. 원형 선을 클릭하면 꼭짓점이 하나 더 추가되고 클릭, 드래그하여 모양을 다듬을 수 있습니다.

16 Program Monitor 패널에서 원형 마스크의 제일 바깥쪽에 위치한 동그란 모양의 핸들을 마우스로 클릭, 드래그하면 Mask Feather 옵션을 조절할 수 있습니다. 원형 실선을 중심으로 생기는 점선의 범위가 Feather의 양을 나타냅니다. 이 매개변수는 Effect Controls 패널에서 Camera Blur → Mask → Mask Feather 옵션에서도 마찬가지로 조절 가능합니다.

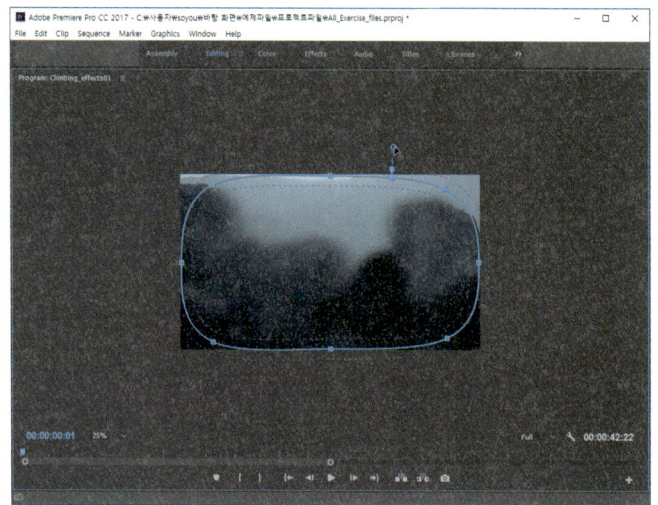

17 Effect Controls 패널에서 Mask Expansion 아래쪽에 위치한 'Inverted' 옵션에 체크하면 Camera Blur가 마스크 바깥쪽에 적용됩니다.

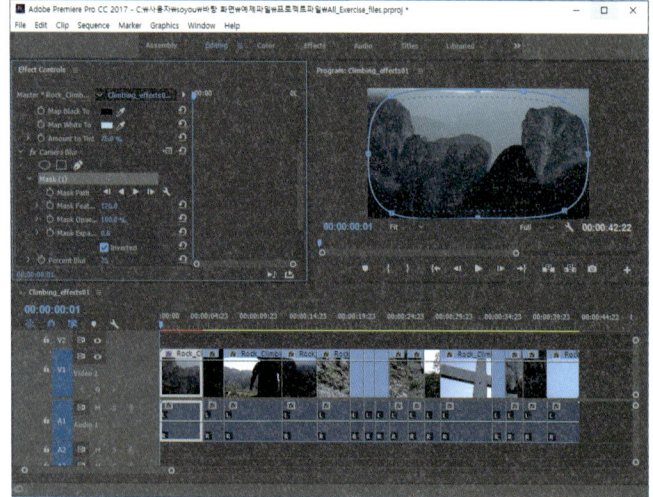

2 Effects 복사하여 다른 클립에 적용하기

단일 클립에 적용한 효과를 복사하여 시퀀스 위에 올린 여러 다른 클립들에 같은 효과를 적용하는 방법에 대해 알아봅니다.

1 | Effect Controls 패널에서 효과 복사하기

01 6.2\시퀀스 폴더에서 'Climbing _effects02' 시퀀스를 사용합니다. Effect Controls 패널을 활성화하고, 빨간색 클립을 선택합니다. Effect Controls 패널에서 보이는 세 가지 효과를 Ctrl 키를 누르고 위에서 아래로 순차적으로 선택합니다.

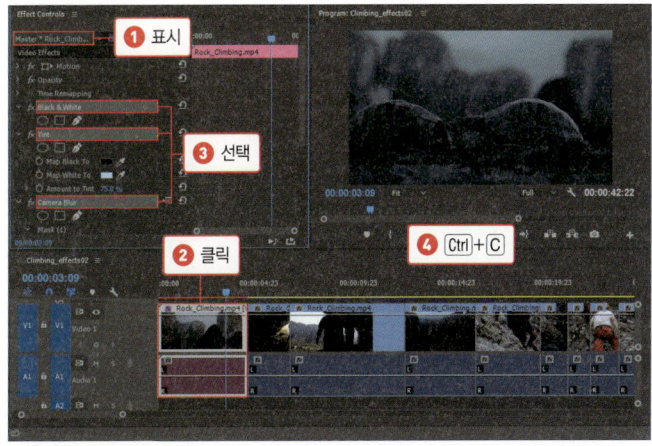

02 Ctrl+C 키를 누르거나 마우스 오른쪽 버튼을 클릭하고 **Copy**를 실행합니다. 빨간색 클립 뒤 쪽의 클립들을 마우스로 드래그하여 모두 선택하고, Ctrl+V 키를 눌러 붙여넣기합니다.

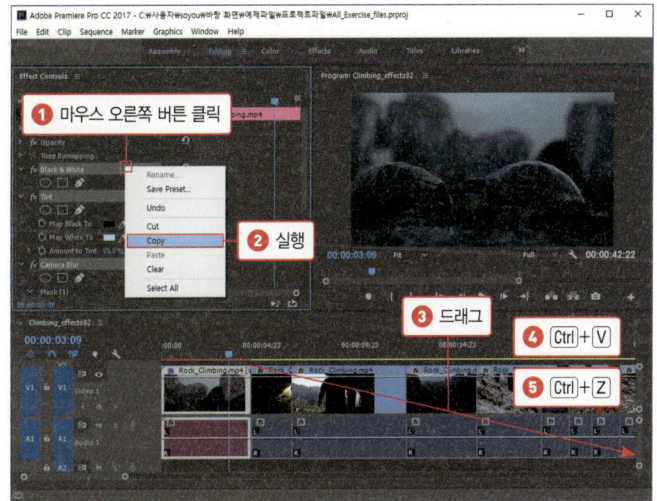

03 클립들에 효과가 적용되면서 타임라인 위 클립마다 보라색 fx배지가 하이라이트된 것을 확인할 수 있습니다.
Ctrl+Z 키를 눌러 되돌립니다.

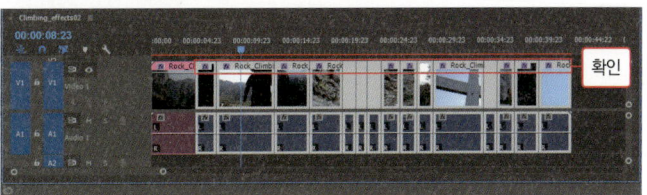

2 | Attributes(속성) 복사하기

Effect Controls 패널에서 복사하려는 효과를 일일이 선택하지 않고, 효과가 적용된 클립을 복사하여 그 속성을 붙여넣기하면 같은 효과를 다른 클립에 적용할 수 있습니다.

01 빨간색 클립을 선택하고 Ctrl+C 키를 누르거나 마우스 오른쪽 버튼으로 클릭한 다음 **Copy**를 실행하여 클립채로 복사합니다.

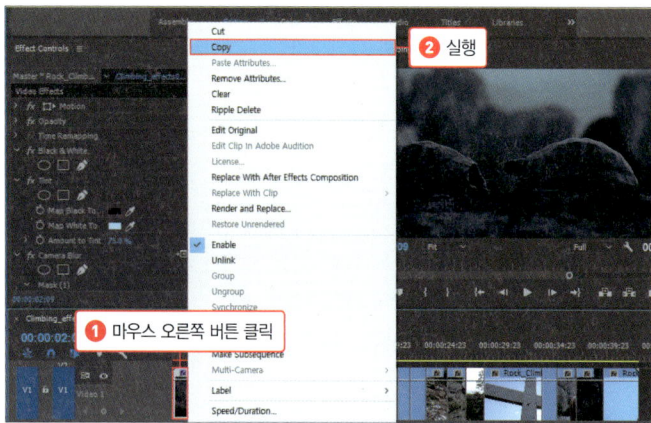

02 빨간색 클립 뒤 쪽의 클립들을 마우스로 드래그하여 모두 선택합니다. **[Edit]** → **Paste Attributes** 또는 마우스 오른쪽 버튼으로 클릭하고 **Paste Attributes**를 실행하거나 Ctrl+Alt+V 키를 눌러 효과를 붙여넣습니다.

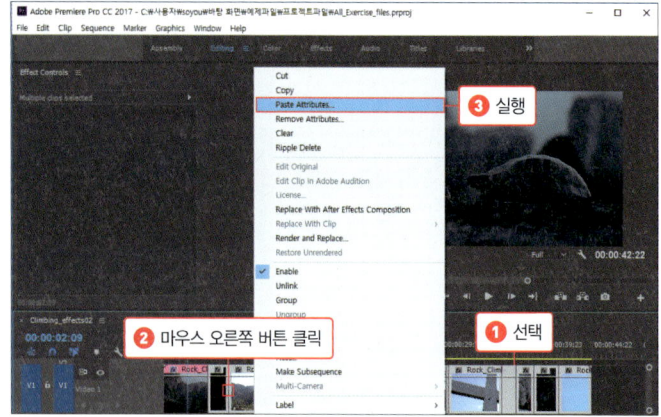

03 속성 붙여넣기 팝업창이 열리는데, 원하지 않는 효과에 체크 해제하여 제외할 수도 있습니다. 〈OK〉 버튼을 클릭하고 창을 닫습니다.

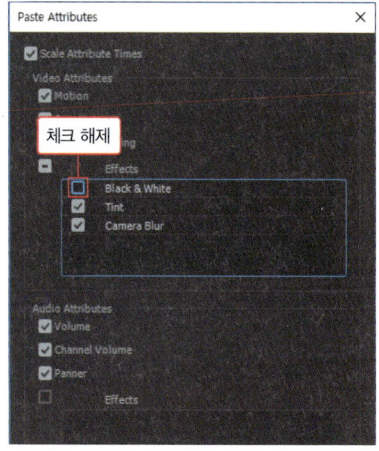

3 이펙트 조합하여 프리셋 만들어 사용하기

여러 개의 효과를 조합하여 하나의 효과 세트를 만들고, 필요할 때마다 저장한 프리셋을 불러들여 사용합니다. 프리셋을 만들어 사용하게 되면 효과를 복사하고 붙여넣는 작업 과정을 줄일 수 있어 효율적이고, 다른 프리미어 프로 프로젝트에도 저장한 프리셋을 활용할 수 있어 편리합니다.

01 6.2\시퀀스 폴더에서 'Climbing_effects03' 시퀀스를 사용합니다.
Effect Controls 패널을 활성화하고, 빨간색 을 클립을 선택합니다.
Effect Controls 패널 위의 세 가지 효과를 Ctrl 키를 누르고 모두 선택합니다. 그리고 마우스 오른쪽 버튼을 클릭하고 **Save Preset** 을 실행합니다.

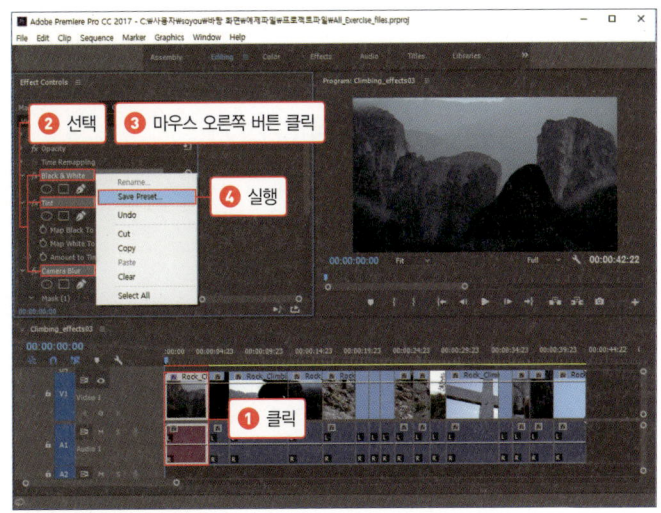

02 프리셋으로 저장하기 위한 팝업창이 열립니다. Name을 'Dream Scene Preset' 으로 지정하고 〈OK〉 버튼을 클릭합니다.

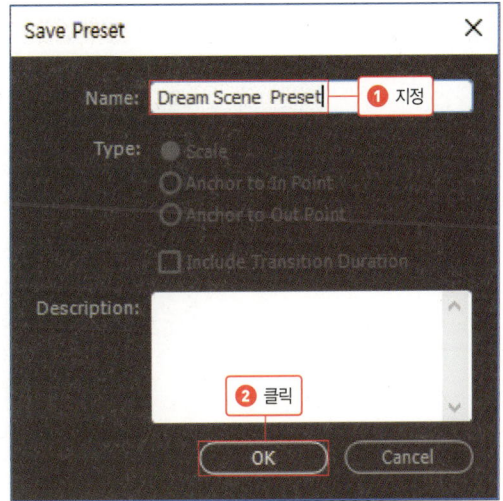

03 Effects 패널을 활성화하고, Presets 폴더를 열면 방금 만든 Dream Scene Preset을 찾을 수 있습니다. 이렇게 만들어진 프리셋은 작업 중인 프로젝트를 닫고, 새 프로젝트를 실행해도 언제든지 사용 가능합니다.

CHAPTER 03
Premiere Pro CC

Adjustment Layer와 Nest 활용하기

Adjustment Layer는 필터(Filter)와 같다고 볼 수 있고, Nest는 컨테이너(Container)라고 볼 수 있습니다. 조정 레이어와 Nest는 다수의 조각난 클립으로 이루어진 시퀀스 위에 동일한 효과를 적용하고 수정할 때 매우 유용합니다.

1 Adjustment Layer로 효과 넣기

Adjustment Layer는 마치 필터와 같아서, 이 레이어가 올려진 트랙 아래에 있는 모든 트랙에 영향을 미칩니다. 효과를 수정하거나 첨가하는 것도 조정 레이어에서 이루어지기 때문에, 시퀀스에 올린 클립의 수가 많거나 시퀀스의 재생 시간이 길수록 효율적입니다. 프리미어 프로의 Adjustment Layer는 어도비 포토샵이나 애프터이펙트에서의 쓰임과 역할이 같습니다.

01 6.3 폴더에서 'Climbing_Adjust 01' 시퀀스를 사용합니다.

Project 패널을 활성화하고, 'New item' 아이콘(　)을 클릭한 다음 **Adjustment Layer**를 실행합니다.

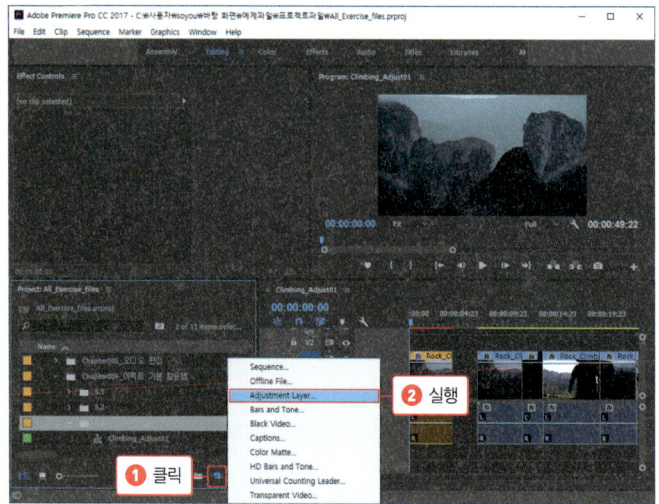

02 Adjustment Layer의 설정을 조절하는 대화상자가 표시됩니다. 시퀀스 세팅과 동일하게 하고 〈OK〉 버튼을 클릭합니다.

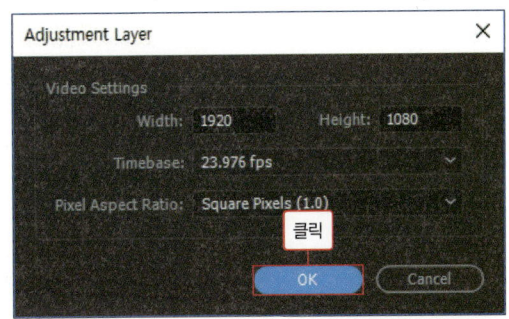

03 6.3 폴더 안에 Adjustment Layer가 새로 만들어집니다. 이 레이어를 드래그하여 V2 트랙 위에 올려 놓고 시퀀스 길이만큼 트리밍합니다.

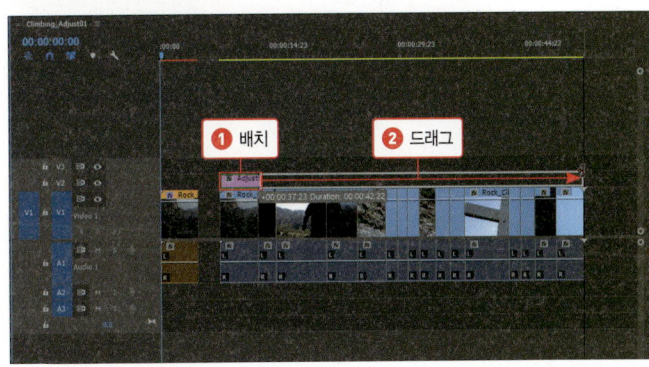

04 시퀀스 제일 앞에 위치한 주황색 클립에는 세 가지 효과가 이미 적용되어 있습니다. 이 클립을 마우스 오른쪽 버튼으로 클릭하고 **Copy**를 실행하여 복사합니다. V2 트랙 위의 조정 레이어를 선택한 다음 Ctrl + Alt + V 키를 눌러 속성(Attributes)을 붙여넣기 합니다.

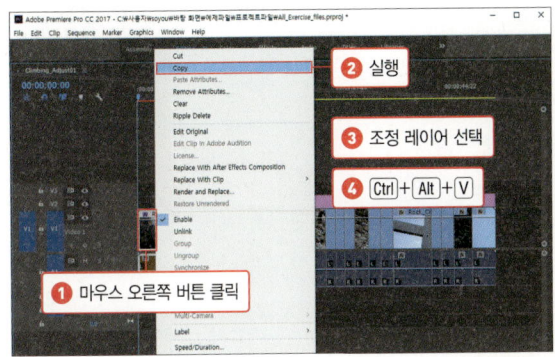
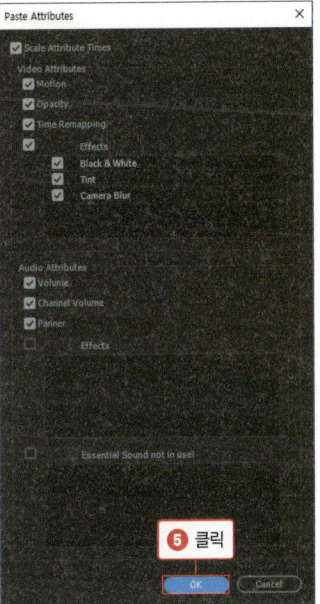

05 Timeline 패널 위의 플레이헤드를 좌우로 스크롤하여 빠르게 프리뷰합니다. V2 트랙 위의 조정 레이어 아래에 있는 V1 트랙 위의 모든 클립에 동일한 효과가 적용된 것을 확인할 수 있습니다.

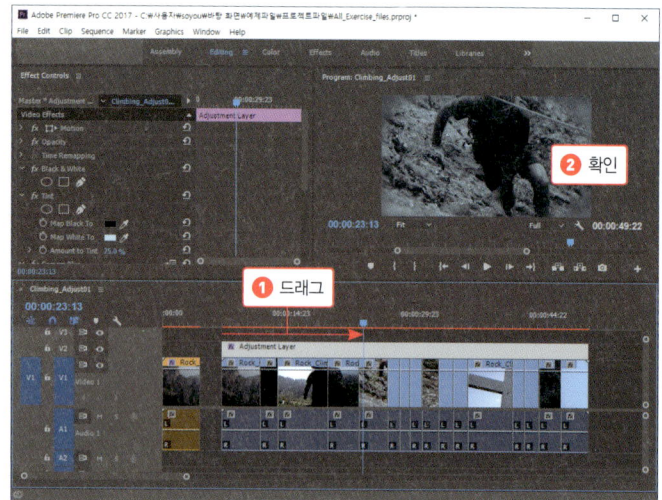

06 조정 레이어를 잘라내면 그에 따라 적용 범위도 달라집니다. 00;00;32;08 부분에 플레이헤드를 위치시키고, C 키를 눌러 자르기 도구(✂)를 선택한 다음 이 부분을 자릅니다.

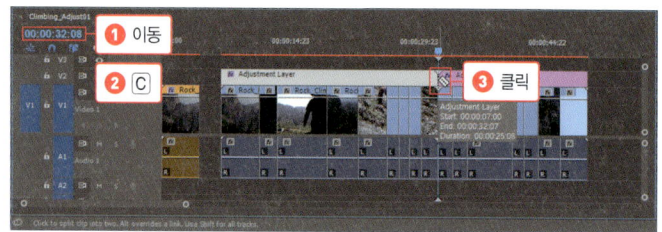

07 Effect Controls 패널을 활성화하고 잘라낸 조정 레이어를 선택합니다.
이 부분에 적용된 Tint 효과의 색 매개변수를 다르게 적용하겠습니다. Map Black To을 어두운 갈색(#211602), Map White To을 밝은 베이지색(#E4D9C9)으로 지정합니다. 타임라인 위의 플레이헤드를 좌우로 스크롤하여 빠르게 프리뷰합니다. 잘라낸 조정 레이어의 범위 아래 위치한 클립만 그 영향을 받는 것을 확인할 수 있습니다.

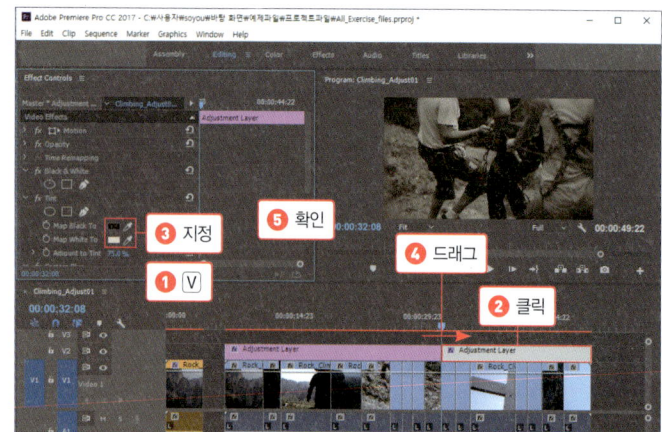

2 Adjustment Layer(조정 레이어)로 모션 적용하기

조정 레이어로 시퀀스 전체 또는 일부 화면의 위치, 크기, 회전 값 등을 변형할 수 있습니다.

01 6.3 폴더에서 'Climbing_Adjust 02' 시퀀스를 사용합니다.

Project 패널을 활성화하고, 'New item' 아이콘(📄)을 클릭한 다음 **Adjustment Layer**를 실행하여 새 Adjustment Layer를 하나 더 만듭니다.

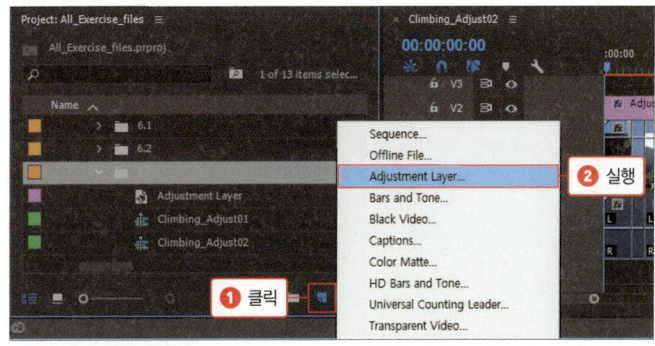

02 새로 만든 조정 레이어를 V3 위에 올리고 시퀀스 길이만큼 트리밍합니다.

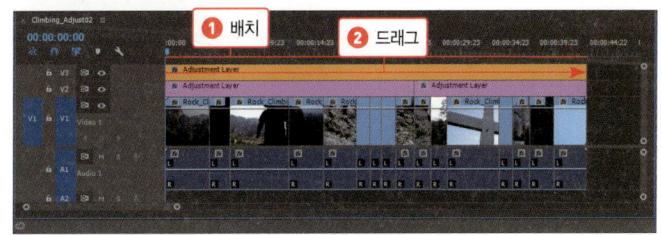

03 Effects 패널을 활성화하고, Video Effects → Perspective 폴더에서 'Basic 3D'를 V3 트랙의 조정 레이어에 적용합니다.

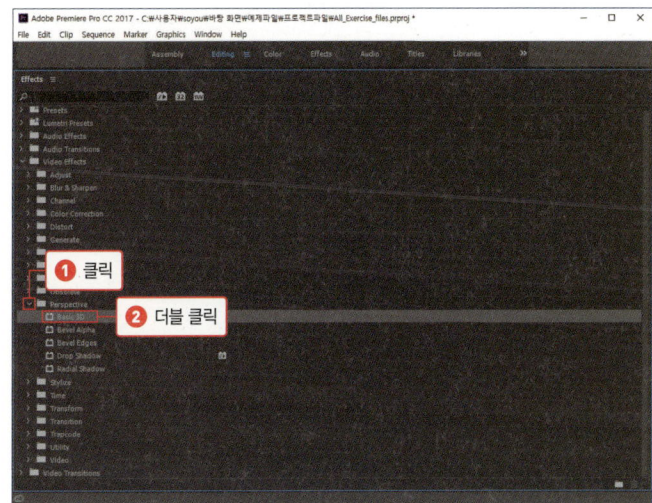

04 Effect Controls 패널에서 Basic 3D → Swivel을 '50°'로 설정하고, Distance to Image를 '60'으로 설정하여 화면을 비틀고 뒤로 물러나 보이게 만듭니다.

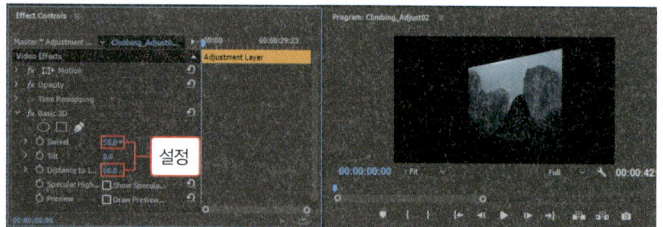

05 V3 트랙의 눈 모양 버튼을 눌러 잠시 끄면, 조정 레이어에 적용된 모션 효과가 V2와 V1 트랙에 영향을 미치지 않는 것을 확인할 수 있습니다.

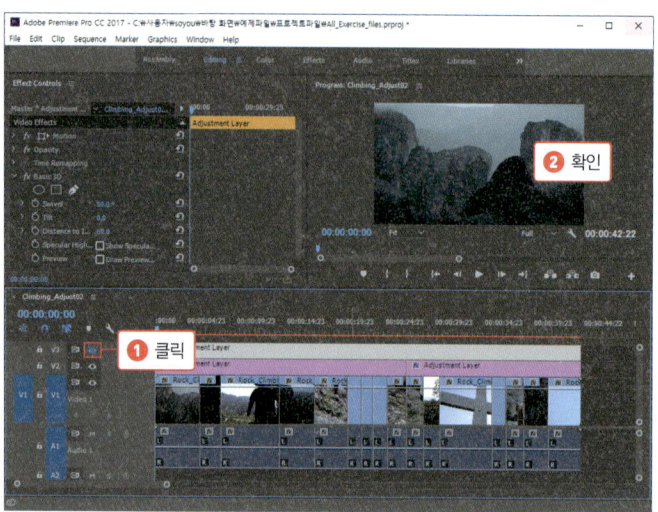

3 Nest 시퀀스 활용하기

Nest는 다수의 클립을 하나의 시퀀스로 묶는 컨테이너와 같은 역할을 합니다. 이렇게 만들어진 Nest 시퀀스는 부모와 자식의 관계처럼 잘게 편집된 원본 시퀀스를 품는 구조로 만들어집니다. 따라서 부모 역할의 Nest 시퀀스에 변화를 주면 자식 시퀀스는 그 영향을 받게 됩니다. Nest 시퀀스는 편집에서 Sub-sequence 등으로 만들어 활용할 수 있습니다.

01 6.3\시퀀스 폴더에서 'Climbing_Nest01' 시퀀스를 사용합니다.
시퀀스 위의 모든 클립들을 마우스로 드래그하여 전체 선택합니다. 그리고 마우스 오른쪽 버튼을 클릭하고 **Nest**를 실행합니다.

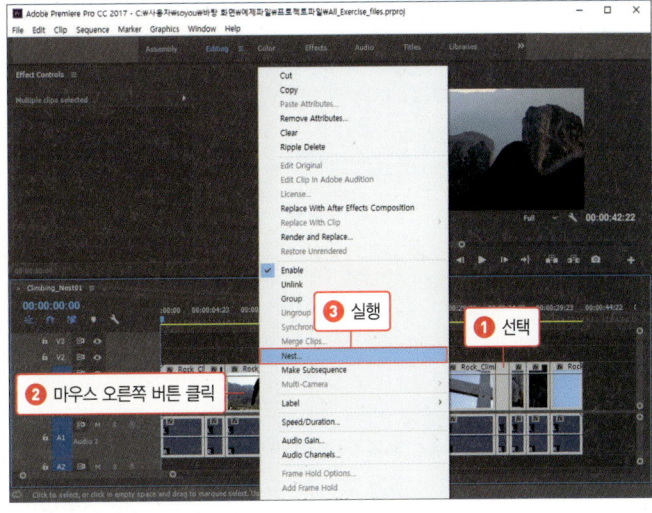

02 Nested Sequence 이름을 'Nested_Sequence 01_climbing'으로 지정하고 〈OK〉 버튼을 클릭합니다.

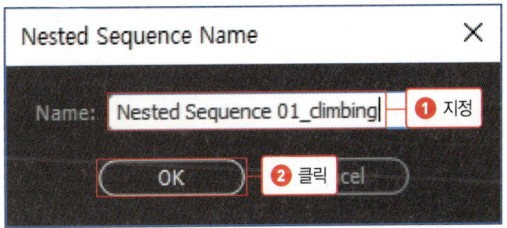

03 타임라인을 살펴보면 조각난 클립들로 이루어진 시퀀스가 하나의 시퀀스로 묶인 것을 확인할 수 있습니다.

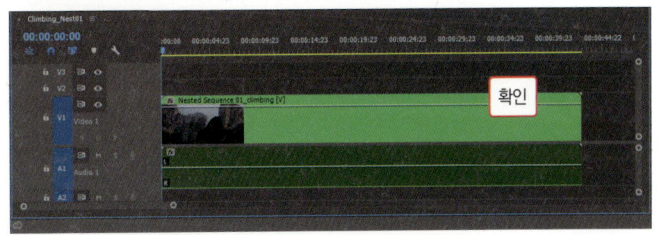

04 Project 패널에서 방금 만든 Nest 시퀀스가 새로 만들어진 것을 확인할 수 있습니다. 이 시퀀스를 6.3 폴더 안에 넣습니다. 타임라인 위의 Nest 시퀀스를 더블클릭합니다.

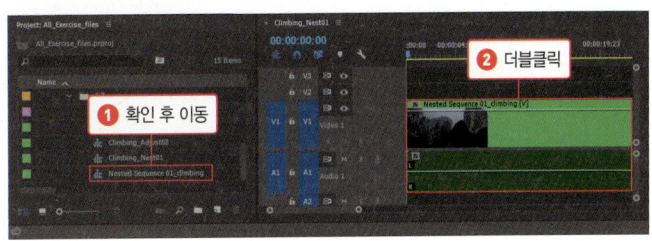

05 시퀀스가 새 탭으로 열리면서 조각난 클립들로 이루어진 원래의 시퀀스가 보입니다.

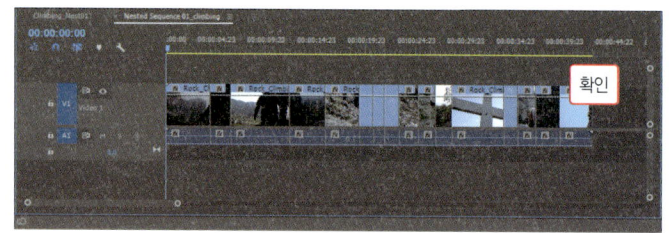

06 다시 상위 시퀀스인 Climbing_Nest01 시퀀스 탭을 눌러 활성화합니다. 이전에 프리셋으로 저장해 놓은 'Dream Scene Preset'을 적용해 봅니다.

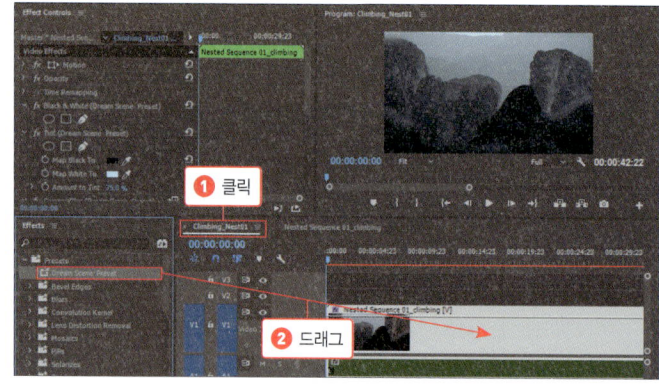

07 Nest 시퀀스와 Adjustment 레이어에도 키프레임 애니메이션을 추가할 수 있습니다.
Tint에 간단한 키프레임 애니메이션을 추가하겠습니다. 00;00;12;10에 플레이헤드를 위치시키고, Amount to Tint에 키프레임을 하나 추가합니다. 그리고 00;00;16;01에 키프레임을 하나 더 추가합니다.

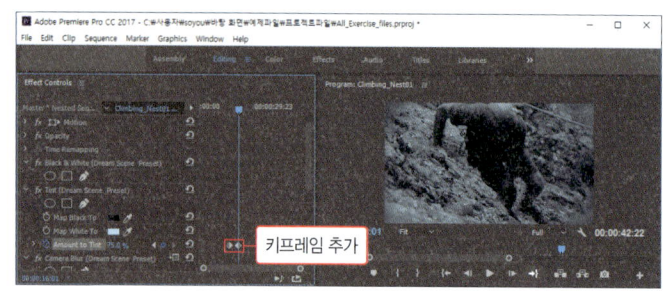

08 첫 키프레임의 Amount to Tint의 매개변수를 '0%'로 설정합니다. 재생해 보면, 영상이 흑백에서 점점 Tint 컬러(청색 필터 톤)로 변하는 것을 확인할 수 있습니다.

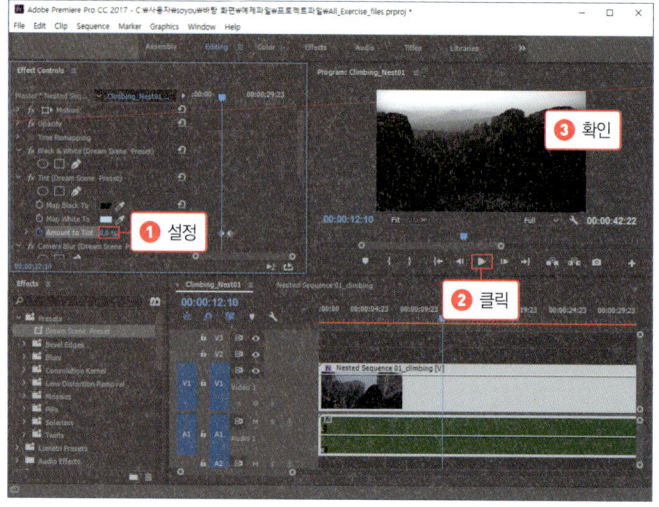

CHAPTER 04
Premiere Pro CC

Master Clips 활용하기

타임라인 위에 편집된 소스 클립의 원본을 마스터 클립이라고 합니다. 이펙트는 이러한 마스터 클립에도 적용 가능합니다. 마스터 클립에 이펙트를 적용하게 되면 타임라인 위에 올린 소스 클립에도 그대로 적용됩니다. 마스터 클립을 타임라인 위에서 편집하여도 이펙트가 적용된 것은 그대로 유지되는 것은 물론, 이미 타임라인 위에 올려진 소스 클립에도 이펙트가 한꺼번에 적용되기 때문에 매우 유용합니다.

|예제 폴더| 모든예제파일\Chapter006_이펙트 기본 활용법\6.4\시퀀스\Interview_Adjust01

01 6.4 폴더에서 'Interview_Adjust 01' 시퀀스를 사용합니다.
타임라인 위의 첫 번째 클립 위에 플레이헤드를 위치시키고, F 키를 눌러 매치 프레임(Match Frame)을 실행합니다. Source Monitor 패널에 편집되기 이전의 원본 클립이 불러들여진 것을 확인할 수 있습니다. 첫 번째 클립만큼 인아웃 마킹되어 보입니다.

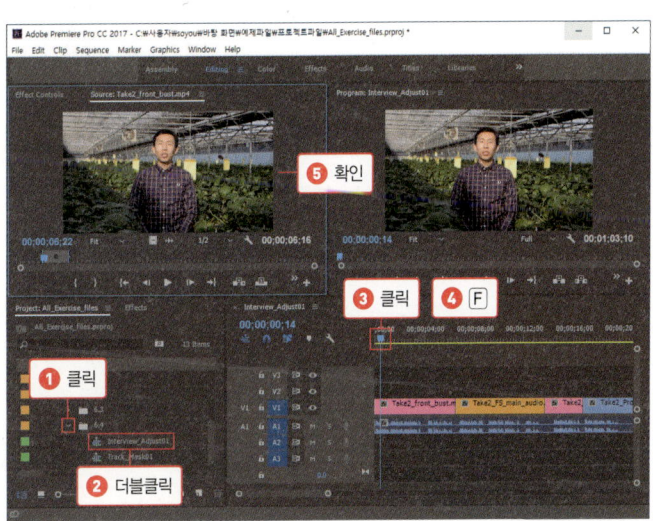

02 첫 번째 클립을 선택하고 Effect Controls 패널을 활성화합니다. 이 패널의 탭을 살펴보면, 'Interview_Adjust01*Take2_front_bust.mp4'로 되어 있습니다. 'Interview_Adjust01' 시퀀스 안의 'Take2_front_bust.mp4' 소스 클립의 조정 탭이 활성화되어 있음을 알려주는 표시입니다.

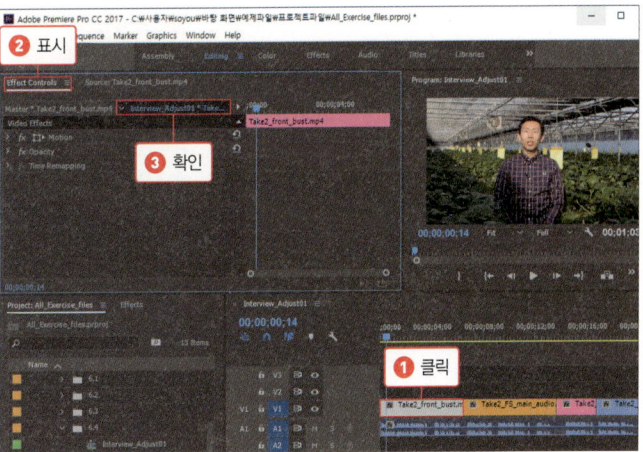

03 이 탭 바로 왼쪽의 탭을 살펴봅니다. 이번에는 'Master*Take2_front_bust.mp4'라고 표기되어 있습니다. 'Take2_front_bust.mp4'의 원본이라 할 수 있는 마스터 클립의 조정 탭이 활성화되어 있음을 알려주는 표시입니다.

04 Effect Controls 패널에서 마스터 클립의 조정 탭을 활성화한 상태로 Effects 패널을 표시합니다. Video Effects → Obsolete 폴더에서 'Shadow/Highlight'를 마스터 클립의 조정 탭에 드래그합니다.

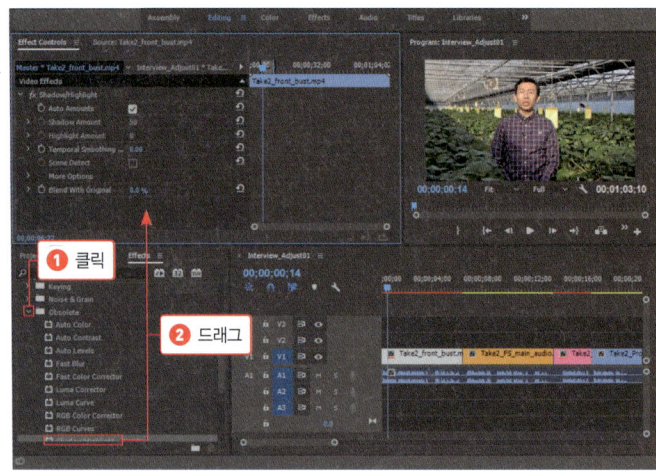

05 타임라인 위의 해당 소스 클립들의 'fx' 라벨 아래에는 빨간색 배지가 생겼고, 타임라인의 렌더 라인이 해당 소스 클립 영역은 빨간색 라인으로 표시된 것 또한 확인할 수 있습니다. 노란색 영역은 마스터 클립이 다른 소스 클립을 의미합니다. 단일 소스 클립에 이펙트가 적용된 것은 아니기 때문에 fx 라벨이 보라색으로 표시되지는 않습니다.

Source Monitor 패널 타임라인을 마우스로 드래그하여 살펴보면 마스터 클립 전체에 이펙트가 적용된 것을 역시 확인할 수 있습니다. 주황색 라벨로 표시된 클립 중 하나를 선택하여 같은 과정을 반복해 봅니다. 그리고 같은 마스터 클립에서 편집된 소스 클립들에 같은 이펙트가 적용되는지 살펴봅니다.

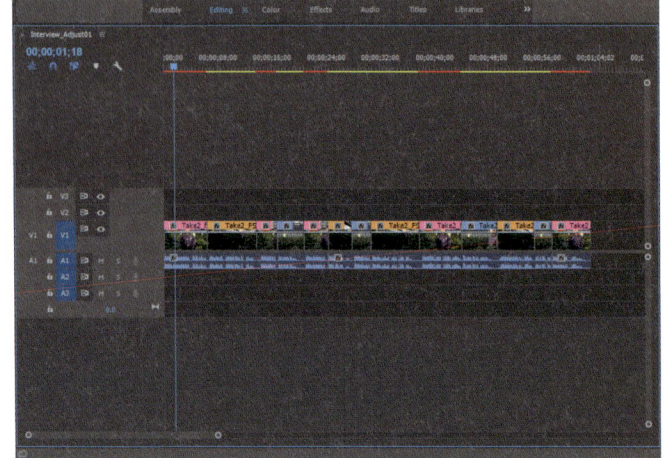

CHAPTER 05
Premiere Pro CC

트랙 마스크 활용하기

트랙 마스크는 화면 위의 특정 부분을 선택하여 가리거나 드러내는 마스크 효과에 움직임을 더한 기능을 말합니다. 이것은 움직이는 마스크 효과라고 볼 수 있는데, 다큐멘터리나 인터뷰 영상에서 초상권이나 저작권이 해결되지 않은 특정 인물의 얼굴 혹은 상표 등을 가릴 때 이 기능을 활용합니다.

|시퀀스| 모든예제파일\Chapter006_이펙트 기본 활용법\6.5\시퀀스\Track_Mask01

1 클립 단위로 마스크 트래킹하기(Track Selected Mask Forward)

01 6.5 폴더에서 'Track_Mask01' 시퀀스를 사용합니다.
주황색 클립 속 남자의 초상권이 해결되지 않아 모자이크 처리가 필요하다는 가정을 하겠습니다. 타임라인 위의 주황색 클립을 선택하고 Effects 패널을 활성화합니다. Video Effects → Stylize 폴더에서 'Mosaic'를 더블클릭하여 이펙트를 적용합니다.

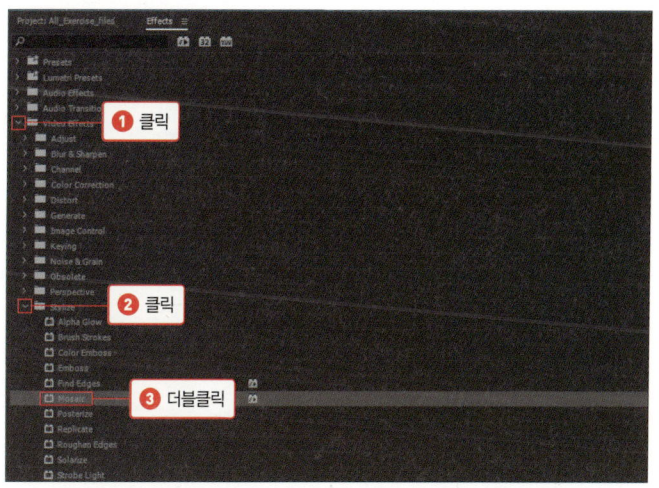

02 Program Monitor 패널을 살펴보면 화면 전체에 모자이크 효과가 적용된 것을 확인할 수 있습니다.
Effect Controls 패널을 활성화하고 Mosaic → Horizontal/Vertical Blocks의 매개변수를 조정해 모자이크를 잘게 쪼갭니다.

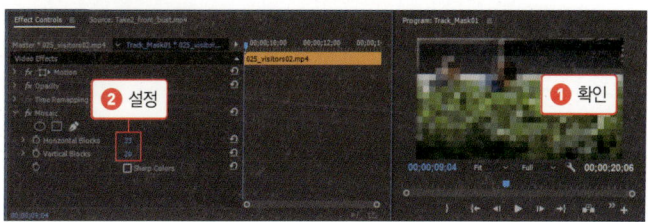

03 영상에서 남자의 얼굴만 가릴 것이므로, 마스크를 추가하겠습니다. 단순히 얼굴을 가릴 것이기 때문에 원형(◯)을 클릭합니다.

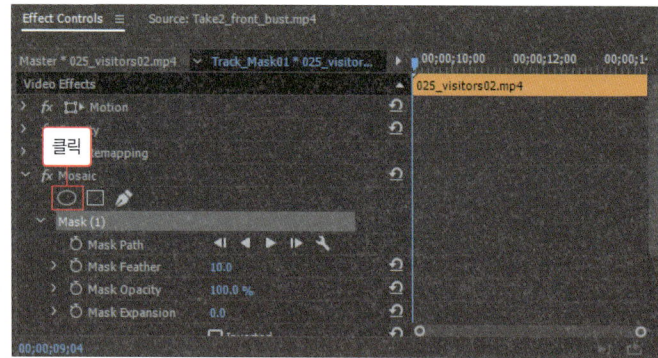

04 프로그램 모니터를 살펴보면 원형 마스크가 만들어진 것을 확인할 수 있습니다. 원형 도형의 꼭짓점을 마우스로 클릭, 드래그하여 남자의 얼굴 크기에 맞춰 마스크 모양을 다듬습니다.

05 Spacebar 키를 눌러 재생해 봅니다. 영상 속 남자는 움직이지만 마스크는 제자리에 있기 때문에 남자의 얼굴이 가려졌다가 드러나는 것을 확인할 수 있습니다. 마스크가 남자의 얼굴을 따라가도록 트래킹해 보겠습니다.

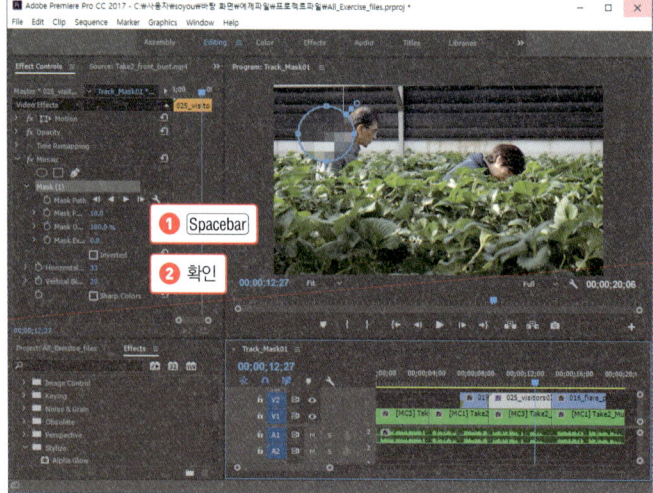

06 마스크 트래킹은 Mask → Mask Path에서 'Track selected mask forward' 아이콘(▶)을 이용합니다.

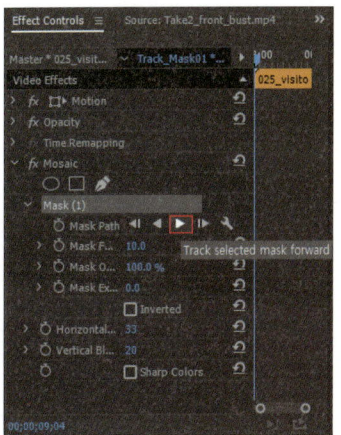

07 우선, 플레이헤드를 주황색 클립의 시작 점에 위치시키고, 마스크가 트래킹을 원하는 영역을 잘 가리고 있는지 확인합니다. 'Track selected mask forward' 아이콘(▶)을 클릭합니다. Tracking Progress 팝업창이 열리고 트래킹이 어느 정도 진행되고 있는지 보여주고, 프로그램 모니터로 프리뷰가 되는 것을 알 수 있습니다.

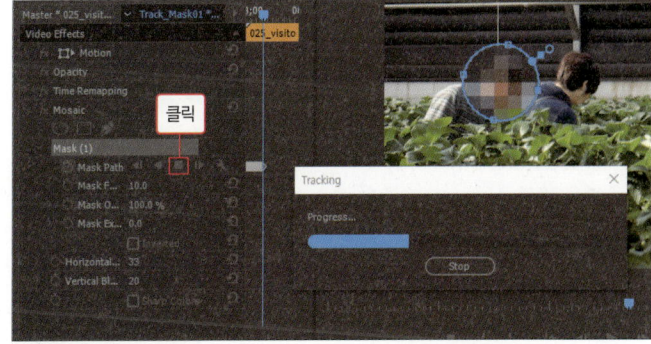

08 자동 트래킹이 끝나고 Effect Controls 패널을 확대하여 살펴보면, Mask Path 옵션에 프레임마다 키프레임이 만들어진 것을 확인할 수 있습니다.
프리미어 프로가 화면 위의 프레임 변화를 계산하여 자동으로 처리하는 기능이기 때문에 가끔 정교하지 않을 수 있습니다. 이런 경우에는 Effect Controls 패널을 확대하여 해당 키프레임을 선택하고 사용자의 편의대로 얼마든지 수정이 가능합니다.

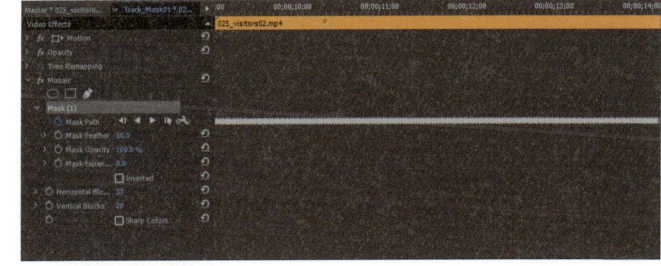

TIP

트랙 마스크의 추가 옵션

Mask Path의 트래킹 버튼 옆에 있는 렌치 아이콘(🔧)을 클릭하면 세 가지 옵션을 선택할 수 있는 메뉴가 표시됩니다. 이 옵션은 마스크가 적용된 대상의 움직임을 트래킹할 때 화면의 어느 정도 움직임을 커버할 것인지를 선택할 수 있습니다. Position은 좌우 움직임, Scale은 카메라와의 거리(가깝거나 멀거나 즉, 화면상에서 크기가 커지거나 작아지거나), Rotation은 회전을 각각 조절합니다. 기본 설정으로 Position, Scale & Rotation이 선택되어 있는데, 이것은 화면의 거의 모든 공간을 트래킹할 수 있기 때문입니다.

2 프레임 단위로 마스크 트래킹하기

01 6.5 폴더에서 'Track_Mask02' 시퀀스를 사용합니다.
주황색 클립에 모자이크 효과를 적용합니다. Effect Controls 패널에서 Mosaic → Horizontal/Vertical Blocks의 매개변수를 조정해 모자이크를 좀 더 잘게 쪼갭니다.

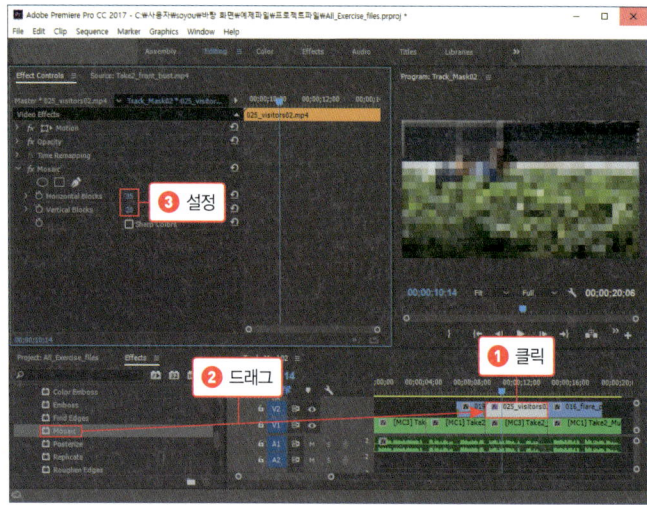

02 앞선 튜토리얼처럼 화면의 일부만 가릴 것인데, 이번에는 원형 마스크(◉)를 여자의 얼굴에 맞춰 마스크 모양을 다듬습니다.

03 플레이헤드를 소스 클립의 처음에 위치시키고 'Track selected mask forward 1 frame' 아이콘(▶)을 클릭합니다. Effect Controls 패널에서 Mask Path 옵션을 살펴보면, 버튼을 누를 때마다 키프레임이 하나씩 만들어지는 것을 확인할 수 있습니다. 이렇게 트래킹 키프레임을 하나씩 만들면서 프로그램 모니터의 마스크 위치와 크기를 조정하게 되면 사용자가 원하는 대로 좀 더 정교한 트랙 마스크 작업이 가능합니다.

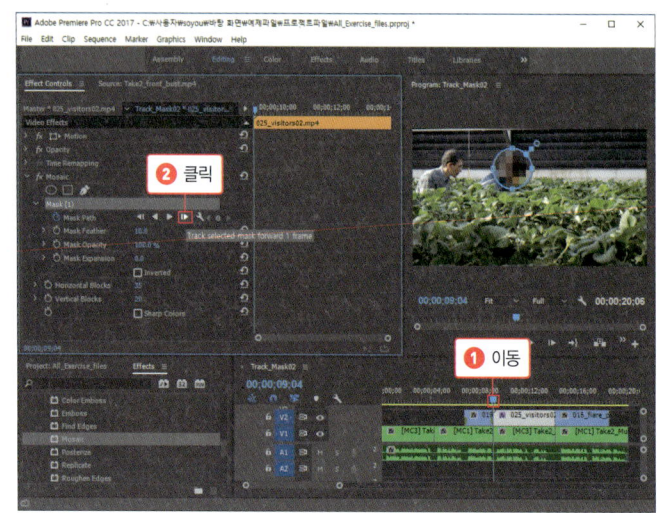

CHAPTER 06
Premiere Pro CC

크로마키 사용하기

크로마키는 촬영물 배경을 바꿀 때 사용하는 촬영 기법입니다. 주로 파란색이나 초록색 천이나 벽으로 만든 배경 앞에서 촬영하기 때문에, 크로마키는 블루 스크린 또는 그린 스크린 기법이라 불리기도 합니다. 크로마키의 배경색은 프리미어 프로에서 제거하고 새로운 배경을 합성하기 때문에 촬영하는 피사체가 가지고 있지 않은 색을 배경색으로 사용합니다.

| 예제 폴더 | 모든예제파일\Chapter006_이펙트 기본 활용법\6.6

1 크로마키로 배경 바꾸기

01 6.6\시퀀스 폴더에서 'Chromakey _edit01' 시퀀스를 사용합니다. V2 트랙 위에 크로마키 촬영 클립이 올라가고, V1에는 배경 클립을 올라갑니다.

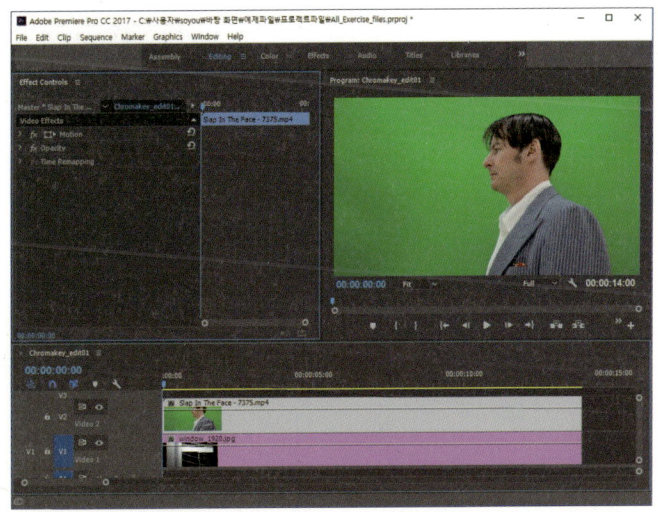

02 V2 트랙 위의 클립을 선택하고 Effects 패널을 표시합니다. Video Effects → Keying 폴더에서 'Ultra Key'를 더블클릭합니다. 아직 어떤 색을 제거할지 프리미어 프로에게 알려주지 않기 때문에 효과를 적용해도 아무 변화가 없습니다.

03 Effect Controls 패널을 표시합니다. Ultra Key → Key Color 오른쪽에 위치한 스포이드로 크로마키 촬영 클립의 초록색 배경을 클릭합니다. 초록색 배경색이 선택됨과 동시에 배경색이 제거되고 V1 트랙 위의 배경 이미지가 비로소 보입니다.

04 간단하게 배경색을 제거했지만 완벽하게 제거된 것은 아닙니다. Output 'Alpha Channel'로 지정합니다.

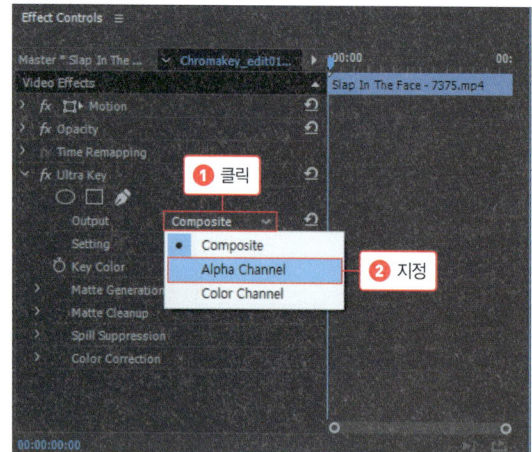

05 클립이 흰색과 검은색으로 이루어진 영상으로 바뀝니다. 여기서 흰색은 화면에 남겨지는 부분이고, 검은색은 제거되는 부분을 의미합니다.

회색으로 표시된 부분이 있는데 이것은 빛이나 그림자 노이즈가 아직 남아 있는 것입니다.

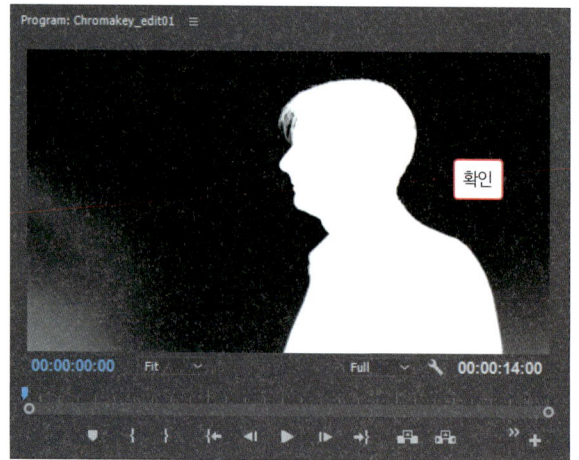

06 Setting을 'Aggressive'로 지정합니다. Program Monitor 패널을 살펴보면 회색 부분이 처음 효과를 적용했을 때보다 많이 제거된 것을 확인할 수 있습니다.

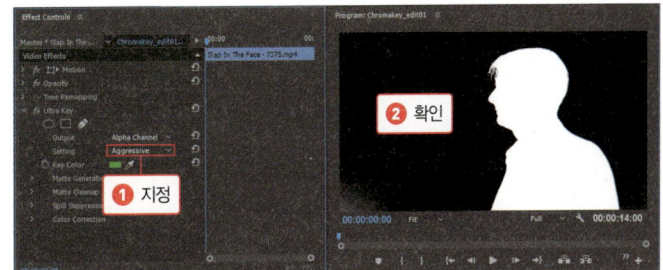

···· TIP ····
이 옵션은 어느 정도로 강력하게 Key Color를 제거할 것인지 프리미어 프로가 사전 설정한 값입니다. Default부터 Relaxed, Aggressive로 갈수록 점점 키 컬러를 빼는 세기가 세다고 볼 수 있습니다. 나오는 결과물은 촬영물의 퀄리티에 따라 다를 수 있습니다. 조명이 얼마나 잘 설치되었느냐에 따라 그림자가 생기는 정도, 배경과 피사체의 콘트라스트 등이 달라질 수 있기 때문입니다.

07 Setting 값을 조정하는 것만으로 Key Color 완벽하게 제거되지 않는다면 다음으로 Matte Generation을 조정해 봅니다. Matte Generation은 Program Monitor 패널에서 보이는 알파 채널 이미지가 최대한 깔끔한 흰색과 검은색으로 이루어지도록 조정합니다. Matte Generation → Shadow를 '37'로 설정합니다.

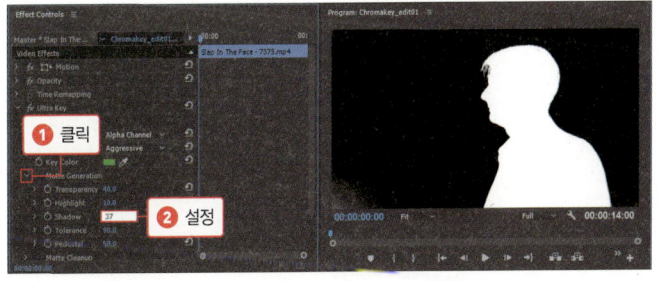

08 조정을 완료하고 Output을 다시 'Composite'로 바꿉니다. Spacebar 키를 눌러 영상을 재생합니다.

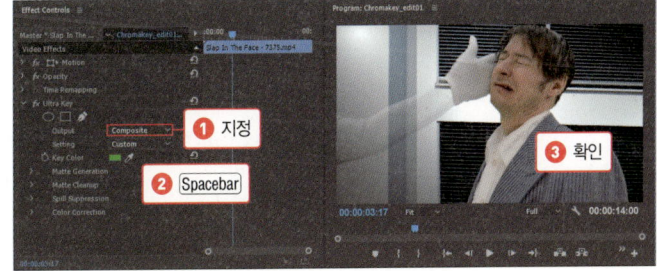

···· TIP ····

Ultra Key 조정 옵션

① **Matte Generation** : 알파 채널 이미지가 최대한 깔끔한 흰색과 검은색으로 이루어지도록 조정합니다.
② **Matte Cleanup** : 알파 채널 이미지의 에지(Edge)와 관련되어 있습니다. 흰색과 검은색 사이의 에지가 또렷하고 정갈하게 다듬어지도록 조정합니다.
③ **Split Suppression** : 피사체(흰색 부분)에 담겨 있는 초록색이나 파란색을 제거하는 옵션입니다. 조명에 반사되어 피사체의 머리카락이나 옷에 묻어난 배경색을 제거합니다. 흰색 앞에 회색을 제거하는 것에 초점을 맞춰 조정합니다.

Chapter6 크로마키 사용하기 **393**

CHAPTER 07
Premiere Pro CC

타임라인 렌더 라인 이해하기

1 렌더 라인의 색과 드롭 프레임 알아보기

타임라인에서 타임코드 아래쪽에 생기는 컬러 라인은 렌더 상태를 알려주는 표시입니다. 클립을 단순히 편집하는 경우에는 렌더 라인이 노란색으로 표시되며, 비디오 또는 오디오 효과가 적용된 영역의 경우 빨간색으로 표시됩니다.

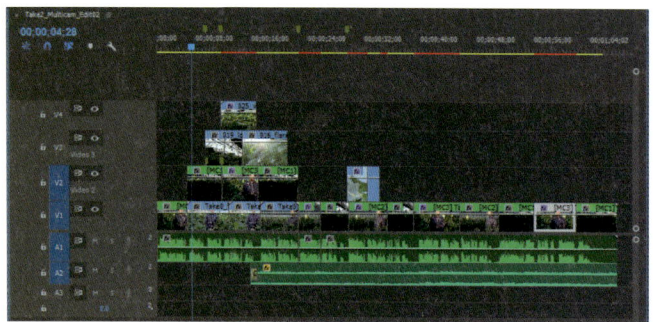

노란색으로 표시되는 영역은 프리미어 프로가 타임라인을 재생할 때 약간의 처리 과정이 필요하지만 누락되는 프레임 없이 보여줄 수 있는 부분을 의미합니다. 빨간색 라인은 프리미어 프로가 타임라인을 재생할 때 거의 누락되는 프레임 없이 프리뷰할 수 있는 것을 의미합니다. 실제로도 누락되는 프레임이 거의 없거나 아예 없긴 하지만 컴퓨터의 성능이나 클립의 질, 적용된 효과의 정도에 따라 누락 프레임이 발생합니다. Program Monitor 패널에서 렌치 아이콘( )을 클릭하고 **Show Dropped Frame Indicator**에 체크하면 실제로 누락 프레임이 발생했는지, 몇 프레임 정도 발생했는지를 알 수 있습니다.

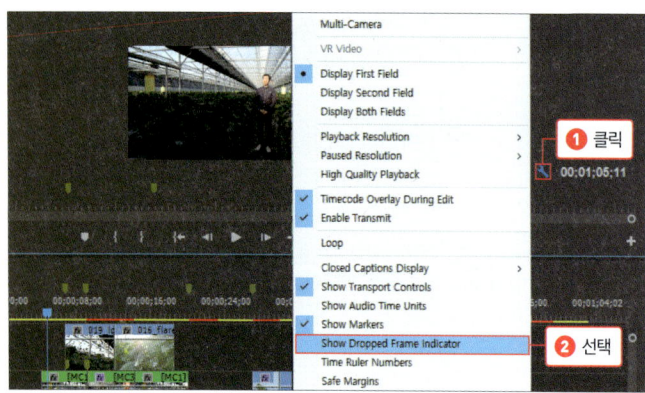

이 옵션을 체크하면 Program Monitor 패널의 타임코드 옆에 초록색 불빛 아이콘이 생깁니다. 이 아이콘이 초록색일 때는 누락 프레임(Drop Frame)이 없다는 것이고, 노란색일 때는 누락 프레임이 발생했다는 것을 의미합니다.

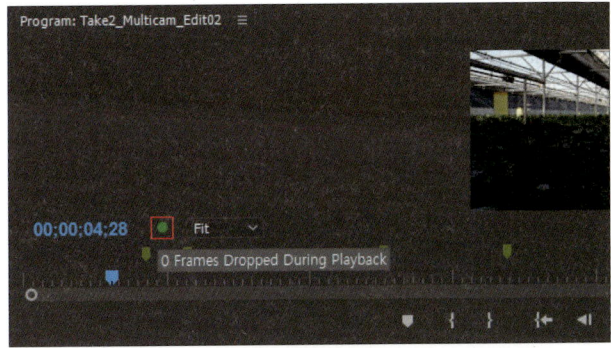

타임라인의 빨간색 렌더 영역을 재생하면서 이 불빛 아이콘에 주목합니다. 타임라인 프리뷰가 끝나고 노란색 불빛 아이콘에 마우스를 올려놓으면 몇 프레임이 누락되었는지 그 수를 알 수 있습니다.

2 프레임 누락 없이 재생하기 01 – 프리뷰 해상도 낮추기

편집이 끝난 시퀀스를 타임라인에서 재생할 때, 드롭 프레임이 발생하면 프리뷰를 제대로 할 수 없을 것입니다. 이 때, 간단한 방법으로 프리뷰 해상도를 낮춰 재생하는 방법이 있습니다. Program Monitor 패널 오른쪽 렌치 아이콘 옆의 재생 해상도(Playback Resolution)를 'Full'에서 '1/2' 로 낮춥니다. 만약, 1/2 해상도로도 누락 프레임이 발생한다면 1/4 해상도로 더 낮춰 봅니다.

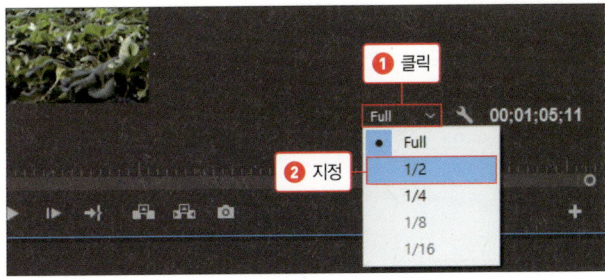

3 프레임 누락 없이 재생하기 02 – 사전 렌더 실행하기

재생 해상도를 낮춰 프리뷰하는 것으로도 누락 프레임이 생긴다면, 빨간색으로 표시된 렌더 영역을 사전 렌더하는 방법이 있습니다. 사전 렌더를 거는 방법에는 몇 가지 옵션이 있습니다.

1 | Render Effects In to Out

시퀀스 상에서 이펙트가 적용된 모든 영역을 렌더합니다.

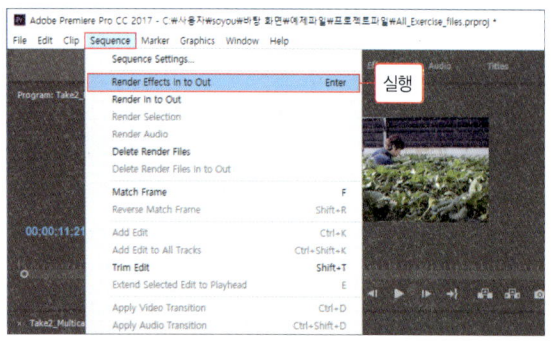 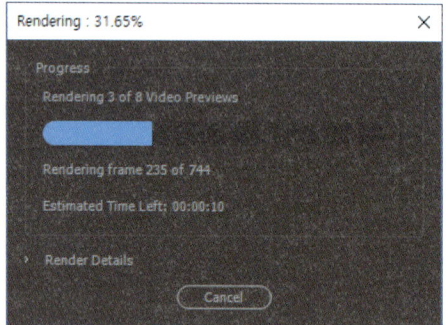

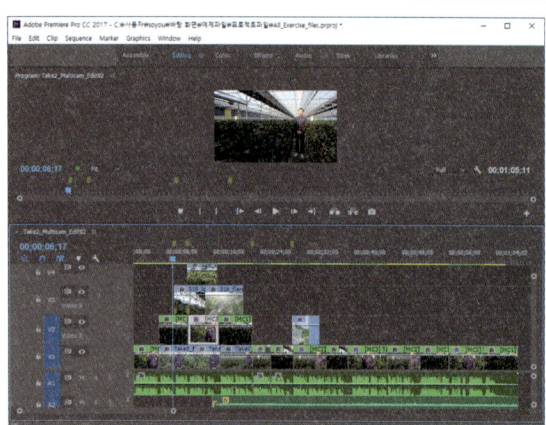

2 | Render Selection

시퀀스 상에서 사용자가 선택한 클립만 렌더합니다. 클립을 단일 선택할 수도 있고, 복수 선택할 수 있습니다.

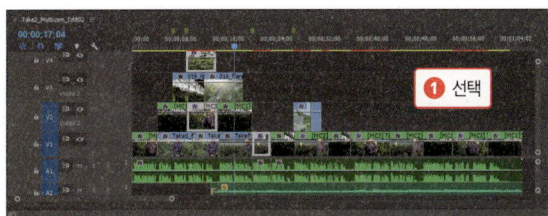
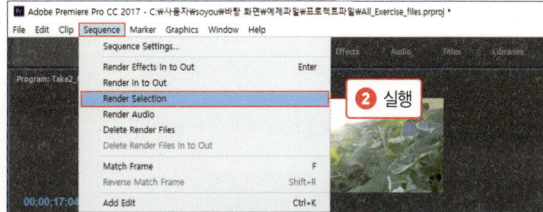
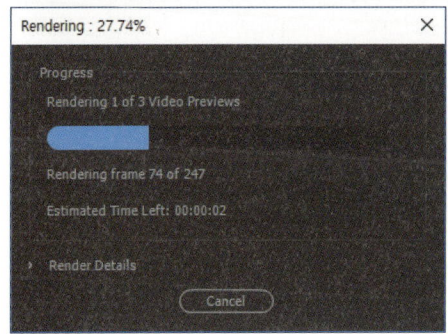
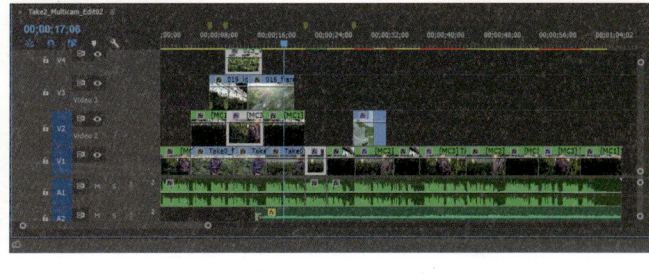

3 | Render In to Out

시퀀스 상에서 마킹된 인아웃 지점을 렌더합니다.

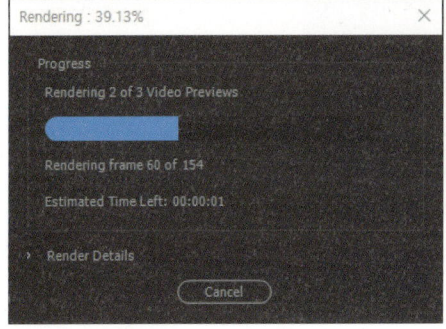
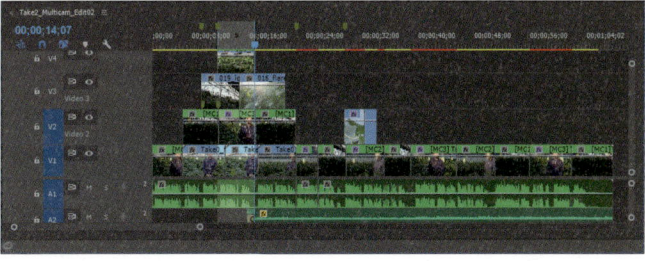

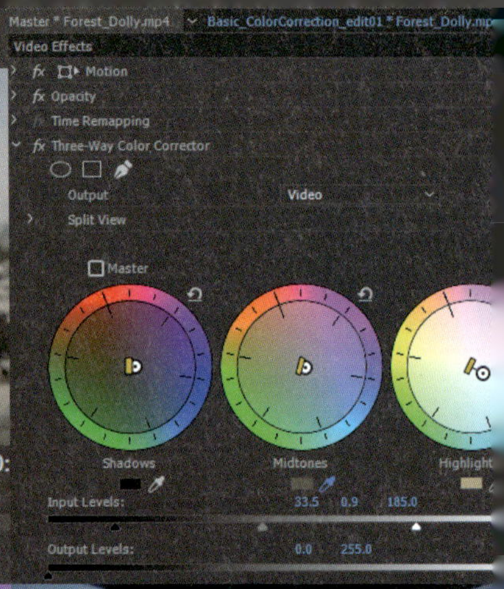

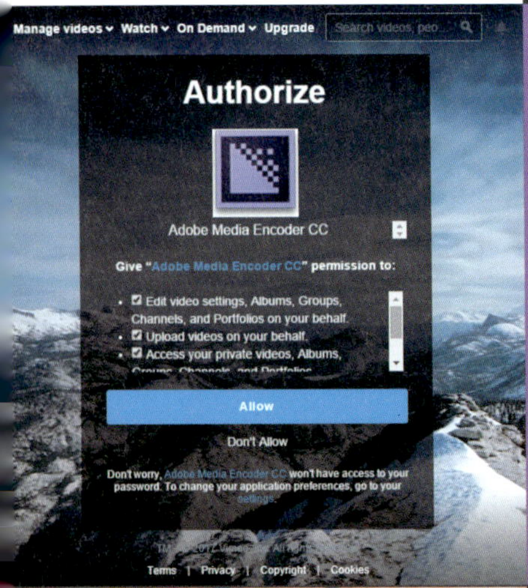

PART 07

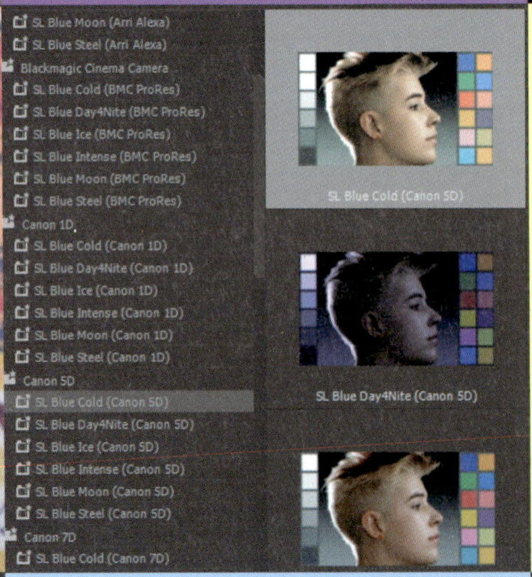

영상 색 조정하기

색 조정은 후반 작업 과정에서 매우 중요한 부분입니다. 개별 클립의 음영 대비(Contrast), 색 밸런스(Color Balance), 노출(Exposure), 채도(Saturation) 등을 시작으로 장면의 분위기와 스타일을 연출하고, 나아가 여러 장면의 일관성이나 장면의 연결성 등을 만드는 도구로 활용할 수 있습니다. 색 조정은 비디오 스코프(Video Scopes)라는 영상의 톤이나 노출을 측정할 수 있는 그래프를 모니터링하면서 작업이 진행됩니다.

CHAPTER 01
Premiere Pro CC

간편 색 조정 툴 사용하기

마치 특정 색상의 필터를 사용한 것처럼 사진이나 영상에 원하지 않는 색상이 전체적으로 드리워져 있는 것을 컬러 캐스트(Color Cast)라고 합니다. 다음으로 소개할 세 개의 색 조정 툴은 흰색, 회색, 검은색을 중화(Neutralizing)시켜 색을 조정함으로써 빠르게 컬러캐스트를 제거합니다. 색 조정을 위해 샘플링된 영역의 색을 중화하는 조정은 영상 전체에 적용됩니다. 예를 들어, 만약 클립이 원하지 않는 푸르스름한 색을 가지고 있다면, 흰색의 균형을 맞출 때 화이트 밸런스 조정은 청색을 중화시키기 위해 노란색을 첨가합니다. 이때, 노란색은 클립 전체의 모든 색상에 추가됩니다.

| 예제 폴더 | 모든예제파일\Chapter007_색 조정\7.1

1 Auto Color 사용하기

검은색 부분과 흰색 부분을 잘라내고, 중간 색조 부분을 상쇄시켜 이미지의 톤을 조정합니다.

01 7.1\시퀀스 폴더 'Basic_Color Correction_edit01' 시퀀스를 사용합니다. 첫 번째 클립(빨간색 라벨)을 선택하고, Effects 패널에서 'Auto Color'를 찾아 적용합니다.

02 Effect Controls 패널에서 Auto Color의 fx 토글 버튼을 껐다 켜면서, 효과 적용 전후를 비교합니다. 클립 전체에 드리워져 있던 색 컬러캐스트가 제거되고, 콘트라스트 역시 어느 정도 나아진 것을 확인할 수 있습니다.

03 Black Clip과 White Clip 매개변수를 조정하면 클립의 콘트라스트를 조정할 수 있습니다. 하지만 Auto Color 효과의 경우에는 매개변수를 따로 조정하지 않고 적용된 상태 그대로 놔두는 것이 더 효과적입니다.

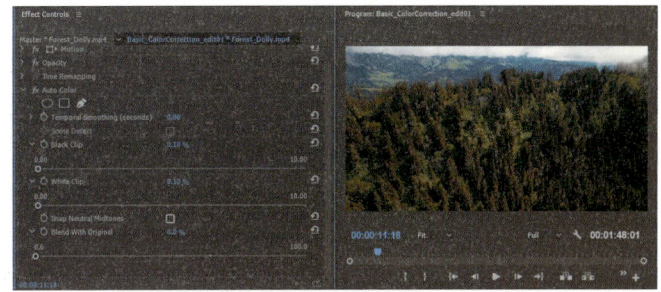

2 Fast Color Corrector 사용하기

이 효과는 사용자가 프리미어 프로에 샘플을 추출하여 색 정보를 넣어야 합니다. 클립에서 어느 부분이 반드시 흰색, 검은색, 회색이어야 하는지 스포이드를 사용하여 샘플을 추출해 알려줍니다.

01 7.1\시퀀스 폴더에서 'Basic_Color Correction_edit01' 시퀀스를 사용합니다. 두 번째 클립(주황색 라벨)을 선택하고, Effects 패널에서 'Fast Color Corrector'를 찾아 적용합니다.

02 Effect Controls 패널을 표시합니다. 〈Auto Black Level〉 버튼 아래, Black Level과 White Level의 오른쪽 스포이드를 이용하여 클립에서 검은색이어야 하는 부분, 흰색이어야 하는 부분을 순차적으로 샘플링합니다.

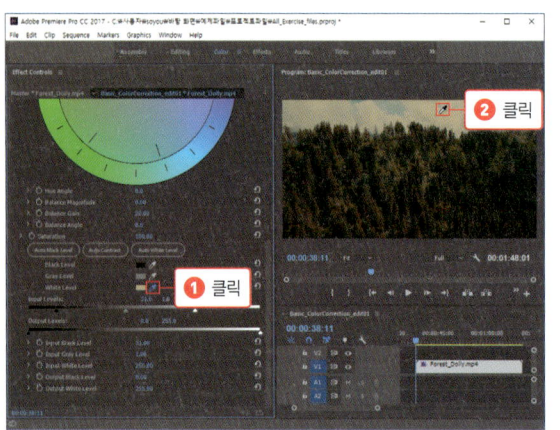

03 마지막으로 Gray Level도 스포이드로 샘플링합니다.

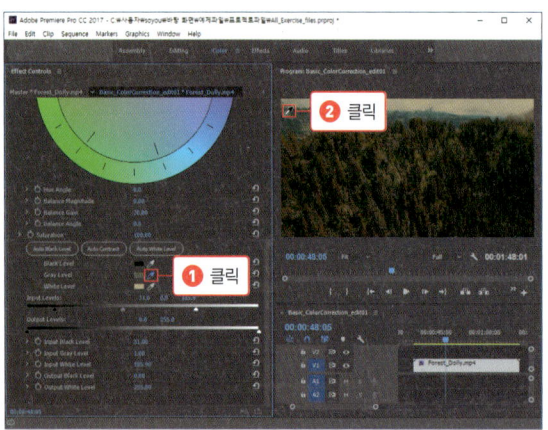

04 Input Levels의 슬라이드를 드래그하여 콘트라스트를 좀 더 조절합니다.

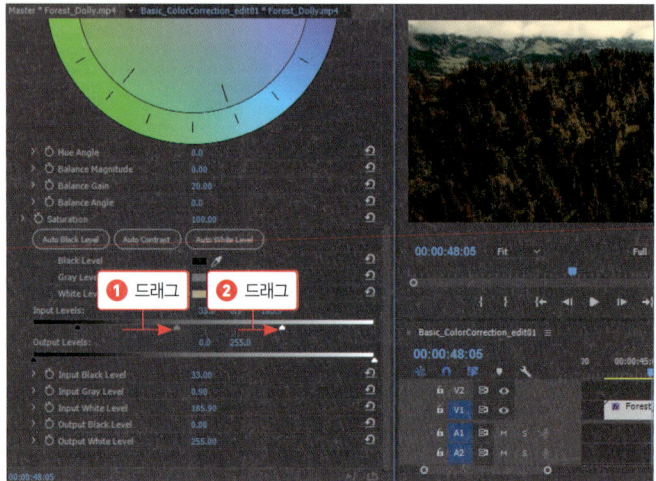

05 톤과 콘트라스트 조절을 마치고, 다음으로 색을 조절합니다. Effect Controls 패널에서 스크롤을 올려 'White Balance' 옵션이 보이도록 합니다.

클립에서 흰색이어야 하는 부분을 White Balance 오른쪽 스포이드로 클릭하여 추출합니다. 구름의 색을 관찰해 보면 노르스름한 컬러캐스트가 잡혀 있는 것을 확인할 수 있습니다. 이 부분을 스포이드로 샘플링합니다.

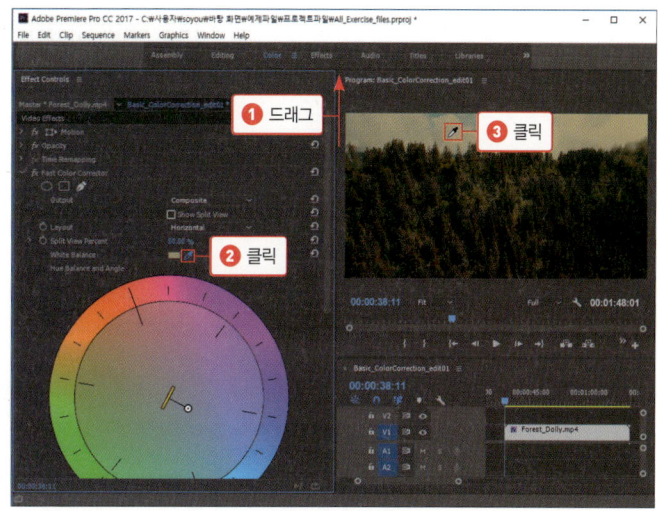

06 색을 추출함과 동시에 화면 전체의 컬러캐스트가 제거됩니다.

07 White Balance 아래에 위치한 컬러 휠(Color Wheel) 가운데 위치한 하키 공 모양의 퍽(Puck)을 드래그하면 드래그한 방향에 맞춰 색이 조정됩니다. 가운데서 멀어질수록 색 조정에 쓰이는 색은 더욱 짙어집니다. 이는 컬러 휠 바로 아래 위치한 Balance Magnitude의 매개변수와 연동됩니다. 퍽을 움직이면 Balance Magnitude의 값도 함께 바뀝니다.

---- TIP ----
색을 조정할 때 어떤 색을 얼마만큼 추가할지를 조정할 때 사용합니다. 카메라 필터를 사용하는 것과 같은 효과로 사용자의 임의로 원하는 색을 더할 수 있습니다.

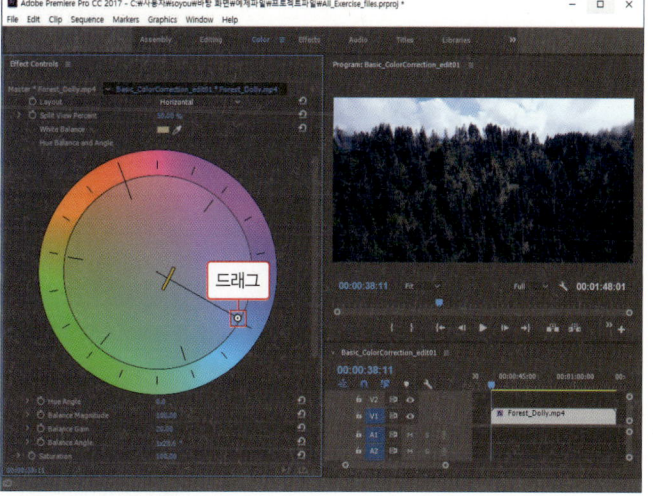

08 퍽 뒤에 위치한 작은 막대기는 색의 적용 강도를 조절합니다. 막대기를 마우스로 클릭, 드래그하여 가운데서 멀어질수록 색 적용 강도가 세집니다. 컬러 휠 바로 아래 위치한 Balance Gain의 매개변수와 연동됩니다. 막대기를 움직이면 Balance Gain의 값도 함께 바뀝니다.

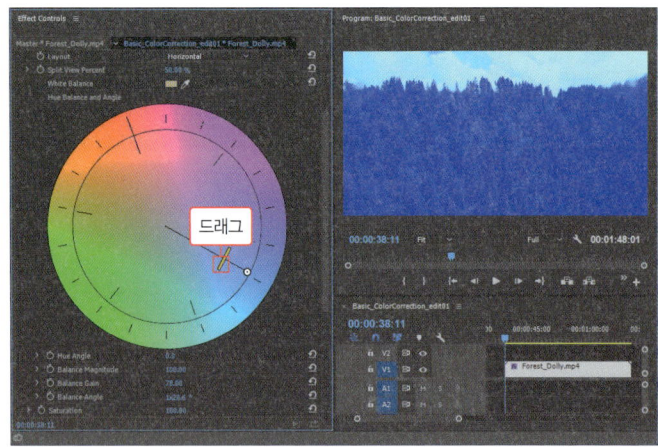

09 컬러 휠 바깥쪽의 다이얼을 돌리면 색의 농도와 적용 세기를 고정해 놓은 상태에서 조정색만 변경할 수 있습니다.

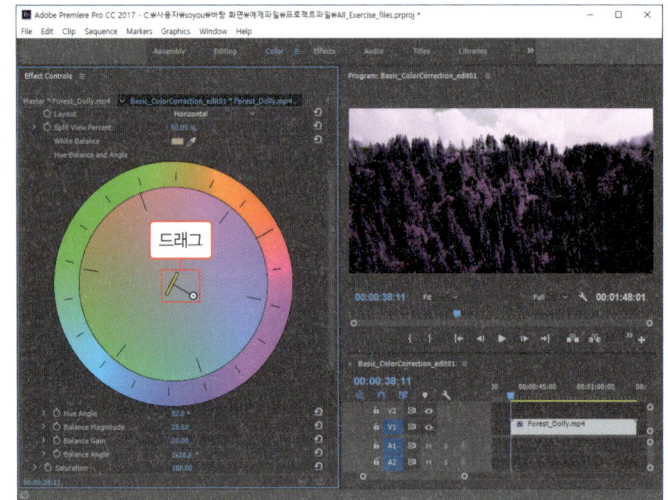

10 만약 컬러 휠 부분을 조절한 것들이 마음에 들지 않는다면, 휠 아래 매개변수를 조정했던 옵션에서 되돌리기 토글 버튼을 누르면 원래대로 되돌릴 수 있습니다.

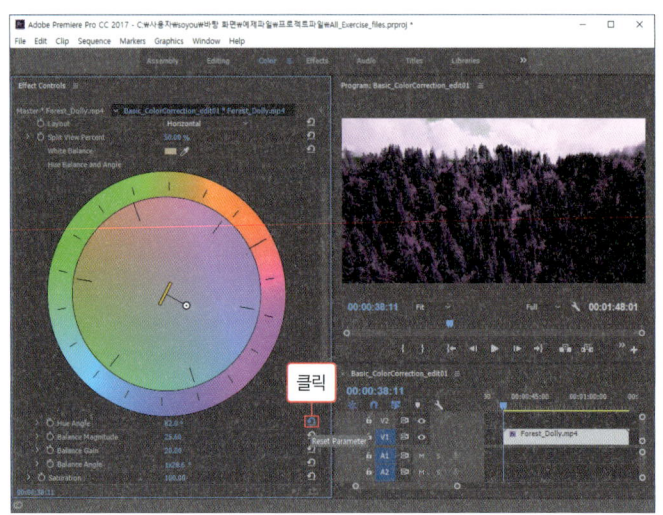

11 마지막으로 Saturation을 조정하면 클립 속 모든 색상의 채도를 높이거나 줄일 수 있습니다. 100에서 숫자를 더 높이면 채도가 올라가 색상이 더 선명해지고, 숫자를 낮추면 채도가 낮아져 흑백에 가까워집니다.

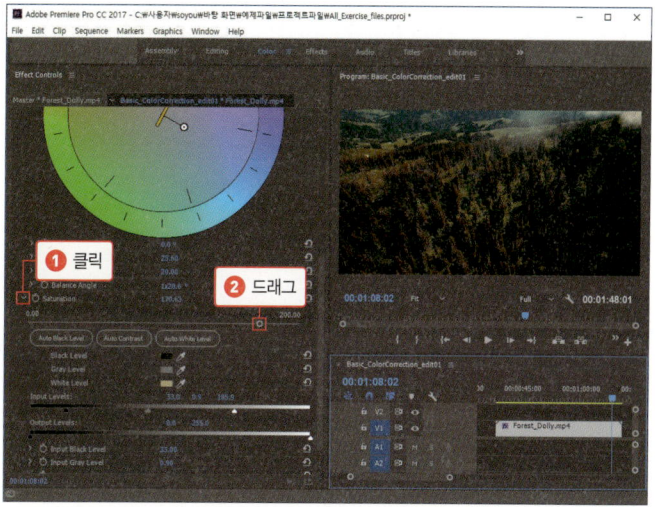

12 Effect Controls 패널에서 'Fast Color Corrector' 옆의 fx 토글 버튼을 껐다 켜면서 효과 적용 전후를 비교합니다.

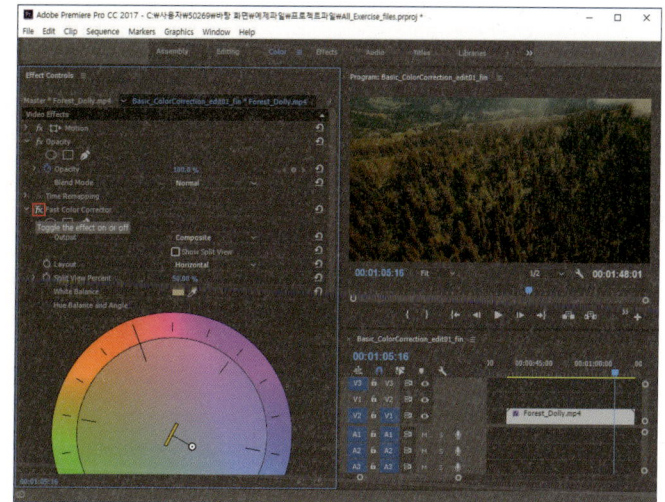

13 Layout를 'Vertical'로 바꾸고, Split View Percent의 매개변수를 조정하면 효과 적용 전후 화면을 좌우로 비교 가능합니다.

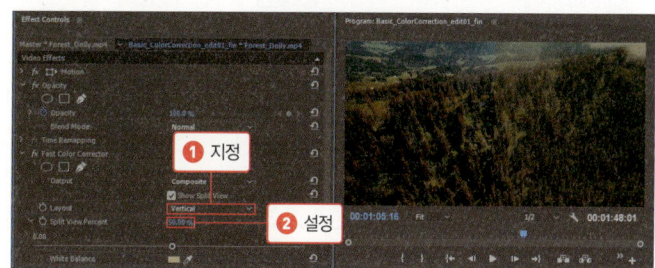

3 Three-way Color Corrector 사용하기

Fast Color Corrector에서의 조정 옵션들을 어두운 부분, 중간 톤 부분, 밝은 부분 이렇게 세 가지 영역으로 더 세분화되어 조정합니다.

01 7.1\시퀀스에서 'Basic_Color Correction_edit01' 시퀀스를 사용합니다. 세 번째 클립(보라색 라벨)을 선택하고, Effects 패널에서 'Three-Way Color Corrector'를 찾아 적용합니다.

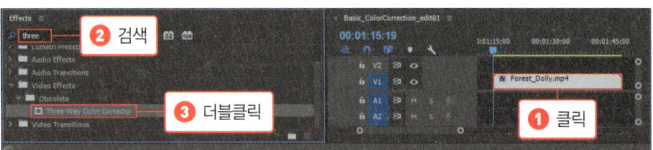

02 Effect Controls 패널에서 Three-Way Color Corrector → Auto Levels를 펼치고 Black Level과 White Level 오른쪽의 스포이드를 이용하여 클립에서 검은색이어야 하는 부분, 흰색이어야 하는 부분을 각각 클릭합니다.

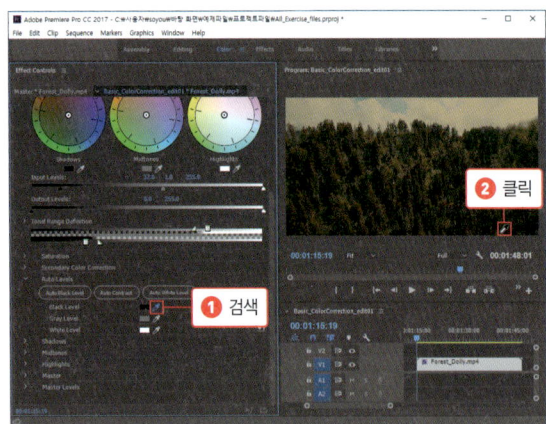

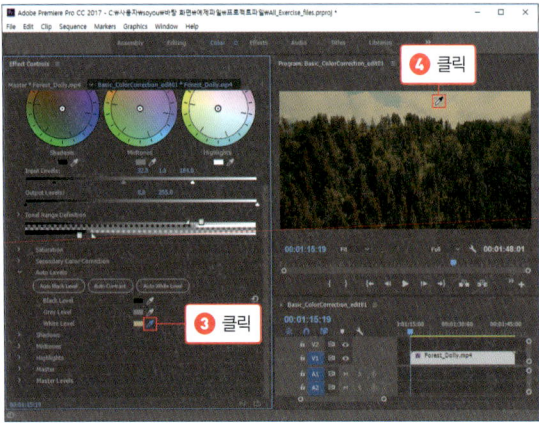

03 마지막으로 Midtone도 스포이드로 샘플링합니다.

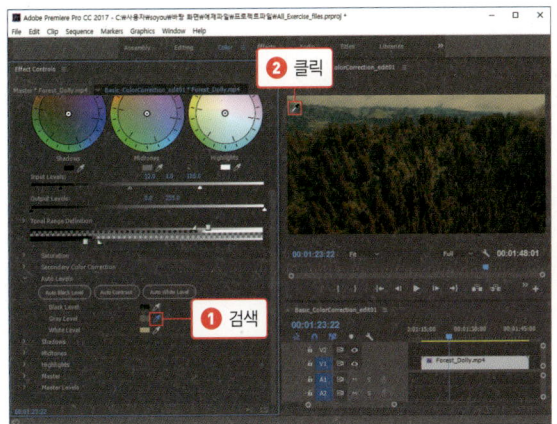

04 Input Levels의 슬라이드를 드래그하여 콘트라스트를 조금 더 조절합니다.

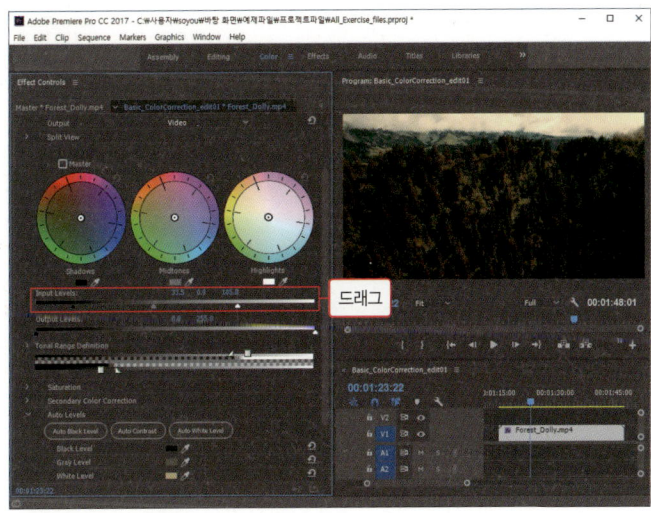

05 이렇게 톤과 콘트라스트 조절을 마치고, 다음으로 색을 조절하겠습니다. Three-Way Color Corrector의 White Balance 옵션은 세 가지 컬러 휠로 조정합니다. 클립에서 검은색이어야 하는 부분을 Shadow의 스포이드를 이용하여 샘플링합니다. 샘플링을 하면 컬러 휠 안의 퍽과 막대기가 자동으로 움직이면서 조정됩니다.

06 이어서 흰색이어야 하는 부분을 Highlights의 스포이드를 이용하여 샘플링합니다.

07 샘플링을 하면 컬러 휠 안의 퍽과 막대기가 자동으로 움직이면서 조정됩니다.

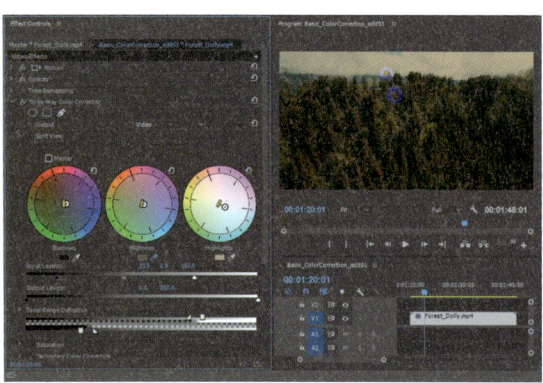

08 퍽과 막대기를 드래그하여 좀 더 세부 조정을 합니다. Saturation 옵션을 조정할 때, Master Saturation을 조정하면 세 가지 세부 톤에 상관없이 클립 전체의 채도가 조정됩니다.
Effect Controls 패널에서 Three-way Color Corrector 옆의 fx 토글 버튼을 껐다 켜면서 효과 적용 전후를 비교합니다.

···· TIP ····························
완성된 예제 파일은 7.1\완성된 예제파일 폴더의 'Basic_ColorCorrection_edit01_fin' 시퀀스를 통해 확인해 볼 수 있습니다.

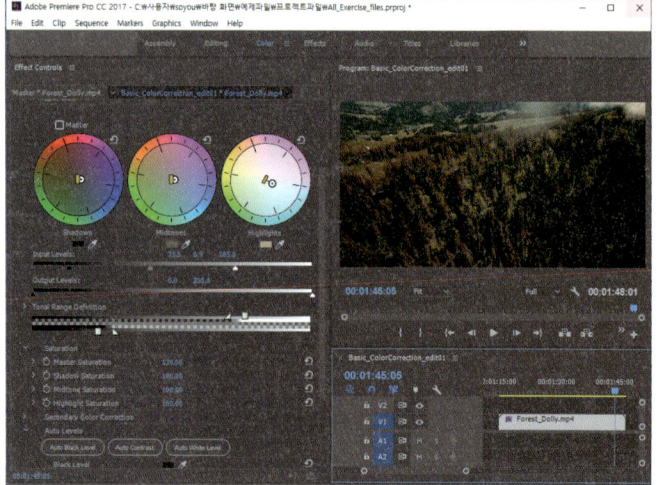

CHAPTER 02
Premiere Pro CC

Lumetri Color Toolset으로 색 조정하기

앞서 세 가지의 간편 색 조정 툴을 학습하였습니다. 루매트리 색 조정 툴(Lumetri Color Toolset)을 이용하여 보다 전문적인 색 조정 과정을 경험해 봅니다.

|예제 폴더| 모든예제파일\Chapter007_색 조정\7.2

1 LUTs(Look Up Table)로 빠르게 색 조정하기

별다른 세부 조정 없이 신속하게 색 정보를 수정하고 싶을 때 사용합니다. LUTs 목록은 프리미어 프로의 버전에 따라 다르게 보일 수 있습니다. LUTs를 적용하고 그것을 바탕으로 세부 조정을 할 수 있습니다.

01 7.2\시퀀스 폴더에서 'Lumetri_edit01_LUTs' 시퀀스를 사용합니다 Workspace를 Color로 바꾸겠습니다. [Window] → Workspace → Color를 선택합니다. 환경 설정을 바꾸지 않고, Editing 모드에서 [Window] → Lumetri Color를 실행하여 패널을 따로 꺼내 써도 좋습니다.

02 Lumetri Color 패널에서 Basic Correction 항목을 클릭하여 표시합니다. Input LUTs을 'ARRI_Universal_HD'로 지정합니다.

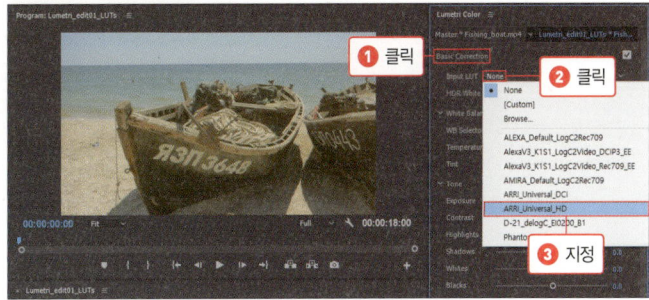

03 효과 적용만으로 톤과 콘트라스트, 색감이 동시에 보정된 것을 확인할 수 있습니다.

04 White Balance 옵션 중 Temperature(색 온도) 슬라이더를 이용하여 전체적인 색감을 조절합니다.

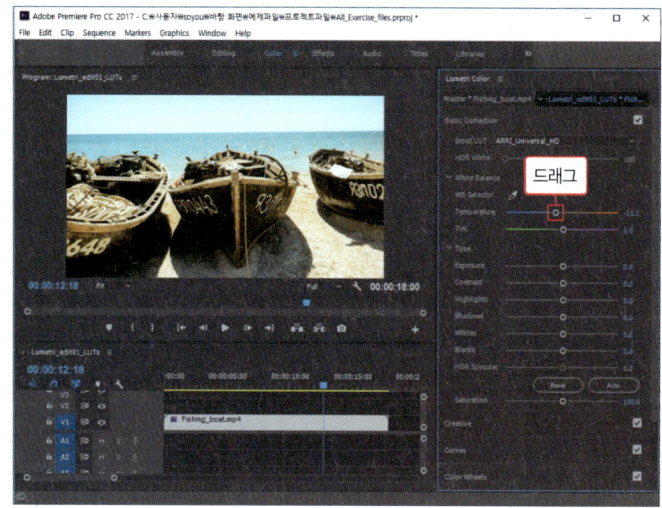

05 Tone 옵션을 조절하면서 조금 더 보정합니다.

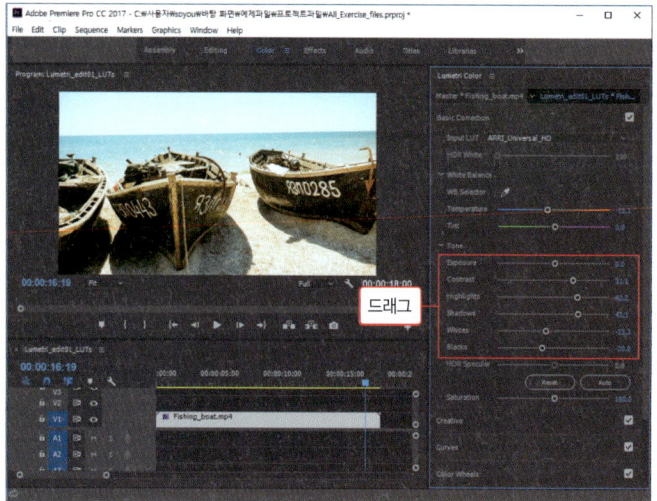

2 컬러캐스트 제거하기(White Balance 맞추기)

색 조정의 1단계는 이미지 전체에 드리워진 컬러캐스트를 제거하는 것입니다. White Balance를 맞추고, 이미지 속의 흰색이 True White가 되도록 이미지 속의 검은색이 True Black이 되도록 만듭니다.

01 Project 패널에서 7.2\시퀀스 폴더에서 'Lumetri_edit02_Color_Correction' 시퀀스를 사용합니다.
클립을 선택하고 Lumetri Color 패널과 Lumetri Scopes 패널을 모두 활성화합니다. Lumetri Scopes는 Source 패널 그룹 영역에서 활성화됩니다.

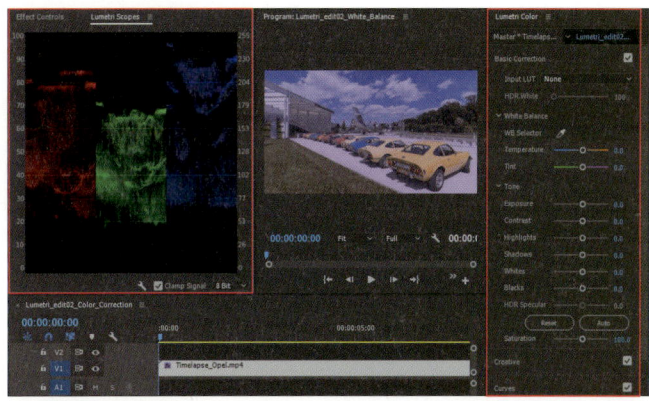

02 우선, Lumetri Scopes 패널을 살펴봅니다. 패널 아랫부분에 'Settings' 아이콘(🔧)을 클릭하고 뷰 모드가 현재 **Parade(RGB)**로 되어 있는지 확인합니다. 만약 다른 모드로 되어 있다면, 이 모드에 체크하고 Parade Type을 RGB로 바꿔 줍니다.

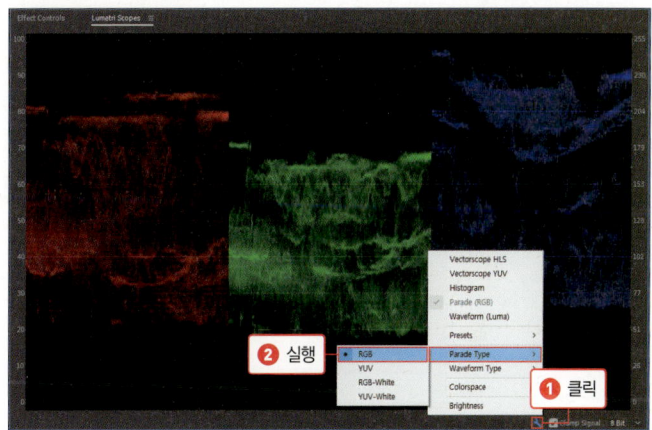

03 RGB Parade 그래프를 살펴봅니다. 이것은 영상 속 이미지의 RGB 세 가지 색의 분포도를 나타내는 그래프입니다. 왼쪽의 0부터 100은 어두운 영역부터 밝은 영역을 수치로 나타내고 있습니다. 이 클립의 경우 밝은 영역에 파란색이 세게 들어가 있고 상대적으로 초록색은 미드톤에 많이 눌려 있습니다. 세 가지 색 모두 어두운 영역은 비어 있는데, 클립의 이미지를 살펴보면 콘트라스트와 Shadow 영역이 약한 것을 확인할 수 있습니다.

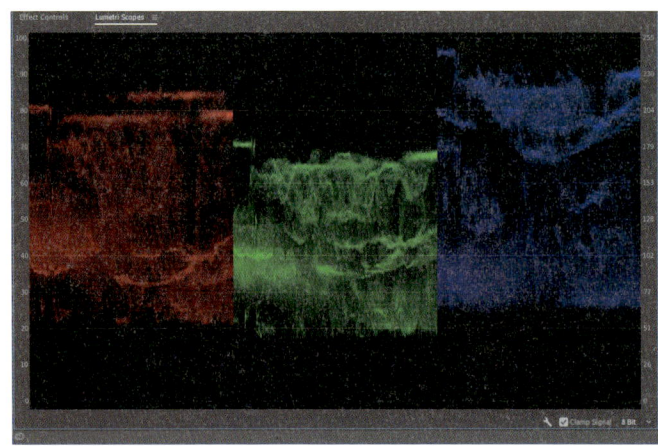

04 컬러캐스트를 제거하고 알맞은 White Balance를 갖게 하는 것은 이 RGB Parade 그래프를 모니터 삼아 진행합니다. Lumetri Color 패널에서 Basic Correction 항목을 표시하고, White Balance 옵션에 스포이드를 이용하여 클립에서 흰색으로 보여야 할 영역을 샘플링합니다. 하늘의 구름이 샘플링하기 적당할 것입니다.

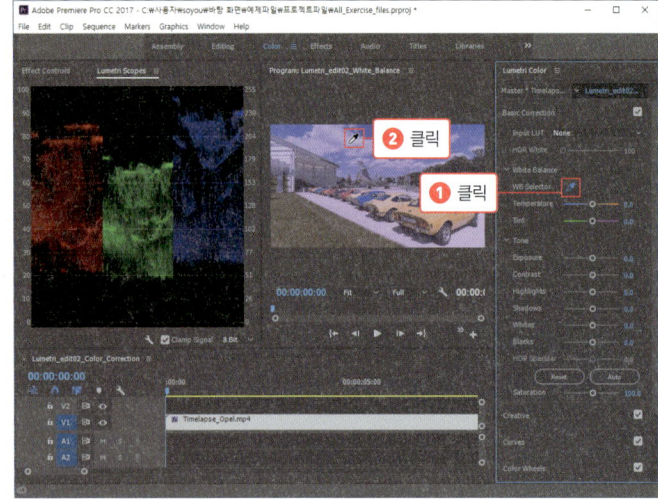

05 White Balance를 수정하여 파란색 컬러 캐스트가 거의 제거되었습니다. RGB Parade를 살펴보면 세 가지 색 그래프가 20부터 80까지 거의 고르게 분포된 것을 확인할 수 있습니다. 그래프를 살펴보면 0~20, 80~100 사이의 영역이 여전히 비어 있는데, 밝은 영역과 어두운 영역의 대비가 없어서 콘트라스트가 여전히 약한 것을 알 수 있습니다.

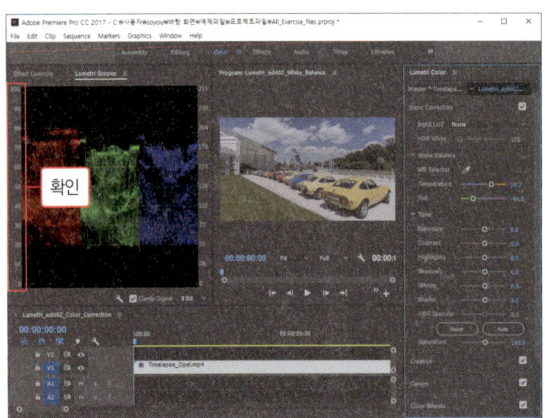
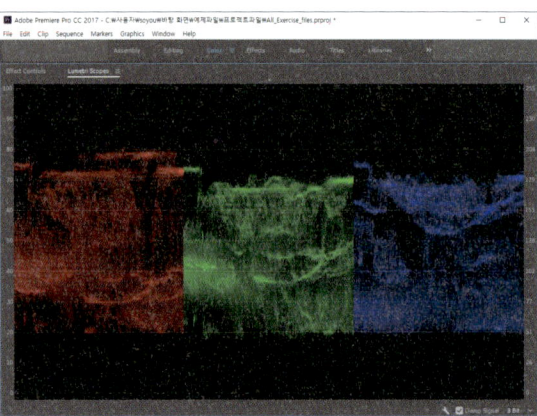

3 적절한 톤 만들기

톤은 일반적으로 이미지의 노출(Exposure)과 관련이 있습니다. 어두운 영역, 밝은 영역 그리고 중간 톤 영역이 고르게 분포된 이미지를 만들어 콘트라스트 문제를 해결합니다.

01 Lumetri Color 패널에서 Curves 항목을 표시합니다. RGB Curves 그래프를 수정하여 알맞은 톤을 만들 것입니다. RGB Curves 그래프는 Luma Curve(흰색 버튼)와 RGB Curve(빨간색, 초록색, 파란색 버튼) 이렇게 네 가지 조정 버튼으로 이루어져 있습니다.

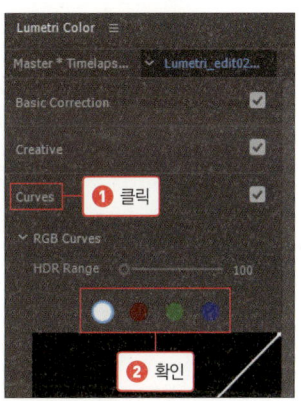

02 Luma Curve는 Luma Scopes 그래프 중 Waveform(Luma) 모드로 모니터링하면서 조정합니다. Luma Scopes 패널의 'Settings' 아이콘(🔧)을 클릭하고 모드를 바꾼 다음, 다음 조정을 시작할 것입니다. **Parade(RGB)**의 체크 표시를 해제하여 잠시 꺼 둡니다.

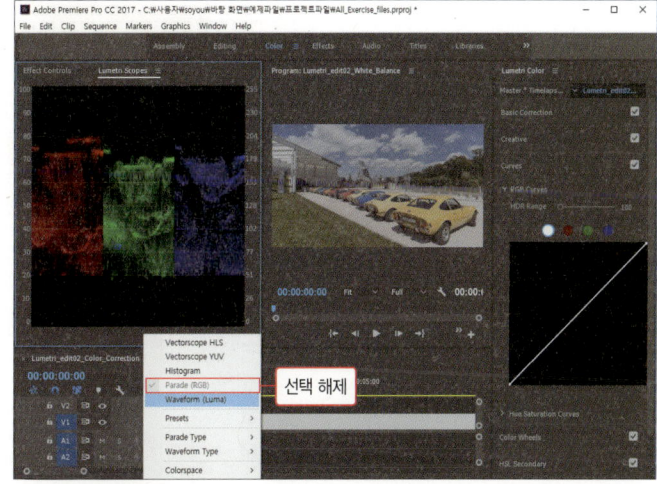

03 'Settings' 메뉴에서 **Waveform Type → Luma**를 선택합니다.
RGB Parade 그래프에서 본 분포도와 비슷하게 20부터 80까지 영역에만 머물러 있습니다. 마찬가지로 좌측의 0부터 100까지는 어두운 영역부터 밝은 영역까지를 표시하는 수치입니다. 그래프가 이 수치 안에 고루 분포되어야 적절한 톤을 가졌다고 할 수 있습니다.

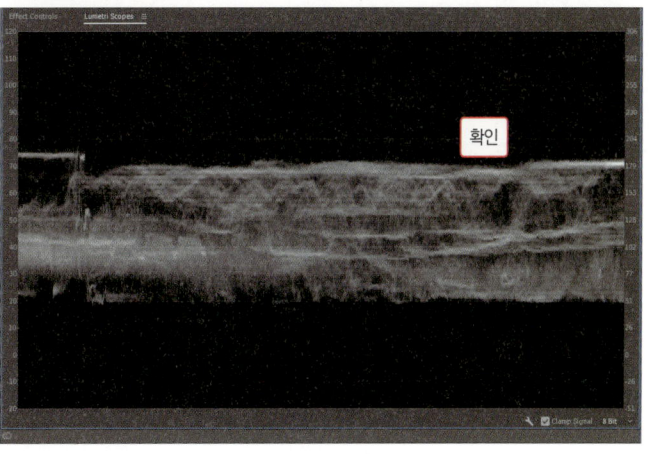

04 Lumetri Color 패널로 넘어와서 Luma Curve에 세 점을 추가합니다.

Luma Curve의 그래프에서 왼쪽 아래는 어두운 영역을, 오른쪽 위는 밝은 영역을 나타냅니다. 커브 그래프에 다섯 개의 점 중 대각선 방향으로 각 모서리에 위치하는 점 두개는 각각 어두운 영역, 밝은 영역을 나타내며 중간의 세 점은 중간 톤을 나타냅니다.

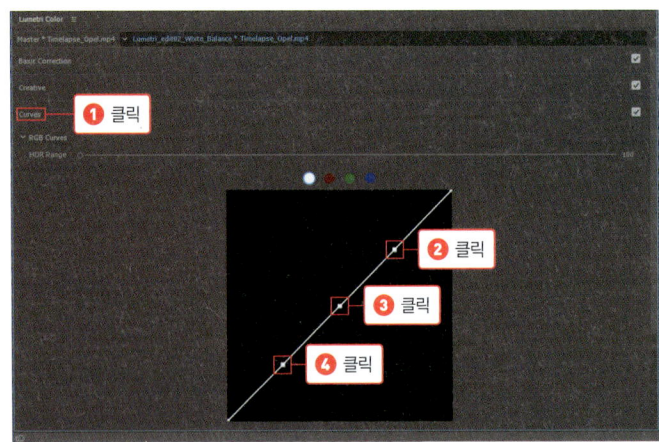

05 대각선에서 2/5에 위치한 왼쪽에서 두 번째 점(Lower Midtone)을 드래그하여 아래로 내립니다. 이미지에서 어두운 영역이 추가되면서 콘트라스트가 훨씬 개선된 것을 확인할 수 있습니다.

Luma Waveform을 살펴보면 어두운 영역이 채워지면서 그래프가 0까지 고르게 분포된 것을 확인할 수 있습니다.

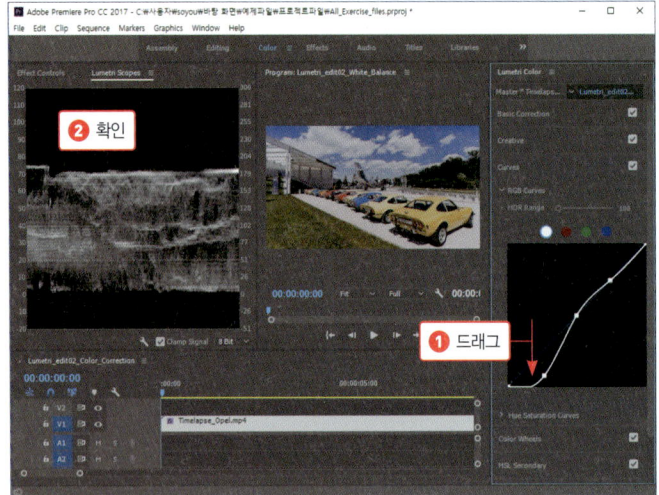

06 이번에는 대각선에서 4/5에 위치한 오른쪽에서 두 번째 점(Upper Midtone)을 드래그하여 위로 올립니다. 이미지에서 밝은 영역이 추가되면서 콘트라스트가 훨씬 개선된 것을 확인할 수 있습니다. Luma Waveform을 살펴보면 밝은 영역이 채워지면서 그래프가 100까지 고르게 분포된 것을 확인할 수 있습니다.

07 Luma Scopes 패널로 돌아와서 **Waveform(Luma)**을 끄고 다시 **Parade (RGB)**를 켭니다. RGB 세 가지 색이 거의 적절한 분포를 보이고 있는데, 빨간색이 하이라이트 부분에 좀 많이 섞여 있는 것으로 파악됩니다.

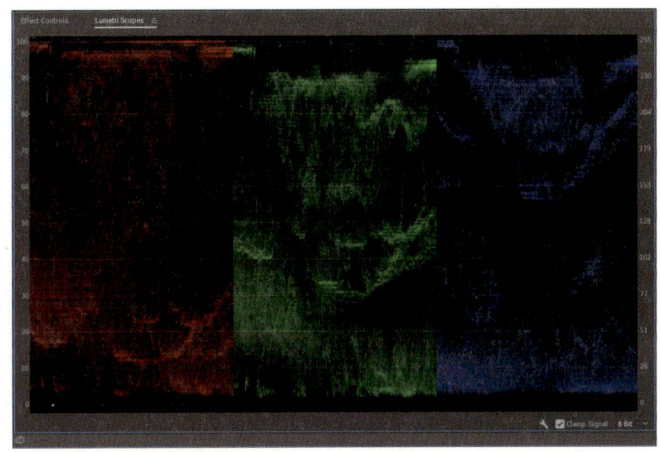

08 RGB Curve에서 빨간색 토글 버튼을 눌러 Red Curve를 활성화합니다. 세 점을 추가하고, Upper Midtone을 조정합니다. Parade(RGB)를 살펴보면 높게 솟아있던 Red Parade의 하이라이트 영역이 다른 두 가지 색과 동일한 레벨로 감쇄된 것을 확인할 수 있습니다.

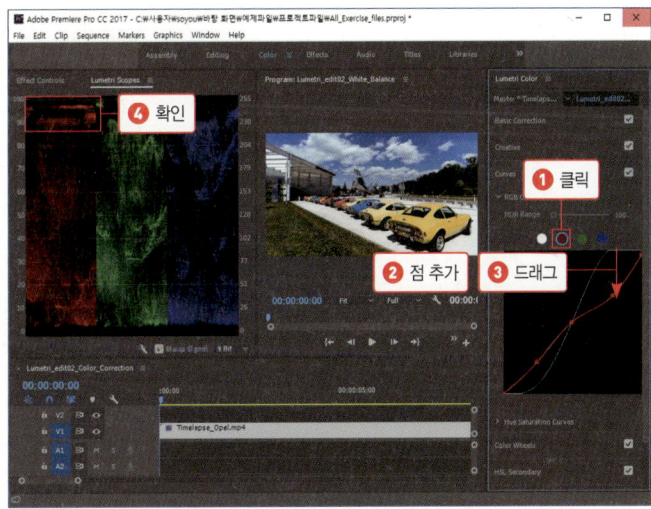

09 다시 Basic Correction 항목을 표시합니다. RGB Parade의 그래프 분포를 보면서 Tone 옵션의 세부 조정으로 조금 더 이미지를 다듬어 봅니다.

---- TIP ----
현재 이미지는 충분히 풍부한 색과 대비를 가지고 있지만 사용자의 임의로 사용자의 취향에 맞게 이미지를 조정하는데 의의를 둡니다. 정답은 없지만 많은 변화보다는 아주 미세한 변화를 주는 것이 더 좋습니다.

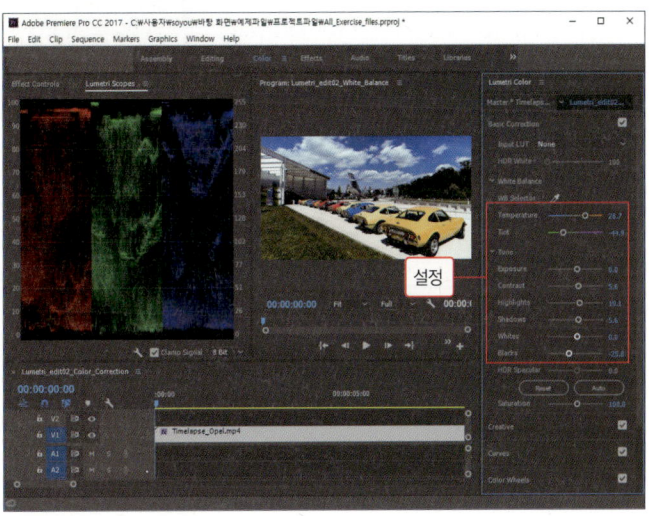

4 색상과 채도 조정하기

01 Lumetri Scopes 패널의 뷰 모드를 **VectorScope YUV**로 바꾸고, **Parade (RGB)**는 체크 해제합니다.

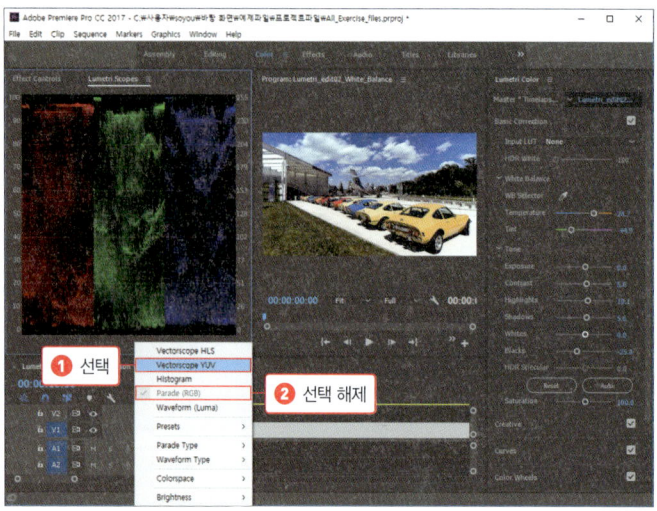

02 VectorScope를 살펴봅니다. Red, Magenta, Blue, Cyan, Green 그리고 Yellow의 색상계가 표시되어 있습니다. 가운데 회색으로 분포도가 표시되는데, 원의 가운데로 몰릴수록 채도가 낮고, 원의 바깥으로 퍼질수록 채도가 높은 것을 의미합니다.

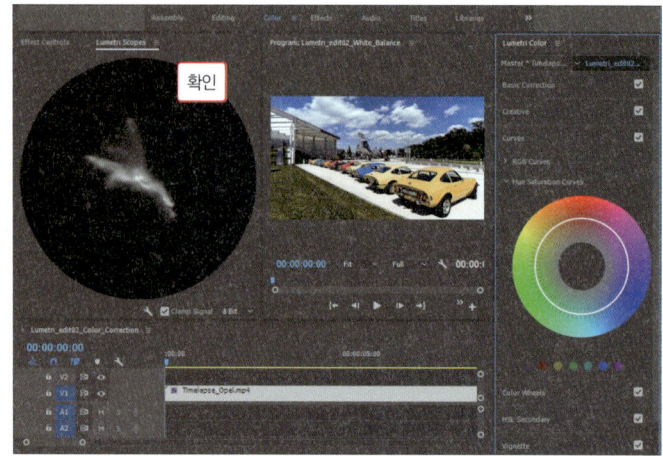

03 Lumetri Color 패널에서 Curves 항목을 엽니다. VectorScope를 모니터링하면서 Hue Saturation Curve를 조정하여 클립 전체의 색상과 채도를 조정하겠습니다.
Hue Saturation Curve의 흰색 원형 라인을 드래그하여 안쪽으로 밀면 이미지 전체의 채도가 낮아지고, 바깥쪽으로 밀면 이미지 전체의 채도가 높아집니다.

04 흰색 원형 라인을 마우스로 클릭하면, 원하는 색 영역에 점을 추가하고 색 조정을 할 수 있습니다. 라인 위에 직접 점을 추가할 수도 있고, 아래의 컬러 버튼을 마우스로 클릭해도 점이 추가됩니다.

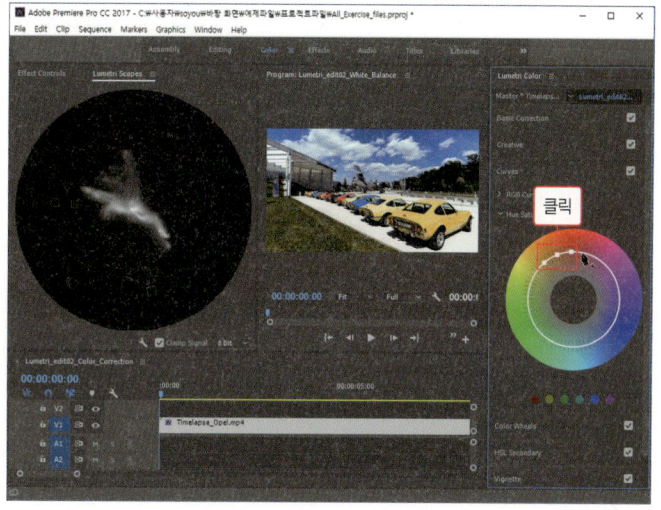

05 점을 드래그하여 안쪽으로 밀거나 바깥쪽으로 밀어 채도를 수정합니다. 클립에서 색이 더 선명하게 나오길 원한다면 조정점을 바깥쪽으로 밉니다. 노란색 자동차에 노란색을 더 넣어 선명도를 높이고, 잔디에도 초록색을 더 넣어 선명도를 높여 봅니다.

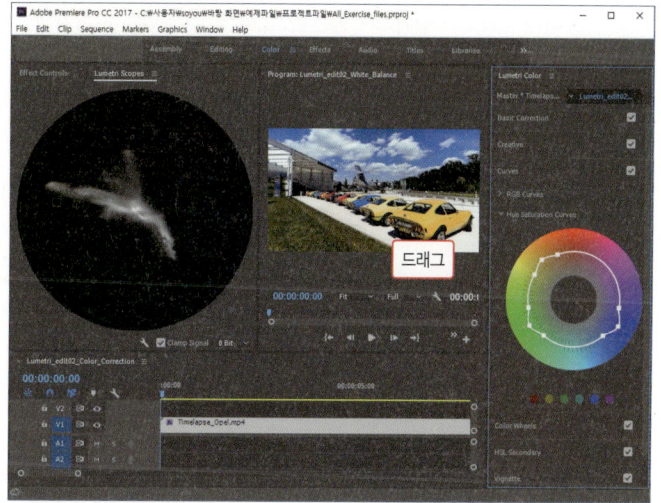

06 Color Wheels 항목을 표시합니다. Shadows(어두운 영역), Midtones(중간톤), Highlights(밝은 영역)에 특정 색을 추가할 때 쓰입니다. 예를 들어, Midtones의 색상계를 붉은 계열쪽으로 이동시키면 클립의 중간톤 부분이 전체적으로 붉은 색조를 띄게 만들 수 있습니다.

07 컬러 휠 가운데에서 바깥으로 멀어질수록 색의 채도가 높습니다. 왼쪽 슬라이더는 색상 적용 강도를 높이거나 줄일 수 있습니다. 만약 조정을 취소하고 되돌리고 싶다면 색상계 가운데를 더블클릭합니다.

08 마지막으로 Vignette 항목을 엽니다. 이 옵션은 클립 전체에 Vignette 효과를 추가할 수 있습니다. Amount의 슬라이드를 왼쪽으로 밀면 검은색 비네트 효과를, 오른쪽으로 밀면 흰색 비네트 효과를 추가할 수 있습니다.

완성된 예제파일 폴더에서 'Lumetri_Color_Correction_fin' 7.2\시퀀스\시퀀스를 통해 색 조정을 마친 클립을 확인할 수 있습니다.

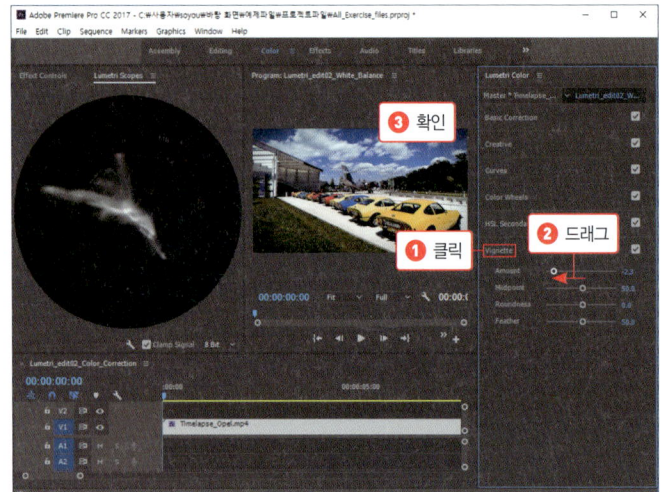

5 커스터마이징한 색 조정 값을 LUT로 저장하기

사용자가 임의로 색 조정한 값을 하나의 프리셋처럼 저장하여 사용할 수 있습니다. 이렇게 만들어진 Custom LUT(Look Up Table)은 같은 카메라 또는 비슷한 조건에서 촬영된 풋티지(Footage)에 기초 색 조정 값으로 사용하면 효율적인 작업이 가능합니다.

01 7.2\시퀀스 폴더에서 'Lumetri_edit03_Saving_as_a_LUT' 시퀀스를 사용합니다.

타임라인 위의 두 클립은 같은 카메라로, 다른 장소에서 촬영한 클립입니다. 빨간색 클립에는 이미 색 조정 효과가 적용되어 있는데 이를 LUT으로 저장하여 보라색 클립에 똑같은 색 조정 효과를 적용해 보겠습니다.

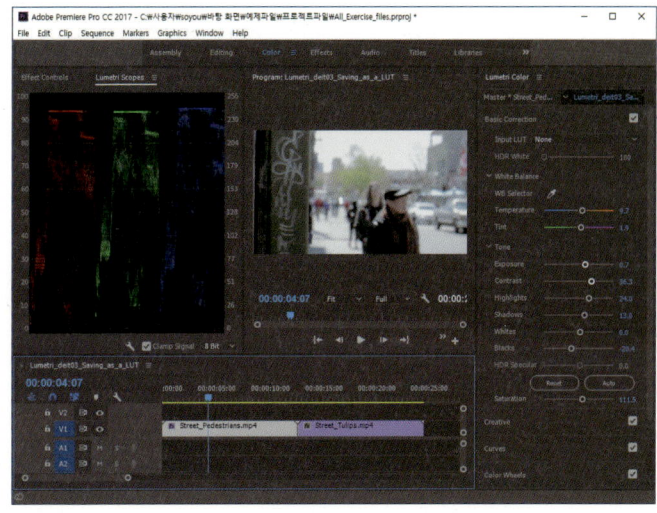

02 빨간색 라벨의 클립을 선택하고, Lumetri Color 패널 윗부분 메뉴에서 **Export.cube**를 실행합니다.

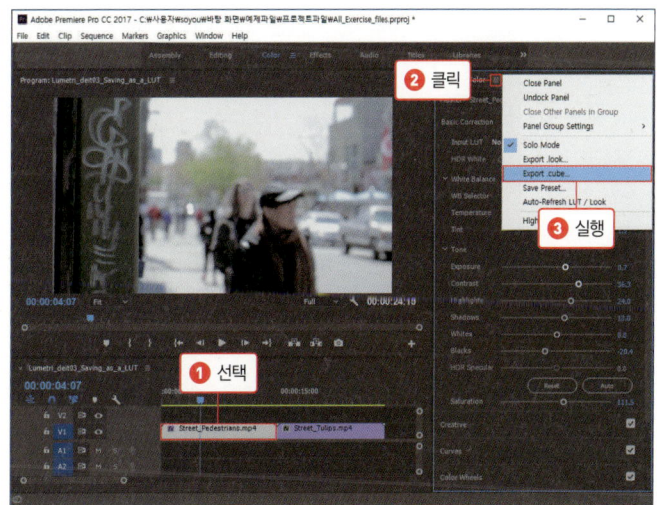

03 저장 경로를 설정하는 창이 열립니다. 파일 이름을 'Street_outdoor'로 설정하고 〈저장〉 버튼을 클릭합니다.

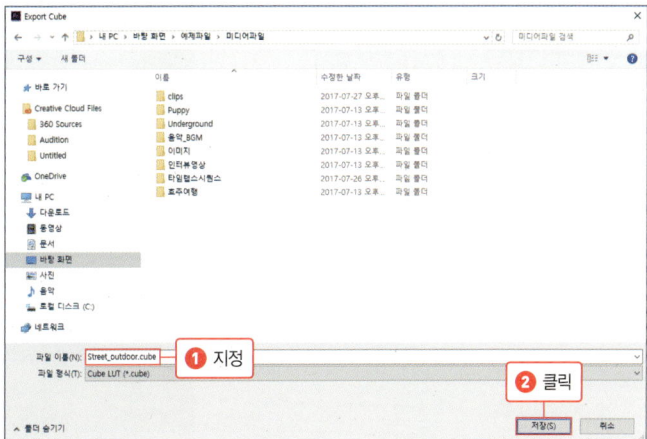

04 보라색 클립을 선택하고 Lumetri Color 패널에서 Basic Correction 항목을 표시한 다음 Input LUT을 'Browse'로 지정합니다.

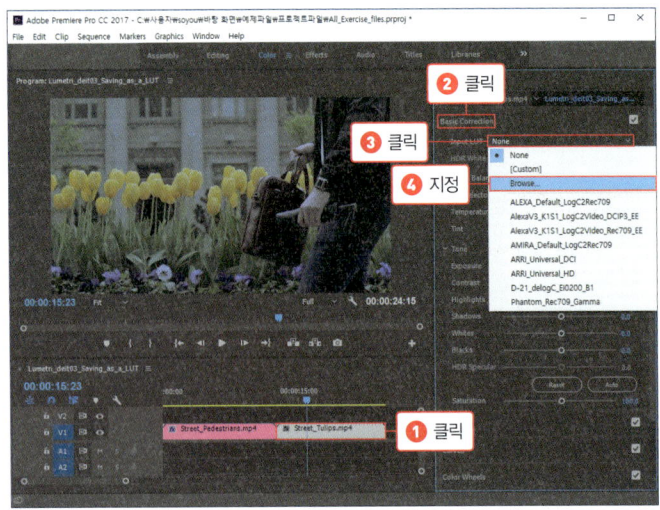

05 파일 열기 창이 열리고, 저장한 경로로 가서 'Street_outdoor.cube' 파일을 선택한 다음 〈열기〉 버튼을 클릭합니다.

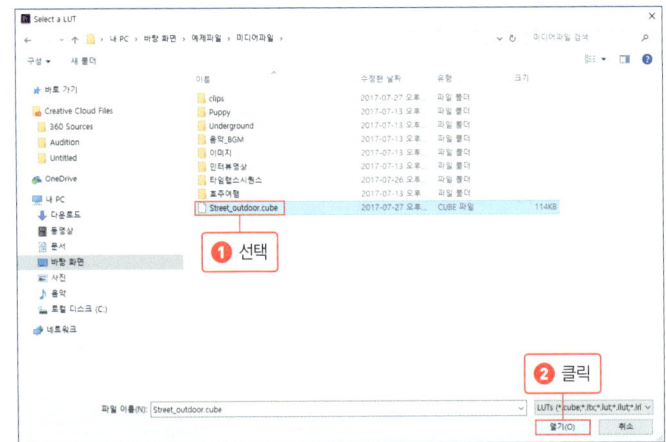

06 첫 번째 클립과 같은 동일한 색 조정 효과가 적용된 것을 확인할 수 있습니다.

> **TIP**
> 클립마다 매개변수나 조정 슬라이더를 각각 움직일 필요가 없기 때문에 시간을 단축할 수 있어 더욱 효율적인 작업을 할 수 있습니다.

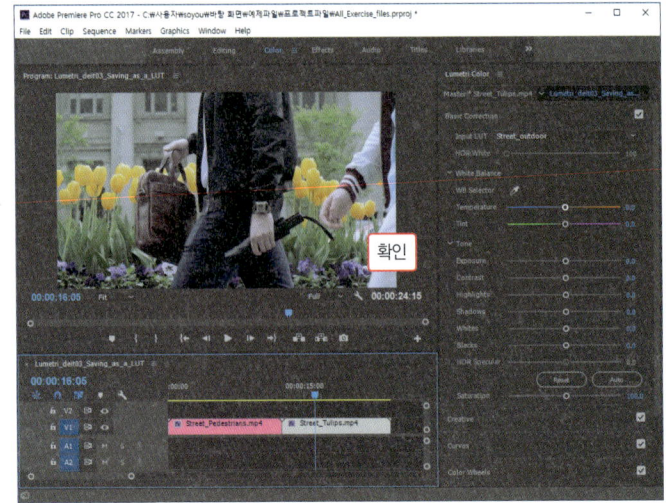

CHAPTER 03
Premiere Pro CC

Lumetri Presets으로 룩 만들기

기본적인 색 조정이 끝나면 Lumetri Presets를 이용하여 씬(Scene)의 스타일과 룩(Look)을 만듭니다. 프리미어 프로는 다양한 방식으로 빛과 색상 값을 계산하여 만들어진 상당한 양의 효과들을 제공합니다. Lumetri Presets는 네 개의 큰 카테고리로 이루어져 있으며, 각각은 미세하게 다른 세부 효과들을 제공합니다. 그중에서도 SpeedLooks의 경우, 수많은 하위 카테고리를 포함하고 있어 그 양이 상당합니다. 효과들은 섬네일을 제공하기 때문에 적용 전후를 어느 정도 짐작할 수 있습니다. 2015년 이전 버전 사용자들은 Lumetri Presets를 사용할 수는 있지만 프리미어 프로에서 수정은 불가능합니다. 수정을 하고 싶다면 어도비의 색 조정 전문 어플리케이션인 'SpeedGrade'를 사용해야 합니다.

1 Lumetri Preset 적용하기

|예제 폴더| 모든예제파일\Chapter007_색 조정\7.3

01 7.3\시퀀스 폴더에서 'Making_a_Look_edit01' 시퀀스를 사용합니다. Parade(RGB)로 클립의 색 조정 상태를 파악합니다. 어두운 영역부터 밝은 영역까지 세 가지 색이 모두 풍부하게 들어있는 것을 확인할 수 있습니다. 이렇게 톤과 콘트라스트가 잡힌 클립에 스타일을 더해 봅니다.

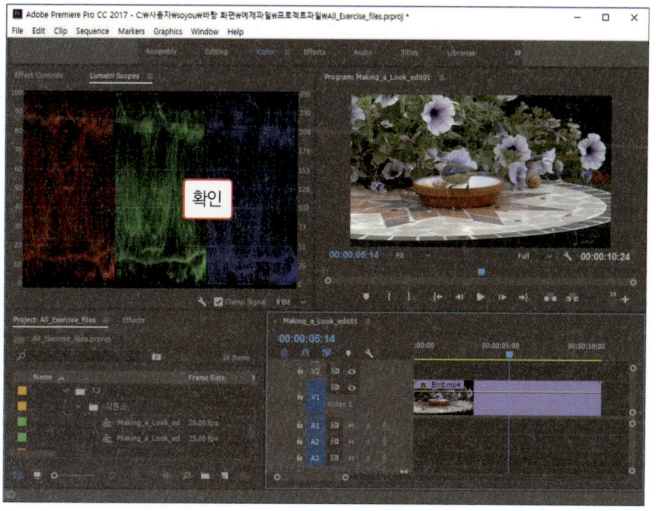

02 Project 패널에서 'New Item' 아이콘(🗔)을 클릭하고 **Adjustment Layer**를 실행하여 새 조정 레이어를 만듭니다. Adjustment Layer를 타임라인의 V2 트랙 위에 올립니다.

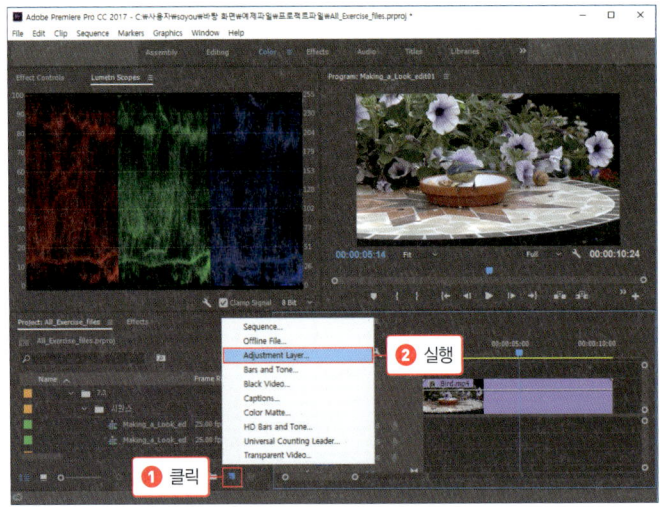

03 Adjustment Layer를 'Bird.mp4' 길이에 맞춰 늘립니다.

Effects 패널에서 'Gold'라는 단어로 검색하고 Canon 7D 폴더에서 'SL Gold Tobacco (Canon 7D)' 효과를 적용해 봅니다. Adjustment Layer를 선택하고 더블클릭하거나 효과를 마우스로 클릭, 드래그하여 Adjustment Layer 위에 올려 놓습니다.

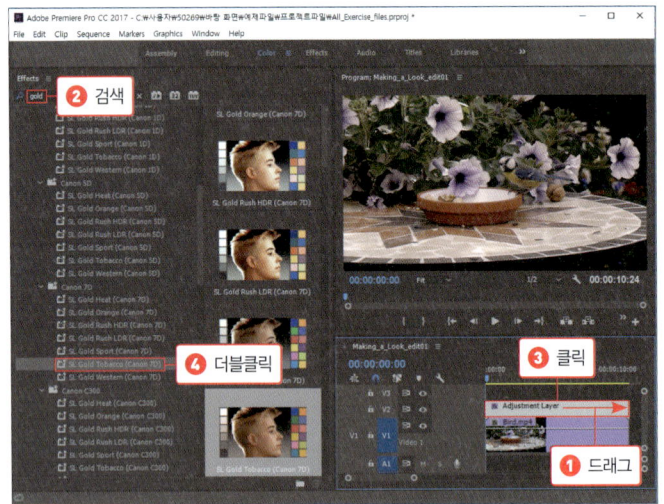

····TIP············
프리미어 프로는 상당한 양의 프리셋을 제공하고 있기 때문에 룩(Look) 전체를 아우를 수 있는 키워드를 이용하여 접근하는 것이 좋습니다. 예를 들어, 노란색이 섞인 따뜻한 필름 룩을 원할 때는 'Gold'라는 단어를 사용한다든지, 파란색이 섞인 차가운 필름 룩을 원할 때는 'Blue'라는 단어로 효과를 검색합니다.

04 Lumetri Color 패널에서 Creative 항목을 표시하고, Intensity(룩의 적용 강도)를 좀 더 높인 다음 모든 컬러들이 좀 더 생동감을 갖도록 Vibrance도 조금 올립니다.

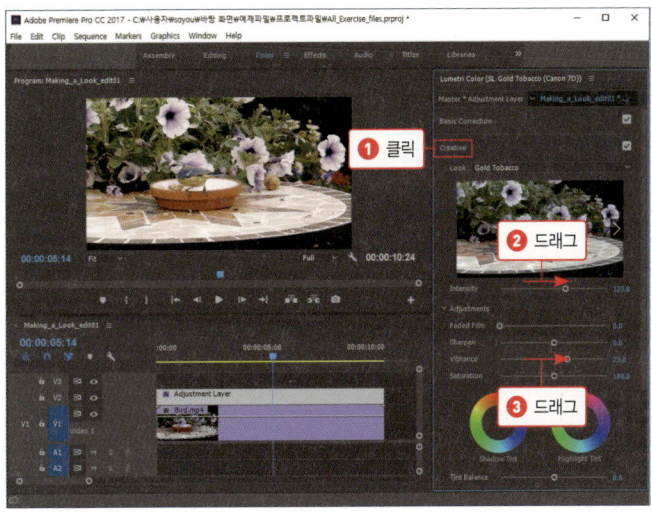

05 마지막으로 Vignette 옵션을 열고, 화면 외곽에 검은색의 비네트 효과를 추가합니다.

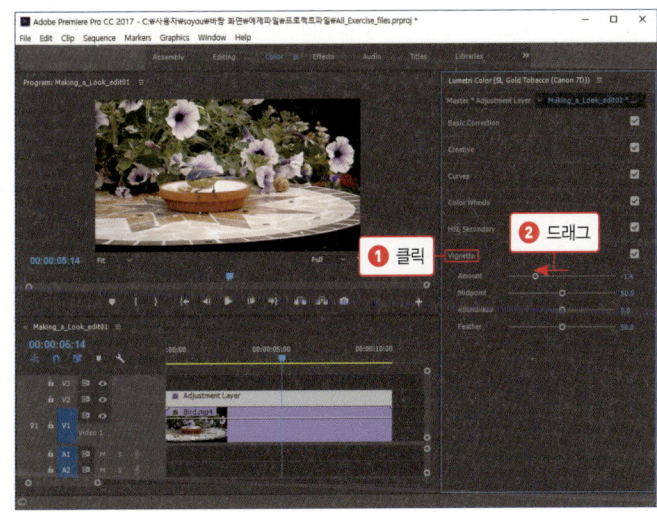

06 Program Monitor 패널에서 버튼을 추가하기 위해 '+' 아이콘( )을 클릭합니다. Effect Controls 패널에서 효과의 적용 전후를 비교할 때 껐다 켜는 'Global FX Mute' 아이콘( )을 드래그해 Program Monitor 패널 위에 올려 놓습니다. 〈OK〉 버튼을 클릭하여 팝업 창을 닫습니다.

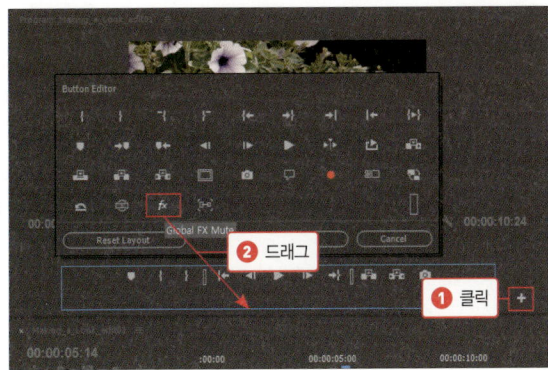 

Chapter3 Lumetri Presets으로 룩 만들기 **423**

07 Program Monitor 패널 위의 fx 토글 아이콘(fx)을 껐다 켜면서 효과 적용 전후를 비교합니다.

V2 트랙의 눈을 잠시 꺼 둡니다.

V3 트랙에 Adjustment Layer를 하나 더 추가하고, 이번에는 차가운 필름 룩을 적용해 봅니다.

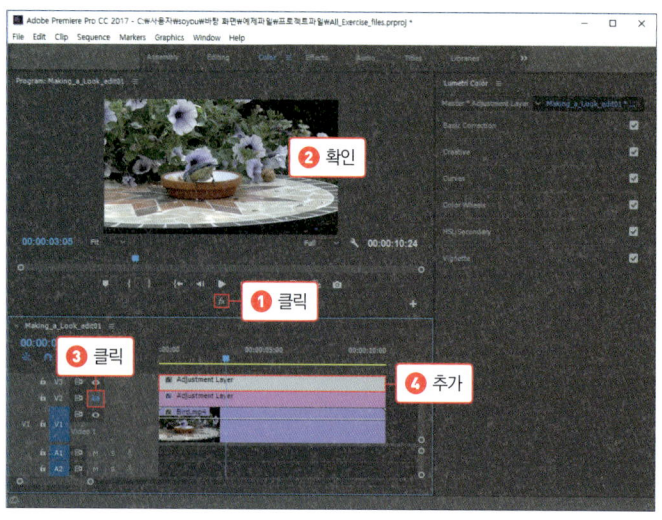

08 Effects 패널에서 'Blue'라는 단어로 검색하여 Canon 5D 중 'SL Blue Cold (Canon 5D)' 효과를 적용해 봅니다.

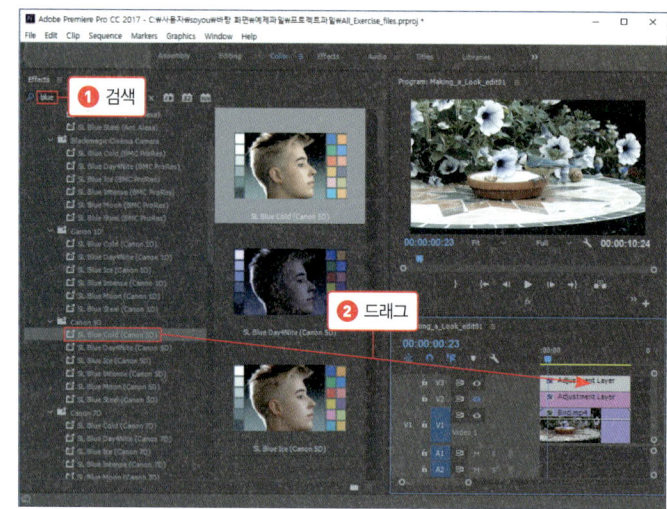

09 마찬가지로 Lumetri Color 패널을 활성화하고, 약간의 조정을 추가하겠습니다. Creative 항목을 표시하고, Intensity를 좀 더 높인 다음 모든 컬러들이 좀 더 생동감을 갖도록 Vibrance 값도 조금 올립니다. 화면 외곽에 약간의 비네트 효과를 추가합니다.

V3와 V4 트랙의 룩(Look)을 눈 모양 아이콘(◉)을 껐다 켜면서 각각 비교합니다. 플레이 헤드를 드래그하여 씬 전체를 빠르게 프리뷰합니다.

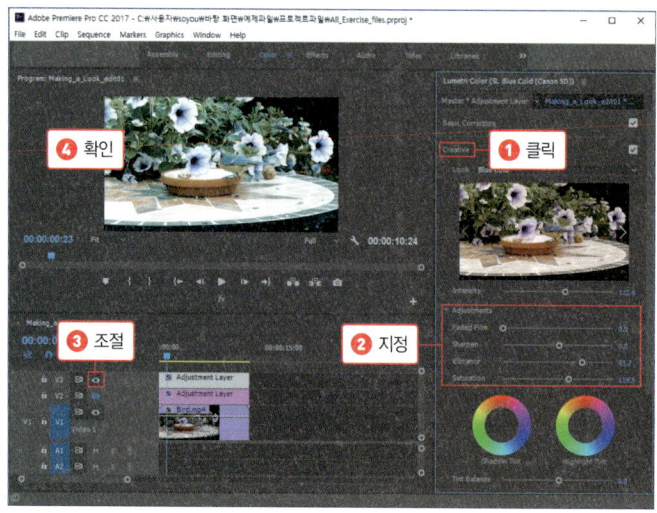

2 Creative Look 적용하기

01 Project 패널에서 7.3\시퀀스 폴더에서 'Making_a_Look_edit02' 시퀀스를 사용합니다.
주황색 라벨의 클립을 선택하고, Lumetri Color 패널을 활성화합니다. Basic Correction 항목을 열고, Tone 항목에서 〈Auto〉 버튼을 클릭하여 자동 톤 조정을 합니다.

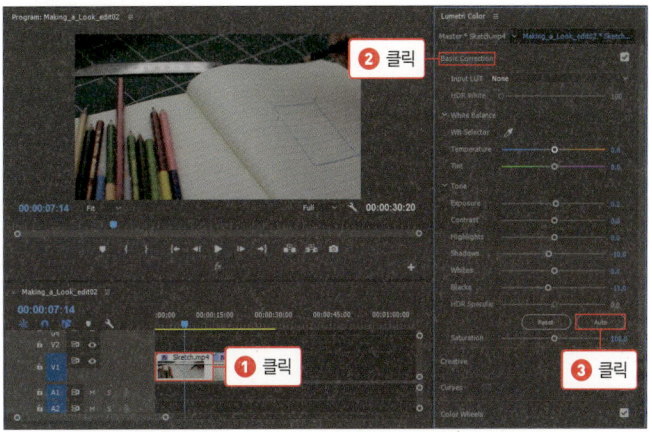

02 Lumetri Scopes 패널을 활성화시키고, Parade(RGB) 그래프를 모니터링하면서 Tone 옵션 아래 슬라이더를 움직여 세부 조정을 조금 더 합니다.

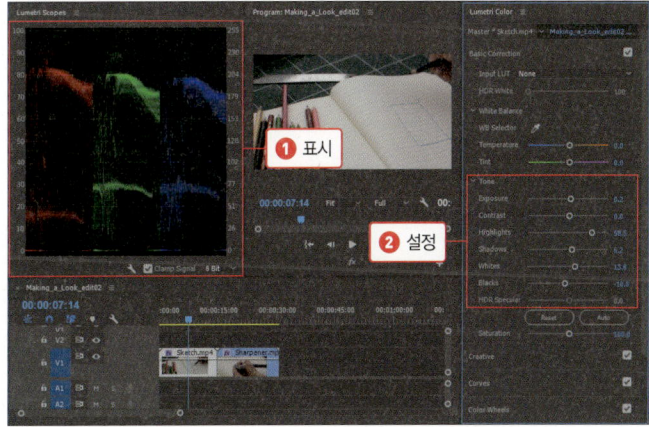

03 Creative 항목을 표시하고, 윗부분 Look을 'Kodak 5218 Kodak 2383(by Adobe)'로 지정합니다.

···· TIP ····
프리미어 프로의 버전에 따라 드롭다운 메뉴 안의 효과들이 다를 수 있습니다.

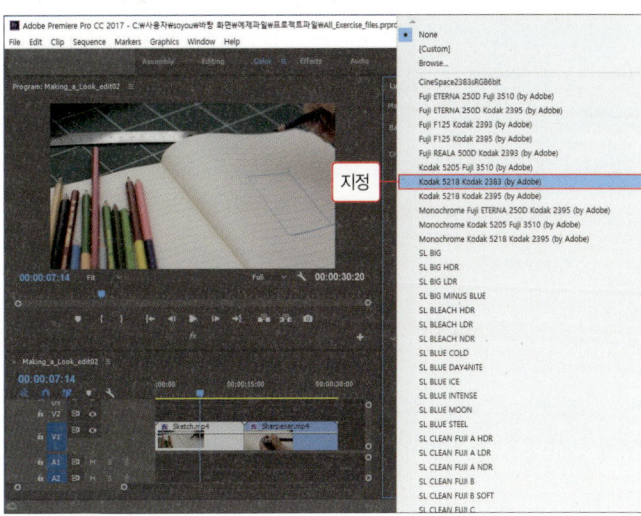

04 섬네일에 효과가 적용된 이미지가 표시됩니다.

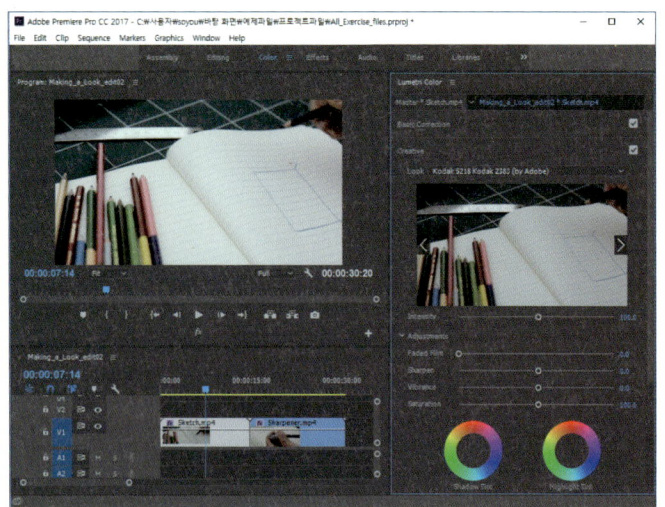

05 섬네일 안의 좌우 화살표를 누르면, 하위 효과들을 차례로 바꿔 볼 수 있습니다.

····TIP····························
바꾼 효과를 적용하고 싶다면, 섬네일을 한 번 클릭합니다.
··································

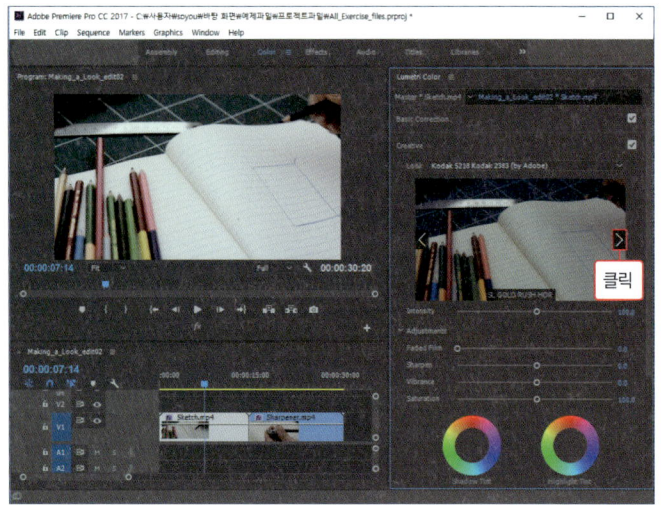

06 섬네일 아래 Intensity 슬라이더는 적용한 효과와 원본을 얼마만큼 섞을지를 조절합니다. 오른쪽으로 갈수록 효과가 적용되는 강도가 세집니다.

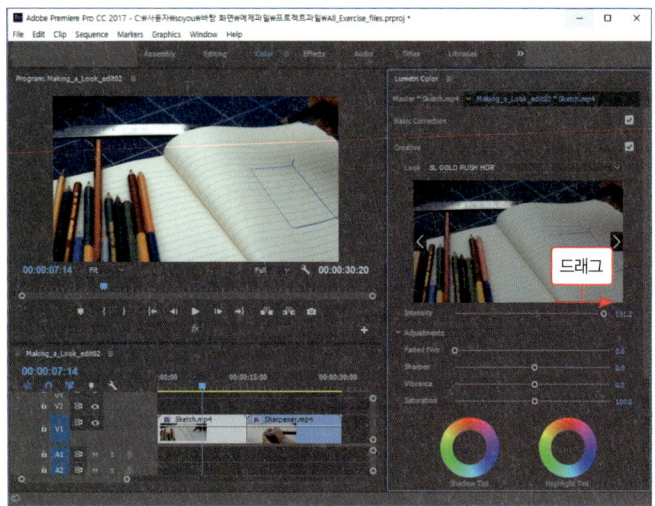

07 Creative Look을 적용한 후에도 얼마든지 Basic Correction 항목을 열고 다른 매개변수를 조정할 수 있습니다.

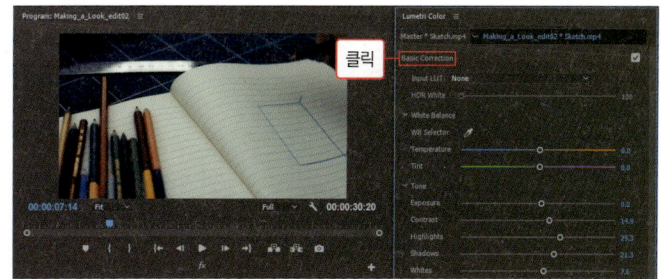

3 Creative Look 저장하기

사용자의 임의로 처리된 색 조정 값을 LUT으로 저장하여 비슷한 환경에서 촬영된 클립에 사용하는 방법에 대하여 알아봤습니다. 이번 예제에서는 색 조정 값은 물론이고, 사용자의 임의로 스타일라이징한 Look 조정 값 그리고 비네트 효과까지 함께 프리셋으로 저장하고 사용하는 방법에 대하여 알아봅니다.

01 주황색 라벨의 클립에 적용된 Basic Correction과 Creative Correction 값을 저장하여 같은 컨디션에서 촬영된 파란색 라벨의 클립에 적용하겠습니다. Lumetri Color 패널에서 메뉴를 열고 **Export.look**을 실행합니다.

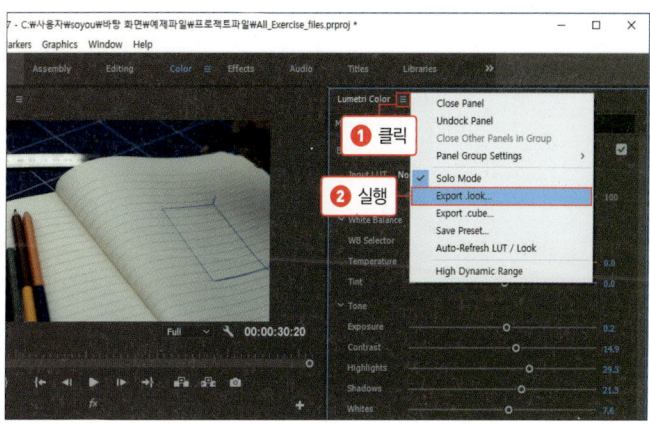

02 저장 경로를 설정하는 창이 열립니다. 파일 이름을 'sketch_indoor'로 지정하고 〈Save〉 버튼을 클릭합니다.

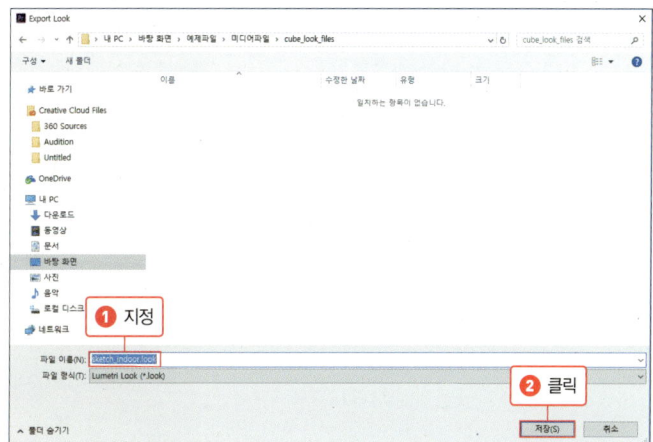

03 파란색 라벨의 클립을 선택하고 Lumetri Color 패널의 Creative 항목에서 Look을 'Browse'로 지정합니다.

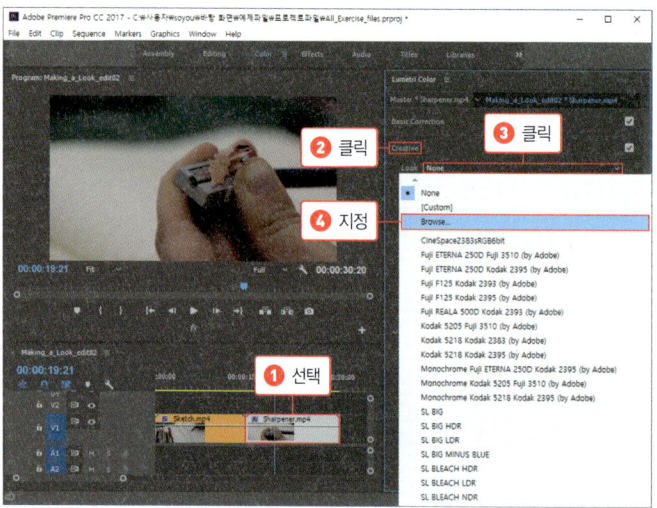

04 Look을 저장한 경로로 가서 'sketch_indoor.look' 파일을 선택하고 〈열기〉 버튼을 클릭합니다.

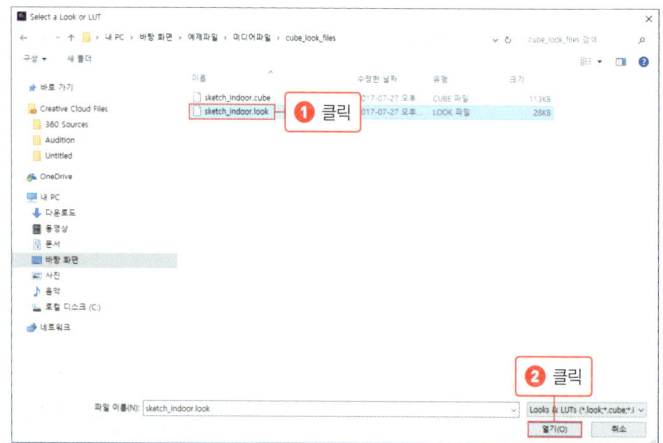

05 주황색 클립과 같은 색 조정과 룩이 적용된 것을 확인할 수 있습니다.

····TIP ··
풋티지마다 약간씩 빛과 그림자의 양이 다를 수 있습니다. 따라서 Basic Correction 항목을 열고 Tone 옵션을 이용하여 세부 조정을 조금 더 진행하면 좋습니다.
완성된 예제는 7.3\완성된 예제파일 폴더에서 'Making_a_Look_edit02_fin' 시퀀스를 통해 확인해 볼 수 있습니다.

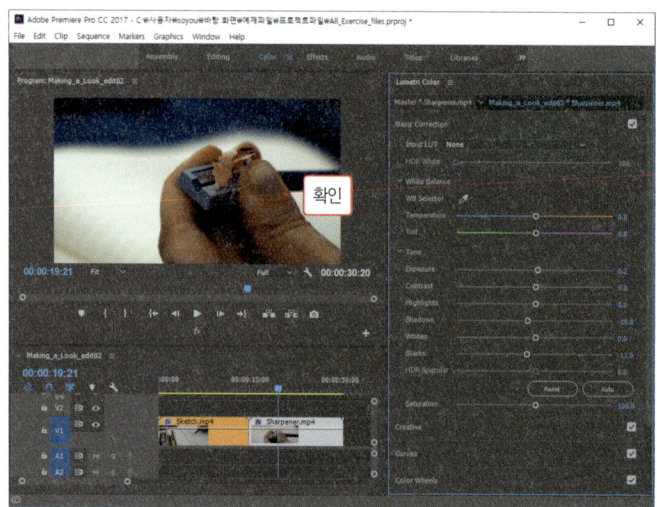

CHAPTER 04
Premiere Pro CC

2차색 조정하기

앞서 본 튜토리얼을 통해 이미지 전체를 색 조정하는 방법에 대해 알아봤습니다. 앞서 적용한 색 조정 효과는 이미지 전체의 어두운 부분, 중간 톤 부분 그리고 밝은 부분 등 이렇게 세 영역에 관련하여 영향을 줄 수 있었습니다. Chapter 04에서 살펴볼 Secondary Color Correction은 특정 색 또는 특정 색상 영역만 영향을 주는 색 조정 방법입니다.

|예제 폴더| 모든예제파일\Chapter007_색 조정\7.4

1 영화 '씬 시티(Sin City)' 효과

영화 '씬 시티' 처럼 이미지 전체를 흑백으로 전환하고 특정 색만 부각되도록 만들어 봅니다.

01 7.4\시퀀스 폴더에서 'Secondary_color_edit01' 시퀀스를 사용합니다.
Lumetri Color 패널을 활성화합니다.
Curves 항목을 열고, Hue Saturation Curve 옵션을 엽니다.

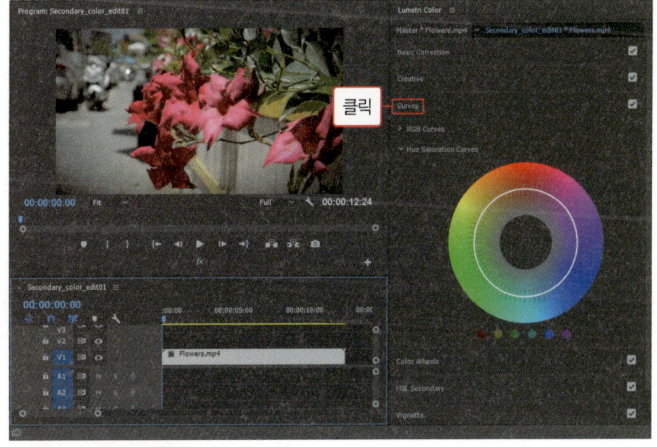

02 컬러 휠 가운데 흰색 라인을 마우스로 클릭하고 원 안쪽으로 드래그합니다. 색 채도가 낮아져 이미지가 흑백으로 전환되었습니다.

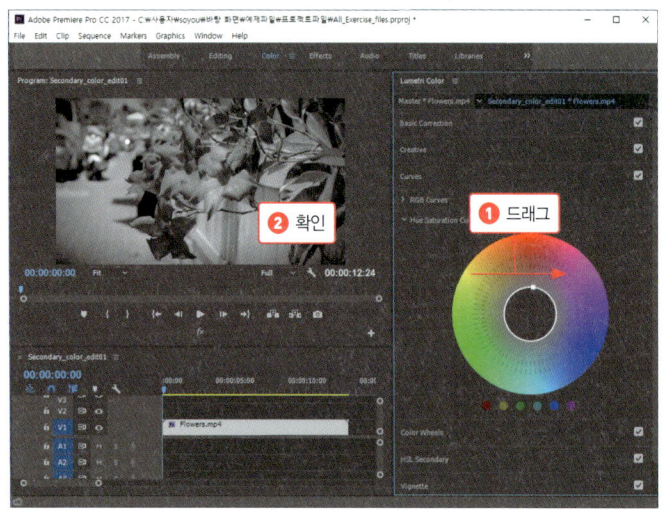

03 클립 속에서 붉은 색 꽃만 색을 갖도록 만들겠습니다. 컬러 휠에서 빨간색 영역에 세 개의 점을 만듭니다.

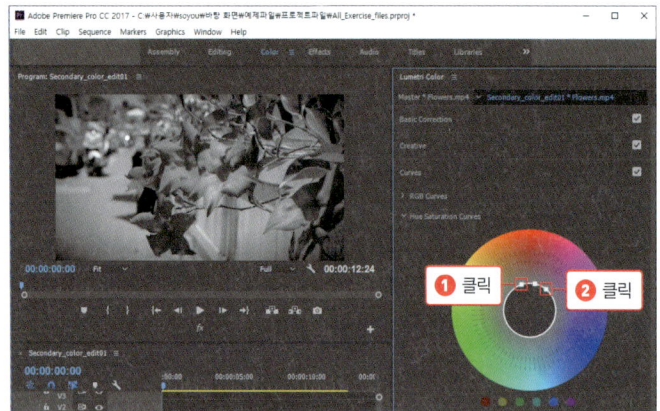

04 가운데 점을 클릭하고 원 바깥쪽으로 드래그합니다.

이미지 전체에서 빨간색만 채도만 높아지면서 흑백과 빨간색으로 이루어진 이미지로 바뀌는 것을 확인할 수 있습니다.

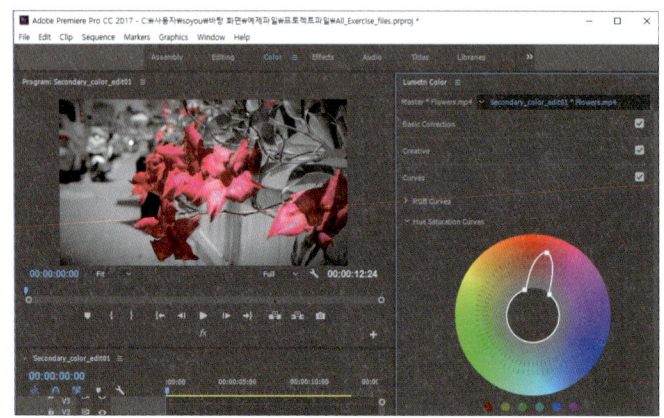

2 Three-Way Color Corrector로 특정 색 영역 조정하기

01 7.4\시퀀스 폴더에서 'Secondary_color_edit02' 시퀀스를 사용합니다. 이 클립에서 선풍기 색만 선택해 좀 더 선명하게 만들겠습니다.

Effects 패널을 활성화하고, 'Three'를 검색하여 'Three-Way Color Corrector' 효과를 찾아 클립에 적용합니다.

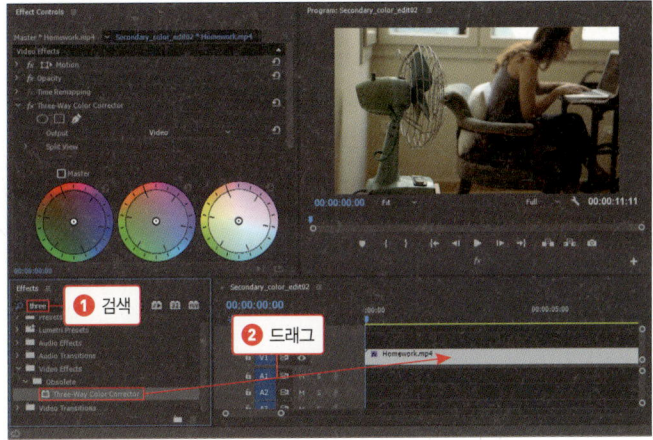

02 Effect Controls 패널을 표시합니다. Three-Way Color Corrector → Secondary Color Correction에서 'Show Mask'에 체크 표시합니다. 화면 전체가 하얗게 변하는데, 스포이드로 색 조정을 원하는 2차색을 선택하게 되면 선택된 영역만 하얗게 표시됩니다. 스포이드를 선택하고, Program Monitor 패널로 가져가면 흰 화면이 다시 원본 화면으로 보입니다. 선풍기의 몸통 윗부분 색을 선택합니다.

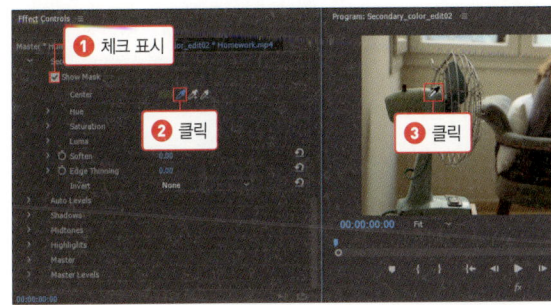 

03 색 추가 스포이드를 선택하고, 선풍기 몸통에서 어두운 부분을 클릭합니다. 마스킹된 화면을 살펴보면 스포이드로 추출한 색과 유사한 부분만 선택되어 하얗게 표시됩니다.

04 마스킹 영역을 좀 더 다듬기 위해서 Hue, Saturation, Luma 옵션을 조정합니다. 색 조정을 원하는 특정 영역만 선택될 수 있도록(마스킹될 수 있도록) Program Monitor 패널을 눈으로 확인하면서, 각 옵션의 슬라이드를 조절합니다.
Hue 슬라이더를 먼저 조정합니다.

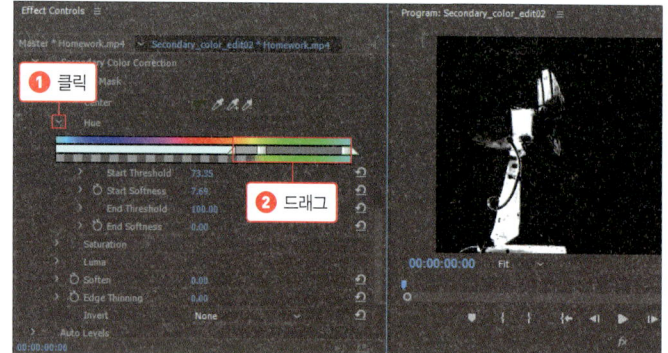

···· TIP ··
슬라이더의 네모난 버튼을 좌우로 밀면서 조정하는데, 이는 색상 영역을 넓히는 데 사용합니다. 세모 버튼은 투명도 값을 조절하는 것으로 반사 영역 등을 선택하는데 사용될 수 있습니다.
··

05 Saturation 슬라이더는 색의 채도 영역을 넓히는 데 사용합니다.

···· TIP ··
각각의 슬라이더는 바로 아래 매개변수 수치를 조정하는 것과 연동되는데, 처음 조정이 어렵다면 책을 보며 수치를 직접 입력해도 좋습니다.
···

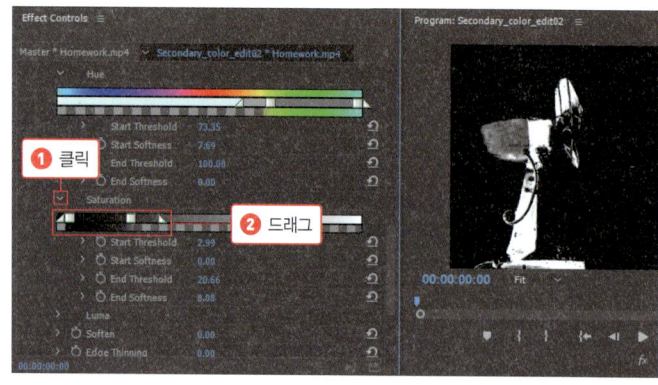

06 마지막으로 Luma 슬라이더로 음영 영역을 넓혀 색 조정이 되어야 하는 영역을 최대한 선택할 수 있도록 합니다.

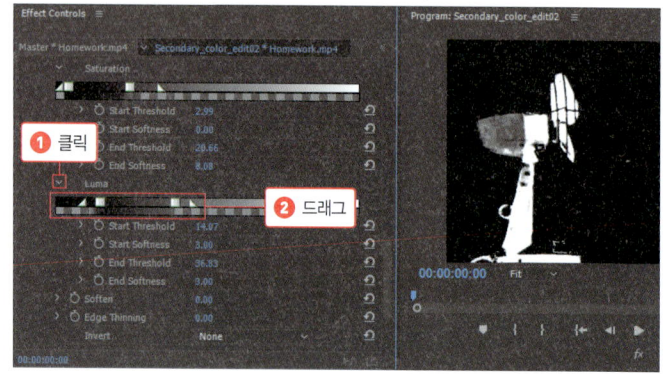

07 마스킹이 끝나면 'Show Mask'의 체크 표시를 해제합니다. 방금 마스킹한 영역에 다음의 색 조정 효과가 적용될 것입니다.

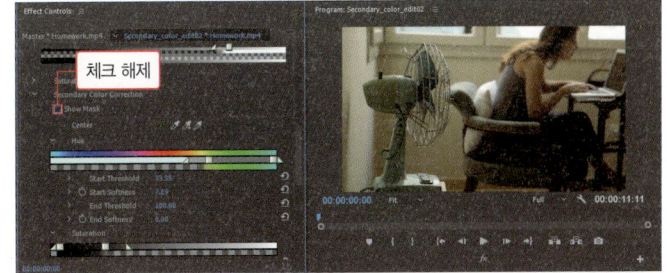

08 선풍기 속 민트색이 더 생동감을 가지도록 Shadow, Midtone, Highlights 컬러 휠의 퍽을 이용하여 블루를 조금 더 추가합니다.

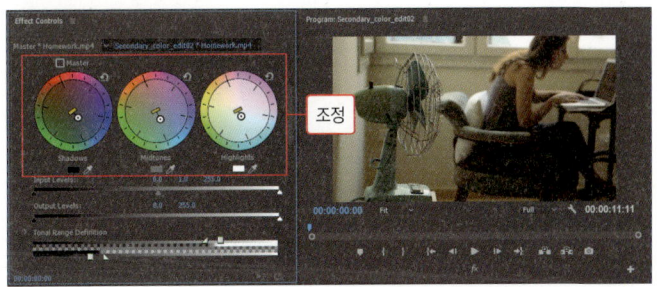

09 Saturation → Master Saturation 매개변수를 높여 색의 선명도를 더합니다.

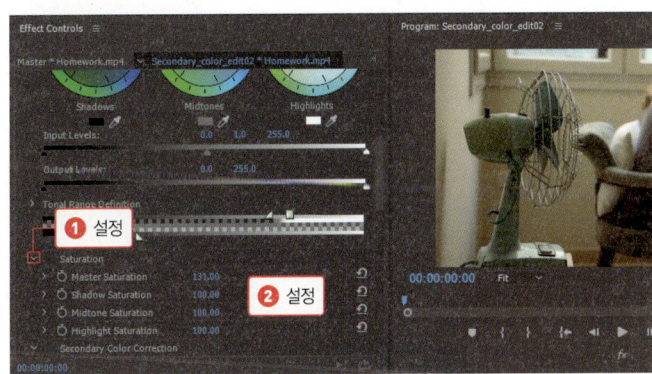

10 마지막으로 Secondary Color Correction 옵션 아랫부분에 위치한 Soften의 매개변수를 올려 색조가 원본과 부드럽게 섞이도록 합니다.
Effect Controls 패널에서 'Three-way Color Corrector' 옆의 fx 토글 버튼을 껐다 켜면서 효과 적용 전후를 비교합니다.

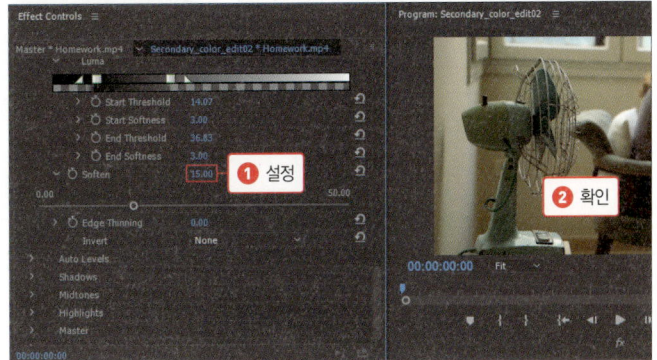

TIP

완성된 예제는 7.4\완성된 예제파일 폴더의 'Secondary_color_edit02_fin' 시퀀스를 통해 확인해 볼 수 있습니다.

Chapter4 2차색 조정하기 **433**

3 HSL Secondary Color Correction 사용하기

Lumetri Color 패널 Set에서 2차색 조정을 할 때 사용하는 옵션으로, 프리미어 프로 2016 이후 버전부터 업그레이드된 옵션입니다. 앞서 살펴본 Three-Way Color Corrector와 같이 특정색이나 색 영역만을 선택하여 색 조정을 할 수 있습니다.

01 7.4\시퀀스 폴더에서 'Secondary_color_edit03' 시퀀스를 사용합니다.
이 클립에서 인물의 피부색만 선택해 좀 더 선명하게 만들겠습니다. Lumetri Color 패널에서 HSL Secondary 옵션을 엽니다. 타임라인의 클립을 선택하면 옵션이 활성화됩니다.

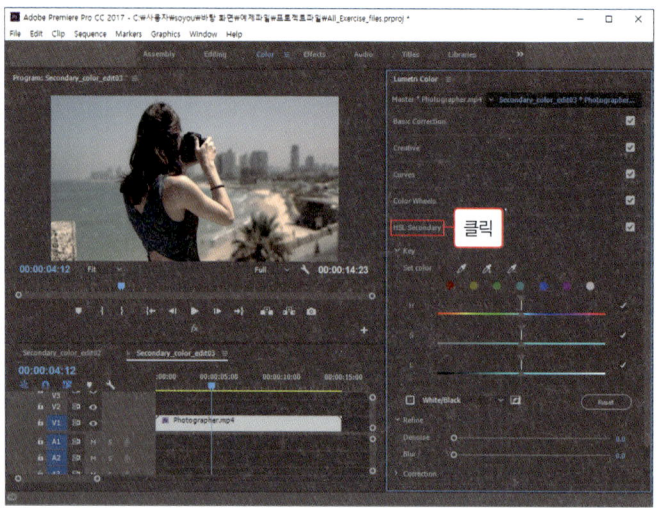

02 색 조정을 원하는 특정 색이나 영역을 샘플링해야 합니다. Set Color의 스포이드를 이용하여 클립 속 인물의 피부를 클릭하겠습니다.
먼저 밝은 피부톤 영역을 추출합니다.

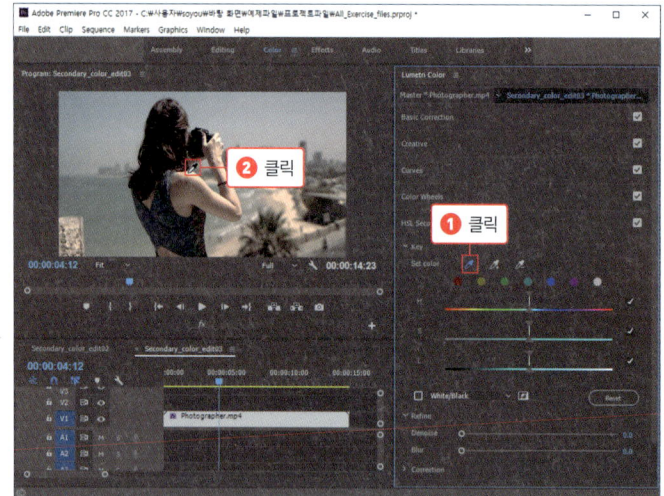

03 특정 색만 조절하고 싶다면 Set Color의 샘플링만으로 충분합니다. 하지만 특정 색 영역을 조절하고 싶다면 Add Color 또한 샘플링해야 합니다. + 표시가 있는 스포이드로 어두운 피부 톤 영역을 추출합니다.

04 색을 추출한 영역을 확인하기 위해 보기 모드를 바꾸겠습니다. Refine 옵션 바로 위의 팝업 메뉴를 열고, 'White/Black'으로 바꾼 다음 체크 표시합니다. 흰색은 선택된 영역이고, 검은색은 선택이 되지 않은 영역입니다.

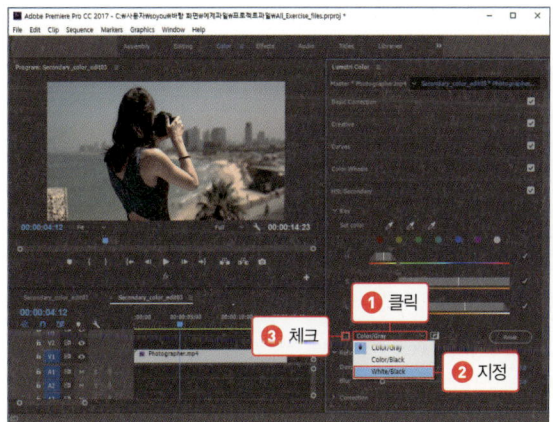

····TIP····
예제와 다르게 추출될 수 있습니다. 이런 경우 다시 스포이드를 이용해 그림과 비슷하게 추출될 수 있도록 조절해 보세요.

05 해변가의 모래 부분이 피부색과 비슷하여 함께 선택되었습니다. 이 부분을 Remove Color 스포이드로 제거합니다.

····TIP····
특정 색을 제거하고 싶다면 Remove Color 스포이드로 추출합니다.

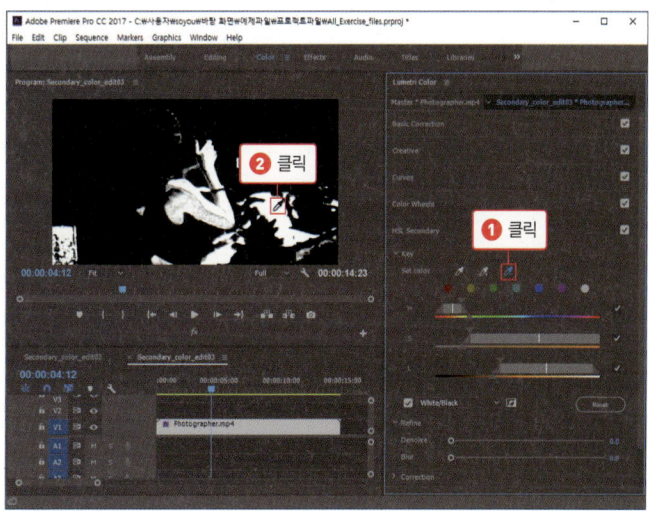

06 색 추출이 끝나면, 다음의 슬라이더를 이용하여 세부 조정을 합니다.

TIP

H는 Hue, S는 Saturation, L은 Luminance를 의미합니다. 위쪽의 거꾸로된 세모 버튼을 마우스로 클릭하고 좌우로 드래그하면 범위가 달라집니다. 슬라이더 중간을 마우스로 클릭, 드래그하면 슬라이더의 색 영역을 좌우로 이동할 수 있습니다.

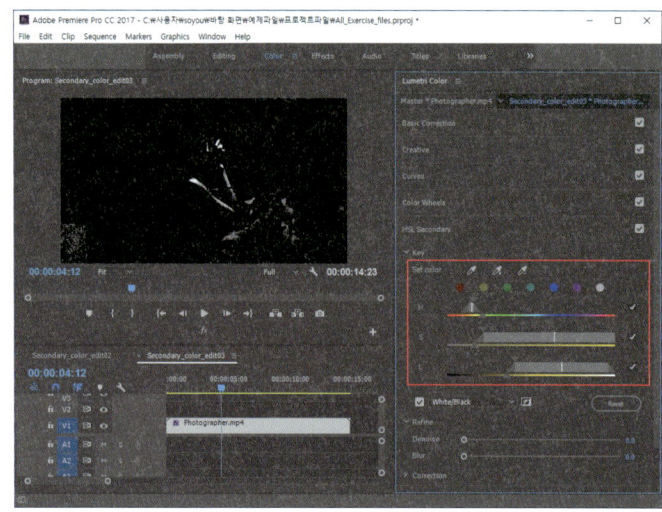

07 슬라이더 각각을 움직이면서 프로그램 모니터 속의 마스킹이 인물의 피부에만 머무를 수 있도록 즉, 흰색 영역이 인물의 피부에만 나타나도록 천천히 조금씩 조정합니다.

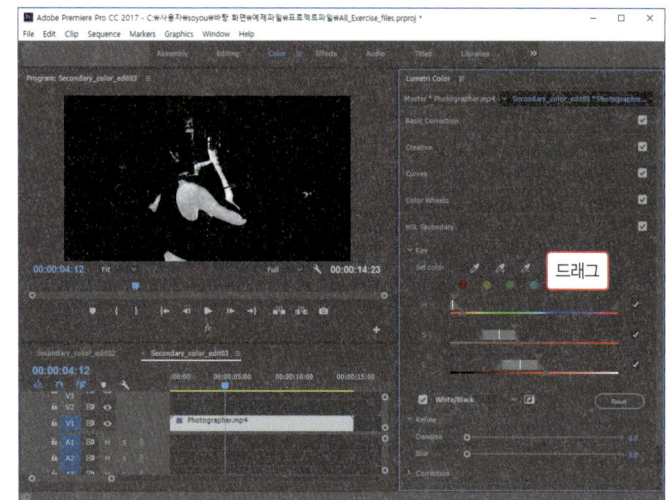

08 색 조정 영역 선택이 끝나면 마스크 뷰 모드를 체크 해제합니다.

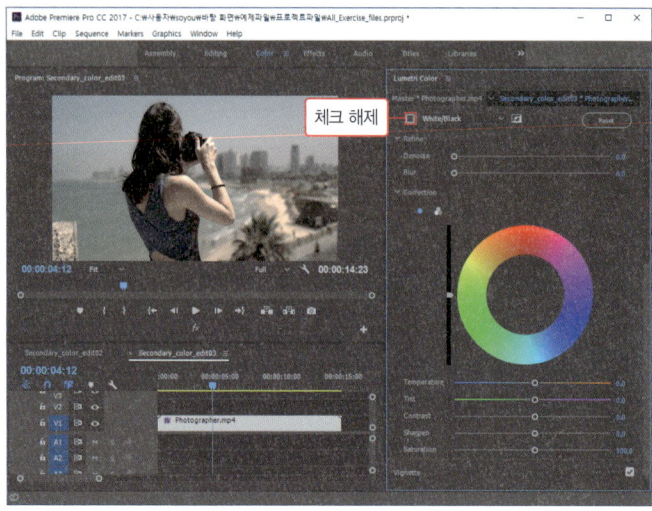

09 Correction에는 단일 색 조정과 세 가지 톤 조정 토글 버튼이 있습니다. 좀 더 세밀한 작업 과정이 필요할 때 세 가지 톤 조정을 사용합니다. 단일 색 조정을 선택하고, 컬러 휠에서 붉은색을 선택하여 피부 톤에 좀 더 생기를 더합니다.
Saturation과 Contrast의 슬라이더를 좀 더 오른쪽으로 이동시켜 선명도를 높입니다.

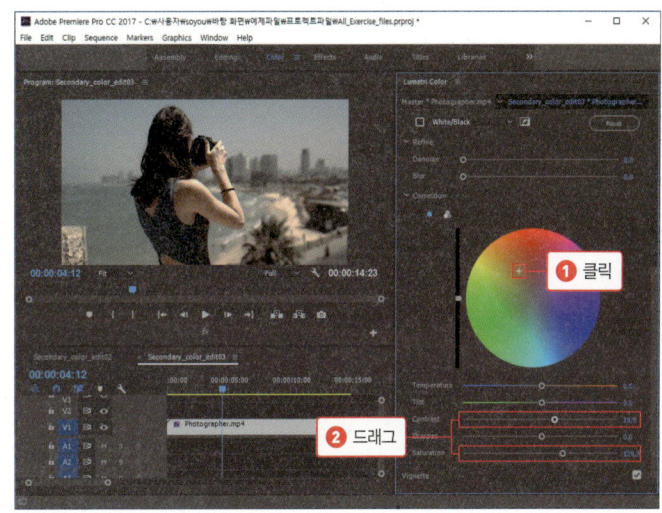

10 색 조정이 들어간 특정 영역과 그 외의 영역 간의 경계가 좀 도드라져 보일 수 있습니다. Correction 옵션 위쪽의 Refine 옵션을 이용해 부드럽게 마무리합니다.
Blur 슬라이더를 마우스로 클릭하여 오른쪽으로 드래그하면 색 조정 영역의 에지(Edge)가 점점 부드러워지는 것을 확인할 수 있습니다.

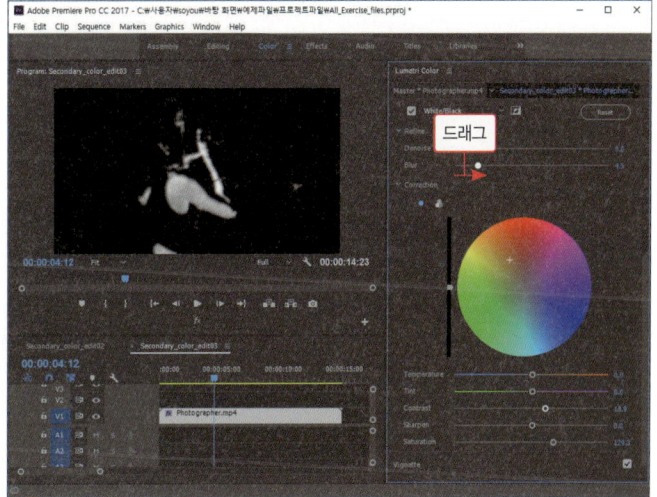

11 Effect Controls 패널에서 'Lumetri Color' 옆의 fx 토글 버튼을 껐다 켜면서 효과 적용 전후를 비교합니다.

·····TIP·····
완성된 파일은 7.4\완성된 예제파일 폴더의 'Secondary_color_edit03_fin' 시퀀스를 통해 확인할 수 있습니다.

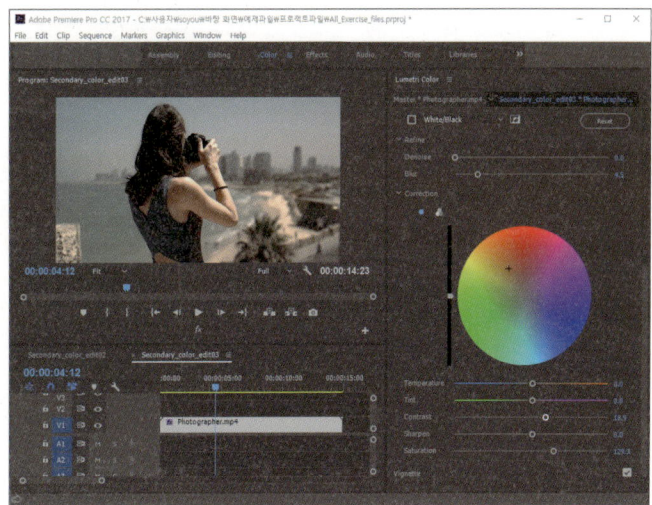

Chapter4 2차색 조정하기 **437**

CHAPTER 05
Premiere Pro CC

애프터이펙트와 연동하여 색 조정하기

1 노출 안정화하기(Color Stabilizing)

시간의 흐름을 담고 있는 Time-lapse와 같은 클립의 경우, 각각의 프레임은 일정하지 않은 빛의 양이나 그림자를 가지고 있게 됩니다. 이러한 영상에 색 조정 효과를 적용하게 되면, 프레임에 따라 효과의 정도가 다르게 보여 지글거리거나 깜빡거리는 노이즈가 생기는 것 같은 결과물을 얻게 됩니다. 이러한 문제점은 애프터이펙트와 연동하면 쉽게 해결할 수 있습니다.

| 예제 폴더 | 모든예제파일\Chapter007_색 조정\7.5

01 7.5\시퀀스 폴더에서 'Color_Stablizing_edit01' 시퀀스를 사용합니다. 플레이헤드를 드래그하여 빠르게 프리뷰합니다. Time-lapse로 촬영된 클립이기 때문에 광량이 일정하지 않습니다.

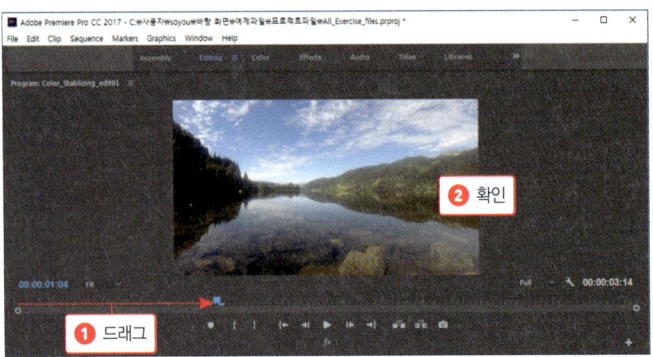

02 클립을 마우스 오른쪽 버튼으로 클릭한 다음 Replace with After Effects Composition을 실행합니다.

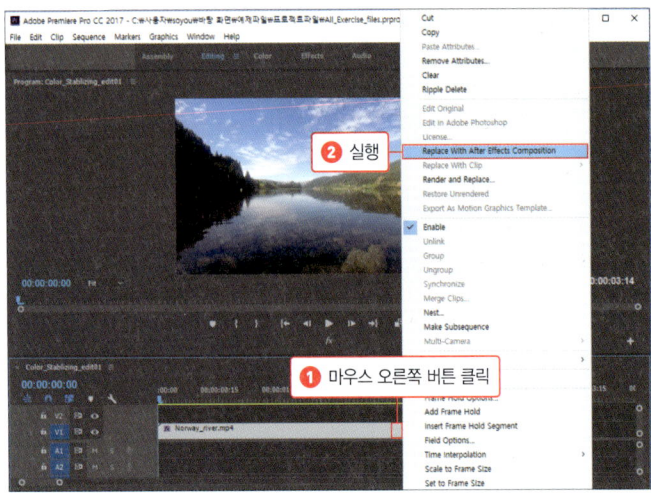

03 클립이 자동으로 애프터이펙트로 보내지는데, 프로젝트 저장 경로를 지정하는 팝업창이 열립니다. 저장 경로를 지정하고 파일명을 'Color_Stabilizing_AF01'로 지정한 다음 〈Save〉 버튼을 클릭합니다.

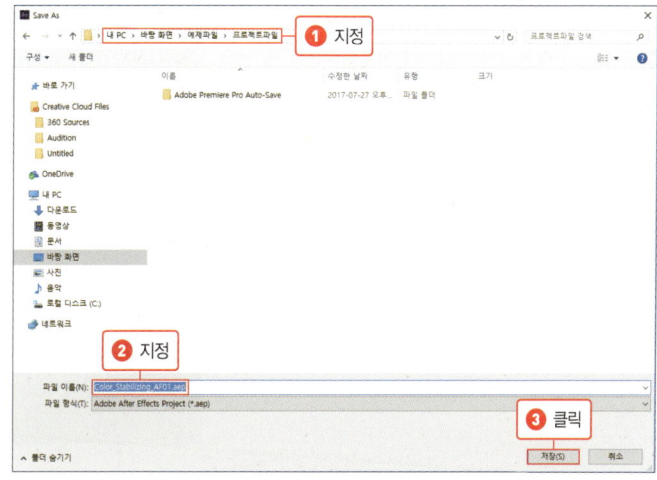

04 애프터이펙트의 Project 패널을 살펴보면, 프리미어에서 가져온 클립과 클립을 타임라인 위에서 조정하기 위한 컴포지션(Composition)이 만들어진 것을 확인할 수 있습니다.

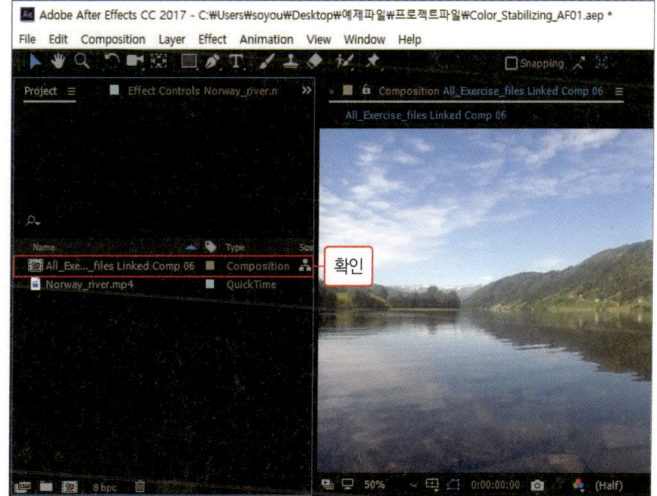

05 애프터 이펙트의 Effects & Presets 패널에서 'Stabilizer'를 검색합니다. Color Correction → Color Stabilizer를 드래그하여 타임라인 위의 풋티지 레이어에 넣습니다.

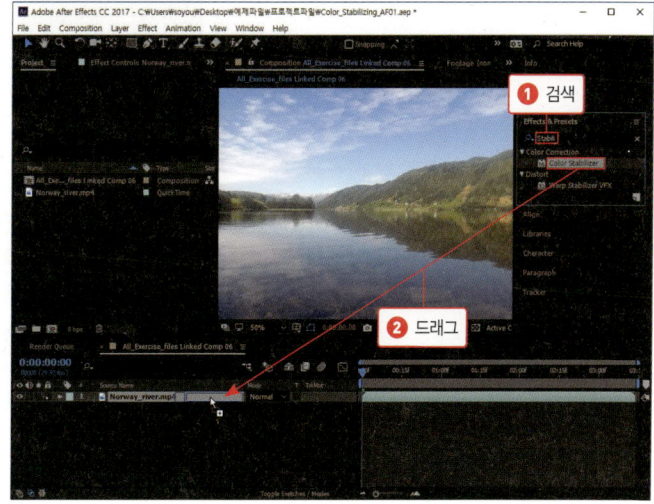

06 이 효과 역시 톤 보정을 실행했던 효과들처럼 Black Point와 White Point에 각각 색을 샘플링하는 것에서 시작합니다. 클립에서 반드시 검은색이어야 하는 부분, 반드시 흰색이어야 하는 부분을 스포이드로 각각 샘플링합니다.

07 Sample Size 슬라이더의 수치를 올려, 화면에서 보다 넓은 영역에 효과가 적용되도록 합니다.

08 Stabilize에는 세 가지 옵션이 있습니다.

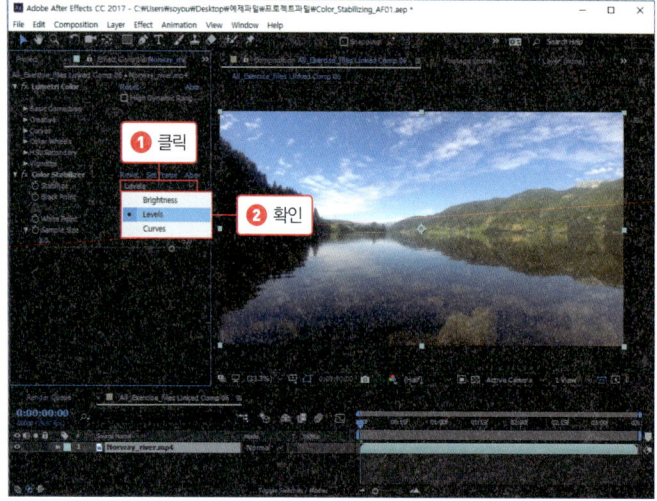

09 Brightness는 화면의 전반적인 명도(밝기)에 포커스를 둡니다. 옵션을 'Brightness'로 두고 플레이헤드를 좌우로 드래그합니다.

지글거리거나 깜빡거리는 현상이 사라지고 시간 차이에 따라 부드러운 변화를 갖게 된 것을 확인할 수 있습니다.

10 'Level'은 화면의 전반적인 레벨 값을 조정하는데 Brightness보다 좀 더 강도가 세게 적용됩니다. 'Curve'는 앞선 두 개의 효과보다 좀 더 강도가 세게 적용되는데, 미세한 개선 효과를 기대할 수 있습니다.

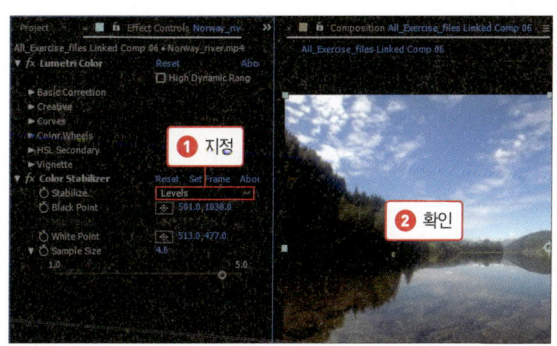 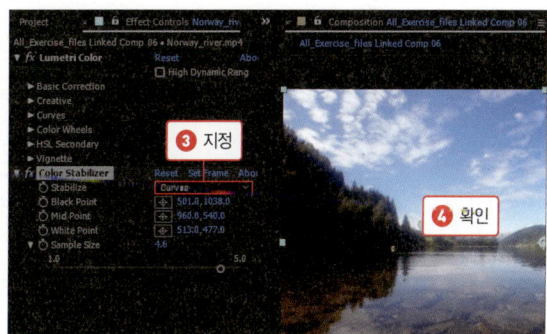

11 Color Stabilizing 옵션을 'Curve'로 지정하고 [File] → Save(Ctrl+S)를 실행하여 저장합니다.

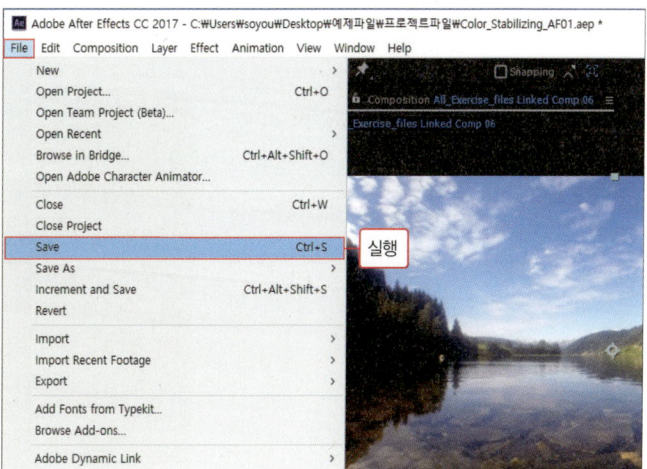

12 애프터이펙트를 종료해도 좋고, 종료하지 않고 프리미어 프로로 건너가도 됩니다. 저장한 애프터이펙트 파일이 프리미어 프로에 업데이트된 것을 확인할 수 있습니다. 애프터이펙트 프로젝트를 사용하고 있기 때문에 타임라인의 렌더 영역이 빨간색 라인으로 되어 있습니다. 적절한 프리뷰를 할 수 있도록 [Sequence] → Render Effects in to out을 실행하여 프리렌더를 진행합니다.

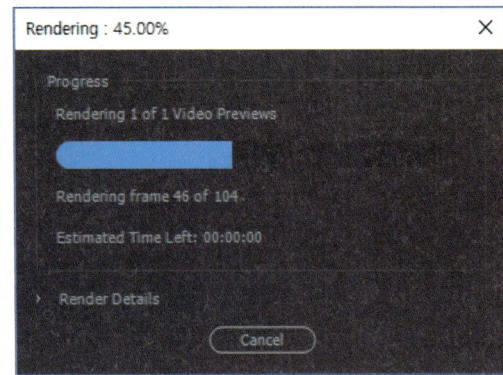

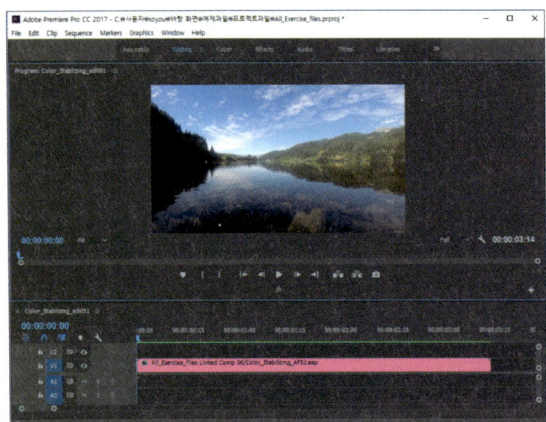

13 만약 더 이상의 수정 없이 이 효과가 적용된 풋티지로 계속해서 사용할 것이라면, 타임라인에서 클립을 마우스 오른쪽 버튼으로 클릭한 다음 Render and Replace를 실행합니다. 이렇게 하면, 더 이상 애프터이펙트 파일이 아니라 하나의 완성된 클립으로 만들 수 있습니다.

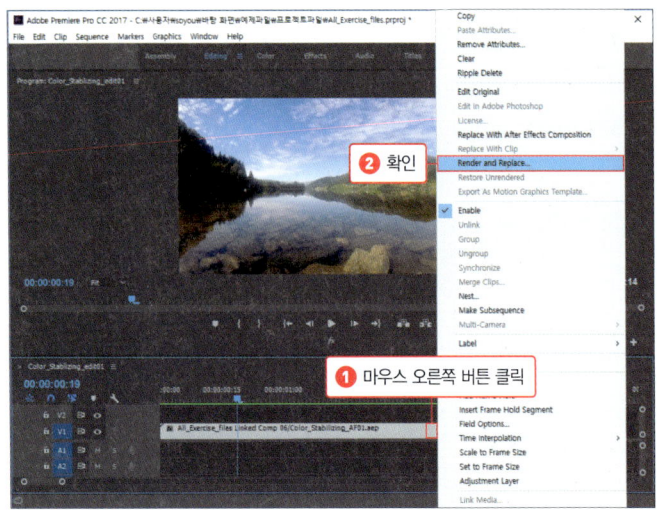

14 Source는 내보내는 파일 타입을 설정합니다. 'Individual Clips'로 지정하고, Preset은 'Match Source-DNxHD'를 선택하여 원본과 같은 Frame Rates를 갖도록 합니다. Format은 파일을 내보낼 때 사용할 코덱을 설정하는데, 원본과 비슷한 코덱을 사용하는 것이 좋습니다. 마지막으로 Destination에서 파일의 경로를 지정합니다. 'Next to Original Media'를 선택하고, 원본 클립이 들어 있는 경로에 색 조정을 마친 클립을 저장합니다. 〈OK〉 버튼을 클릭합니다.

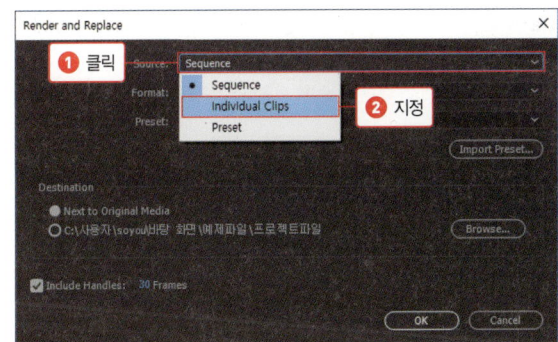 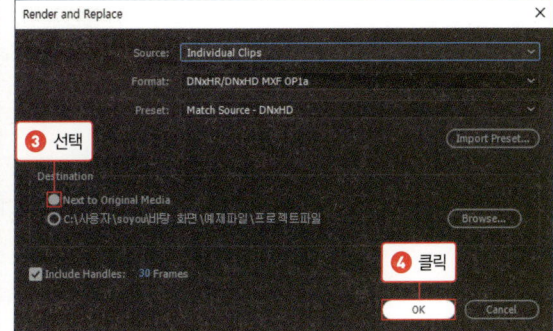

15 자동으로 렌더링이 진행됩니다. 타임라인을 살펴보면 애프터이펙트 프로젝트 파일이었던 풋티지가 완전한 클립으로 대체된 것을 확인할 수 있습니다.

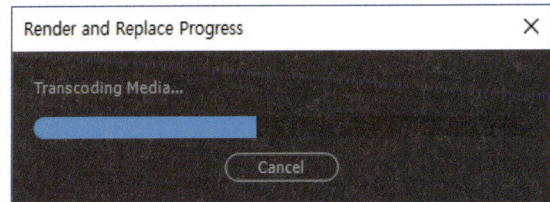 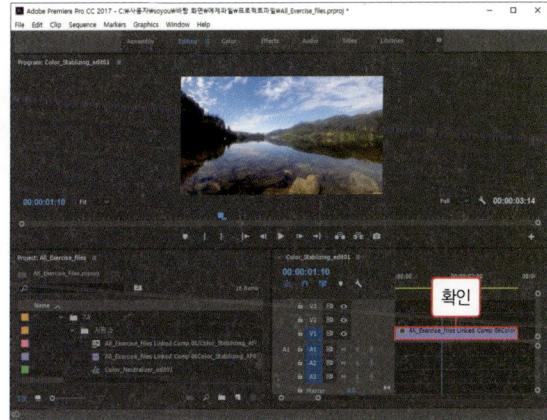

16 만약 작업 중 클립을 다시 수정할 일이 발생한다면, 클립을 마우스 오른쪽 버튼으로 클릭하고 **Restore Unrendered**를 실행합니다. 간단히 애프터이펙트 프로젝트 파일 형태로 풋티지를 되돌릴 수 있습니다.

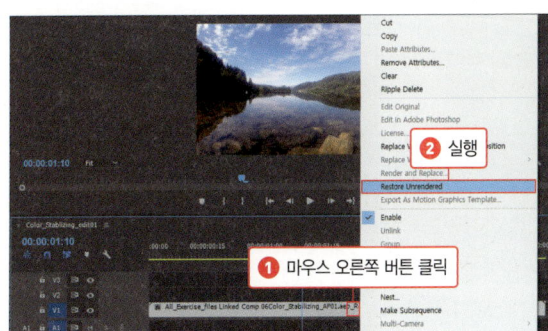 

2 컬러캐스트 제거하기(CC Color Neutralizer)

애프터이펙트는 컬러캐스트를 제거하는 데 유용한 효과를 제공합니다.

01 7.5\시퀀스에서 'Color_Neutralizer_edit01' 시퀀스를 사용합니다.
클립을 선택하고 마우스 오른쪽 버튼으로 클릭한 다음 **Replace with After Effects Composition**을 실행합니다.

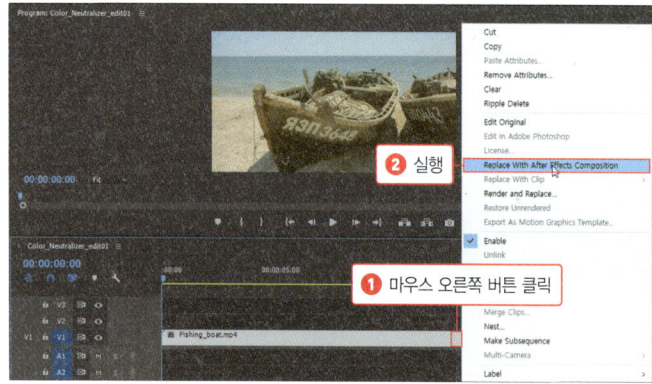

02 클립이 자동으로 애프터이펙트로 보내지는데, 프로젝트 저장 경로를 지정하는 팝업창이 열립니다. 저장 파일명을 'Color_Neutralizing_AF01'로 지정한 다음 〈Save〉 버튼을 클릭하면 애프터 이펙트가 실행됩니다.

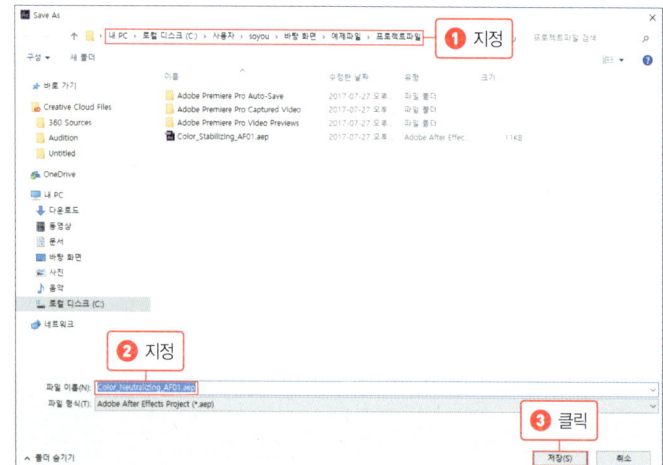

03 Effects & Presets 패널에서 'Neutralizer'를 검색합니다. 'CC Color Neutralizer' 효과를 찾아 타임라인 위에 드래그합니다.

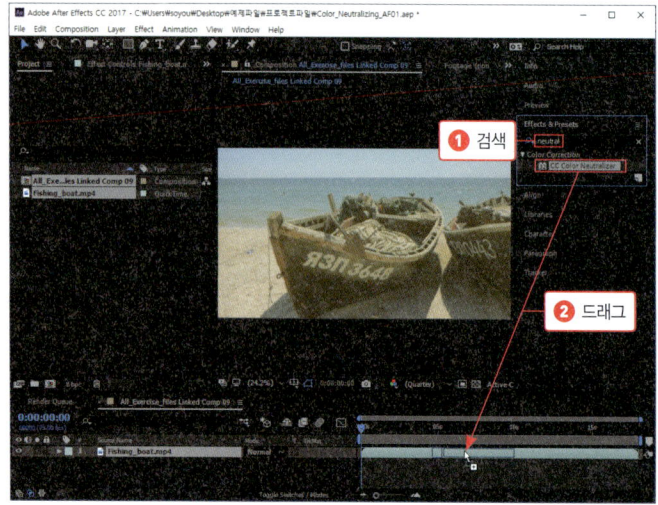

04 Effects Controls 패널을 살펴보니 원리가 비슷해 보입니다. 반드시 검은색이어야 하는 부분, 반드시 흰색이어야 하는 부분, 반드시 중간 톤이어야 하는 부분을 스포이드로 클릭하여 샘플링합니다.

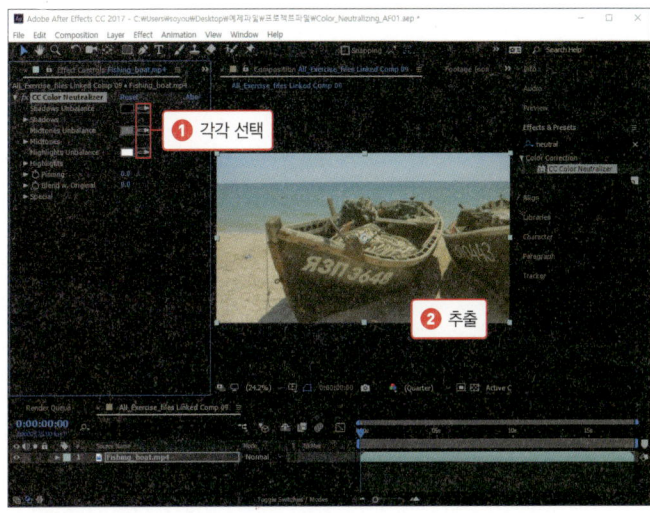

05 색 추출만으로도 컬러캐스트가 쉽게 제거된 것을 확인할 수 있습니다.

06 Shadows, Midtones, Highlights 옵션을 열면 RGB 이렇게 세 가지 색을 세부 조정할 수 있게 되어 있습니다. 매개변수를 조금씩 조정하면서 새로운 톤을 만들어 봅니다. Blend w. Original 슬라이더는 원본과 CC Color Neutralizer 조정 값을 섞어, 효과의 적용 강도를 조정할 수 있습니다.

파일을 저장하고, 프리미어 프로로 넘어가 작업을 계속합니다.

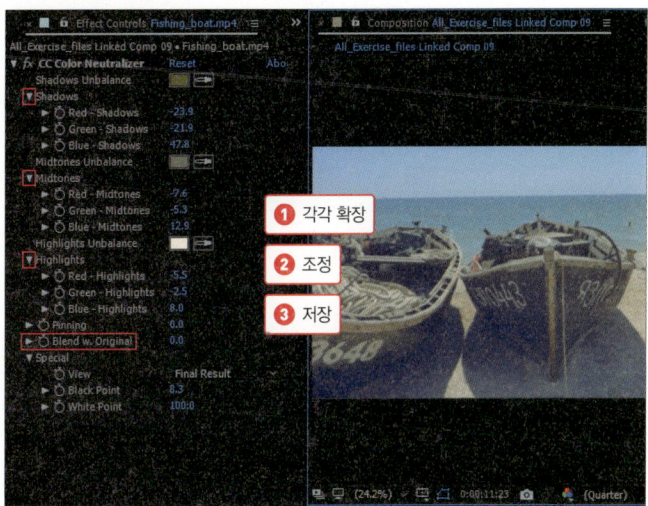

CHAPTER 06
Premiere Pro CC

블랜딩 모드로 색 조정하기

블랜딩 모드는 만약 포토샵을 사용해 이미지를 보정하거나 합성해 본 사용자라면 한번쯤은 들어봤을 것입니다. 이것은 하나의 레이어를 또 다른 레이어와 섞어 이미지를 보완합니다. 모션 그래픽 디자인에도 블랜딩 모드는 자주 사용되는데 프리미어 프로에서도 이 기능은 매우 유용합니다. 전혀 다른 두 레이어를 블랜딩하게 되면 음영과 컬러가 합성되면서 새로운 이미지가 창출됩니다. 그리고 같은 레이어를 블랜딩하면 색 조정과 노출을 보정하는 데 아주 유용합니다.

1 지나치게 노출된 이미지 보정하기

|시퀀스| 모든예제파일\Chapter007_색 조정\7.6

01 7.6\시퀀스 폴더에서 'Blend_modes_edit01' 시퀀스를 사용합니다.
과다 노출된 클립을 바로 윗 트랙에 하나 더 복사합니다. Alt 키를 누르고 클립을 V2 트랙으로 드래그합니다.

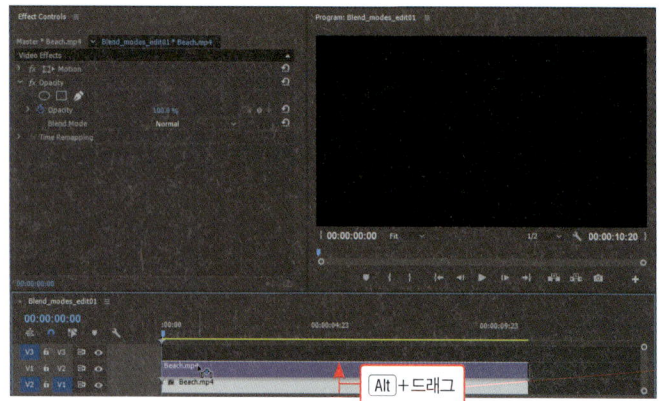

02 V2 트랙 위의 복사한 클립을 선택하고 Effect Controls 패널을 표시합니다. Opacity → Blend Mode를 엽니다.
블랜딩 모드에서 주로 사용하는 그룹은 두 번째 섹션의 'Multiply', 세 번째 섹션의 'Lighten', 그리고 네 번째 섹션의 'Overlay'입니다. 이 각각의 그룹은 레이어와 레이어를 섞을 때 그 특징이 다릅니다.

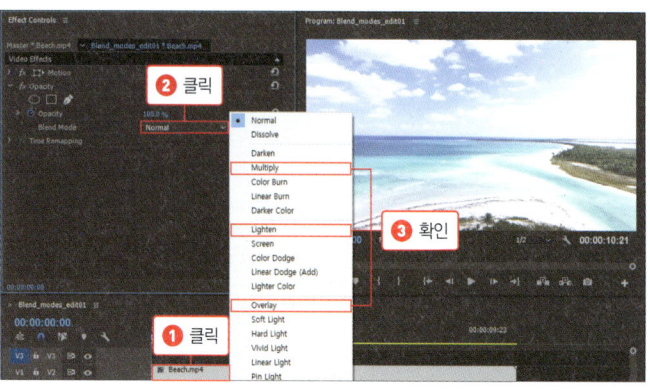

03 지나치게 노출되어 너무 밝아진 이미지를 수정하는 것이므로, 블랜딩 모드로 'Multiply'를 선택합니다.

> **TIP**
> Multiply 그룹은 혼합 색보다 밝은 픽셀은 어두운 색조로 바뀝니다. 그러나 혼합 색보다 어두운 색조는 변하지 않습니다. Lighten 그룹은 혼합 색보다 어두운 픽셀은 밝은 색조로 바뀌지만 혼합 색보다 밝은 픽셀은 변하지 않습니다. 마지막으로 Overlay 그룹은 이미지 원본에 따라 더 어둡게 하거나 더 밝게 만들어집니다. 원본 이미지의 하이라이트와 음영을 유지하면서 혼합 색을 섞습니다.

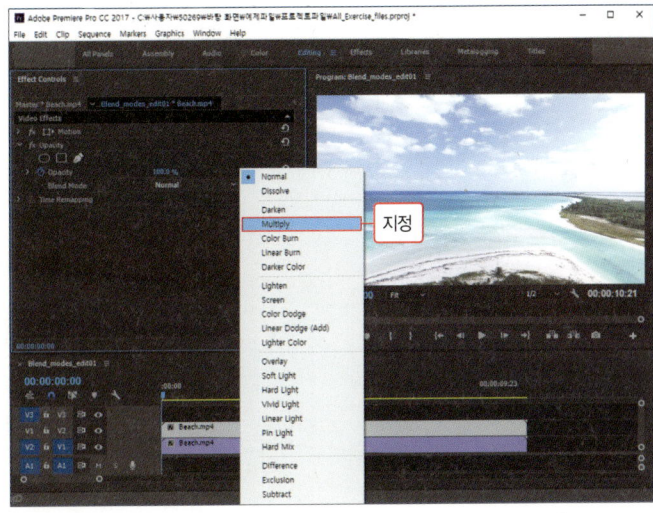

04 V1의 클립과 V2의 클립이 섞이면서 색조를 더 어둡게 만드는 것으로 간단하게 노출을 보정했습니다.

05 원본 레이어와 블랜딩 모드를 넣은 레이어 혼합 정도는 Opacity로 조절합니다. V2 클립의 Opacity를 '65%' 정도로 설정하고 작업을 마무리합니다.

2 노출이 부족한 이미지 보정하기

01 7.6\시퀀스 폴더에서 'Blend_modes_edit02' 시퀀스를 사용합니다. 클립을 바로 윗 트랙에 하나 더 복사합니다. Alt 키를 누르고 클립을 마우스로 클릭, 드래그하여 V2 트랙 위에 올립니다.

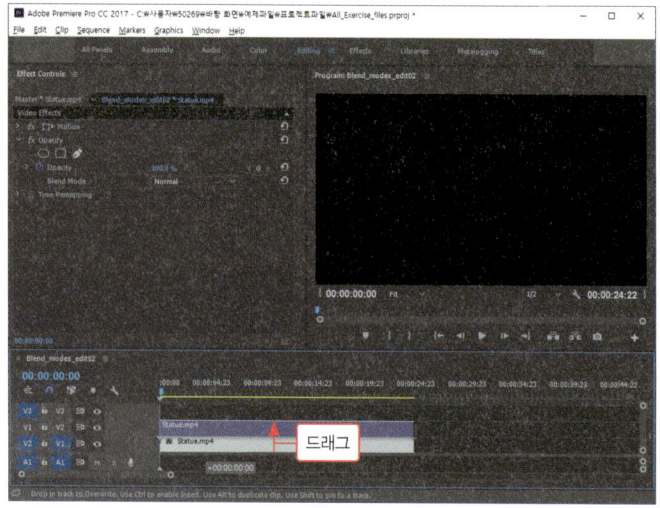

02 V2 트랙 위의 복사한 클립을 선택하고 Effect Controls 패널을 활성화합니다. Opacity 옵션 아래 블랜딩 모드의 팝업 메뉴를 엽니다. 노출이 적어 어둡게 촬영된 이미지를 수정하는 것이므로, 블랜딩 모드로 'Screen'을 선택합니다.

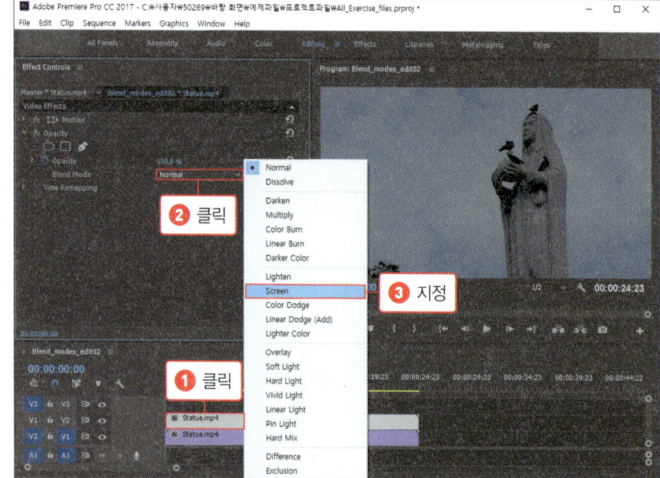

03 V1의 클립과 V2의 클립이 섞이면서 색조를 더 밝게 만드는 것으로 간단하게 노출을 보정했습니다. 원본 레이어와 블랜딩 모드를 넣은 레이어 사이 혼합 정도는 Opacity 값으로 조절합니다.

04 V3 트랙에 Adjustment Layer를 추가합니다.

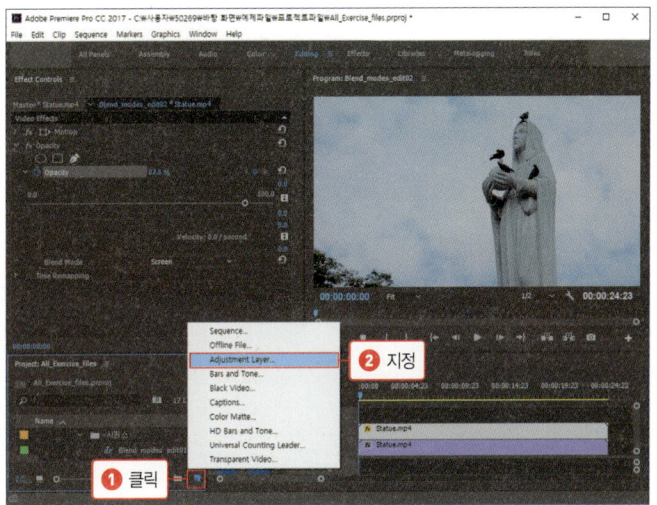

05 타임라인 위에 Adjustment Layer를 올리고, 클립의 길이만큼 트리밍합니다.

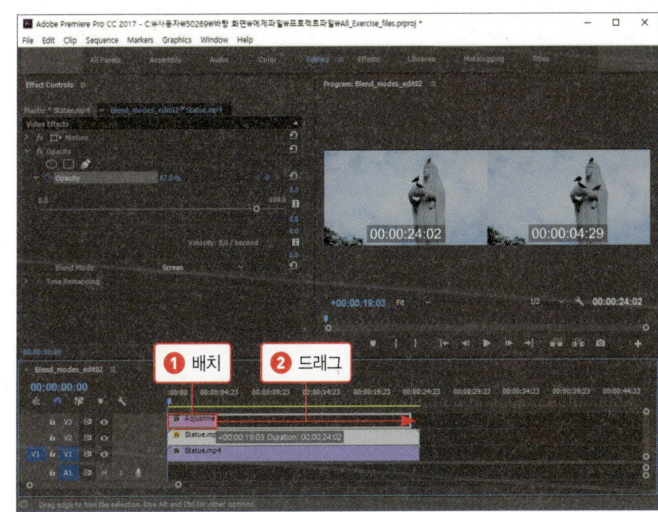

06 이 조정 레이어에 Lumetri Color Toolset을 이용한 색 조정을 적용할 수 있습니다. Lumetri Color 패널에서 Basic Correction 항목을 열고 Tone 항목의 옵션을 조절해 이미지를 조금 더 보정합니다.

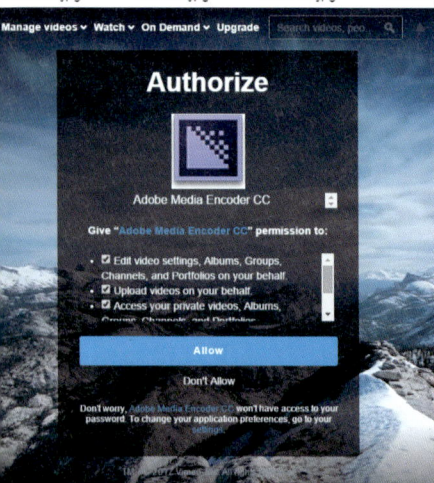

PART 08

동영상 파일 공유하기

프리미어 프로에서 시퀀스를 내보내는 방법에 대하여 알아봅니다. 출력한 파일은 다른 사람에게 보내거나, 다른 프로그램으로 내보내어 좀 더 작업을 진행할 수도 있습니다. 물론, 웹에 업로드하여 공유할 수도 있습니다. 파일을 출력할 때 사용 목적에 따라 다르지만 일반적으로 프레임 사이즈와 프레임 레이트 등이 작업한 시퀀스와 동일한 설정을 유지하고 고화질의 저용량 파일을 출력하는 것이 좋습니다. 그러나 애프터 이펙트로 합성을 한다든지 후반 작업을 추가로 진행하기 위해서는 압축이 거의 되지 않거나 무압축의 파일을 출력하는 것이 좋습니다.

CHAPTER 01
Premiere Pro CC

프로젝트 파일 내보내기

|예제 폴더| 모든예제파일\Chapter008_내보내기\8.1

1 코덱 설정하여 내보내기

01 8.1\시퀀스 폴더에서 'Aquarium_fin001' 시퀀스를 사용합니다.

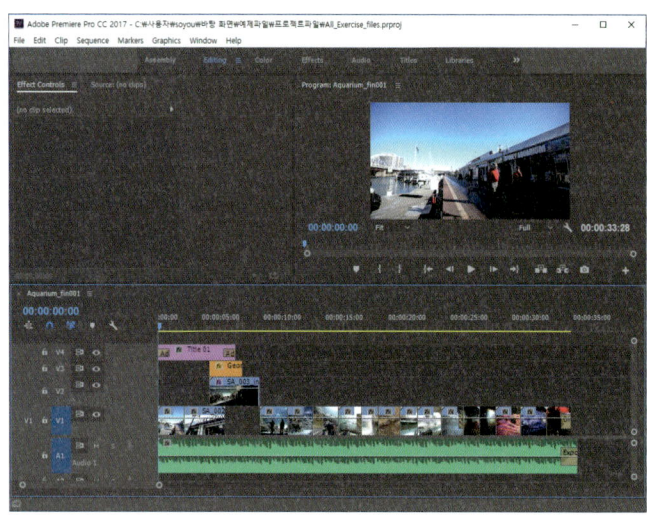

02 타임라인을 활성화한 상태에서 Ctrl+M 키를 누르거나 [File] → Export → Media를 실행합니다. 또는 Project 패널에서 시퀀스를 마우스 오른쪽 버튼으로 클릭하고 **Export Media**를 실행합니다.

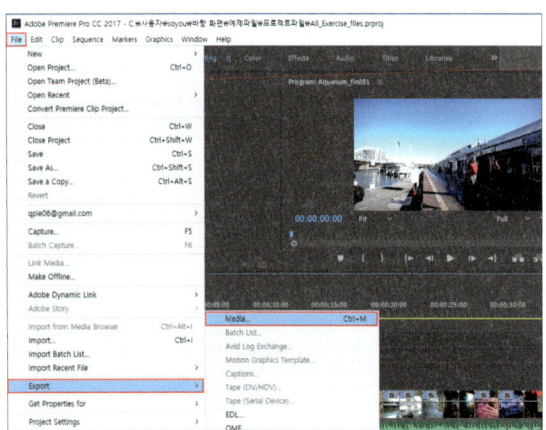
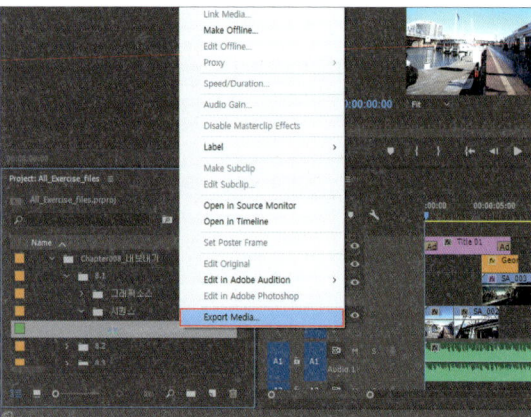

03 Export Settings 창이 표시됩니다.

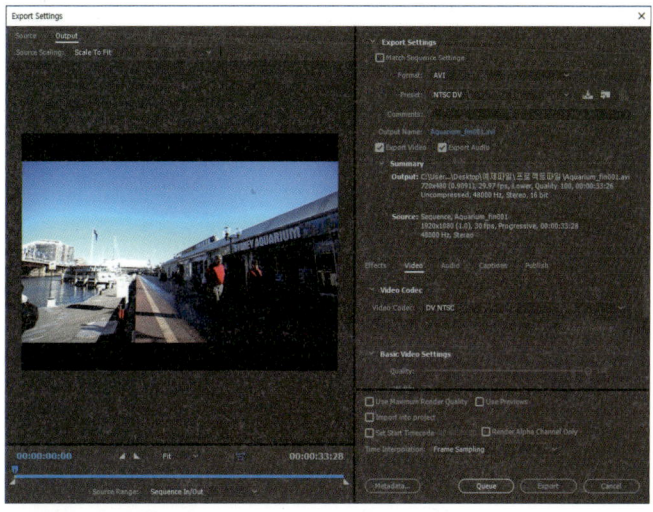

04 Format의 팝업 메뉴를 엽니다. 고화질, 저용량의 장점을 가지면서 웹 퍼블리싱을 비롯해 거의 모든 기기에서 감상이 가능한 'H.264'를 포맷으로 선택합니다.

···· TIP ··
포맷은 동영상을 담는 컨테이너의 역할을 한다고 할 수 있습니다. 포맷과 코덱이 같은 이름을 가지는 경우가 있어 헷갈릴 수 있으므로 구분하여 쓸 수 있도록 합니다.
··

05 Preset의 팝업 메뉴를 열면 상당한 종류의 코덱 옵션이 보입니다. 코덱은 동영상을 어떻게 저장하고 압축할 것인지를 결정하는 압축 방식이라고 할 수 있습니다.
Preset의 코덱 종류는 어떤 포맷을 선택하느냐에 따라 달라집니다. 팝업 메뉴 위아랫부분의 작은 삼각형 버튼을 누르면 숨어 있는 옵션을 좀 더 살펴볼 수 있습니다. 'Match Source – High bitrate'를 선택합니다.

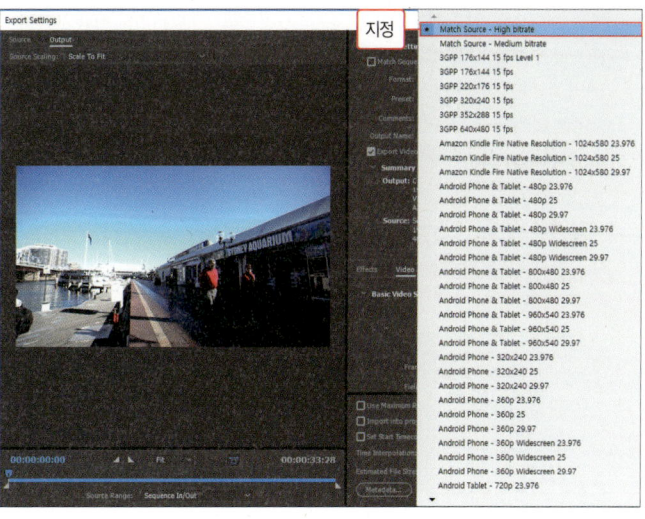

06 Output Name을 클릭하여 팝업창을 엽니다. 출력 동영상의 이름과 저장 경로를 지정하고 〈저장〉 버튼을 클릭합니다.

07 'Export Video'와 'Export Audio'에 모두 체크 표시합니다. 만약 오디오 없이 비디오만 출력하려면, 'Export Audio'에 체크 표시를 해제합니다.

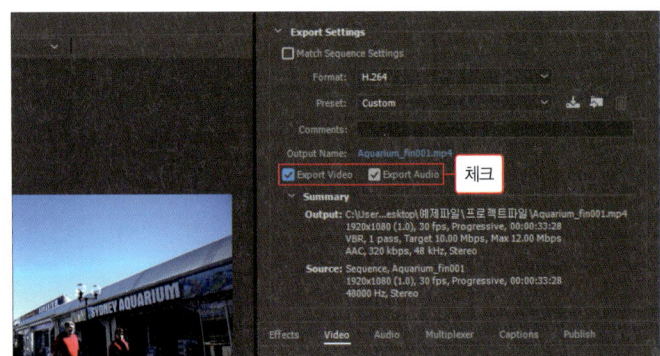

····TIP···

포맷과 비디오 코덱

출력 포맷으로 흔히 사용되는 것으로 H.264와 QuickTime가 있습니다. 이미지 시퀀스 포맷으로는 PNG를 가장 많이 사용하며, 이미지 시퀀스 출력이기 때문에 오디오가 출력되지 않습니다. 오디오 포맷으로는 AAC Audio, MP3, Waveform Audio가 있고, 역시 비디오가 출력되지 않습니다. 운영체제(맥과 윈도우)에 따라 포맷 및 비디오 코덱의 종류가 다를 수 있습니다. 자세한 내용은 부록을 통해 확인할 수 있습니다.

• **H.264** : 고압축, 저용량, 고화질의 장점을 가지는 대표적인 감상용 포맷입니다. 일반적으로 출력 코덱으로 Match Source-High bitrate를 많이 사용합니다. 이를 프리셋으로 설정하고 [Video] 탭에서 사용자 임의대로 프레임 레이트, 프레임 사이즈 등을 커스터마이징하여 사용합니다. H.264의 경우, 출력한 파일을 감상하려는 기기 또는 유튜브나 비메오 등 업로드하려는 웹 사이트에 따라 옵션을 달리 선택할 수 있도록 다양한 코덱이 사전 설정되어 있는 것을 확인할 수 있습니다. 웹 퍼블리싱을 위해 출력하는 것이라면 Youtube 1080p HD, Vimeo 1080p HD 등 프리셋을 웹 퍼블리싱에 맞추고, [Publish] 탭을 함께 사용하여 출력하면 좋습니다. [Publish] 탭 사용 방법은 팁 페이지를 통해 확인할 수 있습니다.

• **QuickTime** : 퀵타임을 포맷으로 설명하게 되면 프리셋 선택은 무시하고 바로 [Video] 탭을 이용하여 코덱을 결정합니다. 메게코덱으로 윈도우는 DNX를, 맥은 AppleProRes422을 많이 사용하며, 감상용 코덱으로 H.264와 MPEG-4를 많이 사용합니다.

• **PNG** : 이미지 시퀀스를 출력하기 위한 포맷입니다. 프리셋은 간단하게 Alpha(알파)를 포함시키는지, 아닌지를 결정합니다. [Video] 탭의 Basic Settings에서 프레임 크기나 프레임 레이트를 커스터마이징할 수 있으며, 'Include Alpha Channel'에 체크 표시하거나 체크 해제하는 것으로도 알파값 포함 여부를 결정할 수 있습니다.

08 왼쪽 화면 아랫부분의 Source Range를 'Entire Sequence'로 지정합니다. 기본 설정으로 Sequence In/Out이 선택되어 있는데, 작업 시퀀스에 인아웃 포인트가 없다면 시퀀스 전체가 출력되므로 그대로 두어도 무방합니다.

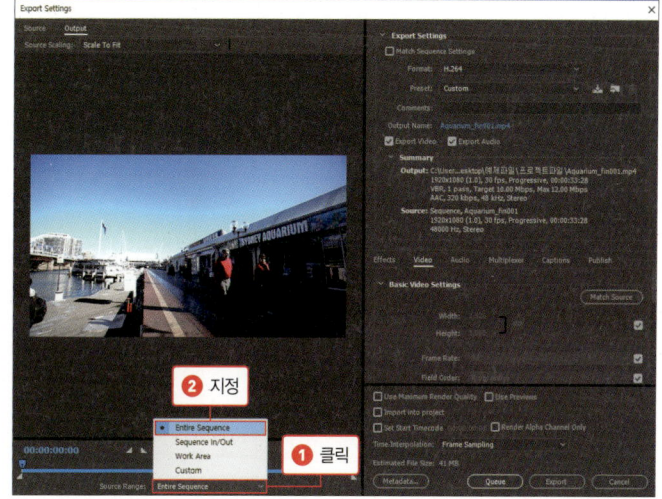

TIP

Source Range

- **Entire Sequence** : 시퀀스 전체 영역을 출력합니다.
- **Sequence In/Out** : 타임라인 시퀀스에 인아웃 포인트가 마킹된 부분만 출력합니다. 만약, 시퀀스에 인아웃 포인트 마킹이 없다면 이 옵션을 선택해도 시퀀스 전체가 출력됩니다.
- **Work Area** : 타임라인의 특정 영역을 Work Area로 지정하고 부분 출력할 때 사용합니다. 타임라인의 메뉴를 선택하고 'Work Area Bar'에 체크합니다. Work Area Bar의 양 끝은 마우스로 드래그하여 수정할 수 있고, 커버된 부분만 출력합니다. 이 옵션은 'Sequence In/Out'과 똑같은 기능을 합니다. 이 옵션은 이전 버전의 프리미어 프로의 출력 방식에서 사용된 옵션으로, 프리미어 프로는 이 옵션을 더 이상 타임라인에 포함시키지 않고 숨겨 두었습니다.
- **Custom** : 타임라인에서 인아웃 포인트를 마킹하지 못했다면, Export Settings 창의 타임라인에서 출력 파트를 마킹할 수 있습니다. 타임라인 아래의 작은 삼각형을 마우스로 클릭, 드래그하여 출력 영역을 설정할 수 있습니다.

---

09 [Video] 탭에서 Basic Video Settings를 조정하겠습니다. 출력물(Output)의 프레임 사이즈, 프레임 레이트, Aspect Ratio가 시퀀스와 동일한 세팅을 유지하도록 〈Match Source〉 버튼을 클릭합니다.

10 〈Match Source〉 버튼을 누르면 세부 설정이 회색으로 변하면서 비활성화되는데 체크 박스를 해제하면 얼마든지 수정이 가능합니다.

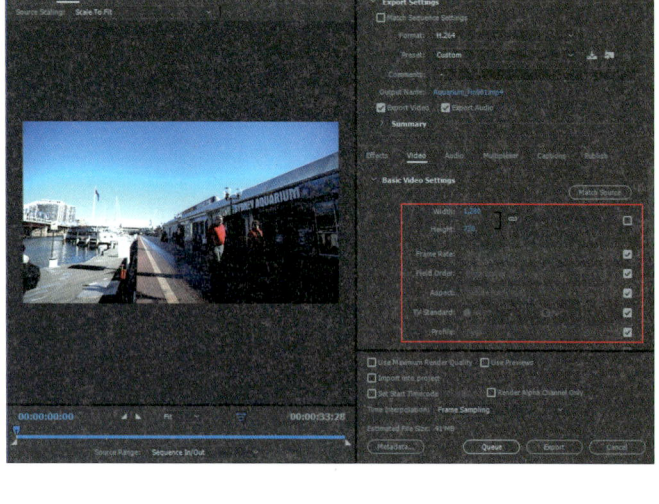

----TIP----
출력물은 웬만하면 시퀀스와 동일한 세팅을 유지하는 것이 좋지만, 비디오 품질을 떨어뜨리지 않으면서 커스터마이징할 수 있는 부분은 프레임 크기입니다.
간혹 미리보기(Preview)용으로 프레임 사이즈를 줄여 출력하기도 하는데, 1080p HD 시퀀스를 720p HD로 출력하기도 합니다.

11 프레임 크기를 줄일 때는 프레임 크기 오른쪽 체크 박스를 해제하고 직접 수치를 적어 넣거나 마우스로 클릭, 드래그하여 수치를 변환시킵니다. 프레임 크기는 가로 세로가 동일한 비율로 축소되거나 확대되는 것이 좋은데, 수치 옆의 링크 아이콘을 활성화하고 가로세로 중 어느 한쪽의 수치를 수정하면 다른 한쪽도 자동으로 동일한 비율로 수정됩니다. 다시 한 번 〈Match Source〉 버튼을 클릭하여 되돌립니다.

좋은 품질의 출력물을 내보내기 위해서는 Bitrate Settings이 무엇보다 중요합니다.
Target Bitrate를 '8Mbps', Maximum Bitrate를 '16Mbps'로 설정합니다.

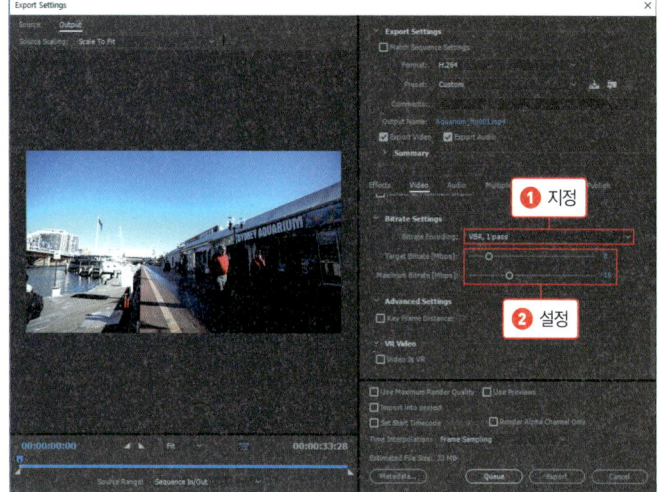

----TIP----

비트레이트(Bitrate)

1 비트레이트란?

초당 처리해야 하는 비트 단위의 데이터 크기를 이야기하며, 이는 동영상의 압축 용량 및 화질과 밀접한 관련이 있습니다. 압축을 수행할 때 각각의 프레임을 균일한 용량으로 압축하는 방식을 고정 비트레이트(CBR; Constant Bit Rate)라고 하며, 반대로 각 프레임들의 차이를 분석해 움직임이 적은 부분에서 상대적으로 저용량으로 저장하고 움직임이 많은 부분에서 고용량으로 저장하는 방식을 '가변 비트레이트(VBR; Variable Bit Rate)'라고 합니다. VBR로 인코딩한 동영상은 일정한 품질의 이미지를 저장하기 때문에 CBR로 인코딩한 동영상보다 더 높은 화질을 보여줍니다. 하지만 데이터를 처리하는 시스템이 압축 또는 재생 작업을 수행할 때 순간적으로 발생하는 연산 및 비트레이트의 변화 폭을 감당하지 못하게 되면 CBR 방식에 비해 좋지 못한 결과물을 보여줄 수 있습니다. 이는 오디오에서도 마찬가지이며, 데이터 형태에 따라 음질이 변하게 됩니다.

2 적정 비트레이트[Video]

탭에서 코덱을 설정하고 나면 Bitrate Settings를 하게 됩니다. 기본 설정은 VBR, 1 pass로 되어 있는데 CBR이나 VBR, 2 pass 등으로 인코딩 방식을 변경할 수 있습니다. CBR은 프레임을 분석하지 않고 비트레이트를 처음부터 끝까지 동일한 수치로 고정시키기 때문에 인코딩 속도가 비교적 빠르지만 고정된 데이터 크기 때문에 프레임의 픽셀이 깨지거나 색 표현이 이상하게 출력될 수 있습니다. VBR, 2 pass는 쉽게 말해 압축을 두 번 거치기 때문에 가장 좋은 화질을 기대할 수 있지만 연산 양이 많아져 인코딩 속도가 가장 느립니다.

Target Bitrate는 실제 출력 파일의 용량에 영향을 미치는 수치라고 할 수 있습니다. 따라서 30fps의 1080p HD 동영상을 출력하기 위해서는 Target Bitrate가 '8Mbps'로 설정되어야 합니다. Maximum Bitrate는 원하는 만큼 수치를 입력해도 비디오 파일 크기는 크게 달라지지 않습니다. 하지만 고화질 그래픽이나 고화질 동영상을 담은 동영상이 있다면, 프리미어 프로는 최대 비트 전송률을 사용하여 이러한 부품들을 압축합니다. 따라서 파일 크기에 영향을 주지 않으면서 전체 비디오 전체에 걸쳐 최적의 품질을 유지할 수 있습니다.

오디오 비트레이트	
Type	Audio Bitrate(비디오 해상도-Resolution과 관련 없습니다.)
Mono	128kbps
Stereo	384kbps
5.1	512kbps

적정 비트레이트		
Type	Video Bitrate, Standard Frame Rate(24, 25, 30)	Video Bitrate, High Frame Rate(48, 50, 60)
2160p(4k)	35–45Mbps	53–68Mbps
1440(2k)	16Mbps	24Mbps
1080p	8Mbps	12Mbps
720p	5Mbps	7.5Mbps
480p	2.5Mbps	4Mbps
360p	1Mbps	1.5Mbps

12 [Audio] 탭을 엽니다. Audio Format을 'AAC', Audio Codec을 'ACC', Bitrate Settings를 '320kbps'로 지정합니다. Sample Rate는 Summary를 참조하여 시퀀스에 사용한 오디오 소스와 동일하게 설정하고, Channels는 'Stereo'로 지정합니다.

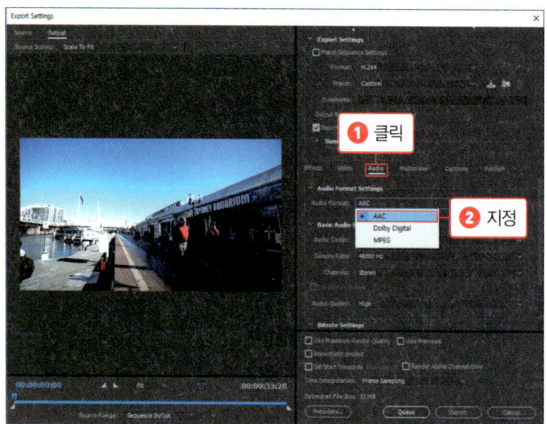

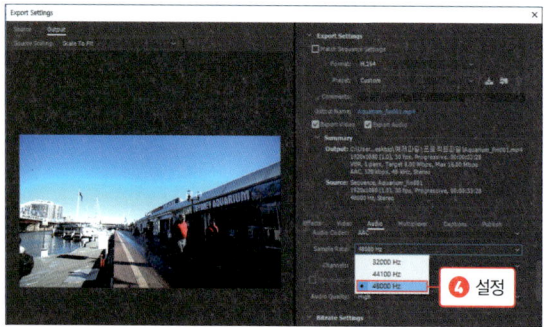

13 마지막으로 'Use Maximum Render Quality'에 체크합니다.

인코딩 시간이 조금 길어질 수 있으나 저용량의 최고의 화질을 기대할 수 있습니다. 이 부분에 체크하지 않으면, Regular Render Quality로 출력되는데, 일반적으로 웹 퍼블리싱용 비디오의 경우 이 부분에 체크하지 않아도 좋습니다. 시간을 들여 이 두 옵션을 비교해 보는 것도 좋을 것입니다.

'Import into Project'에 체크 표시하면 출력이 끝난 후 자동으로 Project 패널로 파일이 불러와집니다. 필요에 따라 이 옵션에 체크해도 좋지만 여기서는 체크하지 않습니다.

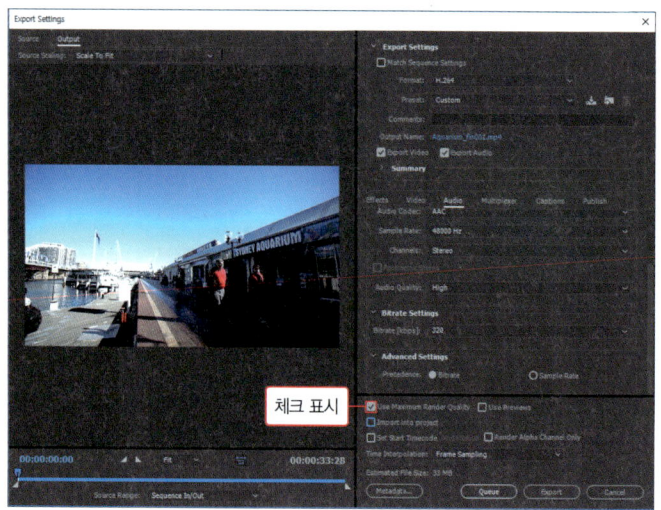

14 〈Export〉 버튼을 클릭합니다. 이 버튼을 클릭하면 프리미어 프로가 자체적으로 인코딩을 진행합니다. 〈Queue〉 버튼을 클릭하면 어도비 미디어 인코더를 통해 인코딩이 진행됩니다.

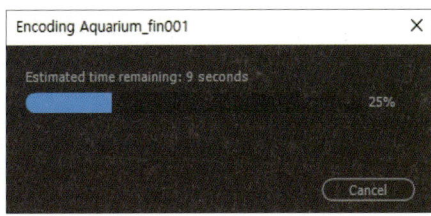

TIP
출력 설정 창 탭 살펴보기

- **[Effects]** 탭 : 이 탭의 옵션을 이용하면 출력물에 루매트리 룩, 워터마크, 타임코드, 텍스트 등을 함께 내보낼 수 있습니다. 내보내기 창에서 [Effects] 탭을 사용하는 방법은 '[Effects] 탭 활용하기'를 통해 확인할 수 있습니다. 'Lumetri Look/LUT(Lookup Table)'에 체크 표시하게 되면 프리미어 프로가 제공하는 다양한 루매트리 룩을 적용할 수 있습니다. 적용한 효과는 왼쪽 Output 모니터를 통해 바로 확인이 가능합니다.
- **[Video]** 탭 : 비디오 설정을 합니다.
- **[Audio]** 탭 : 오디오 설정을 합니다.
- **[Multiplexer]** 탭 : 비디오와 오디오 데이터가 단일 파일로 병합되는 방식을 제어합니다. 이 옵션의 사용 여부는 어떤 포맷을 선택하느냐에 따라 달라질 수 있습니다. 따라서 선택 포맷에 따라 이 탭이 비활성화될 수도 있습니다.
- **[Captions]** 탭 : 자막 데이터를 포함하는 별도의 자막 파일 또는 출력 파일 안에 자막 파일을 포함하여 내보내는 경우 이 옵션을 사용합니다.
- **[Publish]** 탭 : 이 탭을 통해 파일을 내보낼 수 있도록 웹 호스팅 정보를 입력하여 즉시 웹 서비스에 업로드할 수 있습니다. Adobe Creative Cloud, Adobe Stock, Behance, Facebook, Twitter, Vimeo, Youtube, FTP 서버 등에 로그인 정보를 입력하고 업로드 기능을 사용할 수 있습니다.

2 Match Sequence Settings와 Use Previews 사용하기

'Match Sequence Settings'에 체크 표시하면, 시퀀스 세팅과 동일하게 포맷과 코덱이 자동 설정됩니다. 시퀀스 세팅에서 비디오 프리뷰에 사용한 코덱으로 나오기 때문에 비디오 프리뷰 코덱을 사전 설정하지 않는 이상 거의 사용하지 않습니다.

01 8.1\시퀀스 폴더에서 'Aquarium_fin001' 시퀀스를 사용합니다.
타임라인을 활성화한 상태에서 Ctrl+M 키를 누르거나 [File] → Export → Media를 실행합니다.

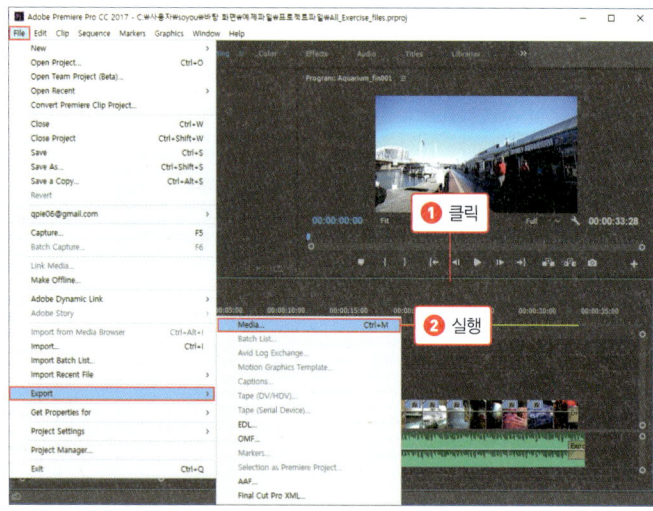

02 Export Settings 창이 열립니다. 'Match Sequence Settings'에 체크 표시합니다.

03 [Video] 항목들이 회색으로 변하면서 비활성화되는데, Video Codec을 살펴보면 'MPEG I-Frame'으로 설정되어 있는 것을 확인할 수 있습니다. 〈Cancel〉 버튼을 클릭하여 창을 닫습니다.

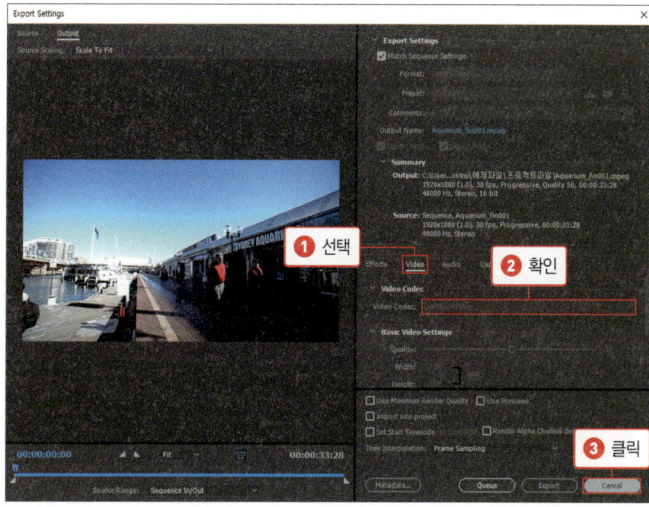

04 [Sequence] → Sequence Settings를 실행합니다.

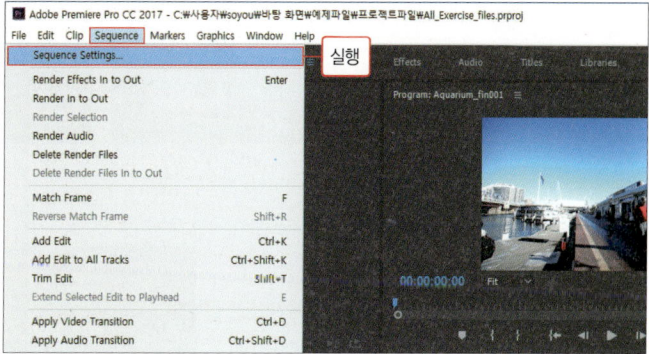

05 Video Previews 항목에서 Preview File Format과 Codec을 확인할 수 있습니다.

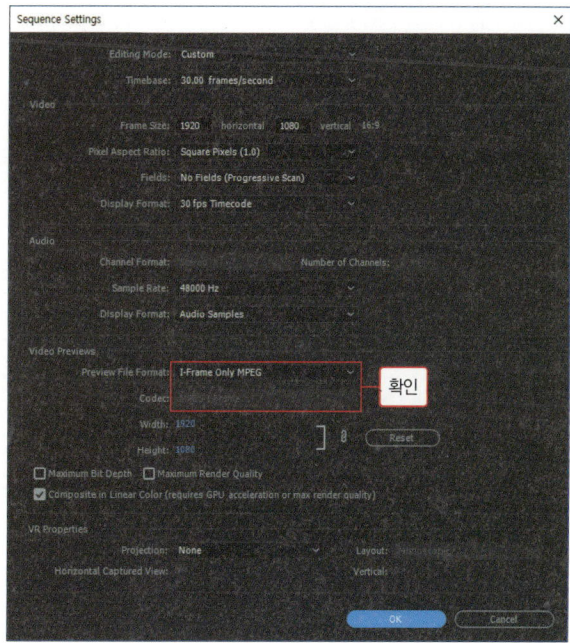

Chapter1 프로젝트 파일 내보내기 461

06 Video Previews 항목에서 포맷과 코덱을 바꿔 봅니다. Preview File Format을 'Quicktime', Codec을 'DNxHR/DNxHD'로 지정합니다. 〈OK〉 버튼을 클릭합니다.

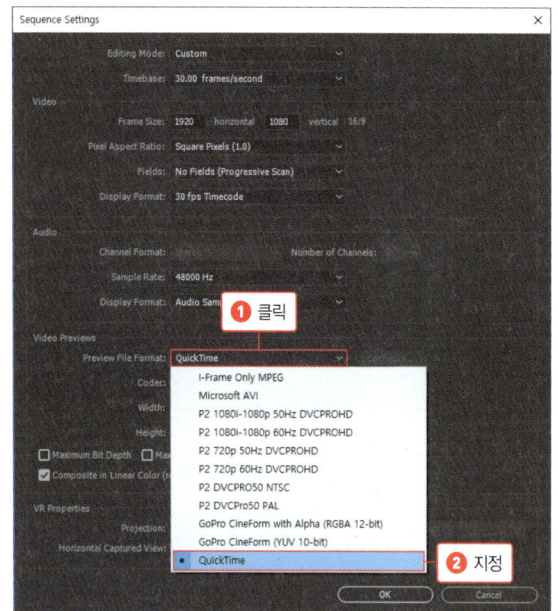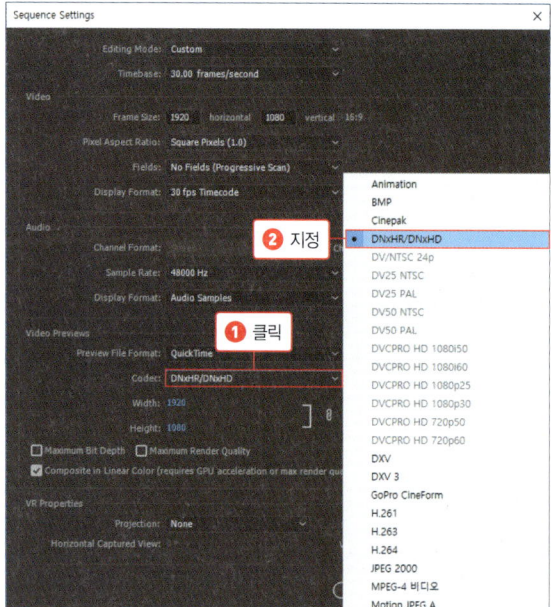

07 경고문이 표시되는데, Preview File Format이나 Frame Size를 변경하면 이전의 모든 프리뷰 파일이 지워질 것이라는 문구입니다. 그리고 이렇게 수행된 작업은 되돌릴 수 없습니다. 〈OK〉 버튼을 클릭합니다.

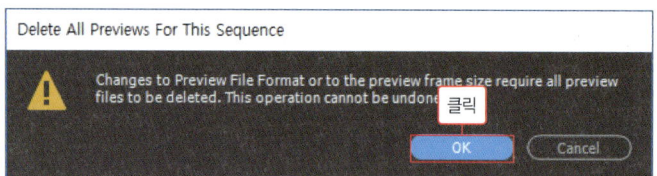

08 Ctrl + M 키를 눌러 Export Settings 창을 표시합니다. 'Match Sequence Settings'에 체크 표시합니다.
[Video] 탭의 Video Codec을 살펴보면 시퀀스 설정에서 바꿔 놓은대로 DNxHR/DNxHD가 선택되어 있는 것을 확인할 수 있습니다. Match Sequence Settings 옵션은 시퀀스 세팅의 Video Previews에 사용한 포맷과 코덱을 그대로 이용하는 것을 알 수 있습니다.

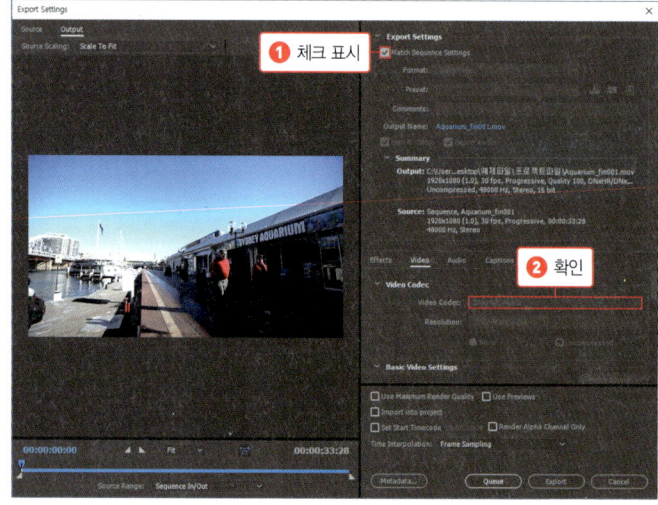

09 Export Settings 창 아랫부분의 'Use Previews' 옵션은 시퀀스 작업에서 만들어지는 프리뷰 동영상을 이용하여 최종 동영상을 출력하는 옵션입니다. 따라서 동영상의 인코딩 속도를 훨씬 빠르게 만들 수 있습니다. 하지만 시퀀스 세팅에서 설정해 놓은 Video Preview의 포맷과 코덱의 퀄리티로 만들어지기 때문에 최종 동영상 출력에는 적합하지 않습니다.

3 [Publish] 탭 사용하기

01 8.1\시퀀스 폴더에서 'Aquarium_fin001' 시퀀스를 사용합니다.
Preset을 'Vimeo 1080p HD'로 지정합니다.

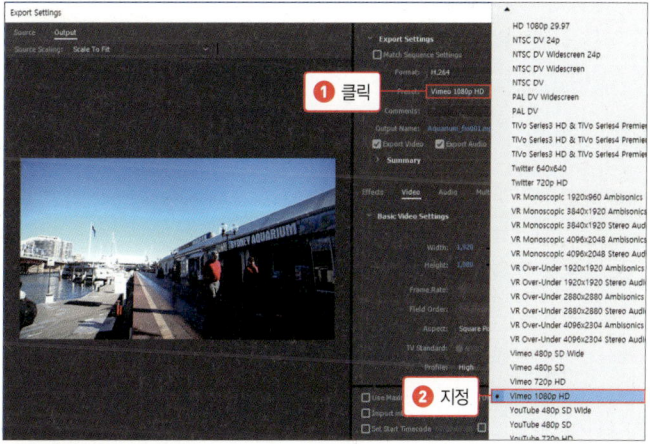

02 [Publish] 탭 화면에서 'Vimeo'에 체크 표시하고, Account 오른쪽 〈Log in〉 버튼을 클릭하여 Vimeo 사이트에 로그인합니다.

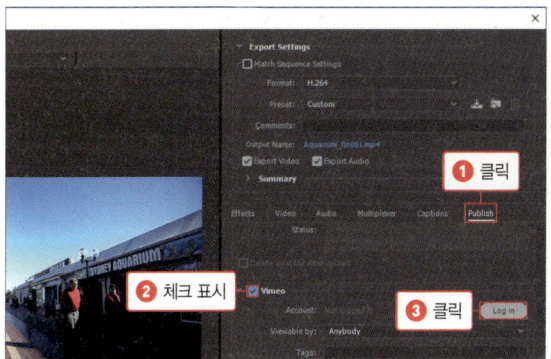 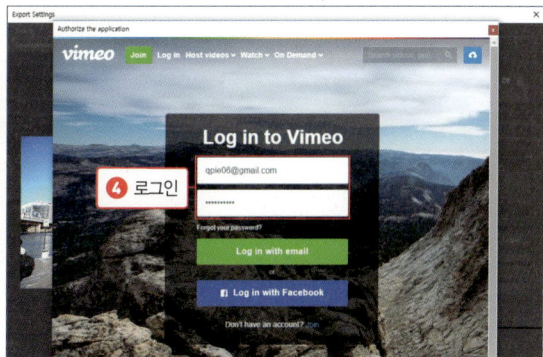

03 로그인을 하면 어도비 인코더와 연동하여 사용하는 것에 대한 동의를 구하는 팝업창이 뜹니다. 〈Allow〉 버튼을 클릭합니다.

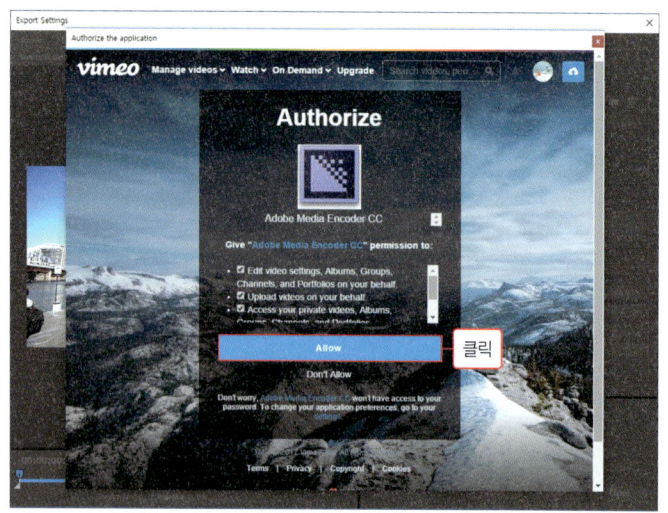

04 팝업창이 사라지고, 프리미어 프로의 Export Settings 창으로 돌아옵니다. Account 이하의 옵션은 웹 퍼블리싱과 관련한 부분을 표기합니다.
Viewable by는 게시물을 볼 수 있는 권한에 대한 내용이며, Tags는 다른 사람들이 동영상을 검색했을 때 검색에 걸릴 수 있는 주요 키워드를 적어 넣는 부분입니다. Description은 동영상에 대한 설명을 적어 넣는 옵션입니다.

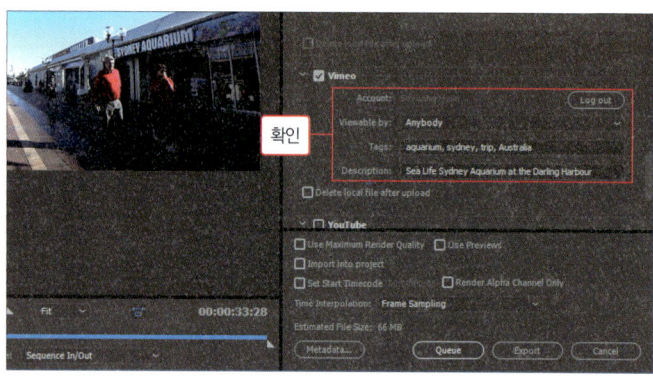

05 'Delete local file after upload'에 체크 표시하면, 파일을 내보내고 웹 사이트에 업로드를 마치면 컴퓨터에 남아있는 동영상 파일을 자동으로 지웁니다. 동영상을 컴퓨터에도 남기려면 이 옵션에 체크하지 않는 것이 좋습니다.
〈Export〉 버튼을 클릭합니다.

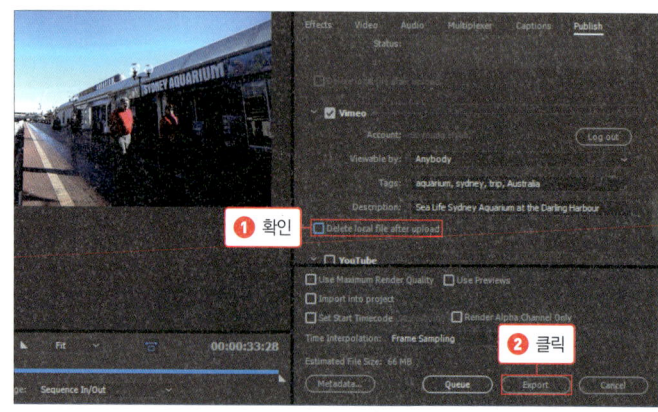

06 인코딩됩니다.

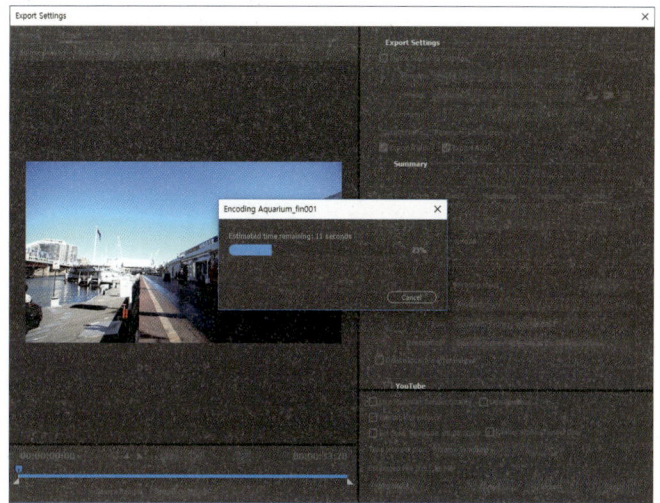

07 동영상 출력이 완료되면 자동으로 웹 사이트에 업로드가 시작됩니다.

08 업로드가 끝나면 내보내기 팝업창이 닫힙니다. Vimeo 사이트로 들어가 로그인합니다. 마이 페이지를 살펴보면 동영상이 자동으로 업로드된 것을 확인할 수 있습니다.

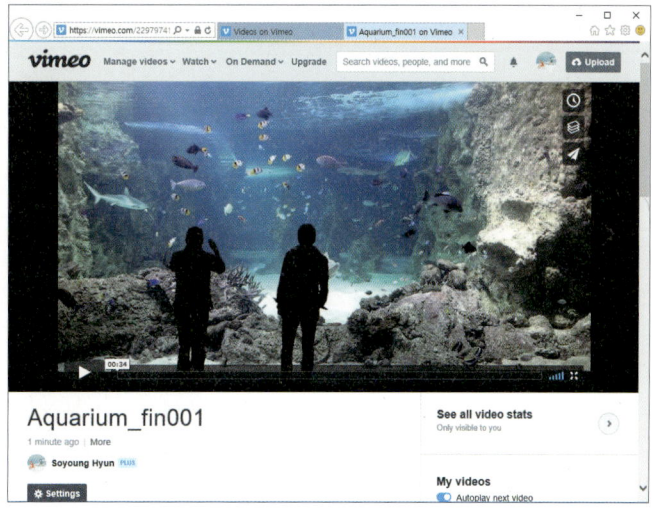

CHAPTER 02
Premiere Pro CC

미디어 인코더로 여러 파일 출력하기

여러 파일을 한번에 출력하거나 같은 파일을 여러 다른 포맷으로 출력하고 싶을 때 미디어 인코더를 사용합니다. 미디어 인코더를 사용하면 프리미어 프로로 작업을 지속하면서 파일 내보내기를 동시에 수행할 수 있기 때문에 더욱 효율적인 작업 과정을 기대할 수 있습니다. 미디어 인코더를 파일을 출력하는 것은 프리미어 프로의 내보내기 창에서 〈Queue〉 버튼을 클릭하여 실행할 수 있습니다.

|예제 폴더| 모든예제파일\Chapter008_내보내기\8.2

01 8.2\시퀀스 폴더에서 'Aquarium_fin002' 시퀀스를 사용합니다.
우선, 시퀀스에 마킹된 인아웃 포인트를 내보내겠습니다. Timeline 패널을 클릭하여 시퀀스가 활성화된 상태에서 Ctrl+M 키를 누릅니다.

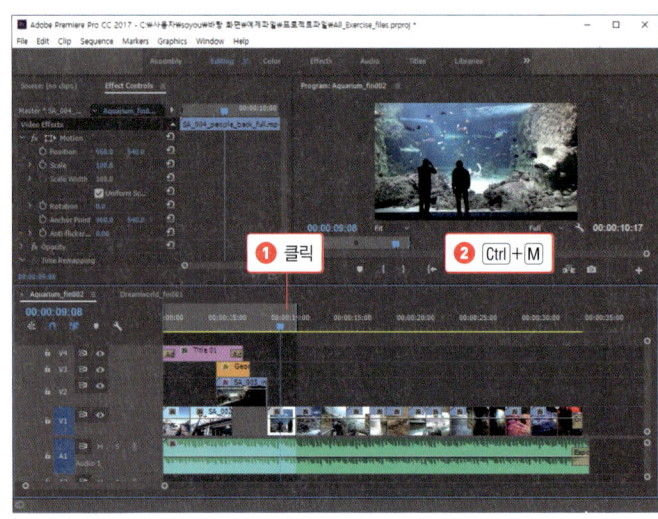

02 Export Settings 창이 열리고, 화면 왼쪽을 봅니다. 아웃풋 타임라인이 시퀀스의 인아웃 마킹 구간과 동일하게 표시되어 있는 것을 확인할 수 있습니다. Source Range는 'Sequence In/Out'으로 지정합니다.

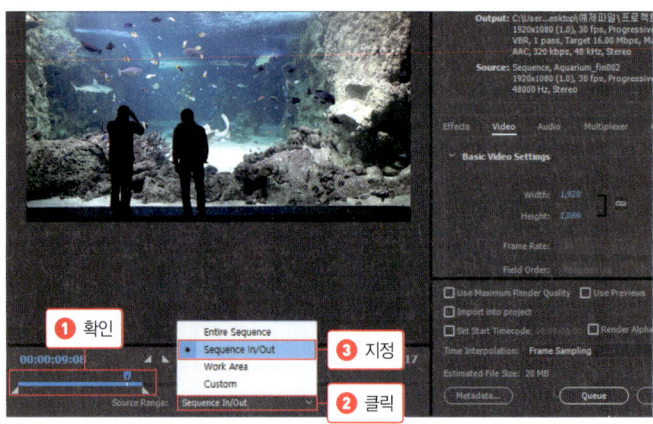

03 Export Settings를 설정합니다. Format을 'H.264', Preset을 'Youtube 1080p HD'로 지정합니다.

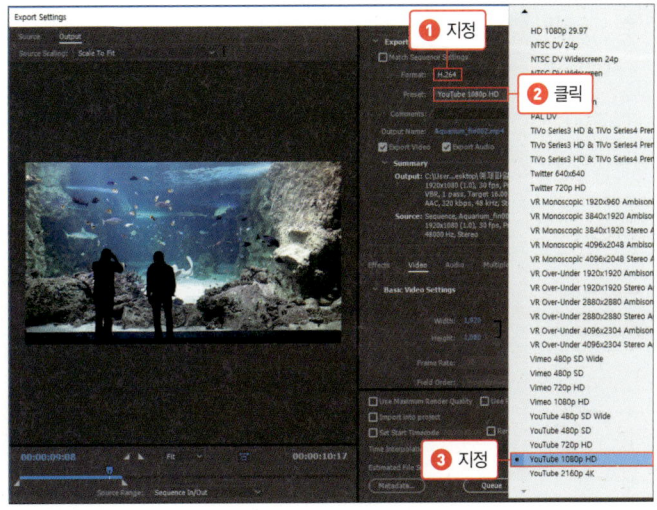

04 Output Name 오른쪽 파란색 파일 이름을 클릭하고 저장할 파일 이름을 'Aquarium_fin002_Trim_Ver'로 수정합니다.

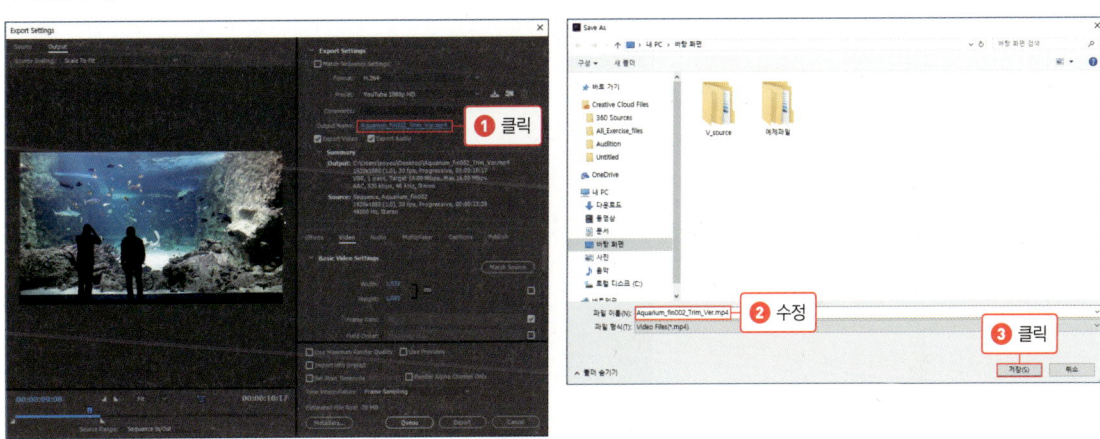

05 [Audio] 탭을 열고, Audio Format을 'AAC', Audio Codec을 'ACC', Bitrate Settings를 '320kbps'로 지정합니다. 〈Queue〉 버튼을 클릭합니다.

06 미디어 인코더가 자동으로 실행되고, 왼쪽 화면의 Queue에 방금 내보내기 설정한 출력물이 리스팅되는 것을 확인할 수 있습니다.

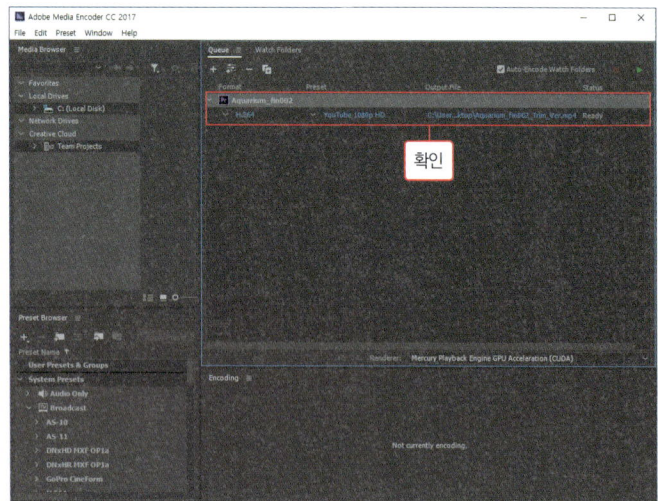

07 다시 프리미어 프로로 돌아갑니다. Ctrl+M 키를 눌러 내보내기 창을 엽니다. 이번에는 시퀀스 전체의 오디오만 출력해 보겠습니다.

08 Source Range를 'Entire Sequence'로 지정합니다.

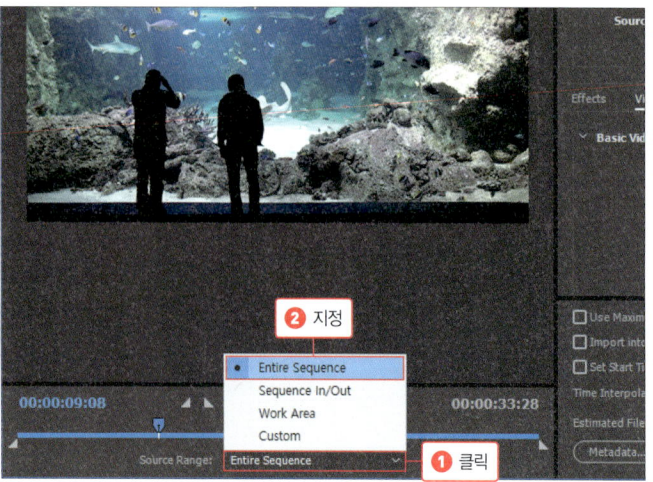

09 Export Settings에서 Format을 'Waveform Audio'로 지정합니다.

10 Output Name을 'Aquarium_fin002_Sound_Only'로 수정하고 〈Queue〉 버튼을 클릭합니다.

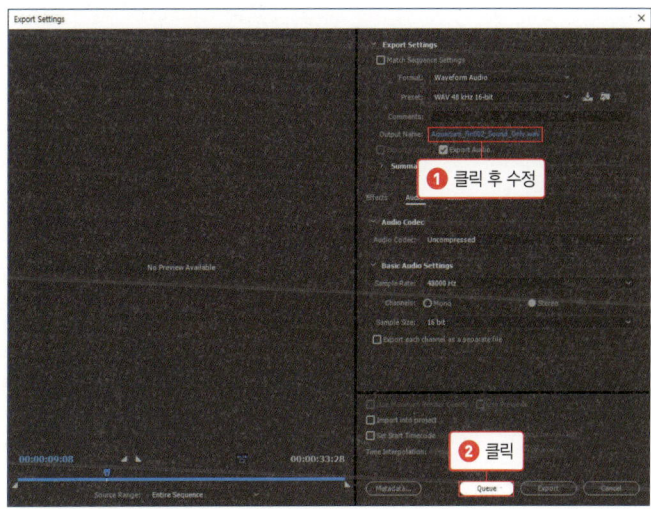

11 미디어 인코더가 열리면서 왼쪽 화면의 Queue에 방금 내보내기 설정한 출력물이 리스팅되는 것을 확인할 수 있습니다.

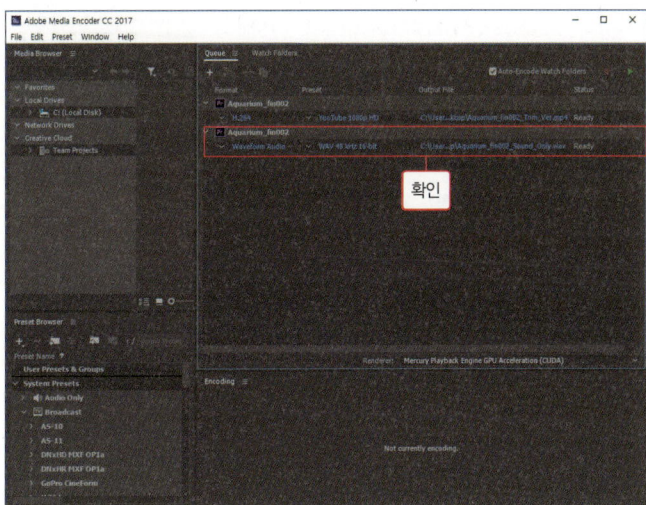

12 프리미어 프로로 이동합니다. Project 패널에서 8.2\시퀀스 폴더의 'DreamWorld_fin001' 시퀀스를 엽니다.

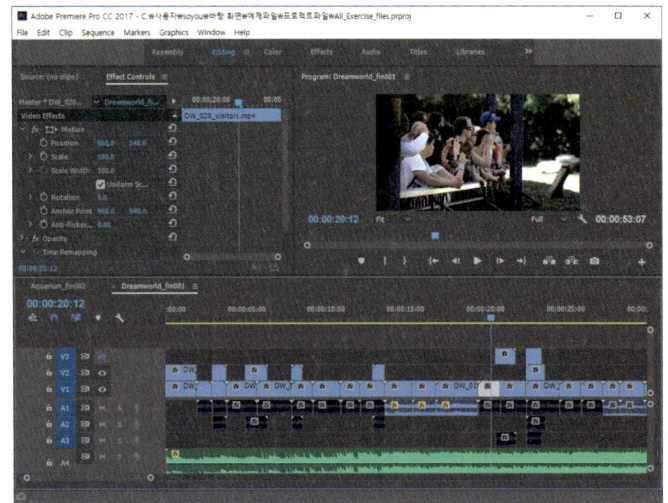

13 현재 타임라인에는 두 개의 시퀀스가 열려있는 상태입니다. 이렇게 시퀀스가 여러 개 열려 있을 때는 출력하려는 시퀀스가 잘 선택되었는지 확인하고 내보내기를 실행합니다.
'DreamWorld_fin001' 시퀀스가 활성화된 상태에서 Ctrl+M 키를 눌러 Export Settings 창을 표시합니다.

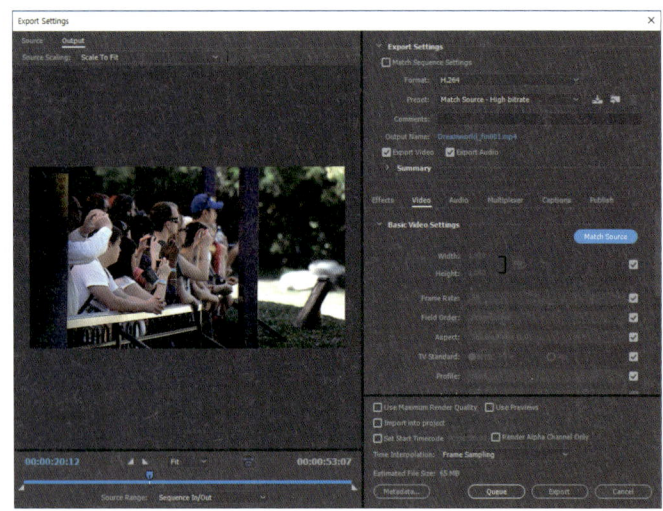

14 Preset은 'Match Source-High bitrate'로 지정하고, [Video] 탭에서 출력물이 시퀀스와 동일한 세팅을 유지하도록 〈Match Source〉 버튼을 클릭합니다. Output Name은 시퀀스 이름과 동일하게 진행합니다.

····TIP ··
Source Range가 'Sequence In/Out'으로 되어 있지만, 이 시퀀스에는 인아웃 마킹 포인트가 없으므로 시퀀스 전체가 출력될 것입니다. 옵션을 바꾸지 않고 그대로 진행해도 좋습니다.

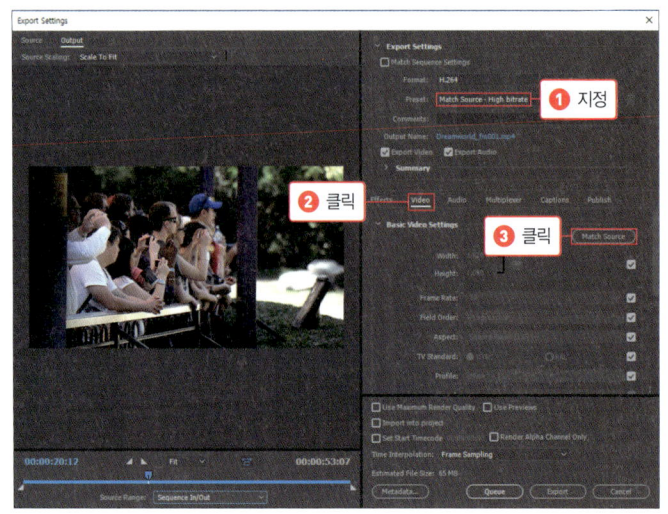

15 Bitrate Encoding을 'VBR, 1 pass'로 지정하고 Target Bitrate를 '10Mbps', Maximum Bitrate를 '12Mbps'로 설정합니다.

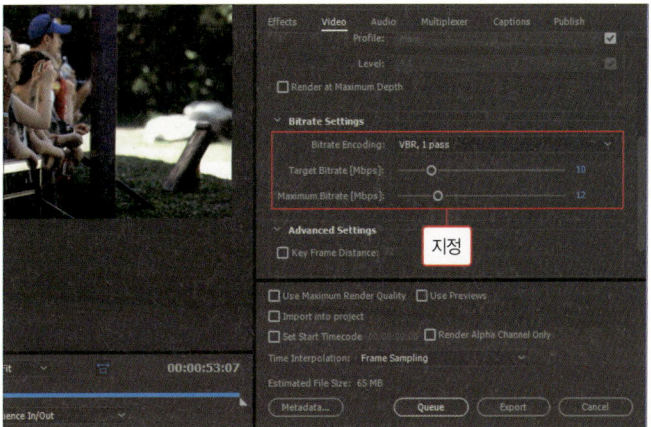

16 [Audio] 탭을 열고 Audio Format을 'AAC', Audio Codec을 'ACC', Bitrate Settings는 '320kbps'로 지정합니다. 〈Queue〉 버튼을 클릭합니다.

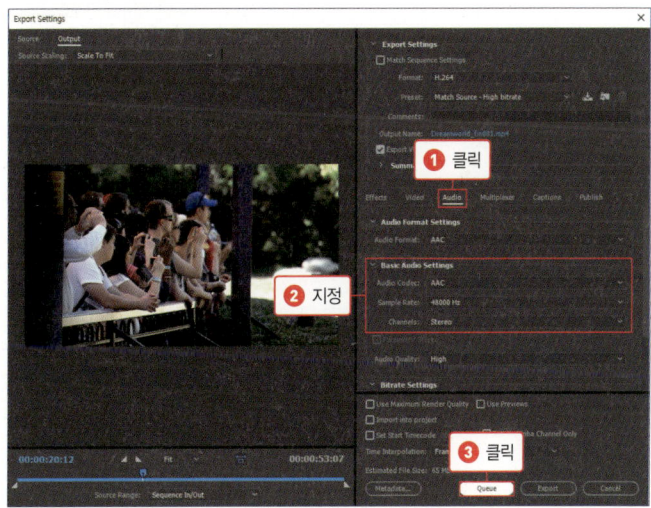

17 역시 미디어 인코더가 열리면서 동영상 파일이 리스팅됩니다.

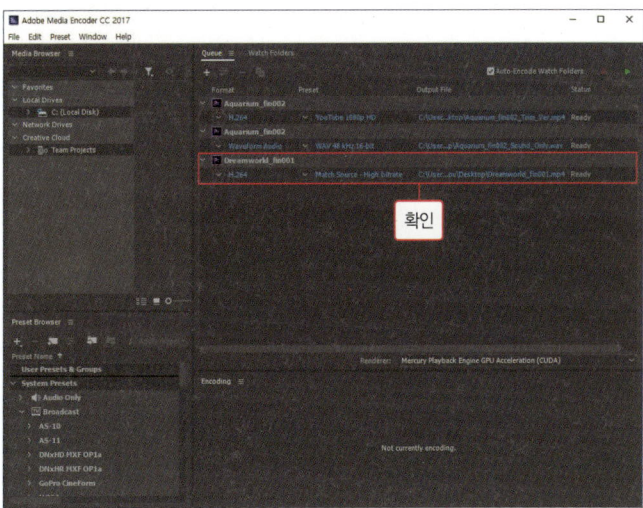

18 미디어 인코더에 리스팅된 파일의 포맷과 코덱은 드롭다운 메뉴를 열고 얼마든지 변경할 수 있습니다.

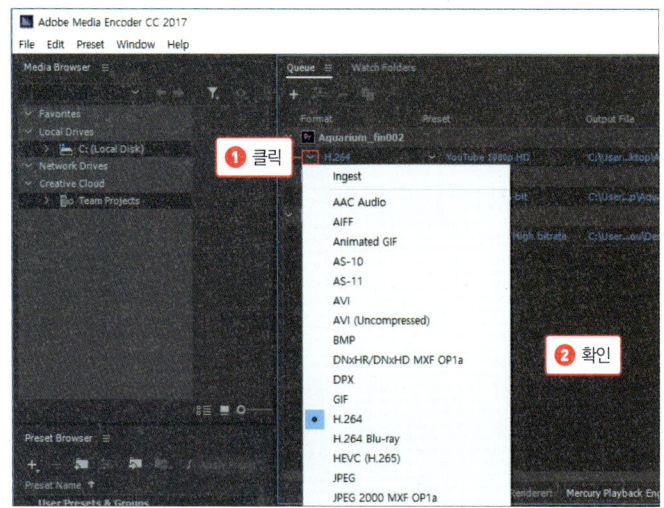

19 오디오 파일 출력물을 'Waveform'에서 'MP3'로 변경해 봅니다.

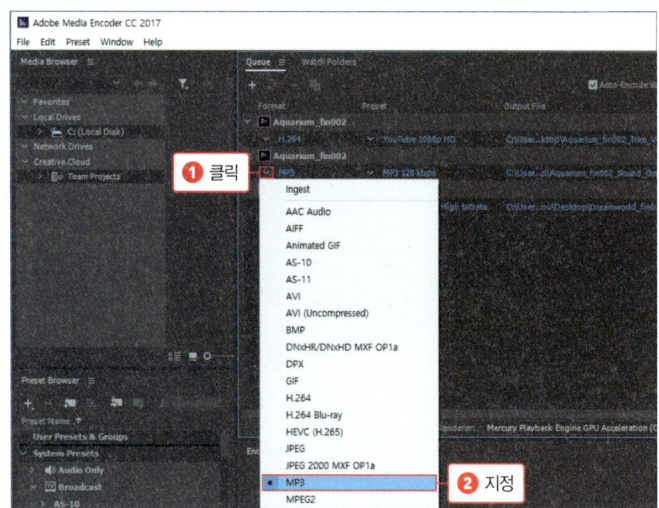

20 포맷이나 프리셋의 설정 텍스트를 마우스로 클릭하면 프리미어 프로의 내보내기 창으로 다시 연결됩니다. Audio Bitrate를 '320kbps'로 수정하고 〈OK〉 버튼을 클릭합니다.

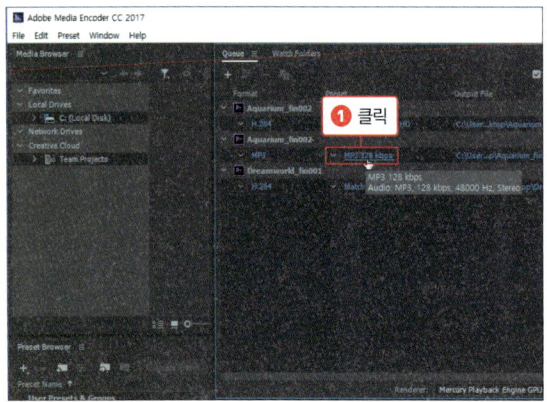 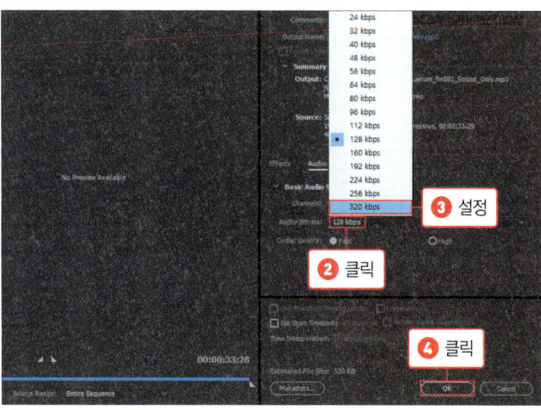

21 Output File의 파일 경로를 클릭하면 출력물의 저장 경로를 수정할 수 있습니다.

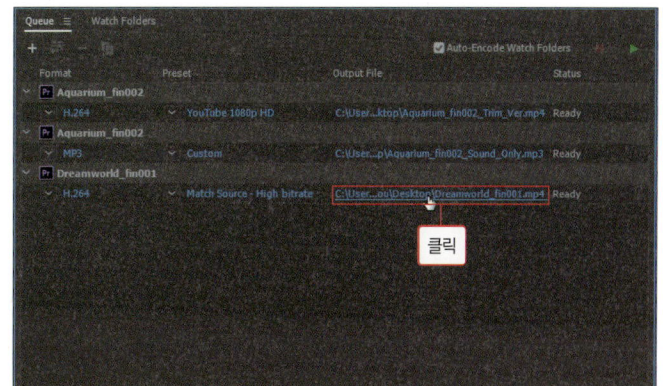

22 모든 설정을 마치면 플레이 아이콘 (▶)을 클릭하여 내보내기를 실행합니다.

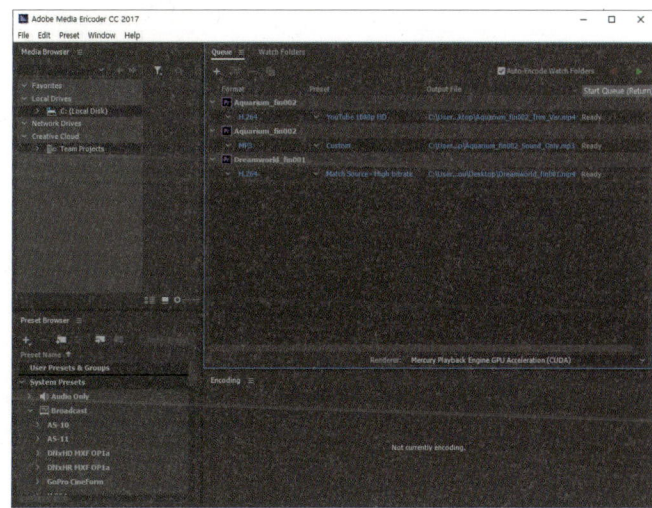

23 미디어 인코더가 작업을 시작하면 Status로 진행 정도를 확인할 수 있습니다. 미디어 인코더가 내보내기 작업을 하는 동안 프리미어 프로로 돌아와 시퀀스 작업을 계속할 수 있습니다.

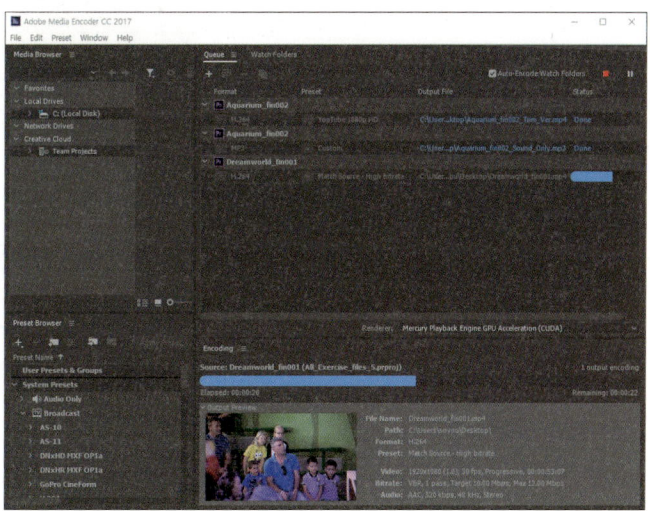

Chapter2 미디어 인코더로 여러 파일 출력하기 473

CHAPTER 03
Premiere Pro CC

Effects 탭 활용하기

1 출력물에 Lumetri Look 적용하기

시퀀스에서 Adjustment Layer를 활용하여 색 보정을 하듯이, 출력물의 룩(Look)과 스타일을 수정할 수 있습니다. 출력물에 바로 적용이 가능하다는 점이 유용하며, Render Queue를 이용하여 Media Encoder로 연동해 한번에 여러 룩을 적용한 출력물을 뽑아 보고 비교해 볼 수 있습니다.

|예제 폴더| 모든예제파일\Chapter008_내보내기\8.3

01 8.3\시퀀스 폴더에서 'India_edit03' 시퀀스를 사용합니다.
타임라인을 활성화하고 Ctrl+M 키를 눌러 Export Settings 창을 엽니다.

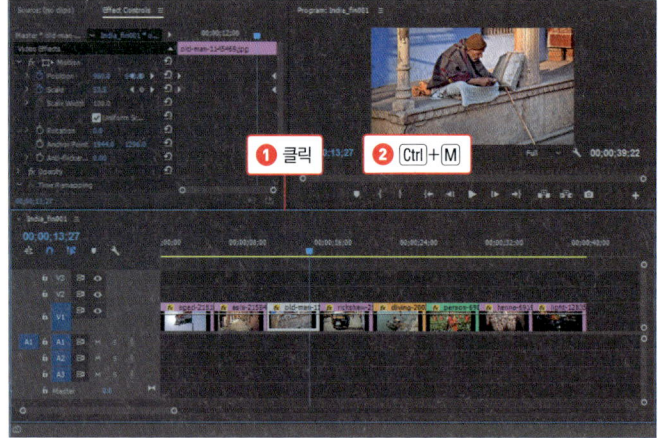

02 Format을 'H.264'로 지정하고, [Effects] 탭을 열고, Lumetri Look/LUT에 체크 표시합니다.

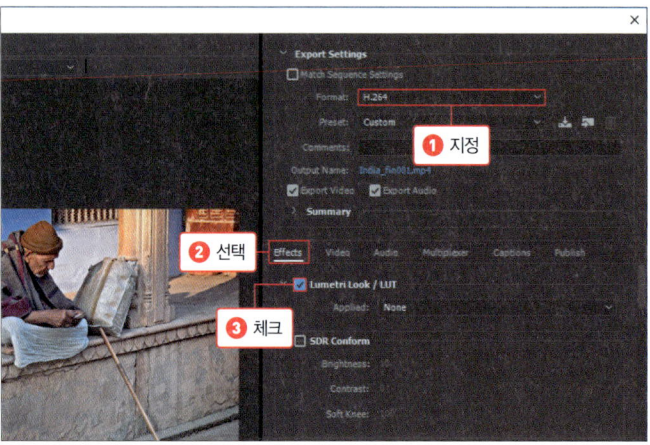

03 Applied의 메뉴를 열고 동영상에 원하는 룩(Look)을 적용해 봅니다. 예제에서는 'SL GOLD WESTERN'을 적용합니다. 왼쪽 Output 모니터로 적용한 룩을 즉시 확인할 수 있습니다.

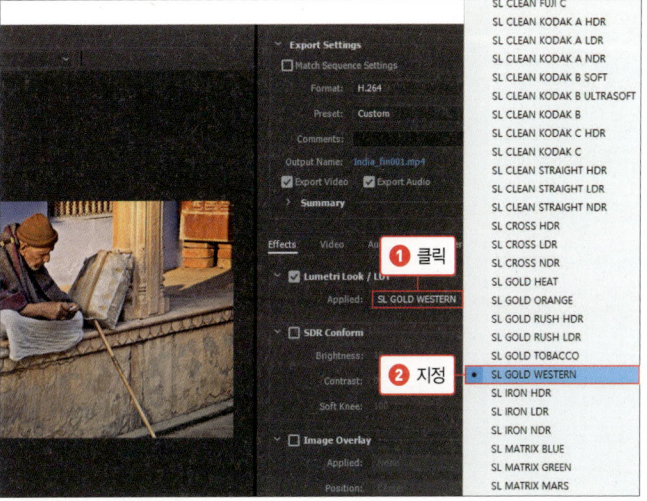

04 Output Name을 'India_fin001_SL_Gold_Western'으로 수정하고 〈Queue〉 버튼을 이용해 미디어 인코더로 파일을 보냅니다.

05 Export Settings 창을 다시 열고 다른 룩(Look)을 적용한 다음 Output Name을 역시 수정하여 내보냅니다. 여러 룩을 적용한 동영상을 비교해 봅니다.

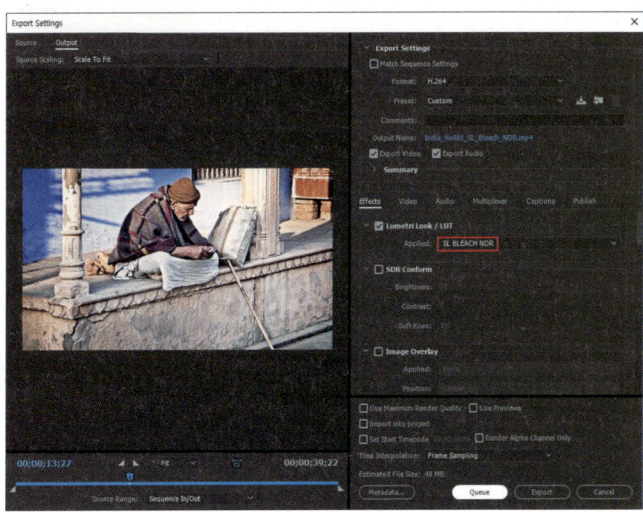

2 Timecode 내보내기

클라이언트가 동영상을 프리뷰하고 코멘트를 줄 때 타임코드를 많이 활용합니다. 동영상을 프리뷰하면서 특정 시간대를 알려줄 수 있기 때문에 아주 유용합니다.

01 8.3\시퀀스 폴더에서 'DreamWorld_fin002' 시퀀스를 사용합니다.
Ctrl+M 키를 눌러 Export Settings 창을 엽니다.
[Effects] 탭을 열고, 'Timecode Overlay'에 체크 표시합니다.

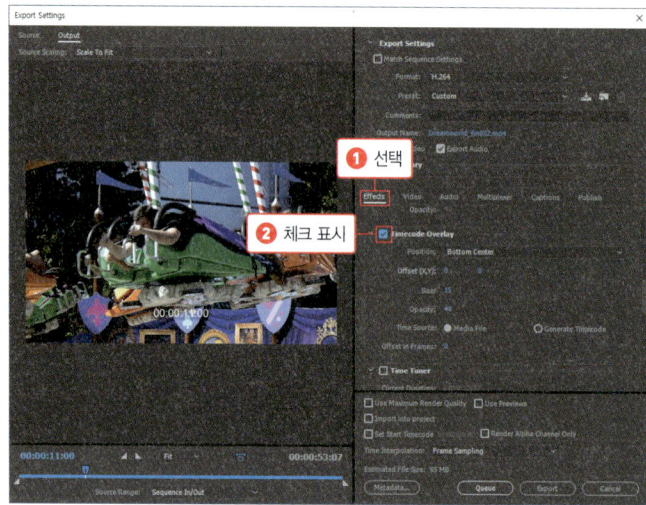

02 왼쪽 Output 모니터를 보면서 그래픽 소스의 크기와 위치, 투명도를 조절합니다. Position을 'Bottom Left', Size를 '20', Offset(X,Y)를 '20, 85'로 각각 조절합니다. Opacity를 '85'로 수정하고 〈Export〉 버튼을 클릭합니다.

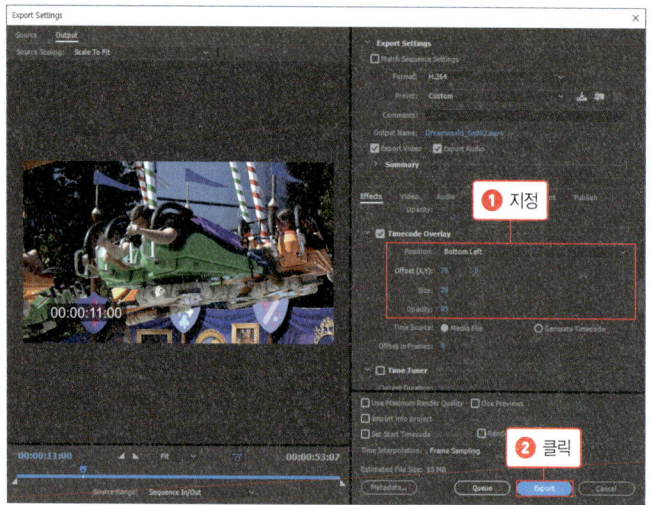

3 Time Tuner 사용하기

방송용 동영상이나 프로모션 비디오를 만들 때 동영상 재생 시간을 정확하게 만들어야 할 경우가 생깁니다. 예를 들어, 50초짜리 영상을 클라이언트에게 보내야 하는데 편집을 마치니 54초 10프레임짜리 영상이 만들어졌다고 가정해 봅니다. 4초 10프레임을 최종 영상에서 덜어내는 작업을 다시 시작해야 합니다. 프리미어 프로가 제공하는 'Time Tuner' 옵션을 사용하면 출력되는 동영상 전체의 재생 시간(Duration)을 최대 10%까지 줄이거나 늘릴 수 있습니다. 프리미어 프로가 시퀀스를 분석하고 프레임을 빼거나 더해서 사용자가 원하는 시간대에 맞춰 동영상을 인코딩합니다. 마이너한 편집을 수행하기 때문에 원본 흐름이나 콘텐츠가 그대로 유지되어 굉장히 유용합니다. 한 가지 유의해야 할 점은 비디오 프레임이 덜어지면서 오디오 프레임도 함께 덜어지기 때문에 음질과 음악 흐름에 영향을 줄 수 있습니다. 그러므로 Export Audio에 체크 해제하여 비디오만 출력하고, 오디오는 따로 재생 시간을 편집하여 사용하는 것이 좋습니다.

01 8.3\시퀀스 폴더에서 'Dream World_fin002' 시퀀스를 사용합니다. Ctrl+M 키를 눌러 Exprot settings 창을 엽니다. Output Name을 'Dreamworld_fin002_Time_Carving'으로 수정하고 'Export Audio'에 체크 표시를 해제합니다.

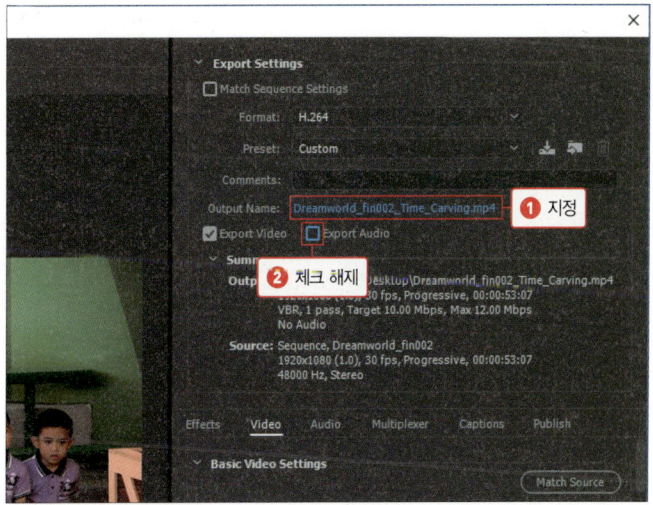

02 [Effects] 탭을 열고 'Time Tuner'에 체크 표시합니다.

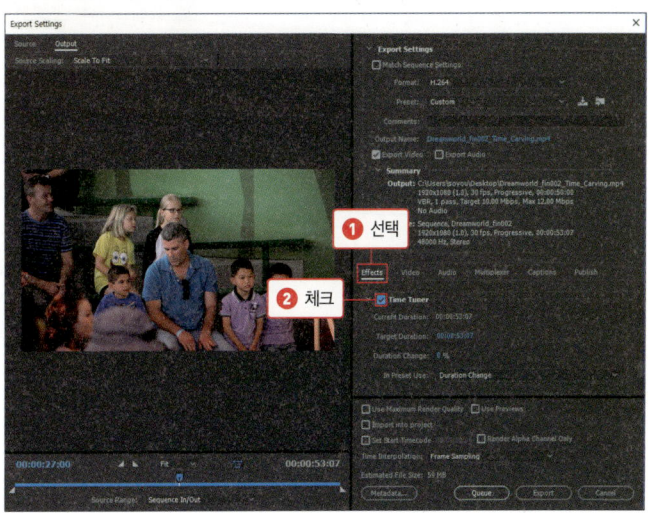

03 Current Duration은 출력하려는 동영상의 전체 재생 시간을 나타냅니다. Target Duration에 원하는 만큼의 재생 시간을 입력하면 Duration Change의 비율이 자동으로 계산됩니다. 53초 7프레임의 동영상을 50초로 출력해 보겠습니다. Target Duration에 '00:00:50:00'을 적어 넣습니다. 프리미어 프로가 재생 시간의 −6.07%만큼 덜어내는 작업을 수행할 것입니다.

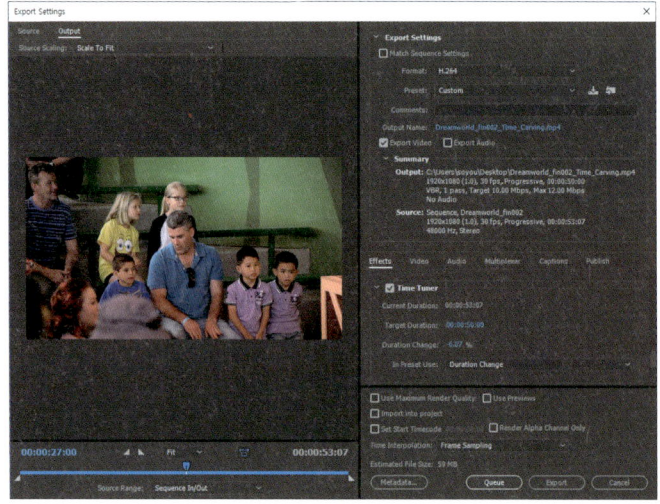

04 'Import into Project'에 체크 표시하고 〈Export〉 버튼을 클릭합니다.

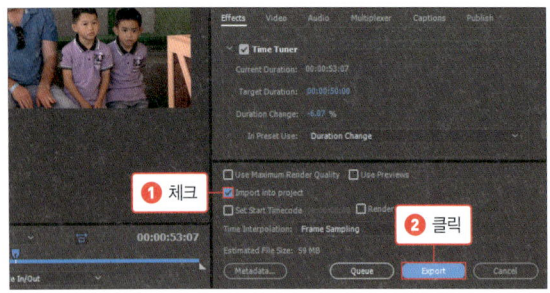 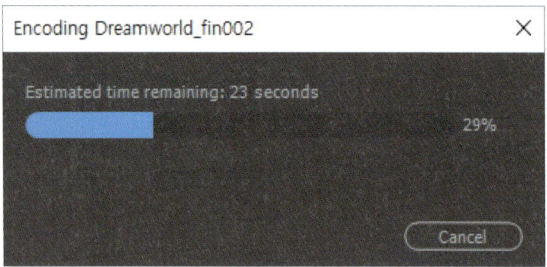

05 Project 패널로 불러들여진 파일을 더블클릭하여 Source Monitor 패널로 재생해 봅니다. 원본 콘텐츠의 흐름이 그대로 유지되면서, Source Monitor 패널의 타임코드가 정확하게 50초로 동영상이 편집된 것을 확인할 수 있습니다.

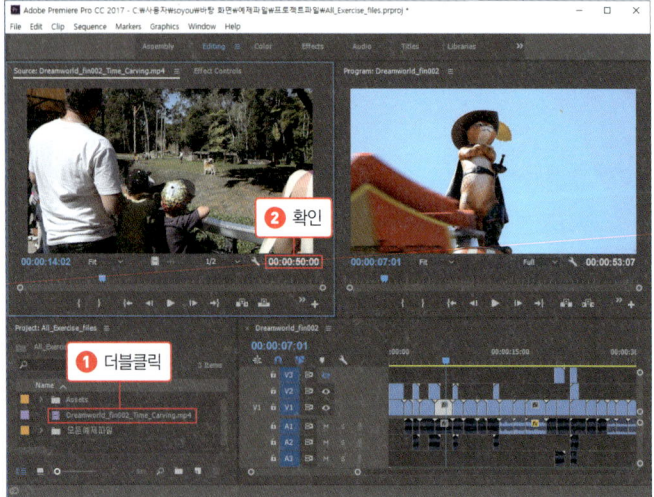

CHAPTER 04
Premiere Pro CC

워터마크 만들기

이미지나 로고와 같은 그래픽 소스 또는 텍스트를 출력 동영상 위에 덮어씌워 내보내기 할 수 있습니다. 워터마크는 대개 흐린 바탕이나 투명도를 띤 로고와 같은 마크를 디지털 이미지 원본에 삽입하게 됩니다. 이것은 마치 예술품에 저작자의 도장이나 서명을 넣는 것처럼 저작자 허락 없이 상업용 혹은 기타 용도로 사용되는 것을 막기 위해 '디지털 낙관'을 새겨 넣는 것이라 할 수 있습니다. 워터마크는 동영상 제목이나 날짜를 넣는 것처럼 원본의 시리즈 표기나 클라이언트에게 보낼 프리뷰에 간단한 표기를 하는 것으로도 사용할 수 있습니다.

1 Image Overlay 사용하기

|예제 폴더| 모든예제파일\Chapter008_내보내기\8.4

01 8.4\시퀀스 폴더에서 'Climbing_fin001' 시퀀스를 사용합니다. Ctrl+M 키를 눌러 Export Settings 창을 엽니다.

02 [Effects] 탭을 열고 'Image Overlay'에 체크 표시합니다.

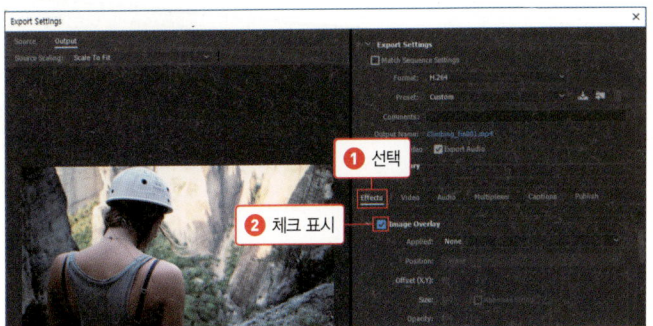

03 Applied를 'Choose…'로 지정합니다.

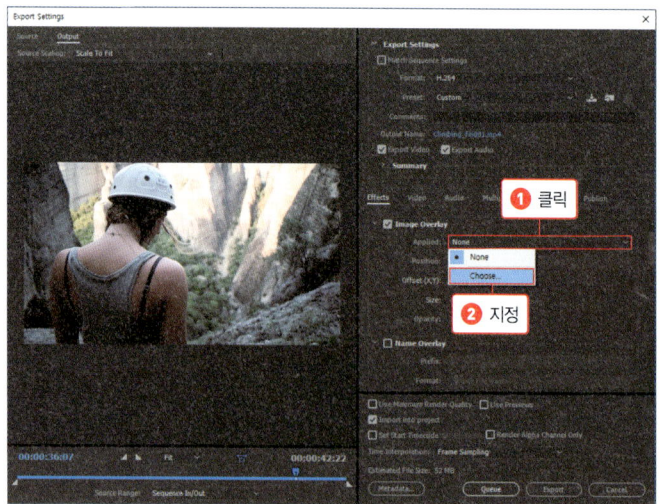

04 그래픽 소스를 가져오는 팝업창이 열립니다. 예제파일\미디어파일\이미지\그래픽소스 폴더의 'TYstudio_watermark_white.png' 파일을 선택하고 〈열기〉 버튼을 클릭합니다.

05 왼쪽 Output 모니터를 보면서 그래픽 소스의 크기와 위치, 투명도를 조절합니다. 예제에서는 Position을 'Bottom Left', Size를 '90'으로 지정했습니다.
〈Export〉 버튼을 클릭하여 영상을 출력합니다.

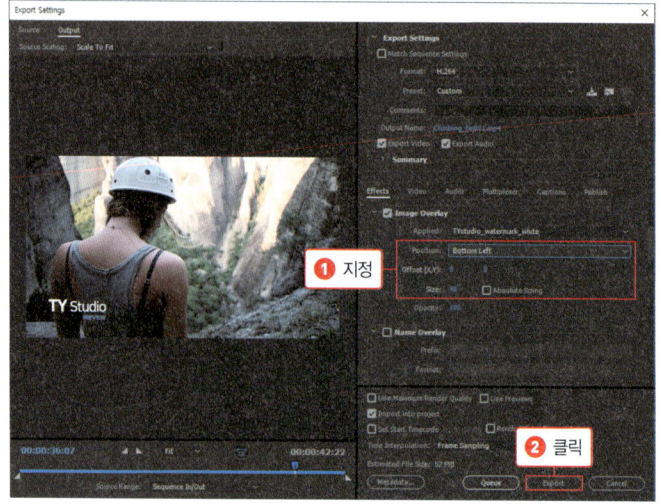

2 Name Overlay 사용하기

01 8.4\시퀀스 폴더에서 'Climbing_fin001' 시퀀스를 사용합니다.
Ctrl+M 키를 눌러 Export Settings 창을 엽니다. Output Name을 'Climbing'으로 수정합니다.

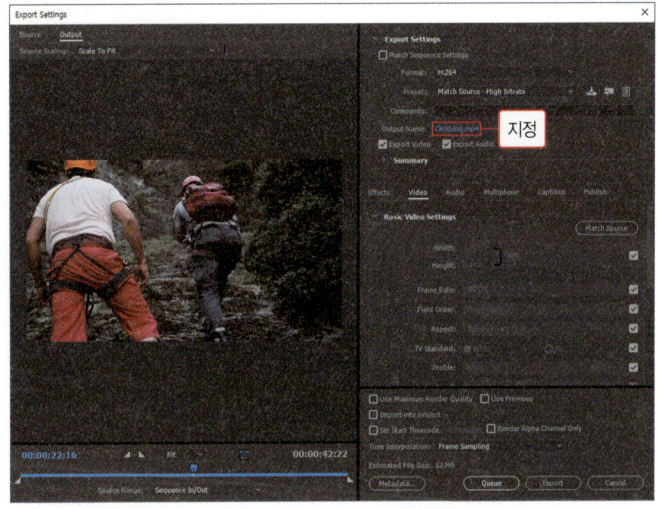

02 [Effects] 탭을 열고 'Name Overlay'에 체크 표시합니다.

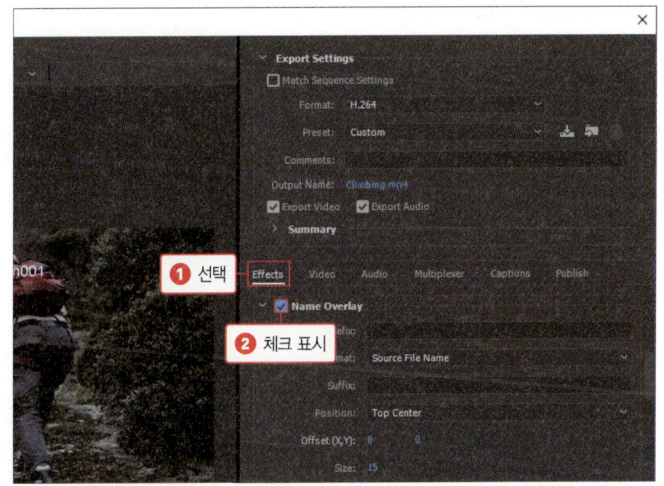

03 Prefix의 빈 칸을 클릭하면 사용자의 임의대로 텍스트를 넣을 수 있습니다. 출력 날짜를 표기합니다. 다음의 텍스트와 간격을 두기 위해 '_'를 함께 입력합니다.

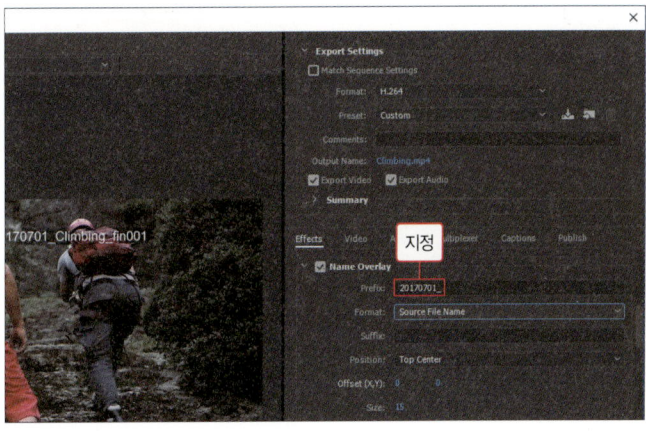

Chapter4 워터마크 만들기 481

04 Format을 'Output File Name (Without Extention)'으로 지정합니다. Suffix의 빈칸을 클릭하고, 출력 버전 표기를 위해 '_Ver.001'을 적어 넣습니다.

···· TIP ··

Prefix와 Suffix 활용법
같은 시퀀스를 이용하여 여러 출력물을 내보내 각각의 비교할 때 Prefix와 Suffix를 활용해 각 동영상의 특징을 메모해 두면 좋습니다. 예를 들어, 여러 코덱을 사용해서 화질을 비교할 때 Suffix에 각 코덱 이름을 적어 내보내는 것입니다. 또는 클라이언트에게 보내는 프리뷰 동영상에 제작 날짜와 버전을 함께 표기하는 것도 좋은 활용법이 될 것입니다.

··

05 왼쪽 Output 모니터를 보면서 그래픽 소스의 크기와 위치, 투명도를 조절합니다. Position을 'Bottom Right', Size를 15, Offset(X,Y)을 각각 '-254', '45', Opacity를 '72'로 설정합니다.
〈Export〉 버튼을 클릭하여 영상을 클릭합니다.

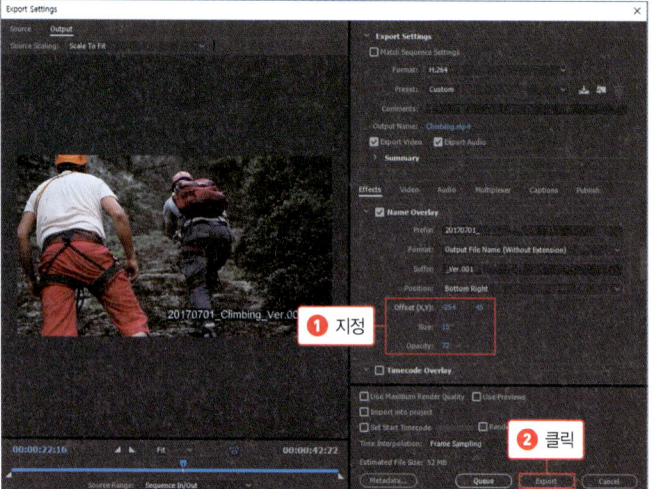

CHAPTER 05
Premiere Pro CC

HEVC 포맷 사용하기

1 포맷 사용하여 내보내기

프리미어 프로는 HEVC 코덱을 지원합니다. 이 코덱은 H.264의 차세대 코덱으로 불리며, 머지않아 비디오 코덱의 표준으로 자리 잡게 될 코덱이라 할 수 있습니다. H.264와 같은 퀄리티를 가지면서 절반의 데이터를 사용합니다. H.264가 초고화질 영상을 다룰 수 없었던 단점을 보완하고 4K와 8K와 같이 보다 큰 프레임 크기를 지원합니다. 또한, 보다 나은 비주얼 퀄리티를 제공하면서도 적절한 파일 크기를 유지합니다.

|예제 폴더| 모든예제파일\Chapter008_내보내기\8.5

01 8.5\시퀀스 폴더에서 'Timelapse_Beach_1920' 시퀀스를 사용합니다.
Timeline 패널을 선택하고 [File] → Export → Media(Ctrl+M)를 클릭합니다.

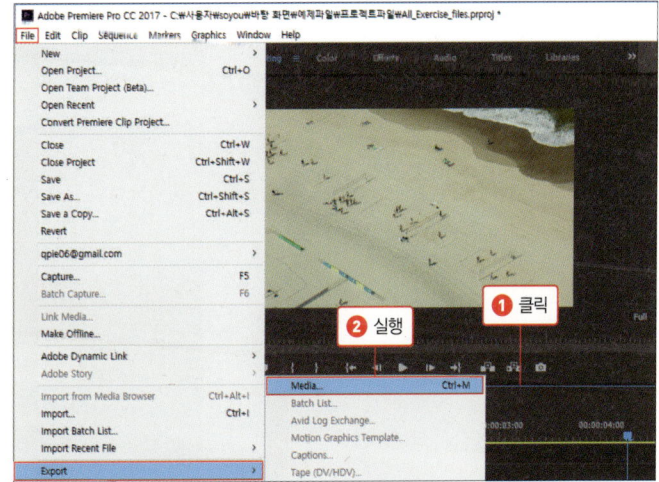

02 Export Settings 항목에서 Format을 'HEVC(H.265)'로 지정합니다. Preset을 'HD 1080p'로 지정합니다.

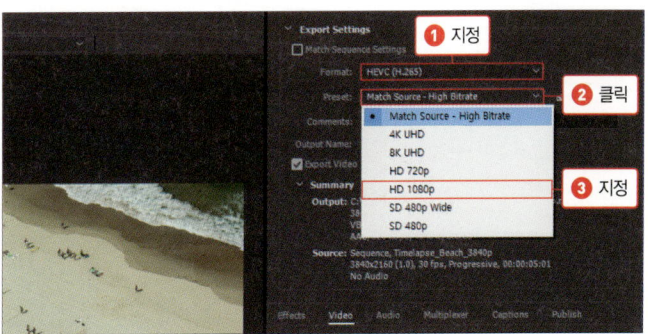

03 [Video] 탭의 Basic Video Settings 항목에서 〈Match Source〉 버튼을 클릭하여 시퀀스 세팅과 동일하게 유지되도록 합니다.

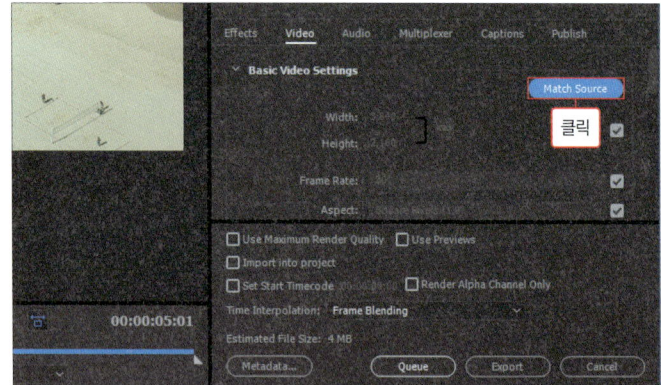

04 Bitrate Settings 항목에서 Bitrate Encoding을 'VBR, 1 pass', Quality를 'Higher'로 지정합니다.

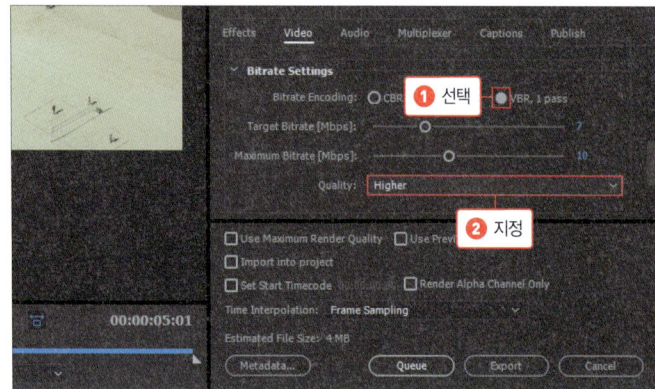

05 'Use Maximum Render Quality' 에 체크 표시하고 〈Queue〉 버튼을 클릭합니다.

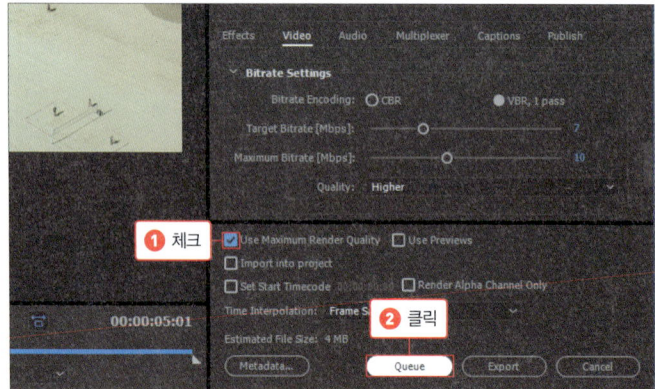

06 파일이 Media Encoder에 리스팅됩니다. 해당 목록에 Output File을 클릭합니다.

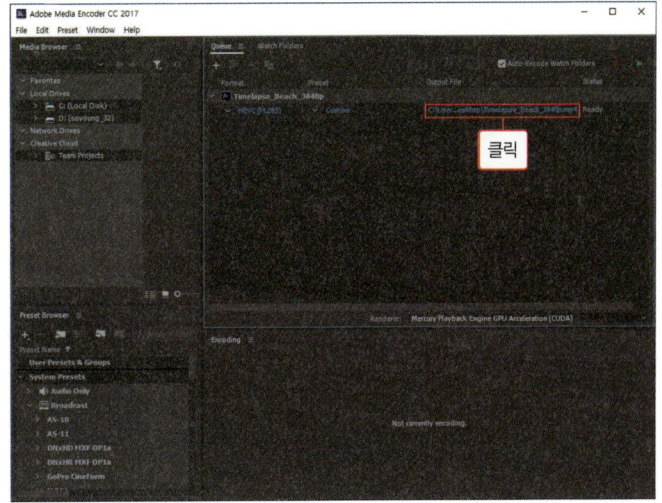

07 파일 이름을 'Timelapse_Beach_3840p_HEVC'로 수정합니다. 다시 프리미어 프로로 돌아와서 Export Setting 창을 한 번 더 표시합니다.

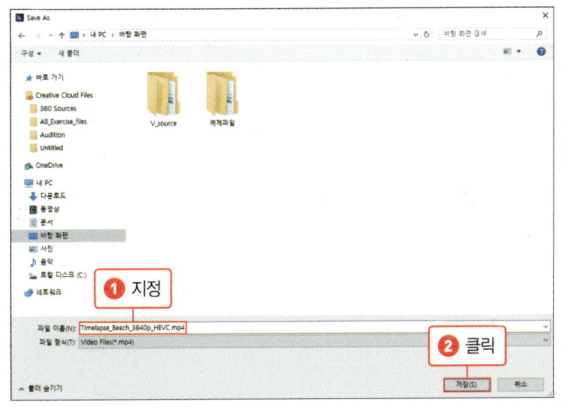
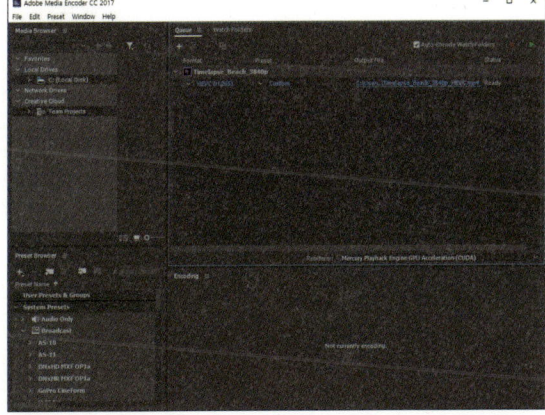

08 [Export Settings] 탭에서 Format을 'H.264', Preset을 'Match Source – High bitrate'로 지정합니다.

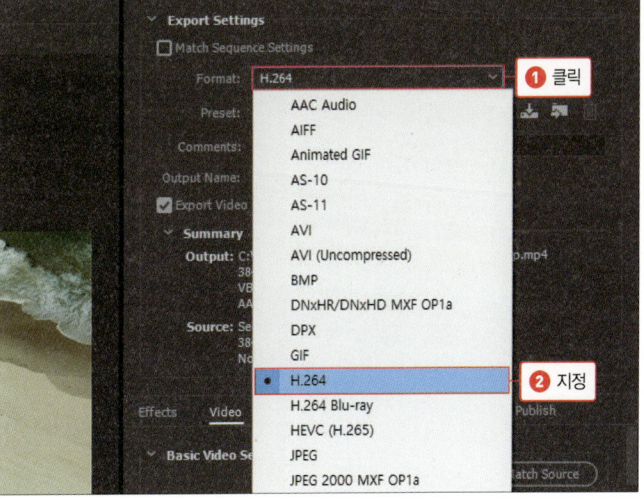

09 Output Name 오른쪽 파란색 글씨를 클릭하고 파일 이름을 'Timelapse_Beach_3840p_H.264'로 지정합니다.

10 [Video] 탭의 Basic Video Settings 항목에서 〈Match Source〉 버튼을 클릭하여 시퀀스 세팅과 동일하게 유지되도록 합니다.

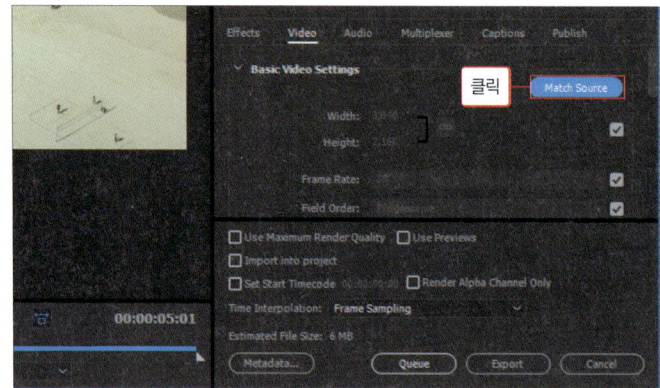

11 'Use Maximum Render Quality'에 체크 표시하고 〈Queue〉 버튼을 클릭합니다.

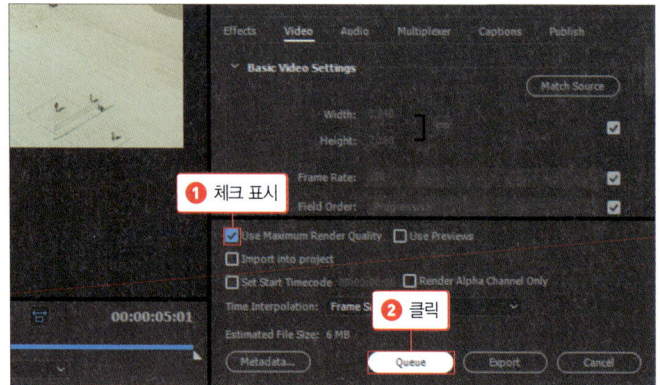

12 파일이 Media Encoder에 리스팅됩니다. 재생 아이콘(▶)을 클릭하여 렌더를 시작합니다.

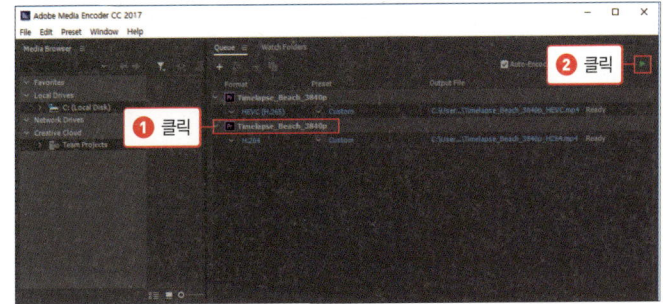

13 인코딩이 완료된 파일을 비교합니다. 바탕화면에 출력된 두 파일을 마우스 오른쪽 버튼으로 클릭하고 **속성**을 실행합니다. HEVC 코덱으로 인코딩한 파일이 거의 절반의 크기로 출력된 것을 확인할 수 있습니다.

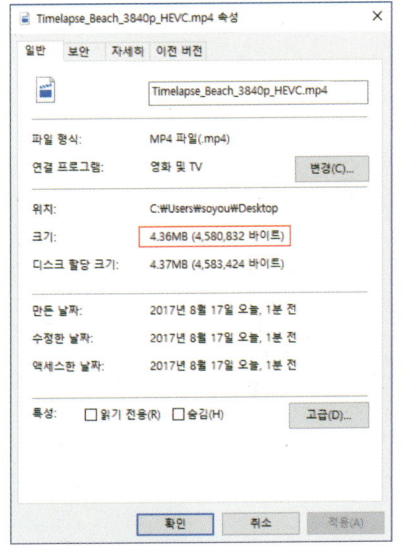
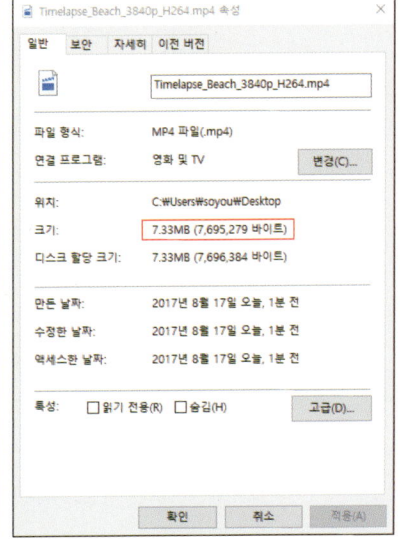

14 동영상 플레이어를 이용하여 두 영상의 화질을 비교해 봅니다.

CHAPTER 06
Premiere Pro CC

타임코드 수정하여 내보내기

인아웃 포인트를 이용하여 시퀀스를 트리밍하여 내보낼 때 동영상의 시작 시간이 트리밍 포인트에 맞춰 출력됩니다. 필요에 따라 타임코드를 수정하여 내보낼 수 있습니다.

| 예제 폴더 | 모든예제파일\Chapter008_내보내기\8.6

01 8.6\시퀀스 폴더에서 'Ashmore_edit001' 시퀀스를 사용합니다.
Timeline 패널을 선택하고 [**File**] → **Export** → **Media**(Ctrl+M)를 실행합니다.

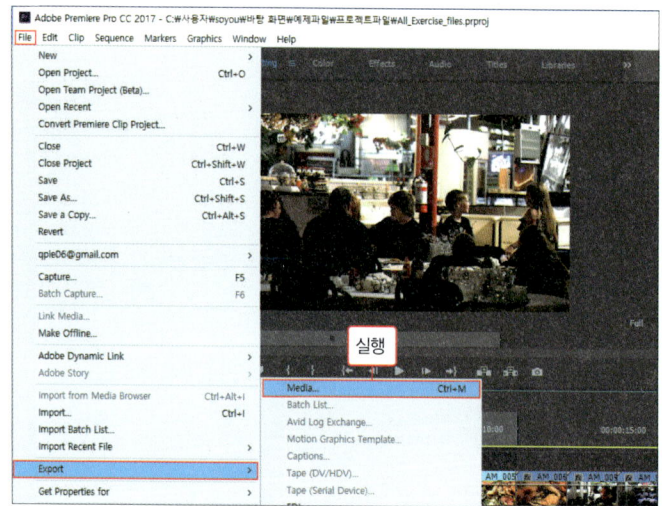

02 Format을 'H.264'로 지정하고, Preset을 'Vimeo 1080p HD'로 지정합니다. Output Name 오른쪽 파란색 글씨를 클릭합니다.

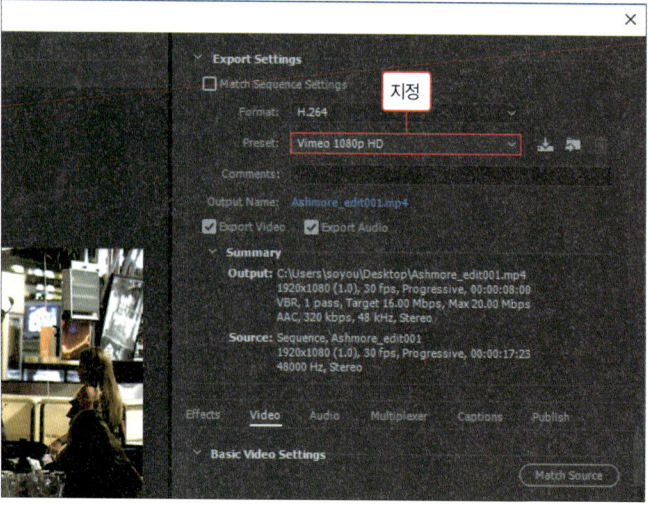

03 파일 이름을 'Ashmore_edit001_withoutTC'로 수정합니다.

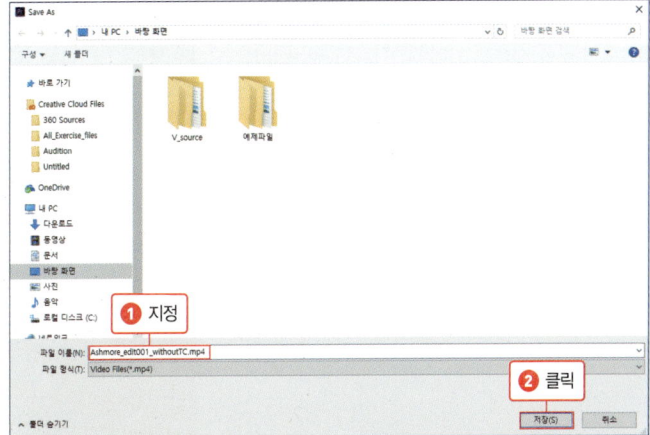

04 [Video] 탭에서 〈Match Source〉 버튼을 클릭하여 시퀀스 설정과 동일하게 만듭니다.

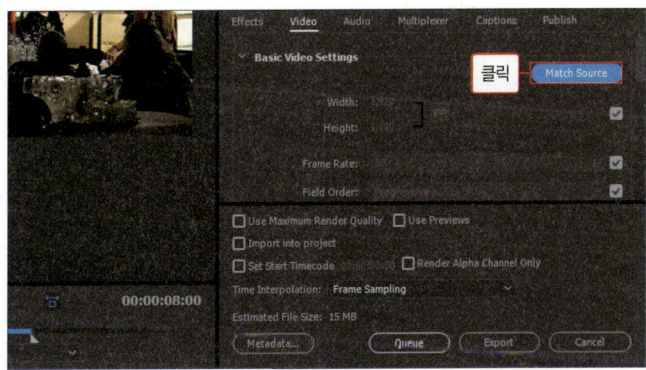

05 'Import Into project'에 체크 표시하고 〈Queue〉 버튼을 클릭하여 미디어 인코더에 파일을 리스팅합니다.

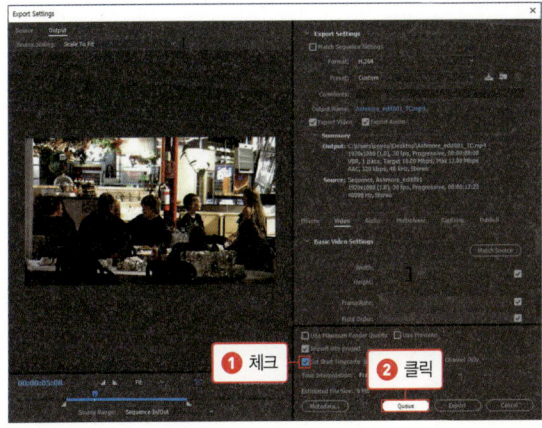 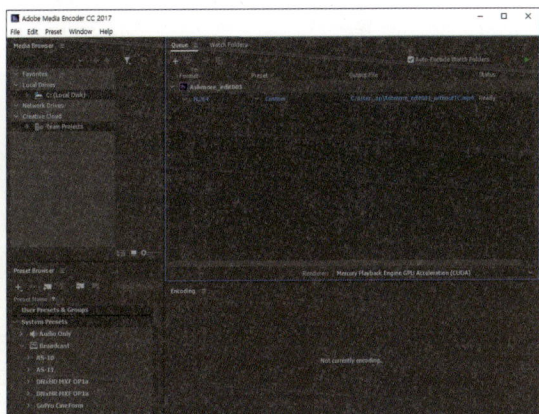

06 프리미어 프로로 돌아와서 같은 포맷과 코덱 설정으로 내보내기를 하겠습니다. 다시 Export Settings 창을 표시합니다. Output Name을 클릭하고 파일 이름을 'Ashmore_edit001_TC'로 지정합니다.

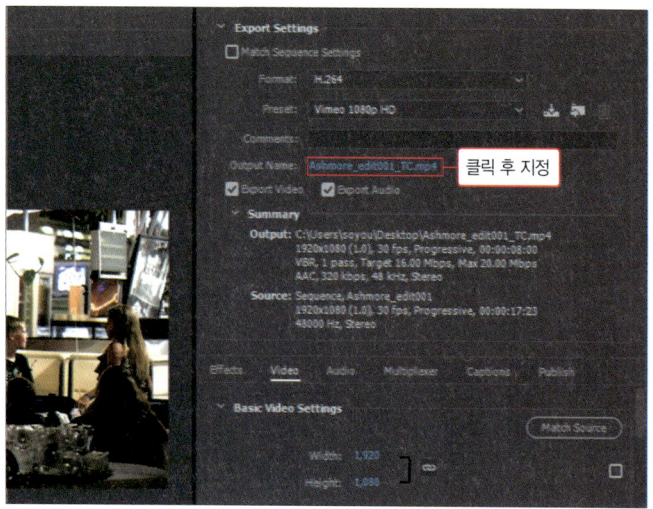

07 'Import Into Project'와 'Set Start Timecode'에 체크 표시합니다. 〈Queue〉 버튼을 클릭하여 미디어 인코더에 파일을 리스팅합니다.

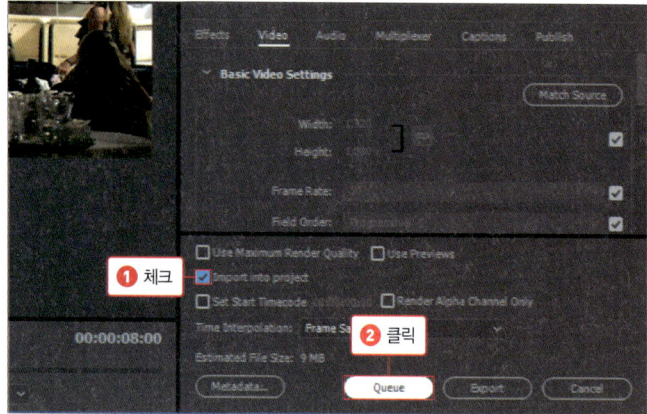

08 미디어 인코더에서 재생 아이콘(▶)을 클릭하여 렌더를 시작합니다.

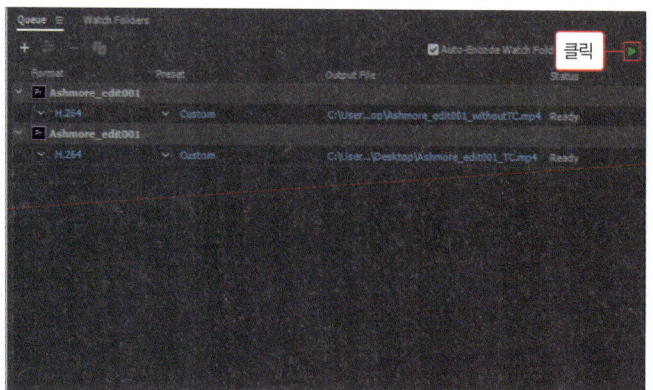

09 Project 패널로 불러들여진 두 동영상을 더블클릭하여 Source Monitor 패널로 불러들입니다.

'Ashmore_edit001_withoutTC' 파일의 경우, 동영상을 트리밍하여 내보낸 시간대가 첫 프레임의 시작 시간으로 설정된 것을 확인할 수 있습니다.

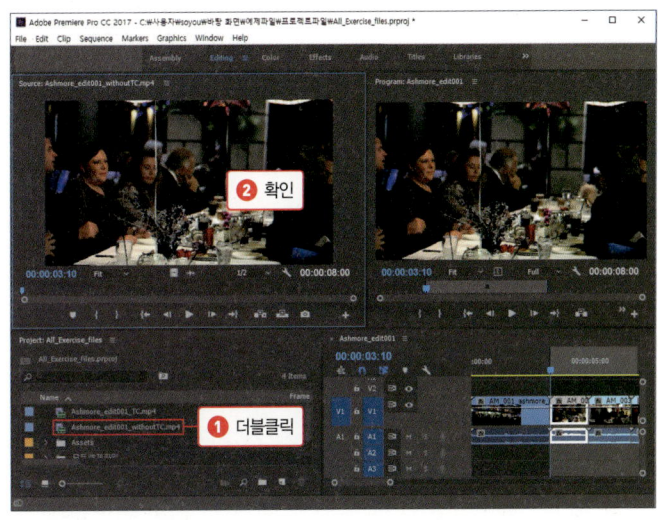

10 'Ashmore_edit001_TC' 파일의 경우, 00:00:00:00부터 타임코드가 재설정되어 있는 것을 확인할 수 있습니다.

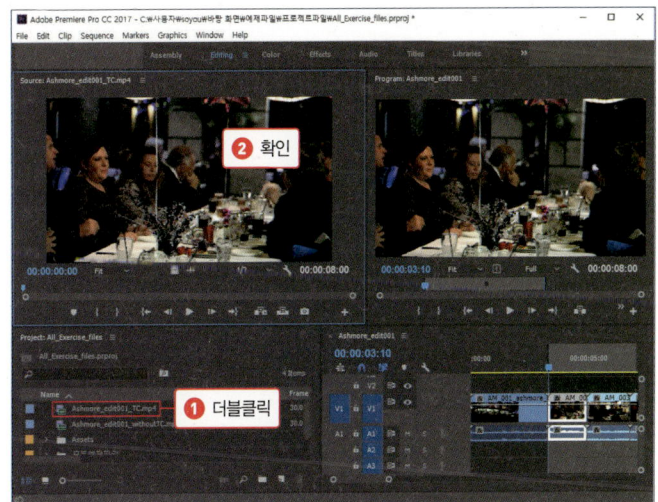

CHAPTER 07
Premiere Pro CC

오디오 믹싱을 위한 AAF 파일 내보내기

트랙 위에 편집된 여러 개의 개별 오디오 소스를 하나 또는 다수의 채널로 합성하여 스테레오 음향으로 변환하는 과정을 오디오 믹싱이라고 합니다. 이 작업 과정을 외부의 다른 전문가와 함께 협업하게 된다면 AFF 파일로 오디오를 내보내는 것은 매우 유용할 것입니다. 그 전문가가 어도비 오디션을 사용한다면 프리미어 프로 파일은 전혀 문제 될 것이 없겠지만 만약 Pro Tool과 같은 다른 전문 소프트웨어를 사용한다면 이 과정이 필요할 것입니다.

| 예제 폴더 | 모든예제파일\Chapter008_내보내기\8.7

01 8.7\시퀀스 폴더에서 'Take2_Multicam_Edit02' 시퀀스를 사용합니다. Timeline 패널을 선택하고 [File] → Export → AAF를 실행합니다.

···· TIP
'Render audio clip effects'는 오디오 클립에 적용한 이펙트를 함께 내보낼 것인지를 결정하는 옵션인데, 이 부분은 사운드 엔지니어의 요구에 따라 체크하거나 체크 해제합니다.

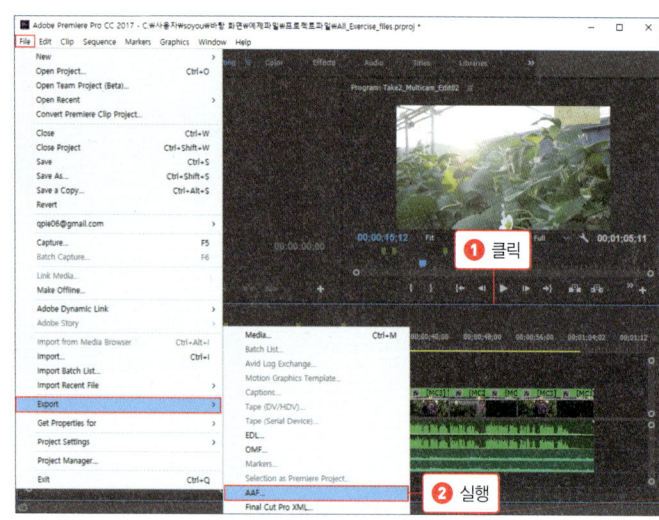

02 Breakdown to Mono 항목에서 'Enable'에 체크 표시합니다. 이 옵션에 체크하면 하나의 트랙에 올려진 스테레오 소스 파일을 자동으로 분리해 줍니다.

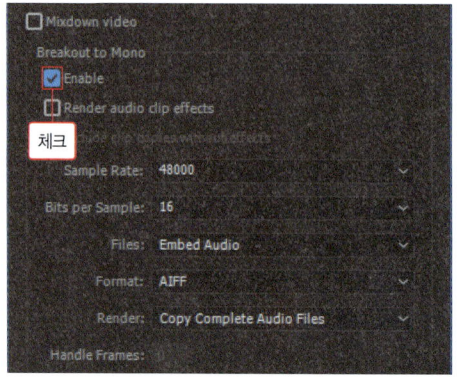

03 'Mixdown Video'에 체크 표시하면, 사운드 엔지니어가 참고할 수 있는 프리뷰 비디오를 함께 출력할 수 있기 때문에 굉장히 유용합니다. 'Render'의 드롭다운 메뉴를 열면 시퀀스 전체의 오디오 파일을 내보낼 것인지 부분을 내보낼 것인지를 선택할 수 있습니다. Format 등의 이하의 옵션들은 필요에 따라 조정하여 사용합니다. 〈OK〉 버튼을 클릭합니다.

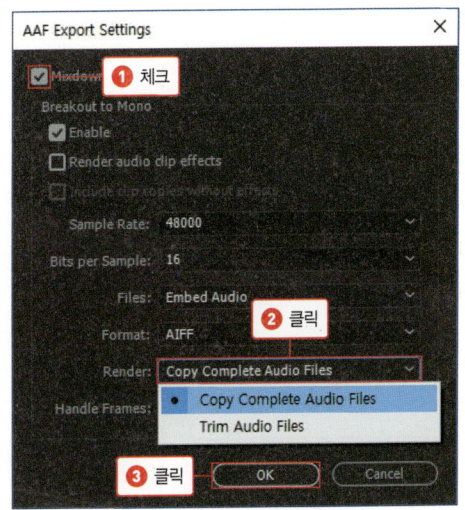

04 Output File에 대한 파일 이름과 저장 경로를 지정하는 팝업창이 열립니다. 파일 이름과 저장 경로를 지정하고 〈저장〉 버튼을 클릭하면 파일 내보내기가 실행됩니다.

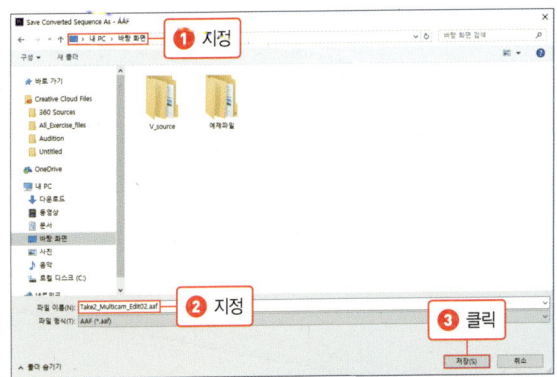
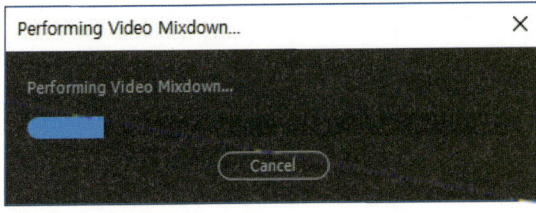

····TIP
먼저 Video 파일이 출력되는데 사운드 엔지니어가 오디오 소스의 타이밍 등을 참고할 수 있는 네비게이션 역할을 할 것입니다.

05 오디오 소스 파일이 출력됩니다. 바탕화면에 출력된 파일을 살펴보면 MXF 동영상 파일과 메타데이터 그리고 AAF 오디오 파일이 출력된 것을 확인할 수 있습니다.

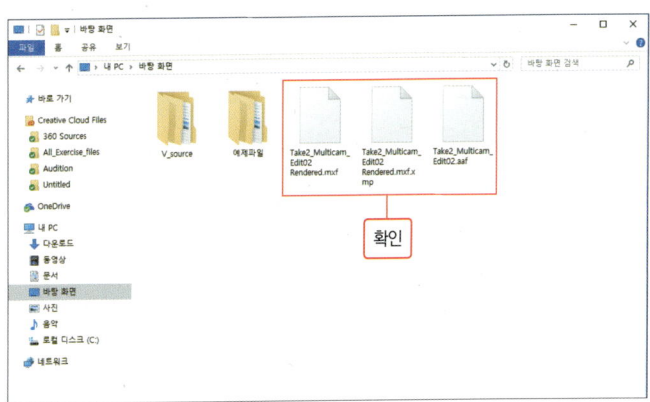

PART 09

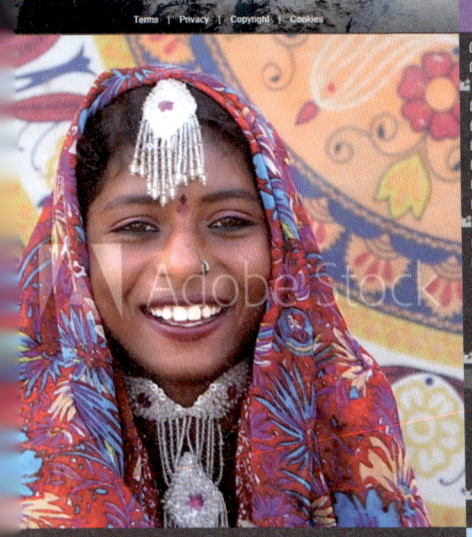
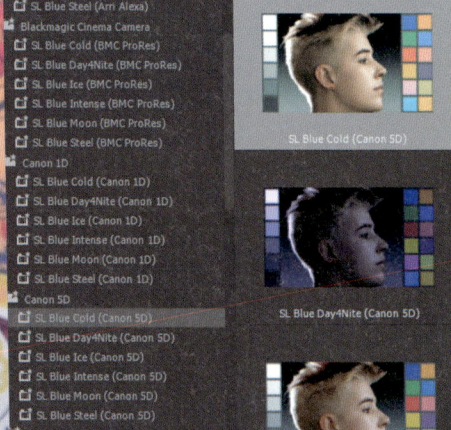

영상 작업 효율을 높이는 노하우

영상작업에 날개를 달아줄 작업 효율을 높이는 팁을 소개합니다. 편집을 진행하기 위한 사전 준비가 잘 되어 있다면 작업을 진행하는 과정이 매끄러울 것입니다. 라벨로 미디어 파일을 구분하고 메타데이터를 추가하여 파일을 관리함으로써, 수많은 소스 클립을 빠르게 검색하고 선택할 수 있습니다. 프리미어 프로가 사전 설정한 키보드 단축키가 불편하다면 사용자 정의로 키보드 단축키를 수정할 수 있습니다. 어도비 스톡 라이브러리를 이용하여 비디오 편집에 필요한 클립이나 그래픽 소스를 검색하고 사용하는 방법에 대하여 알아봅니다.

CHAPTER 01
Premiere Pro CC

Search Bins 활용하기

사용자가 설정한 검색 기준에 따라 소스 파일을 표시하는 Search Bins(검색 빈=폴더)를 만들고 미디어 파일을 정리할 수 있습니다. 무엇보다 메타데이터를 활용한 다중 계층 검색(검색 내 검색)이 가능하여 보다 스마트하고 빠르게 미디어 파일을 검색할 수 있습니다.

1 Search Bin 만들기

01 Project 패널을 활성화하고, ~ 키를 눌러 Project 패널 창 크기를 확대합니다.

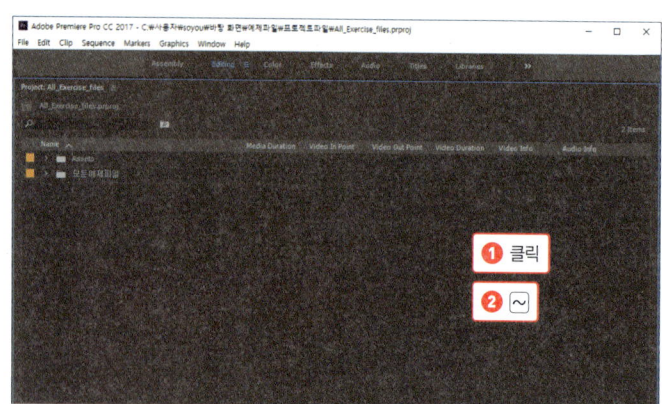

02 기본적으로 미디어 파일을 검색하는 방법은 Project 패널의 텍스트 검색 필드를 이용하는 것입니다. 검색 필드에 'beach'를 입력하여, 이 이름을 가진 모든 클립을 검색합니다. 'beach'라는 이름을 가진 클립이 들어 있는 폴더들만 열린 폴더로 표시되어 보입니다.

표시된 클립들은 Assets 종류에 맞게 각각의 폴더로 정리되어 있는데, Seach Bin을 활용하면 이 파일들을 하나의 폴더로 묶어 볼 수 있습니다. 검색 필드에서 ×를 눌러 검색을 마칩니다.

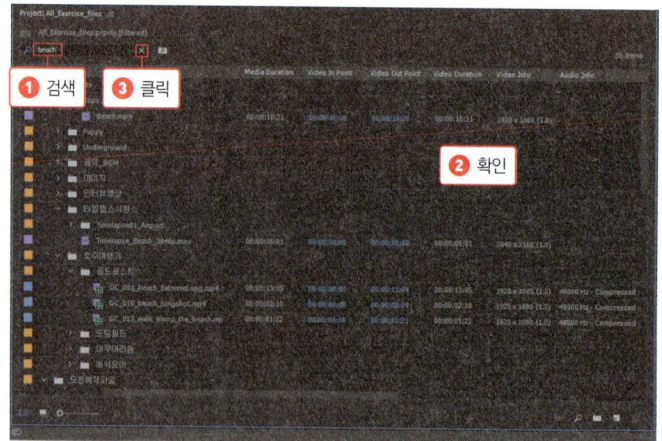

03 Project 패널의 빈 공간을 마우스 오른쪽 버튼으로 클릭하고 **New Search Bin**을 실행하거나, 검색 필드 오른쪽 폴더 아이콘을 클릭하면 'Search Bin'을 만들 수 있습니다.

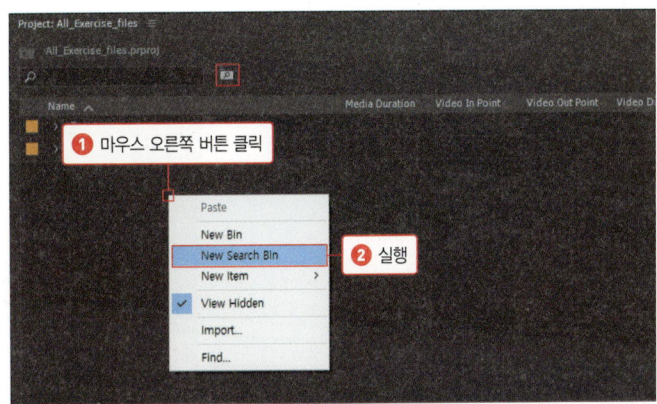

04 대화상자가 표시됩니다. Find 아래 검색 필드에 'beach'라는 키워드를 넣습니다. Search 기준은 '**All Metadata**'로 지정합니다. Search 기준은 정리하려는 기준에 맞게 선택하면 좋습니다. 〈OK〉 버튼을 클릭합니다.

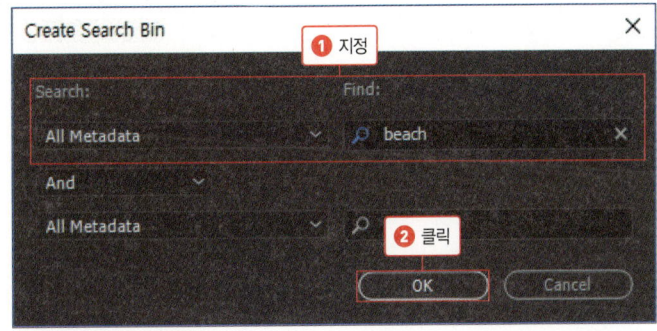

05 'beach'라는 이름의 검색 폴더가 새로 만들어지면서 검색 이름과 같은 모든 클립이 한 폴더에 모아졌습니다. 검색 폴더의 아이콘에 돋보기 모양이 그려져 있는 것에 주목하세요.

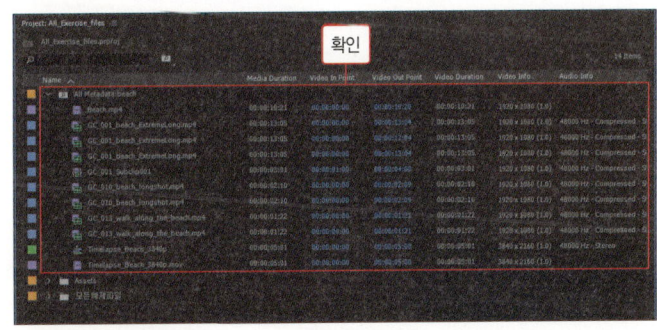

06 Search Bin으로 모아진 클립들을 두 번째 검색 기준으로 한 번 더 검색해 보겠습니다.
Search Bin의 타이틀 부분 'All Metadata: beach'를 마우스 오른쪽 버튼으로 클릭합니다. **Edit Search Bin**을 실행합니다.

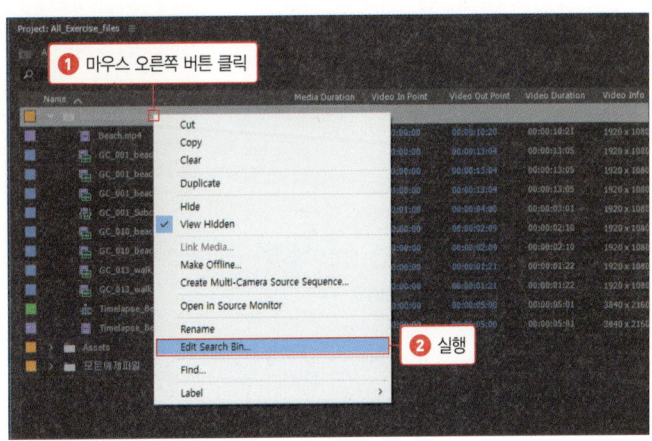

07 다시 팝업창이 열립니다. And 아래 메뉴를 열고 'Video Info'를 선택합니다. 오른쪽 검색 필드에 '3840'이라는 검색어를 입력하고 〈OK〉 버튼을 클릭합니다.

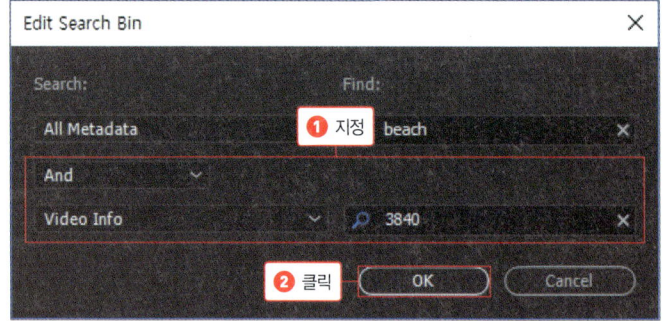

08 3840p의 프레임 사이즈인 클립 및 시퀀스만 검색 내 검색 결과로 표시되는 것을 확인할 수 있습니다.

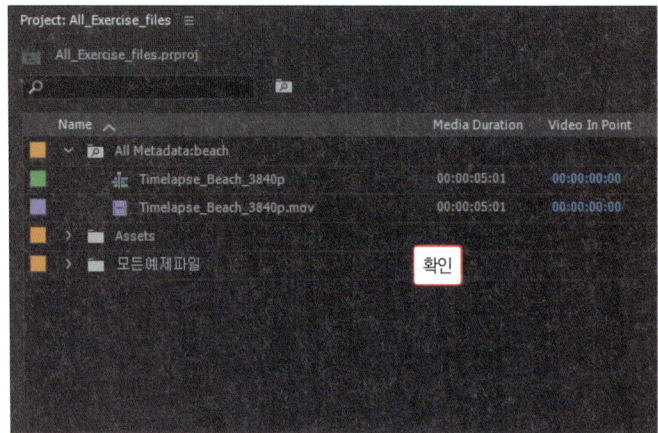

2 사용자 임의의 메타데이터 추가하기

01 Project 패널의 Name 탭을 마우스 오른쪽 버튼으로 클릭하고 **Metadata Display**를 실행합니다.

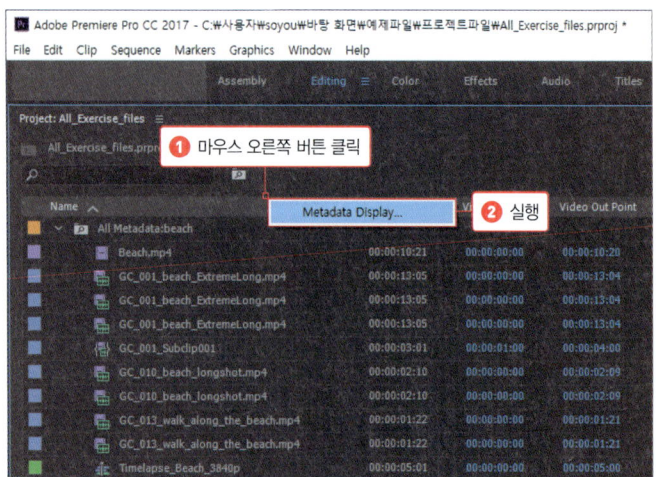

02 메뉴를 클릭하면 다양한 메타데이터 옵션들이 표시됩니다. 그 중에서 첫 분류인 'Premiere Pro Project Metadata'를 펼칩니다.

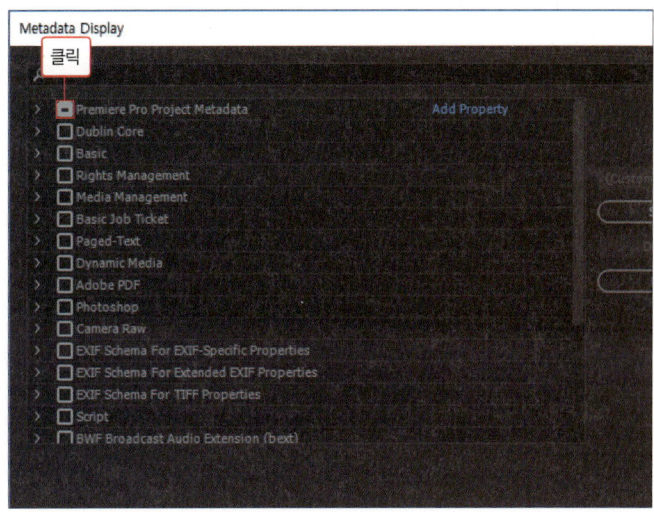

03 스크롤을 내려 'Comment'에 체크 표시하고 〈OK〉 버튼을 클릭합니다.

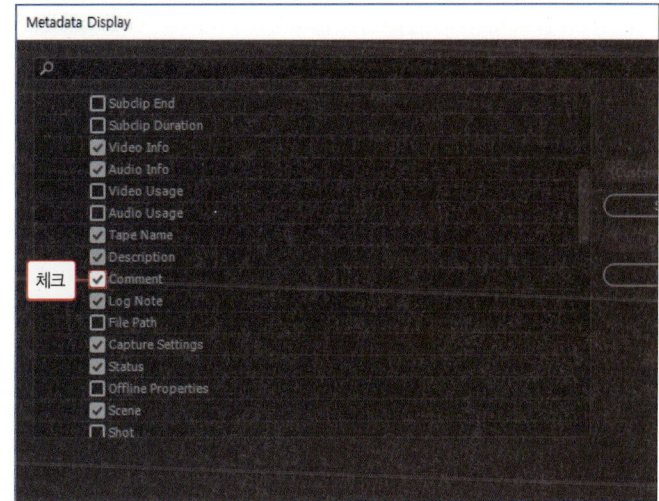

04 Project 패널의 탭에서 [Comment]를 찾습니다. 찾을 수 없다면 스크롤을 오른쪽으로 움직여 찾습니다.

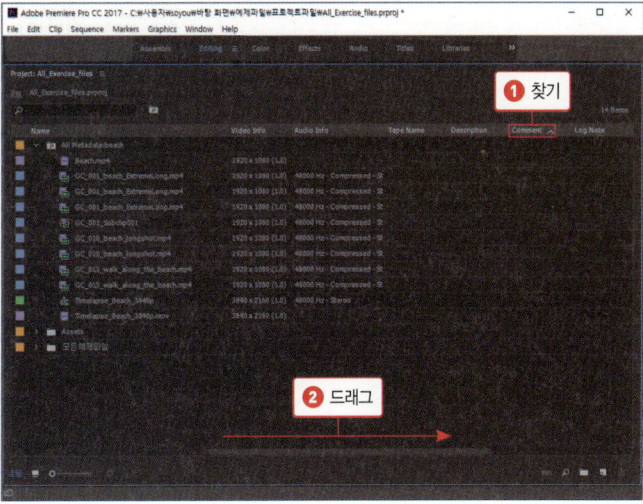

05 [Comment] 탭은 마우스로 클릭하여 왼쪽으로 드래그하면 [Name] 탭 옆 첫 줄에 위치시킬 수 있습니다.

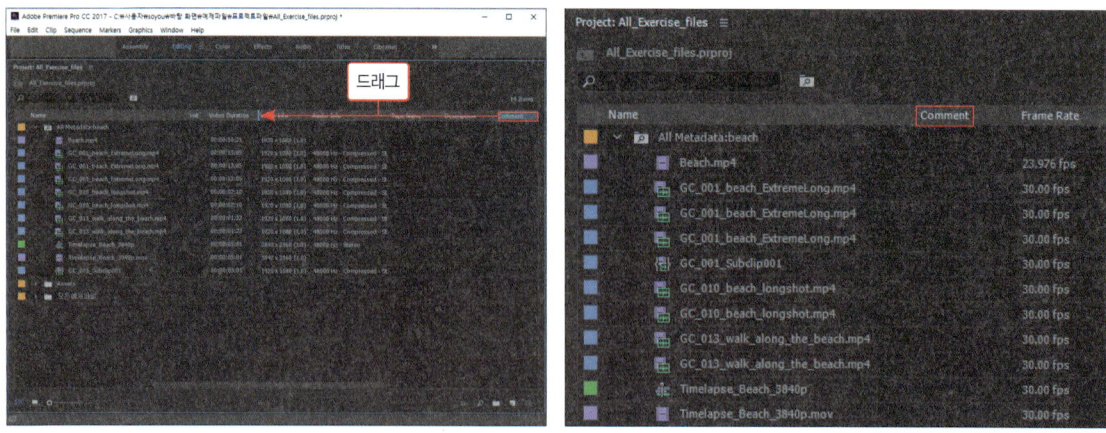

06 이 코멘트 부분에 검색 기준이 될 메타데이터를 입력합니다. 프레임 레이트, 프레임 크기, 재생 시간 이외의 정보를 입력하여 메타데이터로 사용하면 좋습니다. Main Footage와 B-roll을 구분한다든지, 각 클립의 퀄리티를 구분해 놓는 코멘트를 달아 놓으면 편집할 때 모든 소스 파일을 다시 확인하지 않아도 되기 때문에 작업 속도를 높일 수 있습니다.

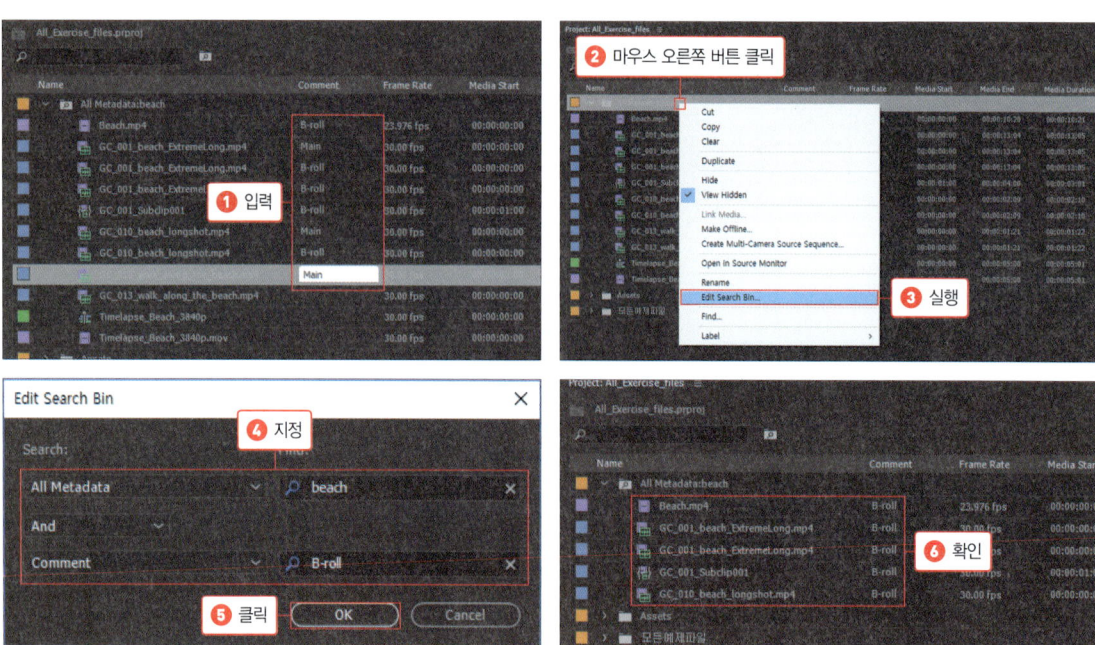

CHAPTER 02
Premiere Pro CC

어도비 스톡 라이브러리 사용하기

어도비 스톡은 다량의 무료 이미지, 비디오, 그래픽을 보유하고 있습니다. 비디오 편집을 진행하면서 필요한 클립이나 이미지 소스들을 어도비 스톡을 통해 얻을 수 있어 편리합니다. 여기서 제공되는 소스는 라이선스 구매를 통해 자유롭게 사용 가능합니다.

01 어도비 스톡을 이용하는 방법에는 두 가지가 있습니다. 어도비 스톡 사이트에 접속하거나 프리미어 프로의 Libraries 패널을 이용합니다. Libraries 패널을 찾을 수 없다면 **[Window] → Libraries**를 실행합니다.

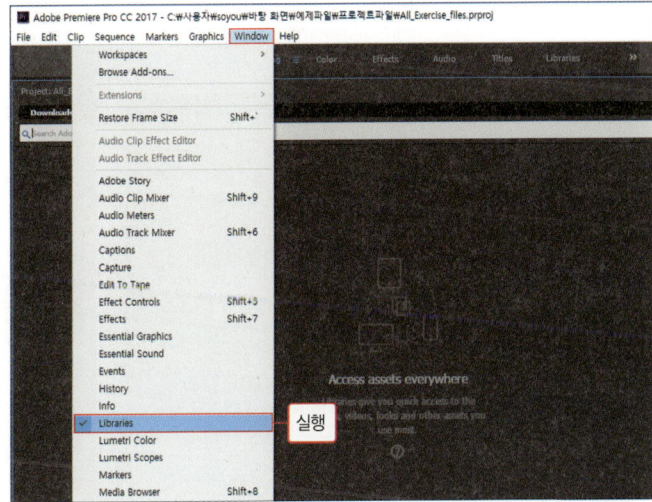

02 프리미어 프로의 Libraries 패널을 활성화합니다. 검색 필드를 살펴보면 'Search Adobe Stock'으로 되어 있는 것을 확인할 수 있습니다. 검색 필드 'India'라는 키워드를 입력하고 Enter 키를 누릅니다.

03 어도비 스톡 사이트와 연동되어 패널에서 검색 내용이 보여집니다.

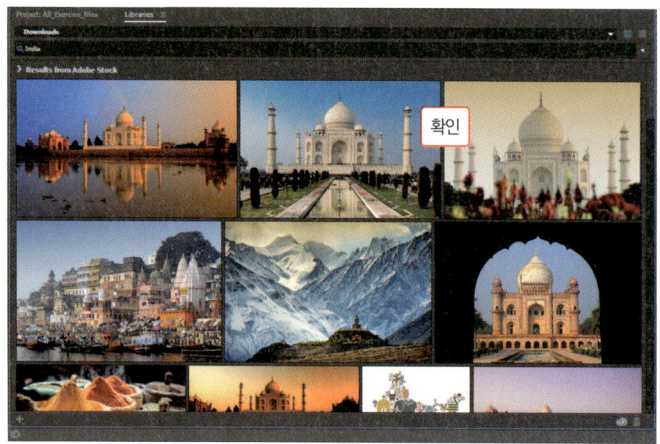

04 이 페이지는 물론 어도비 스톡 사이트의 검색 페이지와 같습니다. 어도비 스톡 사이트(https://stock.adobe.com)에 접속하여 같은 키워드로 검색해 봅니다.

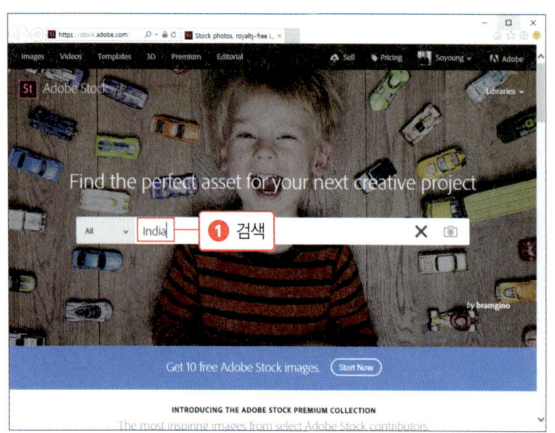
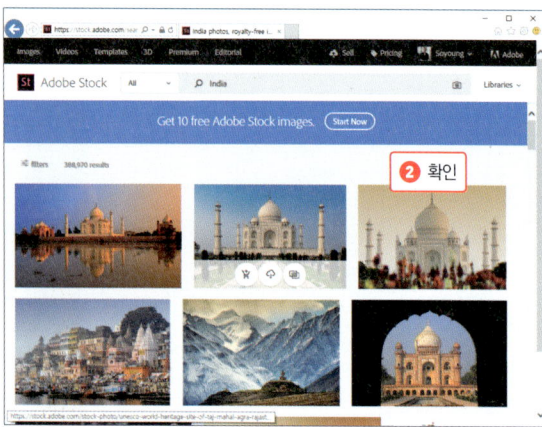

TIP
웹 사이트 구성은 사이트 정책에 따라 바뀔 수 있습니다.

---

05 사진, 비디오, 일러스트, 벡터 이미지 중 원하는 콘텐츠의 종류만 필터링하여 검색할 수도 있습니다. 검색 필드 왼쪽의 'All'이라고 표시된 부분의 삼각형 버튼을 클릭하여 팝업 메뉴를 열고 'Videos'를 선택합니다.

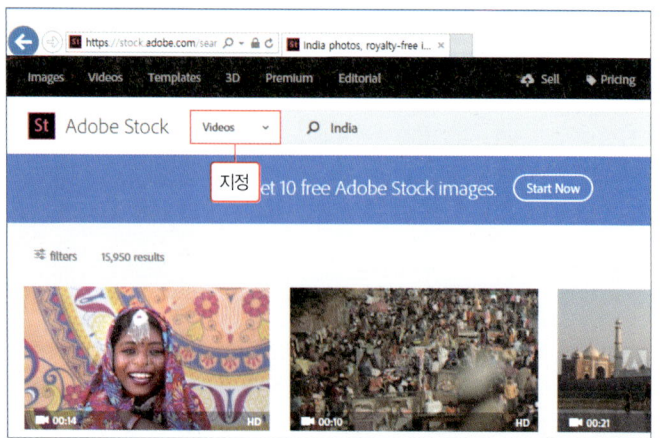

06 필터링 검색은 Libraries 패널에서도 가능합니다. 'Results from Adobe Stock'의 팝업 메뉴를 열고 'Videos'에 체크 표시하면 비디오 파일만 검색할 수 있습니다.

07 이렇게 검색된 비디오 파일 위에 마우스를 올리고 좌우로 움직이면 미디어 브라우저를 사용하는 것처럼 동영상을 프리뷰할 수 있습니다.

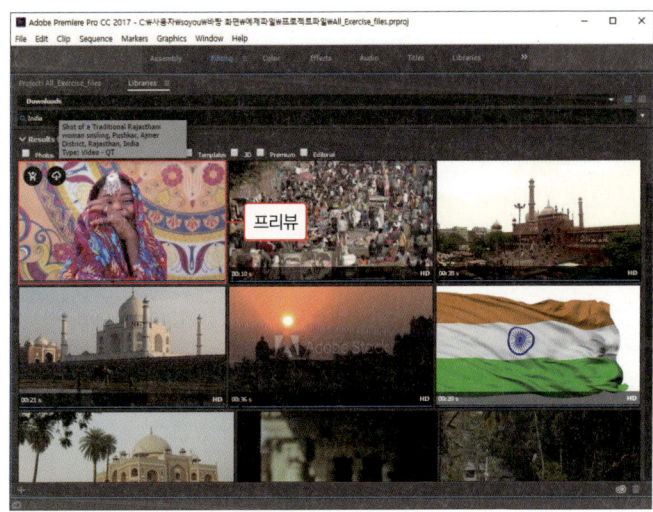

08 어도비 스톡 사이트에서 검색한 클립을 프리뷰하는 방법도 마찬가지입니다. 검색된 클립들 위에 마우스 포인터를 올려놓으면 동영상이 프리뷰됩니다. 화면을 마우스로 한번 클릭하면 좀 더 큰 화면으로 프리뷰 가능하며, 비디오 정보를 확인할 수 있습니다.

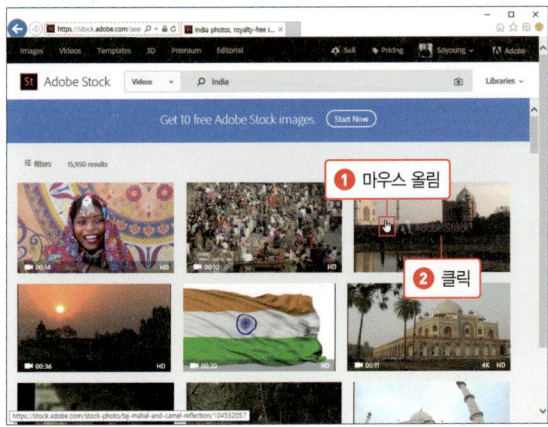
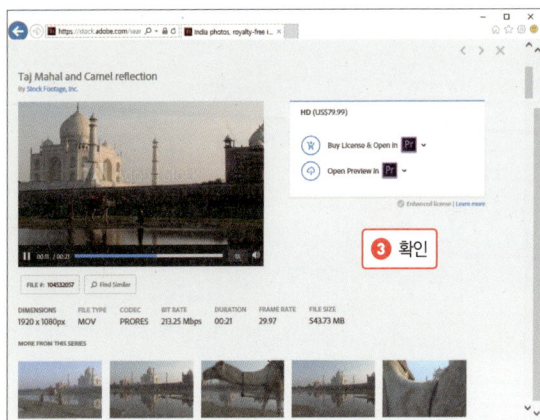

09 클립 아랫부분에 마우스 포인터를 올리면 몇 가지 옵션이 팝업되는데, 각 아이콘에 마우스 포인터를 올려 놓으면 아이콘에 대한 설명이 팝업됩니다. 제일 첫 번째 아이콘(Buy License)은 라이선스 구매 아이콘입니다. 세 번째 아이콘(Find Similar)은 선택한 클립과 비슷한 클립을 더 찾아주는 옵션입니다. 이 옵션은 프리미어 프로 Libraries 패널에서는 사용할 수 없습니다.

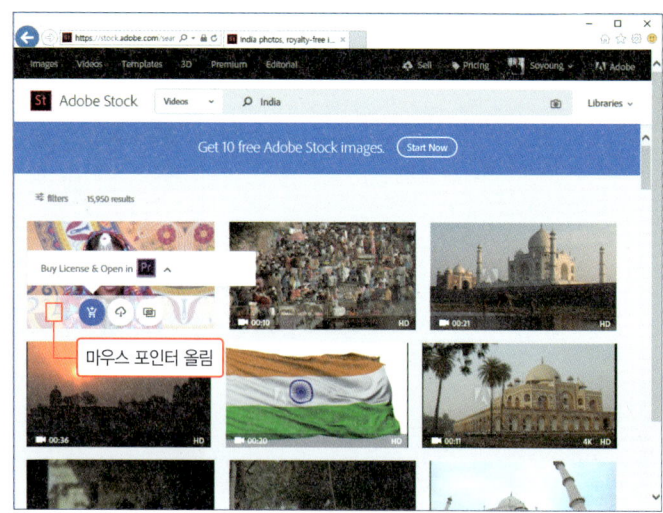

10 가운데 아이콘(Open Preview in Premiere)은 프리뷰 영상을 다운로드할 수 있게 합니다. 아이콘을 클릭하여 프리뷰 영상을 다운로드합니다.

> **TIP**
> 어도비 크리에이티브 클라우드 계정 로그인이 필요합니다.

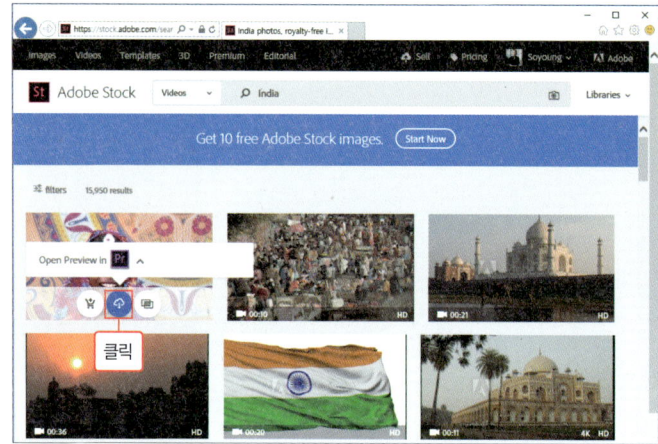

11 프리미어 프로를 보면 Progress 패널에 파일이 다운로드 되고 있는 것을 확인할 수 있습니다. Status가 Complete가 되면 다운로드가 완료된 것입니다.

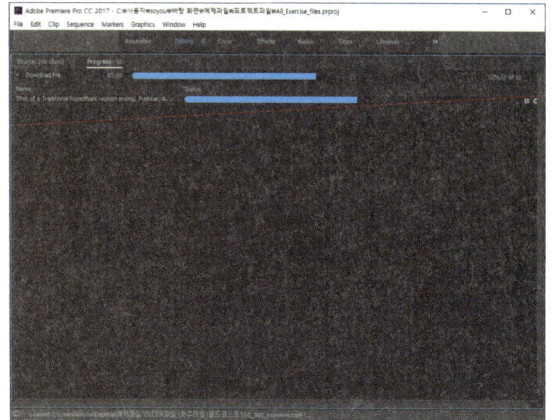
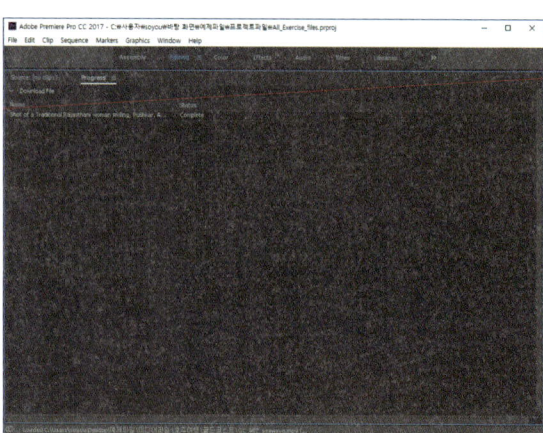

12 다운로드가 완료된 파일은 Libraries 패널의 다운로드 폴더에서 찾아볼 수 있습니다.

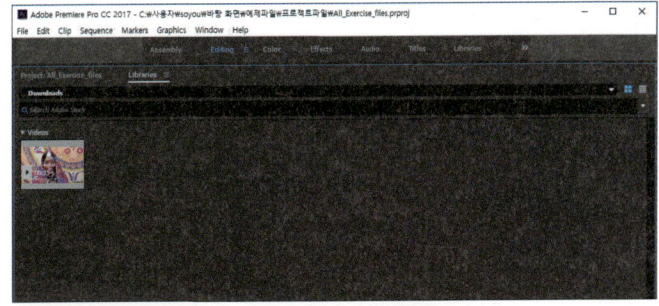

13 이 파일을 Project 패널로 가져와 작업을 시작하려면 마우스 오른쪽 버튼으로 클릭하고 **Add to Project**를 실행합니다.

14 다시 한 번 Progress 패널이 활성화되면서 파일이 자동으로 다운로드됩니다. Project 패널을 열어보면 다운로드한 파일이 불러와진 것을 확인할 수 있습니다. 스톡 소스임을 나타내는 카트 모양의 아이콘이 클립 앞에 붙어 있습니다.

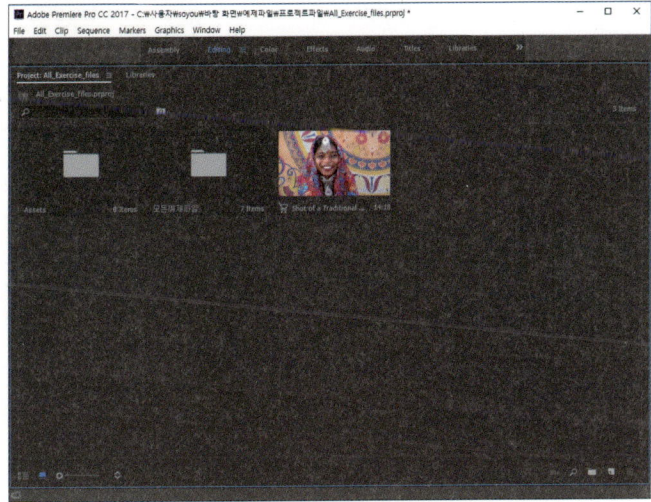

15 클립을 마우스로 클릭하여 드래그하여 비어있는 타임라인 위에 던져 시퀀스를 새로 만듭니다.

16 클립을 살펴보면 라이선스를 구매하지 않았기 때문에 어도비 스톡 워터마크가 새겨져 있는 것을 확인할 수 있습니다.

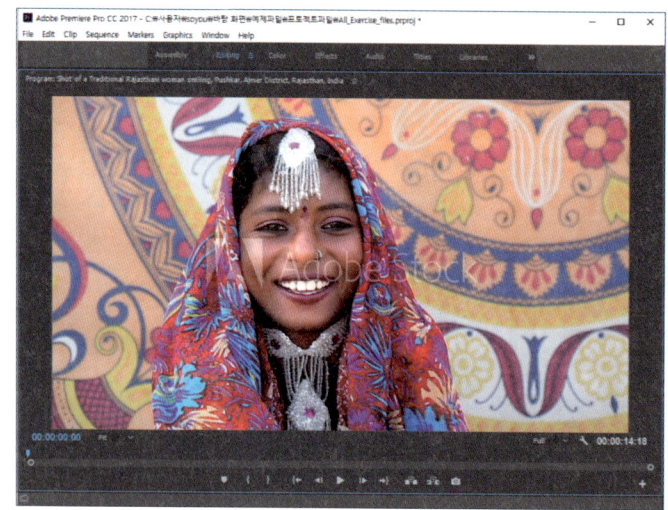

17 새 Bin을 만들고 'Adobe Stock Source'라고 이름을 바꿉니다. 그리고 다운로드한 클립과 시퀀스를 담아 둡니다.

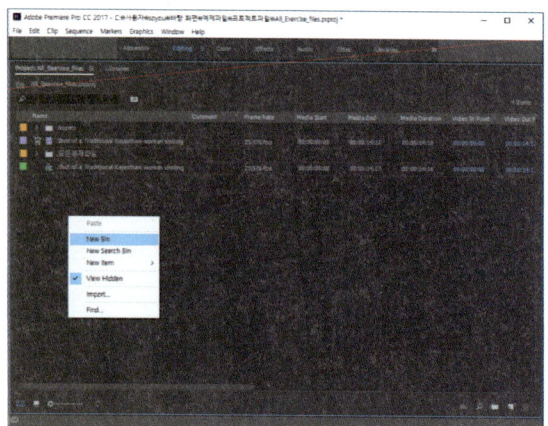 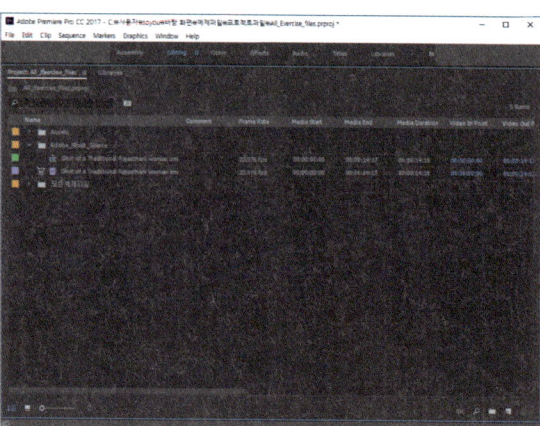

18 클립을 마우스 오른쪽 버튼으로 클릭하고 **Reveal in Explorer**를 실행합니다.

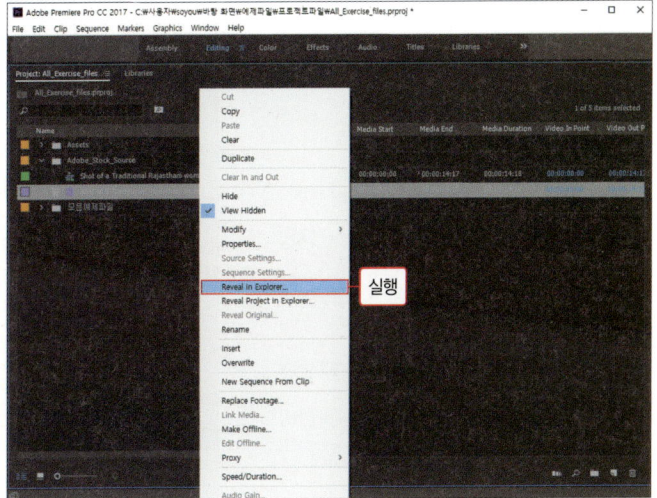

19 파일의 저장 경로를 살펴보면 'CC Libraries Downloads'라는 폴더에 저장된 것을 확인할 수 있습니다.

20 이 저장 경로는 사용자의 임의로 얼마든지 바꿀 수 있습니다. **[File] → Project Settings → Scratch Disks**를 실행합니다. 설정 창이 표시됩니다. 맨 아랫줄을 살펴보면 'CC Libraries Downloads'의 저장 경로를 수정할 수 있는 옵션이 보여집니다. 현재 'Same as Project'로 프로젝트 파일과 같은 저장 경로에 저장되는 것을 확인할 수 있습니다.

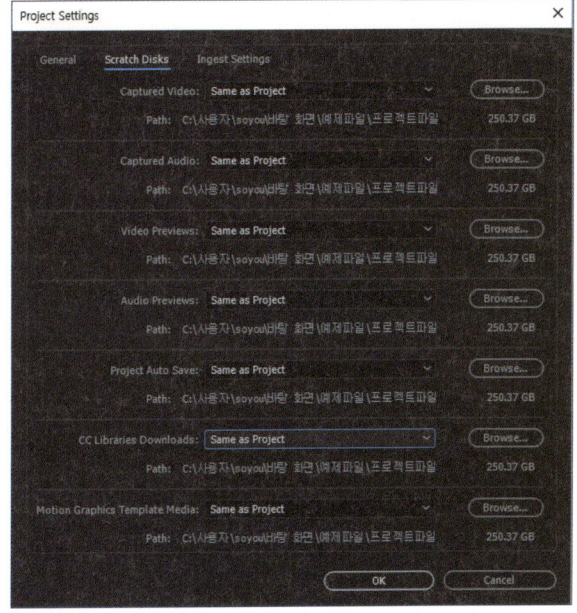

21 어도비 스톡 소스를 활용하는 가장 큰 장점은 처음부터 소스를 구입하지 않아도 된다는 것입니다. 편집을 진행하면서 그 필요가 얼마든지 바뀔 수 있기 때문입니다. 시퀀스 편집을 마친 후 소스 사용이 확정되면 소스를 구입하여 교체하는 방법으로 작업을 진행합니다. 소스 구매는 어도비 스톡 사이트에 접속할 필요 없이 라이브러리 패널에서 진행 가능합니다. 클립을 선택하고 마우스 오른쪽 버튼으로 클릭한 다음 License Video를 실행합니다.

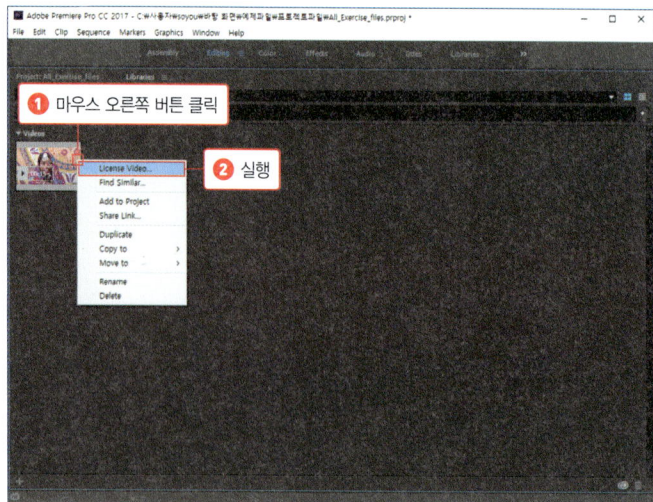

22 어도비 스톡 사이트에서 구매를 할 것인지 묻는 팝업창이 열립니다. 〈OK〉 버튼을 클릭합니다.

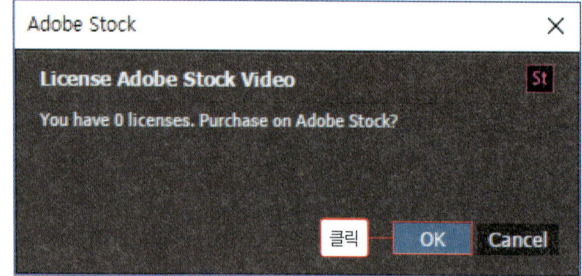

23 어도비 스톡 사이트로 연결됩니다.

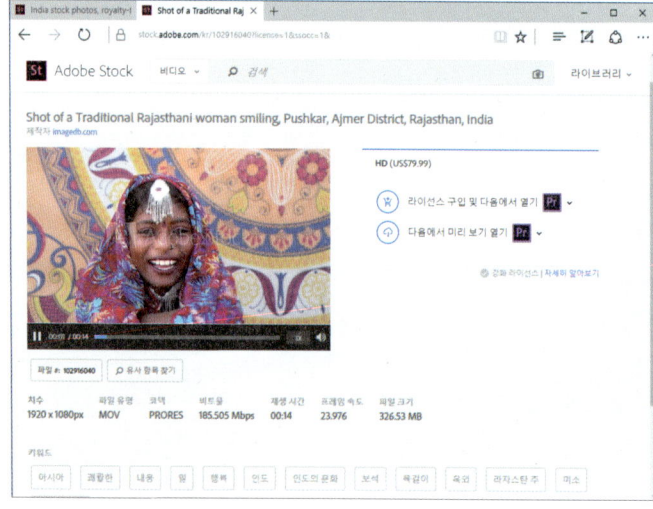

CHAPTER 03
Premiere Pro CC

키보드 단축키 커스터마이징하기

키보드 단축키나 명령을 사용자의 임의대로 새롭게 정의하고 사용할 수 있습니다. 키보드 단축키가 지정되어 있지 않으면서 빈번하게 사용하는 명령이나 기능이 있다면, 이것에 새로운 단축키를 설정해 사용하여 더욱 효율적으로 작업할 수 있을 것입니다.

1 키보드 단축키 수정하고 저장하기

01 [Edit] → Keyboard Shortcuts (Ctrl+Alt+K)를 실행합니다.

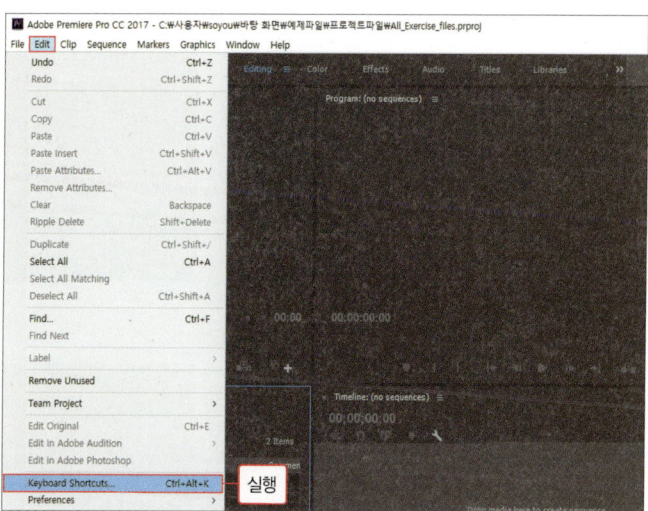

02 키보드 맵이 표시됩니다. 키보드 상의 어떤 키가 커스터마이징이 가능한지 혹은 이미 매핑이 되어 있는지를 쉽게 알 수 있습니다. 컬러링된 키는 명령어가 이미 들어 있는 키이고, 회색 키는 아직 명령어가 분배되지 않은 키입니다.

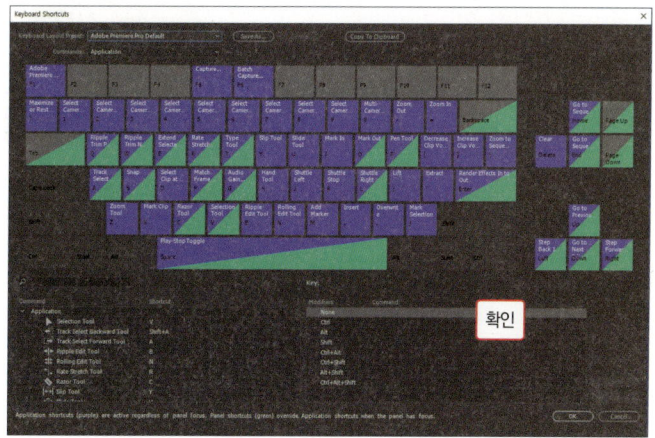

03 특정 패널에 대한 명령어를 보려면 Commands를 펼치고 해당 패널을 활성화합니다. 'Project Panel'로 지정합니다.

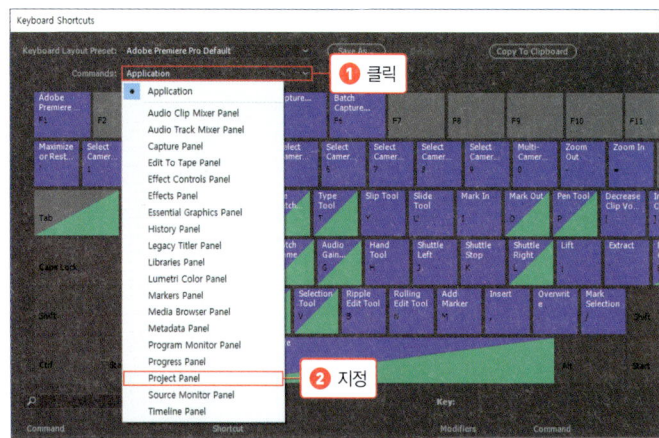

04 Project 패널을 활성화하면 이 패널과 관련한 명령어들이 함께 보입니다.

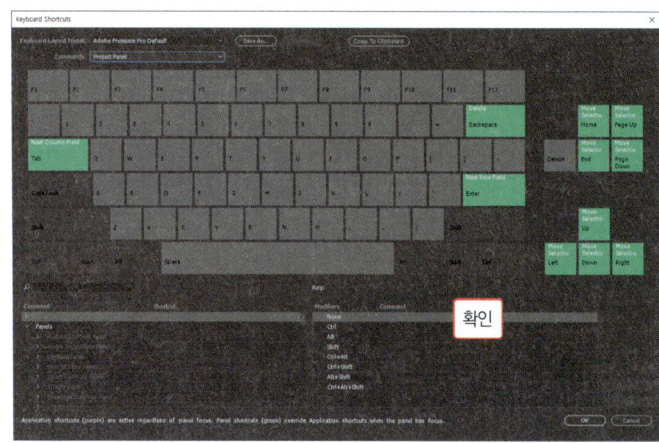

05 다시 Commands를 'Application'으로 지정합니다. 키 위에 마우스를 올리면 이 키를 눌렀을 때 어떤 작업을 수행하는지를 알려줍니다.

06 Ctrl 키를 길게 누릅니다. 키보드 맵이 바뀌는 것을 확인할 수 있습니다. 이것은 Ctrl 키와 함께 쓰이는 키보드 키들을 나타냅니다. Ctrl 키가 파란색으로 표시됩니다.

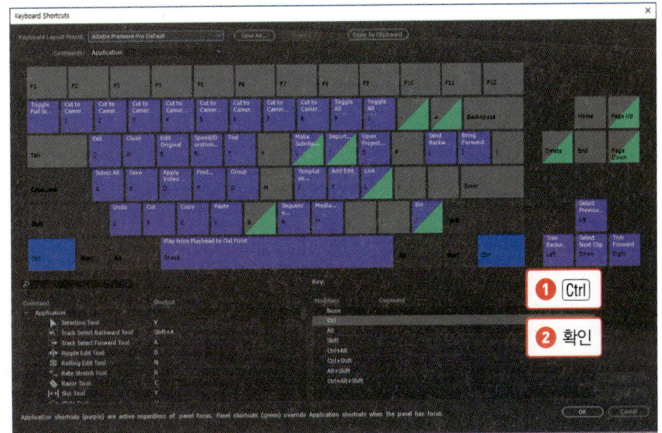

07 Shift 키를 길게 누릅니다. 키보드 맵이 Shift 키와 함께 쓰이는 키보드 키들이 나타납니다.
Ctrl 키와 Alt 키를 함께 누르거나 Ctrl 키와 Shift 키를 수식으로 사용하는 키보드 단축키가 있는지도 한번 살펴봅니다.

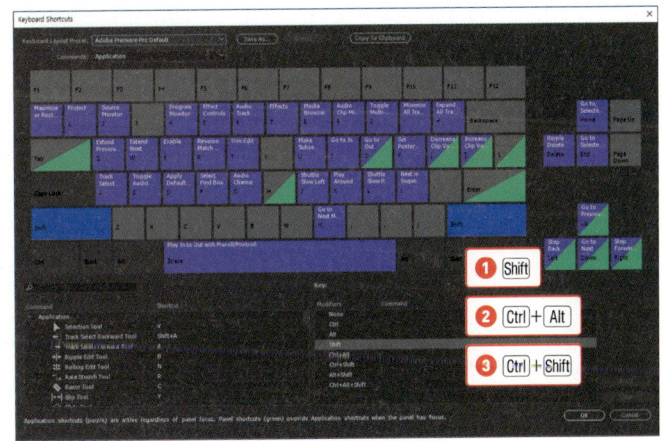

08 보라색과 초록색이 반씩 나뉘어 있는 키는 패널 선택에 따라 수행하는 명령이 바뀌게 됩니다. 보라색 단축키(어플리케이션 키)는 어떤 패널이 활성화되어 있는지에 상관없이 사용할 수 있습니다. 보통 Tools 패널에서 사용되는 단축키가 이에 속합니다. 초록색 단축키(패널 키)는 특정 패널이 활성화되면 어플리케이션 단축키를 무효화합니다. 예를 들어 그림에서 Q와 W의 경우, 어플리케이션 키로써 특정 패널이 선택되지 않은 상태에서는 Ripple Trim Previous/Next Edit to Playhead 명령을 수행하지만 Capture 패널이 활성화되면 Go to in/out point 명령을 수행하는 키로 바뀌는 것을 확인할 수 있습니다.

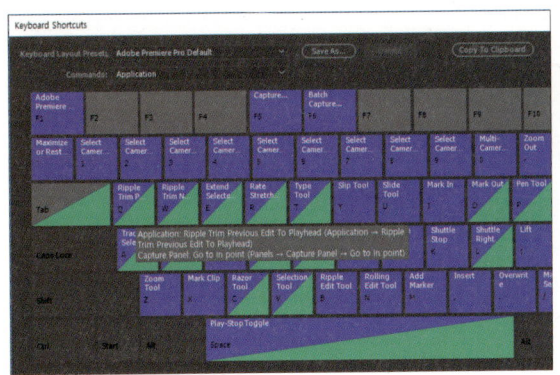 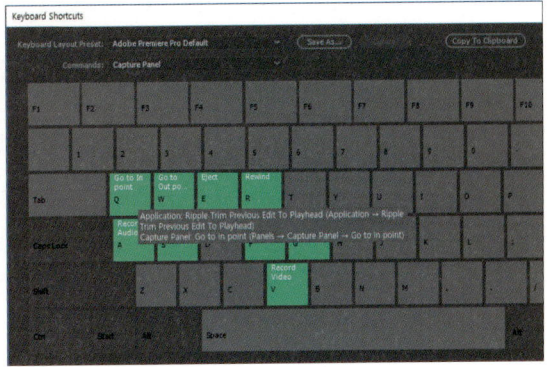

09 만약 키보드 맵에서 특정 키를 누르면 그 키가 수행하는 명령을 볼 수 있습니다. 'T' 키를 클릭해 봅니다. 오른쪽 아랫부분을 살펴보면 Key: T에 관련한 명령이 보입니다. 어떤 키 수식(Modifiers)이 붙느냐에 따라 어떤 명령을 수행하는지 봅니다. 예를 들어, Shift +T를 누르면 Trim Edit 명령을 수행하는 것을 알 수 있습니다.

10 T 키에 새로운 명령을 추가해 보겠습니다. 키보드 맵 아래 검색 필드는 특정 도구 명령이나 메뉴 명령을 검색할 수 있습니다. 여기서는 'Select Nearest Edit for Trim'이라는 명령을 검색합니다. 'Select Nearest'라고 입력하면 이러한 명령을 가진 여러 명령들이 함께 검색됩니다.

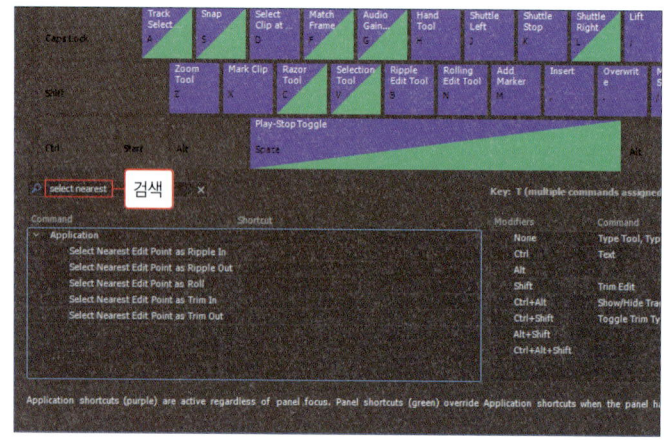

11 'Select Nearest Edit for Trim'을 클릭하고 Shortcut 줄을 클릭하면 단축키를 입력할 수 있는 필드가 나타납니다. 오른쪽을 잠시 보면 T 키와 관련된 명령어를 살펴볼 수 있는데, 현재 Alt 키와 함께 사용되는 단축키는 비어 있는 것을 확인할 수 있습니다. 왼쪽 단축키 입력 필드를 활성화한 상태에서 Alt + T 키를 누릅니다.

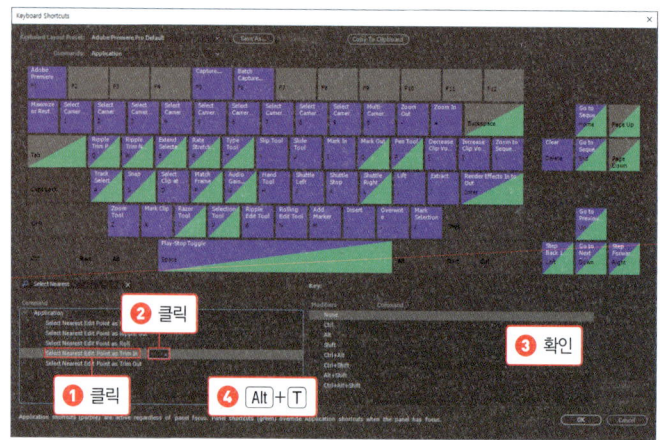

12 Alt 키 옆에 'Select Nearest Edit for Trim'이라는 명령이 추가된 것을 확인할 수 있습니다. 새 명령어에 대한 단축키가 설정되자 Keyboard Layout Preset이 'Custom'으로 바뀐 것을 확인할 수 있습니다.

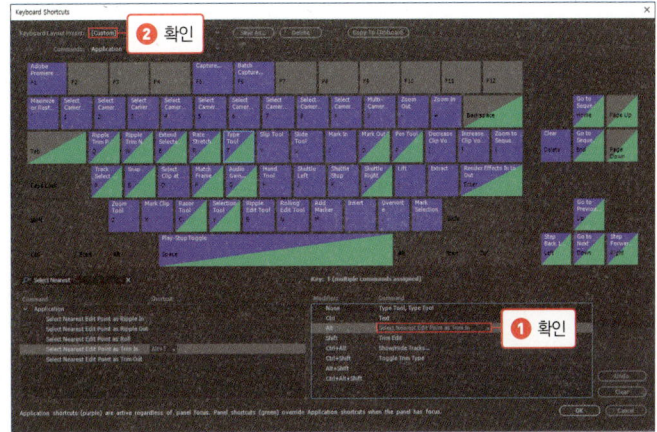

13 〈Undo〉 버튼을 클릭합니다. 명령어를 추가하는 방법에는 직접 키보드를 입력하는 방법도 있지만 드래그 앤 드롭 방식도 있습니다.

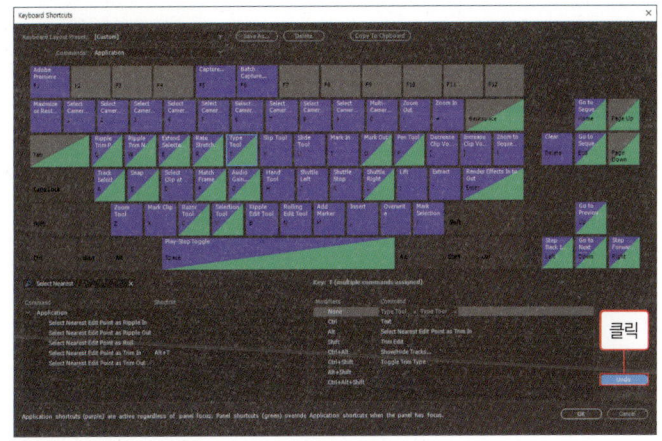

14 Alt 키를 누른 상태에서 왼쪽 명령어를 드래그하여 T 키 위치에 올려 놓습니다. 마찬가지로 오른쪽을 보면 Alt 키 옆에 'Select Nearest Edit for Trim'이라는 명령이 추가된 것을 확인할 수 있습니다.

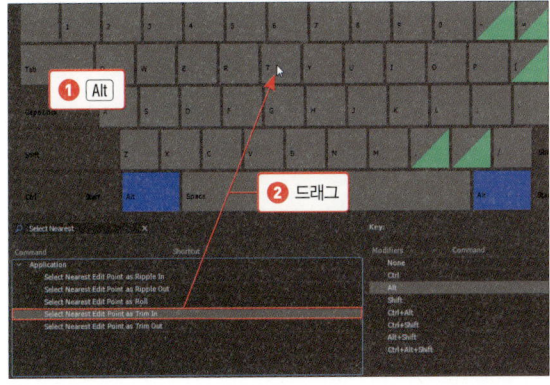 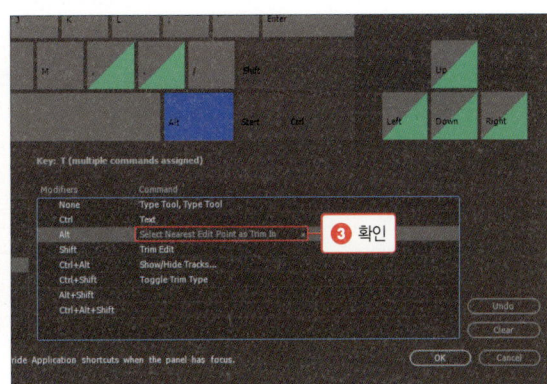

15 키보드 커스터마이징을 마치면 〈Save As〉 버튼을 클릭하여 저장합니다.

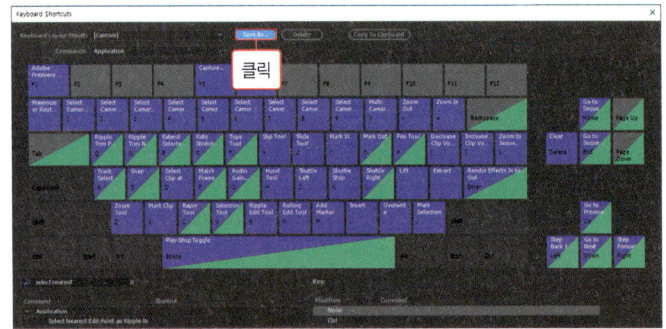

16 키보드 레이아웃 셋의 이름을 정하는 대화상자가 표시됩니다. 사용자 이름이나 날짜, 프로젝트명 등을 입력하고 〈OK〉 버튼을 클릭합니다.

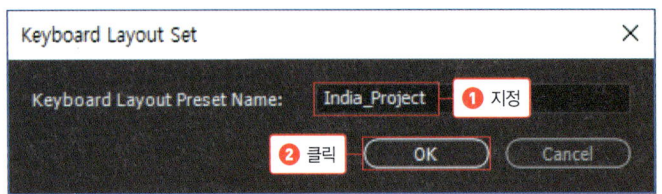

17 이렇게 저장된 키보드 레이아웃은 윗부분 Keyboard Layout Preset의 드롭다운 메뉴에서 찾아볼 수 있습니다. 키보드 레이아웃을 마치면 〈OK〉 버튼을 클릭합니다.

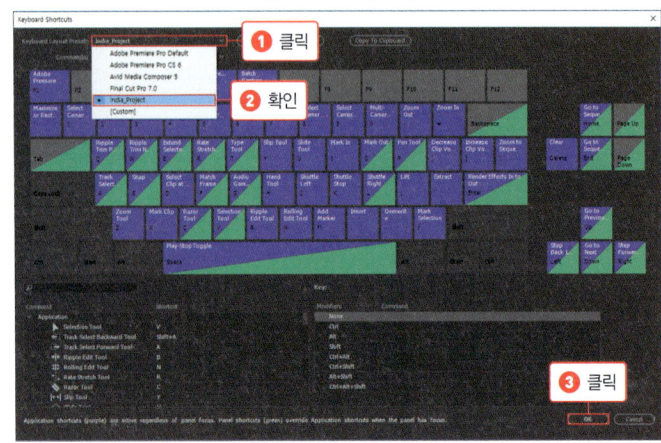

18 키보드 레이아웃은 'Keyboard Shortarts'에 체크되어 있다면 Sync Settings을 사용할 수 있는 상황에서 언제든지 꺼내 쓸 수 있습니다.

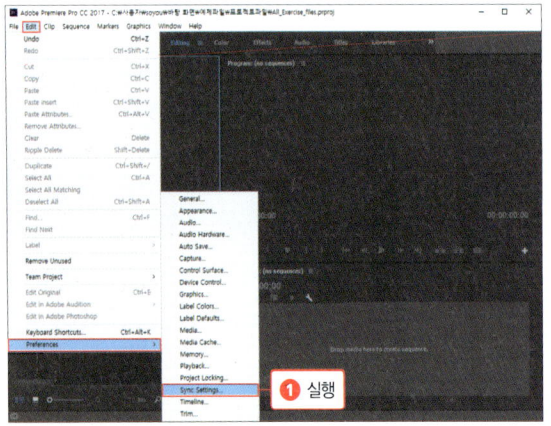 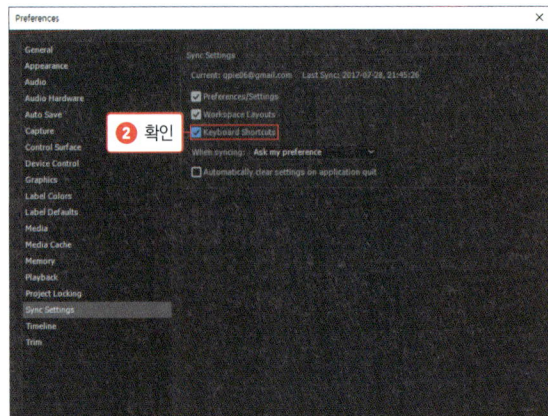

2 Sync Settings를 이용하지 않고 키보드 단축키 공유하기

키보드 레이아웃 세팅을 동기화하는 방법으로 Creative Cloud Account를 이용하여 로그인하고 자동 동기화하는 방법이 있습니다. 만약 인터넷이 연결이 되어 있지 않다거나 수동으로 키보드 레이아웃을 공유하고 싶다면 다음을 참고하세요.

01 Keyboard Layout Preset의 드롭다운 메뉴를 열고, 공유를 원하는 키보드 레이아웃을 활성화합니다.
윗부분에서 〈Copy to Clipboard〉 버튼을 클릭합니다.

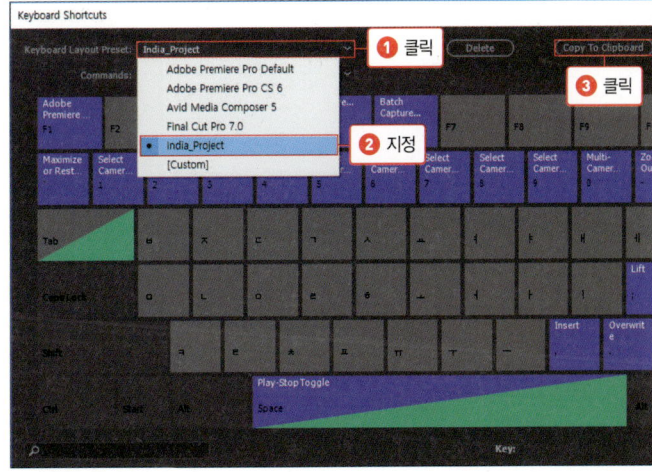

02 이렇게 복사한 키보드 단축키를 문서에서 Ctrl + V 키를 눌러 붙여넣기합니다.
이 문서를 저장하여 다른 사람과 공유합니다.

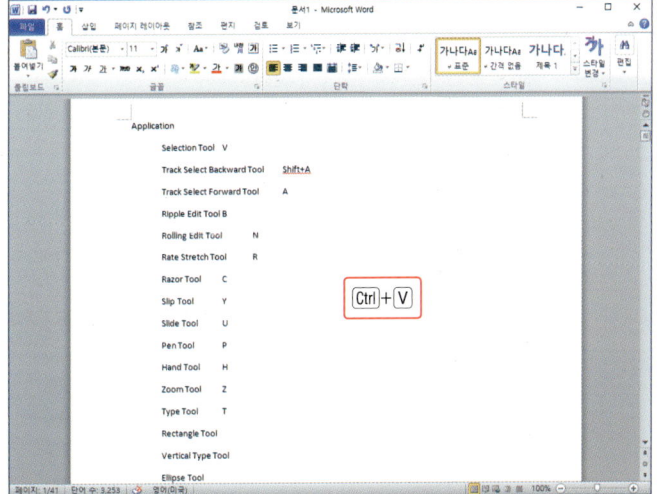

03 Custom으로 저장한 키보드 단축키는 '.kys' 확장자명을 검색하여 컴퓨터 하드 드라이브에서 찾을 수 있습니다. 윈도우의 경우, 로컬 디스크 C 드라이브를 선택하고 폴더 검색 필드에 '.kys'를 입력합니다. 맥의 경우 드라이브를 선택할 필요 없이 폴더 검색 필드에 '.kys'를 검색합니다.

04 KYS 확장자명을 가지는 키보드 단축키 파일이 모두 불러집니다.

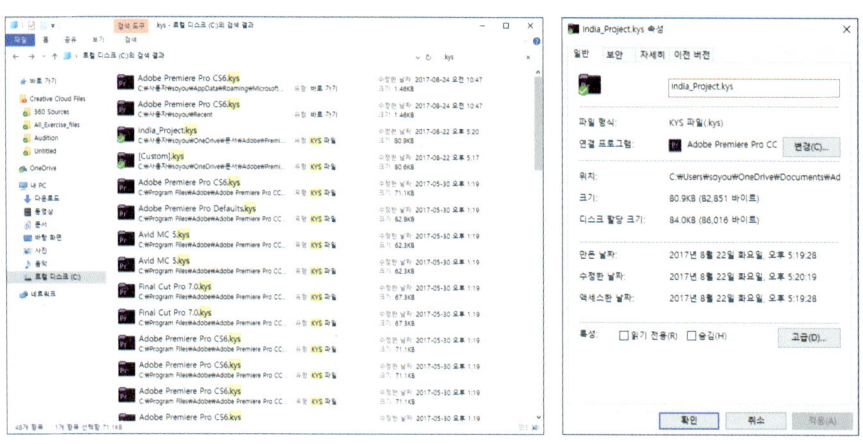

05 원하는 단축키 레이아웃 파일을 복사하여 다른 사람과 공유할 수 있습니다.

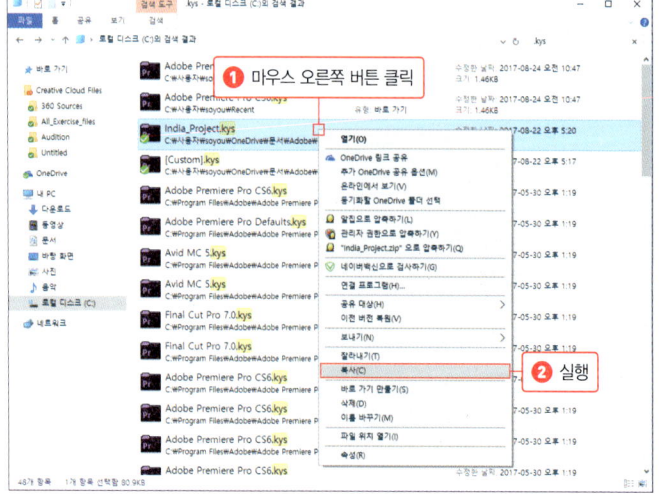

CHAPTER 04
Premiere Pro CC

미디어 크기 사전 설정 옵션 사용하기

시퀀스보다 크기가 크거나 작은 미디어를 Project 패널로 불러올 때 사전 설정 옵션을 어떻게 설정하느냐에 따라 좀 더 효율적으로 불러오기가 가능합니다.

01 1080p(프레임 크기 : 1920×1080px)로 설정된 시퀀스를 하나 만듭니다.

02 가로 크기가 1920px이 넘는 고화질 이미지를 가져오겠습니다. Ctrl+I 키를 누르고, 예제파일\미디어파일\이미지\고화질 이미지 폴더에서 'lamb_6000px' 파일을 가져오기 합니다.

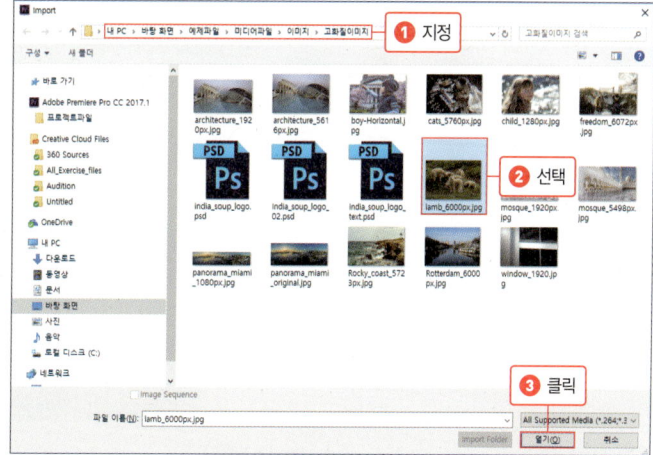

Chapter4 미디어 크기 사전 설정 옵션 사용하기 **517**

03 이 파일을 시퀀스 위에 올려놓습니다. 이미지가 6000px이 넘기 때문에 화면에 일부분만 보입니다.

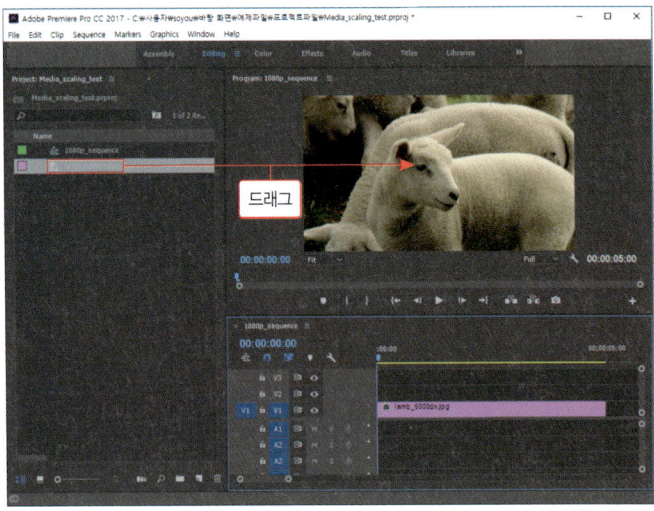

04 [Edit] → Preferences → Media 를 실행합니다.

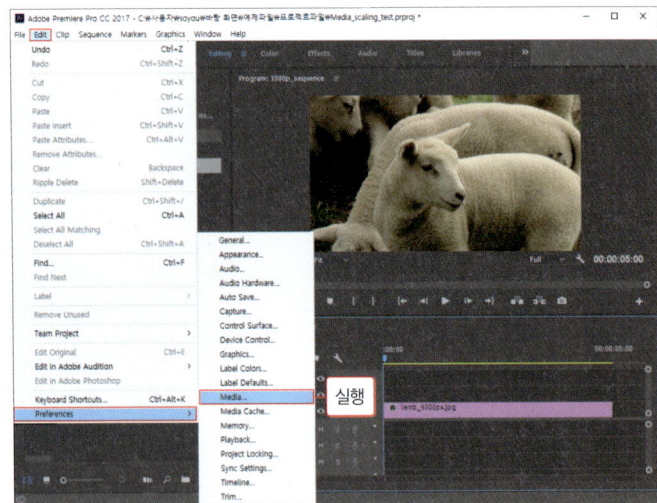

05 Default Media Scaling을 열면 두 가지 옵션이 더 나옵니다. 'Scale to frame size'와 'Set to frame size'입니다. 이 두 개의 옵션은 비슷하게 쓰여 혼동하기 쉽습니다.

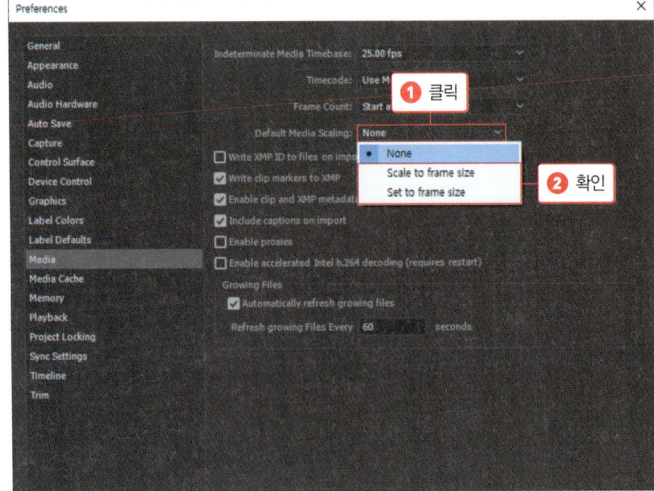

06 우선 'Scale to frame size'를 선택하고 〈OK〉 버튼을 클릭합니다.

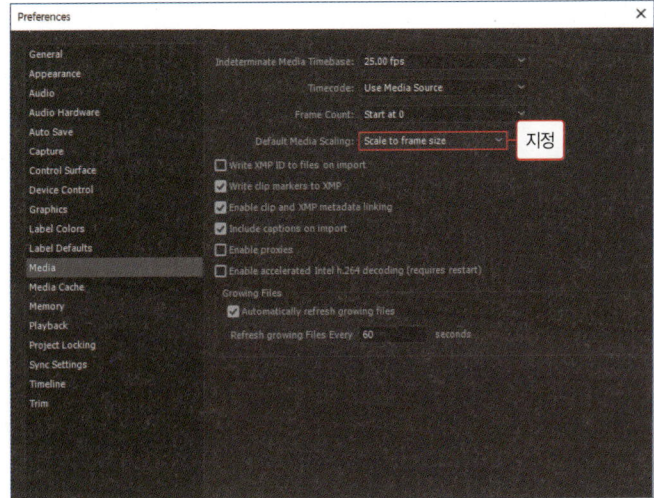

07 Ctrl+I 키를 눌러 같은 파일을 다시 한 번 가져오기 합니다.

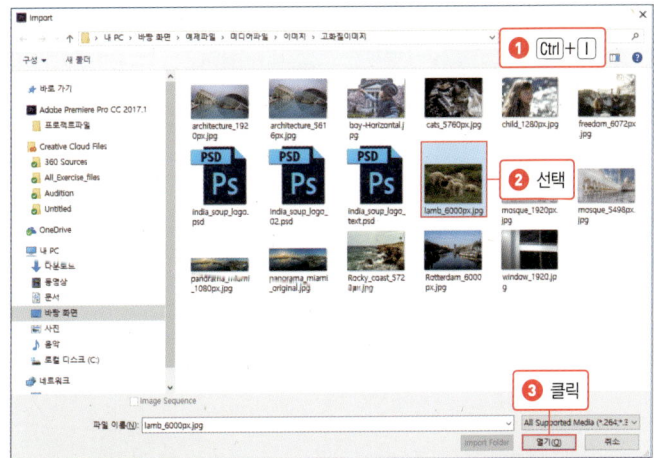

08 가져온 파일을 시퀀스 위에 올려놓습니다. 같은 파일을 가져왔음에도 불구하고 이번에는 시퀀스 창에 맞게 이미지가 자동으로 조절되어 들어옵니다.

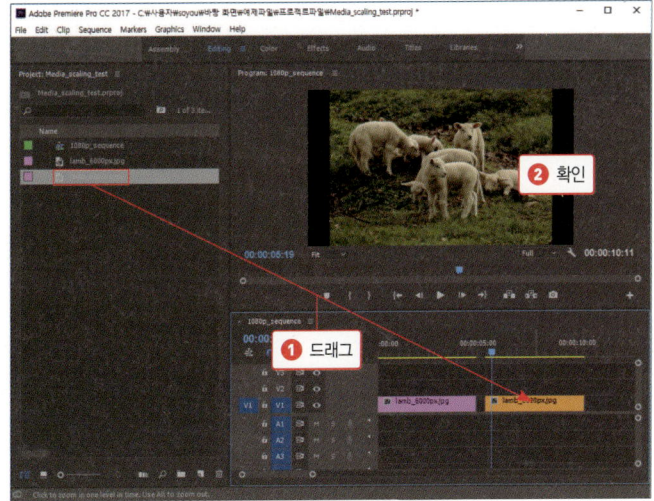

09 Effect Controls 패널을 활성화하고, 방금 불러들인 이미지를 선택합니다. Scale을 살펴보면 '100%'로 조절되어 있는 것을 확인할 수 있습니다. 즉, 프리미어 프로가 시퀀스 세팅에 맞게 이미지를 줄여 가져오기를 실행합니다.

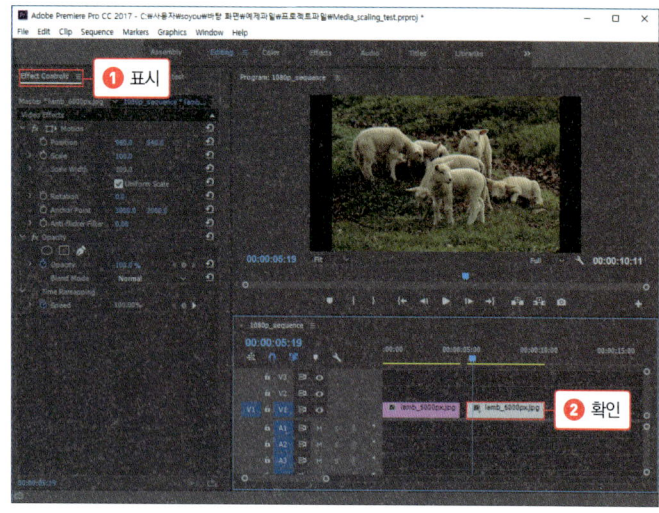

···· TIP ····

이 옵션은 프록시 파일을 사용하거나, 크기가 다른 소스를 Scale 속성을 사용하지 않고 재연결할 때 유용할 수 있습니다. 하지만 이 옵션은 이미지에 줌인이나 패닝 애니메이션을 할 때 이미 다운 스케일링한 이미지를 사용하기 때문에 제한적입니다. 따라서 이 옵션은 잘 사용하지 않습니다.

10 [Edit] → Preferences → Media를 실행합니다.

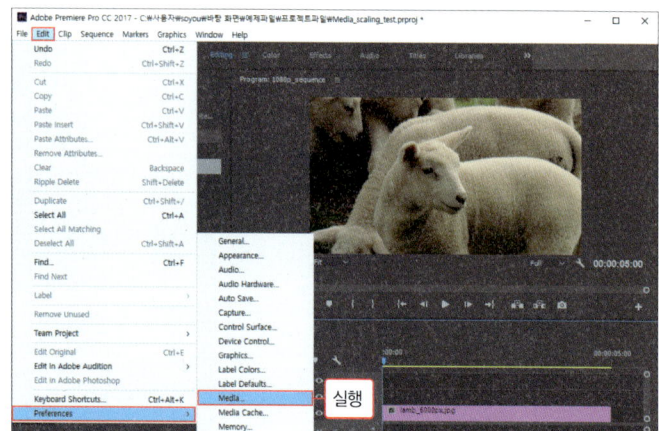

11 Default Media Scaling 옵션 중에서 'Set to frame size'를 선택하고 〈OK〉 버튼을 클릭합니다.

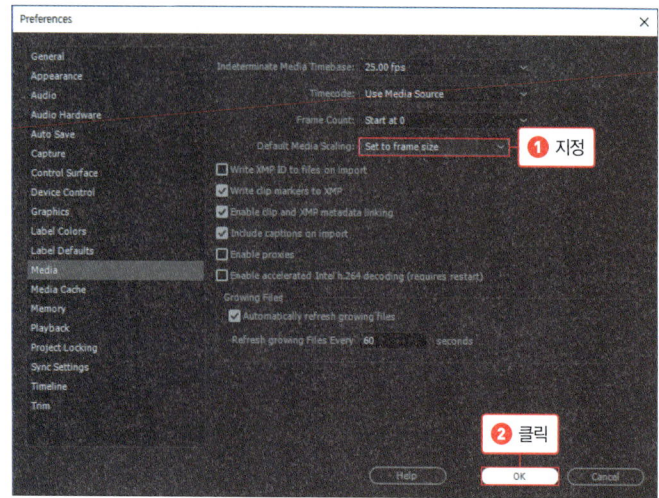

12 Ctrl + I 키를 눌러 같은 파일을 다시 한 번 가져오기 합니다.

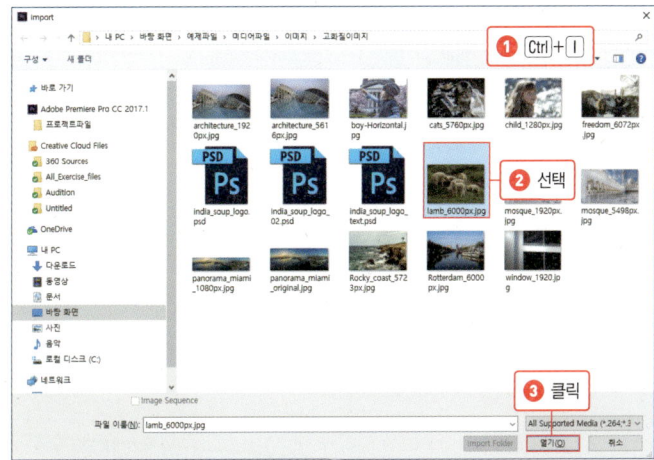

13 가져온 파일을 시퀀스 위에 올려놓습니다. 이번에도 마찬가지로 시퀀스 창에 맞게 이미지가 자동 조절되어 들어옵니다.

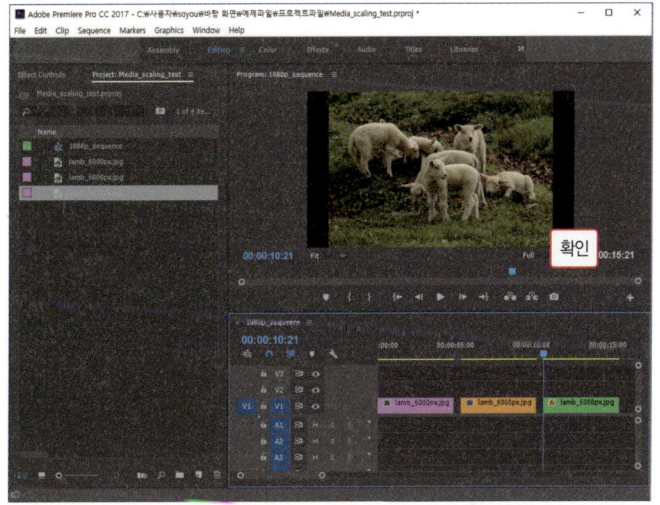

14 Effect Controls 패널을 활성화하고, 방금 불러들인 이미지를 선택합니다. Scale을 살펴보면 27%로 조절되어 있는 것을 확인할 수 있습니다. 즉, 프리미어 프로가 시퀀스 세팅에 맞게 이미지를 가져오기를 하지만 이번에는 Scale 속성을 조절하여 가져온 것을 확인할 수 있습니다. 이렇게 불러들여진 이미지는 줌인이나 패닝 애니메이션을 해도 원본 품질을 유지할 수 있습니다.

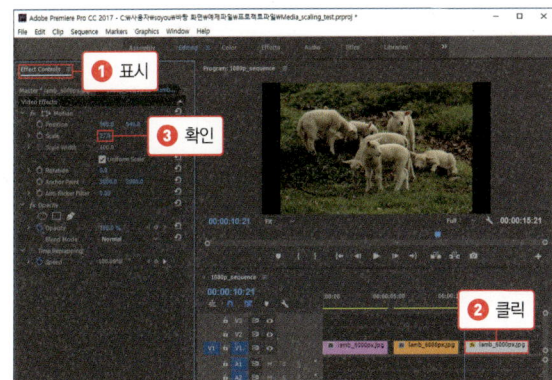

Chapter4 미디어 크기 사전 설정 옵션 사용하기 521

CHAPTER 05
Premiere Pro CC

타임라인을 효율적으로 관리하기

1 Smooth Scroll 사용하기

인터넷 브라우저를 사용하여 긴 페이지를 읽어 내려가다 보면 오른쪽에 슬라이더가 자동으로 만들어지고, 마우스 가운데 휠을 이용하여 페이지를 스크롤하게 됩니다. 이와 비슷하게 프리미어 프로에서도 타임라인에서 시퀀스를 재생할 때 시퀀스의 길이가 길면 플레이헤드가 시퀀스를 훑고 지나가면서 화면이 밀리게 됩니다. 프리미어 프로는 타임라인에서 오토 스크롤 기능을 사용하는 것에 대하여 세 가지 옵션을 제공하고 있으며, 편의에 따라 스크롤 기능을 바꿔 사용할 수 있습니다. 타임라인의 자동 스크롤 기능의 기본 값은 'Page Scroll'로 설정되어 있습니다. 이것은 시퀀스를 재생할 때, 플레이헤드가 타임라인 위를 훑고 지나갈 때 시퀀스가 제자리에 머물러 있다가 플레이헤드가 타임라인의 끝 지점에 도달할 때쯤 시퀀스를 밀어 주는 방식입니다. 마치 문서 작업을 할 때 한 페이지씩 보이는 것과 같은 효과라고 할 수 있습니다.

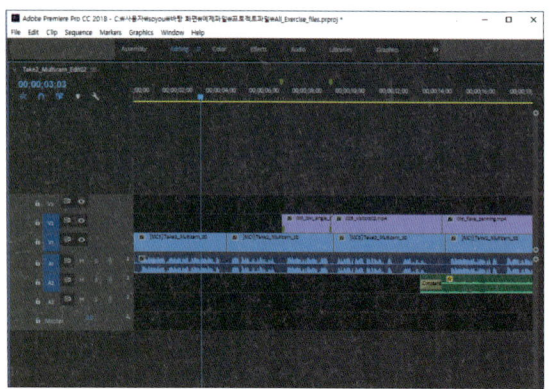
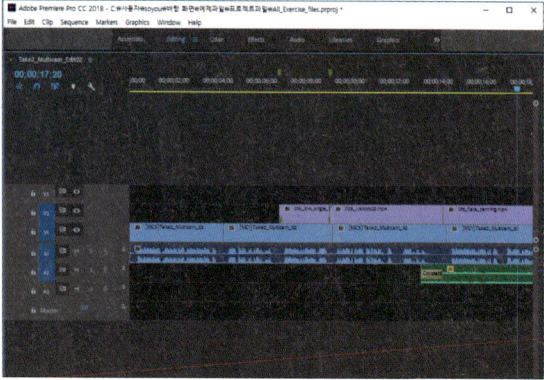
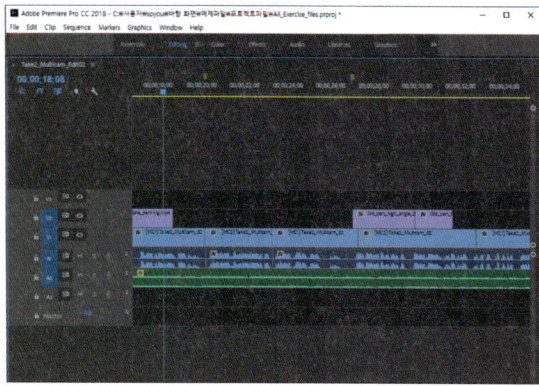

01 타임라인의 자동 스크롤 기능은 [Edit] → **Preferences** → **Timeline**에서 수정할 수 있습니다.
Timeline Playback Auto-Scrolling을 'Smooth Scroll'로 지정하고 〈OK〉 버튼을 클릭합니다.

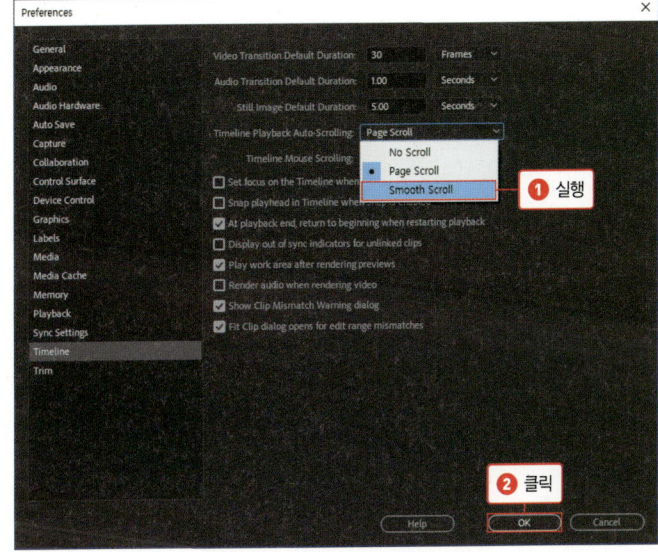

02 타임라인에서 시퀀스를 재생할 때 플레이헤드가 이동하는 것에 맞춰 화면도 함께 스크롤되는 것을 확인할 수 있습니다.

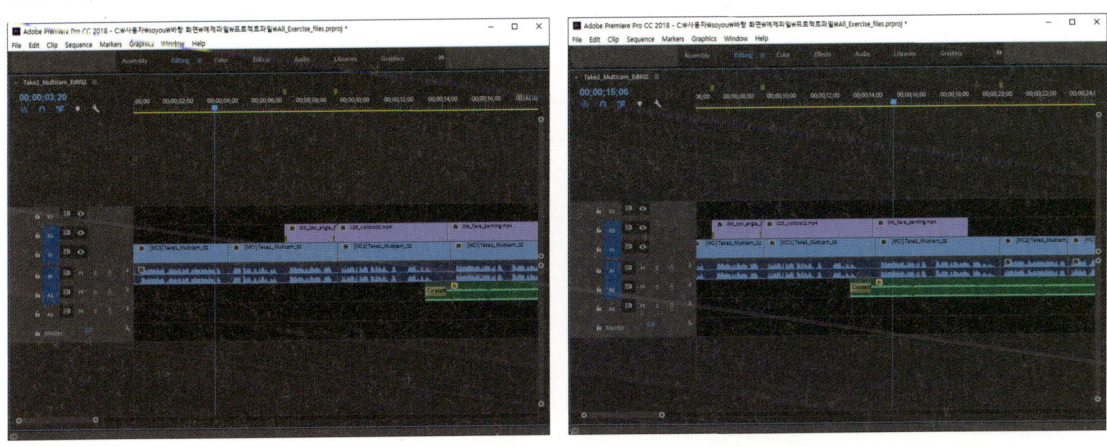

'No Scroll'은 말그대로 타임라인에서 스크롤 기능을 사용하지 않는 것입니다. 즉, 타임라인에서 시퀀스를 재생할 때, 플레이헤드가 이동하여 화면을 벗어나도 화면이 스크롤되지 않습니다.

2 Project 패널의 라벨 컬러를 타임라인에 적용하기

Project 패널에서 수정한 라벨 컬러를 프로젝트 파일 안에 있는 모든 시퀀스에 한꺼번에 동기화할 수 있습니다. 이 기능은 작업 도중에 Project 패널을 새롭게 정리하고 파일을 분류할 때 변경되는 라벨 컬러를 시퀀스마다 일일이 재정의할 필요가 없어 유용합니다.

Project 패널에서 라벨 컬러가 수정되기 전과 후의 모습입니다.

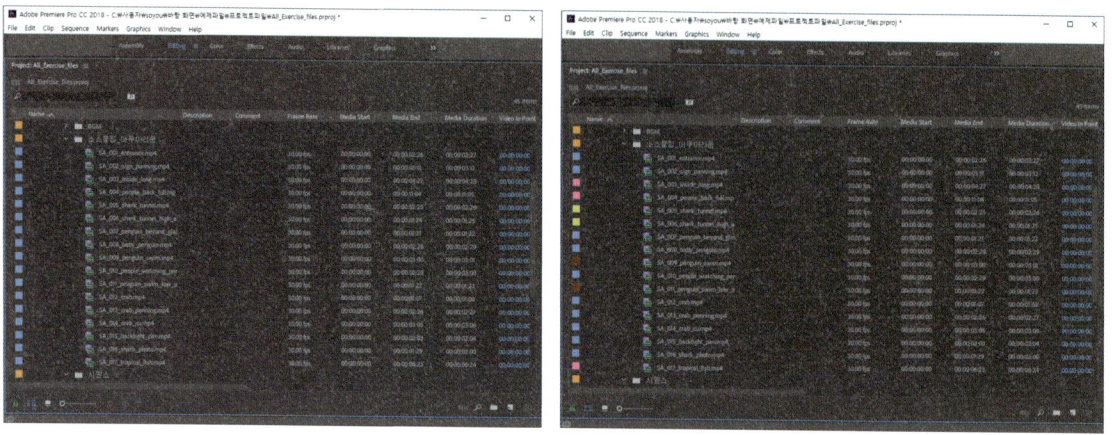

시퀀스를 살펴보면 라벨 컬러가 수정되기 전의 라벨이 적용되어 있는 것을 알 수 있습니다.

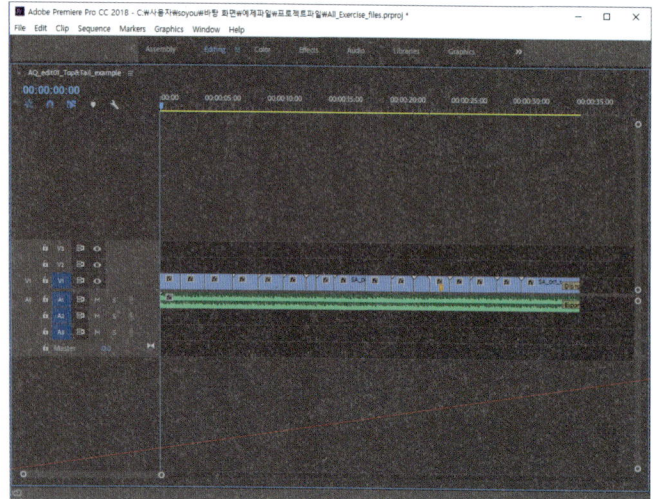

01 라벨을 동기화하는 것은 **[File]** → **Project Settings** → **General**에서 합니다. 'Display the project item name and label color for all instance'에 체크 표시하고 〈OK〉 버튼을 클릭합니다.

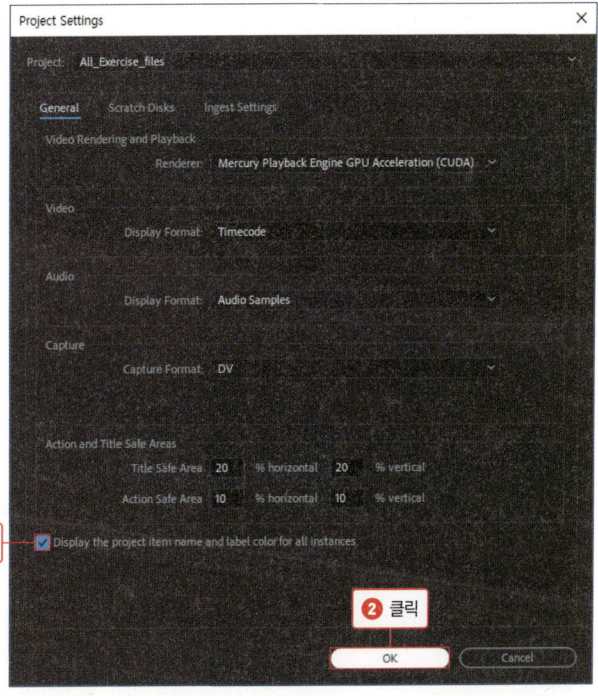

02 Project 패널에서 변경한 라벨 컬러가 이미 작업된 모든 시퀀스에 한번에 동기화된 것을 확인할 수 있습니다.

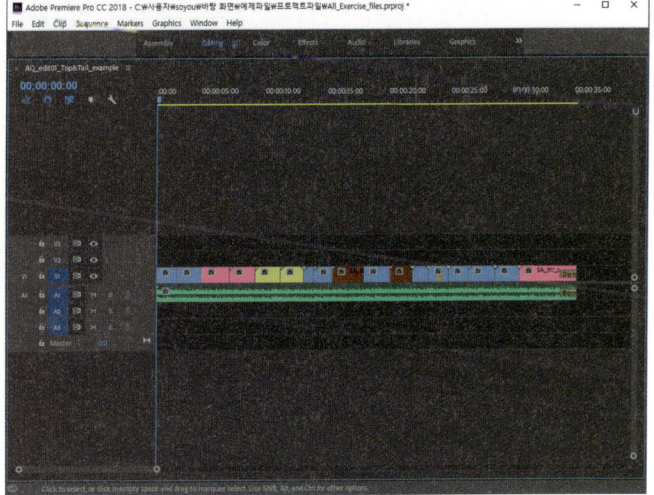

CHAPTER 06
Premiere Pro CC

라벨로 미디어 파일 관리하기

1 여덟 개의 새로운 라벨 컬러 사용하기

라벨은 미디어 파일 관리하는 데 있어 매우 유용합니다. 미디어 파일의 종류별, 쓰임새별 등 사용자의 임의대로 다양한 분류로 나눌 때 라벨을 사용합니다. 그러나 과거 여덟 개의 라벨 컬러는 부족한 감이 있었습니다. 프리미어 프로 CC 2018로 업데이트되면서 라벨 컬러가 여덟 개에서 열여섯 개로 늘어났습니다.

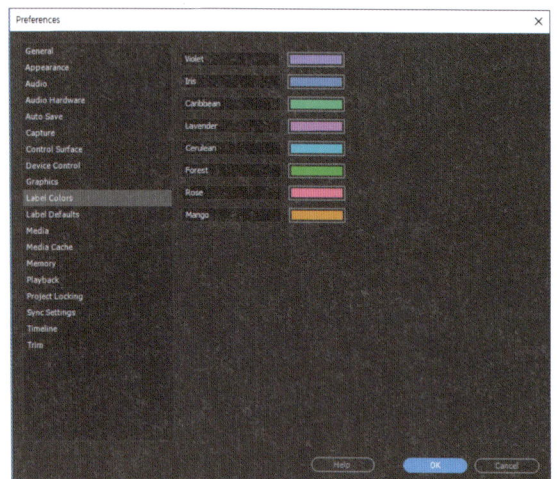
▲ 프리미어 프로 CC 2017 이전

▲ 프리미어 프로 CC 2018

이렇게 늘어난 라벨로 파일 분류뿐 아니라 타임라인에서 수정이 필요하거나 교체가 필요한 파일 등의 표시로도 사용 가능합니다. 타임라인 위에 컬러 코딩된 클립들은 내비게이션 역할을 할 수 있기 때문에 작업을 빠르게 진행할 수 있습니다.

2 라벨 컬러와 이름 변경하기

사용자의 임의대로 라벨 컬러와 이름을 수정할 수 있습니다. Color Picker를 이용하여 다양한 색을 선택할 수 있고, 라벨의 이름을 새로 지정할 수 있습니다.

01 [Edit] → Preferences → Labels 를 실행합니다.

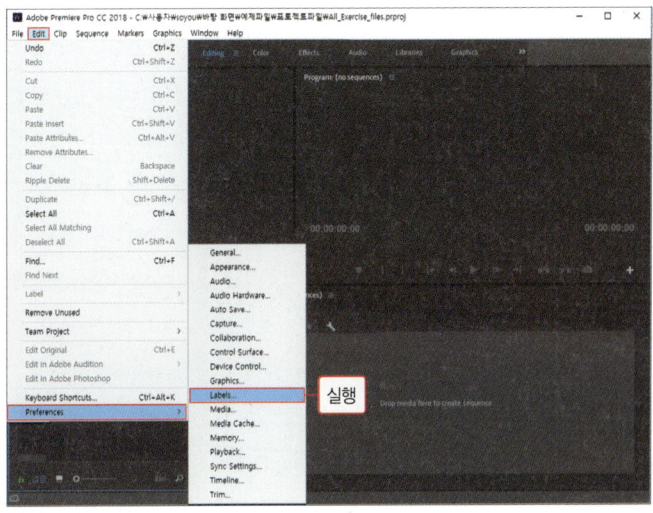

02 라벨 컬러를 바꾸는 것은 간단합니다. 컬러 견본 박스를 마우스로 클릭하고 Color Picker로 원하는 색을 추출합니다.

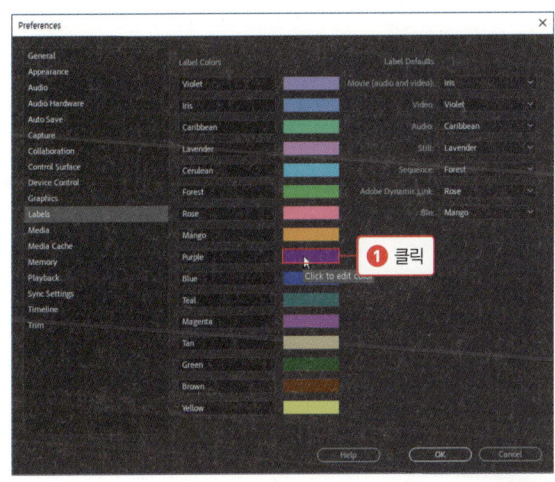
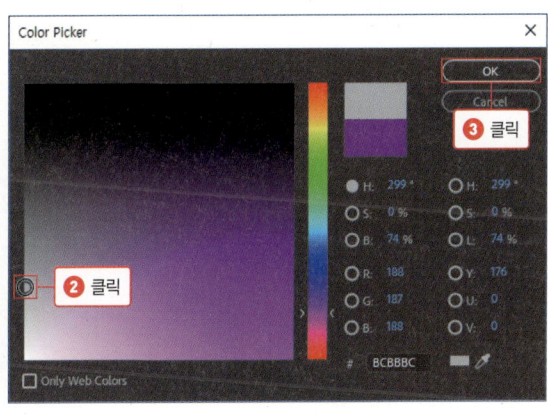

03 라벨 이름을 바꿔 라벨의 용도를 구분해 놓는 것도 좋습니다. 색의 이름을 마우스로 클릭하면 입력란이 활성화되고 새로운 이름을 지정할 수 있습니다.

3 라벨 기본 값 설정하기 (Label Defaults)

라벨을 커스터마이징할 수 있는 팝업창을 살펴보면 'Label Defaults'라는 섹션을 찾을 수 있습니다. 여기서 사용자의 임의대로 라벨 기본 값 설정을 바꿀 수 있습니다. Movie, Video, Audio, Sequence, Adobe Dynamic Link, Bin의 경우는 프리미어 프로가 지정해 놓은 라벨 컬러 자체 색상을 바꾸지 않는 한 라벨 컬러를 드롭다운 메뉴로 선택해도 바뀌지 않습니다. 다른 미디어 요소들보다 중요도가 높아 작업에 혼동을 주기 쉽기 때문에 기본 값을 바꾸는 것도 사용자가 의도하지 않은 한 쉽게 바뀌지 않도록 하고 있습니다. 하지만 새로운 미디어 파일을 Import하면 새롭게 지정한 라벨로 컬러가 변경됩니다. 반면 Still과 Adobe Dynamic Link의 경우는 라벨 컬러를 드롭다운 메뉴로 선택해도 쉽게 바뀔 수 있도록 하고 있습니다. 라벨 기본 값은 언제든지 커스터마이징 가능하지만, 'Reset' 기능 또는 되돌아가기 (Ctrl + Z) 기능은 없기 때문에 유의합니다.

01 [Edit] → Preferences → Labels 를 실행합니다.

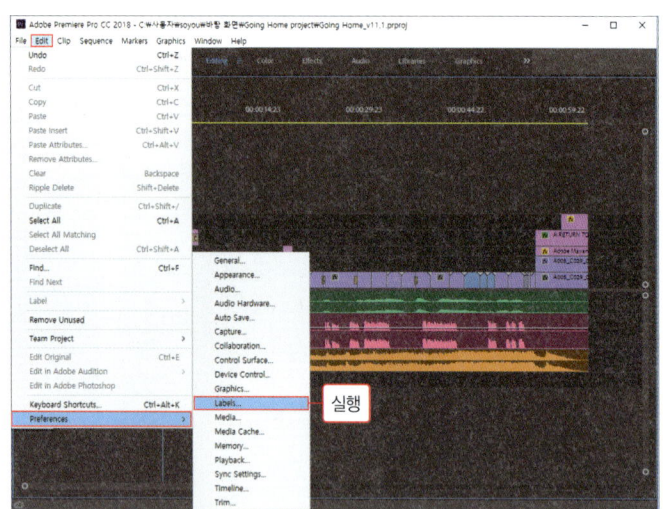

02 대화상자 오른쪽 줄을 살펴보면 'Label Defaults'라는 섹션을 찾을 수 있습니다. Movie을 'Yellow'로 변경합니다. 위에서 설명한 대로 'Movie'는 중요도가 높은 요소이기 때문에 라벨 컬러가 수정되지 않을 것입니다. 하지만 새로운 Movie 파일을 불러들였을 때 라벨 컬러가 어떻게 변하는지 주목합니다.

03 Video의 라벨 기본 값을 변경해 봅니다. Video의 라벨이 'Violet'으로 되어 있습니다. 'Violet'의 색 견본 박스를 클릭하고 색을 직접 변경합니다. 라벨 이름을 'Violet'애서 'Video'로 변경합니다.

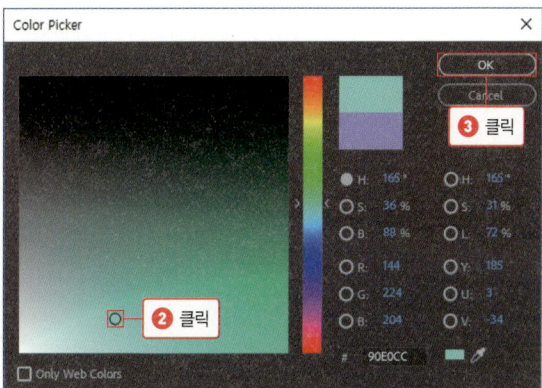

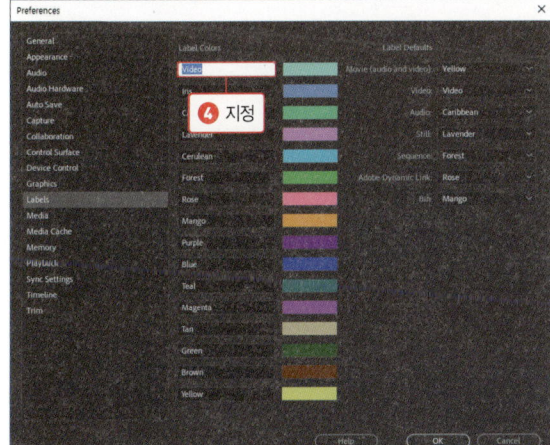

> **TIP**
> 라벨 이름을 변경해 두면 타임라인이나 Project 패널에서 라벨로 파일들을 분류할 때 직관적인 이름 때문에 매우 쉽게 컬러 코딩이 가능해집니다.

04 Still의 라벨 기본 값도 변경해 봅니다. 'Tan'으로 지정합니다.

Chapter6 라벨로 미디어 파일 관리하기 **529**

05 마지막으로 Audio의 라벨 기본 값은 'Caribbean'의 색 견본 박스를 클릭하여 컬러를 수정하고, 'Audio'라고 라벨 이름을 변경합니다.

 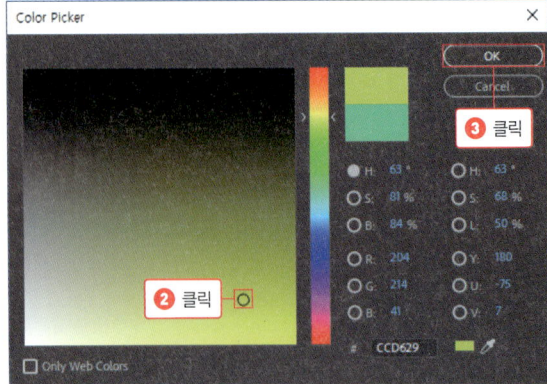

06 커스터마이징을 마치고 〈OK〉 버튼을 클릭하여 창을 닫습니다.

07 타임라인 상의 라벨이 자동으로 업데이트됩니다. Project 패널의 파일들의 라벨도 함께 업데이트되었습니다.

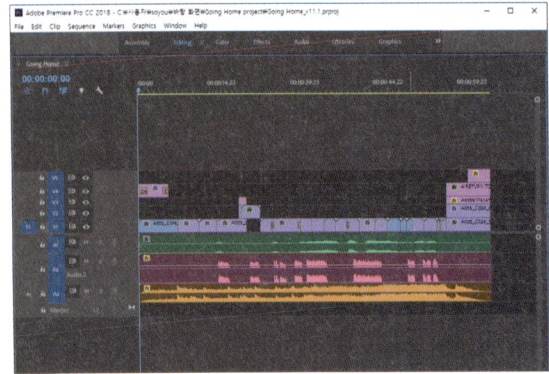 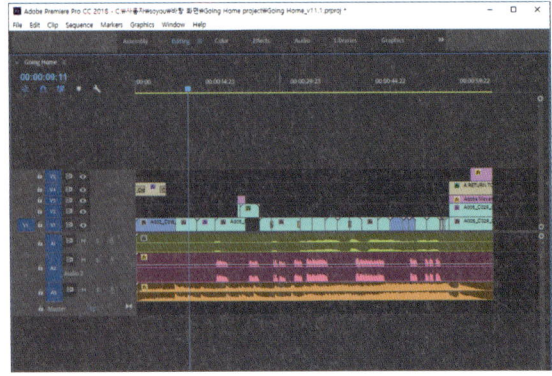

▲ 라벨 기본 값 변경 전   ▲ 라벨 기본 값 변경 후

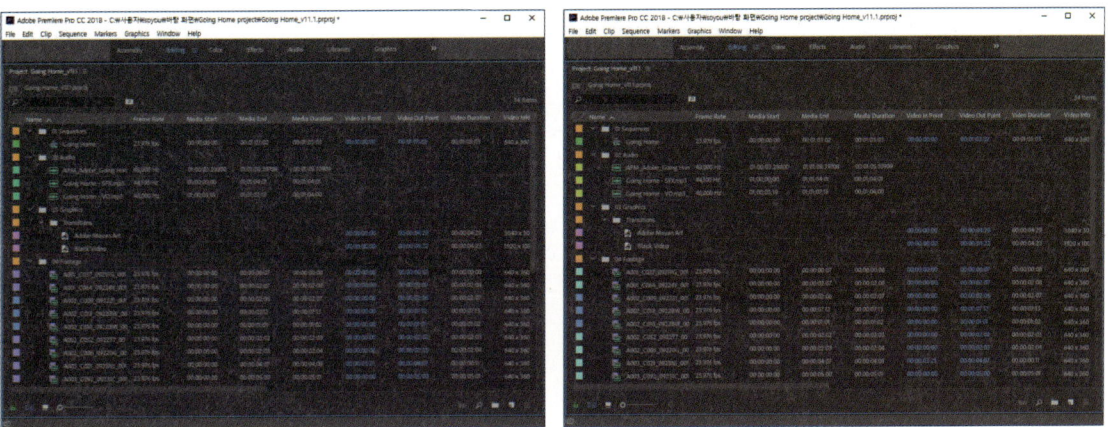

08 Movie 파일의 경우 드롭다운 메뉴로 라벨 컬러를 변경했기 때문에 기존의 라벨 컬러가 유지되어 있고, 수정 값이 적용되지 않았습니다. (오디오와 비디오가 함께 있는) 새 동영상 파일을 Project 패널로 불러들입니다.

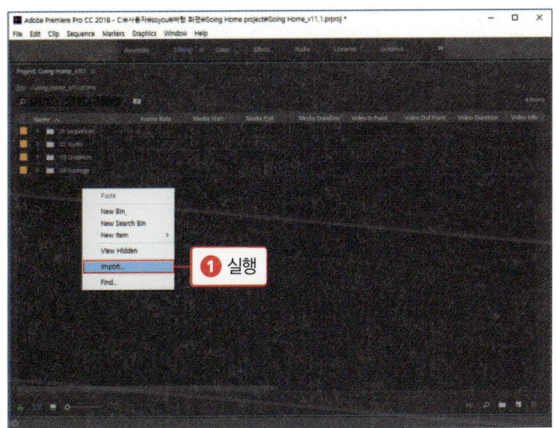 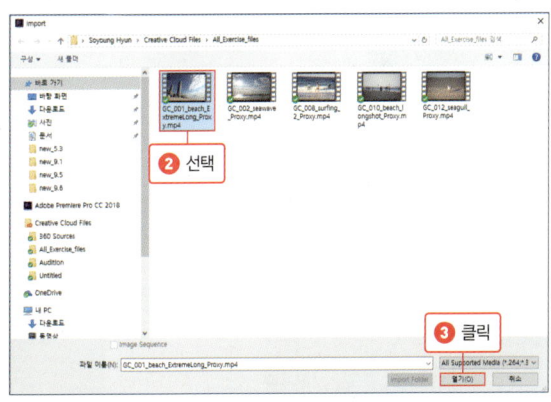

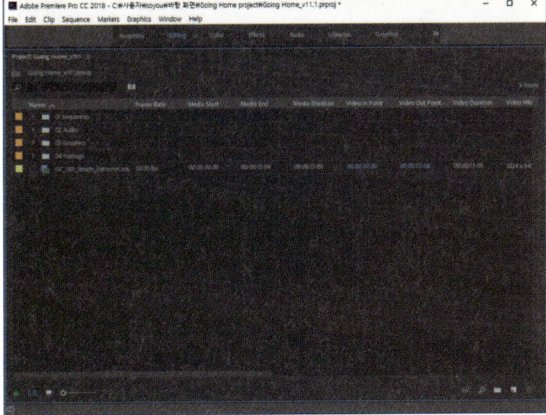 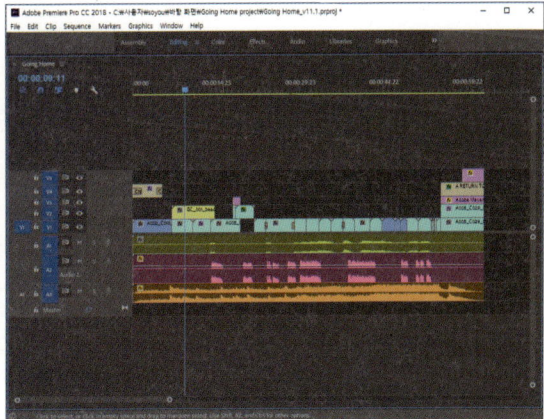

Chapter6 라벨로 미디어 파일 관리하기 **531**

4 라벨 그룹으로 미디어 파일 관리하기

라벨로 분류되어 있는 미디어 파일들을 라벨 그룹으로 만들어 파일 쉽고 빠르게 검색할 수 있습니다. Project 패널에서 라벨 컬러를 마우스 오른쪽 버튼을 클릭하고 Labels → Label Group을 클릭하면 같은 컬러로 라벨링된 모든 파일을 검색할 수 있습니다.

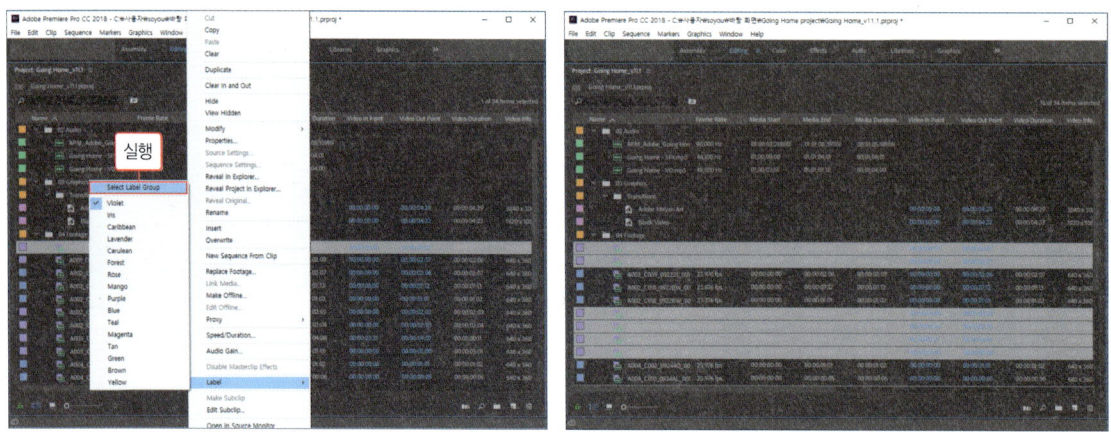

타임라인에서도 마찬가지입니다. 소스 파일 하나를 마우스 오른쪽 클릭하고 Labels → Label Group을 클릭하면 타임라인의 같은 컬러로 라벨링된 모든 파일을 검색할 수 있습니다.

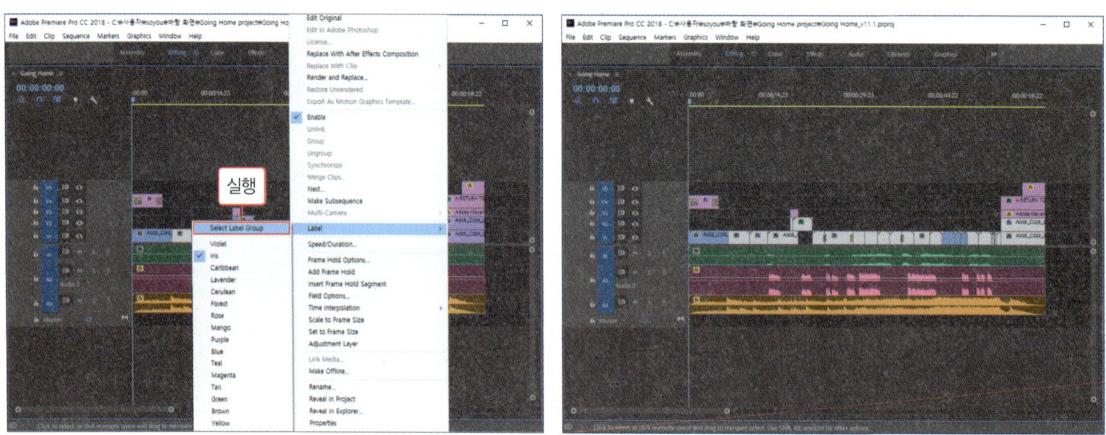

CHAPTER 07
Premiere Pro CC

모션 그래픽 템플릿 만들기

로고 애니메이션, Background Loop 영상 또는 Lower Third Titler 같이 애프터이펙트에서 작업한 프로젝트 파일을 모션 그래픽 템플릿으로 만들어 프리미어 프로에서 활용하는 방법에 대해 알아봅니다. 이 기능은 애프터이펙트 기초를 다룰 수 있는 사용자와 애프터이펙트 프로젝트를 제작한 경험이 있는 사용자에게 적합합니다.

| 예제 파일 | 예제파일\프로젝트파일\After_effects_file\Lower_third_따라하기.aep

01 애프터이펙트에서 예제 파일을 엽니다.

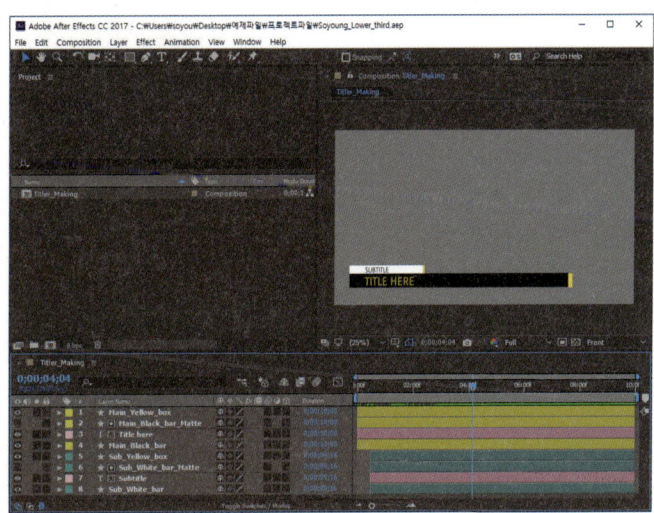

02 [Window] → Essential Graphics 를 실행합니다.

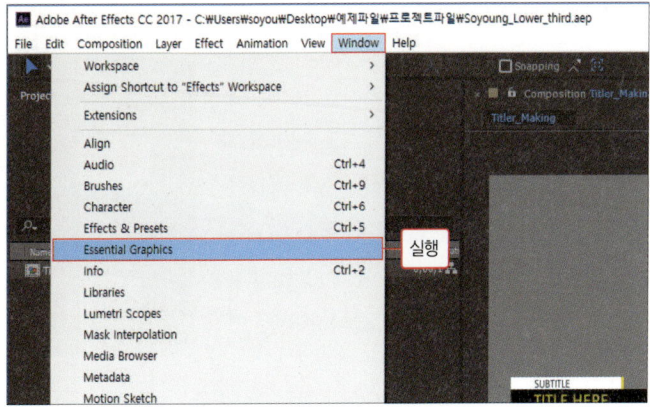

03 Essential Graphics 패널이 활성화됩니다. Master를 열고 템플릿으로 만들려는 컴포지션으로 지정합니다.

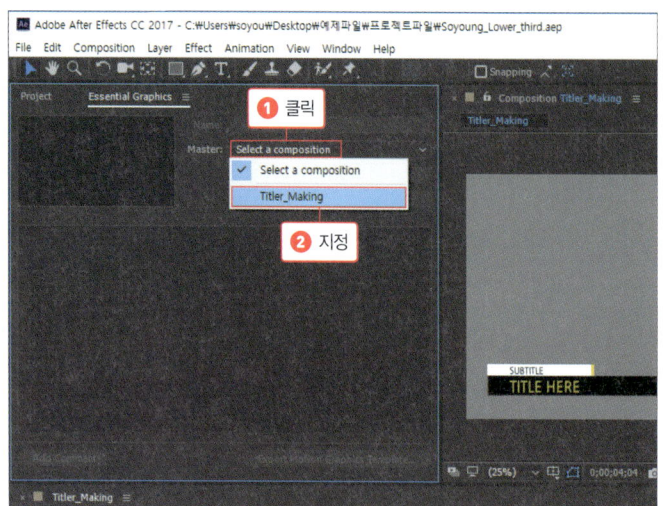

04 〈Set Poster Frame〉 버튼을 클릭하여 템플릿의 섬네일 이미지를 만듭니다.

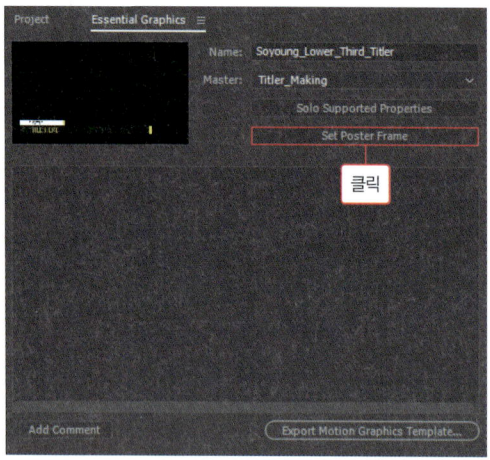

05 Essential Graphics 패널에서 빈 공간은 프리미어 프로에서 사용하게 될 템플릿의 변경 속성을 저장하는 팔레트라고 할 수 있습니다. 이 공간에 텍스트, 컬러 등의 속성을 드래그하여 채워 넣습니다. 우선, 텍스트를 변경할 수 있는 필드를 추가하겠습니다. 컴포지션에서 핑크색 라벨이 텍스트 레이어입니다. 메인 타이틀 레이어 가장 왼쪽 삼각형을 클릭하여 드롭다운 옵션을 엽니다. Text와 Effects, Transform 세 가지 속성이 보입니다. Text 속성의 왼쪽 삼각형을 클릭하여 한 번 더 드롭다운 옵션을 엽니다.

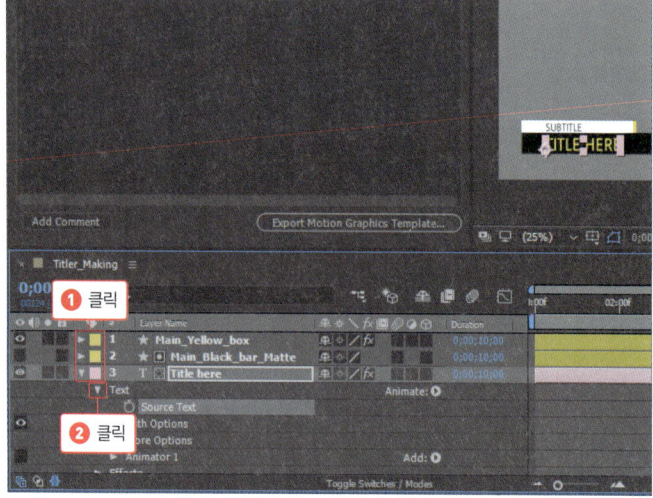

06 텍스트를 변경하는 속성으로 Source Text를 사용합니다. Source Text를 마우스로 클릭, 드래그하여 Essential Graphics 패널에 올려 놓습니다.

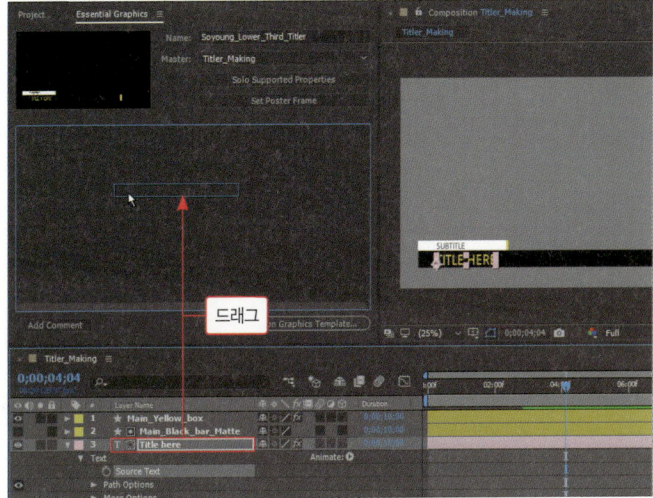

07 Essential Graphics 패널에서 Source Text를 'Main Title Field'로 수정합니다.

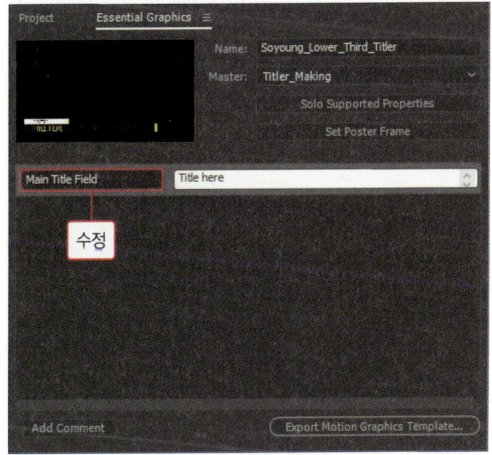

08 서브 타이틀 레이어 역시 마찬가지 방법으로 Essential Graphics 패널에 추가합니다.

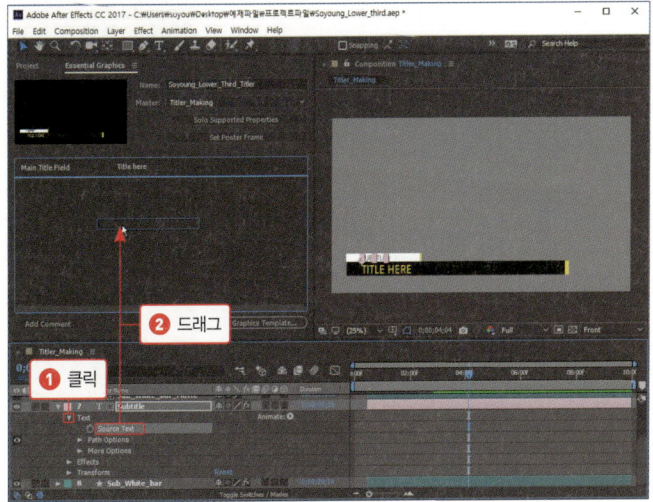

Chapter7 모션 그래픽 템플릿 만들기 535

09 Source Text를 'Subtitle Field'로 수정합니다.

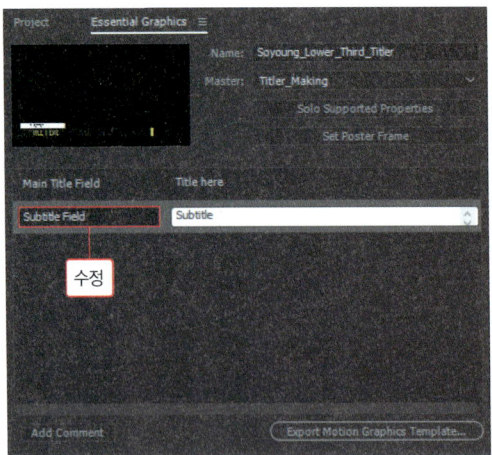

10 〈Add Comment〉 버튼을 클릭하면 Essential Graphics 패널에 빈 칸을 삽입하거나 카테고리를 만들어 넣을 수 있습니다. 〈Add Comment〉 버튼을 한 번 클릭하여 아무 것도 입력하지 않고 빈칸을 만듭니다.

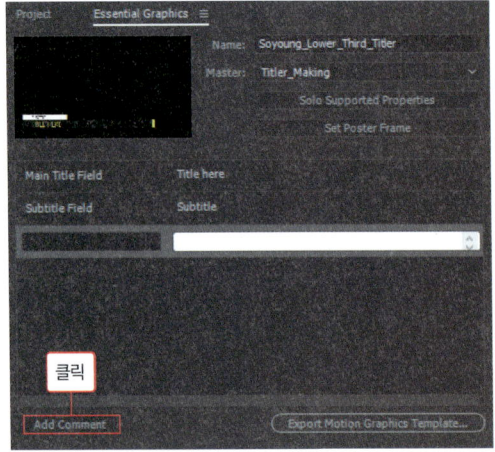

11 〈Add Comment〉 버튼을 다시 한 번 버튼을 눌러 'Styling'을 입력합니다.

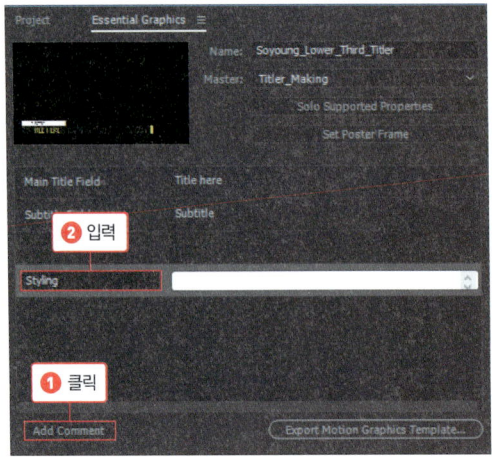

12 각 그래픽 요소들의 컬러를 변경할 수 있는 속성을 추가합니다. 메인 타이틀 레이어부터 컬러 속성을 추가하고 이름을 바꿉니다.

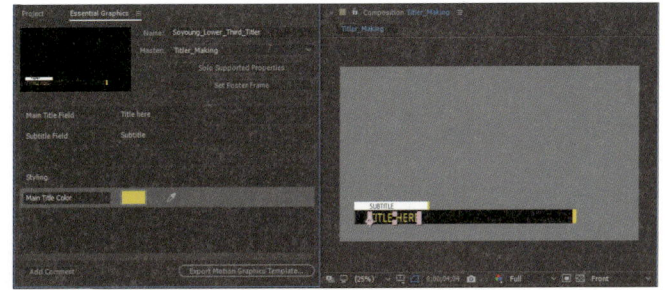

13 빈 칸을 추가한다든지 원하는 만큼 카테고리를 늘립니다.

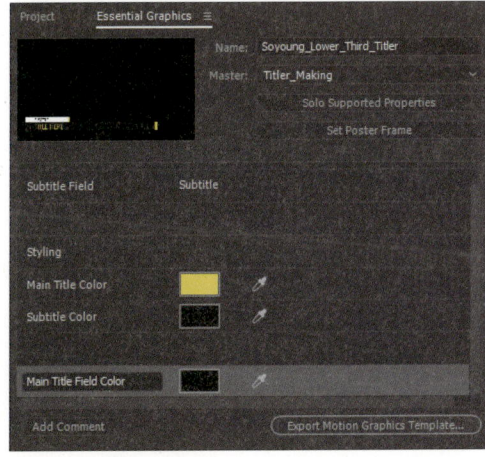

14 드래그해서 속성을 추가하다가 순서가 섞이면, 속성을 클릭하고 드래그하여 순서를 바꿀 수 있습니다.

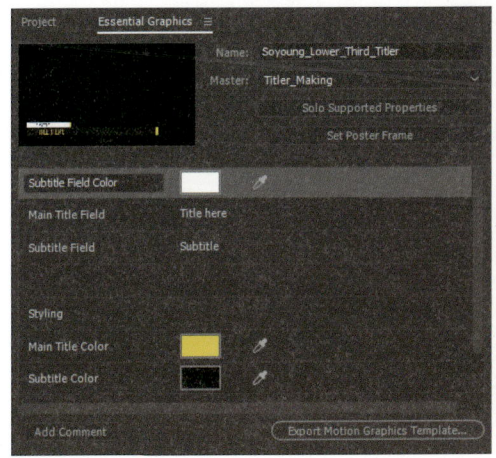 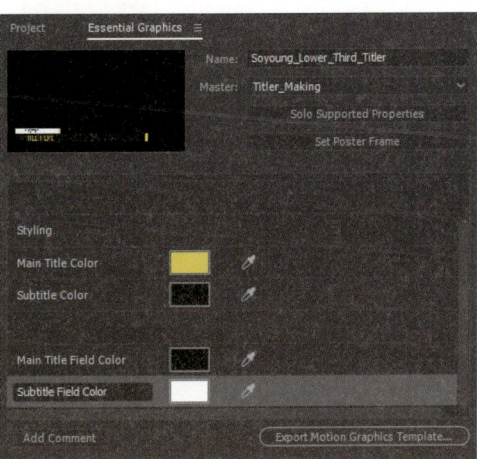

15 만약 추가한 속성이 무엇인지 헷갈린다면, 그 속성을 마우스 오른쪽 버튼으로 클릭하고 **Reveal in Timeline**을 실행하면 컴포지션에서 속성 옵션이 열립니다. 변경을 원하지 않는 속성이 있다면 마우스로 클릭하여 선택하고 Delete 키를 눌러 지울 수 있습니다.

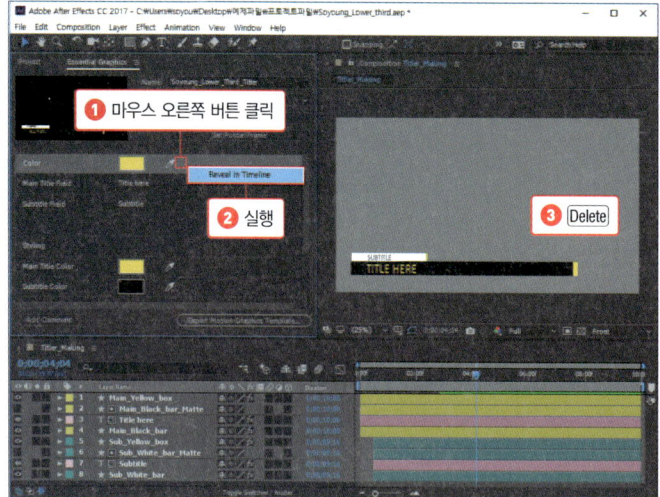

16 속성 추가가 끝나면 Ctrl+S 키를 눌러 프로젝트 파일을 저장을 합니다. 〈Export Motion Graphics Template〉 버튼을 클릭합니다.

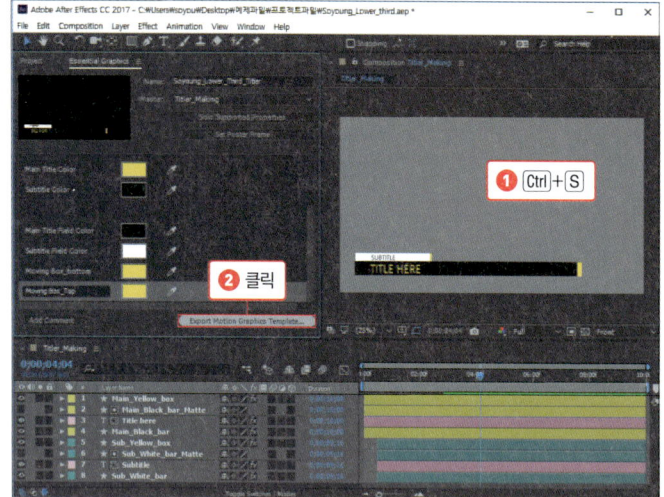

17 저장 경로를 지정하는 팝업창이 열립니다. 'Essential Graphics'를 선택하고 〈OK〉 버튼을 클릭합니다.

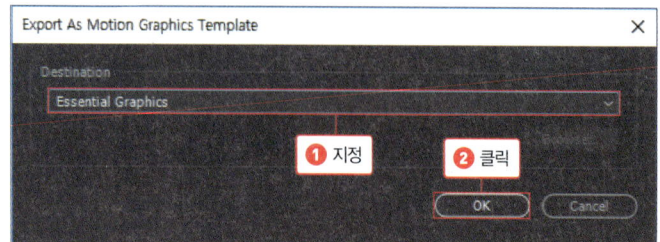

18 프리미어 프로를 엽니다.
Essential Graphics 패널을 활성화하고, Browse 탭을 열면 애프터이펙트로 저장한 'Soyoung_Lower_Third_Titler'를 쉽게 찾을 수 있습니다.

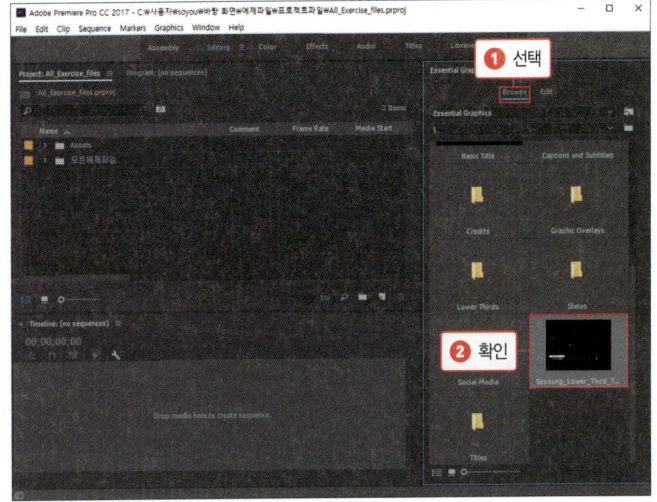

19 새 시퀀스를 만들고, 이 템플릿을 올려 봅니다.

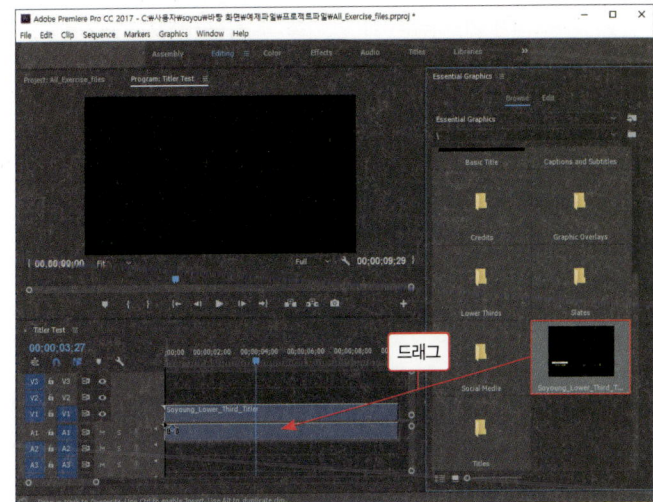

20 애프터이펙트에서 추가한 속성이 프리미어 프로의 Essential Graphics 패널에서 똑같이 보이는 것을 확인할 수 있습니다.

Chapter7 모션 그래픽 템플릿 만들기 **539**

CHAPTER 08
Premiere Pro CC

트랙 높이 조절하기

---

1 타임라인 트랙 이해하기

1 | 트랙 높이 조절하기

Premiere Pro CC 2018로 업데이트되면서 타임라인의 트랙 높이를 조절하는 기능이 한층 정교해졌습니다. 이전 버전에서는 트랙 타이틀 위치에 (V1, V2······ 마우스 커서를 올려 놓고, 마우스 가운데 휠을 돌려 트랙의 높이를 조절했습니다. 하지만 Premiere Pro CC 2018 버전부터는 키보드의 수식 키를 누르고 마우스 조작을 통해 트랙의 높이를 보다 정교하게 조절할 수 있게 되었습니다.

① **트랙 높이 한꺼번에 조절하기** : Shift를 누른 상태에서 트랙(V1, V2······에 마우스 커서를 올리고, 마우스 가운데 휠을 위 아래로 돌리면 모든 비디오 트랙 또는 모든 오디오 트랙의 높이를 한꺼번에 조절할 수 있습니다. 좀 더 정교한 높이 조절을 원한다면, Shift + Ctrl 을 누른 상태에서 마우스 휠을 조절합니다. Shift를 눌렀을 때보다 작은 단위로 높이가 조절되는 것을 확인할 수 있습니다.

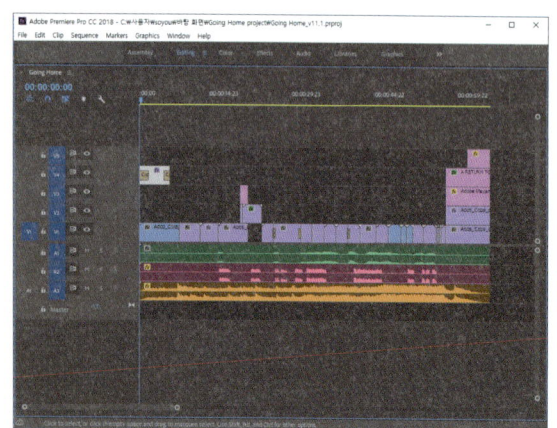 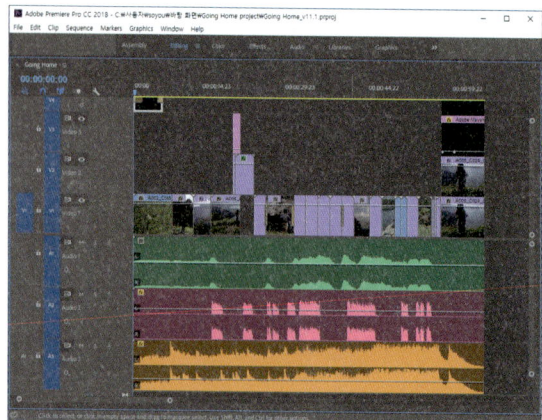

② **트랙 높이 하나씩 조절하기** : 원하는 트랙만 단독으로 높이를 조절하고 싶다면, Alt 를 누르고 마우스 가운데 휠로 조작합니다. 마찬가지로, Ctrl + Alt 를 누른 상태에서 마우스 휠을 조절하면 좀 더 정교한 높이 조절이 가능합니다.

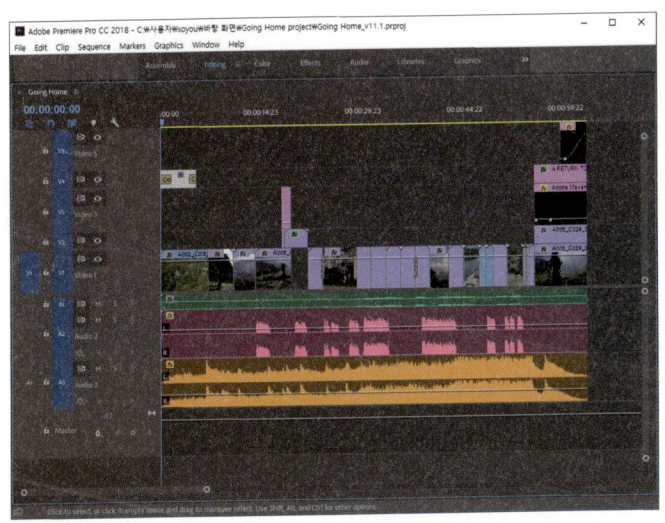

③ **트랙 살펴보기** : 다른 트랙들이 보이지 않을 정도로 트랙의 높이가 확장되거나 트랙이 많이 쌓여 있어서 타임라인 위에서 한번에 보여지지 않을 때, Ctrl 을 누르고 마우스 가운데 휠을 돌리는 동작은 상하로 쌓인 트랙을 이동하는 기능을 수행합니다.

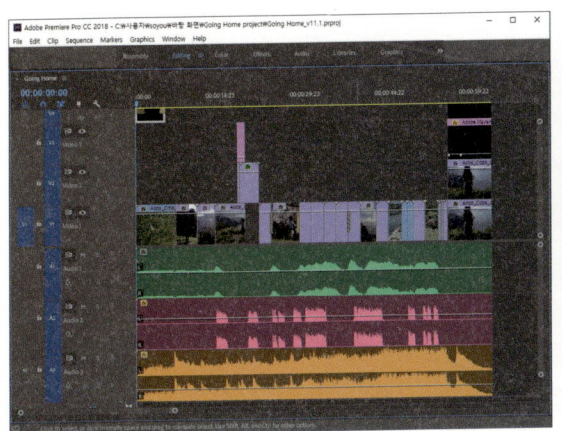 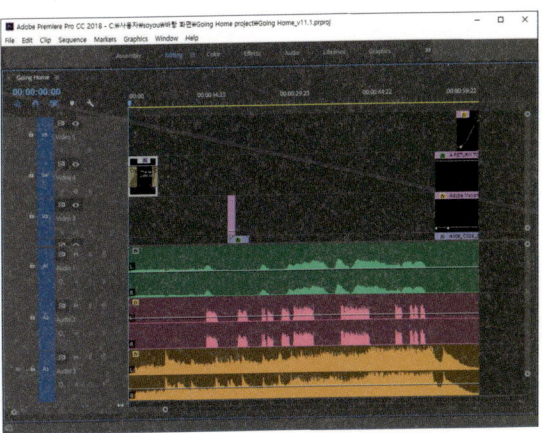

PART 10

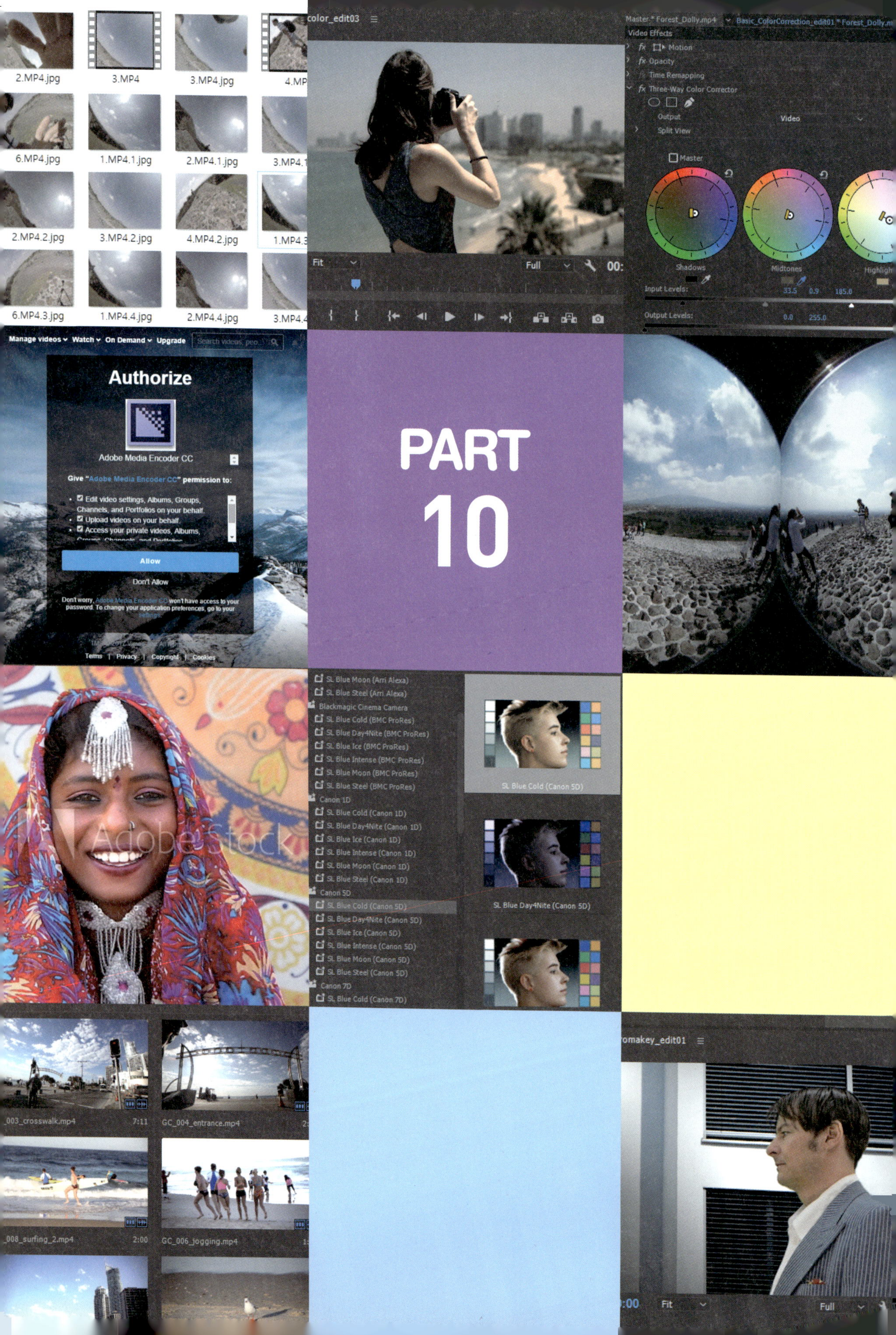

2.MP4.jpg
3.MP4
3.MP4.jpg
6.MP4.jpg
1.MP4.1.jpg
2.MP4.1.jpg
2.MP4.2.jpg
3.MP4.2.jpg
4.MP4.2.jpg
6.MP4.3.jpg
1.MP4.4.jpg
2.MP4.4.jpg
color_edit03
Fit
Full
Video Effects
Motion
Opacity
Time Remapping
Three-Way Color Corrector
Output
Video
Split View
Master
Shadows
Midtones
Input Levels:
Output Levels:
Manage videos
Watch
On Demand
Upgrade
Authorize
Adobe Media Encoder CC
Allow
Don't Allow
Adobe Stock
SL Blue Cold (Canon 5D)
SL Blue Day4Nite (Canon 5D)
Blackmagic Cinema Camera
Canon 1D
Canon 5D
Canon 7D
_003_crosswalk.mp4
GC_004_entrance.mp4
_008_surfing_2.mp4
GC_006_jogging.mp4

VR 영상 제작과 실무

나날이 새로운 VR 영상 촬영 장비들의 출시와 함께 VR 영상을 편집하는 도구들도 빠르게 발전하고 있습니다. 프리미어 프로는 VR 영상을 간편하게 다룰 수 있는 좋은 도구가 되어가고 있습니다. Part 10에서는 360도 비디오 촬영에 필요한 카메라 구성과 기기별 설정에 대하여 알아보고, 스티칭(Stitching)과 같은 VR 영상 편집 기술과 VR 영상 전용 효과, 전환 효과 적용에 대하여 알아봅니다. 이와 더불어 편집한 VR 영상을 출력하고 VR 기기나 일반 영상 플레이어를 이용하여 감상하는 방법과 그 활용에 대하여 알아봅니다.

CHAPTER 01
Premiere Pro CC

VR 영상 알아보기

1 VR의 시작

TV가 대중화되던 1950년대의 영화는 1.33:1(약 4:3) 화면의 가로 세로 종횡비를 깨고 본격적으로 시네라마(Cinerama), 시네마스코프(Cinema Scope) 등으로 불리는 다양한 와이드 비율의 화면이 등장했습니다. 그이전까지 영화는 대부분 TV와 거의 같은 1.33:1 비율이었습니다. TV의 보급은 영화계를 각성시킨 중요한 사건이었습니다. 위기감을 느낀 영화계는 관객에게 TV와 차별화되는 시각적 체험을 줄수 있도록 새로운 시도들을 하게 되는데 그중 하나가 화면 비율의 변화였습니다. 좌우 화각이 약 210°나 되는 인간의 눈에는 4:3의 비율은 좁은 창문처럼 다소 답답한 면이 있었습니다. 1.6:1, 1.85:1, 2.39:1 등 좌우로 늘어난 화각은 그동안 가려졌던 영상의 시공간을 확장하고 새로운 이야기를 담을 수 있었고, 크고 넓어진 영상으로 관객이 몰입할 수 있는 환경을 만들었습니다.

▲ 1.33:1(4:3)

▲ 1.85:1

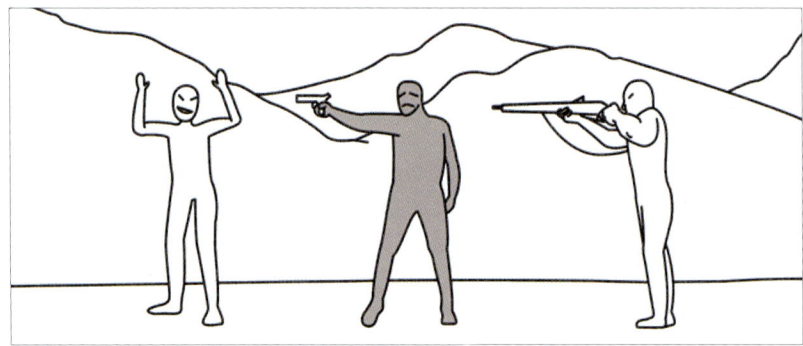

▲ 2.39:1

프랑스 영화평론가인 앙드레 바쟁(André Bazin)은 '영화 기술은 진짜처럼 보이기 위한 노력으로 발전해 왔고, 마치 실제처럼 구별을 못하는 상태의 상상을 완전 영화(Cinéma Total)'라고 정의하였습니다. 촬영 기술과 CG뿐만 아니라 입체로 영상을 볼 수 있었던 S3D(Stereoscopic 3D), 4K 이상의 초고화질 TV 등 꾸준히 발전한 영상의 기술은 마치 그곳에 있는 것 같은 착각을 느끼며 더욱 몰입할 수 있도록 발전해 왔습니다.

최근 영상 시장의 주류로 자리를 잡아가고 있는 4K UHD의 초고밀도 화질은 우리 눈의 해상력을 넘어, 하이퍼 리얼리티의 세상을 넘나들고 있습니다. 잘 만들어진 4K 영상을 보면, 있는 듯 없는 것 같은 UHD TV의 표면이 마치 옷장 속, 저 너머에 판타지 세상으로 들어가는 환상적인 입구처럼 우리에게 활짝 문을 열고 들어오라고 손짓하는 것 같습니다. 20대 초반의 팔머 러키(Palmer Luckey, 오큘러스 창립자)는 그 옷장 너머로 더 가까이 들어가려 했고, VR 시대를 활짝 열었습니다.

영상 미디어의 발전에서 VR의 출현을 몇 가지 상징적인 이야기들로 시작해 보았습니다. 보다 실감 나는 궁극의 시각적 체험을 원하는 마음은 영상을 사랑하는 우리 모두의 바람일 것입니다. VR은 영상을 보는 것이 단순히 화면을 주시하고 시청하던 행위에서 참여의 행위로, 영상 속 시공간으로 직접 들어가서 체험할 수 있는 가능성을 보여주었습니다. VR 영상 속에서 더 이상 화면 비율의 의미가 없어지고 최초로 시청자의 주변 환경이 중요해졌습니다. 영상 속의 주인공은 내 옆에 있을 수도, 내 뒤에 있을 수도 있습니다. 그리고 우리는 처음으로 뒤에 있는 주인공을 보거나 안 보거나, 마치 무서운 호러 영화의 장면에서 눈을 질끈 감았던 것처럼, 보고 싶은 방향을 선택할 수 있게 되었습니다. VR이 보여주는 새로운 영상의 시공간은 영화 '매트릭스'처럼 신경과 바로 접속하는 것 같은 영화적인 아이디어가 아닌 현실에서 구현된 새로운 시공간을 직접 눈으로 보며 실감의 극치를 경험할 수 있는 가장 최선의 방법일 것입니다.

VR의 시작은 SF 작가이자 발명가였던 휴고 건즈백(Hugo Gernsback)의 텔레비전 안경(Teleyeglasses)이라는 아이디어에서 출발하였습니다. 1936년에 떠올린 그의 아이디어에서 지금의 HMD(Head Mounted Display, 머리에 쓰는 디스플레이)의 모습이 담겨 있습니다.

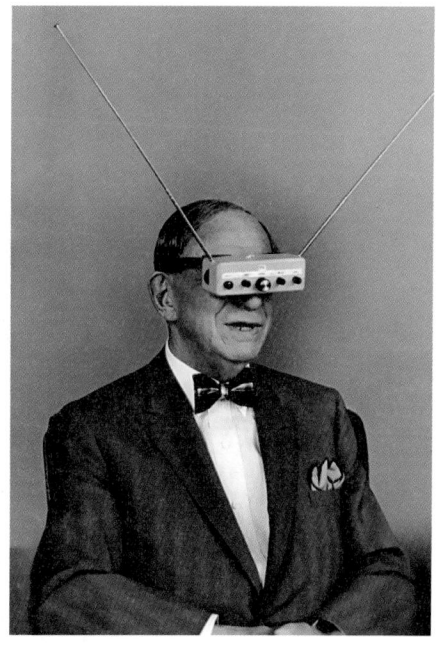

▲ 휴고 건즈백

1960년대 후반에는 이반 에드워드 서덜랜드(Ivan Edward Sutherland)에 의해 가상현실(VR; Virtual Reality)과 증강현실(AR; Augmented Reality), 그리고 HMD가 만들어지고, 1990년대에는 특수한 시뮬레이션 분야뿐만 아니라 개인용으로 3축 자이로스코프 센서에 위치 센서까지 탑재하고 상용화된 HMD가 나왔습니다. 아이디어들이 빠르게 구체화되었지만 텔레비전의 해상도가 SD 규격에 머물던 시기에 VR 기술이 너무 비싸고 제반 기술은 충분히 성숙된 상태가 아니었습니다.

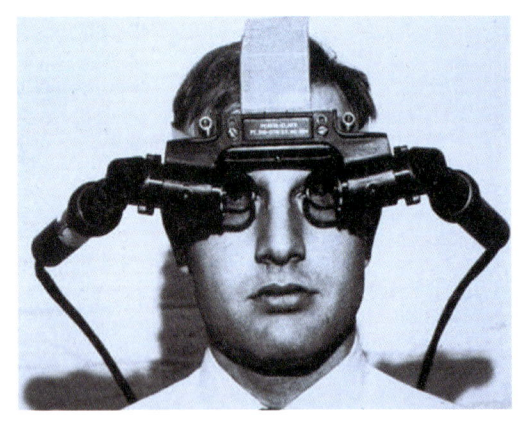

▲ 이반 에드워드 서덜랜드

잠잠하던 VR 시장이 불과 몇 년 사이에 새로운 영상 콘텐츠의 미래가 되었습니다. 스마트 미디어에 들어가는 각종 기술과 강력해진 개인용 컴퓨터의 성능에 팔머 러키의 HMD 아이디어가 접목하면서 혁신적인 발전이 진행되었습니다. 이전까지 HMD는 비싼 가격에 화면이 마치 조금 멀리서 큰 TV를 보는 것 같아 보이는 정비율의 출력을 가진 고전적인 기술이 주류였습니다. 팔머 러키는 렌즈를 이용하여 시야각을 혁신적으로 넓히면서도 가격은 저렴하게 만들 수 있는 아이디어를 가지고 있었습니다. 이 기술은 곧바로 VR을 위한 HMD 기술에 큰 영감을 주었습니다. 고성능에 적당한 가격대의 다양한 디바이스가 연이어 출시되었고, 게임 엔진과 360 촬영 등 VR 관련 제작 기술들이 쏟아져 나오면서 본격적인 VR 시대가 시작되었습니다.

▲ Oculus DK1 Developer Version(앞)

▲ Oculus DK1 Developer Version(뒤)

> **TIP**
>
> 게임 및 인터렉티브 미디어 부문 시장 조사 전문 기업 슈퍼 데이터 리서치(Super Data Research)의 보고서에 따르면 2016년에 전 세계적으로 약 630만여 대의 VR 기기가 판매되었고 그중 삼성 기어 VR은 450만여 대가 판매되어 판매량 1위라고 합니다. 기어 VR은 삼성의 모바일 폰을 넣어서 사용하는 방식입니다.

VR은 4K UHD, 6K, 8K……, 화면 해상도의 밀도만 높아지던 영상의 진화에 새로운 방법을 제시하고 있습니다. 게임 분야는 이미 PS VR(플레이스테이션)과 스팀의 VIVE, 오큘러스 등을 통해 수백 개의 타이틀이 출시되며 자리를 잡아가고 있고, 모바일 기기를 이용하는 VR도 삼성의 기어 VR과 구글의 데이드림을 비롯한 저렴한 VR기기의 등장과 이러한 HMD를 사용하여 언제든지 VR 영상을 볼 수 있는 유튜브로 인해 다양한 콘텐츠가 빠르게 쌓여 가고 있습니다. 또한 곳곳에 VR 체험방이 생기고 있는 것도 보급을 앞당기고 있습니다. VR 장비들의 가격도 다양하고 저렴한 디바이스의 출시 소식이 빠르게 나오고 있습니다. 사실 360° 영상 체험, 간단한 VR 게임 정도는 이미 우리가 가지고 있는 스마트폰으로 얼마든지 가능합니다. 구글에서 제공하는 카드보드 VR은 도면을 프린터로 출력해서 조립하고 몇백 원짜리 VR 렌즈만 구입해서 장착해도 HMD를 경험할 수 있게 합니다. 또한 세계에서 가장 많이 팔린 VR 장비가 오큘러스, 바이브, PS VR이 아닌 모바일폰을 사용하는 삼성 기어 VR이라고 합니다. 이미 우리 대부분은 VR 체험 준비가 되어 있습니다.

> **TIP**
> 구글 VR 사이트에서(https://vr.google.com) 카드보드 VR을 위한 도면과 제작 방법, VR 앱을 제공하고 있습니다.

2 VR과 VR 비디오

VR은 게임과 같이 각종 시뮬레이션 분야에서 사용하는 실시간 렌더러(Realtime Renderer) 기반의 가상현실 콘텐츠와 360도 카메라로 촬영해서 만들어지는 실사 기반의 VR 비디오로 크게 두 가지 형식으로 구분할 수 있습니다. 실시간 렌더러를 이용한 콘텐츠는 게임, 시뮬레이터와 같은 인터랙션 콘텐츠가 주를 이룹니다. 실사 기반의 영상은 공간 촬영을 바탕으로 뮤직비디오, 스포츠 경기 중계, 문화, 역사 공간 체험 등의 콘텐츠 제작이 이루어지고 있으며, 영화, 드라마, 뉴스와 같이 실사 기반의 기반의 콘텐츠에도 다양한 VR 비디오가 시도되고 있습니다. 이러한 흐름의 일환으로 MBC는 드라마 '빛나거나 미치거나'의 7분짜리 VR 버전 액션 사극을 선보이며 방송 콘텐츠의 새로운 가능성을 제시하였고, 뉴욕타임즈는 파리 테러 추모 및 난민의 실태를 현장성 높은 VR 뉴스로 제공하여 큰 호응을 얻은 바 있습니다. 칼리도스코프 가상현실 영화제(http://kaleidoscope.fund)와 같은 국제적인 이벤트가 선을 보이면서 VR 비디오 콘텐츠의 확장 가능성과 예술적 시도도 활발하게 선보이고 있습니다. NBA와 같은 대형 스포츠 경기를 실시간 VR 비디오 스트리밍으로 서비스하는 넥스트VR(http://www.nextvr.com)도 주목해야 할 분야입니다.

VR 비디오는 360° 전 방향을 촬영할 수 있는 카메라로 촬영하여 특정 화각이 존재하지 않는 영상 데이터를 만들고 단일 영상으로 이어 붙이는 스티칭(Stitching) 작업 후 편집하여 VR용 플레이어 또는 스트리밍할 수 있도록 메타파일(Metafile) 적용과 같은 후처리 통해 유튜브에 업로드하여 HMD나 스마트 미디어 기기를 통해 보게 됩니다. 실시간 렌더러(Realtime Renderer) 기반의 VR 게임, 애니메이션과 인터랙션 콘텐츠 류는 보통 유니티와 언리얼 엔진과 같은 게임 엔진으로 제작되는데 360도 영상에 UI와 인터랙션이 필요한 경우, 편집 마무리된 VR 비디오를 게임 엔진으로 불러와서 콘텐츠를 구축하기도 합니다.

▲ VR 제작에 사용되는 게임엔진 Unity, Unreal Engine

일반적인 VR 비디오는 오큘러스와 바이브와 같은 전문적인 HMD를 사용하기보다는 개인의 스마트폰을 이용하여 페이스북과 유튜브를 통해서 많이 접하고 있습니다. VR 비디오 콘텐츠를 Cardboard VR, Gear VR과 같은 스마드폰을 이용하여 직접 쓰고 보기도 하고, 화면을 손으로 보고 싶은 방향으로 넘기면서 보기도 합니다. 전자는 좀 더 몰입형 환경을 제공해 주고 후자는 간편하게 VR 비디오를 볼 수 있습니다. 간혹 뮤직 비디오와 같은 일반 비율의 영상에서 360 카메라로 찍은 영상을 평면으로 폈을 때 보이는 왜곡된 영상을 효과처럼 사용하기 위해 360 카메라로 촬영하는 경우도 있습니다.

10 Part에서는 일반적으로 많이 사용되는 360 카메라로 촬영한 실사 기반의 360도 영상을 스티칭한 다음 프리미어 프로로 편집해서 유튜브를 통해 보는 방법을 중심으로 알아보며, 이러한 과정을 통해 VR 비디오 제작의 일반적인 프로세스를 이해하고 프리미어 프로 VR 환경을 학습하도록 합니다.

CHAPTER 02
Premiere Pro CC

VR 비디오의 촬영 알아보기

1 장비 구성하기

하나의 렌즈로 360°의 모든 영역을 촬영할 수 없기 때문에 렌즈의 화각에 따라 한 개 이상의 렌즈를 사용하는 방법들이 고안되었습니다. 360° 전방위를 촬영할 수 있는 VR 카메라는 일반 유저에서 전문 사용자까지 널리 쓰이는 고프로 VR 시스템부터 저렴하게 출시된 단일 바디 방식의 VR 전용 제품들과 DSLR 또는 전문 프로덕션에서 사용하는 Red 카메라 등을 연결하여 만드는 전문가용 VR 카메라 등이 있으며, 최근에는 단일 바디에 복수의 렌즈를 가지고 있어 편리함과 함께 고품질을 자랑하는 VR 전용 카메라들이 출시되고 있습니다. 복수의 카메라를 사용하는 경우, 각각의 방향대로 카메라를 설치하기 위한 VR 전용 리그가 추가로 필요하기도 합니다. 각각의 카메라들은 방식과 품질이 서로 다르기 때문에 목적에 따라 제품을 선택해야 합니다.

1 | 고프로 VR 비디오 시스템

액션캠으로 유명한 고프로는 초기 VR 비디오 시장에서 가장 활발하게 활동했습니다. 기본 화각이 매우 넓은 광각 렌즈에 초소형 바디, 안정된 4K의 고화질 영상은 VR 카메라로 적합한 가능성을 가지고 있었습니다. 360heros(http://www.360rize.com)와 같은 회사에서 다수의 고프로를 한번에 각각의 방향으로 장착할 수 있는 리그를 선보였으며, Kolor(http://www.kolor.com)에서 복수의 카메라로 찍은 영상을 손쉽게 하나의 영상으로 만들 수 있는 스티칭(Stitching) 프로그램을 선보이면서 VR 비디오를 보다 쉽게 만들 수 있게 되었습니다. 각 방향 당 두대의 카메라를 사용하는 리그도 있는데 이것은 양안시차를 구현하여 공간감을 더 극대화하는 S3D(Stereoscopic 3D) 방식의 영상을 만들 때 사용합니다. 구글에서 VR 비디오 기술을 선보이면서 VR 카메라로 어레이 시스템을 발표할 때도 16대의 고프로를 이용하는 리그를 발표했습니다.

▲ 3D Pro 14 Bullet 360 Stereoscopic Video Gear(고프로 14대 사용)

▲ Gopro Omni(고프로 6대 사용)

고프로가 VR 카메라로서의 가능성이 커지면서 고프로는 스티칭 프로그램을 제공하는 Kolor를 인수하고 직접 옴니(Omni)라는 이름의 VR 비디오 전용 리그를 개발하여 판매하고 있습니다. 최소 6대의 고프로가 사용되는 이러한 방식은 Kolor의 스티칭 솔루션과 함께 호환성이 좋고 카메라 자체의 기본 성능이 우수하여 여전히 개인부터 품질 높은 VR 콘텐츠가 필요한 시장까지 널리 사용되고 있습니다.

고프로와 유사한 액션캠들이 샤오미와 같은 다른 회사들에서도 출시되고 있으며, 호환되는 VR 리그들이 출시되어 고프로 VR과 같은 방식으로 촬영할 수 있게되었습니다.

2 | 두 개의 렌즈, 하나의 카메라

개인이 최소 6대의 고프로와 6개의 메모리카드, 전용 리그를 구입하기에는 적지 않은 비용이 들어갑니다. 이에 리코, 삼성, LG, 니콘 등의 여러 제조사에서 화각이 200°를 전후인 두 개의 광각 렌즈를 앞뒤로 배치하고 한손에 들어오도록 작은 크기로 개발한 VR 비디오 전용 카메라를 잇따라 선보였습니다. 고프로한 대보다 저렴하거나 비슷한 가격대에 4K급의 VR 비디오 영상을 만들 수 있어서 입문용으로 적합합니다. 이들 대부분은 제조사에서 제공하는 스티칭 프로그램을 이용하여 간단하게 스티칭을 진행할 수도 있습니다.

다수의 카메라로 촬영하더라도 편집 후 최종 출력을 할 때 보통 4K급 해상도를 넘지 않기 때문에 보급형 시장에서는 렌즈 두 개를 이용하는 고품질의 단일 카메라 방식이 늘어날 것으로 보입니다. 고프로에서도 이와 같은 방식의 구조로 개발된 고프로 퓨전(GoPro Fusion)이 출시된다고 합니다.

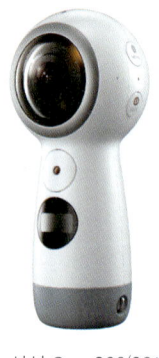
▲ 삼성 Gear360(2017)

▲ LG 360 Cam

▲ 리코 Theta

▲ 니콘 KeyMission 360

3 | VR 영화와 방송, 전문적인 활용

제품군이 다양하지는 않지만 고성능 카메라를 특수한 리그에 장착하여 사용하는 VR 카메라 시스템도 있습니다. 영화계에서 많이 사용하는 고성능의 Red 카메라로 구성된 Next VR과 Hype VR의 리그들, DSLR을 사용하는 Mooo VR과 Cinegears의 제품들입니다. 이 밖에도 맞춤 제작 리그와 출시 예정인 리그들이 고성능 카메라를 VR 카메라로 사용하기 위해 나오고 있습니다. 이러한 장비들은 매우 고가의 프로용 장비들로 카메라와 렌즈까지 조합을 모두 마치면 상당한 가격이 됩니다. VR 전용 하이엔드 장비가 없던 시절에 나온 아이디어로 장착된 각각의 카메라 성능은 우수하나 비싸며 설정이 매우 복잡하여 고품질 영상이 필요한 특수한 작업에 적합한 시스템입니다.

▲ Mooo VR Developed VR Shooting Cam Rig   ▲ Next VR Stereoscopic 360degree VR Cam Rig

4 | 고성능의 VR 전용 카메라의 등장

핸드폰을 만들던 노키아에서 OZO라는 전문가용 VR 카메라를 출시했습니다. 8대의 카메라와 8대의 마이크를 통해 촬영한 동영상과 음성을 한 개 파일로 출력합니다. 3D 영상과 3D 사운드까지 지원되는 강력한 성능으로 다수의 카메라를 운영할 때 생기던 싱크, 진동 등 여러 가지 문제를 해결할 수 있는 시스템입니다. 단일 카메라로 고품질의 VR영상을 얻을 수 있는 이점은 있었으나 가격이 높아서 보급이 많이 되지 못하고 생산 중지가 되었습니다. OZO가 단일 카메라 방식의 전문가용 VR 카메라 시장을 열었다면 기대되는 장비로 Sonicam의 카메라도 있습니다. 2017년 킥스타터로 선보인 전문가용 VR 카메라로, 9개의 렌즈와 64개의 마이크로 3D 영상과 3D 사운드를 모두 지원하고 여기에 자체 스티칭 기능까지 제공하는 카메라입니다. 메모리 카드에서 뺀 영상이 스티칭이 되어 나오는 기능이 매우 편리할 것 같습니다. 아직 정식 출시 전으로 자체 스티칭 기능은 앞으로 다른 카메라에도 기본으로 탑재되길 기대합니다.

위에서 분류한 VR 카메라에서 보듯 VR 비디오 영상을 촬영하기 위해서는 VR 전용 카메라 또는 일반 카메라와 함께 VR 시스템을 구성할 수 있는 전용 리그가 필요합니다. 리그를 사용하는 경우에는 각각의 카메라를 동시에 작동하기 위해 Genlock을 사용할 수도 있습니다. Genlock은 동기 신호 발생기(Sync Generator)라는 것으로 동시에 카메라를 켜고 끄기 위해 필요한데 고프로의 경우 전용 리모콘으로 해당 기능을 대신할 수 있습니다. 프리미어 프로의 VR 편집을 학습하기 전에 비교적 많이 사용하고 있는 고프로 방식의 VR 시스템과 보급형 VR 전용 카메라의 운용 방법, 기타 VR 촬영에 필요한 제반 사항들을 먼저 살펴보겠습니다.

▲ Nokia Ozo VR Camera   ▲ Sonicam VR Camera

2 카메라 설정하기

전용 VR 리그와 다수의 고프로를 사용하여 8K급 촬영이 가능한 고프로 방식과 별도의 리그 없이 일상에서 가볍게 사용할 수 있는 All-In-One 타입의 삼성 Gear360 VR 카메라를 가지고 각각의 운용 방법과 차이점을 알아봅니다.

1 | GoPro 방식

현재 고프로를 이용하는 리그는 고프로에서 제공하는 Omni 마운트 외에도 360heros, Freedom360 등의 VR Rig 전문 회사에서 출시되어 있습니다. Omni의 경우 고프로 6대에 동기화 구동에 리모컨과 대용량 배터리 팩을 포함한 풀 세트 개념으로 출시되었습니다. 먼저 출시되어 사용된 360heros, freedom360 등의 타사 제품으로 사용하여도 됩니다. 편리성 면에서는 스티칭에 사용되는 Autopano 소프트웨어와 기타 360 VR 영상을 촬영하기 위한 모든 부속이 있는 Omni, 조금 저렴한 구축을 위해서는 360heros, freedom360 등의 Rig를 사용하면 됩니다. 카메라는 일반적으로 GoPro HERO4 Black 카메라를 기본으로 사용하며 고프로 6대 정도를 사용하는 리그가 많이 사용됩니다.

고프로 방식은 기본 광각 렌즈를 가진 우수한 화질의 액션캠을 바탕으로 시작되었습니다. 카메라 설정에 따라 8K급의 VR 비디오를 만들 수 있습니다. 해상도 면에서는 보급형 All-In-One 타입의 카메라가 따라갈 수 없으면서 개별의 전문가용 카메라를 쓰는 시스템에 비해 저렴하고 설정이 간편하다는 장점이 있습니다.

다수의 카메라를 동시에 운용함으로 Sync를 위해 몇 가지 고려할 부분이 있습니다. 리그는 각각의 카메라가 틀어지지 않게 정확한 각도로 잡아야 하며, 카메라의 촬영 모드는 동일하고 스티칭을 위한 Sync 위치를 지정해야 합니다. 우선 카메라의 개별 설정은 다음과 같습니다.

해상도/프레임레이트(최종 영상 해상도)
2.7K 4:3/30fps(7940×3970)
2.7K 4:3/25fps(7940×3970)
1440p/60fps(5638×2819)
1440p/50fps(5638×2819)
960p/120fps(3758×1879)

각각의 고프로는 위의 설정 중 한 가지를 선택하여 동일하게 적용합니다. 보통 유튜브에 업로드하기 위해서 4K로 최종 영상을 만드는데 960p/120fps(3758×1879) 또는 1440p/60fps(5638×2819) 정도로 설정을 하고 촬영을 하게 됩니다. VR 비디오는 영상의 해상도에 비해 화질이 많이 떨어져 보이기 때문에 가급적 최소 4K 출력을 권장합니다. 카메라 설정을 할 때 2.7K과 같이 다른 해상도와 프레임 레이트를 사용해도 무방하나 카메라가 모두 같아야 합니다. 카메라의 컬러 설정을 FLAT Color로 설정을 합니다. 설정들은 고정 값이 되어야 합니다. 권장하는 세부 설정은 다음과 같습니다.

GoPro Hero4 Black 기준 권장 설정	
Resolution	1440P
FPS	60이상
Field of View	OFF
Low Light	OFF
Spot Meter	OFF
Protune	ON
White Balance	Native
Color	Flat
IOS Limit	현장 밝기에 따라
Sharpness	LOW

카메라마다 설정을 마치면 촬영할 때 카메라의 동기화를 각각 고려해야 합니다. 6대의 카메라에 촬영 버튼을 동시에 누르기 어렵기 때문에 몇 가지 방법들이 고안되었습니다. 과거 전문적으로 사용하기 위해서는 Genlock을 일부 사용하기도 했지만 고프로는 고프로 무선 리모콘을 통해 WiFi 모드로 6대를 동시에 제어할 수 있습니다. 리모컨이 없다면 한 대씩 촬영 버튼을 눌러도 됩니다. 그러나 각각의 카메라에 담긴 동영상의 시작점이 다르기 때문에 스티칭 작업에 어려움이 생길 수 있으므로 촬영할 때 소스들의 동기화를 위한 몇 가지 행동을 반드시 해 주어야 합니다(리모콘을 사용하는 경우에도 싱크가 틀어지

는 경우가 생기므로 다음의 방법들을 추가적으로 하길 권장합니다).

소스들의 동기화는 각 방향을 촬영한 6개 전후의 동영상들이 같은 시간 동안 촬영한 구간으로 맞추는 것을 목적으로 하여 최초 시작 구간을 맞추기 위한 방법으로 고안되었습니다. 촬영 시작을 할 때 다음 세 가지 방법 중 최소 한 가지 이상의 물리적인 행동을 하여 촬영 영상을 담아야 합니다. 첫 번째는 카메라 각각의 촬영 버튼을 모두 누르고 카메라와 가까운 위치에서 슬레이터를 치거나 박수 소리로(1회) 순간적으로 큰 소리를 내어 편집할 때 영상의 시작점의 위치를 소리의 파형으로 확인할 수 있도록 합니다. 발생한 큰 소리로 인해 편집 프로그램에서 사운드 파형에 피크 위치를 확인하는 방법입니다. 6대의 카메라로부터 생긴 여섯 개의 동영상에 동시에 같은 소리의 파형이 기록될 것입니다.

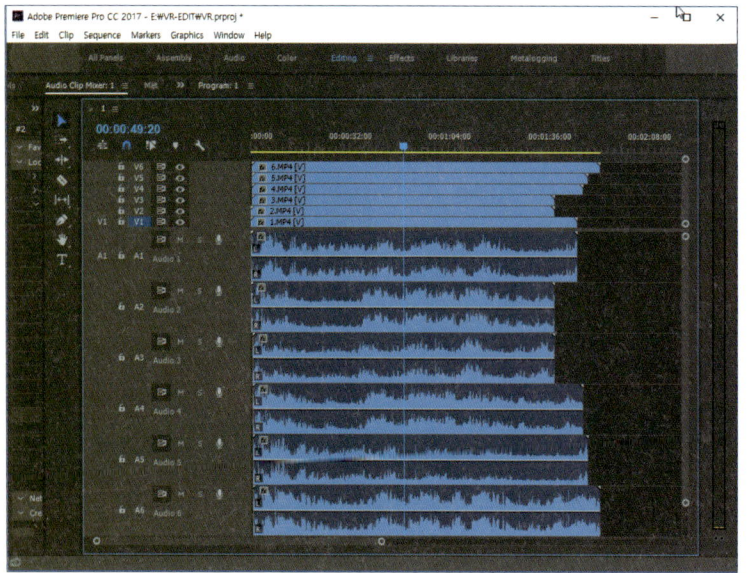

▲ 사운드 싱크 전 모습. 6개 파형

프리미어에 파일을 올려 보면 소스의 녹화 길이도 제각각이고 카메라의 방향이 모두 다르기 때문에 사운드 파형 또한 차이가 나는 것을 볼 수 있습니다. 공간에서 발생한 전반적인 소리들은 각각의 마이크 위치로 인해 다르게 기록될 수 있으나, 아주 가까운 위치에서 순간적으로 큰 소리를 낸다면 해당 구간의 사운드 파형에 높은 피크를 확인할 수 있습니다. 다음은 프리미어의 사운드 싱크로나이즈 기능을 사용하여 소리를 기준으로 파일을 동기화한 후의 모습입니다.

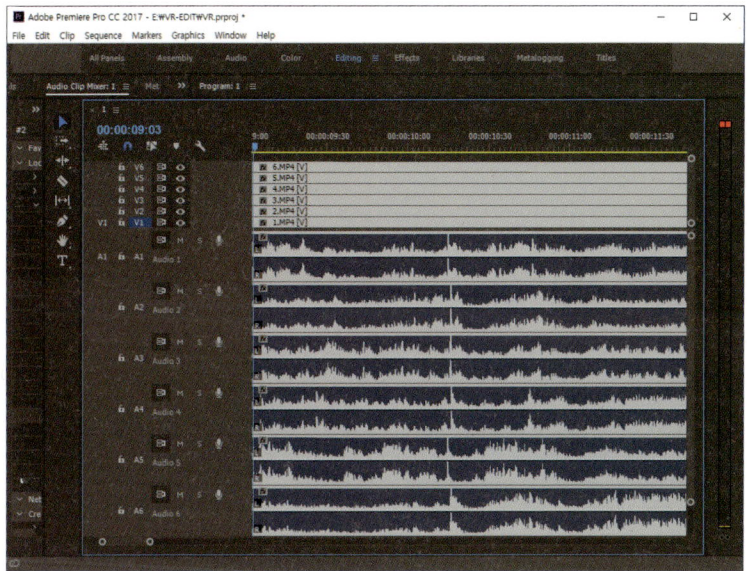

▲ 사운드 싱크 후 모습. 6개 파형

사운드 파형을 확대해 보면 피크가 순간적으로 치솟은 구간이 있습니다. 촬영할 때 박수, 전자음, 슬레이터 등으로 시작점을 알리는 소리를 발생시킨 구간으로 이 위치를 기준으로 다수의 영상 소스를 맞추어 시작점을 동기화합니다. 사운드 싱크 기능은 앞으로 다루게 될 스티칭 프로그램인 Autopano에 기본 동기화 기능으로 내장되어 있습니다. 프리미어에서는 사운드 싱크로나이즈를 통해 파일 확인과 불필요한 구간들을 다듬는 정도로 사용합니다.

프리미어에서는 사운드 싱크로나이즈 기능은 각각의 동영상 파일을 레이어별로 올려둔 상태에서 사운드 레이어를 포함한 모든 레이어를 선택하고 [Clip] → Synchronize를 실행한 다음 팝업창에서 'Audio'를 선택하고 〈OK〉 버튼을 클릭하면 프리미어 프로에서 사운드의 유사성을 분석하여 자동으로 정렬됩니다.

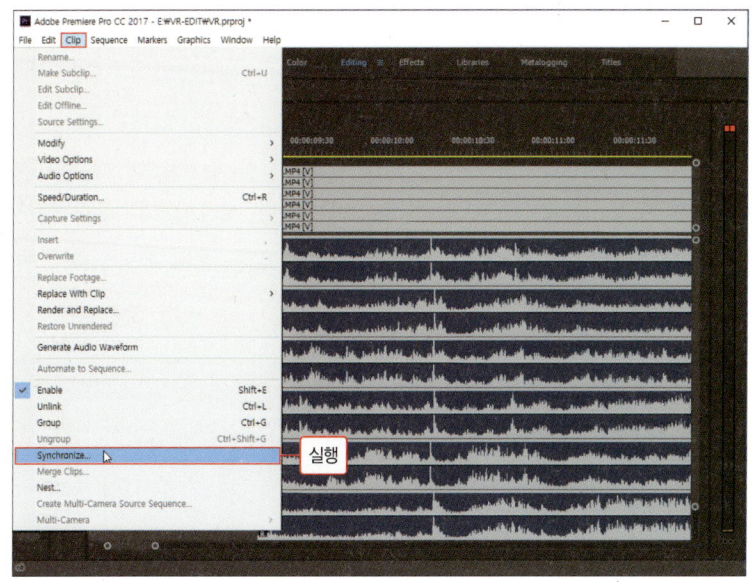

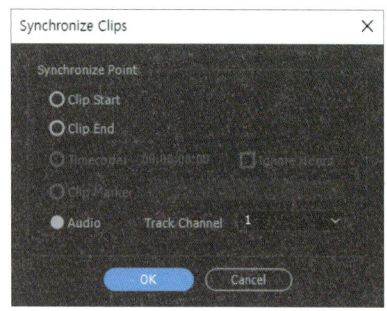

동기화를 위한 두 번째 방법으로는 촬영이 시작된 직후 리그를 돌려 움직임을 기준으로 싱크를 맞추는 Motion Sync가 있습니다. 대표적인 스티칭 프로그램인 Autopano에서 지원하는 기능으로 각각의 영상에 동시에 큰 움직임이 발생하면 Autopano에서 이를 감지하고 해당 프레임을 기준으로 자동으로 동기화를 하는 기능입니다. 촬영이 시작된 직후 리그를 좌우 방향으로 빠르게 회전시키면 각각의 카메라에 동시에 큰 움직임이 촬영되도록 합니다. 모션싱크와 유사한 방법으로 플래시를 터트리는 방법을 사용할 수도 있습니다. 리그 가까이 플래시를 터트려 순간적으로 화면에 밝은 이미지를 담게 하여 모션 싱크의 기능을 움직임 없이 사용할 수 있습니다.

▲ 고프로 로테이션 모션 싱크　　　　　　　　▲ 고프로 플래시

리모콘으로 동기화하여 동시에 녹화가 된다고 하여도 싱크를 위한 소리와 움직임을 추가로 더 해 두기를 권장합니다. 다수의 카메라를 사용하는 방법은 한 대의 카메라 설정만 달라져도 스티칭을 못하고 여러 변수로 동기화 문제가 발생할 수 있으므로, 촬영할 때 여유를 갖고 현장 상황에 맞는 동기화 방법을 담아 촬영해 두고 가급적 현장에서 파일을 확인하여 완벽한 촬영이 되도록 합니다.

2 | All-In-One 방식

카메라 본체 하나에 180도가 넘는 시야각을 가진 렌즈를 한 개 이상 이용하여 단일 파일로 출력하는 All-In-One 방식 VR 전용 카메라들은 동기화 문제나 스티칭의 간소화 등 휴대성과 사용상의 편리함을 장점으로 다양한 제품이 등장하고 있습니다. 삼성, LG, 리코, 코닥, 니콘 등 대기업 제품부터 중소기업의 아이디어 넘치는 제품들까지 다양하게 출시되었습니다. 전문가용 VR 카메라도 점차 All-In-One 방식 VR 전용 카메라의 시대로 접어들고 있습니다. 하나의 본체와 하나의 시스템을 제공하여 별도의 리그가 필요 없고, 각각의 카메라를 설정하고 제어하면서 생길 수 있는 불편함과 사고 위험성을 근본적으로 해결할 수 있습니다. 전용 스티칭 프로그램을 번들로 제공하는 경우가 많아서 별도의 스티칭 프로그램을 구비하지 않아도 되는 장점도 있습니다.

그러나 사용상의 편리함과 별도로 렌즈를 두 개 사용하는 일부 보급형 모델들에서 스티칭 작업을 한 다음 접합되는 부분이 다소 매끄럽지 않거나 기종에 따라 화질의 다소 떨어지는 결과가 나올 수 있습니다.

▲ Gear360 정면 사진과 측면 사진(2개의 렌즈)

CHAPTER 03
Premiere Pro CC

VR 비디오 편집하기

1 파일 정리와 싱크 정리

All-In-One 방식의 카메라의 경우 단일 파일로 출력되므로 별도의 파일 정리가 필요하지 않아서 바로 다음 스티칭 작업을 진행합니다. 리그를 사용하는 고프로의 경우 한 테이크가 리그에 따라 6개 전후의 파일이 만들어지기 때문에 파일 정리가 필요합니다. 가급적 테이크 각각을 폴더별로 담아서 정리하는 것이 편리한데, 평소 습관대로 하나의 폴더에 모두 담게 되면 6배수로 증가하는 영상 소스들로 인해 어려움에 빠질 수 있습니다.

고프로 촬영 후 스티칭 과정 전에 모션 싱크나 사운드 싱크 이전 구간과 영상의 뒷부분 등 불필요하게 녹화된 구간을 프리미어 프로에서 미리 잘라내어 소스를 다듬어도 좋습니다. 여섯 개 내외의 HD 동영상들이 용량도 크고 리모컨을 사용하지 않은 경우 앞뒤로 불필요한 구간이 많이 들어가서 스티칭에 부하를 줄 수 있으니 필요한 구간만 뽑아서 스티칭을 진행하는 것도 좋습니다. 프리미어 프로에서 여섯 개의 레이어를 쌓아서 사운드나 모션 싱크 구간을 맞추고 앞뒤로 불필요한 구간을 제거하여 사용합니다.

2 Stitching

스티칭은 각각의 방향을 촬영한 영상들을 하나의 영상 안에서 이어지도록 이어 붙이는 작업으로, 각 방향별로 다수의 카메라 또는 다수의 렌즈가 촬영에 사용되는 VR 비디오에는 필수적인 작업입니다. 다수의 카메라를 사용하여 VR 비디오를 촬영하면 촬영에 사용된 카메라 수만큼의 영상 파일이 만들어지며, VR 전용 카메라를 사용하면 보통 단일 파일이 만들어집니다. 두 개의 렌즈를 사용하는 VR 전용 카메라는 하나의 파일에 두 개의 영상이 함께 기록되는데 스티칭이 된 영상이 아닌 각각의 영역별로 기록되는 형식입니다. 따라서 VR 전용 카메라로 촬영을 하여도 스티칭 작업이 필요합니다.

스티칭은 VR 영상의 품질을 좌우하는 가장 중요한 작업입니다. 영상에 왜곡이 없는 매끈한 연결을 위해 생각보다 많은 시간이 걸릴 수 있는 작업입니다. 따라서 안정된 리그를 사용하여 올바른 설정을 하고 촬영이 진행되어야 하며, 사운드 싱크와 모션 싱크 등 싱크를 찾을 수 있는 구간을 반드시 만들어야 합니다. 장시간 촬영할 경우 렌더링 시간도 상당히 소요되므로 사전에 프리미어를 통해 필요한 구간만 잘라서 스티칭을 하는 것도 좋습니다. 대부분의 스티칭 프로그램이 GPU(그래픽 카드)의 파워를 이용할 수 있어서 성능 좋은 GPU를 사용할수록 렌더링 시간을 줄일 수 있습니다.

▲ Gear360 결과물 캡처 사진

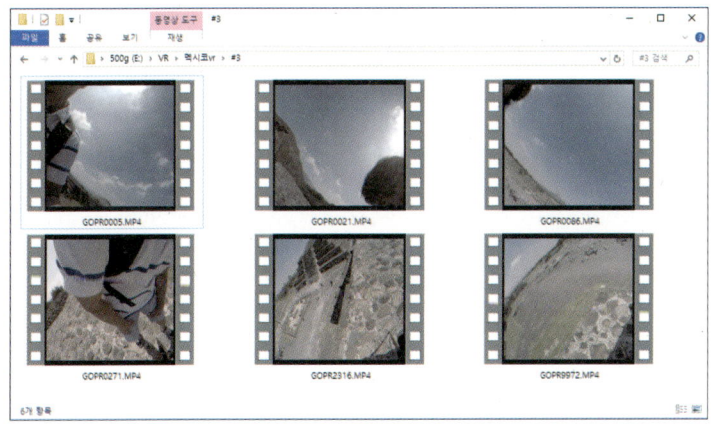

▲ GoPro 6 Rig 결과물 캡처 사진

스티칭은 보통 전문 스티칭 프로그램을 사용하여 진행하는 경우가 많은데 Autopano Video가 스티칭 프로그램으로 널리 사용되고 있습니다. 고프로에 인수된 Kolor 솔루션으로 리그를 사용하여 개별 파일로 만들어지는 고프로 방식의 스티칭 작업으로. All-In-One 모델과 또 다른 구성을 가진 리그 장비로 촬영된 VR 촬영물들도 스티칭을 할 수 있습니다. 영상을 스티칭하는 Autopano Video는 스티칭에서 발생할 수 있는 오류들을 보완하기 위해 스티칭 영역의 정밀한 보정 기능을 가지고 있는 Autopano Giga와 연동하여 사용할 수 있습니다.

All-In-One 방식의 VR 전문 카메라는 보통 자체 스티칭 프로그램을 제공하는 경우가 많습니다. 카메라 제조사에서 제공하는 툴은 해당 카메라 기종에 최적화되어 보다 쉽게 스티칭 작업을 진행할 수 있습니다.

▲ 삼성 Gear360 전용 스티칭 프로그램 Action Director

스티칭 작업은 촬영할 때 여러 상황들로 인해 촬영한 다음 각종 스티칭 에러가 발생할 수 있습니다. 그러나 일부 스티칭 프로그램들은 정교한 스티칭 보정이 어려운 경우가 있습니다. 더욱 정교한 VR 영상이 필요할 경우에는 전문적인 디지털 모션 그래픽 및 합성 도구인 Foundry의 Nuke를 사용하여 퀄리티 높은 VR 영상을 만들 수 있습니다. 간혹 어도비 애프터 이펙트를 사용하여 스티칭을 하는 경우도 있습니다.

가장 많이 쓰이는 Autopano Video로 스티칭하는 방법을 알아보겠습니다. 다양한 구성을 가진 리그에 따라 소프트웨어 설정에 차이가 있을 수 있어서 GoPro Omni와 같이 비교적 많이 사용하는 여섯 개의 고프로를 사용하는 구성을 중심으로 살펴보겠습니다. 책이 쓰여진 시점에서 Autopano의 버전은 2.6으로 출간일 기준으로 3.0 버전이 출시 되었습니다. 3.0버전부터는 렌더링 속도가 빨라지고 영상 사이에 스티칭이 어색하게 연결된 구간을 부드럽게 이어 주는 D.WARP 기능이 추가되었습니다.

▲ Autopano Video 2.6.2

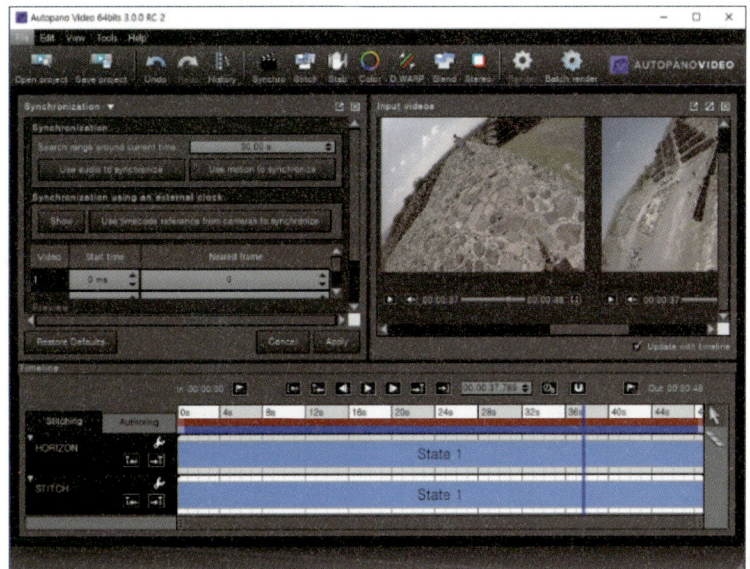

▲ Autopano Video 3 rc2

http://www.kolor.com에서 사용중인 OS 종류에 맞는 Autopano Video Pro 데모 버전을 다운로드할 수 있습니다. 데모 버전은 출력할 때 30초 제한과 워터마크가 합성되는 등의 기능 제한이 있습니다. 설치가 되면 Autopano Video를 실행합니다.

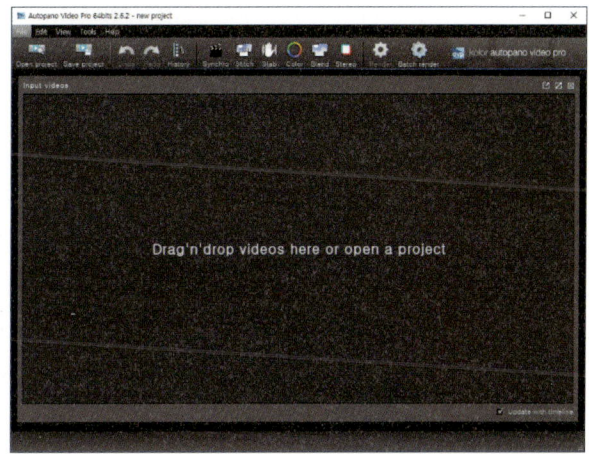

▲ Autopano Video 첫 실행 화면

처음 나타나는 화면은 파일을 불러오는 화면입니다. 프로그램 안으로 스티칭할 소스를 드래그할 수도 있고 메뉴에서 Import Videos를 이용할 수 있습니다. 파일을 불러오기 전에 간단한 설정을 먼저 진행합니다. 기본 렌더 설정을 하는것으로 스티칭한 다음 출력한 영상의 사용 목적에 따라 재편집을 위한 매개 코덱 또는 바로 감상 및 스트리밍을 위한 H264 코덱을 설정합니다.

[Edit] → Settings를 실행한 다음 나타난 팝업창의 Render Settings에서 다음과 같이 설정을 변경합니다. 참고로 매개 코덱을 설정할 때 고프로는 AVI, MOV 컨테이너를 모두 사용할 수 있는 CineForm이라는 메게코덱을 보급하고 있으며 프리미어에 기본 탑재되어 호환이 잘 됩니다. Apple 유저를 위한 ProRess도 사용할 수 있습니다.

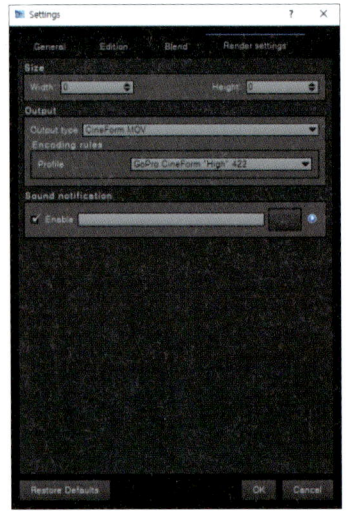

▲ Autopano Video 렌더 설정 – CineForm

설정을 마치고 [File] → Import Videos를 실행하여 팝업된 파일 탐색기 화면에서 촬영된 소스들이 담긴 폴더로 접근합니다. 각각의 폴더는 하나의 테이크 단위로 구분하여 소스를 관리하는 것이 좋습니다. 한 테이크가 여섯 개의 소스로 구성되기 때문에 모든 소스를 한곳에 모아두면 큰 혼란을 초래할 수 있습니다. 스티칭된 단일 파일은 문제없지만 스티칭 전 소스는 개별 폴더로 모아 두는 것을 권장합니다.

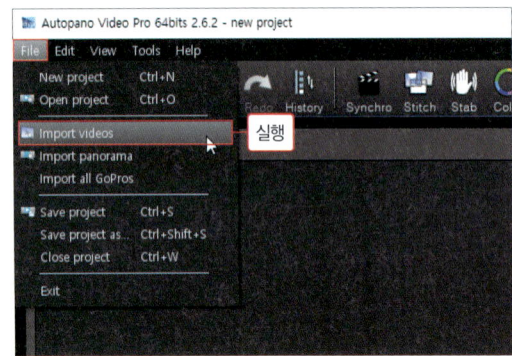
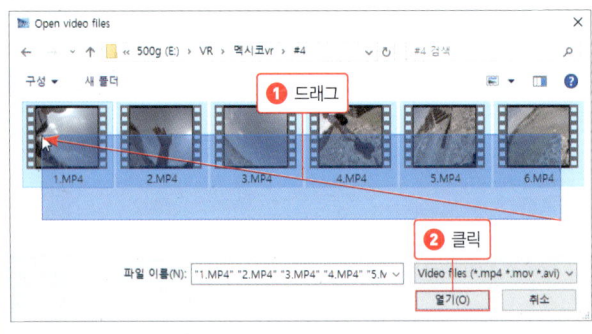

▲ 드래그로 파일 불러오기

소스가 들어있는 Input Videos 창과 아랫부분에 Timeline 창이 나타납니다. 각각의 카메라에서 촬영된 영상으로 시작점을 맞추는 싱크 작업을 가장 먼저 수행합니다. Autopano Video는 각각의 카메라에 담긴 소리의 유사 구간을 분석하여 자동으로 싱크를 설정하는 Audio Sync 기능과 녹화된 급격한 움직임에서 나타나는 화면의 변화를 분석하여 싱크를 설정하는 Motion Sync 기능을 제공하고 있습니다. 따라서 본 기능을 이용하려면 반드시 촬영 시작 직후 카메라 가까이서 큰 소리(박수, 슬레이터의 타격음 등)를 기록하거나 리그를 회전시켜 동시에 움직임을 담아 두어야 합니다. 제공된 소스에서는 Audio Sync를 사용하겠습니다.

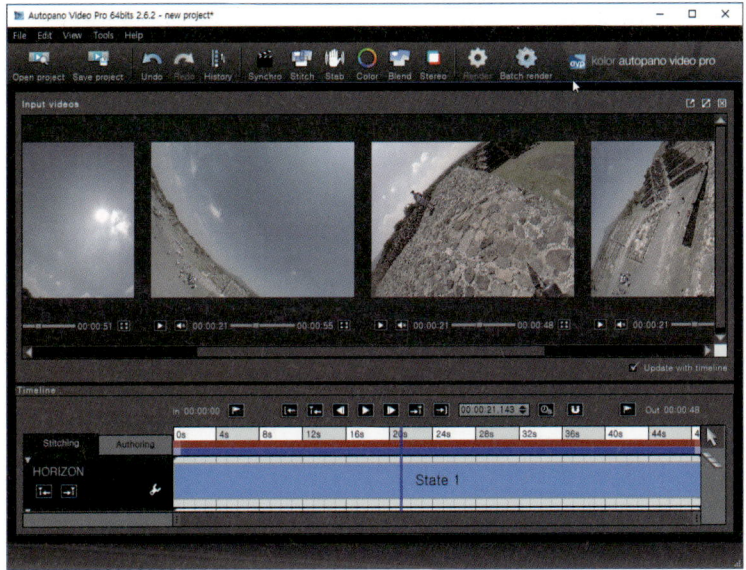

▲ 파일을 불러온 장면

윗부분에 슬레이터 모양으로 된 'Synchro' 아이콘을 클릭하면 왼쪽에 Tools 화면이 나타납니다. Synchronization 안에 〈Use audio to synchronize〉 버튼과 〈Use motion to synchronize〉 버튼이 있습니다.

분석할 구간의 길이를 설정하고 〈Use audio to synchronize〉 버튼을 클릭하면 각각의 소스 Start Time이 달라져 있는 것을 확인할 수 있습니다. 만약 싱크가 미세하게 맞지 않다면 Start Time 또는 Nearest Frame 안에서 시간 또는 프레임 위치를 직접 수정 및 입력할 수 있습니다.

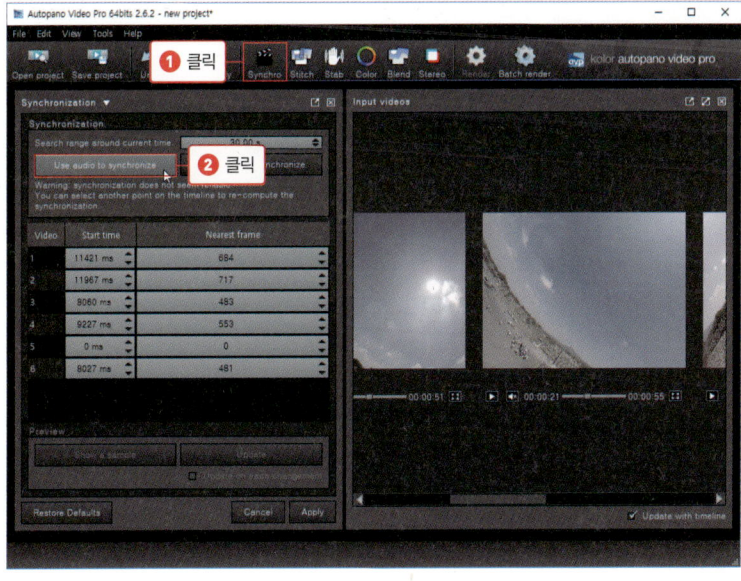

각각의 소스 시작점을 맞춘 다음 〈Stitch〉 버튼을 클릭하여 Tools 화면을 Stitch 화면으로 교체합니다. Stitch 화면 안에 나타난 Stitch as는 촬영한 카메라의 설정이 들어 있습니다. Omni와 같이 표준 고프로 장비의 경우 기본 값으로 설정하고, 별도의 고프로 렌즈를 사용하는 경우 설정을 달리합니다. .pano 안에는 많이 사용되는 타사 리그들의 설정 값이 담긴 템플릿을 사용할 수 있습니다. 사용 중인 리그가 있다면 편리하게 템플릿을 불러올 수 있습니다. Freedom360, 360Heros 등 대표적인 VR 리그 제조사들의 템플릿을 제공하고 있습니다.

TIP

해당 템플릿은 Kolor의 Documentation에서 다운로드 가능합니다.
http://www.kolor.com/wiki-en/action/view/Autopano_Video_-_Template_Stitching

---

Lens Model은 기타 다른 카메라로 촬영할 경우 해당 카메라의 렌즈 구경을 직접 입력하여 제공되는 템플릿 외의 장비들로 촬영한 소스를 스티칭할 경우 사용합니다. 오토파노의 스티칭은 영상에서 추출한 일부 한 장면을 분석하여 자동으로 진행됩니다. Stitch at은 스티칭에 필요한 장면을 한 장 또는 설정한 다수의 이미지를 분석하여 더욱 정밀도를 높이는 방법을 제공합니다. Current Position은 한 장을 기준으로 스티칭을 진행하며, 스티칭을 진행한 다음 어색한 구간이 많이 발생한다면 Current Selection을 선택하고 Number of positions to use의 수 만큼 이미지를 추출하여 분석을 합니다. 다수의 이미지를 사용하는 것이 보통 더 깔끔한 스티칭 결과를 얻게 됩니다. 설정이 준비되면 Stitch as 안에 〈Stitch〉 버튼을 클릭하여 스티칭을 시작합니다. 스티칭 과정에서 Current Position 또는 Current Selection의 결과로 소스가 들어있던 폴더 안에 이미지가 만들어지는 것을 확인할 수 있습니다.

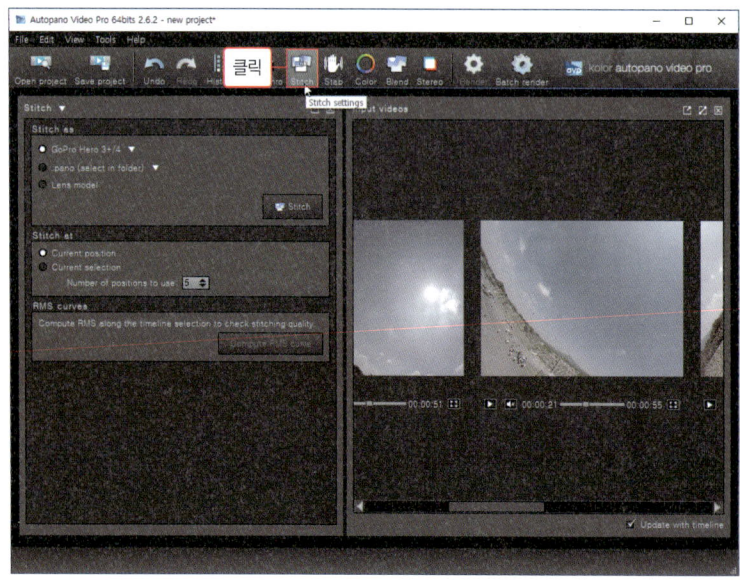

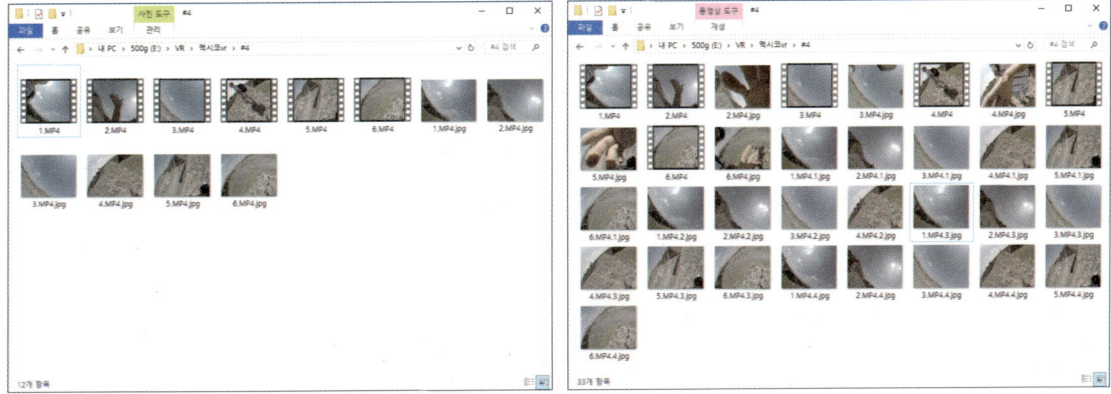

▲ Autopano Video Current selection 후 폴더 모습(파일 생성)

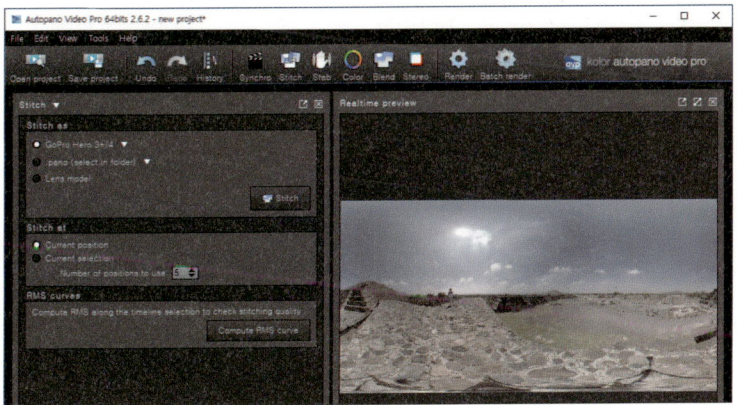

▲ Autopano Video Stitch 후 모습

스티칭이 완료되면 수평과 원하는 방향을 확인하기 위해 마우스로 스티칭된 영상이 보이는 Realtime Preview 안에 영상을 상하 좌우로 이동시킬 수 있습니다. 오른쪽 아랫부분에서 'Display Grid'를 켜고 확인하면 더욱 편리합니다.

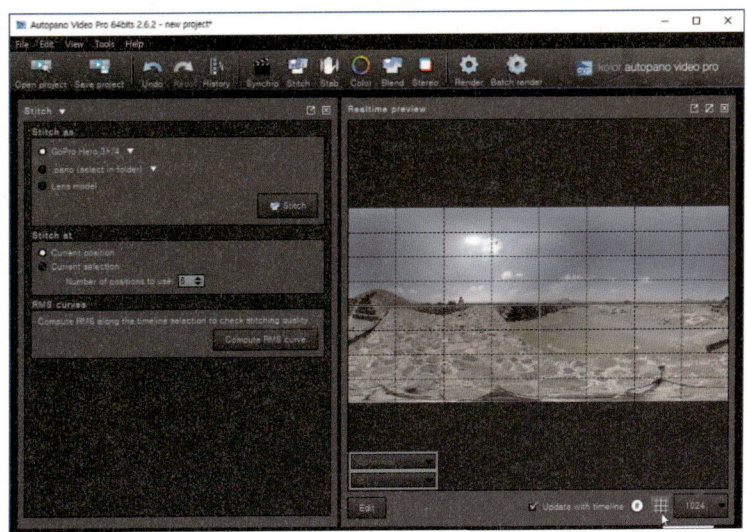

Autopano Video는 각 방향으로 찍힌 영상물들의 색감과 밝기 등을 일정하게 맞추기 위한 기능을 제공하고 있습니다. 〈Color〉 버튼을 클릭하여 Tools 창을 Color 창으로 교체합니다. Correction Types에서는 색상, 그라디언트 등 맞추려는 항목을 선택할 수 있습니다. Auto Transition에서 설정한 구간만큼씩 자동으로 분석 및 보정이 진행되며, Exposure compensation에서 영상 밝기를 수동으로 더 밝거나 어둡게 할 수 있습니다. 제공된 Color의 기능은 카메라 사이 차이를 자동으로 맞추는 기능이 중심이므로, 본격적인 색 보정은 프리미어 프로를 이용하는 것이 편리할 수 있습니다.

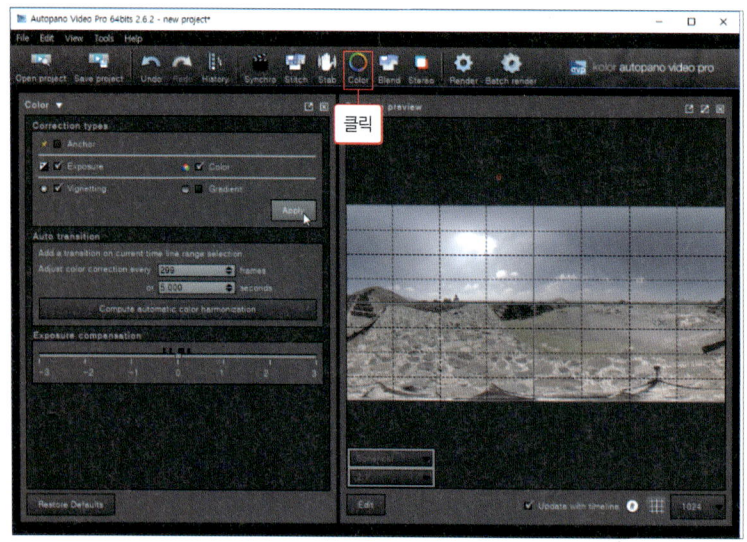

Stitch Tools 안에 있는 RMS Curves는 영상 전체 구간에서 스티칭 결과를 수치로 나타내어 보여주는 기능을 제공합니다. 수치가 높을수록 스티칭 결과가 나쁘다는 것을 의미하는데, 보다 정교한 스티칭이 필요한 경우 〈Edit〉 버튼을 클릭하여 Autopano Giga를 실행합니다. Autopano Giga는 이미지 스티칭 프로그램으로 스티칭을 분석, 보정할 수 있는 다양한 기능을 가지고 있으며, Autopano Video와 연동하여 사용할 수 있습니다. 해당 프로그램은 Autopano Video와 별도로 구매하는 소프트웨어로, Autopano Video와 같이 Kolor 홈페이지에서 일부 기능이 제한된 데모 버전을 다운로드할 수 있습니다.

Autopano Video의 〈Edit〉 버튼을 클릭하고 생기는 팝업을 승인하면 자동으로 Autopano Giga가 실행되며, 스티칭 교정을 위한 이미지가 따라 들어옵니다.

 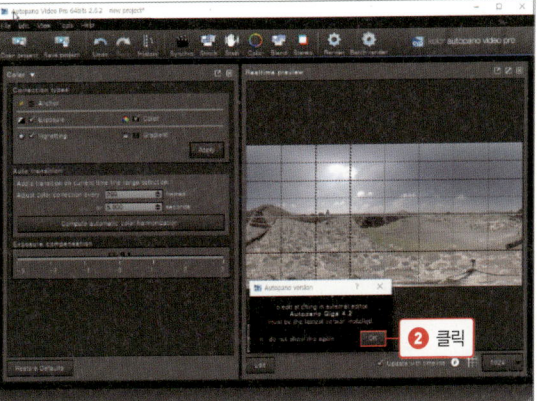

실행된 Autopano Giga의 〈Edit〉 버튼을 클릭하면 새로운 창이 나타나고, 좌측 Information에 Global RMS 값이 나타납니다.

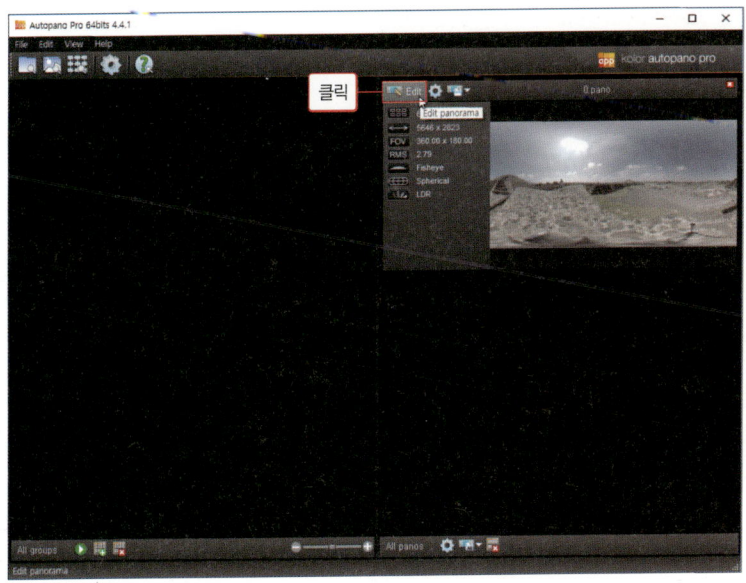

이 숫자는 낮을수록 정교함을 나타내며, 점수가 3 미만이면 크게 무리 없는 정도입니다.

보다 정밀한 스티칭이 필요한 경우 Autopano Giga Edit 화면 윗부분에 〈Ctrl points editor〉 버튼을 클릭한 후 각 카메라 사이 이미지의 유사 지점을 분석 및 직접 지정하여 스티칭을 진행할 수 있습니다. 정교한 스티칭 작업에 시간을 많이 소모하게 하는 기능이나 가끔 스티칭이 매끄럽지 않을 때 사용하게 됩니다.

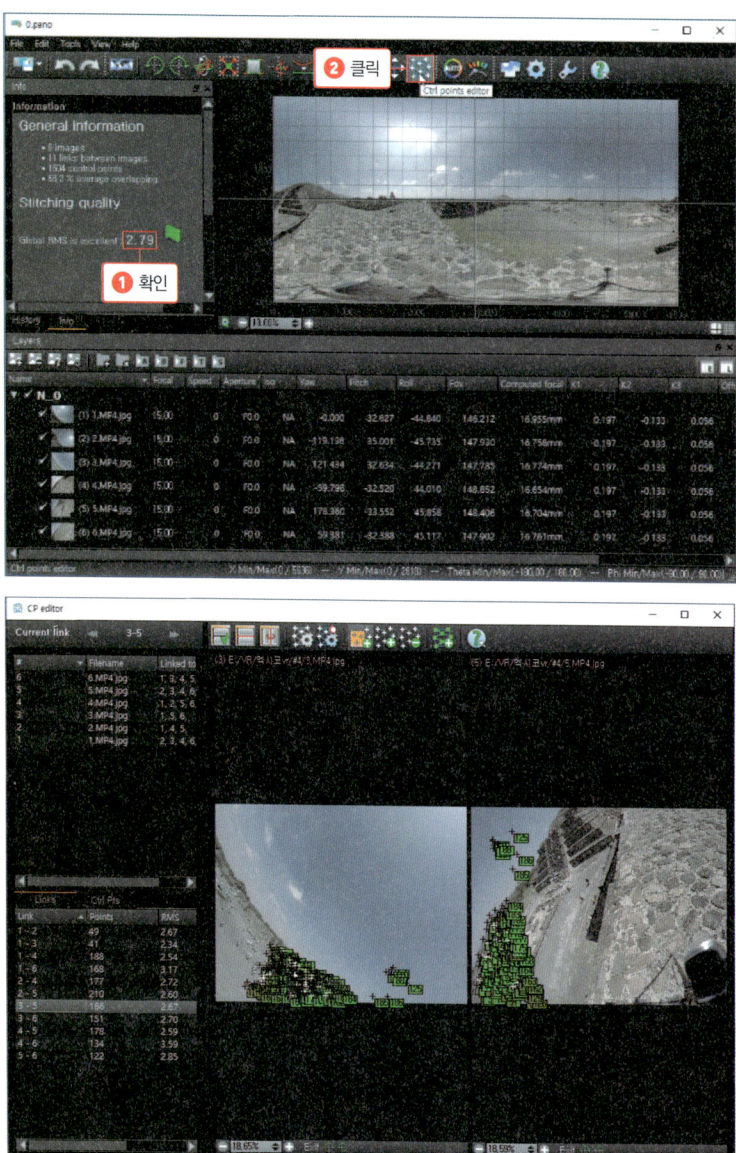

〈Ctrl points editor〉 버튼이 있던 창을 보면 프리뷰 화면에 새롭게 나타난 1 ~ 6의 숫자들을 볼 수 있습니다. 각각의 카메라를 의미하며 선으로 연결된 녹색 박스 속 숫자는 스티칭이 잘 되었는지 알 수 있는 RMS 수치입니다.

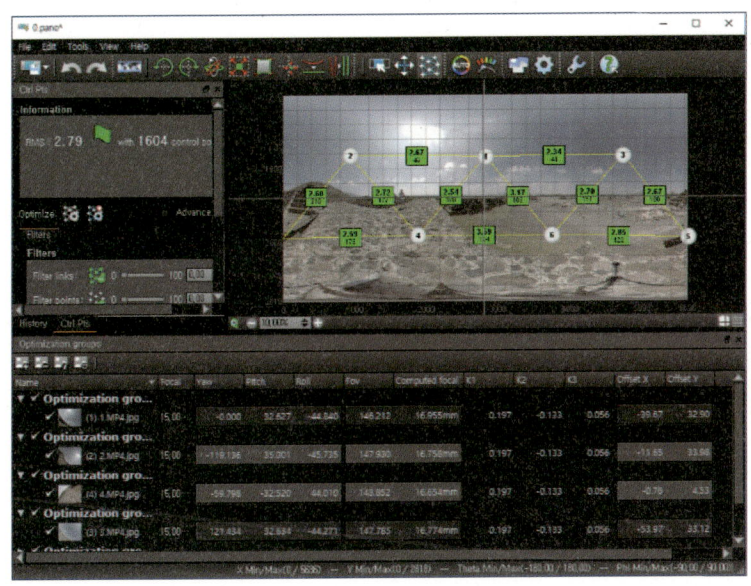

수치를 보고 좀 더 보완하고 싶다면 [Ctrl points editor] 화면에서 각각의 카메라 사이 링크에 분석되어 있는 유사 지점을 수정하면 됩니다. Links의 숫자들이 각각의 카메라 사이 관계를 나타냅니다. 클릭을 하며 화면에 나타난 유사 지점을 삭제, 추가 및 새로운 영역의 분석을 시도할 수 있습니다.

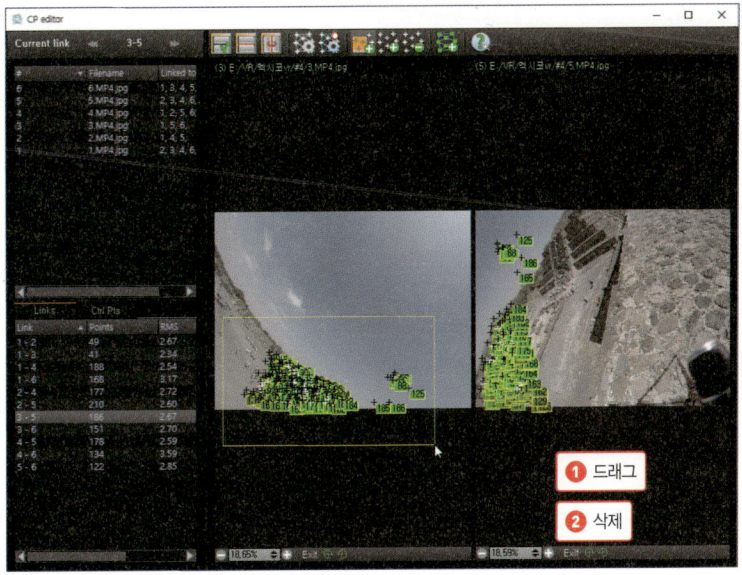

▲ 기존 포인트 삭제

윗부분 Control Point 메뉴들을 이용하여 기존에 자동으로 분석되어 나타난 포인트들을 제거한 다음 직접 위치를 클릭하여 입력 또는 Add Auto Control Point 메뉴를 사용하여 특정 구간을 드래그해서 선택한 구역을 분석합니다. 두 개의 프리뷰 화면에 유사 구간을 찾아 드래그하면 자동으로 포인트가 만들어집니다.

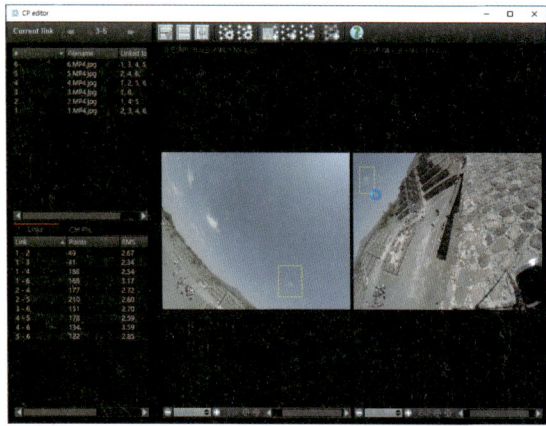
▲ 좌우 구역 선택

▲ 새로 분석된 포인트

스티칭 보정이 마무리되면 Autopano Giga의 값을 저장합니다. Autopano Giga Autopano Video에서 보정된 값을 수신하게 되어 보정된 결과를 바로 확인할 수 있습니다. 스티칭이 마무리되면 오른쪽 윗부분에 〈Render〉 버튼을 클릭하여 렌더링을 진행합니다.

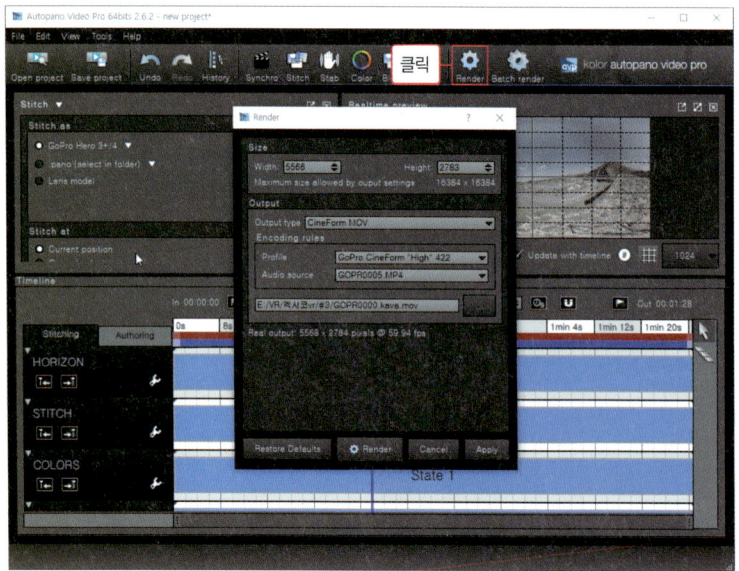

3 프리미어 프로로 VR 편집하고 감상하기

프리미어 프로 CC는 스티칭된 VR 비디오를 편리하게 편집하고 출력하기 위한 기능을 제공하고 있습니다. 이 기능은 2016년 6월 이후의 CC 버전에 포함되어 있습니다. VR 비디오 각 방향을 이동시키며 볼 수 있는 360° 편집 환경을 제공하며, VR 영상으로 사용하기 위해 필요한 메타데이터(VR 비디오 Metadata)를 영상 파일에 적용하여 출력하는 기능을 제공합니다. 메타데이터를 적용하고 유튜브, 페이스북 등에 업로드하면 VR 영상으로 인식되어 HMD를 이용하거나 VR 플레이어와 유튜브와 같은 환경의 브라우저 안에서 VR 뷰로 보기가 가능해집니다. 프리미어 2018 버전에서는 Mettle의 SkyBox VR 플러그인이 대거 포함되어 더욱 많은 VR 전용 이펙트를 사용할 수잇게 되었습니다.

1 | VR 비디오 환경 설정

제공된 'VR stitching_HEVC.mp4' 파일을 연습용으로 사용하여 프리미어의 VR 편집 환경을 익혀 봅니다. 우선 일반 동영상 편집과 같은 방법으로 프리미어 프로의 Project 패널 안으로 영상 파일을 드래그하거나 [File] → Import 메뉴를 통해 영상 파일을 불러오고 새로운 시퀀스를 만듭니다.

01 VR 관련 기초 설정을 확인하기 위해 [Sequence] → Sequence Settings를 실행합니다.

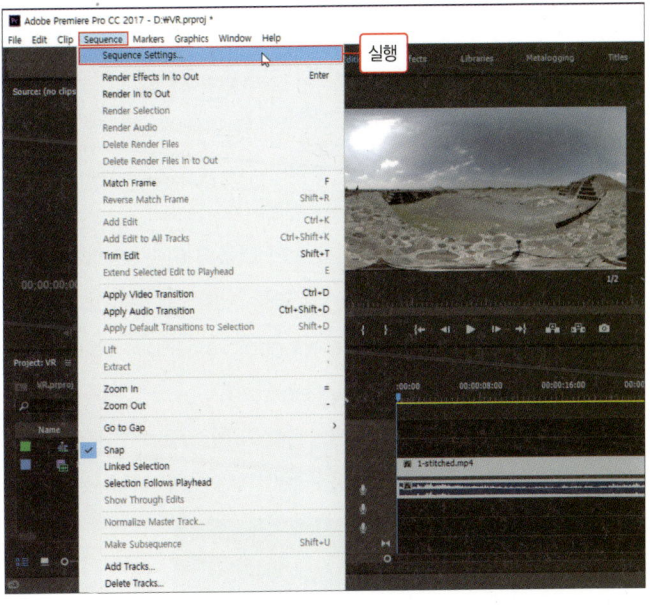

02 'Sequence Settings' 대화상자에는 현재 만들어진 시퀀스의 설정 값이 담겨 있습니다. 프리미어는 VR Auto-Detection 기능을 통해 자동으로 VR 영상을 인식합니다. 아랫부분에 VR Properties를 확인합니다. 일반 영상을 편집할 때는 Projection은 'None'으로 비활성화되어 있다가 VR 비디오가 인식되면 Equirectangular로 활성화됩니다. Projection은 360° 모든 방향이 촬영된 단일 영상 파일을 Equirectangular 방식으로 보여줄 것인가를 정하게 됩니다. Equirectangular는 흔히 볼 수 있는 세계 지도처럼 구체의 이미지를 강제로 편 상태의 모습으로 왜곡이 심하지만 평면 상태로 모든 부분을 볼 수 있습니다. VR 편집 기능을 사용하지 않는다면 Equirectangular를 'None'으로 바꿀 수 있습니다.

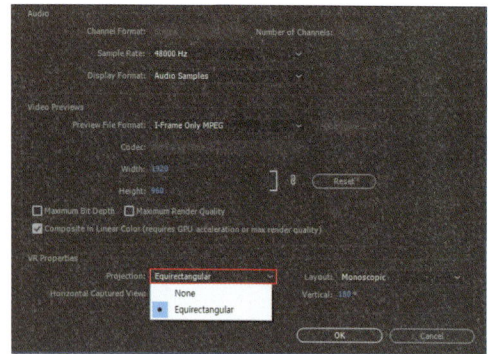

03 Layout은 'Monoscopic'과 'Stereoscopic' 타입을 선택할 수 있습니다. Monoscopic은 일반적인 VR 카메라로 촬영된 평면 영상을 말하고, Stereoscopic은 양안시차를 고려하여 방향당 두 개의 렌즈를 가진 리그의 카메라 구성 또는 Stereoscopic VR 촬영이 가능한 전문 카메라로 촬영된 영상을 편집할 때 사용합니다. Stereoscopic - Over/Under와 Stereoscopic - Side by Side는 좌우의 눈에 각각 투사될 영상을 출력할 때 상하 또는 좌우로 배치하는 방식 차이입니다. 원본 소스의 비율에 따라 프리미어 프로에서 자동으로 Monoscopic과 Stereoscopic 형식으로 분류하기도 합니다. 촬영된 영상의 프레임 비율이 1:1일 경우 Stereoscopic over/under VR, 2:1일 경우 Monoscopic VR, 4:1의 경우 Stereoscopic side-by-side VR로 인식됩니다.

기타 아랫부분에 있는 Horizontal Captured View와 Vertical은 360°로 촬영되어 스티칭된 원본 소스에서 사용되는 범위를 설정하는 것으로 Horizontal Captured View - 360°, Vertical - 180°를 기본으로 사용하며, 간혹 영상물에 따라 Horizontal Captured View - 180°, Vertical - 180°로 사용되기도 합니다.

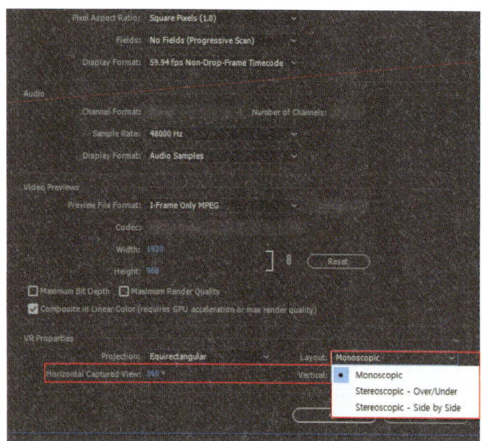

04 일반적인 VR 편집을 진행할 경우 프리미어의 VR Auto-detection으로 인해 설정을 크게 바꿀 일은 없습니다. Sequence Settings를 확인하고 〈OK〉 버튼을 클릭하여 창을 닫습니다. 이제 프리미어 프로의 VR Vedio 기능을 활성화하겠습니다. Program Monitor 패널에서 마우스 오른쪽 버튼을 클릭하고 표시된 메뉴 중 VR 비디오의 Enable에 체크 표시합니다. Equirectangular 모드로 보이던 프리뷰 모습에서 화면의 크기가 줄어드는 것을 볼 수 있습니다. VR 비디오를 사용하기 위해 'Enable'을 선택하면 최종 출력될 기본 VR 뷰로 변경되며, 마우스 포인터를 프리뷰 화면 위로 올려 클릭과 함께 드래그하면 화면이 원하는 각도로 이동하는 것을 볼 수 있습니다.

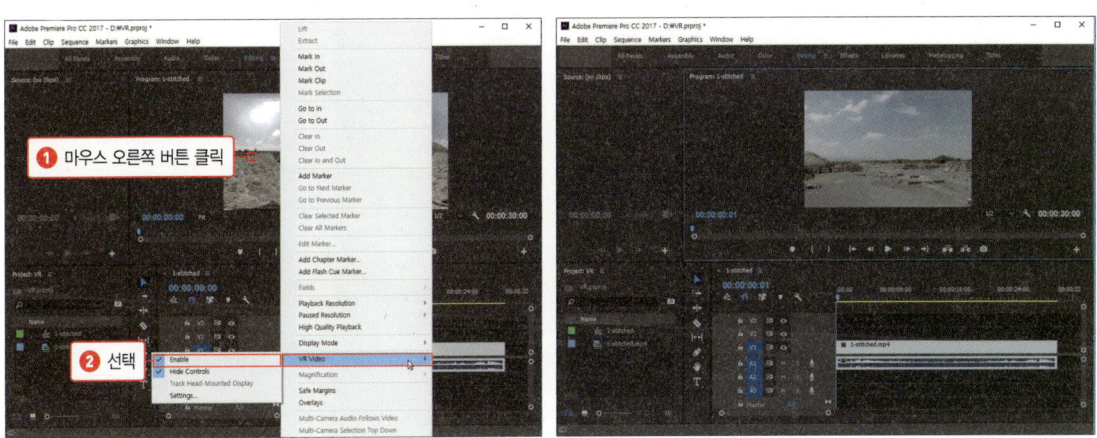

05 마우스 오른쪽 버튼을 클릭하여 표시되는 메뉴에서 VR 비디오의 Controls를 사용하도록 Enable을 지정하면 좌우 또는 상하 방향으로 더욱 정밀하게 회전할 수 있는 360-degree panning 도구가 나타납니다. 수치를 직접 입력하거나 노브를 드래그하여 돌려서 원하는 각도의 뷰를 볼 수 있습니다. 마우스로 임의로 이동시킨 다음 다시 원래의 각도로 보이게 할 때도 중심을 찾을 수 있도록 도움이 됩니다. 그러나 프로그램 모니터의 프리뷰 화면이 작아지므로, 사용하지 않을 경우에는 VR 비디오의 Controls를 'Hide'로 지정합니다.

06   프로그램 모니터의 프리뷰 화면은 필요에 따라 Equirectangula과 VR 비디오 화면으로 바꿔가며 보게 됩니다. 이를 간단하게 실행할 수 있는 버튼을 추가하겠습니다. Program 모니터의 오른쪽 아랫부분에 있는 십자 모양의 'Button Editor' 아이콘을 클릭하여 추가할 수 있는 버튼이 나열된 팝업창을 표시합니다.

Button Editor 안에 'Toggle VR Video Display' 아이콘을 아랫부분에 파란색 영역 안으로 드래그합니다. 이제 'Toggle VR Video Display' 아이콘을 클릭하여 바로 Equirectangula과 VR 비디오 화면으로 전환할 수 있습니다.

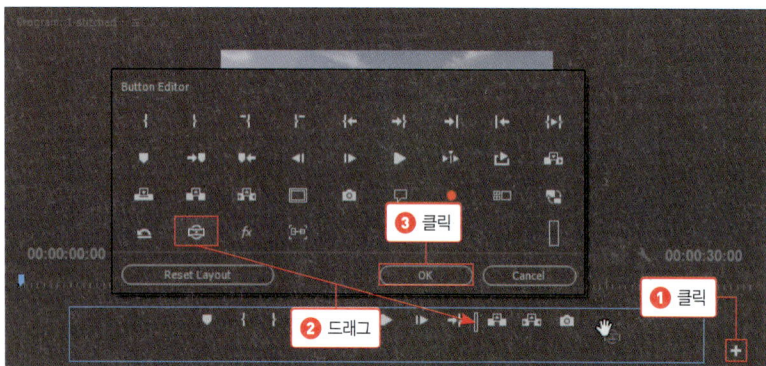

07　Program Monitor 패널에서 마우스 오른쪽 버튼을 클릭하고 VR Video의 VR Video Settings를 실행합니다. 여기서는 출력될 VR 비디오 화각을 정할 수 있습니다. 보통 많이 사용하는 유튜브에 따르면 권장 비율은 가로와 세로 비를 2:1로 설정할 것을 권장하고 있습니다. 만들어진 VR 비디오가 사용될 HMD, 스트리밍 등의 환경에 따라 필요한 기본 화각을 입력합니다.

고프로는 프리미어의 VR 비디오 편집 환경을 보조하기 위한 몇 가지 솔루션을 무료로 공급하고 있습니다. 우선 프리미어와 실시간으로 연동되는 VR 전문 Player가 있습니다. 이 프로그램은 컴퓨터 모니터에서 VR 비디오를 편하게 감상할 수 있는 기능을 제공하며 단독으로도 사용 가능합니다. 프리미어에서 VR 비디오를 자동으로 실행하여 편집 모니터링을 더욱 편리하게 합니다(무료 소프트웨어는 'http://www.kolor.com/download'에서 다운로드할 수 있습니다).

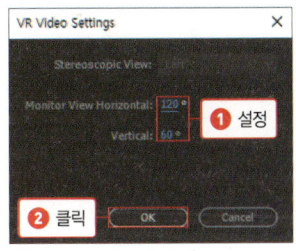
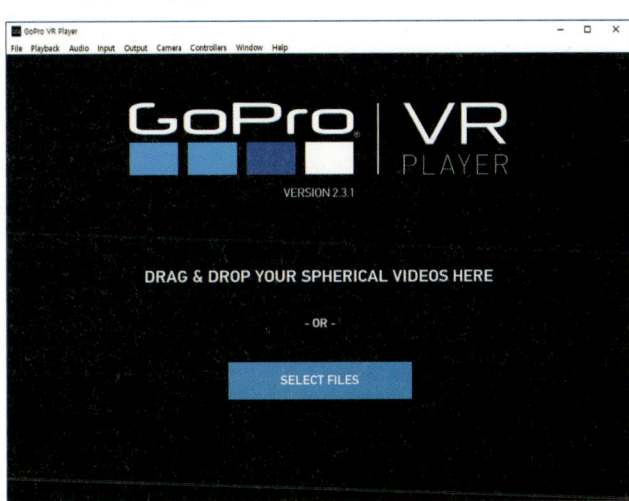

08　GoPro VR Player를 설치하고 프리미어 프로에서 [Edit] → Preferences → Playback을 실행하면 Video Device에 'GoPro VR Player'가 추가되어 있는 것을 확인할 수 있습니다. 체크되어 있다면 프리미어에서 VR 비디오를 편집할 때 자동으로 실행되어 편집과 동시에 프리뷰를 보여주게 됩니다. 이런 기능이 불편하다면 체크를 해제하여 실행을 막을 수도 있습니다.

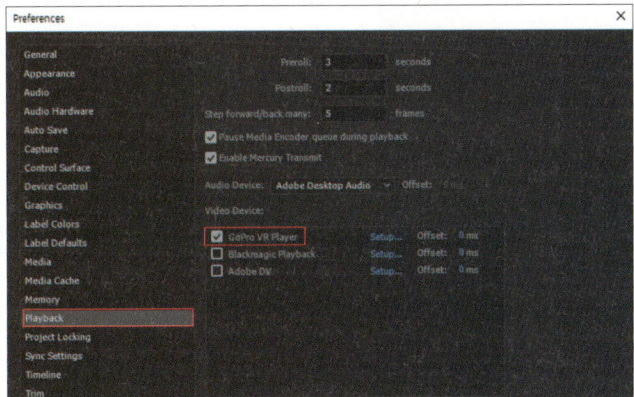

2 | VR 필수 이펙트

기본적인 환경 설정이 끝나면 편집 과정은 일반 영상의 편집 방법과 동일합니다. 3축 비디오 회전(Three-axis Video Rotation)을 지원하는 GoPro VR Horizon, GoPro VR Reframe, VR Projection 등으로 GoPro 계열의 이펙트는 http://www.kolor.com/gopro-vr-plugins/ 에서 무료로 다운받을 수 있으며 설치 후 자동으로 프리미어 이펙트로 나타납니다. GoPro 제공 이펙트와 VR Projection은 공통적으로 기본 방향을 선택하는 기능을 제공합니다. 360°로 촬영된 영상에서 주인공이 옆이나 뒤에서 나타나면 자칫 인지할 수 없을 수도 있습니다. 이펙트를 사용하여 관객으로 하여금 앞과 뒤를 인지할 수 있도록 VR 비디오의 주방향을 바꿀 수 있습니다. 3차원 공간의 방향을 기준으로 회전하므로 이때 사용하는 용어와 개념을 간단한 표로 확인하겠습니다.

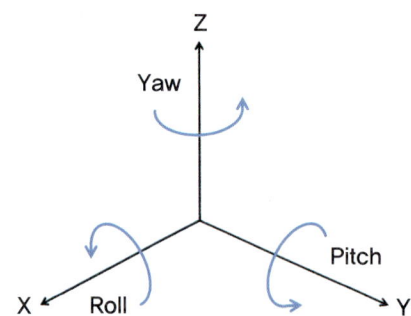

이해하기 쉽게, '잘 모르겠다고 머리를 좌우 방향으로 회전하는 것이 Yaw', '그래도 아리송해서 머리를 좌우로 까딱까딱 Roll', '이제 알겠다고 고개를 아래로 위로 끄덕이면 Pitch'입니다. 비행기의 움직임을 연상해도 됩니다. GoPro VR Horizon을 영상 클립에 적용하겠습니다.

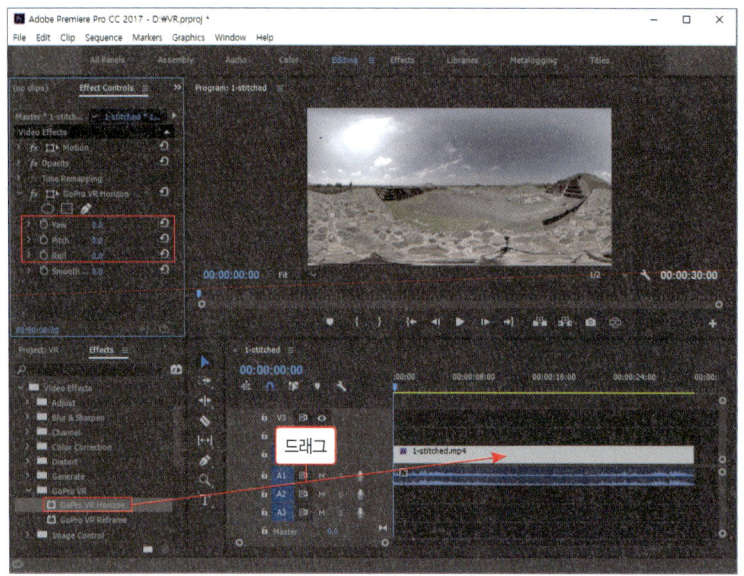

우선 Yaw의 값을 변경해 봅니다. 'Toggle VR Video Display'를 활성화한 다음 입력 칸을 더블클릭하여 값을 직접 입력하거나 클릭과 동시에 마우스를 이동해도 됩니다.

▲ Yaw : 50°

▲ Yaw : -110°

이러한 각도의 변화는 출력물에 반영되어 기본 방향이 됩니다. 시작 화면을 VR 비디오의 앞(전방)이라는 개념으로 설정할 수 있으며, 같은 영상 클립이라도 구간별로 잘라서 각기 다른 방향으로 각도를 지정하여 편집에 다양성을 줄 수 있습니다. 다음 이미지와 같이 Pitch Yaw Roll 방향을 동시에 다르게 적용하여 재미있는 영상 효과를 적용할 수도 있습니다.

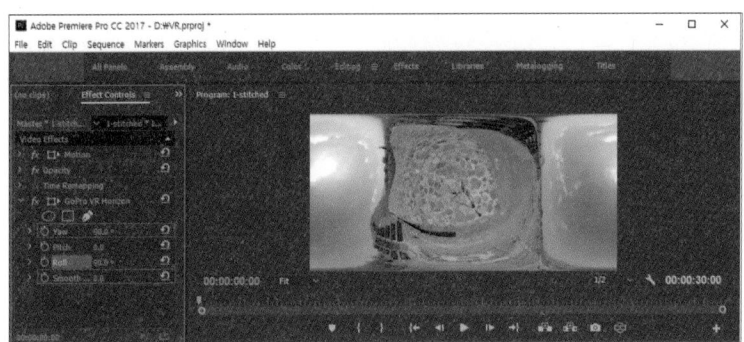

▲ Yaw : 90, Roll : 90

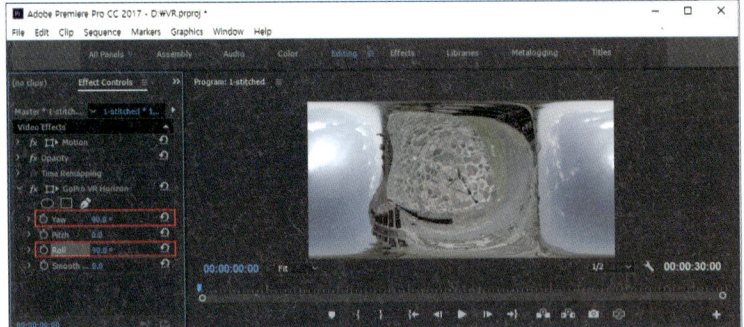

▲ Yaw : 90°, Roll : 90°

01 GoPro VR Reframe은 기본적인 Pitch Yaw Roll 외에 FOV(시야각)가 추가되어 있습니다. 시야각을 바꾸어 하늘을 점으로, 땅을 섬처럼 만드는 효과를 만들어 낼 수 있습니다. 이펙트가 적용된 영상의 사용 목적이 VR 비디오 또는 일반적인 평면 영상인가에 따라 'Toggle VR Video Display'를 활성화하거나 끄고 작업을 진행합니다. 이번에는 뮤직비디오와 같은 일반 영상의 효과로 활용을 가정하여 'Toggle VR Video Display'를 끄고 적용하겠습니다.

기본값으로 설정된 FOV의 값 '50'을 '10' 또는 '80' 등으로 변화를 줍니다. 화각이 달라져서 마치 Zoom이 들어갔다가 나오는 느낌으로 보이게 됩니다.

▲ FOV : 10

▲ FOV : 80

02 다시 FOV를 '50'으로 맞춰 놓고, Pitch, Roll, Yaw의 값을 변경하여 회전 방향의 개념을 이해 봅니다.

▲ Roll : 90

03 FOV의 값과 다른 회전 값을 동시에 적용하여 땅을 섬으로 만들거나 하늘을 구멍처럼 만들겠습니다. FOV를 '80', Pitch를 '90°'로 변경하고 FOV를 '80', Yaw는 '-90°,' Roll은 '90°'를 입력해 봅니다.

▲ FOV : 80, Pitch : 90°

▲ FOV : 80, Yaw : -90°, Roll : 90°

04 VR 애니메이션 효과를 만들겠습니다. 평지의 땅이 섬이 되었다가 다시 평지로 돌아오는 효과입니다. 우선 FOV를 '80'으로 하고 첫 프레임의 Pitch에 스톱워치를 클릭하여 첫 번째 키프레임을 등록합니다.

05 마지막 프레임으로 이동하여 Pitch를 '360°'로 설정하여 1회전하도록 합니다.

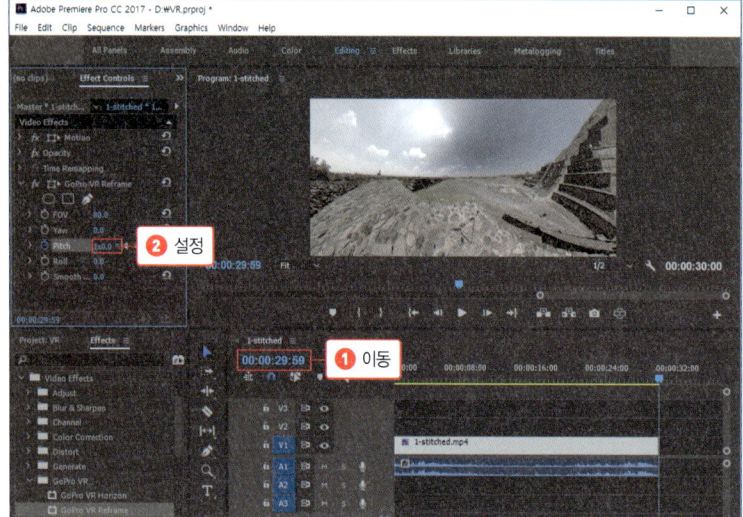

06 키프레임이 만들어진 것이 확인되었다면 Spacebar 키를 눌러 프리뷰합니다. 공간이 상하로 회전하면서 땅이 섬이 되었다가 돌아오는 영상을 볼 수 있습니다. 360 VR 카메라로 담은 영상에 이러한 애니메이션 효과를 이용하여 평면의 영상에도 활용할 수 있습니다.

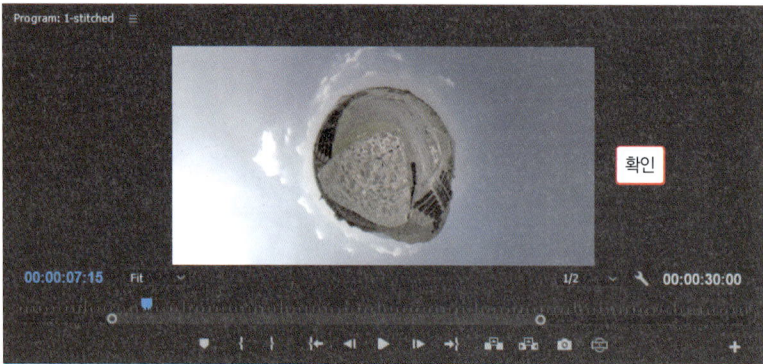

07 GoPro VR 효과 외에도 프리미어 프로에서 자체 제공하는 VR Projection 효과가 있습니다. Pitch, Yaw, Roll과 같은 Pan, Tilt, Roll 기능으로, 3축 회전 기능을 지원합니다. 비율과 관계없이 화면에 영상을 가득 채우는 Stretch To Fill Frame 등의 기능도 제공합니다.

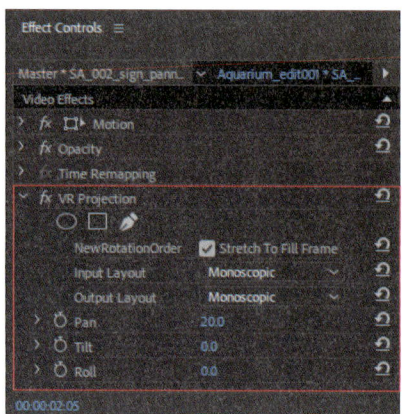

3 | 편집 팁과 출력

VR 비디오는 영상에 모든 방향의 장면 담고 일부분만 보게 됩니다. 4K급으로 촬영 및 편집이 진행되더라도 실제로 보는 영역은 4K의 모든 영역을 한번에 보는 것이 아니므로, 4K급이라도 해상도가 떨어져 보이게 됩니다. 유튜브의 경우 초당 24, 25, 30, 48, 50, 60프레임을 가진 최대 8192×4096을 지원하여 8K급 VR 비디오도 사용할 수 있습니다. 초고해상도 작업을 진행할 경우 컴퓨터 사양에 따라 프록시를 사용해서 작업을 진행하는 것이 더 원활한 작업이 될 수 있습니다.

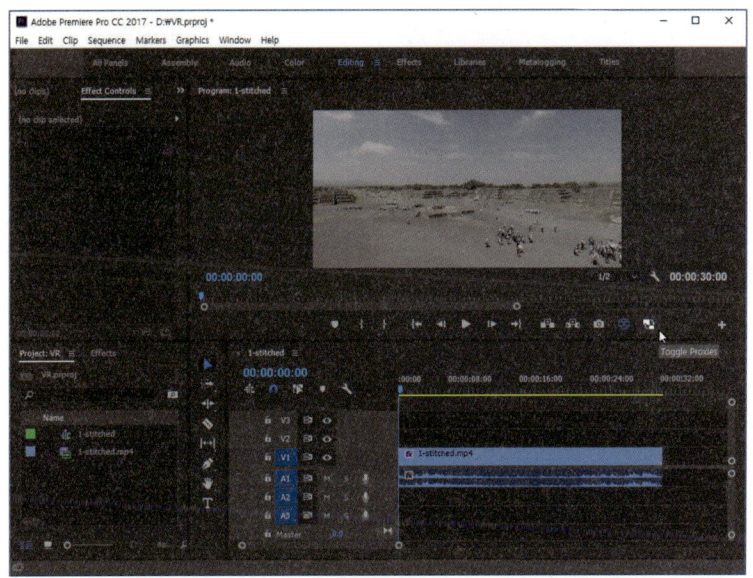

사운드 부분에서는 VR 비디오를 위해 멀티채널 오디오를 사용할 수 있도록 앰비소닉스 오디오 (Ambisonics Audio) 기능이 추가되었습니다. 앰비소닉은 스테레오를 넘어 상하의 사운드 소스도 처리할 수 있도록 도와주는 풀 서라운드 기술입니다. 이를 위해 멀티채널로 레코딩된 오디오 소스가 필요합니다. 다수의 마이크를 포함하는 전문 VR 카메라에서는 이러한 멀티채널 소스 생성이 이루어지며, 고프로 환경에서는 카메라 각각의 음원을 믹스하는 작업이 가능합니다. 보통 4채널로 녹음된 PCM으로 인코딩된 무압축 WAV 파일을 사용하거나 ACC로 인코딩된 MP4 파일도 지원합니다.

01 최초 작업을 시작할 때 [**File**] → **New** → **Sequence**를 실행한 다음 New Sequence 대화상자에서 VR 프리셋 중 Ambisonic 기본 설정을 사용하여 작업을 시작하면 편리합니다. 오디오 이펙트로 제공된 Binauralizer-Ambisonics, Panner-Ambisonics를 사용하면 영상의 기본 방향을 바꾸는 VR Projection 이펙트와 함께 소리의 방향을 설정할 수 있습니다.

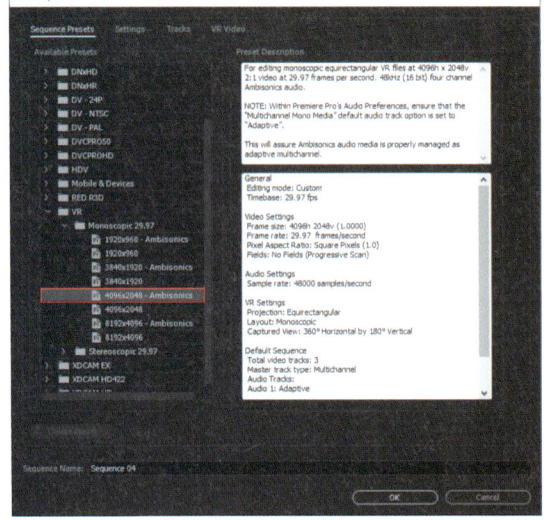

▲ Ambisonics mic 예 ▲ New Sequence Settings – Ambisonic

02 VR 비디오 제작이 완료되면 주로 MOV 또는 MP4 컨테이너를 사용하여 렌더링하게 됩니다. 유튜브 기준으로 H.264, HEVC 코덱을 주로 사용하며, 사용하는 환경에 따라 다소 차이가 있을 수 있습니다. 해상도 변경이 없을 경우 Match Source 상태로 진행합니다.

03 컨테이너와 코덱을 선택하고 [VR Video] 탭의 'Video Is VR'에 체크 표시합니다. 체크 표시하지 않고 출력을 하면 유튜브와 같은 스트리밍 서비스 또는 VR 플레이어에서 일반 영상으로 인식되어 Equirectangula 화면으로 보이게 됩니다.

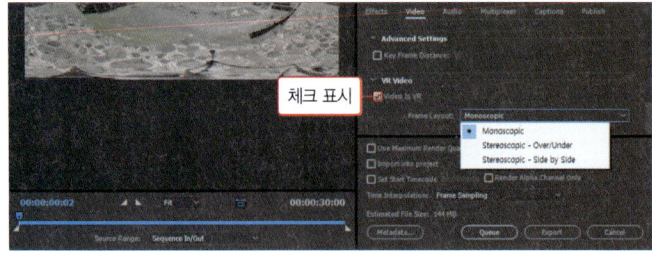

04 만약 체크를 하지 않고 출력을 했다면 유튜브에서 제공하는 360° Video Metadata Tool을 이용하여 메타데이터를 간단하게 추가할 수 있습니다. 'https://support.google.com/youtube'에서 'VR Metadata' 또는 '360도 동영상 업로드' 키워드로 찾을 수 있습니다.

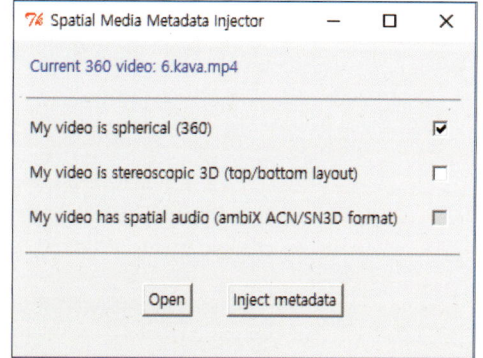

▲ 360° Video Metadata Tool

TIP

VR전용 이팩트

2017년 어도비는 유로로 VR 플러그인을 제공하던 Mettle사의 SkyBox를 인수하여 2018년 프리미어와 에프터 이팩트에 기본 탑재하였습니다. 제공되는 기본 VR 전용 이팩트는 다음과 같습니다.

Video Effects 〉 Immersive Video

- VR Blue
- VR De-Noise
- VR Glow
- VR Rotate Sphere
- VR Chromatic Aberrations
- VR Digital Glitch
- VR Plane to Sphere
- VR Sharpen
- VR Color Gradients
- VR Fractal Noise
- VR Projection

Video Transitions 〉 Immersive Video

- VR Chroma Leaks
- VR Light Leaks
- VR Random Block
- VR Gradient Wipe
- VR Light Rays
- VR Spherical Blur
- VR Iris Wipe
- VR Mobius Zoom

VR전용 이팩트와 전용 트렌지션은 일반 플러그인을 사용할 경우에 생기는 이어짐 오류(평면으로 폈을 경우 영상의 좌우 끝 부분)를 해결할 수 있습니다.

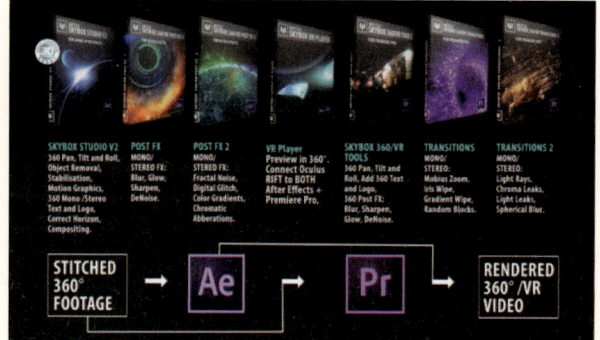

프리미어 프로의 VR 비디오 관련 기술은 빠르게 발전하고 있습니다. 업데이트와 동시에 새로운 기술들이 속속 탑재되고 있으며, 현재에도 몇 번의 변화가 있었습니다. 새로운 장비들의 출시와 함께 새로운 기법도 등장하며, 보다 쉽고 편리한 VR 비디오를 제작하고 즐길 수 있는 시대가 되고 있습니다. 그 중심에서 프리미어 프로는 VR 비디오를 간편하게 다룰 수 있는 아주 좋은 도구로 발전하고 있습니다. 이 책을 통해 프리미어 프로 사용법을 익힌다면 어렵지 않게 VR 비디오 제작도 가능하게 될 것입니다.

찾아보기

A

Add a layer Style	252
Add Comment	536
Add to Favorites	81
Add to Project	255, 505
Add Tracks	334
Add Typekit Fronts	303
Adjust Gain by	318
Adjustment Layer	378
Aggressive	393
All Metadata	497
Alpha Channel	392
Always ask	41
Amount to Tint	372
Anchor Point	235
Angle	252
Apply Default Transitions	63
A-side Ripple Trim	161
Assets	20
Attach Proxies	27
Attributes	376
At Unnumbered Markers	169
Audio Channels	309, 313
Audio Clip Mixer	323, 324
Audio Codec	471
Audio Gain	316, 318
Audio Meter	37, 322
Audio Meters	307
Audio Track Mixer	61, 331
Audio Waveform	103
Audition	341
Augmented Reality	546
Autio Gain	321
Auto Black Level	401
Auto Color	400
Automate To Sequence	169
Autopano	556
Autopano Video	560, 566

B

Balance Gain	404
Basic Correction	415
Batch	73
Bevel & Emboss	253
Bin	29
Bitrate	456
Bitrate Settings	484
Black & White	370
Blur & Sharpen	372
Breakdown to Mono	492
Browse	24
B-side Ripple Trim	161
Burn Captions Into Video	295
Buy License	504

C

Camera Blur	373
Camera Raw	224
Captions	289
CC Color Neutralizer	444
CC FILES	20
Change Clip Speed	186
Cinema Scope	544
Cinerama	544
Clear	89
Clear In	101
Clear In and Out	101
Clip	105
Clip Channel Format	313
Clip Keyframes	332
Clip Mismatch Warning	229
Closed Captions Display	291
Close Gap	125, 126, 130
Close-up Shot	163
Color Correction	371
Color Picker	222
Color Stabilizer	439
Color Stabilizing	438, 441
Comment	499
Composite Video	104
Crawling Titles	286
Create Proxies	26
Create Sidecar File	295
Creative Look	427
Creative Suite	251
Crop Overlay	225
Crop Presets	217
Ctrl points editor	568
Current Duration	478
Current Position	564
Current Selection	564
Customising	42
Customizing	111
Custom LUT	418

D

Default Media Scaling	518
Default Transition	352
Description	464
Digital SLR	112
Direction	253
Document Size	215
Drop Frame	395
Drop Shadow	252
Dual Mono	312
Duration	189

E

Ease In	266
Edit in Adobe	341
Edit in Adobe Audition	347
Edit in Adobe Photoshop	251
Edit Search Bin	497
Edit Subclip	107
Effect Controls	64, 196, 220, 231, 360
Embed in Output File	295
Emboss	253
Entire Sequence	455, 468
Essential Graphics	68, 267
Explore	45
Export Frame	184, 230
Exporting	295
Export Location	227
Export Settings	71, 475
Extract	123, 132, 133, 206

F

Fast Color Corrector	401
Favorites	81
File Format	462
Find Similar	504
Fit-to-Fill Editing	185
Font	296
Footage Dimensions	215
Format	72
Frame Per Seconds	224
Freeze Frame	180
From Source Monitor	164
Full Screen Mode	220
Full Shot	163

G

General	41, 88
Get Started	45
Go to Next Keyframe	328
Go to Previous Marker	176
Graphics Titler	270
Graphic Titler	288

H

HDTV	216
Help	44
HEVC	483
High bitrate	72, 485
History	205
Horizontal Scale	262, 265
Hugo Gernsback	545

I

Ignore Audio	170
Ignore Options	170
Image Overlay	479
Image Sizing	227
Import	48, 76
Import as Image Sequence	228
Import Entire Project	91
Import into project	184
Import Into project	489
Import Layered File	214
Import Photos and Video	224
Import Selected Sequence	90
Import Selected Sequences	91
Individual Layer	215
Ingest Settings	25, 26
Insert	114
Interviewee	308
Intro	274
Intro Duration	273
Inverted	374

K

Keyboard Shortcuts	128
Key Color	392
Keyframing	231

L

Label	86
Label Colors	86
Labels	527

Lassoing	118	Match Source	72, 456, 484	No Scroll	523
Layer Size	215	Material	20	Number of Audio Clips	313
Legacy Title	256, 286	Matte	368		
Lens Model	564	Matte Cleanup	393		
Letterbox	216	Matte Generation	393	**O**	
License Video	508	Maximum Bitrate	471	Onboard	308
Lift	122, 133	Media Browser	48	Opacity	296
Linked Selection	141	Media Encoder	73	Open in Source Monitor	32
Location	24	Medium Shot	163	Open Project	23, 94
Locking	179	Merge All Layers	215	Output	392
Log in	463	Merge Clips	346	Output Name	72, 454
Look	20	Merge Layers	215	Outro	274
Look Up Table	418	Metafile	548	Outro Duration	273
Lower Midtone	414	Method	169	Overwrite	138
Lower Third Title	256	Mixdown Video	493	Overwrite Edit	169
Luma	413	Mixing	331		
Luma Waveform	414	Monoscopic	572		
Lumetri Color	409, 437	Morph	362	**P**	
Lumetri Color Toolset	409	Morph cut	362	Palette	20
Lumetri Look	474	Morph Cut	361	Palmer Luckey	545
Lumetri Preset	421	Move into Sync	336	Paste Attributes	376
				Path	184
				Peak Amplitude	317
M		**N**		Photoshop File	255
Magnitude	403	Name	24	Pitch	576
Make Subclip	105	New Bin	50, 222	Playback	157
Map Black To	371	New Caption	290	Playback Resolution	395
Markers	168	New item	110	Position	277
Mask Feather	374	New Layer	259	Preferences	22
Master	335	New Project	23	Prefix	481
Master Clips	385	New Sequence From Clip	51	Pre-roll	157
Master Saturation	408	Noise Reduction	344	Program Monitor	36
Match Frame	164, 171	Normalize All Peaks to	318	Project	28

Project location	26			Stitching	548	
Proxy	25, 27		S	Stretch To Fill Frame	580	
ptical Flow	197	Sample Size	440	Sync	125	
Publish	463	Scale to frame size	519	Synchronize	555	
Puck	403	Scene	108	Sync Setting	21	
		Scratch Disks	25, 507	Sync Settings	22, 226	
		Search Adobe Stock	501			
Q		Search Bin	496			
		Secondary Color Correction	431	T		
Queue	469	Select Zoom Level	220			
QuickTime	454	Sequence	108, 215	Temporal Interpolation	266	
		Sequence In/Out	455	Text	259	
		Sequence Presets	111, 112	Three-point Edits	143	
R		Sequence Settings	571	Three-way Color Corrector	406	
		Set Gain to	318	Time Interpolation	191, 197	
Realtime Renderer	548	Set Poster Frame	534	Timeline	33	
RECENT	20	Settings	111	Time Remapping	194, 196	
Rectangle	260	Set to Frame Size	220, 236	Time Tuner	477	
Remove Color	435	Shadow	407	Toggle animation	66	
Render and Replace	442	Shortcut	130	Toggle Sync Lock	133, 135	
Render Effects In to Out	192, 363, 396	Show Mask	431	Tools	36	
Render In to Out	397	Show Video Key frames	194	Tool Tip	43	
Render Selection	397	Slip into Sync	338	Top and Tail Editing	165	
Replace With Clip	164	Slipping Edits	149	Tracking	258	
Reset Effect	235	Smooth Scroll	522	Track Keyframes	331	
Reset Layout	43	Snap	131	Track Matte	66	
Responsive Design	270	Source Monitor	32, 61, 117	Track Matte Key	67	
Responsive Design-Time	270	Speed	189, 194	Tracks	111	
Restore Unrendered	443	SpeedGrade	421	Transform	262	
RGB Parade	412	Split Suppression	393	Transition	62	
Ripple Delete	123, 124	Spread	252	Trim	161	
Roll	576	Standard Trim	145	Trim blocked on Video 1	145	
Rolling Titles	281	Stereoscopic	572	Typekit	301	
		Stereoscopic 3D	545, 549			

U

Ultra Key	392
Uniform Scale	262
Unlink	141
Upgrade to Master Graphic	263
Upper Midtone	414
Use Maximum Render Quality	458

V

Vertical Scale	262
Video Effects	372
Video Transitions	362
View	29
Viewable by	464
View on web	21
Vignette	373
Vimeo	463
Virtual Reality	546
Volume	331

W

Watch	44
Waveform Audio	469
Waveform Type	413
Welcome Screen	20, 44
White Balance	403
Work Area	455
Workspace Layout	39, 40
Workspaces	38

Y

Yaw	576